DAMASCIUS

TRAITÉ DES PREMIERS PRINCIPES

DE LA PROCESSION DE L'UNIFIÉ

COLLECTION DES UNIVERSITÉS DE FRANCE
publiée sous le patronage de l'ASSOCIATION GUILLAUME BUDÉ

DAMASCIUS

TRAITÉ DES PREMIERS PRINCIPES

TOME III

DE LA PROCESSION DE L'UNIFIÉ

TEXTE ÉTABLI
PAR
LEENDERT GERRIT WESTERINK

TRADUIT
PAR
JOSEPH COMBÈS

Deuxième tirage

PARIS
LES BELLES LETTRES
2002

Conformément aux statuts de l'Association Guillaume Budé, ce volume a été soumis à l'approbation de la commission technique, qui a chargé MM. Alain-Philippe Segonds et C. Steel d'en faire la révision et d'en surveiller la correction.

95 boulevard Raspail, 75006 Paris
www.lesbelleslettres.com

Première édition 1991

ISBN : 2-251-00414- 9
ISSN : 0184-7155

AVANT-PROPOS

Ce volume était terminé quand L. G. Westerink nous a quittés, emporté par une crise cardiaque, le 24 janvier 1990. Je ne puis dire ici l'immense peine d'avoir perdu à la fois un maître d'œuvre si compétent et un si grand ami. Sa disparition sera cruellement ressentie par tous les spécialistes des écrits néoplatoniciens et byzantins. Aux qualités de la plus haute science, il alliait les vertus les plus authentiques d'abnégation, d'humilité et de dévouement. Je voudrais, de mon côté, offrir à sa mémoire toute ma reconnaissance émue.

Avec le présent volume s'achève l'édition du Traité des Premiers Principes. *Damascius déploie ici toutes les ressources de sa dialectique sur le sujet de la procession, qu'il aborde par le redoutable problème que pose la procession de l'unifié, non pas au sens où celui-ci procède de l'un et des plusieurs purs, en étant leur relation autoconstituante, mais au sens où, principe de tout ordre et de toute réalité, il procéderait en lui-même et au-dehors de lui-même avec tout ce qui procède de lui. S'il en était ainsi, la distinction se précéderait elle-même dans l'indifférenciation de ce principe de toute constitution, et c'en serait fait de lui, et même de tout principe. Avec une rigueur et un ordre dans le raisonnement, dont le rend capable la virtuosité de sa critique, Damascius dresse une aporétique complète de la procession de l'unifié, et il précise à quelles conditions ce principe rend possible toute procession, sans en être le prisonnier. Un modèle d'intelligibilité se dégage peu à peu, à propos de la procession des séries divines et des séries substantielles, vitales, intellectives, psychiques, matérielles, pour trouver ensuite un champ d'application dans l'examen des traditions théologiques, depuis la chaldaïque jusqu'à l'orphique et aux théogonies orientales. La philosophie de l'intelligible néoplatonicien offre une méthode d'interprétation théologique. Dans le paganisme tardif, Damascius, comme Proclus, anticipe,* mutatis mutandis, *sur la méthode théologique du Moyen Âge. L'ouvrage aborde, en dernier lieu, le problème de la participation, pour s'interrompre malheureusement dès les premières pages de ce développement, dont on peut deviner qu'il devait être important.*

J. C.

NOTICE

Première partie : Aporétique de la procession

1. *Première aporie : L'unifié procède-t-il, soit en lui-même, soit hors de lui-même et à partir de lui-même*[1] ?

1.1. *La procession interne.*

Contre la procession interne de l'unifié, plusieurs raisons peuvent être alléguées. Aucune distinction ne saurait se trouver dans la nature de l'un-être, où n'est pas encore apparue la première altérité qui est celle de l'un et de l'être contredistingués. De plus, les déterminations de premier, de moyen et de dernier, en tant qu'elles font partie de ce qui est distingué ou de ce qui est en train de se distinguer, sont nécessairement après l'unifié, qui est indifférencié. Enfin, d'après le *Parménide* (145 a 5 - b 1), commencement, milieu et fin ne se manifestent que dans la limite inférieure de la nature qui est en train de se distinguer (la vie), donc après le tout et les parties proprement dits (144 e 9 - 145 a 4). Ces derniers sont eux-mêmes après le nombre (144 a 2-9), qui ne se manifeste qu'au-dessous de l'intelligible, et plus exactement au-dessous de la contradistinction de l'un et de l'être (143 a 4 - b 8) par la première altérité (p. 1.1 - 3.3).

1. Les chiffres en tête des paragraphes du sommaire correspondent à ceux de la traduction, et les pages et lignes indiquées en fin des paragraphes sont celles de notre texte grec.

Mais, en faveur de la procession interne de l'unifié, on peut invoquer les révélations des *Oracles Chaldaïques* sur les triades intelligibles, ainsi que les arguments rationnels suivants. Si l'unifié est ce qu'il est, unifié, puisqu'il vient après l'un, il doit être aussi plurifié, puisqu'il vient après les plusieurs. En outre, de même qu'avant l'un et la substance, qui sont contredistingués, il y a la nature unifiée de l'un-être, de même, avant la vie unitaire et la vie substantielle, il doit y avoir la vie unifiée, et, avant l'intellect unitaire et l'intellect substantiel, l'intellect unifié. Ainsi, l'unifié doit être un diacosme à la fois unique et ordonné en trois ; et, à partir de lui, procéderont la substance, la vie et l'intellect proprement dits, qui constitueront sa pluralité externe. Cependant, ce ne sera pas selon sa propre totalité que ce diacosme engendrera ces différences, mais selon sa pluralité interne. Il faut donc que la pluralité soit à la fois unifiée et analogue à la pluralité distinguée. Si l'on n'admet pas cela, on devra tout au moins reconnaître que la pluralité unifiée se trouve entre l'un et la pluralité de quelque façon distinguée (p. 3.4 - 4.8).

1.2. *La procession externe.*

La pluralité externe nous réserve une difficulté non moindre. Cette pluralité, en effet, est ou bien de forme semblable à son producteur (par exemple, une pluralité d'intellects peuvent procéder d'un seul intellect, une pluralité d'âmes d'une seule âme, une pluralité d'unifiés de l'unique unifié), ou bien elle est de forme dissemblable (une âme peut procéder d'un intellect, un intellect d'une vie, une vie d'une substance, de même que l'intellect, la vie, la substance peuvent procéder de l'unifié). Or, dans la dernière hypothèse justement, l'unifié lui-même ne procède pas, tandis que différentes sont les choses qui procèdent de lui. Et, dans la première hypothèse, la distinction de l'unifié est inconcevable sans l'adjonction de quelque différence. De plus, par sa nature, l'unifié fait disparaître tout caractère propre, lié à la distinction ; et il est absurde de penser que l'unifié, en tant qu'unifié, puisse se distinguer de lui-même dans une procession immanente, qu'on la conçoive de forme dissemblable, ou de forme semblable, ou comme ayant ces deux caractères à la fois (p. 4.9 - 6.10).

2. *Deuxième aporie : procession de forme semblable et procession de forme dissemblable.*

Y a-t-il deux processions, l'une de forme semblable, l'autre de forme dissemblable ? Ou bien, si l'on considère que ce qui est commun ne procède pas sans ce qui est propre, ni le propre sans le commun, y a-t-il une seule procession qui compose les deux caractères du semblable et du dissemblable, avec prédominance tantôt de l'un, tantôt de l'autre? Car même la procession de forme semblable comporte aussi du dissemblable : une Athéna procède d'Athéna en différant d'elle ; pareillement, la procession de forme dissemblable comporte aussi du semblable : Athéna procède de Zeus en lui ressemblant sur plusieurs points (p. 6.11 - 7.11).

3. *Troisième aporie : cette dualité ne paraît pas fondée.*

On doit s'interroger sur le bien-fondé de la distinction des deux sortes de procession, car peut-être toute procession est-elle aussi bien de forme dissemblable que de forme semblable. En effet, Zeus, dans son unicité, est tous les dieux qui procèdent de lui. Or, si, parmi eux, certains (comme la série des Zeus) sont de forme semblable à la sienne, et si les autres sont de forme dissemblable, il est paradoxal qu'une procession unique se divise en deux autres contredistinguées. Cependant, si chacun des dieux, dits de forme semblable à Zeus, ne lui est pas réellement identique selon la forme, puisqu'il n'est que l'un de ceux qui ont procédé de lui, tandis que Zeus est tous ceux qui ont procédé, alors tous les dieux, en tant que parties de Zeus, lui seront univoques et de forme semblable, mais aucun ne sera univoque, dans sa totalité, au Zeus total. Ils seront donc, tous, aussi de forme dissemblable, n'ayant de commun avec Zeus que le nom (p. 7.12-8.16).

A supposer que la différence des deux processions soit réelle, comment en rendre raison? La procession de forme semblable s'explique-t-elle par la division de la subsistence propre, et la procession de forme dissemblable par la cause anticipée (dans le producteur) d'une subsistence d'espèce différente? Mais, premièrement, cette cause-là n'est autre, en définitive, que la subsistence de la nature qui contient déjà cette subsistence d'espèce différente. La cause d'Athéna est, en Zeus, la susbsistence même de ce dernier, affectée selon un certain accident supérieur. Donc, la procession de forme dissemblable suppose, elle aussi, la division de la subsistence propre. Deuxièmement, dans la procession de forme semblable, la série des engendrés est dans le producteur, non pas selon la subsistence, mais selon la cause, si l'on regarde la série, tandis qu'elle est en lui selon la subsistence, si l'on regarde le producteur. Enfin, c'est peut-être une même chose qui est subsistence d'une chose et cause d'une autre, de sorte qu'il n'y a pas là deux principes différents de deux processions différentes (p. 8.17-9.19).

4. *Quatrième aporie : trois cas d'impossibilité de la procession.*

1er cas. Il paraît impossible qu'une pluralité procède d'une unité, alors qu'il est normal qu'une pluralité procède d'une pluralité. Dans ce cas, dire que la pluralité des dieux multiples ou des jeunes dieux (cf. *infra*, p. 9.23 et n. 2) procède de Zeus équivaut à dire que cette pluralité procède de la pluralité interne à Zeus lui-même (p. 9.20-10.3).

2e cas. Il paraît impossible qu'une chose, prise dans sa totalité, procède d'une autre, prise dans sa totalité (ὅλον ἀφ' ὅλου), «car le produit est toujours plus particulier que le producteur». Par exemple, chacun des mondes jovien, kronien, uranien, nocturne, est englobé dans celui qui lui est supérieur, jusqu'au plus élevé qui est le monde pur ou l'intelligible. Or, comme on le voit dans les firmaments corporels, l'enveloppant surpasse l'enveloppé, car il doit envelopper quelque chose de plus. Il en sera de même dans les mondes incorporels ; donc rien ne procède ὅλον ἀφ' ὅλου, mais κατὰ μέρος (selon une partie). Par suite, une pluralité interne préside partout à la procession de la pluralité externe, comme un principe de partition. Il faudrait alors poser dans l'un lui-même une pluralité interne, pour que la pluralité puisse procéder de l'un, et on ira à l'infini (p. 10.4-11.4).

3e cas. Il est impossible que la procession provienne de l'être, car comment l'être pourrait-il lui-même procéder avant la procession ? De même, il est impossible que la procession provienne du non-être absolu, car du non-être absolu rien ne peut provenir. Ainsi, à considérer l'ordre processif de la substance à la vie, de la vie à l'intellect, de l'intellect à l'âme, il faut admettre que les seconds, ou bien sont en acte dans les premiers et, dans ce cas, la procession est inutile, ou bien qu'ils n'y sont pas en acte et, dans ce cas, la procession est impossible. Et si l'on dit que le procédant est, selon la cause, dans son producteur, on postule entre eux une identité, ou selon le nombre, ou selon la forme. Or, cette identité est, dans les deux cas, démontrée impossible. Il reste donc que, dans le générateur, il n'y ait que le générateur lui-même ; mais alors comment une cause totalement différente peut-elle être génératrice d'un effet totalement différent (p. 11.5-12.7) ?

5. *Cinquième aporie : procession de formes dans une matière.*

Rien ne peut avoir son origine dans une matière, mais tout doit provenir de là-haut. Alors, qu'en est-il des images, de ce qui appartient au devenir, de ce qui est matériel, étendu, volumineux ? En tant que formes, ces réalités ne peuvent pas procéder d'une matière ; de plus, comme elles ne présubsistent pas là-haut, elles ne sauraient non plus procéder de là-haut. Quant aux formes présubsistantes, qui sont éternelles et exemptes de devenir, il n'est pas permis qu'elles procèdent dans une matière (p. 12.8-16).

6. *Sixième aporie : le distingué ne procède pas de l'unifié.*

Union et distinction se produisent en même temps ; là où est l'unifié, là est le distingué. Par conséquent, il est impossible que le distingué procède de l'unifié (p. 12.17 - 13.10).

7. *Septième aporie : l'unifié n'est pas cause de distinction.*

Comment l'unifié pourrait-il être cause de distinction, à moins de faire du contraire la cause du contraire, et de l'excellence la cause de l'abaissement ? C'est la même aporie que dans le cas de l'un et des plusieurs : comment une pluralité peut-elle être engendrée à partir d'une unité (p. 13.11-20) ?

8. *Réponse à la septième aporie.*

Dire avec Syrianus et Proclus que ce qui procède devient inférieur à son producteur et que, par là, ce qui est engendré de l'un devient non-un, donc plusieurs (pour la raison que cela sort de l'un), ce serait admettre : 1) que le caractère d'être inférieur change la nature et la forme du procédant par rapport au producteur ; 2) que les plusieurs n'existent que par accident, s'ils sont «plusieurs» du fait qu'ils sont «engendrés», et non pas «engendrés» du fait qu'ils sont «plusieurs». Enfin, on ne voit pas pourquoi la génération irait du contraire au contraire (p. 13.21 - 14.12).

Il vaut mieux dire que l'un engendre les plusieurs, en tant que, dans sa simplicité, il est tout antérieurement à tout (p. 14.13 - 15.2). On doit, de plus, considérer que le principe est de deux sortes, selon qu'on le conçoit comme un simplement, ou comme tout antérieur à tout ; or, ce dernier est les plusieurs purs qui ont procédé de l'un en l'un, c'est-à-dire la puissance illimitée de l'un (p. 15.3-16). D'ailleurs, on peut remarquer que, partout et même dans la matière, les plusieurs restent enveloppés par l'un comme dans un cercle (p. 15.17-23).

C'est donc par sa simplicité que l'un produit les plusieurs. On raisonnera de la même façon au sujet de l'unifié qui, étant tout lui aussi, à sa manière, est générateur de toutes les choses, comme principe unifié du tout. Enfin, en tant que le principe est tout, il produit la procession avec les choses qui procèdent, l'abaissement avec celles qui s'abaissent, la distinction avec celles qui se distinguent, car procession, abaissement, distinction font aussi partie du tout (p. 16.1-17.4).

9. *Réponse à la sixième aporie.*

Il faut distinguer plusieurs sortes d'union. Ce sont, dans l'ordre de perfection : l'union qui est de même rang que la distinction, dans une opposition réciproque et simultanée ; l'union qui intègre dans une monade l'opposition dyadique ; l'union qui intègre toutes les unions de type monadique, car elle est la monade unique de toutes les monades et la forme unique de toutes les formes ; l'union du tout qui enveloppe ses parties pures ; l'union de l'élémenté, qui coagrège tous les éléments soit de la substance mixte, soit de la substance unitaire ; enfin, l'union qui unit ces deux substances, en leur étant antérieure : c'est l'union de l'un-être, exprimée par l'unifié qui, selon le mode indifférencié, contient tout en lui, et donc la distinction elle-même (p. 17.5-21).

Mais l'aporie réapparaît : l'unifié n'est-il pas unifié par l'union et, en même temps, distingué par la distinction, l'une et l'autre étant ensemble ? Car, même si l'union prédomine, la distinction est avec elle, et l'opposition demeure, quoique ce soit de manière atténuée. On répond que c'est notre pensée qui introduit ses propres distinctions jusque dans l'indifférencié pour en suggérer quelque chose (p. 18.1-27).

10. *Réponse à la cinquième aporie.*

Premièrement, les formes de l'étendue et du volumineux sont dans l'intellect et dans la matière. En tant que formes pures, elles présubsistent dans l'intellect, comme toutes les autres formes pures. En tant que mêlées à la matière, on les considère comme les dernières de toutes les formes, mais elles sont dans la matière à titre premier. Toutes les formes sont dans l'intellect, sous un mode exempt de devenir et de façon éternelle, c'est-à-dire de façon indivisible. Elles sont dans la matière, en appartenant au devenir et de façon temporelle, c'est-à-dire de façon divisible. Ici, divisible et indivisible ne s'entendent pas au sens où ces mots désignent les formes mêmes du divisible et de l'indivisible (car ces formes sont aussi dans l'intellect selon la subsistence, et dans la matière selon la participation), mais en un sens analogique et dérivé, de la même manière que l'on appelle monde (κόσμος) le tout, à partir d'une propriété du tout, sa mise en ordre (κεκοσμῆσθαι) (p. 19.1 - 21.2).

Quant aux images (qui sont également des formes), elles se trouvent dans l'intellect aussi bien que dans la matière, car tant là-haut qu'ici-bas il peut y avoir des rapports de ressemblance entre certaines formes. Cependant, si l'on réserve le nom d'image à ce qui par nature ne peut être qu'image, cela ne saurait se trouver dans l'intellect, mais seulement dans la matière, de même que la nature propre du modèle, comme forme exempte de devenir et éternelle, ne saurait se trouver dans la matière, mais seulement dans l'intellect. Ainsi, dans l'intellect, le volumineux, comme forme exemplaire, est indivisible, tandis que dans la matière, son image, tout en gardant, en tant que forme, la propriété du volumineux, est cependant divisible. Les propriétés sont donc communes à l'intellect et à la matière, mais non les hypostases, car les unes sont selon la première subsistence, les autres selon la procession et la participation (p. 21.3 - 22.2).

Deuxièmement, on peut faire des remarques analogues au sujet du producteur et du produit, quels qu'ils soient, car tout ce qui est dans le premier sous un rapport est dans le second sous un autre. Par exemple, tout ce qui est, de façon immobile, dans le monde immobile, est dans le monde automoteur, de façon automotrice, et tout ce qui est dans le monde automoteur, de façon automotrice, est dans le monde mû par un autre, de façon hétéromobile. Tout ce qui est dans l'unifié est aussi dans le distingué, mais selon un autre mode. La procession suppose ainsi l'identité et l'altérité du produit à l'égard de son producteur (p. 22.3 - 23.8).

11. *Réponse à la quatrième aporie.*

1. D'après le 1er point de l'aporie (p. 9.20 - 10.3) une pluralité ne saurait procéder d'une unité. Il est clair, au contraire, que cette procession est possible, si l'un est générateur de tout, et donc des plusieurs, soit par sa simplicité même, soit par la pluralité qu'il enveloppe en lui, car il est tout non pas selon le mode de la distinction, propre aux mondes divers, ni selon le mode de l'union indifférenciée, propre à l'unifié, mais en tant que seulement un. De là, il est clair aussi que d'une pluralité pure, encore une, qui subsiste selon l'un (comme celle du deuxième principe) peut procéder une pluralité unifiée (comme celle du troisième principe), et à partir de cette dernière une pluralité qui se distingue ensuite de plus en plus. De cette façon, unité et pluralité sont toujours combinées dans une proportion inverse, en chaque point de la procession, en deçà de l'un pur et de la pluralité pure qui en découle. «La même chose est une unité sous un rapport et une

pluralité sous un autre» (p. 24.12-13). Dans cette problématique de l'unité et de la pluralité, quatre modes de procession sont possibles : d'une unité à une unité (Zeus → Dionysos), d'une unité à une pluralité (Zeus → les dieux multiples ou jeunes dieux du *Timée* 42 d 6), d'une pluralité à une unité (intellects → âme), d'une pluralité à une pluralité (intelligibles → sensibles). Unité et pluralité sont toujours ensemble, mais tantôt la pluralité est sous le primat de l'unité, tantôt l'unité est sous le primat de la pluralité. Et il n'y a pas à remonter à l'infini pour rechercher au delà de l'un plurifié l'un non-plurifié, si l'un pur est la cause de tous les plusieurs, car il est tout, en tant qu'*un* antérieur à tout (p. 23.9 - 25.12).

2. D'après le 2e point de l'aporie (p. 10.4 - 11.4), un monde dans sa totalité ne peut pas procéder d'un autre dans sa totalité, pour la raison qu'il lui serait égal. On soutient que cette procession est possible et on admet que, si le monde démiurgique dans sa totalité procède du monde titanique dans sa totalité, de même que le monde titanique du monde mainteneur et le monde intellectif du monde intelligible, chaque monde supérieur, en sa totalité, procède en chaque monde inférieur, en sa totalité. En effet, si le monde enveloppant doit dépasser le monde enveloppé, ce n'est pas parce qu'il devrait contenir plus de choses ; en fait, il n'en contient pas davantage, mais il n'en contient pas moins, car chacun des mondes est tout, selon son mode propre ; et toutes les choses qui sont coagrégées dans un monde sont distinguées dans un autre. Ainsi, tous les mondes sont égaux en pluralité, mais ils diffèrent par la grandeur et la puissance productrice dont dépend leur capacité d'enveloppement. Le monde intelligible est le plus universel et le plus enveloppant, tandis que le monde sublunaire est le plus particulier et le plus enveloppé, et les mondes intermédiaires sont à la fois enveloppants et enveloppés selon un rapport analogue (p. 25.13 - 27.15).

Une telle explication de la structure de la procession

des mondes divins reste valable, si l'on considère la procession de la pluralité des dieux particuliers à un monde, aussi bien que la procession des dieux universels qui engendrent chacun un monde. Chaque monde a, en effet, un père universel et des dieux particuliers. Les dieux particuliers procèdent par division de leur père en parties, mais ils demeurent auprès de lui (ainsi les Ouranides auprès d'Ouranos, les Kronides auprès de Kronos, les dieux multiples ou «jeunes dieux» auprès de Zeus). Les dieux universels procèdent en s'écartant de la propriété de leur père, et ils projettent une propriété inférieure, «mais ils conservent la proportion des générateurs à leurs engendrés», et ils sont, comme touts engendrés, analogues aux touts générateurs, ainsi Zeus procédant de Kronos, et Kronos procédant d'Ouranos (p. 27.16 - 28.21).

Dans ce contexte, s'éclairent les modes différents de production : un dieu peut produire un seul dieu et aussi bien une pluralité de dieux, et il peut produire l'un et l'autre, ou selon lui-même dans sa totalité, ou selon l'une des propriétés qui sont dans sa totalité (p. 28.22 - 29.11).

Le 3e point de la quatrième aporie (p. 11.5 - 12.7) est ici laissé sans réponse, mais cette lacune sera comblée plus loin, au cours de la réponse à la troisième aporie (p. 33.18 - 36.20), à propos des rapports de la subsistence du générateur et de la cause de l'engendré, anticipée dans le générateur.

12. *Réponse à la troisième aporie.*

12.1. *Approche de l'aporie.*

La procession de forme semblable suppose la division de la subsistence propre du producteur. C'est le cas de la série qui procède de Zeus lui-même, en étant par rapport à lui synonyme. La procession de forme dissemblable suppose la cause (anticipée dans le producteur) d'une subsistence de forme différente. C'est le cas de Dionysos et des dieux multiples ou «jeunes dieux», qui procèdent de Zeus en étant par rapport à lui hétéronymes. Mais l'aporie reprend : Dionysos est engendré selon la totalité de Zeus, et les dieux multiples selon ses parties; or, si sa totalité et ses parties constituent sa subsistence, Dionysos et les dieux multiples procéderont de Zeus selon la procession de forme semblable et seront par rapport à lui synonymes. On répond que ni les dieux multiples, ni Dionysos ne sont Zeus. L'aporie rebondit encore : comment la série de Zeus qui ne participe pas de la totalité de Zeus, ni ne procède selon toutes ses parties ensemble, mais seulement selon quelqu'une, peut-elle être seule synonyme avec la totalité de Zeus (p. 29.12-30.10)?

12.2. *Structuration de l'aporie.*

La structure de l'aporie admet quatre possibilités. La procession a lieu soit selon la totalité, soit selon une part du producteur, et chacune des deux processions peut être soit synonyme, soit hétéronyme par rapport à son producteur. Ainsi, la procession selon la totalité est synonyme dans le cas de l'hebdomade intellective du démiurge universel (Zeus), et elle est hétéronyme dans le cas de Dionysos. De même, la procession selon une partie est synonyme dans le cas de la série de Zeus, et elle est hétéronyme dans le cas d'Athéna et des jeunes dieux. On explique ensuite ces diverses processions, d'après leur principe de division. Les processions synonymes se réalisent selon la division verticale du producteur en ses parties homéomères (division en profondeur, κατὰ βάθος). Les processions hétéronymes se réalisent selon la division horizontale du producteur en ses parties anhoméomères (division en largeur, κατὰ πλάτος). Chaque partie anhoméomère peut donner naissance, selon sa propre division verticale, à sa propre série de forme semblable, et elle peut aussi, selon quelque division horizontale, contenir d'autres parties anhoméomères par rapport à elle, lesquelles à leur tour donnent naissance à des processions de forme dissemblable à la sienne (p. 30.11-31.17).

12.3. *Justification philosophique.*

Cette manière de concevoir les processions divines est corroborée du point de vue philosophique. En effet, l'intellect pur (l'intellect intelligible) engendre, lui aussi, selon ces deux modes de la division verticale et de la division horizontale. La première division est recoupée à tous les niveaux par la seconde et, de cette façon, d'après la prédominance de telle ou telle forme (le beau, le bien, le juste, etc.) enveloppée dans l'intellect pur ; celui-ci engendre les intellects subsistants différents, les âmes, les natures et les corps. Le problème se pose de savoir pourquoi les genres purs ne subsistent pas à part, en eux-mêmes, à la différence des intellects, des âmes et des corps. On répond : 1) que les formes les plus simples s'unissent étroitement et s'écartent du mode de la subsistence séparée, 2) que le propre des genres purs est de procéder en toutes choses, 3) que l'intellect pur, en tant qu'il enveloppe en lui les formes, engendre d'après elles, et selon sa division horizontale, ce qui est subsistant hors de lui ; en suite de quoi, les engendrés se rangent verticalement, des plus simples et des plus universels aux plus composés et aux plus particuliers, qui ont l'apparence de la subsistence la plus indépendante. — Jusqu'ici la réponse à l'aporie a consisté à identifier la procession de forme semblable à la procession selon la subsistence propre du producteur, et la procession de forme dissemblable à la procession selon la cause anticipée en lui. Mais il faut maintenant examiner les choses de plus près (p. 31.18-33.17).

12.4. *Subsistence et cause anticipée.*

On considère d'abord la subsistence du générateur et la cause de l'engendré comme deux choses différentes. 1) En effet, ce qui est en puissance est autre chose que la subsistence. Or, ce qui est en puissance est analogue (sur le plan inférieur) à ce qui est selon la cause (sur le plan supérieur). Donc, ce qui est selon la cause est autre chose que la subsistence. 2) Si la subsistence du générateur n'anticipait pas en elle la cause de quelque dissemblable, elle n'engendrerait que du semblable. 3) Admettre que la subsistence pourrait, même dans ces conditions, engendrer du dissemblable serait admettre que n'importe quoi peut engendrer n'importe quoi. — Cependant, comment concevoir que la cause soit anticipée dans une chose sans être la subsistence de celle-ci ? En effet, il est exclu que cette cause soit engendrée à partir d'une autre cause (car il faudrait remonter à l'infini), ou à partir de la subsistence elle-même (car la dissemblance de forme de cette cause à l'égard de la subsistence resterait inexplicable). De plus, si le générateur agit par son être, *i.e.* par sa subsistence, il produit par elle non seulement le semblable, mais aussi le dissemblable (p. 33.18-35.5).

On considère alors la subsistence et la cause anticipée comme étant une seule et même chose, avec cette unique différence que la cause n'est pas la subsistence pure, productrice de la génération de forme semblable, mais la subsistence qui s'est inclinée vers quelque altérité et qui, pour cette raison, est productrice de la génération de forme dissemblable. Pour mieux dire, la subsistence coagrège en elle *a priori* tout ce qu'elle produit ensuite, en se divisant soit selon la division homéomère et verticale, soit selon la division anhoméomère et horizontale. Ainsi le vivant pur coagrège en lui tous les vivants à la fois, selon la dimension verticale qui comprend les vivants céleste, aérien, aquatique, terrestre, et selon la dimension horizontale qui comprend les diverses espèces, telles que l'homme, le bœuf, le cheval, etc. De même, la subsistence de Zeus coagrège en elle tous les dieux, non seulement dans la dimension verticale avec l'hebdomade des démiurges qui procèdent selon la totalité de Zeus et selon la synonymie, mais aussi dans la dimension horizontale avec les autres dieux, dont chacun procède selon une partie anhoméomère de Zeus et selon l'hétéronymie (p. 35.6-36.20).

12.5. *La série de Zeus.*

Mais, pour en revenir à la série dite de Zeus, comment se fait-il que, parmi les autres séries particulières, elle soit la seule synonyme par rapport à lui ? Énonçons d'abord le principe que toute synonymie est synonymie de la totalité du producteur, parce qu'elle est produite selon cette totalité, mais qu'elle s'en éloigne proportionnellement au degré de sa propre particularisation. Ainsi chacun des dieux de l'hebdomade démiurgique est, à son propre niveau, synonyme du « Deux-fois au-delà ». Si celui-ci est appelé Zeus, et s'il peut y avoir aussi en lui une source particulière appelée elle-même Zeus, de même qu'une autre appelée Hélios, et une autre appelée Athéna, cette source particulière, homonyme de la source universelle, produira sa propre série synonyme ; telle est la série dite de Zeus, qu'il ne faut pas confondre avec la série-source, issue de la source universelle. En effet, tandis que la source universelle procède dans l'hebdomade du démiurge intellectif, la source particulière appelée Zeus procède, comme les autres sources particulières, dans des séries hypercosmiques, telles que celles des Principautés, des Archanges, des Azones et des Zones. Entre les sources universelles et les sources particulières il peut y avoir homonymie. Mais cette homonymie n'exclut pas une certaine parenté de nature en certains cas, où l'on peut donc observer une certaine synonymie. Il en est ainsi dans les dieux joviens et les dieux improprement appelés par Damascius mainteneurs et télétarques dans l'ordre archique (*i.e.* l'ordre des Principautés hypercosmiques), alors que les véritables Mainteneurs et Télétarques appartiennent respectivement au deuxième et au troisième ordres du diacosme intelligible-intellectif. De la même façon, il y a une Hécate, une Âme et une Vertu archiques avec leurs séries particulières propres. On ne s'étonnera donc pas que, à la suite de la source universelle qu'est Zeus ou le

Démiurge, on nomme démiurgique une source particulière dont procède une série particulière, appelée à son tour série de Zeus (p. 37.1 - 38.17).

12.6. *Conclusions.*

De tout ce qui précède découlent les conclusions suivantes : 1) Tout ce qui se divise dans la procession à partir d'un unique générateur est anticipé en lui par coagrégation : chaque série particulière dans sa source particulière, la série-source de l'hebdomade dans la source universelle, les sources particulières dans la source universelle propre, l'hebdomade des premières sources dans les triades des sources antérieures, et les triades dans l'unique source des sources, ou dans l'unifié proprement dit (p. 38.18 - 39.20). 2) Toute pluralité externe se déploie dans les engendrés à partir d'une pluralité interne coagrégée dans les engendrants (p. 39.21 - 40.5). 3) Tout ce qui est de second rang et plus particulier est anticipé dans ce qui est de premier rang et plus universel (p. 40.6-9). 4) Toutes les choses sont divisées dans leurs ordres et leurs subsistences, et aussi bien intégrées toutes en toutes et en chacune sous son mode propre, selon la loi des trois états de toute procession, qui veut que la pluralité des choses soit d'abord indifférenciée comme la pluralité des éléments au sein de l'élémenté, ensuite en train de se distinguer comme la pluralité des parties au sein d'un tout, enfin distinguée comme la pluralité des formes au sein d'une monade. Et la même loi de procession veut que, à chacun de ces niveaux et de manière analogue à la pluralité interne, procède une pluralité externe : d'abord, à partir de la substance unique, la pluralité des substances (chacune étant déterminée par la prédominance de l'un ou l'autre des multiples éléments qui sont coagrégés dans la substance unique) ; ensuite, à partir de la vie unique, la pluralité des vies (chacune étant dominée par l'une ou l'autre des caractéristiques des parties qui sont en train de se distinguer dans la vie unique) ; enfin, à partir de l'intellect unique, la pluralité des intellects (chacun étant spécifié par l'une ou l'autre des formes qui sont distinguées dans l'intellect unique) (p. 40.10 - 42.4). 5) Tout ce qui se distingue dans ce qui est postérieur est coagrégé dans ce qui est antérieur. Depuis le diacosme intelligible jusqu'au diacosme sensible, en passant par les diacosmes intermédiaires, tout est en chaque diacosme selon un mode propre d'union et de distinction (p. 42.5-14).

La dernière de ces conclusions appelle plusieurs précisions. Ce qui se distingue est-il une simple manifestation de ce qui, là-haut, est caché, et non une génération ? En fait, puisque la subsistence de chaque chose ne lui appartient pas comme sa propriété avant d'être distinguée, parler ici de distinction ou de génération est indifférent (p. 42.15-23).

Est-ce que les formes individuelles sont aussi coagrégées dans ce qui est antérieur ? Damascius discute et écarte successivement plusieurs manières de concevoir leur anticipation, d'abord dans des causes éternelles propres ou dans des paradigmes, ensuite dans des actes accidentels de leurs générateurs, actes qui seraient, eux-mêmes, spécifiés à partir des formes universelles. Il admet enfin que la cause immobile (l'intellect) coagrège *a priori* ces formes selon le mode général de la nature qui les engendre à l'infini. En tant qu'engendrées, elles sont toutes anticipées en bloc selon une causalité unique, «qui n'est pas ma cause propre, ni la tienne non plus, et qui néanmoins est cause de moi aussi bien que de toi, et des individus qui ont existé auparavant comme de ceux qui existeront plus tard» (p. 42.24 - 45.3).

Enfin, dernière remarque : ce qui partout est ou coagrégé ou distingué est une subsistence, qui est ou selon la cause (Athéna dans la subsistence de Zeus), ou selon la subsistence propre elle-même (Athéna en elle-même), ou selon la participation (Athéna participée dans Koré). D'un point de vue plus dialectique, on peut dire que les mêmes genres de l'être composent à chaque niveau une subsistence différente, en tant qu'éléments, celle de la substance ; en tant que parties qui se distinguent, celle de la vie ; en tant que formes distinguées à égalité, celle de l'intellect pur, et, dans la mesure où la distinction privilégie quelque élément, partie ou forme, celle des intellects de plus en plus particuliers. A un point de vue plus logique, on dira que l'homme est inclus dans la subsistence du vivant, ensuite qu'il subsiste en lui-même et enfin qu'il est inclus comme un élément dans la subsistence de l'individu que je suis (p. 45.4 - 46.8).

13. *Réponse à la deuxième aporie.*

La procession de forme semblable peut avoir quelque chose de forme dissemblable sans se confondre avec la procession de forme dissemblable : ainsi, chaque Athéna reste de forme semblable à la première Athéna, tout en différant d'elle par une espèce plus particulière. De même, la procession de forme dissemblable peut avoir quelque chose de forme semblable, sans se confondre avec la procession de forme semblable : ainsi Athéna reste de forme dissemblable par rapport à Zeus, tout en ayant des caractères communs avec lui. Puisque les genres communs peuvent être participés dans une procession de forme dissemblable, ils ne suffisent pas à définir ce qui est de forme semblable ; il faut donc examiner les subsistences propres et leurs noms. — Les dénominations plus générales sont aussi bien de forme dissemblable (par exemple à partir de l'hénade la substance, à partir de la substance la vie, à partir de la vie l'intellect, etc.) que de forme semblable (à partir de Dieu les dieux, à partir de la substance unique les substances, à partir de la vie unique les vies, etc.). La procession de forme semblable est antérieure à la procession de forme dissemblable (p. 46.9 - 49.2).

14. *Première réponse à la première aporie.*

14.1. *Loi de procession des pluralités.*

La question est de savoir si l'unifié donne lieu à quelque procession et à laquelle. Mais tout d'abord, on justifiera le fait qu'une pluralité d'intellects procède d'un intellect unique, une pluralité de vies d'une vie unique, une pluralité de substances d'une substance unique, d'après la loi qu'une pluralité externe procède d'une pluralité interne au générateur (p. 49.3 - 50.3).

14.2. *Pluralité des intellects.*

La pluralité interne des formes, propre à l'intellect pur (*i.e.* ici l'intellect intelligible et unifié), produit la pluralité externe des intellects (mainteneur, titanique, démiurgique, etc.), chacun étant spécifié par une forme qui prédomine. Par là, tout intellect est d'abord dans l'intellect pur (p. 50.4-19).

14.3. *Pluralité des vies.*

De même, la pluralité externe des vies procède de la pluralité interne des parties du tout qu'est la vie première (intelligible et unifiée), avec cette différence cependant que le mode de subsistence de la vie et des vies est tout autre que celui de l'intellect et des intellects, puisque au lieu d'avoir l'être sur le mode de la distinction achevée et circonscrite, elles l'ont sur le mode de la distinction en train de se faire (mode propre au tout et aux parties). Les différentes vies ont rang de parties entre elles et par rapport à leur cause, mais, à leur tour, elles ont aussi raison de touts en train de se distinguer (p. 50.20 - 51.19).

14.4. *Pluralité des substances.*

Pareillement, la pluralité externe des substances procède de la pluralité interne des éléments de la substance unique, intelligible et unifiée (l'être pur), et les différentes substances ont rang d'éléments les unes par rapport aux autres, et par rapport à leur cause. En raison de leur grande union, leur subsistence est celle qui convient à ce qui refuse d'être circonscrit et aspire au mélange et à l'indifférenciation (p. 51.20 - 52.24).

14.5. *Pluralité externe de l'intelligible?*

Est-ce que, tout comme les pluralités internes précédentes (formes, parties, éléments), les plusieurs purs de l'intelligible (différents des plusieurs purs du deuxième principe) produisent une pluralité externe correspondante? Si c'était le cas, l'unifié procéderait dans ce qui est après lui. Mais il n'en est pas ainsi, car les plusieurs intelligibles ne sont affectés par aucune distinction ni différence interne, même pas par la différence qui affecte les éléments et qui est au principe de la procession des substances. Absolument indifférenciée, la pluralité intelligible reste seulement interne à l'unifié et ne procède pas dans une pluralité externe (p. 52.25 - 54.10).

14.6. *Tout procède de l'unifié improcessible.*

Cependant, tout est engendré à partir de l'intelligible, comme l'enseignent les Oracles Chaldaïques et l'Orphisme. Tout est anticipé de manière indifférenciée dans l'unifié, selon le mode de l'union qui lui est propre, et non pas selon le mode du mélange qui caractérise l'élémenté (*i.e.* la substance). Et tandis que la procession de l'élémenté se poursuit hors de lui-même en s'abaissant selon les différences des éléments, la procession de l'unifié reste en lui-même, car l'unifié est privé de la différence entre la dimension verticale et la dimension horizontale, nécessaire à la procession externe. Cela n'empêche pas que tout procède de lui. Mais, en revanche, la procession de toutes choses à partir de l'unifié n'implique nullement que l'unifié procède à partir de lui-même en quelque chose. L'unifié est ainsi la monade unique de toutes les processions, ou plutôt de leurs propres monades (p. 54.11 - 56.19).

14.7. *Indifférenciation et triadisme dans l'unifié.*

Comment concilier alors l'absence totale de différence dans l'unifié avec sa division en trois ordres? Une première remarque consiste à dire qu'en réalité la division n'est pas dans l'unifié lui-même, mais dans la représentation que nous nous faisons de lui, à partir de notions qui n'apparaissent dissociées qu'en deçà de lui, et que nous faisons remonter en lui. On ne peut pas parler, en toute vérité, d'une procession externe de l'unifié, ni non plus d'une procession interne, et la triade des ordres de l'unifié n'exprime pas l'unifié au sens propre, mais elle le suggère de façon rétrospective et analogique, comme étant le «maître absolu de la division triadique et non pas son producteur». L'impossibilité de saisir l'unifié en tant qu'il est un, nous le fait considérer comme non-un, et nous le concevons triadique par analogie (p. 56.20 - 58.15).

Une autre façon de voir consiste à admettre une certaine détente dans l'intelligible, en pensant que tout monde procède en lui-même, sans qu'aucun entre dans l'abaissement d'un autre. Mais, alors que l'extrémité inférieure de chaque monde est à l'extrémité supérieure du suivant dans un rapport de véhiculé à véhiculant, l'intelligible n'est véhiculé par aucun monde en particulier, et il demeure imparticipable. En effet, s'il était véhiculé par ce qui le suit, il devrait lui-même véhiculer ce qui le précède, c'est-à-dire le premier dieu (l'un limitant), qui cesserait par là-même d'être imparticipable (p. 58.16 - 60.5).

Par ailleurs, si l'on supposait que l'intelligible est seulement véhiculé et que le corps est seulement véhiculant, tandis que les intermédiaires sont à la fois véhiculés et véhiculants, on devrait conclure que l'intelligible est participable de multiples façons, ou qu'il est lui-même une pluralité de participables, différents par la forme, ce qui est inconciliable avec l'indifférenciation de l'unifié (p. 60.6-16).

De plus, entre l'un qui ne procède ni en lui-même ni hors de lui-même et ce qui procède en soi et hors de soi, est-il croyable que l'intelligible soit resté à bon droit au milieu, en procédant en lui-même, sans procéder hors de lui (p. 60.17-21)?

En outre, l'unifié est antérieur au premier véhiculé et

au premier véhiculant, que sont, dans l'ordre, l'hénade et la substance contredistinguées par la première altérité ; et comme, selon Jamblique, l'unifié a sa subsistence auprès de l'un antérieur, il est normal qu'il reste indifférencié en soi et improcessible au dehors. Cependant, s'il y a en lui quelque apparence d'abaissement, elle ne se traduit ni par un nombre, ni par une pluralité déterminée, ni par une altérité. La triade, là-haut, n'est pas trois monades, mais l'un de la triade, antérieur à l'un et à la substance contredistingués. Et la pluralité intelligible, qui est dans l'unifié, est indéterminée, comme l'est, après l'un absolu, l'hénade de la pluralité pure, génératrice d'infini, dont la pluralité intelligible est le premier rejeton (p. 60.22 - 62.13).

15. *Deuxième réponse à la première aporie.*

15.1. *Les pluralités externes : illuminations ou subsistences ?*

On remontera des choses d'en-bas vers les tout-premiers intelligibles, en supposant l'ordre ascendant suivant : ce qui est mû par un autre (ou le corps), l'automoteur (ou l'âme), l'immobile distingué (ou l'intellect), l'immobile qui se distingue (ou la vie), l'immobile indifférencié (ou la substance). Il s'agit de savoir si, à chaque niveau, il y a une pluralité externe correspondant à la monade qui le commande. Y a-t-il une pluralité d'âmes à la suite de l'âme unique, une pluralité d'intellects à la suite de l'intellect unique, une pluralité de vies à la suite de la vie unique, une pluralité de substances à la suite de la substance unique ? Chacune de ces pluralités ne pourrait-elle pas être une simple pluralité d'illuminations, soit psychiques, soit intellectives, soit vitales, soit substantielles, et non une pluralité de subsistences indépendantes (p. 62.14 - 64.14) ?

15.2. *Lois générales.*

Or, de même que l'illumination suspendue à l'illuminant est préférable à l'illumination infuse dans l'illuminé, de même la subsistence indépendante est préférable à l'illumination de même rang. De plus, toute perfection qui appartient déjà à l'inférieur appartient *a fortiori* au supérieur. Donc, si l'âme inférieure n'est aucune des deux illuminations, mais une certaine substance indépendante, l'âme supérieure (humaine, divine) sera bien davantage indépendante, et *a fortiori* l'intellect, la vie, la substance (p. 64.15-65.26).

15.3. *Application aux âmes.*

Cela posé, Damascius, à partir de la pluralité évidente des corps singuliers, établit en premier lieu que ceux qui sont animés le sont selon une animation propre à chacun, laquelle postule un principe propre automoteur. Il établit, en second lieu, que ces principes d'animation ne sont pas de simples illuminations, soit infuses au corps (car ce qui est automoteur est séparable du corps), soit suspendues à un principe unique (car dans ce cas, les passions des âmes particulières seraient imputables à l'âme universelle). Il faut donc que les âmes humaines subsistent de façon indépendante, en elles-mêmes. Ainsi, les êtres animés supérieurs auront une triple vivification : celle qui est dans le substrat corporel, celle qui est commune à tous les corps à partir de l'âme universelle, celle qui est intermédiaire entre les deux et qui est propre à chacun des êtres animés supérieurs, par l'effet de l'âme particulière qui est la sienne. En suite de quoi, si l'on considère l'ensemble des âmes, il faut qu'il y ait entre l'âme universelle, qui est la monade de toutes, et les âmes les plus particulières, la série tout entière des âmes intermédiaires, afin que les dernières puissent procéder. Si, avec plus d'exactitude, on précise que, venant de l'âme universelle, il y a une vivification préalable, partagée par tous les corps privés d'âmes, et une vivification terminale, qui unifie tous les corps dans une vie commune, il faut, ou bien que tous les corps soient inanimés et ne vivent que de la vie du tout, ou bien que, si certains sont animés, ils le soient par une vivification intermédiaire entre les deux vivifications qui viennent de l'âme universelle ; or, cette vivification-là ne peut être que l'effet d'une âme propre à chacun. Il y a donc après l'âme unique une pluralité d'âmes indépendantes (p. 66.1 - 68.9).

15.4. *Application aux immobiles, à l'unifié, à l'un.*

Si le corps animé est à l'âme dans le même rapport que l'être intelligent à l'intellect, et si le corps animé est un corps suspendu à une âme propre et indépendante, alors on peut conclure que l'être intelligent est une âme suspendue à un intellect propre et indépendant. Il y a donc une pluralité d'intellects indépendants suspendus à l'intellect unique.

Le même raisonnement est applicable au rapport de l'intellect et de la vie. Tout intellect vit ; il est donc suspendu à une vie propre et indépendante. Par suite, il y a une pluralité de vies participables suspendues à une vie unique et imparticipable.

On peut raisonner pareillement à l'égard de la vie et de la substance. Toute vie est suspendue à une substance participable, et la pluralité des substances participables est suspendue à une substance imparticipable.

Pourquoi donc ne pas envisager de la même façon le rapport de la substance à l'unifié ? En toute substance, il y a, en effet, une disposition à être unifiée. Toute substance est donc suspendue à un unifié participable, et tout unifié participable est suspendu à l'unifié unique et imparticipable. On pourrait ainsi considérer qu'il y a une triple hypostase de l'unifié, et le même raisonnement se reproduit au sujet de l'un, introduisant ainsi une aporie nouvelle (p. 68.10 - 69.22).

16. *Troisième réponse à la première aporie.*

16.1. *Théorie de l'hétéromobile, de l'automoteur, de l'immobile.*

En s'élevant de nouveau de l'inférieur au supérieur, on recherchera les indices qui révèlent la nécessité des monades et la nécessité des pluralités qui les suivent (corps, âmes, intellects, vies, substances), ainsi que l'enchaînement de chaque niveau à celui qui le précède (ce qui nous conduira jusqu'à l'aporie de l'unifié et de l'un, déjà citée à la fin du paragraphe précédent). Damascius utilisera dans ce but la triade de l'hétéromobile, de l'automoteur et du triple immobile (intellect, vie, substance), et il commence par souligner ici les moments dialectiques de cette problématique (p. 70.1 - 72.2).

16.2. *Automoteurs apparents et automoteurs réels.*

La première remontée va de l'hétéromobile à l'automoteur. La pluralité d'espèces des automoteurs apparents, que sont dans l'hétéromobile les divers corps animés, est un indice de la pluralité d'espèces des automoteurs réels dont ils descendent. Il y ainsi une pluralité d'âmes différentes en espèce, qui se rattachent, elles-mêmes, aux raisons psychiques de l'âme universelle. Ces raisons sont les parties de cette âme ; distinctes en espèce, elles sont toutes divines, mais les corps animés ne manifestent pas tous, dans leurs actes, cette nature : celui-ci est divin, celui-là démonique, cet autre humain, et il y a le corps animé de chaque individu. Il faut donc que les automoteurs réels, que sont les âmes intermédiaires entre les raisons de l'âme universelle et les corps animés, soient eux-mêmes différents en espèce. Or, que l'animation des corps se fasse de près par coordination des âmes aux corps, ou de loin par simple illumination, cela, pour le moment, importe peu ; il suffit de remarquer d'abord qu'à chaque corps animé correspond une âme propre qui lui communique une automotricité apparente, et d'apercevoir ensuite la différence réelle des activités du corps animé et des activités de l'âme. Ce sont là des évidences, en ce qui nous concerne, et nous sommes fondés à penser qu'il en est de même chez les êtres démoniques et chez les dieux astraux. Le corps animé est à l'âme rationnelle (divine, démonique ou humaine) comme est l'instrument à celui qui s'en sert, ou comme le véhicule au véhiculé (p. 72.3 - 74.25).

16.3. *Immobiles apparents et immobiles réels.*

On remonte ensuite de l'automoteur à l'immobile. Il y a un certain immobile apparent (comme la rotation des mouvements célestes et, de même, le mouvement circulaire des âmes), que Platon et Plotin considèrent comme l'image de l'immobile réel (l'intellect). Mais on peut concevoir aussi bien que cet immobile apparent est une image de l'immobile psychique, car la substance de l'âme, qu'elle soit éternelle ou qu'elle appartienne au devenir, est complètement immuable ; et ce caractère se retrouve aussi dans la substance des corps célestes, laquelle, sans être éternelle mais appartenant au devenir, est néanmoins immuable et perpétuelle. Il y a donc, à un premier degré, un immobile apparent dans la substance des corps (hétéromobiles) et, à un second degré, un immobile apparent dans la substance des âmes (automotrices et automues). C'est à ces immobiles apparents que nous remontons d'abord, à partir de l'identité des mouvements circulaires des corps célestes et des âmes. Ensuite, parvenus à l'immobilité apparente des substances psychiques, différentes en espèce, nous pouvons remonter vers chaque immobile réel intellectif, auquel chacune se suspend. On aboutit ainsi à une pluralité d'intellects différents en espèce (p. 75.1 - 77.18).

16.4. *Pluralité d'intellects indépendants.*

Réduire cette pluralité d'intellects à une simple pluralité de modèles dans l'intellect unique est impossible. On ne saurait confondre, en effet, un intellect donné avec une partie quelconque de l'intellect unique (par exemple, l'intellect héliaque avec la partie héliaque de l'intellect unique), puisqu'il n'est même pas possible, à un niveau inférieur, d'identifier l'immobile apparent de l'âme universelle (par exemple l'immobile de la partie héliaque ou séléniaque de cette âme) avec l'immobile de l'âme héliaque ou séléniaque en elle-même, ni mon propre immobile psychique apparent avec son anticipation dans l'âme universelle. De plus, si les diverses âmes diffèrent de leurs causes, leurs immobiles apparents diffèrent également entre eux, et chacun nous fait remonter vers un immobile réel différent. Il y a donc bien une pluralité d'intellects indépendants après l'intellect unique (p. 77.19 - 78.24).

16.5. *Intellects participables.*

Il faut, de plus, considérer que les intellects sont coordonnés aux âmes correspondantes (par exemple, l'intellect héliaque à l'âme du soleil) comme à des instruments ou à des véhicules. Ils communiquent aux âmes l'immobile apparent approprié, tandis que, par le moyen des âmes, ils communiquent aux espèces naturelles correspondantes une trace de cet immobile. Ainsi, une âme reçoit de l'intellect qu'elle véhicule la nature intelligente, tandis que la forme naturelle, qui véhicule cette âme, reçoit d'elle la nature animée. Par suite, la pluralité des intellects, à laquelle nous sommes remontés jusqu'ici n'est pas la pluralité des intellects imparticipables, mais la pluralité des intellects participables (p. 79.1 - 80.5).

16.6. *Principe des anticipations.*

Avant de remonter vers la pluralité des intellects imparticipables, il faut préciser les analogies suivantes : de même que l'hénade véhiculée par l'intellect anticipe la propriété de l'intellect et qu'elle est intellect unitaire, de même l'intellect véhiculé par l'âme anticipe la propriété de l'âme et il est âme intellective. Pareillement, l'âme véhiculée par le vivant sensible ou encosmique est par anticipation nature et forme encosmique, tandis que l'intellect l'est par anticipation, antérieurement à cette âme, et que l'hénade l'est sur le mode unitaire antérieurement à tout. En effet, les dieux (ou hénades) dits encosmiques, matériels, sensibles, ont ces caractères, non pas à cause de leurs véhicules, contrairement à ce qu'ont pensé Syrianus et Proclus, mais, sur le mode unitaire, à cause de la propriété qu'ils communiquent eux-mêmes à ces véhicules (p. 80.6-81.22).

16.7. *Remontée vers les intellects imparticipables.*

On peut, dès lors, considérer la remontée de l'immobile apparent vers l'immobile réel. Elle se décomposera en deux moments, tout comme la remontée de l'automoteur apparent vers l'automoteur réel, laquelle se décompose en remontée vers l'automoteur réel encore mêlé à l'hétéromobile (et seulement automoteur par l'hypostase, non par la propriété) et en remontée vers l'automoteur complètement réel (tant par la propriété que par l'hypostase). Ainsi, la remontée vers l'immobile réel se fera, d'abord, vers l'immobile réel qu'est l'intellect psychique, immobile seulement par l'hypostase et non par la propriété (c'est l'intellect participable), puis, vers l'immobile réel tant par la propriété que par l'hypostase (c'est l'intellect imparticipable). Et, de même qu'il y a une pluralité d'intellects participés, il y a une pluralité d'intellects imparticipables, chaque participable ayant sa propre forme épurée dans son imparticipable. On ne saurait remonter directement de tout immobile apparent vers l'imparticipable, sans passer par l'intermédiaire de l'immobile réel participable. En résumé, il y a, antérieurement à la pluralité des immobiles apparents, une pluralité d'immobiles réels participés, et antérieurement à cette pluralité, une pluralité d'immobiles imparticipables ; à chaque pluralité de participables ou d'imparticipables commande une monade propre (p. 81.23-83.17).

16.8. *Remontée analogue vers la vie, la substance, l'unifié.*

Parvenus au sommet de la triade de l'hétéromobile, de l'automoteur et de l'immobile, nous diviserons ce dernier en trois : l'intellect, la vie, la substance. Car l'intellect, quoique distingué, n'est pas absolument dispersé, il possède une vie qui le rassemble ; la vie qui est mêlée à l'intellect postule une vie supraspécifiée et pure, et, de même, la substance qui est mêlée à la vie postule une substance pure et parfaitement unifiée. De cette façon, prennent rang les monades de l'intellect, de la vie et de la substance, de même que les pluralités qui se rattachent à elles, tant les pluralités participables que les imparticipables. S'il en est ainsi, pourquoi ne pas appliquer à l'unifié le même raisonnement ? Dans une première démarche, on remonte de la pluralité des participants (intellects, vies, substances) vers la pluralité des hénades participables qui, sur le mode unitaire, sont substantielles, vitales, intellectives ; dans une seconde démarche, on remonte de la pluralité des dieux (hénades) participables vers la pluralité des dieux imparticipables, qui se rattachent à leur pure monade. Et il faut remarquer que, si, après la contradistinction de l'un et de l'être, se manifeste une double pluralité imparticipable et participable, qui suit l'un pur (contredistingué), la substance pure, la vie pure, l'intellect pur et l'âme pure, il doit y avoir aussi, avant la contradistinction et à partir du pur unifié, une double pluralité d'unifiés, les uns imparticipables, les autres participables (p. 83.18 - 85.24).

16.9. *Aucune procession de l'un.*

Dans ces conditions, ne faut-il pas dire que de l'un pur lui-même (ici le 1er principe), qui est au-dessus de l'unifié, il y a une double procession, imparticipable et participable ? Cela est impossible, parce que, là-haut, il n'y a encore aucune distinction, ni de participant et de participé, ni de participable et d'imparticipable, ni même de plusieurs et d'un ; il n'y a absolument aucune différence. De plus, ce qui est au principe du tout ne saurait subir aucune des choses qui procèdent et qui subsistent dans une certaine distinction. Enfin, l'un transcendant tout perdrait son caractère de principe commun de tout, s'il était le principe propre d'une pluralité imparticipable, de même qu'il perdrait aussi sa nature non coordonnée de principe, s'il se rattachait à une pluralité participable dont il serait la monade. Son caractère même de cause universelle et première n'est pas distingué de lui (p. 86.1 - 87.16).

16.10. *Pas de réelle procession de l'unifié.*

Cependant, revenons à l'unifié lui-même. Contrairement à ce qui apparaît d'abord, il refuse, lui aussi, toute pluralité en train de se distinguer, car, ayant son être dans l'un, il ne veut en être écarté d'aucune façon. L'unifié n'admet donc aucune procession. Considéré d'en bas, à partir de l'un et de l'être contredistingués, il est l'un-être simple, rangé avant eux et précédant la nécessité de procéder qui les distingue l'un de l'autre. Considéré d'en haut, à partir des deux premiers principes, il est constitué d'un et de plusieurs à la fois, étant un en tant qu'il manifeste l'un, et unifié en tant qu'il manifeste ce qui est plusieurs, sans que cela soit affecté de distinction et de procession. L'unifié ne saurait donc admettre, lui non plus, une procession quelconque, ni interne ni externe. L'unifié a tout absorbé dans son union unique, comme l'un dans son unique simplicité. Jamblique nous fait une nécessité de nous approcher de l'intellection intelligible d'une si parfaite union, mais à son égard nous nous sommes divisés, en la caractérisant comme plurifiée et comme unifiée. En réalité, ce ne sont pas là deux caractères séparés, mais repliés ensemble dans l'unifié ; et, sans doute, en distinguant en lui un et non-un, nous nous trompons, tandis qu'en les unissant nous disons vrai (p. 87.17 - 90.20).

16.11. *Genèse de la notion triadique de l'unifié.*

En considérant l'abîme hypercosmique (*Orac. Chald.*, fr. 18) qu'est l'unifié, nous le qualifions de «monde caché» qui porte en lui tous les mondes dans une gestation indifférenciée. Mais, ce faisant, cette notion de monde introduit dans notre conception de l'unifié un ordre de premiers, de moyens et de derniers, alors que l'unifié récuse, quant à lui, cette distinction qui n'apparaît qu'en deçà de l'intelligible, à partir de la limite des intelligibles et des intellectifs. Aux prises avec le désir et l'impossibilité de saisir l'intelligible, nous nous divisons nous-mêmes à son égard, et dans la crainte de lui transférer notre complète division, nous nous contentons de l'évoquer à travers la triade (p. 90.21 - 92.13).

16.12. *Purification de notre conception de l'unifié.*

Dans la remontée vers l'unifié, une première purification de nos pensées consiste dans le fait que nous partons, non pas des réalités ordinaires, mais des réalités intelligibles : substance, vie, intellect. Une deuxième purification est que nous partons plus précisément des propriétés pures ; celles-ci sont antérieures aux propriétés unitaires et aux propriétés substantielles (ou composées). Les propriétés unitaires et les propriétés substantielles suivent la contradistinction de l'un et de l'être en deçà de l'intelligible, et elles appartiennent aux substances, aux vies, aux intellects, définis et non plus purs ; les propriétés pures sont les propriétés de l'intelligible même ou de l'unifié pur. Celui-ci, d'ailleurs, ne contient pas seulement ces propriétés pures, mais tout ce qui se distingue ensuite à partir d'elles, «car il est toutes choses de façon intelligible» et indifférenciée, non qu'il se divise en quelqu'une, même pas dans les propriétés pures. Toutefois, substance pure, vie pure et intellect pur seraient les premières réalités à se manifester, s'il fallait que quelque chose se manifestât dans l'unifié, car, du point de vue de leur perfection, elles sont les premières à être formées, étant les plus unifiées de toutes. Une troisième purification consiste à entendre substance, vie, intellect, non pas dans la distinction où les supposent ces mots, mais d'après la nature unique de l'unifié, qui est tout entier intelligible et indifférencié sous ces trois divisions. Substance, vie et intellect intelligibles ne sont ainsi appelés qu'en un sens purement causal, pour suggérer ce qui dans l'unifié anticipe, de façon absolue et antérieurement à toute distinction de l'unitaire et du substantiel, tout ce qui est, vit et pense après cette distinction et selon elle (p. 92.14 - 95.10).

16.13. *La pluralité pure de l'intelligible.*

On ne peut admettre aucune procession externe ou interne de l'intelligible ou de l'unifié (cf. p. 88.1 ss), et par conséquent, venant de lui, aucune pluralité, imparticipable ou participable, ce qui interdit de concevoir l'unifié comme étant la pluralité interne des éléments, des parties et des formes. Sa pluralité pure n'est ni composée, ni divisée, mais unifiée. La nature de l'intelligible, plurifiée à partir des plusieurs purs du 2e principe et unifiée à partir de l'un, coagrège dans l'indifférencié la procession de tout et, en premier lieu, de ce que, dans le langage de la distinction, nous nommons substance, vie, intellect, car nous ne pouvons saisir leur coagrégation qu'indirectement, ce qui consiste à la renverser d'abord dans la division, et à déréaliser ensuite les mots de substance, vie, intellect, procession, appliqués à l'intelligible, en les faisant précéder, à chaque fois, d'un «quasi», indice de l'écart du langage (p. 95.11 - 96.15).

16.14. *L'intelligible, comme identité originelle de tout.*

Peut-être faut-il contracter la dualité de la procession externe et de la procession interne dans l'unité qui leur est antérieure. En effet, l'intelligible est, *a priori,* à la fois, et avant toute distinction, monade (par son union incirconscrite) et monde, tandis que la première substance, et la pluralité des substances, qui la suit, sont deux choses différentes dont se forme le monde substantiel (le même raisonnement vaut pour la vie unique et la pluralité des vies dont se forme le monde de la vie, ainsi que pour l'intellect et les intellects). Si donc l'intelligible se constitue, quant à lui, avant toute distinction, à la fois monade et monde, on peut dire qu'il est aussi *a priori* la somme des mondes et le monde total avant la distinction de la monade et du nombre, de telle sorte qu'il constitue pareillement l'identité originelle de la pluralité interne et de la pluralité externe, antérieure à leur projection, et encore l'identité originelle des formes, des parties et des éléments, antérieure à leur distinction (p. 96.16 - 97.15).

Cette identité radicale est celle de l'un-être et elle demeure, que l'on conçoive avec Platon l'un-être comme indifférencié d'abord, ou ensuite comme en train de se distinguer, ou enfin comme distingué. En effet, la distinction supposée par Platon n'a jamais réellement séparé l'une de l'autre les quasi-parties de l'un-être, mais elle a fait apparaître ses fragments comme unifiés, de sorte qu'ils ne sont pas des fragments, et que cette distinction n'est pas une distinction réelle, car elle a souligné l'union et l'indivisibilité de l'unifié, «jusqu'en sa toute dernière limite, là où il pourrait sembler qu'il se distingue le plus de lui-même» (p. 98.19-20). La pluralité de l'unifié reste donc indéterminée. Ses éléments ne sont que des quasi-éléments ; ils ne sont ni distingués ni même mélangés, mais unifiés avant toute distinction, de sorte qu'ici dimension horizontale et dimension verticale sont indifférenciées, et que pluralité participable et pluralité imparticipable sont coagrégées en une seule, la pluralité pure de l'unifié, qui leur est antérieure (p. 97.16 - 100.17).

16.15. *Pluralité imparticipable et contradistinction de l'un et de la substance.*

Le problème est maintenant de savoir s'il faut poser l'un pur (celui qui est séparé de la substance par l'altérité) et, à partir de lui, une pluralité imparticipable qui précéderait la pluralité participable des hénades, suivie elle-même de la pluralité des substances. Un premier argument en faveur de cette hypothèse est le besoin que l'on a d'un *un* pur qui soit au principe des seules hénades, tandis que l'unifié est non seulement hénade mais aussi substance et que l'un limitant qui est au delà de l'unifié est principe non seulement des hénades mais encore des substances. Un second argument est qu'en remontant de véhiculants à véhiculés, on aboutit à l'hénade définie et participable, véhiculée par la substance pure ; or, il faut qu'avant l'hénade définie, il y ait l'hénade pure et imparticipable, de telle sorte que l'hénade pure et la substance pure ne seront plus contredistinguées l'une de l'autre sur un même plan. Malgré le caractère persuasif de l'argumentation, Damascius n'est pas convaincu de la vérité de l'hypothèse (p. 100.18 - 102.10).

Il est préférable, pense-t-il, de suivre d'abord Platon qui, immédiatement après l'un-être, contredistingue l'un et la substance, en face l'un de l'autre (*Parm.*, 143 a 4 - b 7). Car, si l'on admet, comme précédemment, que la substance suit l'un et qu'entre elle et l'un se trouve la pluralité imparticipable, il n'y aura pas autant de fragments de la substance que de l'un, contrairement à ce qu'affirme le *Parménide* (144 d 6 - e 3). Ensuite, si par manière de contre-épreuve, on essaie de plaider à partir des réalités intelligibles pour l'hypothèse contraire à la conception platonicienne, on constate que ni dans l'intelligible (l'unifié), ni dans l'intelligible-intellectif (la substance qui est réellement, d'après le *Phèdre*, 247 c 6-7), il n'y a de place pour cet un pur, qui serait suivi d'une pluralité imparticipable, selon les termes de l'hypothèse. Si on allègue que le sommet de l'intelligible-intellectif commence avec la pluralité pure de l'unifié, on rétorquera qu'il ne saurait y avoir une pluralité d'hénades avant l'altérité, à moins de concevoir l'altérité même comme imparticipable et comme ayant une pluralité imparticipable. Mais l'altérité, dont il s'agirait alors, serait le deuxième principe lui-même, *i.e.* les plusieurs purs, opposés à l'un pur qui est antérieur à tout (et à l'unifié comme substance pure). Or, ces plusieurs purs ne sont nullement distingués en eux-mêmes, et ils demeurent improcessibles comme l'un qui leur est antérieur (p. 102.11 - 104.18).

16.16. *L'être pur et l'un pur.*

Considérons, en outre, la substance. Au delà de la substance simple (ou unitaire) et de la substance composée (ou unifiée selon un certain mélange), qui sont l'une et l'autre des substances définies, il y a la substance pure qui anticipe les deux autres selon leur ensemble. Et c'est là l'intelligible à partir duquel tout se déroule. Cet être pur est donc l'unifié, l'être-tout, au-dessus duquel est l'un-tout (l'un pur antérieur à tout), chacun des deux étant cause de tout, tant des substances que des hénades, contredistinguées postérieurement. Mais l'un pur et l'être pur que nous cherchons doivent être en tête, celui-ci, des seules substances, celui-là, des seules hénades. Or, dans l'un-être, c'est seulement selon la totalité de la subsistence de ce dernier que l'un est être et que l'être est un (non par leur propriété ni par leur hypostase). Cela réserve donc la possibilité que l'un pur et l'être pur aient leur racine dans l'un-être. Par elle, ils sont antérieurs à l'altérité qui vient les contredistinguer ensuite avec leurs séries correspondantes d'hénades et de substances. Après cela, Damascius fait un résumé des divers niveaux et des divers sens du suprasubstantiel (p. 104.19-107.11).

Enfin, Damascius conclut, d'une manière générale, en soulignant l'étroite relation qu'entretient avec l'un pur antérieur à tout la pluralité imparticipable, entendue au sens de la classe intelligible et unifiée des dieux, qui constitue le diacosme caché. Dans sa parenté avec le premier principe, l'intelligible est un, encore qu'il soit contemplé à travers la triade qui, loin d'être une distinction de réalités, n'est qu'une suggestion de la pluralité telle qu'elle peut se trouver dans l'intelligible (p. 107.12-108.15).

Deuxième partie : Examen des traditions théologiques

1. *La théologie chaldaïque des triades.*

A l'aide des notions philosophiques déjà élaborées, examinons d'abord la théologie des triades chaldaïques, qui est la plus mystique de toutes, mais qui paraît la plus opposée à nos conceptions, dit Damascius, dans la mesure où nous cherchons à coagréger au maximum l'intelligible dans une seule union (p. 108.16 - 109.14).

1.1. *L'interprétation proclienne.*

Pour les «philosophes récents» (Syrianus, Proclus), chacune des trois triades intelligibles se compose de deux hénades, le limitant et l'illimité, et d'une monade substantielle et composée, qui est soit la substance, soit la vie, soit l'intellect. A cela Damascius oppose une série d'arguments. Pourquoi l'intellect paternel de la triade chaldaïque ne serait-il pas, lui aussi, une hénade, comme le limitant qui correspond au père, et comme l'illimité analogue à la puissance? Car c'est par une hénade que doit commencer l'intellect, et aussi bien la vie et l'être, avant qu'ils deviennent proprement substantiels. Pourquoi les «philosophes» admettent-ils dans les intellectifs la priorité d'un intellect unitaire sur un intellect substantiel, et non pas dans les intelligibles? De plus, les théologiens des Oracles Chaldaïques nous transmettent des classes de dieux ou d'hénades, et non pas des classes de véhicules et de réalités procédant des dieux. Pourquoi considérer comme des hénades le père et la puissance, et non pas l'intellect paternel? En outre, si l'intellect paternel n'était pas dieu, comment pourrait-il produire des dieux comme les Iynges, les Mainteneurs et les Télétarques, ou bien faut-il nier leur divinité? Enfin, comment Phanès, le «dieu premier-né», aurait-il pu bondir, le premier, de l'Œuf qui est l'être, si l'être n'était pas d'abord hénadique ? (p. 109.15 - 111.9).

1.2. *Première opinion de Damascius.*

A la suite de l'un de ses maîtres (Isidore ou Ammonius ou Zénodote), Damascius a d'abord pensé que chaque triade se composait de trois hénades, les deux premières étant imparticipables et la troisième étant participable en chacune des deux autres. Mais, à cette opinion, il oppose maintenant les six arguments suivants : (1) Si la première triade forme un tout et commande à un autre tout qu'est la deuxième triade, la pluralité imparticipable, qui se trouve en chacune, sera disloquée en plusieurs touts. Comment sera-t-il possible que la première hénade (imparticipable) de la deuxième triade vienne à la suite de la troisième hénade (participable) de la première triade ? (2) L'intelligible substantiel subira, lui aussi, la même dislocation. (3) Il est impossible de constituer une triade homogène avec deux monades imparticipables et une monade participable. (4) En admettant que le genre imparticipable de ces monades-là constitue un monde complet et que le genre participable en constitue un autre, lequel de ces deux mondes sera le monde intelligible ? Si c'est le monde imparticipable, que pourra bien être le nombre participable et intelligible qui appartient à la substance ? Et, si c'est le monde participable, que pourra bien être le monde imparticipable, puisque le monde intelligible est le premier ? Enfin, si l'ensemble des deux constitue le monde intelligible, pourquoi n'en est-il pas de même dans les autres mondes, l'intelligible-intellectif, l'intellectif, l'hypercosmique, l'encosmique ? (5) Si, dans la troisième monade de la triade, l'hénade et la substance (qui lui est suspendue) ont une même propriété, l'une et l'autre participent à l'accomplissement de la triade selon cette même propriété. Pourquoi donc la troisième monade de la triade est-elle double, à la fois hénade et substance, alors que les deux premières sont simples ? (6) Si l'intellect paternel, comme hénade, est séparé de sa substance par une altérité, il faut ou bien que l'unifié, antérieur aux deux, tombe au milieu de la triade et la détruise, ou bien qu'il soit antérieur à cette première triade elle-même (p. 111.10-113.21).

1.3. *Seconde opinion de Damascius.*

Il vaut mieux concevoir le troisième membre de la triade comme étant l'unifié ou l'être pur, antérieur à l'être et à l'un qui sont contredistingués après lui. Tel est le mixte formé des principes, eux-mêmes antérieurs à lui, à savoir l'un pur et les plusieurs purs. Mais, comme les principes sont au delà de toute distinction et comme l'unifié est lui-même totalement indifférencié, on ne saurait le poser ni comme composé, ni comme mélangé, ni comme formé d'éléments, mais comme parfaitement simple. En tant qu'être pur, il est le troisième principe après l'un pur et les plusieurs purs, et le premier par rapport à l'un et à l'être contredistingués (p. 113.22-115.13).

1.4. *Cinq apories découlant de cette opinion.*

1) Comment alors construire les trois triades, sinon en triplant l'un pur et les plusieurs purs, ce qui est impossible, sans les dénaturer en tant que purs? 2) Comment faire de l'unifié trois monades sans le disloquer? 3) Comment distribuer les trois triades, si l'unifié est avec la première tout entière? 4) Comment admettre là un nombre, et, qui plus est, un nombre formé d'unités de forme dissemblable? (p. 115.14-116.9). 5) Enfin, si le monde intellectif est le monde de l'intellect subsistant et si le monde intelligible-intellectif est celui de la vie subsistante, il faudra que le monde intelligible soit celui de la substance subsistante, et non plus celui de l'unifié, comme on le supposait d'abord. Dans ce cas, le monde de l'unifié devrait recevoir le nom de monde pur et être au delà du monde intelligible qui, lui, envelopperait «la substance qui est réellement», considérée jusqu'ici comme le sommet des intelligibles-intellectifs ou comme le principe de ce qui se distingue.

Par suite, la substance dont il est question serait le principe de la vie, et non pas celui de la substance et de l'indifférencié, que l'on qualifiait d'abord d'intelligibles. Selon cette hypothèse, l'intelligible pourrait avoir la nature monadique des divinités Iynges qui rassemblent; l'intellect pourrait avoir la nature triadique des Conducteurs de mondes, et l'intelligible-intellectif la nature dyadique des Mainteneurs (qui assurent la continuité) et des Télétarques (qui la distinguent en premiers, moyens et derniers) (p. 116.10-118.18).

1.5. *Réponse à la cinquième aporie.*

1.5[1]. *«Substance réelle» et intelligible pur.*

L'hypothèse qui vient d'être exposée et selon laquelle l'intelligible serait situé au-dessous de l'unifié, en englobant la «substance qui est réellement», doit être récusée. Elle s'écarte de la doctrine traditionnelle qui se relie à Orphée et aux Oracles Chaldaïques, et à laquelle Damascius veut demeurer fidèle, en reconnaissant, avec Jamblique, que l'intelligible est «l'abîme unifié qui enveloppe non pas la *substance qui est réellement* et qui est distinguée de l'un qu'elle véhicule, mais la substance pure». Celle-ci est la substance unifiée, antérieure à la substance unitaire et à la substance mixte, c'est-à-dire à l'un et à l'être contredistingués. L'intelligible reste dans l'union indifférenciée de tout; il est auprès de l'un et il est identique au véritable unifié. La substance qui s'est distinguée de l'un ne peut donc se trouver que dans l'intelligible-intellectif, où commence l'altérité. N'étant plus absolument unifiée, elle est le premier élémenté.

Certes, cette substance, par le sommet de ce qui est en train de se distinguer, avoisine l'indifférencié et elle garde avec lui une ressemblance, dans sa forme coagrégée. De même que son *un* imite l'un pur, de même elle imite le pur et total unifié. Mais, dans notre condition actuelle d'âme jointe à un corps, nous ne jouissons pas, avec exactitude, de sa connaissance substantielle; la connaissance unitaire de l'un de cette substance est réservée aux dieux; à plus forte raison, l'intuition de l'intelligible qui est au delà de ces deux connaissances nous est-elle impossible. Aussi, par approximation, nous qualifions cette substance d'intelligible et de «substance qui est». Et, de même qu'elle n'est pas l'intelligible pur, mais l'intelligible relatif, de même elle n'est pas la substance pure, mais la substance relative, mélangée d'éléments ; par la distinction de ses éléments, elle anticipe la vie dont elle est le sommet, tandis que par la fusion de ses éléments, elle est substance réelle (p. 118.19 - 122.20).

1.5². *De l'indifférencié au différencié.*

Nous poserons donc dans l'intelligible non seulement la substance pure, mais aussi la vie pure et l'intellect pur, antérieurement à la contradistinction de la substance, de la vie et de l'intellect, spécifiés en eux-mêmes. En un premier état, qui est celui de la substance, tout est indifférencié, l'un et l'être et tout le reste ; en un deuxième état, qui est celui de la vie, l'un et l'être sont en train de se distinguer, ainsi que tout le reste ; en un troisième, celui de l'intellect, l'un et l'être, et tout le reste, sont en état de distinction achevée. Mais, si ces états correspondent à des mondes réellement différents et ainsi délimités, ils sont aussi, analogiquement, tous les trois en chacun. Ainsi, la substance, dans sa totalité, se triadise elle-même en «fleur de la substance» ou substance pure, en vie pure et en intellect pur. Au-dessous, dans le tout de la vie intelligible - intellective (en train de se distinguer par rapport au tout précédent), le sommet reste encore le plus possible substance, bien qu'il ait déjà quelque chose de la vie (telle est la «substance qui est réellement» par contradistinction de l'hénade) ; l'intermédiaire est la vie au sens propre, en cours de distinction, avant que, dans la base, cette distinction ait son complet achèvement. Au-dessous encore, dans le tout intellectif proprement dit, le premier état correspond au degré le plus élevé d'indifférenciation, qui est celui de la substance intellective ; le deuxième, en tant que la distinction s'opère, correspond à la vie intellective, et le troisième, en tant que la distinction est faite, à l'intellect intellectif (p. 122.21 - 124.20).

1.5[3]. *Vie pure et intellect pur.*

Si l'on exige que la vie pure et l'intellect pur jouissent de l'un et de l'être indifférenciés, cela peut être admis, à la condition d'entendre que ces réalités elles-mêmes en tant qu'indifférenciées sont dans l'unifié, comme en leur origine pure ; mais, pour être ce qu'elles sont, l'une (la vie pure) suppose la distinction commencée de l'un et de l'être, l'autre (l'intellect pur) suppose la distinction achevée des deux, et la substance pure leur unification première (p. 125.1-15).

Comment donc concilier ce dernier point de vue avec celui que nous avions adopté plus haut (cf. vol. II, p. 103.11 - 104.10) et selon lequel vie pure et intellect pur étaient dits antérieurs à l'unitaire et au substantiel, c'est-à-dire à toute différenciation de l'un et de l'être ? On vient de dire que cette opinion conserve sa vérité, si l'on considère ces réalités dans leur origine. Mais, à parler strictement, de même qu'après la substance pure ou unifiée vient la substance définie et relative (soit la substance vitale, intellective, psychique, matérielle), de même après la vie pure, qui est la première en train de se distinguer, vient la vie définie et relative (soit la vie intellective, spécifiée, psychique, matérielle), et de même enfin, après l'intellect pur, qui est le premier à être déjà distingué, vient l'intellect défini et relatif. Nous rencontrons alors l'objection suivante, qui se présente sous la forme d'une conséquence : s'il n'y a pas de vie ni non plus d'intellect antérieurs aux deux que sont l'unitaire et le substantiel, «il n'est donc pas vrai qu'antérieurement à l'un et à l'être, il y ait l'un-être antérieur aux deux» (p. 125.16 - 126.13).

1.5[4]. *Le rapport un-être.*

Pour résoudre cette difficulté, peut-être doit-on suivre Syrianus et Proclus qui définissaient l'intelligible par l'un-être, en ce sens que l'un précède l'être et que l'être suit l'un, tout en étant unifié avec lui? Or, s'il s'agit là d'une unification indifférenciée, nous revenons à notre propre conception (dans ce cas, l'un-être antérieur à l'un et à l'être est justifié); mais, si le rapport de l'être à l'un est celui d'un véhiculant à un véhiculé, nous posons, dans la substance même, une distinction achevée qui est le propre de l'intellect. Or, la substance doit être différente de l'intellect et, pour cela, il faut qu'elle soit indifférenciée; si elle l'est, la vie doit être en train de se distinguer, et donc elle ne peut pas être antérieure à l'unitaire et au substantiel. Quant à la substance, elle ne peut pas être formée de l'un et de l'être comme de deux éléments en train de se distinguer ou déjà distingués, mais elle est peut-être antérieure aux deux, en ce sens qu'aucun des deux ne se manifeste là en lui-même, tandis que l'intellect pur est formé de l'un et de l'être distincts, et que la vie pure est au milieu des deux, dans leur distinction commencée qui est la toute première distinction (p. 126.14 - 127.16).

1.5[5]. *Comment parler des hypostases pures?*

Cependant, c'est dans le substantiel, c'est-à-dire une fois faite sa distinction à l'égard de l'unitaire, que nous parlons fréquemment de substance, de vie et d'intellect, comme de trois déterminations distinctes que nous introduisons aussi dans l'unitaire. Dans ces conditions, comment parler d'une substance pure et indifférenciée à l'égard de l'un et de l'être? Remarquons d'abord que ces trois déterminations (substance, vie, intellect) se disent en des sens différents, tout en gardant entre elles les mêmes rapports : soit que l'on parle de la substance matérielle, immobile en elle-même (par défaut), et de ses rapports avec la nature et la vie végétative, enfin avec la sensibilité animale qui indique son état plus parfaitement distinct; soit que l'on parle de la substance automotrice, de sa vie et de sa connaissance rationnelles; soit que l'on parle de la substance immobile (par perfection) de l'intellect, de sa vie et de sa connaissance, qui est la connaissance première, en état de conversion pure, tandis que sa vie et sa substance ne sont pas pures, mais spécifiées et distinguées comme des formes ; soit que l'on parle de la vie véritable ou de la vie pure, antérieure à l'intellect et en état de pure fusion et procession ; soit enfin que l'on parle de la substance pure, antérieure à la vie et en état de pure indifférenciation et manence.

Ensuite, de la même façon qu'à partir de l'un et de l'être spécifiés, du limitant et de l'illimité spécifiés, nous donnons des noms aux principes qui par nature n'en ont pas, de la même façon, à partir de quelque substance, vie ou connaissance spécifiées, nous croyons, par erreur, définir celles qui sont premières et pures, au lieu de nous contenter de les suggérer simplement par les rapports que les autres entretiennent entre elles. Car ce qu'est la substance spécifiée par rapport à la vie spécifiée et à l'intellect spécifié, cela, comme on peut sans doute le conjecturer, la substance pure l'est par rapport à la vie pure et à l'intellect pur. Mais, s'il y a identité entre l'intellect pur et la forme pure, il n'y en a pas entre la vie spécifiée et la vie pure qui est au-dessus de la forme, ni, à plus forte raison, entre la substance spécifiée et la substance pure qui est au-dessus de la substance vitale. Voilà comment nous pouvons parler par simple allusion et conjecture des hypostases pures qui pour nous demeurent dans l'inaccessible (p. 127.17 - 131.24).

1.6. *Réponse à la quatrième aporie.*

1.6[1]. *Pas de nombre dans l'intelligible.*

Il n'y a pas de discontinu ni même de continu dans le pur unifié, car celui-ci n'admet aucune distinction. Par l'ennéade que l'on célèbre là-haut, nous nous représentons seulement la perfection totale de la triade intelligible que nous sommes incapables d'embrasser par le raisonnement. La triade n'est pas trois monades, ni leur forme, ni l'un qui s'imposerait à elles comme à chacune des formes ou à toutes les formes ensemble, car ce sont là des réalités affectées par la distinction. Au contraire, l'un tout court, c'est-à-dire la monade limitante, signifie la simplicité unique de tout ; la dyade, dite indéterminée, n'a rien non plus de numérique, mais elle signifie la puissance génératrice qui est celle de l'un, analogue au père. Quant à la triade dite unifiée, elle se pose par conversion de la dyade vers la monade, comme l'intellect paternel (p. 132.1 - 133.15).

1.6². *La triade n'est ni un ni trois.*

Mais ne sont-ce pas là trois réalités ? Non, car le père, par sa puissance et par son acte, est la triade tout entière qui, à son tour, est la monade, celle du moins qui exprime la simplicité unique de tout. Mais, en vérité, on ne saurait parler, là-haut, ni d'identité ni d'altérité, ni de triade ni de monade qui s'oppose à la triade. Pourtant, l'unifié ne se confond pas avec l'un, ni l'un avec les plusieurs, ni les plusieurs avec l'unifié. Alors, comment se fait-il que le tout ne soit pas trois ? La raison en est que ce ne sont pas là trois propriétés séparées. En effet, l'un est aussi tout, le tout est ce qu'il est en tant qu'il est un, et les plusieurs sont ce qu'ils sont, en tant que l'un n'est pas un et que le tout est les plusieurs délimités. Comme on le voit, les plusieurs purs ne sont plus identifiés au tout de l'un, comme ils l'étaient plus haut (cf. vol. II, p. 207.22-23, et *infra,* p. 114.24-25) ; en effet, en eux-mêmes, ils sont illimités et ils ne deviennent le tout dans l'unifié, qu'en recevant une délimitation, par conversion vers l'un. Le père est l'un, sa puissance indéterminée est les plusieurs purs, et son intellect est le tout, mais il ne s'agit là que d'une seule nature, car, par sa simplicité, la monade est aussi les plusieurs et le tout ; et c'est nous qui distinguons trois propriétés là où il n'y a qu'une seule réalité (p. 133.16 - 135.12).

1.6³. *L'un de la triade.*

Il faut donc concevoir ce qui est commun aux trois, selon l'un de la triade, non pas de la triade numérique, mais de la triade indifférenciée qui est celle des principes les plus élevés. Et ce n'est qu'à titre de symboles à l'égard des réalités indifférenciées que nous nous servons des propriétés numériques, de la même façon que nous utilisons l'image du centre pour l'un, l'image de la fluxion du centre pour le deuxième principe, de la circonférence pour l'intellect paternel, du cercle ou de la sphère pour l'ensemble complet «qui n'est pas une forme, mais une nature plus semblable à l'un que toute forme». En réalité, les principes ne sont ni un ni trois, ni un et trois à la fois, et aucun nom ne leur convient. La triade n'est ce qu'elle est qu'au sens de l'un de la triade (p. 135.13 - 137.21).

1.7. *Réponse à la troisième et à la deuxième apories.*

Si l'on conçoit l'un de la triade intelligible comme étant l'être parfait et comme étant triadique en tout point, car chacune des monades de cette triade est, elle aussi, triadique, la procession de l'intelligible en trois triades est contenue tout entière dans cet un. En conséquence, contre l'argument de la troisième aporie (p. 116.1-3), l'unifié ne sera pas antérieur au deuxième père, et les trois triades pourront donc être ordonnées, selon que l'un, les plusieurs et l'unifié sont, chacun dans cet ordre, triadiques. Et, contre la deuxième aporie (p. 115.20-22), l'unifié ne sera pas disloqué en trois monades, car, tout en étant triadique, il n'en demeure pas moins unifié, de même que l'un demeure un, et la puissance une, malgré leur projection triadique (p. 137.22 - 138.22).

1.8. *Réponse à la première aporie.*

1.8[1]. *Triplicité de l'un, des plusieurs, de l'unifié purs?*

Comment n'est-il pas contradictoire de tripler l'un pur et les plusieurs purs? On peut supposer dans l'un une vague manifestation du triple par anticipation en lui de la triplicité de l'unifié, puisque l'unifié la convertit vers lui. Et de même, la puissance dyadique, qui est une dans son rapport à l'un, est triple dans son rapport à l'unifié. Mais il ne s'agit ici ni de nombre ni de distinction aucune. Une autre manière de répondre à l'aporie serait de supposer un abaissement à partir de l'un, de telle sorte qu'il y ait un père et trois pères, sans que l'unique soit divisé en trois, mais laisse entrevoir quelque chose de triadique. Cependant, comment l'un peut-il être pur, en même temps que triadique? A la condition que le triadique de l'un pur soit pur, lui aussi. N'est-ce point, en effet, une triade pure que nous formons de l'un pur, des plusieurs purs, et du tout pur, et que nous trouvons anticipée dans l'un pur, sans que celui-ci n'ait aucune propriété numérique? Il en est de même de l'unifié pur et des plusieurs purs (p. 139.1-140.11).

1.8². *Nécessité et impuissance du discours.*

Il n'est donc pas possible de dire des intelligibles qu'ils sont trois. Néanmoins, nous sommes contraints d'utiliser notre propre façon de parler à leur égard. Les dieux eux-mêmes, quand ils nous en instruisent, parlent à notre intention un langage humain et inadéquat. Ainsi, notre raisonnement reste-t-il allusif et condamné à un écart infini par rapport à l'abîme intelligible ; mais le prix de notre raisonnement consiste dans l'aveu critique de sa propre limitation et de sa cécité.

La triade évoque donc simplement la pluralité indifférenciée, la dyade la cause de cette pluralité, la monade l'un qui précède cette pluralité. Et, lorsque nous triplons la triade dans l'ennéade, c'est encore de l'éclat unique de l'hénade que la triade resplendit, comme quand nous la considérons en elle-même. C'est par pure allusion que nous la caractérisons, là-haut, comme une seule union antérieure aux trois et capable des trois.

Dire qu'il y a trois pères doit s'entendre au sens où ils sont au-dessus de toute triade numérique et, par suite, de tout *un* contredistingué de deux et de trois ; c'est pourquoi, dans l'intelligible, il n'y aura, à la lettre, ni une seule puissance ni trois, et, de même, ni un seul ni trois intellects, car la distinction de un, de deux et de trois ne s'est même pas produite dans l'unifié. Mais, par souci d'adaptation aux hommes, nous faisons remonter dans la nature intelligible toutes ces propriétés qui, à vrai dire, ne sont réelles selon l'hypostase qu'après l'intelligible, mais qui se trouvent dans l'unifié selon une vague manifestation, causalité ou analogie, de même que dans les plusieurs purs selon quelque pré-manifestation, pré-causalité ou pré-analogie ; de là, on peut conjecturer qu'elles sont pré-contenues dans la simplicité absolue de l'un (p. 140.12 - 143.25).

1.8^3. *Construction des neuf ordres triadiques.*

Puisque nous osons distribuer ainsi l'abîme intelligible en trois diacosmes, dont chacun est à son tour divisé en trois, quels procédés nous permettent de construire ces ordres triadiques ? Nous supposons d'abord que tout ce qu'est le monde intellectif dans sa distinction achevée, le monde intelligible-intellectif l'est dans sa distinction en train de se produire, et que tout ce qu'est ce dernier, l'intelligible l'est dans son indifférenciation. Ensuite, nous divisons en trois sections chacun des deux mondes inférieurs à l'intelligible, puis nous divisons de nouveau en trois chacune de ces sections. Enfin, nous transférons analogiquement cette double division ternaire à l'abîme intelligible. Nous obtenons ainsi, d'abord, les trois hautes monades que sont le père, la puissance et l'intellect, ensuite les triades de ces monades. Pour cela, nous n'avons pas divisé le père en trois pères, la puissance en trois puissances, l'intellect en trois intellects, pour construire ensuite chaque triade en faisant correspondre entre elles les propriétés. Car, dans ce cas, chaque triade serait disloquée, étant formée de trois monades hétérogènes, provenant de trois divisions différentes. (Voir note 1 de la p. 145). Au contraire, chaque triade intelligible doit être tout entière de nature homogène, comme il en est dans le monde intelligible-intellectif, où la nature de la première triade (celle des Iynges) est tout entière paternelle, la nature de la deuxième (celle des Mainteneurs) tout entière potentielle, et la nature de la troisième (celle des Télétarques) tout entière intellective. Et, de même que nous divisons chacune de ces trois natures, tout entière, en père, puissance et intellect, de même nous divisons chacune des trois monades intelligibles selon cette division. C'est ainsi que le père unique dans sa totalité laisse apercevoir la triade de sa propre simplicité, en devenant, d'une certaine façon, puissance et intellect. Pareillement, la puissance se triadise, et de même l'intellect. Ainsi construites, ces triades peuvent être contractées dans leurs monades originelles (p. 144.1-146.2).

1.8[4]. *Involution de la triade en l'un.*

En outre, les trois monades intelligibles, si l'on veut appeler ainsi le père, la puissance et l'intellect, sont plus unifiées entre elles que toute autre monade unifiée en elle-même, car l'un pur aspire dans son unité indicible les deux principes qui le suivent. On peut juger combien cette unité est transcendante par rapport à l'unité interne d'une monade proprement dite, si l'on considère que l'unifié, troisième à partir de l'un, transcende lui-même, dans sa propre nature, toute comparaison avec une monade. Par suite, là-haut, à proprement parler, il n'y a aucune apparence de triade ; l'unifié reflue dans la puissance, laquelle s'involue dans la simplicité de l'un. En quel sens, donc, la triade a-t-elle une réalité ? Dans le sens seulement où les constituants de toute triade sont inférieurs à elle dans sa totalité ; mais la triade ne saurait être antérieure à l'un, et elle disparaît en lui avec toute distinction. En l'un, la triade est hénade ; dans les plusieurs elle est dyade, et elle ne peut se manifester pour la première fois, comme triade, que dans l'unifié (p. 146.3-147.18).

1.9. *Des propriétés triadiques et des trois principes.*

1.9[1]. *Analogies de structure.*

La triade paternelle, la triade potentielle et la triade intellective sont entre elles dans les mêmes rapports que leurs propriétés. Ainsi, la troisième triade est à la deuxième dans un rapport d'acte à puissance, et la deuxième est à la première dans un rapport de puissance à subsistence (ὕπαρξις). C'est le même enchaînement d'acte à puissance et de puissance à subsistence que l'on trouve, par exemple, dans la doctrine pythagoricienne, de la triade à la dyade et de la dyade à la monade ; dans la doctrine platonicienne, du mixte à l'illimité et de l'illimité au limitant ; dans la doctrine damascienne, de l'unifié aux plusieurs et des plusieurs à l'un ; dans les Oracles Chaldaïques, de l'intellect à la puissance et de la puissance au père, car tandis que le père est seulement subsistant, la puissance projette le pouvoir du père, et l'intellect son acte. Si donc les principes sont entre eux dans de tels rapports, on peut concevoir combien est étroite leur union ; et celle-ci l'est plus encore que celle d'une seule nature qui subsiste, peut et agit (p. 147.19 - 149.5).

1.9[2]. *Les trois principes et la substance.*

Faut-il donc concevoir les principes à partir de la troisième propriété, qui est celle de l'acte ? L'unifié, que l'on sait déjà identique à la substance pure (antérieure à la contradistinction de la substance unitaire et de la substance proprement substantielle, vol. II, p. 103.14-21), correspond, dans la problématique présente, à l'acte du père. Mais comment concevoir que le père (analogue ici à l'un limitant) soit défini à partir de l'unifié, ou selon la substance, s'il est vrai que substance *(ousia)* et subsistence *(hyparxis)* sont identiques, du moins, du point de vue de la position dans l'être (cf. vol. II, p. 71.25 - 72.17 ; p. 76.22-23) ? Syrianus et Proclus affirment qu'elles sont différentes, en ce que l'*hyparxis* convient aux hénades et l'*ousia* aux êtres proprement dits ; toutefois, et même si cette opinion était vraie, on ne saurait s'appuyer, dans le cas, sur cette différence, car dans les intelligibles, l'être et l'un ne sont pas encore contredistingués. En ce qui concerne les notions mêmes de substance et de subsistence,

Damascius répète qu'en réalité il ne voit pas, entre elles, cette différence, et il réitère la question : puisque, dans ce contexte, l'unifié est l'acte du père et qu'il est identifié à la substance pure, comment serait-il raisonnable de transférer celle-ci au père? (p. 149.6 - 150.9).

En effet, le père, qui est analogue à l'un limitant, n'est pas l'être, mais il est la cause de l'être, et il est antérieur à toute subsistence et substance. De même, la puissance paternelle est antérieure à la substance. Mais, dans ce cas, l'acte n'est-il pas, lui aussi, antérieur à la substance, puisqu'il la porte? Disons que l'acte accompagne ce qui est produit, et que, comme il est ici l'unifié, il coagrège en lui ce qui se détache de lui ; l'unifié ou l'acte est donc la substance pure antérieurement à la substance distinguée. Il l'est encore, parce que, réunissant en lui l'acte, la puissance et la propriété paternelle, il agit, peut et subsiste en lui-même.

Peut-être faut-il définir le troisième principe comme substance et subsistence déjà en acte, le deuxième comme substance en puissance (la puissance étant prise ici en un sens supérieur à l'acte), le premier comme étant soustrait à toute affinité avec la substance (p. 150.10 - 151.17).

1.9[3]. *Substance et subsistence.*

Mieux encore, si l'on définit la subsistence *(hyparxis)* comme ce qui désigne la pure propriété qui fait être, la puissance *(dynamis)* comme ce qui manifeste seulement la pure propriété de pouvoir, et l'acte *(énergéia)* seulement la pure propriété d'agir, on pourra dire que la substance *(ousia)* réunit ces trois propriétés, de sorte que le troisième principe sera évoqué selon la substance qui subsiste, peut et agit, le deuxième selon la subsistence et la puissance, le premier (qui est l'un limitant) selon la pure subsistence. On admettra donc que la subsistence diffère de la substance, de la même façon que l'être en soi et par soi, qui est l'élément le plus simple de l'être, diffère de l'être pris avec toutes ses propriétés ; et la subsistence a été choisie pour suggérer le principe le plus simple. C'est ce qui avait été dit plus haut, cf. vol. II, p. 72.13-15 : « Ainsi donc, la subsistence est autre chose que la substance, en tant qu'elle est une propriété unique que l'on dépouille des autres, en vue de suggérer le premier principe. »

Cette différence de la substance *(ousia)* et de la subsistence *(hyparxis)* apparaît mieux, si l'on considère que la subsistence manifeste le premier principe de chaque hypostase. Par son nom, elle indique le principe *(archè)* qui est placé, à titre de fondement, par-dessous *(hypo)* tout ce que l'on dit être de quelque façon que ce soit. Ce principe est, selon Damascius, l'un (limitant) absolument simple, présupposé au delà de tout, l'un qui est la cause de toute substance sans être lui-même substance, et qui, à la lettre, doit présubsister au-dessous de toute composition. A ce premier fondement, qui est l'un (limitant), ou la subsistence, ou le père, s'ajoute le deuxième, qui est la pluralité (illimitée) de cet un, ou sa puissance. Puis, vient le troisième principe, de nature triadique, qui s'est unifié en substance au lieu de subsistence. Et, de même que l'intellect paternel ressemble au père, vers lequel il se convertit, de même l'unifié, analogue à l'intellect paternel, ressemble à l'un sans s'identifier à lui, et, de même encore, la substance ressemble à la subsistence, sans lui être identique (p. 151.18 - 154.6).

1.9[4]. *Conclusions sur les principes et les ordres.*

Si telle est la différence de la subsistence et de la substance, on peut établir les propositions suivantes. Une hénade séparée de la substance est toujours considérée comme subsistence. L'être, contredistingué de l'un, est substance, mais considéré dans sa simplicité, il est subsistence. L'un pur, au sens du premier principe, antérieur à tout, est subsistence pure (sursimplifiée) ; les plusieurs purs sont la première puissance ; l'unifié, mélange de l'un pur et des plusieurs purs, est substance pure ou être pur, au sens où il est antérieur à la contradistinction de l'hénade et de la substance ; c'est l'un-être selon Platon. D'après l'analogie, au père de la triade correspondra donc l'un, en tant que le père est antérieur à l'être et générateur de l'être ; à la puissance paternelle correspondront les plusieurs comme extension de l'un vers la génération de l'être ; à l'intellect paternel correspondra l'unifié ou l'être dans son mouvement de conversion vers l'un. Cette conversion n'est ni cognitive, ni vitale, ni même substantielle, car ces déterminations ne sont pas encore distinguées dans l'unifié pur. Cette conversion est la plus vénérable et la plus simple de toutes ; c'est la conversion pure vers l'un, et elle est davantage union que conversion, car elle n'est dite conversion que par analogie (p. 154.7 - 155.23).

Considérons maintenant l'unifié lui-même, dans sa triple division, comme 1) indifférencié dans son sommet, 2) en train de se distinguer en son milieu, 3) distingué dans sa limite inférieure ; ce qui correspond point par point, dans le vocabulaire de Platon, 1) à l'un-être dans lequel l'être est dominé par l'un, 2) au tout médian dans lequel les parties (un, être), en train de se distinguer, sont encore en équilibre, 3) à la pluralité illimitée dans laquelle l'un est dominé par l'être. Le troisième ordre de l'unifié peut être appelé le distingué de l'unifié. Ses plusieurs illimités n'ont rien de numérique, car le nombre n'admet pas l'illimité pur, sinon comme matière d'un limitant. Les plusieurs illimités de l'unifié ne sont pas davantage les plusieurs purs de l'un, qui sont antérieurs à tout l'unifié. Mais ils proviennent des parties du tout médian, dont la division a transgressé les limites de leur coagrégation dans leur tout. Le troisième ordre de l'unifié, en tant qu'il est distingué dans ses plusieurs, est analogue à l'intellect distingué dans ses formes ; c'est pourquoi il a reçu le nom d'intellect du tout intelligible (l'intellect intelligible). Le deuxième ordre de l'unifié est analogue au deuxième ordre du diacosme intelligible-intellectif, nommé vie. Le sommet de l'unifié, que l'on peut appeler l'unifié de tout l'unifié, est analogue à l'élémenté de l'intelligible-intellectif, nommé substance. De même, il y a analogie, d'abord, entre le sommet de l'unifié et le premier intellect du diacosme intellectif, le « Une fois au-delà » (Kronos); ensuite, entre le milieu de l'unifié et le deuxième intellect de l'intellectif (Hécate); enfin, entre l'intellect intelligible et le troisième intellect de l'intellectif, le « Deux fois au-delà », ou l'intellect intellectif proprement dit (Zeus démiurge).

Si l'on peut projeter d'une certaine manière dans l'unifié les anticipations de ces différences, en établissant la correspondance de l'unifié avec l'intellect paternel de la triade chaldaïque, vu tantôt dans son unité, tantôt dans son triadisme, on peut, dans ces conditions, diviser analogiquement le père unique en trois pères, la puissance parfaite en trois puissances, de même que l'intellect en trois intellects. Le premier père est le père de l'unifié dans l'intellect unifié (il est appelé père des pères); le deuxième est le père de l'unifié considéré comme tout et parties (il est appelé puissance); le troisième est le père de l'unifié comme pluralité illimitée (appelé l'intellect paternel). La première puissance est la puissance paternelle, la deuxième la puissance des puissances, et la troisième l'intellect de la première. Le premier intellect est le père des intellects; le deuxième est sa puissance; le troisième est l'intellect unifié et l'intellect du père unifié (p. 156.1-159.5).

2. *Les théologies helléniques.*

Après les triades chaldaïques, il faut examiner les autres traditions religieuses, en commençant par les théologies helléniques, dans le but de rechercher comment elles suscitent notre crainte révérentielle à l'égard du diacosme intelligible (p. 159.6-16).

2.1. *Les Rhapsodies Orphiques.*

D'après l'interprétation que les « philosophes », Syrianus et Proclus, donnent des Rhapsodies Orphiques, Chronos correspond à l'unique principe du tout (l'un ineffable), tandis que l'Éther, le Chaos et l'Œuf correspondent, dans l'ordre, au limitant, à l'illimité et à l'être pur, qui sont les constituants de la première triade. Damascius estime que ce que les «philosophes» considèrent comme le constituant paternel et le constituant potentiel de la deuxième triade n'a rien d'orphique, sans en préciser toutefois la nature ; le troisième constituant, ou l'intellect, est représenté soit par l'Œuf conçu et l'Œuf concevant le dieu Phanès, soit par la Tunique blanche, soit par la Nuée ; c'est d'un tel constituant que s'élance le dieu Phanès qui est le père de la troisième triade, tandis que Ériképaios en est la puissance et Mètis l'intellect. En se basant sur la loi que toujours le moyen suggère les deux extrêmes, Damascius propose d'entendre la triade intermédiaire comme composée de l'Œuf, en tant qu'il est d'abord totalement unifié, puis en tant qu'il est relativement unifié et en train de se distinguer, enfin en tant qu'il est totalement distingué dans le dieu trimorphe ou plutôt polymorphe (Phanès) (p. 159.17 - 160.16).

2.2. *L'Orphisme d'après Hiéronymus et Hellanicus.*

Selon cette tradition, au commencement étaient l'Eau et la Matière solidifiée ensuite en Terre. Damascius estime que l'Eau et la Terre (la première par son pouvoir agglutinant, la deuxième par son aptitude à la dispersion) peuvent représenter les deux principes qui viennent après le principe unique dont cette tradition suggère le caractère indicible en le passant sous silence. De l'Eau et de la Terre a été produit un dragon, possédant des têtes de taureau et de lion et, au milieu, un visage de dieu ; il est pourvu d'ailes, et il est appelé à la fois Chronos qui ne vieillit pas et Héraclès, tandis que lui est unie la Nécessité (à la fois Nature et Adrastée) qui, de ses deux bras, entoure le monde entier. Tel est le troisième principe, formé des deux et figuré à la fois comme mâle et femelle, comme cause génératrice de tout : c'est là la première triade intelligible. Damascius estime ici que la théologie des Rhapsodies elle-même a commencé par ce troisième principe qui vient après les deux, et cela contre l'interprétation des «philosophes» qui ont vu dans Chronos l'unique avant les deux. Dans la théologie rapportée par Hiéronymus et Hellanicus, Chronos le Dragon engendre d'abord l'Éther (comme le fait le Chronos-Héraclès des Rhapsodies, mais, cette fois, il s'agit de l'Éther qualifié d'humide, et non pas de l'Éther pur), puis le Chaos illimité et l'Érèbe nébuleux : telle est la deuxième triade qui est de nature potentielle. Ensuite, viennent l'Œuf qui est engendré de Chronos, la dyade des natures mâle et femelle avec la pluralité des semences de toute espèce, et un dieu au double corps semblable à Chronos le Dragon : telle est la troisième triade, dans laquelle l'Œuf correspond au principe paternel, la dyade et la pluralité à la puissance ; et le dieu qui est appelé le Premier-né (Prôtogonos), Zeus ordonnateur, Pan, correspond à l'intellect (p. 160.17 - 162.18).

2.3. *Orphée, Homère, Hésiode, Acusilaüs, Épiménide, Phérécyde de Syros, d'après Eudème.*

— *Orphée.* La théologie qu'Eudème rapporte à Orphée a laissé de côté tout l'intelligible, qui est inconnaissable au moyen du discours. Le rôle du premier principe est ici dévolu à la Nuit. Damascius estime qu'il en était de même chez Homère, contrairement à l'opinion d'Eudème, d'après lequel Homère fait tout commencer par Okéanos et Théthys (p. 162.19-163.6).

— *Hésiode.* Selon Hésiode, au commencement était le Chaos. Dans une première interprétation, Damascius pense que le Chaos joue ici le rôle de la nature insaisissable et unifiée de l'intelligible, et que la Terre, qui vient du Chaos, joue celui du principe de la génération de tous les dieux. Mais, si le Chaos peut s'entendre du second des deux principes qui suivent l'unique, alors la Terre (par son caractère substantiel), le Tartare (par son mouvement vers la distinction) et Éros (par son aspiration-conversion) figureront, dans l'ordre, les trois diacosmes intelligibles de l'être, de la vie et de l'intellect (p. 163.7-18).

— *Acusilaüs*. Damascius pense qu'Acusilaüs pose dans le Chaos le premier principe inconnaissable, dans l'Érèbe et la Nuit les deux principes après l'unique. L'Érèbe (principe mâle) équivaut au limitant, et la Nuit (principe femelle) à l'illimitation. Éther, Éros et Mètis, nés du mélange de l'Érèbe et de la Nuit, correspondent, dans l'ordre descendant, aux trois hypostases intelligibles (p. 163.19 - 164.8).

— *Épiménide*. Selon Eudème, Épiménide a posé d'abord l'Air et la Nuit, dans lesquels on peut voir les deux principes après l'unique, qui est honoré par le silence. D'eux est né le Tartare qui figure le troisième principe comme mixte des deux. Du Tartare procèdent deux Titans qui représentent la médiation intelligible tendue à la fois vers le sommet et vers la limite inférieure ; du mélange des extrêmes est né l'Œuf, qui correspond au Vivant intelligible, à savoir l'intellect (p. 164.9-16).

— *Phérécyde de Syros*. Selon Phérécyde, il y a de toute éternité trois premiers principes, Zas, Chronos et Chtonia, que Damascius considère comme correspondant au principe unique et aux deux qui le suivent. Chronos a engendré le Feu, le souffle du Vent et l'Eau, qui évoquent la triple nature de l'intelligible ; une fois divisés eux-mêmes en cinq mondes, ils ont produit une nouvelle génération de dieux (p. 164.17 - 165.5).

3. *Les théologies orientales*.

3.1. *Les Babyloniens, les Mages, les Sidoniens, d'après Eudème*.

— *Les Babyloniens*. Les deux principes que posent les Babyloniens, à savoir Apason, principe mâle, et Tauthé, principe femelle, peuvent être pris pour les deux principes qui viennent après l'unique, ici passé sous silence. Le fils unique d'Apason et de Tauthé, nommé

Moÿmin, correspond au monde intelligible. Une seconde génération se compose de Dachè et de Dachos ; une troisième de Kissarè et d'Assôros, qui engendrent Anos, Illinos et Aos. Le fils d'Aos et de Daukè, nommé Bel (Baʿal), correspond au démiurge (p. 165.6-16).

— *Les Mages.* Parmi les Mages iraniens, les uns posent d'abord Topos, les autres Chronos. On peut voir là tout l'intelligible, suivi par la double rangée des êtres supérieurs dont l'une est conduite par le dieu bon Ohrmazd et l'autre par le mauvais démon Ahriman ; d'après certains, la Lumière et les Ténèbres précèdent ces deux chefs de file (p. 165.16-24).

— *Les Sidoniens.* Toujours d'après Eudème, les Sidoniens posent, après Chronos, Désir et Brouillard qui jouent le rôle des deux principes après l'unique ; de l'union des deux naissent l'Air qui représente l'intelligible pur, et le Vent qui représente la vie intelligible. A leur tour, ceux-ci produisent l'Œuf qui représente l'intellect intelligible (p. 166.1-7).

3.2. *Les Phéniciens d'après Môchus.*

L'Éther et l'Air sont, pour les Phéniciens, les deux premiers principes dont est engendré Oulômos, que l'on peut interpréter comme le sommet de l'intelligible. D'Oulômos ont été engendrés Chousôros, l'ouvreur, qui peut figurer la puissance intelligible, et ensuite l'Œuf, correspondant à l'intellect intelligible. Mais il est possible qu'entre les deux premiers principes et Oulômos soient intercalés le Vent unique, qui représenterait alors le sommet de l'intelligible, et les deux vents Lips et Notos, qui correspondraient à la puissance, tandis qu'Oulômos figurerait l'intellect, Chousôros le premier ordre après l'intelligible, et l'Œuf le ciel (p. 166.8-22).

3.3. *Les Égyptiens d'après Asclépiadès et Héraïscus.*

Selon certaines formules égyptiennes, interprétées par Asclépiadès et Héraïscus, après le principe unique invoqué sous le nom de Ténèbre inconnaissable, il y a les deux principes qui sont l'Eau et le Sable (Héraïscus) ou le Sable et l'Eau (Asclépiadès), à partir desquels a été engendré le premier Kmèphis, de celui-ci le deuxième, et de ce dernier le troisième ; on peut voir en eux les trois ordres de l'intelligible. Pour Héraïscus, le troisième Kmèphis est le Soleil, qui peut représenter l'intellect intelligible. Mais les Égyptiens divisent aussi en de nombreuses propriétés divines ce qui correspond à tout l'intelligible (p. 167.1-25).

Troisième partie : De la participation

1. *Introduction.*

Il faut maintenant chercher si les premiers principes et l'unifié sont participables par les choses de second rang et par les individus, y compris ceux qui naissent et meurent (p. 168.1-10).

2. *Définition de la participation.*

Participer signifie : avoir, à partir d'un autre et après ce qu'on est soi-même, quelque chose d'autre qu'on n'est pas. Le participé est double : le donnant et le donné ; et le participant participe à la fois du donné et, à travers lui, du donnant (p. 168.11 - 169.4).

3. *Arguments contre la participation.*

Contrairement à la réalité, Protagoras et Lycophron (selon Damascius) soutiennent qu'aucune chose ne participe d'une autre. D'après eux, le beau n'est rien d'autre que beau ; le juste rien d'autre que juste ; ils ne participent même pas de l'être, car l'être n'appartient qu'à l'être, de même que le repos n'appartient qu'à ce qui est en repos et le mouvement qu'à ce qui est en mouvement. Chaque chose n'a qu'un seul prédicat, celui de sa propriété particulière (p. 169.5-22).

Puisque le soi-disant participant et le soi-disant participé demeurent ce qu'ils sont déjà, la participation est donc illusoire, et non pas réelle (p. 170.1-6).

On ne peut concevoir de coexistence entre deux choses que par juxtaposition, mélange ou union. Or, ce que l'on appelle la participation ne s'identifie à aucun de ces types de coexistence. En effet, la juxtaposition, à la différence de la participation, n'admet pas que l'une des deux choses soit affectée par l'autre ; l'union fait de deux choses une seule, alors que la participation maintient la dualité ; le mélange suppose deux choses de même rang, ou deux éléments d'une même subsistence, contrairement à la participation qui pose un rapport de prédicat à sujet entre le participé et le participant (p. 170.7-21). Mais, une telle négation de la participation supprime toute relation à l'un, fait disparaître les formes communes comme l'identité, la ressemblance, l'égalité, l'union totale et la totalité ; elle ruine toute science, de même que son propre discours, car dire que les choses sont séparées revient à affirmer qu'elles participent de la séparation (p. 170.22-171.11).

4. *Défense de la participation.*

Aux arguments précédents, Damascius oppose de nombreux exemples évidents de participation. Il y a participation des éléments entre eux, des composés aux éléments, des choses entre elles, des facultés à leurs objets, des réalités inférieures aux supérieures, des espèces aux genres (p. 171.12-172.14).

Les formes ne sont pas capables de subsister séparément les unes des autres (p. 172.15-173.5). [La suite manque ...]

J. Combès.

ABRÉVIATIONS

1. *Textes de Damascius*

In Phaed. I, II = *The Greek Commentaries on Plato's Phaedo*, vol. II, *Damascius*, éd. L. G. Westerink, Amsterdam 1977.

In Phil. = *Damascius, Lectures on the Philebus*, éd. L. G. Westerink, Amsterdam 1959, réimp. 1982.

R.I, R.II = *Damascii Dubitationes et Solutiones. De primis principiis In Parmenidem*, éd. C. E. Ruelle, 2 vol. Paris 1889, réimp. Bruxelles 1964, Amsterdam 1966 (R.I-R.II, p. 4 = *De princ.*; R.II, p. 5-322 = *In Parm.*).

De princ., vol. I = *Damascius, Traité des premiers principes*, I. *De l'ineffable et de l'un*, par L. G. Westerink et J. Combès, Paris 1986 (= R.I, p. 1-86.2).

— vol. II = *Damascius, Traité des premiers principes*, II, *De la triade et de l'unifié*, Paris 1989 (= R.I, p. 86.3-220.23).

— vol. III = *Damascius, Traité des premiers principes*, III, *De la procession*, Paris 1991 (= R.I, p. 220.24 - R.II, p. 4.8).

H. = *Vita Isidori*, dans *Photius, Bibliothèque*, éd. R. Henry, vol. II (cod. 181), Paris 1960; vol. VI (cod. 242), 1971.

Z. = *Damascii Vitae Isidori reliquiae*, éd. C. Zintzen, Hildesheim, 1967.

2. *Autres textes et divers*

D-K^6 = *Die Fragmente der Vorsokratiker*, éd. H. Diels et W. Kranz, 6ᵉ éd., 3 vol., Dublin-Zurich 1966.

Iambl. fr. = *Iamblichi Chalcidensis in Platonis dialogos commentariorum fragmenta*, éd. J. M. Dillon, Leyde 1973.

Iambl. *test.* = *Jamblique de Chalcis, Testimonia et Fragmenta Exegetica*, éd. B. D. Larsen, Aarhus 1972.

Iambl. *In Nic. arithm.* = *In Nicomachi arithmeticam introductionem*, éd. H. Pistelli, Leipzig 1894; réimp. Stuttgart 1975 (avec des suppléments de U. Klein).

Iambl. *Theol. arithm.* = *Theologumena arithmeticae*, éd. V. de Falco, Leipzig 1962; réimp. Stuttgart 1975 (avec des suppléments de U. Klein).

Olympiod. *In Phaed.* = *The Greek Commentaries on Plato's Phaedo*, vol. I, *Olympiodorus*, éd. L. G. Westerink, Amsterdam 1976.

Or. Chald. = *Oracles Chaldaïques*, éd. E. des Places, Paris 1971, réimp. Paris 1989. — *De Oraculis Chaldaicis*, W. Kroll, Breslau 1894; réimp. Hildesheim 1962. — *Chaldaean Oracles and Theurgy*, H. Lewy, Le Caire 1956, 2ᵉ éd. avec Index et compléments par M. Tardieu, Paris 1978.

Orphic. = *Orphicorum fragmenta*, éd. O. Kern, Berlin 1922; réimp. Dublin-Zurich 1972.

Porphyre, *Sent.* = *Porphyrii Sententiae ad intelligibilia ducentes*, éd. E. Lamberz, Leipzig 1975.

Proclus. *El. theol.* = *The Elements of Theology*, éd. E. R. Dodds, texte, trad. et commentaire, Oxford 1933, réimp. 1963; — *Éléments de théologie*, trad. franç. et notes J. Trouillard, Paris 1965.

— *In. Alc.* = *Commentary on the first Alcibiades*, éd. L. G. Westerink, Amsterdam 1954; — *Sur le premier Alcibiade de Platon*, par A.-Ph. Segonds, Paris 1985-1986 (2 vol.).

— *In Crat.* = *Procli In Platonis Cratylum commentaria*, éd. G. Pasquali, Leipzig 1908 ; réimp. par F. Romano, Catane 1989, avec trad. ital.

— *In Eucl.* = *Procli In primum Euclidis Elementorum librum commentarii*, éd. G. Friedlein, Leipzig 1873 ; réimp. Hildesheim 1967.

— *In Parm.* = *Procli Commentarium In Platonis Parmenidem* (I-VII), éd. V. Cousin, *Procli Opera inedita*, Paris 1864, réimp. Hildesheim 1961. — Proclus, *Commentaire sur le Parménide de Platon*, Traduction de Guillaume de Moerbeke (avec le complément final du l. VII), éd. C. Steel, t. I et t. II, Leuven-Leiden 1982-1985. — *Procli Commentarium in Parmenidem*. Pars ultima ..., éd. R. Klibansky et C. Labowsky, Londres 1953.

— *In Remp.* = *Procli In Platonis Rem publicam commentarii*, éd. W. Kroll, 2 vol. Leipzig 1899-1901 ; réimp. Amsterdam 1965. — *Commentaire sur la République*, trad. et notes, A.-J. Festugière, 3 vol., Paris 1970.

— *In Tim.* = *Procli in Platonis Timaeum commentaria*, éd. E. Diehl, 3 vol., Leipzig 1903-1906 ; réimp. Amsterdam 1965. — *Commentaire sur le Timée*, trad. et notes, A.-J. Festugière, 5 vol., Paris 1966-1968.

— *Théol. Plat.* = *Théologie platonicienne*, éd. H. D. Saffrey et L. G. Westerink, I-V, Paris 1968-1987.

Simplicius, *In Phys.* = *Simplicii in Aristotelis physicorum libros commentaria*, éd. H. Diels, C.A.G. IX (p. 1 - 800) -X (p. 801 - 1366), Berlin 1882-1895.

— *In cat.* = *In categorias*, éd. C. Kalbfleisch, C.A.G. VIII, Berlin 1907.

SVF = *Stoicorum veterum fragmenta*, éd. J. Von Arnim. Leipzig 1905-1924; réimp. Stuttgart 1964 (4 vol.).

Syrianus, *In Met.* = *Syriani in Aristotelis Metaphysica commentaria*, éd. W. Kroll, C.A.G. VI 1, Berlin 1902.

Théon de Smyrne, *Expos. rer. mathem.* = *Expositio rerum mathematicarum ad legendum Platonem utilium*, éd. H. Hiller, Leipzig 1878 (et éd. J. Dupuis, Paris, 1892; réimp. Bruxelles, 1966).

3. *Ouvrages de référence*

LSJ = Liddell-Scott-Jones, *A Greek-English Lexicon*[9], Oxford 1984.

Denniston = J. D. Denniston, *The Greek Particles*[2], Oxford 1954.

Kühner-Gerth = R. Kühner und B. Gerth, *Ausführliche Grammatik der griechischen Sprache*[3], 2 tomes, Hannover-Leipzig, 1898-1904.

Sigla

A = *Marcianus gr.* 246, s. IX.
A^1 = A scribae manu correctus.
A^2 = A Bessarionis manu correctus aut refectus.
A^3 = A in noua membrana rescriptus.

Codices secundarii :

B = *Marcianus gr.* 247, s. XV.
C = *Marcianus gr.* 245, s. XV.
b = *Parisinus gr.* 1989, s. XVI.
c = *Parisinus gr.* 1990, s. XVII in.
e = *Monacensis gr.* 5, s. XVI.
f = *Hamburgensis Philol. gr.* 23, s. XV.
k = *Scorialensis* Σ II 2, s. XVI.
n^b = *Ambrosianus* T 113 sup., a. 1549.
p^b = *Oxoniensis Holkham gr.* 107, s. XVI.
s^b = *Neapolitanus* III. D. 11, s. XV.

Her = Ps.-Herennius, *In metaphysica*.

< > = addenda.
[ ] = delenda.
*** = lacuna statuenda.
† † = corrupta.
≣ (in apparatu) = rasura unius litterae.
⌊ ⌋ (in apparatu) = refecta.
trsp = transposui(t) uel transponendum(a).

Editiones :

J. Chr. Wolf, *Anecdota Graeca*, Hamburgi 1722-24, vol. IV, p. 195-262 (excerpta).

Jos. Kopp, Francofurti ad Moenum, 1826.

C. Ae. Ruelle, Parisiis, 1889, vol. I, II, p. 1-4 [Bruxelles 1964 ; Amsterdam 1966].

Emendationes :

J. W. Thomson, *Parmenides, sive de ideis et uno rerum omnium principio Platonis dialogus*, Oxonii, 1728.

W. Kroll, *De Oraculis Chaldaicis*, Vratislaviae, 1894 [Hildesheim 1962].

— «Adversaria graeca», *Philologus*, 53, 1894, p. 424-428.

— «Varia», *Rheinisches Museum*, 52 (1897), p. 289-290 (u. *infra* p. 159.18; 160.20; 162.21; 165.22).

P. Corssen, «In Damascii Diadochi Dubitationes et solutiones», *Berliner Philologische Wochenschrift*, 33 (1911), col. 1046-1047.

M. C. Galpérine, *Damascius. Des premiers principes*, Lagrasse, 1987.

TEXTE ET TRADUCTION

DAMASCIUS LE DIADOQUE

TRAITÉ DES PREMIERS PRINCIPES
APORIES ET SOLUTIONS

[III]
[DE LA PROCESSION]

[*Première partie.*
APORÉTIQUE DE LA PROCESSION]

[1. *Première aporie :*
l'unifié procède-t-il en lui-même et hors de lui-même?]

Après avoir défini d'abord les notions qui précèdent[1], nous devons entreprendre la discussion relative à la procession : pour cela nous rechercherons si l'unifié procède soit en lui-même, soit à partir de lui-même, puisque nous jugeons bon d'appeler, en lui, sommet ce qui tient lieu de substance, intermédiaire ce qui tient lieu de vie, limite inférieure ce qui tient lieu d'intellect, ou quelle que soit la façon dont on voudra transposer [là-haut] les noms tirés d'en-bas. On pourrait, à vrai dire, se trouver dans l'embarras, en se tournant avec de bonnes raisons vers le oui et vers le non[2].

[1.1. *La procession interne*]

En effet, si l'unifié est unifié en ce sens qu'il subsiste directement après l'un et auprès de l'un[3], pour la raison qu'une distinction ne s'est même pas produite entre un et être, quelle possibilité y aurait-il donc que naisse en lui quelque autre distinction? Car la distinction de l'un

1-3. Voir *Notes complémentaires*, p. 175.

ΔΑΜΑΣΚΙΟΥ ΔΙΑΔΟΧΟΥ

ΑΠΟΡΙΑΙ ΚΑΙ ΛΥΣΕΙΣ ΠΕΡΙ ΤΩΝ ΠΡΩΤΩΝ ΑΡΧΩΝ

Ruelle I, pp. 220-221

(90) **Τούτων τοίνυν ἡμῖν οὕτω προδιωρισμένων, φέρε τὸν περὶ προόδου κινήσωμεν λόγον, ζητοῦντες εἰ πρόεισι τὸ ἡνωμένον εἴτε ἐν ἑαυτῷ, εἴτε ἀφ' ἑαυτοῦ, ὡς δοκοῦμέν γε λέγειν ἄκρον ἐν αὐτῷ καὶ μέσον καὶ ἔσχατον, τὸ μὲν οἷον οὐσίαν, τὸ δὲ οἷον ζωήν, τὸ δὲ οἷον νοῦν, ἢ ὅπως ἄλλως τις μετα|φέροι τὴν μεταφορὰν κάτωθεν τῶν ὀνομάτων. Ἀπορήσειεν γὰρ ἄν τις ἐφ' ἑκάτερα τρεπόμενος εὐλόγως.**

Εἰ μὲν γὰρ οὕτως ἥνωται ὡς εὐθὺς μετὰ τὸ ἓν καὶ περὶ τὸ ἓν ὑφεσταμένον, διὸ μηδὲ εἰς ἓν καὶ ὂν γενέσθαι διορισμόν, τίς μηχανὴ καὶ ἡντιναοῦν ἄλλην ἐμφῦναι διάκρισιν; Πρώτη γὰρ πασῶν, ὡς ἔοικεν, ἡ τοῦ ἑνὸς καὶ

1 cf. vol. II, p. 207-8-214.20.

---

5 ἄλλως scripsi : -ος A.

et de l'être est, à ce qu'il semble, la première de toutes, puisque tant la symphyse que l'union de l'un et de l'être sont la première des unions ; en effet, les autres réalités se distinguent ensuite, ou bien selon l'un, comme le nombre unitaire, ou bien selon l'être, comme <le> nombre substantiel[1]. Il faut donc qu'apparaisse en premier lieu une altérité[2] de deux monades[3], pour que les nombres se divisent aussi de la même façon que leurs monades propres ; or, là où se trouve la monade unique antérieure aux deux, ou plutôt là où il n'y a même pas de monade (s'il est vrai que celle-ci est distinguée par rapport à son nombre propre), mais une nature unique, tout entière unifiée en toutes ses parties et indifférenciée, comment pourrait-il y avoir quelque distinction en premier, moyen et dernier ? Car introduire de l'obscurité dans la lumière, du mobile dans le pur immobile, du temporel dans l'éternel, ce serait exactement comme, dans le premier indifférencié et unifié, introduire n'importe quelle distinction.

De plus, si ce qui est distingué est après l'unifié, et si ce qui est en train de se distinguer provient de l'indifférencié et se trouve après lui, ni l'une ni l'autre des distinctions qui en procèdent ne sauraient être en lui ; or, le premier, le moyen et le dernier se constituent soit dans l'état de ce qui est distingué, soit dans celui de ce qui est en train de se distinguer ; donc, ces distinctions non plus ne sauraient se trouver là-haut avec raison. Je passe sous silence que c'est à une grande distance de cet ordre-là[4] que se manifestent commencement, milieu et fin, dans la limite inférieure de la nature qui est en train de se distinguer, comme l'indique Parménide[5], puisqu'il fait présubsister à cette limite[6] l'hypostase du tout et des parties, et montre que le

1-4. Voir *Notes complémentaires*, p. 175-176.

5. Cette limite de la nature qui est en train de se distinguer est la troisième triade des intelligibles-intellectifs, selon l'interprétation proclienne de *Parm.*, 145 a5 - b6.

6. Voir *Notes complémentaires*, p. 176.

τοῦ ὄντος, ἐπειδὴ καὶ σύμφυσις καὶ ἕνωσις ἡ τούτων ἐστὶ πρώτη ἑνώσεων· τὰ γὰρ ἄλλα ἐπιδιακρίνεται ἢ κατὰ τὸ ἕν, ὡς ὁ ἑνιαῖος, ἢ κατὰ τὸ ὄν, ὡς <ὁ> οὐσιώδης ἀριθμός. Δεῖ οὖν πρώτην ἑτερότητα φανῆναι τῶν δυεῖν μονάδων, ἵνα καὶ οἱ ἀριθμοὶ συνδιαιρεθῶσι ταῖς οἰκείαις μονάσιν· ὅπου δὲ μία ἡ μονὰς πρὸ τῶν δυεῖν, μᾶλλον δὲ οὐδὲ μονάς, εἴπερ αὕτη διώρισται πρὸς τὸν οἰκεῖον ἀριθμόν, ἀλλὰ μία φύσις ὅλη δι' ὅλης ἡνωμένη καὶ ἀδιάκριτος, πῶς ἂν εἴη τις ἐνταῦθα διάκρισις εἰς πρῶτον καὶ μέσον καὶ τελευταῖον; Ὅμοιον γὰρ ἐν τῷ φωτὶ σκότος ἐμποιεῖν, καὶ ἐν τῷ ἀκινήτῳ κινούμενον, ὃ μόνον ἀκίνητον, καὶ ἐν τῷ αἰωνίῳ ἔγχρονον, ὡς ἐν τῷ πρώτῳ ἀδιακρίτῳ καὶ ἡνωμένῳ διάκρισιν τὴν τυχοῦσαν.

Ἔτι δὲ εἰ τὸ διακεκριμένον μετὰ τὸ ἡνωμένον, καὶ τὸ διακρινόμενον ἀπὸ τοῦ ἀδιακρίτου καὶ μετ' ἐκεῖνο, οὐδέτερον ἂν εἴη ἐν ἐκείνῳ τῶν ἀπ' αὐτοῦ· τὸ δὲ πρῶτον καὶ μέσον καὶ τελευταῖον ἢ ἐν τῷ διακεκρίσθαι ἢ ἐν τῷ διακρίνεσθαι συνίσταται· οὐδὲ ταῦτα ἄρα ἐκεῖ ἂν εἴη δικαίως. Ἐῶ λέγειν ὅτι καὶ πολλοστὰ ἀπὸ τῆς τάξεως ἐκείνης ἀναφαίνεται ἀρχὴ καὶ μέσα καὶ τελευτὴ ἐν τῷ πέρατι τῆς διακρινομένης φύσεως, ὡς ὁ Παρμενίδης, ἧς προϋπάρχει ἡ τοῦ ὅλου καὶ τῶν μερῶν ὑπόστασις, ἧς

19-21 *Parm.* 145 a 5 - b 1 || 21-22 ibid., 144 e 9 - 145 a 4

3 ὁ addidi.

nombre est antérieur à cette hypostase. Or, s'il n'y a pas encore de nombre là-haut, dans l'unifié, il n'y a pas non plus de triade ; et, s'il n'y a pas de triade, il n'y a pas non plus ces trois que sont le premier, le moyen et le dernier.

Néanmoins, les dieux [des Oracles] et les théologiens proclament, à notre intention, des triades intelligibles et des processions de principes divins[1] qui ont procédé du principe unique des touts[2]. De plus, le raisonnement aussi réclame que se produise même là-haut quelque procession, quoique celle-ci doive être le plus unifiée possible. Car, d'abord, si cette nature est unifiée parce qu'elle est après l'un, il faut, puisqu'il se trouve aussi qu'elle est après les plusieurs, qu'elle soit également plurifiée de quelque façon ; et, si l'un s'oppose à la procession, la pluralité éveille celle-ci et l'accomplit. Or, si cette nature est l'un-être, parce qu'elle est avant la substance et l'un, il faut qu'il y ait aussi quelque chose d'antérieur à l'une et à l'autre vie, à savoir à la vie unitaire et à la vie substantielle, et de même encore, antérieurement à l'un et à l'autre intellect, il faut qu'il y ait l'intellect qui est l'ensemble des deux, [autrement dit] un intellect unifié, une vie unifiée, de même qu'une substance unifiée[3]. Et où doit être l'unifié ? On répond qu'il est dans tout le diacosme unifié ; par suite, ce diacosme aussi est ordonné en trois. En outre, de lui procèdent substance, vie et intellect ; il s'agit là de la pluralité qui est produite au dehors ; et ce n'est pas, je suppose, selon sa propre totalité que le diacosme unifié a produit ces différences, car il est de la nature de la pluralité externe d'être engendrée suivant la pluralité interne[4], soit selon la cause soit selon la subsistence, soit comme distinguée soit comme unifiée. Admettons, en effet, que la pluralité interne est unifiée, tout en étant cependant analogue à celle qui est distinguée. Car,

1-3. Voir *Notes complémentaires*, p. 176.

4. Pluralité interne et pluralité externe ont déjà été mentionnées plus haut, vol. II, p. 206.23-207.7.

πρεσβύτερον ἀποφαίνει τὸν ἀριθμόν. Εἰ δὲ μήπω ἐκεῖ ἀριθμὸς ἐν τῷ ἡνωμένῳ, οὐδὲ τριάς· εἰ δὲ μὴ τριάς, οὐδὲ τὰ τρία ταῦτα, πρῶτον καὶ μέσον καὶ τελευταῖον.

Ἀλλὰ μὴν οἵ τε θεοὶ καὶ οἱ θεολόγοι τριάδας τε ἡμῖν ἀνυμνήκασιν νοητάς, καὶ προόδους θείων ἀρχῶν ἀπὸ τῆς μιᾶς ἀρχῆς τῶν ὅλων προελθουσῶν. Ἔτι γε μὴν καὶ ὁ λόγος προσαπαιτεῖ καὶ ἐκεῖ τινα γενέσθαι πρόοδον, εἰ καὶ ὅτι μάλιστα καὶ ταύτην ἡνωμένην. Πρῶτον μὲν γάρ, εἰ μετὰ τὸ ἓν οὖσα ἡ φύσις ἐκείνη, διὰ τοῦτο ἡνωμένη ἐστίν, ἐπειδὴ καὶ μετὰ τὰ πολλὰ τυγχάνει οὖσα, δεῖ πως αὐτὴν καὶ πληθύεσθαι· καὶ εἰ τὸ ἓν ἀναστέλλει τὴν πρόοδον, τὸ πλῆθος αὐτὴν ἐπεγείρει καὶ ἀπεργάζεται. Εἰ δὲ ἓν ὄν, ὅτι πρὸ οὐσίας καὶ ἑνός, δεῖ τι εἶναι καὶ πρὸ ζωῆς ἑκατέρας, τῆς τε ἑνιαίας καὶ τῆς οὐσιώδους, ὁμοίως δὲ καὶ πρὸ νοῦ ἑκατέρου τὸν συναμφότερον | νοῦν, ἡνωμένον γε νοῦν καὶ ἡνωμένην ζωήν, ὥσπερ ἡνωμένην οὐσίαν. Ποῦ δ' ἂν εἴη τὸ ἡνωμένον; Ἢ ἐν τῷ ἡνωμένῳ παντὶ διακόσμῳ· τριχῇ ἄρα καὶ ἐκεῖνος διακεκόσμηται. Ἀλλὰ δὴ ἀπ' αὐτοῦ οὐσία τε πρόεισι καὶ ζωὴ καὶ νοῦς, ἔξω τοῦτο πλῆθος γιγνόμενον, καὶ οὐ δήπου καθ' ὅλον ἑαυτὸν τὰ διάφορα προήγαγεν· τὸ γὰρ ἔξω πλῆθος κατὰ τὸ εἴσω γεννᾶσθαι πέφυκεν, εἴτε κατ' αἰτίαν εἴτε καθ' ὕπαρξιν, εἴτε διακεκριμένον εἴτε ἡνωμένον. Ἔστω γὰρ τὸ εἴσω πλῆθος ἡνωμένον, ἀναλογοῦν δὲ ὅμως τῷ διακεκριμένῳ. Καὶ γὰρ εἴ τις λέγοι ὅτι

1 *Parm.*, 144 a 2-9 || 4 *Or. Chald.*, fr. 4 (infra, p. 108.16 - 159.5); de theologis infra, p. 159.6 - 167.24.

---

13 δεῖ τι coni. Ruelle : διότι A || 20 ἑαυτὸν scripsi : -ὁ A.

si l'on dit que les plusieurs procèdent de l'un, mais que néanmoins il n'y a pas de plusieurs dans l'un, il faut savoir que les plusieurs de l'un sont aussi, s'il est permis de dire, sa pluralité interne. Et, si l'on n'admet pas cette manière de voir, il est facile du moins de convenir que, au milieu de l'un et de la pluralité distinguée de quelque façon, il est nécessaire qu'il y ait la pluralité unifiée et encore indifférenciée. Telles sont les apories que l'on peut rencontrer dans les deux cas[1], au sujet de la pluralité interne à l'intelligible.

[1.2. *La procession externe*]

Pareillement, on pourrait encore se trouver dans l'embarras au sujet de la pluralité externe. Car, ou bien la pluralité produite est de forme semblable au producteur, ainsi à partir de l'unifié-un procèdent des unifiés-multiples, de même que des intellects à partir d'un intellect et des âmes à partir d'une âme, ou bien la pluralité produite est de forme dissemblable, comme dans le cas où une âme procède d'un intellect, ou un intellect d'une vie, ou une vie d'une substance ; de même, par conséquent, de l'unifié procèdent une substance, une vie et un intellect. Or, si l'on admet cette dernière hypothèse, l'unifié ne procède pas et cette nature ne subit pas, non plus, la procession, mais c'est autre chose qui procède de lui ; en effet, de l'un procèdent les plusieurs et de l'ineffable les exprimables, non pas cependant que la nature de l'un procède et devienne plusieurs, ni non plus que la nature de l'ineffable devienne exprimable. Au contraire, si l'on admet l'autre hypothèse, que pourrait bien être une distinction de la nature unifiée ? En effet, ce serait exactement comme si l'on disait que les plusieurs procèdent de l'un en similitude de forme ; car ce serait dire, de façon semblable, que les distingués aussi

1. Ἐπ' ἀμφότερα, c'est-à-dire ici tant dans l'hypothèse de la procession de l'unifié que dans celle de sa non-procession, cf. ἐφ' ἑκάτερα, *supra*, p. 1.7.

ἀπὸ τοῦ ἑνὸς τὰ πολλά, ἀλλ' ὅμως ἐν τῷ ἑνὶ πολλὰ οὐκ ἔστιν, εἰδέναι χρὴ ὅτι καὶ τὰ πολλὰ τοῦ ἑνός ἐστιν, εἰ θέμις εἰπεῖν, τὸ εἴσω πλῆθος. Εἰ δὲ μὴ τοῦτο, ἀλλ' ἐκεῖνό γε συγχωρῆσαι ῥᾴδιον, ὅτι ἐν μέσῳ τοῦ ἑνὸς καὶ τοῦ ὁπωσοῦν διωρισμένου πλήθους ἀναγκαῖον εἶναι τὸ ἡνωμένον καὶ ἔτι ἀδιάκριτον πλῆθος. Τοιαῦτα μὲν ἄν τις ἐπ' ἀμφότερα ἀπορήσειεν περὶ τοῦ εἴσω πλήθους ἐν τῷ νοητῷ.

Ὁμοίως δ' ἂν ἀπορηθείη καὶ περὶ τοῦ ἐκτός. Ἢ γὰρ ὁμοειδὲς τὸ παραγόμενον πλῆθος τῷ παράγοντι, οἷον ἀπὸ τοῦ ἑνὸς ἡνωμένου πολλὰ ἡνωμένα, ὡς νόες ἀπὸ νοῦ καὶ ψυχαὶ ἀπὸ ψυχῆς, ἢ ἀνομοειδές, ὡς ἀπὸ νοῦ ψυχὴ ἢ ἀπὸ ζωῆς νοῦς ἢ ἀπὸ οὐσίας ζωή, οὕτως ἄρα ἀπὸ τοῦ ἡνωμένου οὐσία καὶ ζωὴ καὶ νοῦς. Ἀλλ' εἰ μὲν τοῦτο, οὐ τὸ ἡνωμένον πρόεισιν, οὐδὲ πάσχει τὴν πρόοδον ἐκείνη ἡ φύσις, ἀλλ' ἕτερα τὰ ἀπ' αὐτοῦ προϊόντα· καὶ γὰρ ἀπὸ τοῦ ἑνὸς τὰ πολλὰ καὶ τὰ ῥητὰ ἀπὸ τοῦ ἀρρήτου, οὐ μέντοι ἡ τοῦ ἑνὸς φύσις προέρχεται καὶ γίγνεται πολλά, οὐδὲ ἡ τοῦ ἀρρήτου γίγνεται ῥητή. Εἰ δὲ ἐκεῖνο, τίς ἂν εἴη διάκρισις τῆς ἡνωμένης φύσεως; Ὅμοιον γὰρ ὡς εἴ τις εἴποι τὰ πολλὰ ἀφ' ἑνὸς προϊέναι ὁμοειδῶς· τοιοῦτον γὰρ

procèdent de l'unifié. Et en vue de quoi procéderaient-ils également en similitude de forme ? Car, si la même forme est conservée, pour nous exprimer ainsi, la venue à l'être de premiers, de moyens et de derniers aboutira au même résultat. Peut-être, en effet, aucune chose ne procède par simple abaissement de la même propriété, si ne s'ajoute aussi quelque différence qui modifie de quelque manière les procédants selon la forme ; car il n'est ni avantageux que la même propriété s'abaisse sans modification en plusieurs choses, ni possible qu'elle soit distinguée d'elle-même en quelque façon sans l'addition d'une différence et d'une altérité. En effet, même dans le cas des individus qui ne diffèrent que par le nombre, il n'est pas facile d'admettre que la procession dans ces derniers se produise sans quelque différence spécificatrice, loin que ce soit admissible dans le cas des formes communes et des formes propres ; c'est pourquoi tout astre et tout vivant est une forme commune et diffère par une forme. Or, si la procession est telle que les procédants ont à la fois quelque chose de commun et de propre, par exemple homme et cheval sont chacun des deux un vivant, comment, du vivant qui est sans différence, le différent peut-il procéder, et comment ce qui par nature est sans différence peut-il se diviser en une pluralité de vivants dans la procession de forme semblable ?

Et plus embarrassant encore sera l'argument si on le formule au sujet de l'unifié ; car ce dernier exclut le caractère propre qui s'attache à chaque distinction, tant à celle de forme semblable qu'à celle de forme dissemblable ; de sorte encore que ce qu'on appelle la distinction de la pluralité interne est exclu de l'unifié. Car, si l'intellect, en tant qu'il est une forme, peut sans doute se distinguer en une pluralité de formes, le tout en une pluralité de parties, le mixte en éléments, comment toutefois l'unifié pourrait-il se distinguer dans une procession qui lui serait immanente ? En effet, il ne le peut, ni en dissimilitude de forme (car, dans la nature

καὶ τὰ διακεκριμένα λέγειν ἀπὸ τοῦ ἡνωμένου. Τίνος δὲ εἵνεκα καὶ προέλθοι ἂν ὁμοειδῶς; Καὶ γὰρ τοῦ αὐτοῦ σῳζομένου εἴδους, οὕτως εἰπεῖν, τὸ αὐτὸ τέλος ἔσται τῆς ὑποστάσεως πρώτοις καὶ μέσοις καὶ τελευταίοις. Μήποτε γὰρ οὐδὲ προέρχεταί τι κατὰ ὕφεσιν μόνην τοῦ αὐτοῦ ἰδιώματος, εἰ μὴ καὶ διαφορὰ προστεθείη τις ἐξαλλάττουσά πως τὰ προϊόντα κατ' εἶδος· οὔτε γὰρ ἔχει τι ἀγαθόν, τὸ αὐτὸ ἀπαραλλάκτως ὑφίεσθαι πολλαχῇ, οὔτε δυνατὸν αὐτὸ ἀφ' ἑαυτοῦ δια|κρίνεσθαί [διὰ] τι μὴ προστιθεμένης διαφορᾶς τε καὶ ἑτερότητος. Οὐδὲ γὰρ ἐπὶ τῶν ἀτόμων τῶν ἀριθμῷ διαφερόντων μόνον εὐπαράδεκτόν ἐστιν ἄνευ τινὸς εἰδοποιοῦ διαφορᾶς γίγνεσθαι τὴν εἰς ταῦτα πρόοδον, μή τι γε ἐπὶ τῶν κοινῶν τε καὶ ἰδίων· τοιγαροῦν πᾶς ἀστὴρ καὶ πᾶν ζῷον κοινὸν εἶδός ἐστι καὶ εἴδει ἐξήλλακται. Εἰ δὲ οὕτως ἔχει ἡ πρόοδος ὡς ἔχειν τὰ προϊόντα ὁμοῦ τι καὶ κοινὸν καὶ ἴδιον, ὡς ἄνθρωπος καὶ ἵππος [καὶ] ζῷον ἑκάτερον, πῶς μὲν ἀπὸ τοῦ ζῴου ὄντος ἀδιαφόρου πρόεισι τὸ διάφορον, πῶς δὲ τὸ φύσει ἀδιάφορον εἰς πολλὰ τέμνεται ζῷα κατὰ τὸ ὁμοειδὲς τῆς προόδου;

Καὶ ἔτι ἀπορώτερος ὁ λόγος περὶ τοῦ ἡνωμένου λεγόμενος· ἀναιρετικὸν γὰρ τοῦτο τὸ ἰδίωμα πάσης διακρίσεως, καὶ ὁμοειδοῦς καὶ ἀνομοειδοῦς· ὥστε καὶ ἀπὸ τούτου ἀναιρεῖται καὶ τὸ εἴσω πλῆθος διακρίνεσθαι λεγόμενον. Ὁ μὲν γὰρ νοῦς, ἅτε εἶδος ὤν, δύναται ἴσως εἰς εἴδη πολλὰ διακρίνεσθαι, καὶ τὸ ὅλον εἰς πολλὰ μέρη, καὶ τὸ μικτὸν εἰς στοιχεῖα· τὸ δὲ ἡνωμένον πῶς ἂν εἰς πρόοδον τὴν ἐν ἑαυτῷ διακριθείη; Οὔτε γὰρ ἀνομοειδῶς,

2 ὁμοειδῶς scripsi : ἀνομοειδῶς A ‖ 5 τι scripsi : τὴν A (post κατὰ trsp. coni. Ruelle) ‖ 9 διὰ τι et mg. uirg. cens. A, correxi ‖ 11 τῶν[2] A[1] : τῶι A ‖ 17 καὶ deleui.

qui est semblable, identique et, pour mieux dire, unifiée, d'où pourrait venir ce qui, de quelque façon que ce soit, serait différent selon la forme ou la propriété ?), ni en similitude de forme, car l'unifié ne veut être rien d'autre que cela seul qu'on le dit être, à savoir unifié, de sorte que, comme unifié, il ne saurait se distinguer ; il n'est pas vrai, alors, que l'unifié se distingue en similitude de forme. Si l'on dit encore qu'il procède à l'intérieur selon les deux modes ensemble[1], par exemple qu'une vie unifiée procède d'une substance unifiée, <et que d'une vie unifiée procède> un intellect unifié, quelque chose d'absurde surviendra de part et d'autre en même temps, de même que l'absurde est survenu séparément dans le cas de la procession de forme semblable et dans celui de la procession de forme dissemblable.

[2. *Deuxième aporie : procession de forme semblable et procession de forme dissemblable*]

En bref, voici ce qu'il faut sans doute chercher maintenant, à savoir si la procession est de deux sortes, comme le disent les philosophes[2], l'une de forme semblable, comme dans le cas d'Athéna procédant d'Athéna, l'autre de forme dissemblable, comme dans le cas d'Athéna procédant de Zeus, ou bien s'il y a une seule nature de toute procession selon les deux modes ensemble ; car ni ce qui est propre ne saurait procéder et, non plus, subsister sans quelque chose de commun, ni ce qui est commun ne procède sans différence et sans ce qui est propre. En effet, une Athéna procède d'une Athéna[3], une deuxième d'une première, une plus particulière d'une plus universelle, une céleste d'une supracéleste, si cela se présente ainsi ; et ce ne sont même pas là les seuls facteurs à rendre cette Athéna différente selon la forme, mais il y a encore une certaine façon d'être particulière athénaïque, par laquelle toute Athéna est première selon la nature propre qui est la sienne,

1-3. Voir *Notes complémentaires*, p. 176-177.

πόθεν γὰρ ἐν τῇ ὁμοίᾳ καὶ τῇ αὐτῇ καὶ ἔτι μειζόνως εἰπεῖν ἡνωμένῃ φύσει τὸ κατ' εἶδος ἢ ἰδιότητα ὁπωσοῦν ἐξηλλαγμένον; Οὔτε ὁμοειδῶς, τὸ γὰρ ἡνωμένον οὐδὲν ἄλλο βούλεται ἢ μόνον ὃ λέγεται, ἡνωμένον, εἶναι, ὥστε καθό γε ἡνωμένον οὐκ ἂν διακριθείη· οὐκ ἄρα ὁμοειδῶς διακρίνεται. Εἰ δὲ καὶ εἴσω κατὰ τὸ συναμφότερον, οἷον ζωὴ ἡνωμένη ἀπὸ οὐσίας ἡνωμένης, <καὶ ἀπὸ ζωῆς ἡνωμένης> νοῦς ἡνωμένος, ἑκάτερον συμβήσεται ἄτοπον ἅμα, καθάπερ ἰδίᾳ συμβέβηκεν ἐπί τε τῆς ὁμοειδοῦς προόδου καὶ ἐπὶ τῆς ἀνομοειδοῦς.

Ὅλως δὲ καὶ αὐτὸ τοῦτο ζητητέον ἴσως τὰ νῦν, εἰ διττὴ ἡ πρόοδος, ὥς φασιν οἱ φιλόσοφοι, ἡ μὲν ὁμοειδής, ὡς Ἀθηνᾶ ἀπὸ Ἀθηνᾶς, ἡ δὲ ἀνομοειδής, ὡς Ἀθηνᾶ ἀπὸ Διός, ἢ μία φύσις πάσης προόδου κατὰ τὸ συναμφότερον προϊούσης· οὔτε γὰρ τὸ ἴδιον ἄνευ κοινοῦ τινος προέλθοι ἂν οὐδ' ἂν ὑποσταίη, οὔτε τὸ κοινὸν ἄνευ τοῦ ἰδίου πρόεισιν ἀδιάφορον. Καὶ γὰρ Ἀθηνᾶ ἀπὸ Ἀθηνᾶς δευτέρα ἀπὸ πρώτης, μερικωτέρα ἀπὸ ὁλικωτέρας, οὐρανία ἀπὸ ὑπερουρανίας, ἂν οὕτω τύχοι· οὐδὲ μόνα ταῦτα ἐξαλλάττει αὐτὴν κατὰ τὸ εἶδος, ἀλλὰ καὶ ἰδιοτροπία τις ἀθηναϊκή, καθ' ἣν πᾶσα Ἀθηνᾶ πρώτη ἐστὶ κατὰ τὴν ἑαυτῆς ἴδιον φύσιν, ὅπου γε καὶ τῶν ἀνθρωπί-

2 ἰδιότητος· πῶς οὖν A, et mg. uirg. cens., corr. Kroll || 5 γε ἡνωμένον scripsi : γεννώμενον A || 7-8 καὶ — ἡνωμένης addidi (item sine καὶ Galpérine), mg. uirg. cens. A || 14 ἢ scripsi : ἡ A.

puisque même chaque âme humaine est différente de toute autre selon la forme. Donc, à bien plus forte raison, les multiples Athéna différeront les unes des autres par la forme, puisque tout dieu est un sommet selon la nature qui est la sienne. Par suite, la procession dite de forme semblable apparaît comme étant aussi de forme dissemblable. Mais, de plus, Athéna procède de Zeus, comme une divinité d'une divinité, comme un intellect d'un intellect, comme une puissance démiurgique d'une puissance démiurgique, et comme une cause productrice d'intellect, le cas échéant, procède d'une cause productrice d'intellect ; par conséquent la procession de forme dissemblable est capable par nature d'être aussi de forme semblable. Peut-être alors, toute procession se produit-elle, partout et toujours, comme étant l'une et l'autre ensemble, si ce n'est que tantôt le semblable, tantôt le dissemblable apparaît dominant.

[3. *Troisième aporie : cette dualité ne paraît pas fondée*]

Quoi qu'il en soit, voici encore ce qu'il faut chercher : pour quelle raison l'une [des processions] est-elle de forme semblable, l'autre de forme dissemblable, soit de façon séparée, soit les deux ensemble ; car peut-être sont-elles toutes de forme semblable, ou toutes de forme dissemblable. Je m'explique : à partir de Zeus[1], disons-nous, procèdent Zeus et Athéna, et encore d'autres [dieux] différents, et ils n'auraient pas pu être engendrés dans leur pluralité à partir d'un seul, si l'unique n'était tous les autres ; en effet, toujours le dieu qui est plus universel coagrège en lui-même ceux qui sont plus particuliers, de la même manière que le vivant coagrège en lui-même la pluralité des vivants, homme, cheval, bœuf ; car le vivant, comme on le sait, est à la fois ces derniers mêmes et toutes les espèces du vivant qui ont procédé les unes séparément des autres. Or, si Zeus

1. Voir *Notes complémentaires*, p. 177.

νων ψυχῶν ἑκάστη κατ' εἶδος ἐξήλλακται | πάσης ἑτέρας. Πολλῷ δὲ οὖν μειζόνως αἱ πολλαὶ Ἀθηναῖ εἴδει ἀλλήλων διοίσουσιν, ἐπειδὴ πᾶς θεὸς ἀκρότης ἐστὶ κατὰ φύσιν τὴν ἑαυτοῦ. Οὕτω μὲν τοίνυν ἡ ὁμοειδὴς λεγομένη φαίνεται οὖσα καὶ ἀνομοειδής· ἀλλὰ καὶ Ἀθηνᾶ ἀπὸ Διός, θεὸς ἀπὸ θεοῦ, καὶ νοῦς ἀπὸ νοῦ, καὶ δημιουργικὴ ἀπὸ δημιουργικοῦ, καὶ νοοποιός, ἂν οὕτω τύχοι, ἀπὸ νοοποιοῦ· ὥστε καὶ ὁμοειδὴς οὖσα πέφηνεν <ἡ> ἀνομοειδής. Μήποτε οὖν πανταχοῦ συναμφότερος ἀεὶ πᾶσα γίγνεται πρόοδος, εἰ μὴ ἄρα φανείη ὅπου μὲν ἐπικρατοῦν τὸ ὅμοιον, ὅπου δὲ τὸ ἀνόμοιον.

Ἀλλὰ γὰρ καὶ αὐτὸ τοῦτο ζητητέον, διὰ τί ἡ μέν ἐστιν ὁμοειδής, ἡ δὲ ἀνομοειδής, εἴτε χωρίς, εἴτε ἡ συναμφότερος· μήποτε γὰρ πᾶσαι ὁμοειδεῖς ἢ πᾶσαι ἀνομοειδεῖς. Οἷον ὃ λέγω, ἀπὸ Διός, φαμέν, Ζεύς τε καὶ Ἀθηνᾶ, καὶ ἄλλος καὶ ἄλλος, οὐκ ἂν γεννηθέντες πολλοὶ ἀφ' ἑνός, εἰ μὴ πάντα ἦσαν ὁ εἷς· ἀεὶ γὰρ <ὁ> ὁλικώτερος τοὺς μερικωτέρους ἐν ἑαυτῷ συναιρεῖ, ὥσπερ τὸ ζῷον τὰ πολλὰ ζῷα, ἄνθρωπον καὶ ἵππον καὶ βοῦν· καὐτὰ γὰρ ταῦτα τὸ ζῷον ἦν ὁμοῦ καὶ τὰ χωρὶς προελθόντα ἀπ' ἀλλήλων εἴδη πάντα τοῦ ζῴου. Εἰ δὲ

2 εἴδει] -ει in ras. A || 8 ἡ addidi || 17 scr. πάντες ἦν? (πάντες ἦσαν Galpérine) cf. p. 8.6 || ὁ addidi || 20 καὐτὰ A : κατ' αὐτὰ (τ' supra κ-) A^1.

procède de Zeus, en étant de forme semblable, à la différence des autres, alors, en s'attachant aux noms, on sera peut-être embarrassé en voyant les deux processions contredistinguées ; tandis qu'en réfléchissant au fait que le Zeus plus particulier, qui procède en deuxième et en troisième lieu, n'est pas le même selon la forme que le premier (car celui-ci, on le sait, est tous ceux qui ont procédé, tandis que celui-là est l'un de ceux qui ont procédé), alors on verra que la totalité de la procession et la procession de chacun sont la division d'un seul [dieu], à savoir de la subsistence du Zeus universel ; de sorte que chacun est une partie du producteur et qu'il est synonyme[1] par rapport à lui, sans qu'aucun le soit à sa totalité intégrale, mais chacun l'est à la partie selon laquelle il en procède. Or, si c'est dans sa totalité que Zeus produit, tandis que ce <n'>est <pas> conformément à sa totalité que ses descendants <sont produits>[2], et si ce n'est pas une même forme que le tout de Zeus et une partie de Zeus, par exemple, le deuxième Zeus et Athéna, il est clair encore une fois qu'ils sont tous engendrés comme dissemblables de forme, et comme différents les uns des autres selon la forme ; et leur communauté avec Zeus s'arrête au nom.

Aussi bien, s'il y a une différence des processions, quelle est la cause de cette différence ? Pourquoi à partir du même [dieu] l'une est-elle de forme semblable, l'autre de forme dissemblable ? Quel hasard décide de cette génération-là ou de celle-ci ? Est-ce parce que la procession de forme semblable s'accomplit selon la division de la subsistence propre, tandis que la procession de forme dissemblable s'accomplit selon la cause anticipée de la subsistence de forme différente ? On dira, en premier lieu, que la cause est la subsistence de la nature qui contient déjà cette subsistence de forme

1-2. Voir *Notes complémentaires*, p. 177.

Ζεὺς ἀπὸ Διὸς ὁμοειδὴς πρόεισιν οὐχ ὁμοίως τοῖς ἄλλοις, εἰ μὲν τοῖς ὀνόμασι προσέχοι τις, τάχα ἂν ἀπορηθείη τὰς δύο προόδους ὁρῶν ἀντιδιῃρημένας· εἰ δὲ ἐννοήσειεν ὅτι ὁ μερικώτερος Ζεὺς καὶ δεύτερος καὶ τρίτος προελθὼν οὐκ ἔστιν ὁ αὐτὸς τῷ προτέρῳ κατ' εἶδος (ὁ μὲν γὰρ ἦν πάντες οἱ προελθόντες, ὁ δὲ εἷς τῶν προελθόντων), ὄψεται πᾶσαν τὴν πρόοδον καὶ τὴν πάντων ἑνὸς οὖσαν μερισμὸν τῆς ὑπάρξεως τοῦ ὅλου Διός· ὥστε μέρος ἕκαστος τοῦ προάγοντος καὶ συνώνυμος ἐκείνῳ, τῷ μὲν ὅλῳ καθ' ὅλον οὐδείς, κατὰ δὲ μέρος καθ' ὃ προέρχεται, πᾶς. Εἰ δὲ ὁ μὲν ὅλος παράγει, οἱ δὲ παραγόμενοι καθ' ὅλον, οὐ ταὐτόν τε εἶδος ὅλος τε ὁ Ζεὺς καὶ τὸ τοῦ Διὸς μέρος, οἷον Ζεὺς ὁ δεύτερος καὶ Ἀθηνᾶ, σαφὲς αὖ πάλιν ὅτι πάντες ἀνομοειδεῖς ἀπογεννῶνται, καὶ ἕτεροι ἀφ' ἑτέρου κατ' εἶδος· ἡ δὲ τοῦ Διὸς κοινωνία μέχρις ὀνόματος.

Ἐπεὶ καὶ εἰ ἔστι διαφορὰ τῶν προόδων, τίς ἡ αἰτία τῆς διαφορᾶς; Διὰ τί ἀπὸ τοῦ αὐτοῦ ἡ μὲν ὁμοειδής, ἡ δὲ ἀνομοειδής; Τίς ἡ ἀποκλήρωσις τῆς ἀπογεννήσεως ἐκείνης ἢ ταύτης; Ἆρα ὅτι ἡ μὲν ὁμοειδὴς κατὰ τὸν μερισμὸν ἀποτελεῖται τῆς ἰδίας ὑπάρξεως, ἡ δὲ ἀνομοειδὴς κατὰ τὴν προειλημμένην αἰτίαν τῆς ἀλλοτρίας; Ἢ πρῶτον μὲν ἡ | αἰτία ὕπαρξίς ἐστιν τῆς περιειληφυίας

2 ὀνόμασι] ὀ- s.u. add. A^{1} || 6-7 mg. uirg. cens. A || 12 scr. παραγόμενοι <παράγονται οὐ> ? || τε] scr. δὲ? mg. uirg. cens. A || 20 ἆρα] ἆ- ex corr., mg. ορα A^{1} || 21 ἰδίας] -δί- in ras. A.

différente ; par exemple la cause de la subsistence d'Athéna est en Zeus quelque accident relativement élevé[1] de la subsistence de Zeus ; ou plutôt Athéna est aussi consubstantialisée avec Zeus, et Zeus ne saurait être sans elle, ce qui est une façon de parler plus sainte et plus vraie ; par conséquent, la procession de forme dissemblable, elle aussi, s'accomplit selon une division de la subsistence. En second lieu, en Zeus se trouvera la division de la subsistence des dieux plus particuliers qui ont procédé de lui, comme la série de forme semblable qui vient de lui et que l'on appelle jovienne ; ce n'est pas, sans doute, que la série engendrée de Zeus soit en lui par subsistence, mais elle est en lui selon la cause, si l'on regarde vers la série produite, tandis qu'elle est en lui par subsistence, si l'on regarde vers le producteur de la série.

Ceci encore est digne d'examen : peut-être doit-on dire que c'est la même chose qui est subsistence d'une chose, et qui est cause d'une autre, et peut-être n'est-il pas nécessaire de doubler la nature de chaque chose dans ce qu'on appelle sa propre subsistence et dans l'anticipation de la cause de ce qui vient ensuite. Nous ferons les mêmes remarques au sujet aussi de la participation ; car, du fait que le vivant qui est dans l'homme vient d'ailleurs, par là il y a participation de l'homme, mais du fait qu'il entre dans la composition de l'homme, par là la subsistence appartient à l'homme.

[4. *Quatrième aporie : trois cas d'impossibilité de la procession*]

[*Premier cas*]. En remontant encore plus haut, on pourrait à bon droit chercher comment il se peut que d'une unité procède une pluralité. Pourquoi d'une unité ne procède pas seulement une unité, et pourquoi la pluralité ne procède-t-elle pas seulement d'une pluralité ? En réalité, disons-nous, de Zeus procèdent les dieux multiples[2], mais peut-être cette pluralité procède-t-elle

1-2. Voir *Notes complémentaires*, p. 177-178.

αὐτὴν φύσεως, οἷον ἡ αἰτία τῆς Ἀθηνᾶς ἐν τῷ Διὶ πρεσβύτερον συμβεβηκός τί ἐστι τῆς Διός· ἣ συνουσίωται καὶ αὕτη τῷ Διί, καὶ ἄνευ αὐτῆς οὐκ ἂν εἴη ὁ Ζεύς, ὅπερ εὐαγέστερόν τε καὶ ἀληθέστερον εἰπεῖν· ὥστε καὶ ἡ ἀνομοειδὴς κατὰ μερισμὸν τῆς ὑπάρξεως ἀποτελεῖται. Δεύτερον δὲ ὁ τῆς ὑπάρξεως μερισμὸς ἐνυπάρξει τῷ Διὶ τῶν μερικωτέρων ἀπ' αὐτοῦ προελθόντων, οἷον τῆς ὁμοειδοῦς ἀπ' αὐτοῦ σειρᾶς τῆς διίου λεγομένης, καὶ οὐ δήπου καθ' ὕπαρξιν ἐν αὐτῷ ἡ ἀπ' αὐτοῦ γεννωμένη σειρά, ἀλλὰ κατ' αἰτίαν μὲν ὡς πρὸς τὴν παραγομένην σειράν, καθ' ὕπαρξιν δὲ ὡς πρὸς τὸν παράγοντα <τὴν> σειράν.

Καὶ γὰρ ἐκεῖνο ἄξιον ἐπιστάσεως, μήποτε τὸ αὐτὸ ἄλλου μὲν ὕπαρξιν, ἄλλου δὲ αἰτίαν ῥητέον, καὶ οὐ χρεία διπλασιάζειν ἑκάστου τὴν φύσιν τῇ τε ἑαυτοῦ ὑπάρξει λεγομένῃ καὶ τῇ προλήψει τῆς τῶν δευτέρων αἰτίας. Τὰ δὲ αὐτὰ καὶ περὶ μεθέξεως ἐροῦμεν· ᾗ μὲν γὰρ ἑτέρωθεν τὸ ἐν ἀνθρώπῳ ζῷον, ταύτῃ μέθεξις, ᾗ δὲ συμπληροῖ τὸν ἄνθρωπον, ταύτῃ ὕπαρξις τοῦ ἀνθρώπου.

(91)[1] Ἔτι δὲ ἀνωτέρω ζητήσειεν ἄν τις εἰκότως ὅπως ἀφ' ἑνὸς πολλὰ προέρχεται. Διὰ τί μὲν οὐκ ἀφ' ἑνὸς ἓν μόνον πρόεισι, διὰ τί δὲ τὰ πολλὰ οὐκ ἀπὸ πολλῶν; Νῦν δὲ ἀπὸ Διός, φαμέν, οἱ πολλοὶ θεοί· ἀλλ' ἴσως ἀπὸ τῶν ἤδη

11 τὴν addidi.

de la pluralité qui est déjà enveloppée en lui, qu'on veuille parler soit selon la subsistence, soit selon la cause, soit selon la participation ; de sorte qu'une pluralité [de dieux] procède d'une pluralité.

[*Deuxième cas*]. Qu'est-ce qui pourrait alors procéder d'un seul, comme une totalité d'une totalité ? Car le produit est toujours plus particulier que le producteur. Mais ne serait-ce pas plutôt que, dans le cas de la production appelée de forme semblable, la série dans sa totalité a procédé ensemble comme à partir d'un seul [dieu] qui est le [dieu] dans sa totalité, et que, dans la production de forme dissemblable, le chœur tout entier des [dieux] engendrés a procédé ensemble comme un seul [dieu] tout entier procède d'un seul tout entier.

Peut-être pourrait-on dire également que le démiurge tout entier procède de Kronos tout entier, comme un seul monde complet d'un seul monde complet, le monde démiurgique du monde titanique[1]. Est-ce donc que Zeus est égal à Kronos, ou bien que toujours le monde enveloppé est égal au monde enveloppant ? Et pourtant, dans les firmaments[2] corporels, l'enveloppant surpasse l'enveloppé ; de sorte qu'il en sera aussi de façon analogue dans les incorporels, le monde de Kronos enveloppera le monde de Zeus, le monde d'Ouranos celui de Kronos, le monde de la Nuit celui d'Ouranos, et à son tour, le monde pur, unique et ordonné antérieurement à tous, enveloppera le monde de la Nuit[3]. Donc, même de cette façon aucune chose dans sa totalité, ne procède d'une autre prise dans sa totalité, car Kronos ne saurait seulement envelopper le démiurge, mais il le fait en le surpassant, de sorte qu'une procession de ce type se réalise aussi selon la partie ; par conséquent, toute cause productrice, à partir des plusieurs qui sont en elle, divise la procession en parties. Et, de cette façon, nous serons contraints de mettre partout la pluralité interne au-dessus de la

1-3. Voir *Notes complémentaires*, p. 178-179.

πολλῶν περιεχομένων, εἴτε καθ' ὕπαρξιν εἴτε κατ' αἰτίαν εἴτε καὶ κατὰ μέθεξιν ἐθέλοι τις λέγειν, οἱ πολλοὶ προΐασιν· ὥστε πολλοὶ ἀπὸ πολλῶν.

Τί οὖν ἂν προέλθοι ἀφ' ἑνὸς ὅλον ἀφ' ὅλου; Ἀεὶ γὰρ τὸ παραγόμενον μερικώτερον τοῦ παράγοντος. Ἢ ἐπὶ μὲν τῆς ὁμοειδοῦς λεγομένης παραγωγῆς ὅλη ἡ σειρὰ ὁμοῦ ὡς ἀφ' ἑνὸς τοῦ ὅλου προελήλυθεν, ἐπὶ δὲ τῆς ἀνομοειδοῦς ὅλος ὁμοῦ ὁ χορὸς τῶν γεννηθέντων ὡς εἷς ἅπας ἀφ' ἑνὸς ὅλου.

Τάχα δὲ ἄν τις εἴποι καὶ τὸν ὅλον δημιουργὸν ἀπὸ τοῦ ὅλου Κρόνου προελθεῖν, ὡς ἕνα κόσμον ὁλόκληρον ἀφ' ἑνὸς κόσμου ὁλοκλήρου, τοῦ τιτανικοῦ τὸν δημιουργικόν. Ἆρα οὖν ἰσοστάσιος τῷ Κρόνῳ ὁ Ζεύς, ἢ ὁ περιεχόμενος ἀεὶ κόσμος τῷ περιέχοντι; Καὶ μὴν ἔν γε τοῖς σωματικοῖς στερεώμασιν ὑπερέχει τοῦ περιεχομένου ὁ περιέχων· ὥστε ἀνάλογον ἕξει καὶ ἐν τοῖς ἀσωμάτοις, ὁ κρόνιος περιέξει τὸν δίιον, καὶ τὸν κρόνιον ὁ οὐράνιος, καὶ τοῦτον ὁ νύχιος, καὶ | τοῦτον αὖ πάλιν ὁ ἁπλῶς κόσμος εἷς πρὸ πάντων διακοσμηθείς. Οὐδὲ ἄρα οὕτως ὅλον ἀφ' ὅλου τι πρόεισιν, οὐ γὰρ μόνον τὸν δημιουργὸν εἴη ἂν περιέχων ὁ Κρόνος, ἀλλὰ καθ' ὑπεροχήν· ὥστε κατὰ μέρος καὶ ἡ τοιάδε πρόοδος· ὥστε πᾶσα αἰτία παραγωγὸς ἀπὸ τῶν ἐν ἑαυτῇ πολλῶν μερίζει τὴν πρόοδον. Οὕτω δὲ ἀναγκασθησόμεθα πανταχοῦ τὸ εἴσω

1 περιερχομένων, ρ puncto del., A ‖ 21 καθ' ὑπεροχήν Steel : καὶ τὴν ὑπεροχήν A ‖ 23 παράγωγος A.

pluralité externe. Donc, puisque tout vient d'un *un*, cet un aussi que nous appelons l'un pur aura en lui-même une pluralité, car [sans cela] les plusieurs n'auraient pas procédé de lui ; et le raisonnement ira à l'infini.

[*Troisième cas*]. Ajoutons qu'on peut encore disputer selon un autre genre d'aporie [à la fois] ancien et moderne. Ou bien, en effet, la procession procède de l'être, et comment l'être qui est déjà pourrait-il procéder aussi auparavant ? Ou bien la procession procède du non-être, et quel être pourrait naître du non-être absolu ? En effet, il n'y a pas là-haut de matière pour permettre qu'à partir de la puissance de celle-ci procède un acte ; et certes rien, à partir de la puissance, ne saurait être engendré en acte, car l'acte est supérieur à la puissance, tandis que l'engendré est toujours de beaucoup inférieur au générateur. Donc, rien ne saurait procéder ni de l'être qui est déjà, ni du non-être, ni en puissance ni en acte. Nous disons, par exemple, que la vie procède de la substance, l'intellect de la vie, l'âme d'un intellect, et toute la nature de forme corporelle d'une âme. Ainsi donc, les seconds seront ou ne seront pas en acte dans les premiers ; et cette dernière hypothèse rendra la procession impossible, tandis que la première, outre cela, la rendra même inutile.

Et, si l'on dit qu'ils sont dans les premiers selon la cause, nous cherchons ce que peut bien signifier enfin l'expression « selon la cause ». Cela veut-il dire que ce qui a procédé est dans son producteur, en lui étant identique ou bien par la forme, ou bien par le nombre ? Mais par le nombre, c'est impossible assurément ; car, comme nous le disons, l'effet est une chose, et la cause une autre. Ce n'est pas possible non plus par la forme ; car la forme qui est première en chaque chose est unique, puisque même l'homme d'ici-bas n'est pas identique selon la forme à celui de là-haut ; en effet, l'un est image, tandis que l'autre est modèle, et l'un est dans une matière, tandis que l'autre est dans un intellect ; c'est pourquoi l'homme intermédiaire qui est dans une

πλῆθος ὑπερτιθέναι τοῦ ἐκτός. Ἐπεὶ οὖν πάντα ἀφ᾽ ἑνός, καὶ τὸ ἓν τοῦτο ὅπερ καλοῦμεν ἁπλῶς ἓν ἕξει πλῆθος ἐν ἑαυτῷ, οὐ γὰρ ἂν ἀπ᾽ αὐτοῦ τὰ πολλὰ προῆλθεν· καὶ ὁ λόγος πείσεται τὸ ἄπειρον.

Ἔτι δὲ αὖ κατὰ ἄλλον τρόπον ἀποριῶν ἀρχαῖόν τινα καὶ νεώτερον· ἢ γὰρ ἀπὸ τοῦ ὄντος ἡ πρόοδος, καὶ πῶς ἂν προέλθοι τὸ ἤδη ὂν καὶ πρότερον; ἢ ἀπὸ τοῦ μὴ ὄντος, καὶ τί ἂν γένοιτο τῶν ὄντων ἀπὸ τοῦ μηδαμῶς ὄντος; Οὐ γάρ ἐστιν ἐκεῖ ὕλη τις, ἵνα ἀπὸ τοῦ ταύτης δυνάμει τὸ ἐνεργείᾳ προέλθοι· καίτοι οὐδὲν ἀπὸ τοῦ δυνάμει γεννηθείη ἂν ἐνεργείᾳ, κρεῖττον γὰρ τοῦτο ἐκείνου, τὸ δὲ γεννώμενον ἀεὶ τοῦ γεννῶντος ὑποδεέστερον. Οὔτ᾽ ἄν τι οὖν προέλθοι ἀπὸ τοῦ ὄντος, ὃ ἤδη ἐστίν, οὔτ᾽ ἂν ἀπὸ τοῦ μὴ ὄντος οὔτε δυνάμει οὔτε ἐνεργείᾳ· οἷον ἡ ζωή, φαμέν, ἀπὸ τῆς οὐσίας πρόεισι, καὶ ὁ νοῦς ἀπὸ τῆς ζωῆς, καὶ ἡ ψυχὴ ἀπὸ νοῦ, καὶ τὸ σωματοειδὲς ἅπαν εἶδος ἀπὸ ψυχῆς. Οὐκοῦν ἔσται τὰ δεύτερα ἐν τοῖς προτέροις ἢ οὐκ ἔσται ἐνεργείᾳ· καὶ τοῦτο μὲν ἀδύνατον ποιήσει τὴν πρόοδον, ἐκεῖνο δὲ πρὸς τούτῳ καὶ περιττήν.

Εἰ δὲ λέγοι τις ὅτι κατὰ αἰτίαν, τί ποτέ ἐστι τὸ κατὰ αἰτίαν ζητοῦμεν. Πότερον ὅτι τὸ προελθόν ἐστιν ἐν τῷ παράγοντι, ταὐτὸν ὂν ἢ τῷ εἴδει ἢ τῷ ἀριθμῷ; Ἀλλὰ τοῦτο μὲν ἀδύνατον· ἄλλο γάρ, ὥς φαμεν, τὸ αἰτιατὸν καὶ ἄλλο τι ἡ αἰτία. Οὐ μέντοι οὐδὲ τῷ εἴδει· ἓν γὰρ τὸ εἶδος ἑκασταχοῦ πρῶτον, ἐπεὶ οὐδὲ ὁ τῇδε ἄνθρωπος ὁ αὐτὸς τῷ ἐκεῖ κατὰ τὸ εἶδος, τὸ μὲν γὰρ εἰκών, τὸ δὲ παράδειγμα, καὶ τὸ μὲν ἐν ὕλῃ, τὸ δὲ ἐν νῷ, τοιγαροῦν τὸ

5 αὖ scripsi : οὐ A || 22 ὂν scripsi : οἷον A¹, οι A.

âme est différent de chacun des deux extrêmes. Et, si l'engendré n'est identique à l'engendrant ni par la forme ni par le nombre, il ne saurait y avoir non plus dans l'engendrant aucune autre cause de l'engendré que l'engendrant lui-même. Car, de nouveau, pourquoi une chose différente serait-elle cause d'une chose différente? En effet, ce serait exactement comme si le non-être était cause de l'être; or, l'engendrant est, lui aussi, différent de l'engendré; comment donc une chose différente peut-elle, soit par elle-même, soit par quelque chose en elle de différent, être génératrice d'une chose différente?

[5. *Cinquième aporie : procession de formes dans une matière*]

Le raisonnement conclut aussi à l'absurde dans le cas de ce qui a procédé dans une matière à partir de l'intellect. Car, bien entendu, c'est une nécessité que rien de ce qui se produit dans une matière ne soit premier, mais que tout soit venu de là-haut; par suite, ni ce qui a la nature d'une image dans une matière n'est premier, ni ce qui appartient au devenir, ni ce qui est matériel, ni ce qui est étendu sous un rapport et volumineux <sous un autre>[1]; car ces choses aussi sont des formes qui diffèrent de leurs opposées. Alors, il n'est pas vrai, non plus, que ces formes procèdent de là-haut, car là-haut elles ne présubsistent même pas; quant aux formes présubsistantes, il n'est pas permis qu'elles procèdent dans une matière, c'est le cas des formes éternelles et exemptes de devenir.

[6. *Sixième aporie : le distingué ne procède pas de l'unifié*]

Outre cela, nous disons que le distingué a procédé de l'unifié; or, ces choses-là, que sont l'unifié et le distingué, se produisent selon l'union et la distinction,

1. Traduction de la conjecture de L. G. Westerink.

ἐν ψυχῇ μέσον ἕτερον ἑκατέρου τῶν ἄκρων. Εἰ δὲ μήτε εἴδει μήτε ἀριθμῷ ταὐτόν, οὐδ' ἂν εἴη τι ἄλλο παρ' αὐτὸ τὸ γεννῶν ἐν τῷ γεννῶντι τοῦ γεννωμένου αἴτιον. Πάλιν γὰρ διὰ τί ἕτερον ἑτέρου αἴτιον; Ὅμοιον γὰρ ὡς εἰ τὸ μὴ ὂν τοῦ ὄντος· ἕτερον δὲ καὶ αὐτὸ τὸ γεννῶν τοῦ γεννωμένου· πῶς οὖν ἕτερον ἑτέρου γεννητικόν, εἴτε αὐτό, εἴτε καθ' ἕτερον ἐν ἑαυτῷ;

Ἄτοπον δὲ καὶ ἐπὶ τῶν εἰς ὕλην προελθόντων ἀπὸ τοῦ νοῦ συλλογιεῖται ὁ λόγος. Δεῖ μὲν γὰρ οὐδὲν εἶναι | πρῶτον ἐν ὕλῃ φυόμενον, ἀλλὰ πάντα ἐκεῖθεν ἥκειν· οὐδὲ ἄρα τὸ εἰκονικὸν ἐν ὕλῃ πρῶτον, οὐδὲ τὸ γενητόν, οὐδὲ τὸ ἔνυλον, οὐδὲ τὸ διεσταμένον ὡδὶ καὶ ὠγκωμένον· εἴδη γὰρ καὶ ταῦτα διαφέροντα τῶν ἀντικειμένων. Οὐκ ἄρα οὐδὲ ταῦτα ἐκεῖθεν πρόεισιν, οὐδὲ γὰρ ἐκεῖ προϋπάρχει· τὰ δὲ προϋπάρχοντα οὐκ ἐνδέχεται προελθεῖν εἰς ὕλην, οἷον τὰ αἰώνια καὶ ἀγένητα.

Χωρὶς δὲ τούτων ἀπὸ τοῦ ἡνωμένου φαμὲν τὸ διακεκριμένον προεληλυθέναι, ταῦτα δὲ κατὰ ἕνωσιν γίγνεται καὶ

12 fort. ὡδὶ καὶ <ὡδὶ καὶ> || 16 ἀγένητα] ἀ s.u. A[1].

et c'est en même temps que se manifestent union et distinction, et, en général, les opposés dans une unique procession. Or, là où il y a union, là est l'unifié, et là où il y a distinction, là est le distingué qui a subi cette dernière ; par conséquent, dans le distingué sont l'un et l'autre, l'unifié et le distingué ; il n'est donc pas vrai qu'antérieurement au distingué il y ait l'unifié à partir duquel procéderait le distingué. Si donc l'union est dans l'unifié, et si, là où est celle-ci, là est aussi la distinction, il s'ensuit que dans l'unifié sera aussi le distingué.

[7. *Septième aporie : l'unifié n'est pas cause de distinction*]

De plus, il vaut la peine de rechercher ce qui a produit le distingué à la place de l'unifié et après lui. Car comment l'unifié pourrait-il être cause de distinction ? En effet, ce serait exactement comme si l'on faisait du contraire le générateur du contraire. Et si c'est l'abaissement qui a produit la distinction, qu'est-ce qui a produit l'abaissement lui-même ? Car, bien entendu, ce n'est pas, de façon inverse, l'excellence qui a produit l'abaissement.

On retrouve la même sorte d'aporie qu'on a l'habitude de répéter depuis longtemps à propos de l'un et des plusieurs[1], comment une pluralité peut-elle être engendrée à partir d'une unité ; car c'est exactement comme si l'on disait que le froid procède du chaud.

[8. *Réponse à la septième aporie*]

Alors, à cette dernière aporie doit-on répondre ce que justement disent les philosophes[2], que le procédant devient inférieur au producteur[3], donc que l'engendré

1. Voir *Notes complémentaires*, p. 179.
2. Les philosophes : Proclus et Syrianus.
3. Cf. Proclus, *El. theol.*, § 7, et commentaire de E. R. Dodds, p. 193-194.

διάκρισιν, τὸ ἡνωμένον καὶ τὸ διακεκριμένον, ὁμοῦ δὲ ἐκφαίνεσθον ἕνωσις καὶ διάκρισις, καὶ καθόλου ⟨τὰ⟩ ἀντικείμενα κατὰ μίαν πρόοδον [τὰ διακεκριμένα ἐν τῷ διακεκριμένῳ]. Ὅπου δὲ ἕνωσις, ἐκεῖ τὸ ἡνωμένον, καὶ ὅπου διάκρισις, ἐκεῖ τὸ πεπονθὸς αὐτὴν διακεκριμένον· ἐν ἄρα τῷ διακεκριμένῳ ἑκάτερόν ἐστι, τό τε ἡνωμένον καὶ τὸ διακεκριμένον· οὐκ ἄρα πρὸ τοῦ διακεκριμένου τὸ ἡνωμένον, ἀφ' οὗ πρόεισι τὸ διακεκριμένον. Εἰ δὲ ἐν τῷ ἡνωμένῳ ἡ ἕνωσις, ὅπου δὲ αὕτη ἐστί, καὶ ἡ διάκρισις ἐκεῖ, ἔσται ἄρα καὶ ἐν τῷ ἡνωμένῳ τὸ διακεκριμένον.

Ἔτι τοίνυν ζητήσεως ἄξιον τί τὸ πεποιηκός ἐστι τὸ διακεκριμένον ἀντὶ τοῦ ἡνωμένου καὶ μετ' ἐκεῖνο. Τὸ γὰρ ἡνωμένον πῶς ἂν εἴη διακρίσεως αἴτιον; Ὅμοιον γὰρ ὡς εἰ τὸ ἐναντίον τοῦ ἐναντίου ποιοῖ τις γεννητικόν. Εἰ δὲ ἡ ὕφεσις διέκρινεν, τί τὸ πεποιηκὸς αὐτὴν τὴν ὕφεσιν; Οὐ γὰρ δὴ πάλιν ἡ ὑπεροχὴ τὴν ὕφεσιν.

(91)[2] Τρόπος δὲ ὁ αὐτὸς τῆς ἀπορίας ἐπὶ τοῦ ἑνὸς καὶ τῶν πολλῶν εἰωθυίας καὶ πάλαι θρυλεῖσθαι, πῶς ἐξ ἑνὸς πολλὰ γεννᾶται· ὅμοιον γὰρ ὡς ἀπὸ θερμοῦ φάναι τὸ ψυχρὸν προϊέναι.

Ἆρα οὖν πρὸς μὲν τοῦτο ῥητέον, ὃ δή φασιν οἱ φιλόσοφοι, ὡς τὸ προϊὸν καταδεέστερον γίγνεται τοῦ

17-19 cf. Plotin, *Enn.* III 9,4.1 ; V 1,6.3-7.

---

2 τὰ addidi || 3-4 τὰ — διακεκριμένῳ deleui (ut notam marginalem ad us. 6), mg. uirg. cens. A || 14 εἰ[2] Ruelle : ἐπὶ A, mg. uirg. cens. || 18 πάλαι Kroll : πάλιν A.

de l'un, du fait qu'il sort de lui, n'est pas un, et que, par conséquent, il est nécessairement plusieurs?

Mais, premièrement, le caractère d'être inférieur ne change pas la forme ni, non plus, la nature de la chose. En effet, comme beau, il y a celui qui est supérieur, et celui qui est inférieur, néanmoins chacun des deux est beau, de sorte que chacun des deux est aussi un, quoique le premier soit générateur, et le second engendré ; car il y a aussi une procession propre à l'un, en tant que un procédant en un. Deuxièmement, ce sera par accident que les plusieurs procéderont, s'il est vrai que ce n'est pas, du fait qu'ils sont plusieurs, qu'ils sont engendrés, mais, du fait qu'ils sont engendrés, qu'ils sont plusieurs. Troisièmement, la difficulté demeure encore : pour quelle raison, en effet, la génération ira-t-elle du contraire au contraire?

Peut-être donc est-il préférable de dire que l'un n'est pas seulement un, comme son nom l'indique, mais qu'il est tout selon une simplicité unique qui est antérieure à tout, comme nous le disons souvent ; c'est pourquoi il est cause de tout selon cette simplicité productrice de tout, qui est la sienne. Ce n'est donc pas en tant que un, au sens où il serait opposé aux plusieurs (en effet, il présubsiste comme un à toute opposition), mais c'est en tant qu'il est le principe de toutes les choses et qu'il est toutes choses comme principe de toutes sans exception, que ce principe produit ainsi ce qui vient après lui, c'est-à-dire le tout (en tant que ce principe est seul), les plusieurs (en tant qu'il est un), les êtres (en tant qu'il est suprasubstantiel, tout en étant aussi les êtres). Car qu'y a-t-il de différent entre le fait que l'intellect démiurgique, qui anticipe tout en lui-même à titre de modèle, produise tout à partir de lui-même sous forme d'image, et le fait que le principe unique des touts (qui est absolument tout ce qui procède de lui et qui l'est de manière indifférenciée antérieurement à ce qui procède de lui, et selon l'unique nature non-plurifiée) produise tous les plusieurs à partir de lui-même? Or, l'aporie consistait à se demander comment d'une unité peut

προάγοντος; ᾗ οὖν ἐξίσταται τοῦ ἑνὸς τὸ γεννώμενον ἀπ' αὐτοῦ, ταύτῃ οὐχ ἕν, ὥστε πολλὰ ἐξ ἀνάγκης.

Ἀλλὰ πρῶτον μὲν τὸ καταδεέστερον οὐκ ἐξαλλάττει τὸ εἶδος οὐδὲ τὴν φύσιν τοῦ πράγματος. Ἔστι γὰρ καλὸν τὸ μὲν ὑπέρτερον, τὸ δὲ ὑφειμένον, καλὸν δὲ ὅμως ἑκάτερον, ὥστε καὶ ἓν ἑκάτερον, εἰ καὶ τὸ μὲν παράγον, τὸ δὲ παραγόμενον· ἔστι γοῦν καὶ τοῦ ἑνὸς ἴδιος πρόοδος ὡς ἑνὸς εἰς ἓν προϊόντος. | Δεύτερον δὲ κατὰ συμβεβηκὸς ἔσται τὰ πολλὰ προϊόντα, εἴπερ οὐχ ᾗ πολλὰ γεννᾶται, ἀλλ' ᾗ γεννᾶται, πολλά ἐστιν. Τρίτον δὲ καὶ μένει τὸ ἄπορον· διὰ τί γὰρ ἀπὸ τοῦ ἐναντίου εἰς τὸ ἐναντίον ἡ γέννησις;

Μήποτε οὖν ἄμεινον λέγειν ὡς τὸ ἓν οὐκ ἔστι μόνον ἕν, ὡς τὸ ὄνομα παραδείκνυσιν, ἀλλὰ πάντα κατὰ μίαν ἁπλότητα τὴν πρὸ πάντων, ὡς πολλάκις λέγομεν· διὸ πάντων ἐστὶν αἴτιον κατὰ τὴν πάμφορον αὐτοῦ ταύτην ἁπλότητα. Οὐ καθ' ὅσον οὖν ἓν οὕτως ὡς ἀντικείμενον τοῖς πολλοῖς (πάσης γὰρ ἀντιθέσεως προϋπάρχει ἕν), ἀλλὰ καθ' ὅσον ἀρχὴ τῶν πάντων, καὶ πάντα ὡς ἀρχὴ τῶν ἁπάντων, οὕτω παράγει τὰ μεθ' ἑαυτήν, τά τε πάντα ὡς μόνη, καὶ τὰ πολλὰ ὡς ἕν, καὶ τὰ ὄντα ὡς ὑπερούσιος μέν, οὖσα δὲ καὶ τὰ ὄντα. Τί γὰρ διαφέρει τὸν δημιουργικὸν νοῦν, πάντα ἐν ἑαυτῷ προειληφότα παραδειγματικῶς, παράγειν ἀφ' ἑαυτοῦ πάντα εἰκονικῶς, ἢ τὴν μίαν τῶν ὅλων ἀρχήν, πάντα οὖσαν ἁπλῶς ὅσα ἀπ' αὐτῆς πρὸ τῶν ἀπ' αὐτῆς ἀδιακρίτως καὶ κατὰ μίαν ἀπλήθυντον φύσιν, πάντα παράγειν τὰ πολλὰ ἀφ' ἑαυτῆς; Τὸ δὲ ἄπορον ἦν πῶς ἀφ' ἑνὸς τὰ πολλά· νῦν δὲ

18 ἓν del.?

procéder la pluralité ; mais, en réalité, à partir du principe de tout, le tout est apparu, parce que le principe, comme nous l'avons vu, est aussi tout antérieurement à tout.

Et, si les procédants sont aussi bien l'un formé de toutes choses que le tout conçu selon la pluralité qui est celle de toutes choses, il faut bien savoir que le principe est aussi de deux sortes, celui qui est proclamé selon l'un simplement, et celui qui est proclamé selon le tout qu'il est, disons-nous, en tant qu'antérieur à tout ; et c'est bien lui que depuis longtemps nous célébrons comme plusieurs, en tant qu'il est les plusieurs de l'un, à titre de puissance illimitée de l'un, puissance selon laquelle et avec laquelle l'un est tout et générateur de tout ; c'est pourquoi les dieux aussi appellent ce principe la puissance paternelle. Et puisque les premiers principes ont une communauté de nature, en ce sens que le deuxième est dans le premier et procède de lui en lui, pour cette raison chacune aussi des choses qui ont procédé de là-haut, prise en particulier, et toutes ensemble, sont un et plusieurs à la fois ; ainsi, les plusieurs ont procédé de l'un dans l'un[1], et ils sont partout les seconds de l'un.

Est-ce donc que même dans la matière les plusieurs de celle-ci sont après l'un, et dirons-nous que la toute dernière de toutes les choses n'est pas l'un, mais les plusieurs, de sorte que les plusieurs, et non pas l'un, seront aussi antérieurs à tout ? Répondons que partout les plusieurs sont en l'un, en ce sens qu'ils sont enveloppés par l'un comme dans un cercle ; par conséquent, l'un est partout premier et dernier. Bien entendu, prenons cela comme une digression.

1. Il y a analogie de structure entre la leçon adoptée ἀπὸ τοῦ ἑνὸς ἐν τῷ ἑνὶ, et la ligne 13, ἀπ' αὐτῆς ἐν αὐτῇ. Nous avons écrit ἑνὶ au lieu de ἐν ὧι qui n'a pas de sens et qui peut s'expliquer comme un écho du ἐν τῷ qui le précède dans le manuscrit.

ἀπὸ τῆς πάντων ἀρχῆς τὰ πάντα πέφηνεν, ὅτι καὶ ἡ ἀρχὴ πάντα ἦν πρὸ πάντων.

Εἰ δὲ τὰ προελθόντα καὶ τὸ ἓν τὸ ἐκ πάντων καὶ πάντα [οὐ] κατὰ πλῆθος τὸ πάντων, εὖ χρὴ εἰδέναι καὶ τὴν ἀρχὴν οὖσαν διττήν, τὴν μὲν κατὰ τὸ ἓν ἁπλῶς ὑμνουμένην, τὴν δὲ κατὰ τὰ πάντα, ἅπερ αὐτὴν εἶναί φαμεν ὡς πρὸ πάντων· καὶ πολλὰ δὴ ταύτην πάλαι ἀνευφημοῦμεν ὡς τὰ πολλὰ τοῦ ἑνός, οἷον ἐκείνου δύναμιν ἄπειρον, καθ' ἣν ἢ μεθ' ἧς πάντα ἐκεῖνο καὶ πάντων γεννητικόν· διὸ πατρικὴ δύναμις ἀνακαλεῖται καὶ ὑπὸ τῶν θεῶν αὕτη ἡ ἀρχή. Καὶ ἐπειδὴ συμπεφύκασιν αἱ πρῶται ἀρχαί, καὶ οὕτως ὡς ἐν τῇ προτέρᾳ τὴν δευτέραν εἶναι, καὶ ἀπ' αὐτῆς ἐν αὐτῇ προελθεῖν, διὰ τοῦτο καὶ τῶν ἐκεῖθεν προελθόντων ἕκαστόν τε [καὶ] ἰδίᾳ καὶ ὁμοῦ πάντα ἕν τε καὶ πολλά ἐστιν ὁμοῦ, καὶ τὰ πολλὰ ἀπὸ τοῦ ἑνὸς ἐν τῷ ἑνὶ προελθόντα καὶ δεύτερα πανταχοῦ τοῦ ἑνός.

Ἆρα οὖν καὶ ἐν τῇ ὕλῃ μετὰ τὸ ἓν τὰ πολλὰ αὐτῆς ἐστιν καὶ τὸ ἔσχατον πάντων οὐ τὸ ἕν, ἀλλὰ τὰ πολλὰ φήσομεν εἶναι, ὥστε καὶ πρὸ πάντων ἔσται τὰ πολλὰ καὶ οὐ τὸ ἕν; Ἢ οὕτως ἐν τῷ ἑνὶ τὰ πολλὰ ἑκασταχοῦ, ὡς κύκλῳ περιεχόμενα ὑπὸ τοῦ ἑνός· ὥστε τὸ ἓν πανταχοῦ πρῶτον καὶ ἔσχατον. Τοῦτο μὲν οὖν ἐν παρενθήκῃ τοῦ λόγου τοιοῦτον ἔστω.

2 vol. I, p. 3.12, passim || 10-11 *Or. Chald.*, fr. 4.

---

4 οὐ deleui || 6 ὑμνούμενον A, correxi || 14 *καὶ* deleui || 16 ἑνὶ scripsi : ἐν ὧι et mg. uirg. cens. A || 20 οὐ τὸ ἕν corr. Steel : οὕτως ἕν.

Pour revenir à notre point de départ, les plusieurs sont produits par l'un, en tant que cet un est appelé un comme simple, car il est les plusieurs et le tout, et il est encore plus grand que le tout, en tant que lui-même est un, tandis que le deuxième principe est les plusieurs et le tout, en tant qu'il est la fusion[1] et l'infinité de l'un, génératrice de tout. Chercher donc comment l'un peut produire est le fait de ceux qui ignorent la simplicité de l'un ; car en lui subsistence, puissance et acte ne sont pas encore en état de contradistinction, mais sont seulement selon l'un ; en revanche, le deuxième principe est le premier à laisser entrevoir la propriété génératrice et aussi productrice d'infini, parce qu'il a procédé dans la pluralité et dans l'infinité hors de l'un ; c'est pourquoi ce principe est estimé digne des noms de second rang, et il n'y a aucune aporie à ce que les plusieurs procèdent de lui, puisqu'il est plusieurs, et qu'il est les plusieurs purs antérieurs à tout. Et nous soutiendrons les mêmes choses au sujet de l'unifié également ; car il est aussi en même temps plurifié, de sorte qu'étant tout selon l'unifié, il est naturellement générateur de toutes les choses, comme étant le principe unifié du tout.

Mais comment les choses engendrées à partir de ce principe même ont-elles pu se distinguer, et comment à partir de l'un ont pu se distinguer les plusieurs ? C'est, en effet, on l'a vu, ce qui constitue depuis le début l'objet de l'aporie. Répondons que le principe, parce qu'il est toutes choses, est aussi, comme on le sait[2], procession, abaissement et distinction ; car chacun de ces états est aussi une certaine chose qui fait partie du tout. De même donc qu'il produit substance, vie et intellect, par exemple, de même aussi, avec ces choses, il engendre en même temps l'abaissement, la distinction, la procession et tout ce qui dépend de l'altérité ; en effet, l'altérité se distingue avec les choses qui sont autres, de sorte que la distinction aussi se distingue

1-2. Voir *Notes complémentaires*, p. 179.

Τὸ δὲ ἐξ ἀρχῆς, τὰ πολλὰ παράγεται ὑπὸ ἑνός, ὅτι τοῦτο τὸ ἓν ὡς ἁπλοῦν ἓν καλεῖται, ἐπεὶ πολλά ἐστι καὶ τὰ πάντα, καὶ ἔτι μεῖζον ἢ τὰ πάντα, καθ' ὅσον αὐτὸ μὲν ἕν, τὰ δὲ πολλὰ | καὶ τὰ πάντα ἡ δευτέρα ἀρχή, χύσις οὖσα καὶ ἀπειρία τοῦ ἑνὸς ἡ πάντων γεννητική. Τὸ μὲν οὖν ἓν ὅπως παράγει ζητεῖν, ἀγνοούντων ἐστὶ τὴν ἁπλότητα τοῦ ἑνός· οὔπω γὰρ ἐν ἐκείνῳ ὕπαρξις καὶ δύναμις καὶ ἐνέργεια ἀντιδιῄρηνται, ἀλλὰ μόνον κατὰ τὸ ἕν· ἡ δὲ δευτέρα ἀρχὴ πρώτη ὑποφαίνει τὸ γόνιμον καὶ ἀπειροποιόν, εἰς πλῆθος καὶ τὴν ἔξω τοῦ ἑνὸς ἀπει⟨ρίαν προελ⟩θοῦσα[ν]· διὸ τῶν δευτέρων ὀνομάτων ἠξίωται, καὶ οὐδὲν ἄπορον ἀπὸ ταύτης τὰ πολλὰ προϊέναι, πολλά γε οὔσης, καὶ τὰ πρὸ πάντων πολλὰ ἁπλῶς. Ἀπολογησώμεθα δὲ τὰ αὐτὰ καὶ ὑπὲρ τοῦ ἡνωμένου· τοῦτο γὰρ ἅμα καὶ πεπληθυσμένον ἐστίν, ὥστε πάντα ὂν κατὰ τὸ ἡνωμένον, εἰκότως γεννητικόν ἐστι τῶν πάντων, ὡς ἀρχὴ τῶν πάντων ἡ ἡνωμένη.

Ἀλλὰ πῶς διεκρίθη τὰ ἀπ' αὐτῆς ἐκείνης γεννώμενα, πῶς δὲ ἀπὸ τοῦ ἑνὸς τὰ πολλὰ διεκρίθη; Τοῦτο γὰρ ἦν τὸ ἐξ ἀρχῆς ἀπορούμενον. Ἢ ὅτι ἡ ἀρχὴ πάντα οὖσα καὶ πρόοδος ἦν καὶ ὕφεσις καὶ διάκρισις· ἔστι γάρ τι τῶν πάντων καὶ τούτων ἕκαστον. Ὡς οὖν οὐσίαν καὶ ζωὴν καὶ νοῦν παράγει, φέρε εἰπεῖν, οὕτω καὶ μετὰ τούτων συναπογεννᾷ τὴν ὕφεσιν καὶ τὴν διάκρισιν καὶ τὴν πρόοδον καὶ πάντα ὅσα τῆς ἑτερότητος ἔχεται· καὶ γὰρ ἡ ἑτερότης μετὰ τῶν ἑτέρων διακρίνεται, ὥστε καὶ ἡ διάκρισις μετὰ τῶν διακρινομένων, καὶ ἡ πρόοδος μετὰ

20 supra, p. 13.11 ss.

4 χύσις scripsi (cf. p. 123.15) : λύσις A || 6 παράγει Her. : -ειν A || 10-11 ἀπειρίαν προελθοῦσα Kroll : ἀπειθοῦσαν A || 18 γενωμένης A, correxi.

avec celles qui se distinguent, la procession avec celles qui procèdent, et l'abaissement avec celles qui s'abaissent. Ce n'est donc pas par accident que les choses procèdent dans la distinction, mais la cause génératrice les distingue aussi et produit en même temps la distinction.

[9. *Réponse à la sixième aporie*]

En réponse à la deuxième aporie à partir de la fin[1], nous dirons que l'une [des unions] est l'union qui est de même rang que la distinction, et que [l'union et la distinction] qui sont de même rang sont simultanées; une autre est l'union qui consiste dans l'intégration unique de la totalité même de l'opposition comme dyade; puis, il y a une union antérieure même à celle-ci, c'est l'union qui rassemble toutes à la fois les unions de ce type, en tant qu'elles sont des monades, car cette union est la monade de toutes les monades, et elle est, du nombre lui-même qui dans sa totalité est de forme unique, l'unique forme dans laquelle les formes sont toutes comprises; ensuite, il faut concevoir, antérieure à cette union, l'union du tout simplement dit, dans lequel sont enveloppées les parties pures, et, antérieure à cette dernière union, l'union de l'élémenté, laquelle est la coagrégation de tous les éléments, car elle est la substance unifiée[2], de même qu'elle est la substance unitaire qui coexiste avec celle-ci; substances dont nous avons montré que l'unique union, antérieure aux deux, est l'union au sens le plus propre, celle de l'un-être; c'est elle que nous proclamons spécialement par l'unifié. En celui-ci donc sont toutes choses, de sorte que la distinction aussi est en lui selon l'union, comme tout le reste, et de lui procède ce qui se distingue et, à la suite de cela, ce qui est distingué.

1. La deuxième aporie, en remontant à partir de la fin, c'est-à-dire à partir de la septième, est donc bien la sixième selon l'ordre de l'énoncé (*supra*, p. 12.17 - 13.10).
2. Voir *Notes complémentaires*, p. 179.

τῶν προϊόντων, καὶ ἡ ὕφεσις μετὰ τῶν ὑφιεμένων. Οὐκ ἄρα κατὰ συμβεβηκὸς πρόεισιν εἰς διάκρισιν, ἀλλ' ἡ γεννῶσα αἰτία καὶ διακρίνει καὶ τὴν διάκρισιν συμπαράγει.

(92) Πρὸς δέ γε τὸ δεύτερον ἀπὸ τοῦ τέλους ἐροῦμεν ὅτι ἡ μὲν ὁμοταγής ἐστιν ἕνωσις διακρίσει, καὶ αἱ ὁμοταγεῖς ἅμα εἰσίν· ἡ δέ ἐστιν ἕνωσις ἡ μία σύμπτυξις αὐτῆς ὅλης τῆς ἀντιθέσεως ὡς δυάδος· ἔστι δὲ πρεσβυτέρα καὶ ταύτης ἕνωσις, ἡ πασῶν ὁμοῦ τῶν τοιούτων ᾗ μονάδων συναγωγός, μονὰς οὖσα αὕτη πασῶν μονάδων, καὶ τοῦ ὅλου μονοειδοῦς ἀριθμοῦ αὐτοῦ οὖσα τὸ ἓν εἶδος ἐν ᾧ πάντα συνείληπται τὰ εἴδη· νοεῖν δὲ χρὴ πρὸ ταύτης τὴν τοῦ ὅλου ἁπλῶς, ἐν ᾧ τὰ ἁπλῶς μέρη περιέχεται· καὶ πρὸ ταύτης γε τὴν τοῦ στοιχειωτοῦ ἕνωσιν, συναίρεσιν οὖσαν τῶν πάντων στοιχείων, οὐσίαν οὖσαν τὴν ἡνωμένην, ὡς ταύτῃ συνοῦσαν τὴν ἑνιαίαν, ὧν μίαν πρὸ ἀμφοῖν ἕνωσιν τὴν κυριωτάτην ἀποδεδείχαμεν τοῦ ἑνὸς ὄντος, ἣν δὴ ἐξαιρέτως ἀνυμνοῦμεν τὸ ἡνωμένον. Ἐν τούτῳ οὖν ἐστι πάντα, ὥστε καὶ ἡ διάκρισις ἐν αὐτῷ καθ' ἕνωσιν, ὡς τὰ ἄλλα, ἀπὸ δὲ τούτου πρόεισι τὸ διακρινόμενον καὶ ἐπὶ | τούτῳ τὸ διακεκριμένον.

5 supra, p. 12.17-13.10 || 18 vol. II, p. 212.20-213.19.

---

10 leg. αὐτὴ ? || 14 γε Ruelle : τε A || 15 ὡς] leg. uid. καὶ || 17 δὴ scripsi : δὲ A.

Alors, par quel moyen l'unifié est-il devenu unifié, si ce n'est par l'union, de même que distingué, si ce n'est par la distinction ? Or, celles-ci se manifestent ensemble. Disons que c'est selon leur prédominance qu'elles ont l'être, en haut l'union, en bas la distinction ; ainsi donc en haut se trouve aussi la distinction, de sorte que l'unifié est aussi distingué, quoique de moindre façon. En tout cas, là où domine l'une des deux, l'autre est aussi, de même que là où est l'identité est aussi l'altérité, et que là où est le repos est aussi le mouvement ; car les deux se manifestent ensemble. Est-ce donc que cette union et cette distinction ont une autre signification, car certainement elles s'opposent, elles aussi, de quelque façon, non pas cependant à la manière des choses de même rang, mais à la manière d'une cause et d'un effet ? Il vaut mieux dire que, nous, nous concevons et dénommons toutes choses comme distinctes, et entre autres l'union et la distinction, mais qu'à partir de celles-ci nous suggérons quelque chose au sujet de ce qui est indifférencié. Nous ne spécifions donc pas l'unifié par l'union, ni non plus le distingué dans sa totalité par la distinction en parties ; car l'intellect est à la fois unifié et distingué, tandis que ce qu'est en lui une partie par rapport à une autre, cela, la substance en tant qu'unifiée l'est par rapport à tout l'intellect en tant que distingué, ou, pour parler plus proprement, cela, l'unifié antérieur à l'un et à l'être l'est par rapport à l'ensemble des deux. Et nous nous servons des noms des choses distinguées, soit en eux-mêmes, soit en combinaison, dans l'intention de suggérer quelque chose au sujet de ce qui est complètement indifférencié, dont nous n'avons ni nom ni concept nettement articulés, à cause de la grande division de notre pensée ; car il faudrait contracter ensemble tous nos concepts en un seul métaconcept[1] qui soit l'unique sommet de tous les concepts, si nous voulions nous saisir de quelque trace de cette haute nature coagrégée.

1. Voir *Notes complémentaires*, p. 179-180.

Πόθεν οὖν ἐγένετο ἡνωμένον, εἰ μὴ διὰ τὴν ἕνωσιν, ὥσπερ διακεκριμένον διὰ τὴν διάκρισιν; Αὗται δὲ ἅμα ἐκφαίνονται. Ἢ κατὰ ἐπικράτειαν ὑφέστηκεν, ἄνω μὲν ἕνωσις, κάτω δὲ διάκρισις· οὐκοῦν ἄνω καὶ ἡ διάκρισις, ὥστε καὶ ἐκεῖνο διακεκριμένον, εἰ καὶ ἔλαττον. Ἀλλὰ γὰρ ὅπου ἡ ἑτέρα κρατεῖ, καὶ ἡ ἑτέρα, οἷον ὅπου ἡ ταὐτότης, καὶ ἡ ἑτερότης, καὶ ὅπου ⟨ἡ⟩ στάσις, καὶ ἡ κίνησις· ἅμα γὰρ ἐκφαίνεσθον. Οὐκοῦν ἄλλο σημαινόμενον τῆς ἑνώσεως ἐκείνης καὶ τῆς διακρίσεως ἐκείνης, ἀντικειμένων μέν πως καὶ τούτων, οὐ μὴν ὁμοταγῶς, ἀλλ' ὡς αἰτίου καὶ αἰτιατοῦ; Ἢ ἄμεινον λέγειν ὡς πάντα μὲν ἡμεῖς διωρισμένα νοοῦμεν καὶ ὀνομάζομεν, τά τε ἄλλα καὶ ἕνωσιν καὶ διάκρισιν, ἀπὸ δὲ τούτων ἐνδεικνύμεθά τι καὶ περὶ τῶν ἀδιορίστων. Οὐ τοίνυν τὸ ἡνωμένον κατὰ τὴν ἕνωσιν εἰδοποιοῦμεν, οὐδὲ τὸ ὅλον διακεκριμένον κατὰ τὴν ἐν μέρει διάκρισιν· ὁ μὲν γὰρ νοῦς ἡνωμένον ἅμα καὶ διακεκριμένον, ὅπερ δὲ ἐν τούτῳ μέρος πρὸς μέρος, τοῦτο πρὸς ὅλον τὸν νοῦν ὡς διακεκριμένον ἡ οὐσία ὡς ἡνωμένον, ἢ κυριώτερον φάναι πρὸς τὸ συναμφότερον ἓν καὶ ὂν τὸ πρὸ ἀμφοῖν ἡνωμένον. Προσχρώμεθα δὲ τοῖς τῶν διωρισμένων ὀνόμασιν ἢ καθ' αὑτὰ ἢ κατὰ συμπλοκήν, ἐνδείξασθαί τι βουλόμενοι περὶ τῶν πάντῃ ἀδιορίστων, ὧν οὔτε ὄνομα οὔτε νόημα διηρθρωμένον ἔχομεν διὰ τὸν πολὺν μερισμὸν τῆς ἡμετέρας διανοήσεως· δεῖ γὰρ πάντα ὁμοῦ συνελεῖν τὰ νοήματα ἡμῶν εἰς ἓν μετανόημα, τὴν μίαν πάντων νοημάτων κορυφήν, εἰ μέλλοιμέν τινος ἴχνους ἐπιλαβέσθαι τῆς συνῃρημένης ἐκείνης φύσεως.

7 ἡ[2] addidi || 25 μετανόημα puncto notatum et mg. uirg. cens. A.

[10. *Réponse à la cinquième aporie*]

En outre, relativement au troisième groupe d'apories[1], il faut expliquer ce premier point, au sujet des images et des modèles, à savoir que le raisonnement, qui déclare que ce qui appartient au devenir doit présubsister dans ce qui est exempt de devenir, veut que toutes les formes et les propriétés commencent à partir de l'intellect et des réalités éternelles, puis procèdent dans une âme et dans la substance intermédiaire, ensuite dans une matière en dernier lieu[2]; car ce raisonnement veut que les formes matérielles ne soient pas autonomes, ni, non plus, premières, et qu'elles n'expriment pas la vérité de la subsistence formelle, en tant qu'elles sont mêlées au non-être et à ce qui est sans forme, non pas cependant qu'il prétende qu'elles ne sont pas les premières à être mêlées et à être matérielles, mais qu'elles ne sont pas les premières, en tant que pures formes. Par conséquent, aussi bien le volumineux que l'étendu, comme formes, présubsistent là-haut, et ces choses-là sont premières, tandis que, comme appartenant au devenir, comme matérielles et telles que nous les voyons exister, elles sont sans doute les premières et les seules, en tant que telles, ici-bas, mais, comme formes (ce qu'on les dit être), elles sont les dernières de toutes les formes. Qui donc voudra que, même en tant qu'elles sont les dernières formes, elles soient premières? Mais c'est comme formes pures que ces choses sont apparues là-haut comme premières, et là-haut les contraires sont d'égale valeur : identité et altérité, mouvement et repos, un et plusieurs, et il en est de même pour toutes les oppositions; mais, dans un cas, toutes les formes subsistent sans être devenues et de façon éternelle, c'est-à-dire de façon indivisible, dans l'autre en étant devenues et de façon temporelle, c'est-à-dire de façon divisible.

1-2. Voir *Notes complémentaires*, p. 180.

(93) **Καὶ μὴν πρὸς τὰ τρίτα τῶν ἀπορημάτων, ἓν μὲν ἐκεῖνο διοριστέον ἐπὶ τῶν εἰκόνων καὶ τῶν παραδειγμάτων, ὡς ὁ λέγων λόγος τὰ γενητὰ δεῖν προϋπάρχειν ἐν τοῖς ἀγενήτοις, ἐκεῖνο ἀξιοῖ, τὰ εἴδη πάντα καὶ τὰς ἰδιότητας ἄρχεσθαι ἀπὸ τοῦ νοῦ καὶ τῶν αἰωνίων, εἶτα προϊέναι εἰς ψυχήν τε καὶ τὴν μέσην οὐσίαν, εἶτα καὶ εἰς ὕλην ἐπ' ἐσχάτων· οὐ γὰρ εἶναι τὰ ἔνυλα αὐτάρκη, οὐδὲ πρῶτα, οὐδὲ ἀληθεύοντα τὴν εἰδητικὴν ὕπαρξιν, ἅτε συμπεφυρμένα τῷ | μὴ ὄντι καὶ τῷ ἀνειδέῳ, οὐ μέντοι μὴ εἶναι πρῶτα συμπεφυρμένα καὶ ἔνυλα, ἀλλὰ μόνον εἴδη μὴ εἶναι τὰ πρῶτα. Ὥστε καὶ τὸ διωγκωμένον καὶ τὸ διεστὸς ὡς μὲν εἴδη ἐκεῖ προϋπάρχει, καὶ ἐκεῖνα πρῶτα, ὡς δὲ γενητὰ καὶ ἔνυλα καὶ οἷά γε ὄντα ὁρῶμεν, πρῶτα μὲν καὶ μόνα ὡς τοιαῦτα τῇδε, ὡς δὲ εἴδη, ἃ λέγεται εἶναι, πάντων εἰδῶν ἔσχατα. Τίς οὖν ἀξιώσει καὶ ὡς ἔσχατα εἴδη πρῶτα εἶναι; Ἀλλ' ὡς εἴδη μόνον ἐκεῖ πρῶτα πέφηνεν, καὶ τὰ ἀντικείμενα κρατεῖ ἐπ' ἴσης ἐκεῖ, ταὐτότης καὶ ἑτερότης, κίνησις καὶ στάσις, ἓν καὶ πολλά, πᾶσαι αἱ ἀντιθέσεις ὁμοίως· ἀλλ' ὅπου μὲν ἀγενήτως πάντα καὶ αἰωνίως, ταὐτὸν δὲ εἰπεῖν ἀμερίστως, ὅπου δὲ γενητῶς τε καὶ ἐγχρόνως, ταὐτὸν δὲ εἰπεῖν μεριστῶς.**

1 supra, p. 12.8-16.

---

7 ἐσχάτων A[1] : ἐσχάτῶν A, fort. scr. ἐσχάτῳ, cf. p. 28.9 et p. 98.19.

Et je ne parle pas [ici] du divisible et de l'indivisible comme formes parmi d'autres (car l'une et l'autre, au sens propre, se trouveraient des deux côtés[1]), mais c'est d'une autre manière que nous nommons le tout à partir de quelque partie, ne disposant pas d'un mot qui signifie ce qui est commun à toutes ; car même en appelant monde *(kosmos)* le tout, nous ne le nommons même pas à partir d'une nature commune qui comprendrait tout, mais nous le nommons à partir d'une seule propriété, celle d'être mis en ordre *(kekosmêsthai)* ; en effet, le chœur *(choros)* est nommé à partir de la propriété de danser *(choreuein)*, l'armée *(stratos)* à partir de la propriété de guerroyer *(strateuesthai)*, l'homme *(anthrôpos)* à partir de celle de réfléchir sur ce qu'il voit *(anathrein ha opôpen)*[2], et le cheval *(hippos)* à partir de celle de s'élancer sur ses pieds *(hiesthai tois posin)* ; car chaque forme, étant une et plusieurs, a été nommée à partir de l'un des plusieurs qui sont en elle. Est-ce donc que le tout *(holon)* n'est pas commun par le nom, comme aussi par la réalité ? On répondra que le tout *(holon)* est aussi toutes *(panta)* les parties, antérieurement aux parties, mais qu'il a été nommé à partir de sa propriété de rassembleur des parties ; car il est [appelé] *holon* (tout) parce qu'il est *halès* (ramassé) et *halis* (en masse compacte) : ce qui est vu comme *halès on* (étant ramassé) est appelé *holon*[3]. Ainsi donc, tout le monde matériel est un tout divisible, tandis que tout le monde exempt de devenir est un tout indivisible, en entendant le divisible et l'indivisible non pas selon la forme, mais d'après le procédé suggestif qu'on vient de décrire. C'est pourquoi toutes les formes sont et dans l'intellect et dans la matière, aussi bien l'indivisible que le divisible comme tels, en tant qu'ils sont des formes, mais toutes les formes sont, dans un cas selon la subsistence, dans l'autre selon la participation, dans un cas comme premières, dans l'autre comme dernières ;

1-3. Voir *Notes complémentaires*, p. 180.

Καὶ οὐ λέγω τὸ μεριστὸν καὶ ἀμέριστον ὡς εἴδη ἄττα (εἴη γὰρ ἂν ἑκατέρωθεν ἑκάτερον οἰκείως), ἀλλ' ἕτερον τρόπον τὸ ὅλον ἀπό τινος μέρους ὀνομάζομεν, οὐκ ἔχοντες ὄνομα σημαντικὸν τῆς κοινότητος· οὐδὲ γὰρ κόσμον καλοῦντες τὸ πᾶν, οὐδὲ τοῦτο ἀπὸ κοινῆς φύσεως καλοῦμεν τῆς πάντα συλλαβούσης, ἀλλ' ἀπὸ μιᾶς ἰδιότητος τοῦ κεκοσμῆσθαι· καὶ γὰρ ὁ χορὸς ἀπὸ τοῦ χορεύειν μόνου, καὶ ὁ στρατὸς ἀπὸ τοῦ στρατεύεσθαι, καὶ ἄνθρωπος ἀπὸ τοῦ ἀναθρεῖν ἃ ὄπωπεν, καὶ ἵππος ἀπὸ τοῦ ἵεσθαι τοῖς ποσίν· ἕκαστον γὰρ ἓν ὂν καὶ πολλὰ ἀφ' ἑνὸς ἐκλήθη τῶν ἐν αὐτῷ πολλῶν ὄντων. Ἆρα οὖν τὸ ὅλον οὐκ ἔστιν ὄνομα κοινόν, ὥσπερ καὶ πρᾶγμα; Ἢ πάντα μὲν καὶ τὸ ὅλον τὰ μέρη πρό γε τῶν μερῶν, ἀπὸ δὲ τοῦ συναγωγοῦ τῶν μερῶν ἐπωνόμασται· ὅλον γὰρ ὅτι ἁλές τε καὶ ἅλις ἐστίν, ὃ ἁλὲς ὂν ἑώραται, ὅλον κεκλημένον. Οὕτως οὖν μεριστὸν μὲν ὅλον καὶ πᾶν τὸ ἔνυλον, ἀμέριστον δὲ ὅλον καὶ πᾶν τὸ ἀγένητον, οὐ κατὰ τὸ εἶδος ἑκάτερον, ἀλλὰ κατὰ τὸν εἰρημένον τῆς ἐνδείξεως τρόπον. Διὸ πάντα μὲν τὰ εἴδη καὶ ἐν τῷ νῷ καὶ ἐν τῇ ὕλῃ, καὶ αὐτὸ τὸ ἀμέριστον καὶ μεριστὸν, ἅτε εἴδη ὄντα, ἀλλ' ὅπου μὲν καθ' ὕπαρξιν, ὅπου δὲ κατὰ μέθεξιν, καὶ ὅπου μὲν πρῶτα, ὅπου δὲ ἔσχατα· καίτοι καὶ ταῦτα ὡς εἴδη

14-15 ἄλες (bis) A || 16 οὖν A[1] : οὐ A, mg. A[1].

cependant ces choses-là aussi, je veux dire ce qui est premier et ce qui est dernier, aussi bien la subsistence que la participation, se trouvent, comme formes, et dans l'intellect et dans la matière.

Puisque, parmi les réalités, les unes sont des modèles et les autres des images, est-ce donc que ces dernières aussi sont des formes, et sont-elles à la fois dans l'intellect et dans la matière? Mais comment ne seraient-elles pas des formes, s'il est vrai que l'image est un objet ressemblant, que l'objet ressemblant est le résultat d'une ressemblance, que dans l'intellect et dans la matière il y a ressemblance, et que le modèle est l'archétype d'une ressemblance. Or, même là-haut une chose est semblable à une autre, et ici-bas pareillement; en effet, Socrate aussi est le modèle de sa propre image. Donc les propriétés sont et dans l'intellect et dans la matière, tandis que si nous appelons image ce qui est seulement image, par exemple la forme matérielle, ce qui est de la nature de l'image ne saurait se trouver dans l'intellect; et si nous appelons modèle ce qui est une forme non devenue et éternelle, et ce qui est selon la première subsistence, une nature de modèle ne saurait se trouver ici-bas. Ainsi donc, le volumineux encore, en tant que forme là-haut, est un volumineux indivisible, tandis qu'ici-bas, volumineux en tant que forme, il est néanmoins divisible, et il est volumineux en tant que divisible. Donc la propriété est commune et dans l'intellect et dans la matière, tandis que la première ou la dernière hypostase est une hypostase propre à l'un ou à l'autre en particulier; de même l'hypostase du devenu et celle du non devenu, celle du matériel et celle de l'immatériel, celle du temporel et celle de l'éternel, ces réalités n'existent pas, non plus, à la manière des propriétés, mais comme engendré et générateur, comme subsistence et participation, et à la manière dont on pourrait définir devenir et substance, non pas comme des propriétés communes, mais comme des hypostases propres, qui existent assurément là-

ἑκατέρωθι, τὸ πρῶτόν φημι καὶ τὸ ἔσχατον, καὶ ἡ ὕπαρξις καὶ ἡ μέθεξις.

Ἆρα οὖν, ἐπειδὴ τὰ μὲν παραδείγματά ἐστι, τὰ δὲ εἰκόνες, καὶ ταῦτα εἴδη ἐστὶ καὶ ἑκατέρωθί ἐστιν; Πῶς δὲ οὐκ ἂν εἴη, εἴπερ ἡ εἰκὼν ὁμοίωμά ἐστιν, τὸ δὲ ὁμοίωμα ἀποτέλεσμα ὁμοιότητος, ἑκατέρωθι δὲ ὁμοιότης καὶ τὸ παράδειγμα ἀρχέτυπον ὁμοιότητος. Ὁμοιοῦται δὲ καὶ ἐκεῖ ἕτερον ἑτέρῳ, καὶ ἐνταῦθα δὲ ὡσαύτως· παράδειγμα γὰρ καὶ ὁ Σωκράτης τῆς οἰκείας εἰκόνος. Αἱ μὲν οὖν | ἰδιότητες ἑκατέρωθι· εἰ δὲ εἰκόνα λέγομεν ὃ μόνον εἰκών ἐστιν, οἷον τὸ ἔνυλον εἶδος, οὐκ ἂν εἴη τὸ εἰκονικὸν ἐν τῷ νῷ· καὶ εἰ παράδειγμα ὅπερ ἀγένητον καὶ αἰώνιον εἶδος καὶ ὃ κατὰ τὴν πρώτην ὕπαρξιν, οὐκ ἂν εἴη τῇδε παραδείγματος φύσις. Οὕτω τοίνυν καὶ τὸ ὠγκωμένον ὡς μὲν εἶδος ἐκεῖ ἀμέριστον ὠγκωμένον· ἐνταῦθα δὲ ὠγκωμένον ὡς εἶδος μέν, μεριστὸν δὲ ὅμως, καὶ ὠγκωμένον ὡς μεριστόν. Κοινὴ μὲν οὖν ἡ ἰδιότης ἑκατέρωθι, ἡ δὲ πρώτη καὶ ἐσχάτη ὑπόστασις ἴδιος ἑκατέρων· καὶ ἡ τοῦ γενητοῦ καὶ ἡ τοῦ ἀγενήτου, καὶ ἡ τοῦ ἐνύλου καὶ ἡ τοῦ ἀύλου, καὶ ἡ τοῦ ἐγχρόνου καὶ ἡ τοῦ αἰωνίου, οὐδὲ ταῦτα ὡς αἱ ἰδιότητες, ἀλλ᾽ ὡς γεννηθὲν καὶ γεννῆσαν, καὶ ὡς ὕπαρξιν καὶ μέθεξιν, καὶ ὡς ἄν τις ἔχοι διορίζεσθαι γένεσιν καὶ οὐσίαν, οὐχ ὡς ἰδιότητας κοινάς, ἀλλ᾽ ὡς ὑποστάσεις

haut, et qui ont procédé en bas. Voilà donc sur ce point ce que je déclare.

Second point : nous déclarerons la même chose en ce qui concerne tout produit et tout producteur. Par exemple, puisque le monde mû par un autre procède tout entier de l'automoteur, et que l'automoteur procède de l'immobile, toutes les formes, qui sont dans le premier de façon immobile, sont dans le deuxième de façon automotrice, et dans le troisième de façon hétéromobile, de sorte qu'elles procèdent comme des êtres à partir d'[autres] êtres, et à partir de ceux qui sont en acte. Et il ne résulte là rien d'absurde ; car celui qui produit n'est pas absolument le même et n'est pas non plus de la même façon que celui qui est produit, mais il l'est sous un rapport, et non sous un autre. En effet, le beau mû par un autre procède du beau automoteur, et le beau automoteur du beau immobile ; de sorte que tu pourrais dire que chacun procède comme un être d'un être, et comme un non-être d'un non-être[1] ; car, d'un côté, il y a comme une identité [du produit et du producteur], de l'autre comme une négation d'identité. C'est ce qui arrive dans la procession qui semble être de forme semblable, car le beau procède du beau ; mais, si le beau procède aussi du bien, ou si cela même qui est mû par un autre procède de l'automoteur, <et l'automoteur> de l'immobile, il s'agit de nouveau d'une chose qui est sous un rapport, et non sous un autre, d'une chose qui est selon la cause, mais qui n'est pas selon la subsistence. Car, par nature, l'un est causant, tandis que l'autre est causé, et celui-ci est anticipé dans celui-là selon un certain mode que la suite du discours pourrait montrer. Pareillement aussi toutes choses sont dans l'unifié et toutes dans le distingué, et celles-ci procèdent de celles-là, en étant, les unes et les autres, sous un rapport comme des êtres qui procèdent d'êtres, et sous un autre rapport, au contraire, comme

1. Voir *Notes complémentaires*, p. 180.

ἰδίας, ἄνω μὲν οὔσας, καὶ εἰς τὸ κάτω προελθούσας. Τοῦτο μὲν οὖν οὕτω διορίζομαι.

Ἕτερον δέ, ὡς τὸ αὐτὸ διοριούμεθα καὶ ἐπὶ παντὸς προαγομένου καὶ προάγοντος. Οἷον τοῦ ἑτεροκινήτου κόσμου παντὸς ἀπὸ τοῦ αὐτοκινήτου προϊόντος, καὶ τοῦ αὐτοκινήτου ἀπὸ τοῦ ἀκινήτου, πάντα ὅσα ἐν τῷ πρώτῳ ἐστὶν ἀκινήτως, ἐν τῷ δευτέρῳ ἐστὶν αὐτοκινήτως καὶ ἐν τῷ τρίτῳ ἑτεροκινήτως, ὥστε ὄντα ἀπὸ ὄντων πρόεισιν, καὶ ἀπὸ τῶν ἐνεργείᾳ. Καὶ οὐ συμβαίνει τι ἄτοπον· οὐ γὰρ ταὐτὸν ἁπλῶς οὐδὲ ὡσαύτως τὸ παράγον καὶ παραγόμενον, ἀλλ' ὡδὶ μέν, ὡδὶ δὲ οὔ. Τὸ γὰρ ἑτεροκίνητον καλὸν ἀπὸ τοῦ αὐτοκινήτου, καὶ τὸ αὐτοκίνητον ἀπὸ τοῦ ἀκινήτου· ὥστε εἴποις ἂν καὶ ὂν ἀπὸ ὄντος καὶ μὴ ὂν ἀπὸ μὴ ὄντος· ἔστι μὲν γὰρ ὡς τὸ αὐτό, ἔστιν δὲ ὡς οὔ. Καὶ τοῦτο μὲν ἐπὶ τῆς ὁμοειδοῦς εἶναι δοκούσης προόδου, καλὸν γὰρ ἀπὸ καλοῦ· εἰ δὲ καὶ τὸ καλὸν ἀπὸ τοῦ ἀγαθοῦ, ἢ τὸ ἑτεροκίνητον αὐτὸ ἀπὸ τοῦ αὐτοκινήτου, τὸ ⟨δ' αὐτοκίνητον⟩ ἀπὸ τοῦ ἀκινήτου, πάλιν ὡδὶ ὄντος καὶ ὡδὶ μὴ ὄντος, κατ' αἰτίαν μὲν ὄντος, καθ' ὕπαρξιν δὲ μὴ ὄντος. Ἔστι γὰρ φύσει τὸ μὲν αἴτιον, τὸ δὲ αἰτιατόν, καὶ τοῦτο προειλημμένον ἐν ἐκείνῳ, τρόπον δέ τινα ὂν ἂν προϊὼν φήνειεν ὁ λόγος. Ὁμοίως δὲ καὶ πάντα ἐν τῷ ἡνωμένῳ καὶ πάντα ἐν τῷ διακεκριμένῳ, καὶ ταῦτα ἀπ' ἐκείνων πρόεισιν, ὄντα ἀπὸ ὄντων ὡδὶ ἑκάτερα, καὶ μὴ ὄντα ὡδὶ πάλιν ἑκάτερα, καὶ παρηλλαγμένα, εἰ βούλει

9 scr. uid. ἐνεργείᾳ, <ἐνεργείᾳ> (uel <τὰ ἐνεργείᾳ> Steel) || 13 ÷ἀκινήτου, ÷ ἀ in ras. A[1] || 17 αὐτὸ del.? || 18 δ' αὐτοκίνητον add. Combès || 21 δὲ τίνα A.

des non-êtres qui procèdent de non-êtres, et, si tu préfères les énoncer en alternant les unes et les autres, comme des êtres procédant de non-êtres et comme des non-êtres procédant d'êtres ; car en acte tout est dans tout, et inversement rien n'est en acte nulle part ; sous un rapport, il n'y a rien, sous un autre il y a tout. Et il n'y a pas lieu de se demander comment ce qui est en acte peut provenir de ce qui n'existe pas en puissance, ou l'être du non-être ; car il n'y a rien là-haut en puissance, il n'y a pas non plus de non-être au sens où nous posons la question, mais c'est, en tant qu'il s'agit d'un autre mode d'hypostase, qu'il y a du non-être, et, en tant que des choses différentes ont une disposition à être engendrées à partir de choses différentes, qu'il y a de la puissance.

[11. *Réponse à la quatrième aporie*]

[1] En outre, si nous remontons à la quatrième aporie à partir de la fin, la solution apparaîtra facile selon le même procédé de recherche ; car il n'y a rien d'étonnant à ce qu'une pluralité procède d'une unité, si l'un est générateur de toutes choses ou d'une pluralité de choses, soit selon la simplicité productrice de tout qui est la sienne[1], soit selon la pluralité enveloppée en lui de quelque façon que ce soit. En effet, pour nous, l'un, comme nous l'avons dit, est aussi tout, non pas en puissance, mais en acte ; non pas cependant qu'il soit toutes choses à l'état distingué, comme ce monde-ci ou en général quelque monde, ni non plus qu'il soit toutes choses à l'état unifié selon l'unifié, mais, en étant un seulement, il est toutes choses selon l'un. Car l'unifié est tout, mais selon une union indifférenciée ; le distingué aussi est tout, mais dans une certaine distinction. Puisqu'il en est ainsi, il n'y a aucune différence entre dire qu'une pluralité procède d'une unité qui est de ce

1. Cf. *supra*, p. 14.13-17. Thème souvent repris depuis le vol. I, p. 3.9-4.12.

λέγειν, ὄντα ἀπὸ μὴ ὄντων, καὶ μὴ ὄντα ἀπὸ ὄντων· ἐνεργείᾳ μὲν γὰρ ἐν πᾶσι πάντα, καὶ αὖ ἐνεργείᾳ οὐδὲν οὐδαμοῦ, ὡδὶ μὲν οὐδέν, ὡδὶ δὲ πάντα. Καὶ οὐκ ἔχει χώραν ἡ ἀπορία ἡ τὸ ἐνεργείᾳ ἀπὸ τοῦ μὴ δυνάμει παράγουσα, ἢ τὸ ὂν ἀπὸ τοῦ μὴ | ὄντος· οὐδὲν γὰρ ἐκεῖ δυνάμει, οὐδὲ μὴ ὂν οὕτως ὡς λέγομεν ἀποροῦντες, ἀλλ' ὅτι ἕτερος ὁ τρόπος τῆς ὑποστάσεως, ταύτῃ μὴ ὄν, καὶ ὅτι πέφυκε γεννᾶσθαι ἕτερα ἐξ ἑτέρων, ταύτῃ δυνάμει.

Ἔτι τοίνυν πρὸς ⟨τὸ⟩ τέταρτον ἀπὸ τῶν ἐσχάτων ἐπαναβαίνουσιν εὐδιάλυτον φανεῖται κατὰ τὸν ὅμοιον τῆς μεθόδου τρόπον· πολλὰ γὰρ ἀφ' ἑνὸς οὐδὲν θαυμαστὸν προϊέναι, εἰ τὸ ἓν πάντων εἴη γεννητικὸν ἢ πολλῶν, εἴτε κατὰ τὴν ἑαυτοῦ πάμφορον ἁπλότητα, εἴτε κατὰ τὸ περιεχόμενον ἐν αὐτῷ πλῆθος ὁπωσδήποτε. Πάντα γὰρ ἦν ἡμῖν καὶ τὸ ἕν, οὐ δυνάμει, ἀλλ' ἐνεργείᾳ· οὐ μέντοι διωρισμένα ὡς ὅδε ὁ κόσμος ἢ ὅλως κόσμος τις, οὐδὲ ἡνωμένα κατὰ τὸ ἡνωμένον, ἀλλ' ἓν μόνον πάντα κατὰ ἕν. Καὶ γὰρ τὸ ἡνωμένον πάντα, ἀλλὰ καθ' ἕνωσιν ἀδιάκριτον· καὶ τὸ διακεκριμένον πάντα, ἀλλ' [ἢ] ἕν τινι διορισμῷ. Τούτων δὲ οὕτως ἐχόντων, οὐδὲν διαφέρει λέγειν πολλὰ ἀφ' ἑνὸς τοῦ τοιοῦδε καὶ οὕτως ἔχοντος, καὶ

9 supra, p. 9.20-10.3 || 14-15 vol. I, p. 3.12, passim.

---

9 τὸ addidi || τέταρτον Kopp : τε γὰρ τὸν A || 15 οὐ[1] coni. Ruelle : τοῦ, mg. uirg. cens., A || 18 γὰρ scripsi : κατὰ A || 19 ἢ deleui.

type et qui se comporte de cette façon, et dire qu'à son tour une pluralité procède d'une pluralité subsistante selon l'un, ou consistante selon l'unifié, ou se distendant selon ce qui se distingue et ce qui est distingué. Et tu exprimerais cela plus clairement, si tu disais que le deuxième principe procède du premier, comme un-plusieurs à partir de l'un, que de ce deuxième principe procède l'unifié qui est aussi en même temps plurifié, et que de ce troisième principe procède peu à peu l'hypostase des plusieurs, laquelle se distingue encore davantage en pluralité ; de sorte qu'il n'y a rien d'étonnant à ce que, de la même manière que d'une unité indivisible procède une unité tout entière plurifiée (comme de l'unique cause procèdent toutes les choses ensemble, et comme un seul monde immense), de la même manière à partir d'une pluralité qui subsiste selon l'un procède une pluralité qui ne subsiste pas selon l'un ; car on peut concevoir et dire que la même chose est une unité sous un rapport et une pluralité sous un autre.

Ainsi donc, ou bien une unité procède d'une unité, comme Dionysos[1] à partir de Zeus, ou bien une pluralité procède d'une unité, comme à partir de Zeus les dieux multiples[2], ou bien une unité procède d'une pluralité, comme lorsque l'âme est dite procéder de tout ce qui est avant elle (et l'engendré procède toujours de toutes les causes antérieures), ou bien une pluralité procède d'une pluralité, comme les sensibles, disons-nous, procèdent des intelligibles. Néanmoins, chacune des deux, à savoir l'unité et la pluralité, se trouve partout, quoique ici la pluralité soit selon l'unité, et là l'unité selon la pluralité ; et chacune des deux, unité et pluralité, est aussi quelque part en soi. Nous n'irons donc pas à l'infini pour chercher sans cesse, antérieurement à l'un-plural, l'un non-plurifié, car celui-ci justement, l'un pur, est cause de tous les plusieurs ; car, étant un, il est tout cependant, parce qu'il est antérieur

1-2. Voir *Notes complémentaires*, p. 180.

πολλὰ αὖ ἀπὸ πολλῶν τῶν κατὰ ἓν ὑφεστώτων ἢ συνεστώτων κατὰ τὸ ἡνωμένον ἢ διισταμένων κατὰ τὸ διακρινόμενον καὶ τὸ διακεκριμένον. Ἔχοις δ' ἂν τοῦτο φάναι σαφέστερον, εἰ λέγοις τὴν δευτέραν ἀρχὴν προϊέναι ἀπὸ τῆς πρώτης ὡς ἀφ' ἑνὸς ἓν πολλά, ἀπὸ δὲ ταύτης τὸ ἡνωμένον ἅμα καὶ πεπληθυσμένον, ἀπὸ δὲ ταύτης κατὰ βραχὺ τὴν τῶν πολλῶν ἐπιδιακρινομένην εἰς πλῆθος ὑπόστασιν· ὥστε οὐδὲν θαυμαστόν, καὶ ὡς ἀφ' ἑνὸς ἀμεροῦς ἓν ὅλον πεπληθυσμένον προϊέναι, ὡς ἀπὸ τῆς μιᾶς αἰτίας τὰ πάντα ὁμοῦ καὶ ὡς ἕνα πάμμεγαν κόσμον, καὶ ὡς ἀπὸ πολλῶν τὰ πολλά, τῶν καθ' ἓν ὑφεστώτων τὰ μὴ καθ' ἓν ὑφεστῶτα· ὡδὶ μὲν γὰρ ἕν, ὡδὶ δὲ πολλὰ τὸ αὐτὸ ἄν τις ἴδοι τε καὶ εἴποι.

Ἢ οὖν ἓν ἀφ' ἑνὸς προέρχεται, ὡς Διόνυσος ἀπὸ Διός, ἢ πολλὰ ἀφ' ἑνός, ὡς ἀπὸ Διὸς οἱ πολλοὶ θεοί, ἢ ἓν ἀπὸ πολλῶν, ὡς ὅταν ἡ ψυχὴ λέγεται προϊέναι ἀπὸ πάντων τῶν πρὸ ἑαυτῆς, καὶ ἀεὶ τὸ γεννώμενον ἀπὸ πάντων τῶν πρεσβυτέρων αἰτίων, ἢ πολλὰ ἀπὸ πολλῶν, ὡς τὰ αἰσθητά φαμεν ἀπὸ τῶν νοητῶν. Ἀλλ' ὅμως ἑκάτερον πανταχοῦ, τὸ ἓν καὶ τὸ πλῆθος, εἰ καὶ | ὅπου μὲν τὸ πλῆθος κατὰ τὸ ἕν, ὅπου δὲ κατὰ τὸ πλῆθος τὸ ἕν· ἔστιν δέ που καὶ καθ' αὑτὸ ἑκάτερον ἕν τε καὶ πλῆθος. Οὐκ ἄρα ἐπ' ἄπειρον ἥξομεν ζητοῦντες ἀεὶ πρὸ τοῦ πολλοῦ ἑνὸς τὸ ἀπλήθυντον ἕν, καὶ αὐτὸ γὰρ τοῦτο τὸ ἁπλῶς ἓν πάντων ἐστὶν αἴτιον τῶν πολλῶν· ἓν γὰρ ὂν ὅμως πάντα ἐστίν, ὅτι πρὸ πάντων, ἀλλ' οὐχ ἕν τι τῶν πάντων, οὐδὲ ἓν ἐκ

4 β̄ A || 5 πρώτης] ᾱ A || 6 ÷ ÷ τὸ A || 23 ἥξομεν Kopp : ἕξομεν A.

à tout, mais il n'est pas un certain *un* qui ferait partie du tout, et il n'est pas, non plus, formé de toutes choses, mais il est réellement un, en ce sens qu'il est tout à la fois, selon l'un lui-même. Quant au deuxième principe, il est tout lui aussi, mais par le caractère de ses plusieurs; car ce principe est, comme nous l'avons vu, les plusieurs de cet un-là, en ce que toute pluralité aussi a sa subsistence auprès de l'un, comme toute puissance a la sienne auprès de sa substance propre; de même donc que, à partir du tout en tant que plusieurs, nous remontons vers ce principe, de même, à partir du tout en tant qu'un, nous remontons vers l'un. Et chacun des deux est tout, l'un en tant qu'il est le tout-ensemble, les plusieurs, en tant qu'ils sont le tout-plusieurs; et peut-être les plusieurs sont-ils tout, en tant qu'ils procèdent de l'un, comme déjà achevés[1], tandis qu'ils sont plusieurs, en tant qu'ils procèdent du deuxième principe comme étant encore illimités et indéterminés, et n'étant pas encore achevés. Voilà ce qui doit être dit au sujet de cette aporie[2].

[2] Pour répondre aux difficultés qui, plus haut, suivent immédiatement celles qui viennent d'être discutées[3], nous disons d'abord que, si un monde dans sa totalité procède d'un [autre] monde dans sa totalité, par exemple le monde démiurgique du monde titanique, ou le monde titanique du monde mainteneur[4], ou le monde intellectif du monde intelligible, alors le premier en sa totalité procède dans le second en sa totalité, et là-haut rien ne demeure mis en réserve dans le premier, ou bien ce qui demeure ainsi sera stérile et complètement improcessible. Par conséquent, de cette façon, le premier ne surpassera pas le second par l'existence, là-haut, de quelque chose qui ne serait pas également ici; car, bien au contraire, il est aisé de

1-3. Voir *Notes complémentaires*, p. 181.

4. C'est de nouveau la série bien connue : Zeus, Kronos, Ouranos, cf. *supra*, p. 10.16-19 et n. 3.

πάντων, ἀλλ' ὄντως ἕν, οὕτω δὲ ὡς πάντα ὁμοῦ κατ' αὐτό γε τὸ ἕν. Ἡ δὲ δευτέρα ἀρχὴ πάντα καὶ αὐτή, ἀλλὰ κατὰ τὸ πολλὰ ἑαυτῆς· αὕτη γὰρ ἦν τὰ πολλὰ τοῦ ἑνὸς ἐκείνου, ὅτι καὶ πᾶν πλῆθος περὶ τὸ ἓν ὑφέστηκεν, ὡς δύναμις πᾶσα περὶ τὴν οἰκείαν οὐσίαν· ὡς μὲν τοίνυν ἀπὸ πολλῶν τῶν πάντων ἐπὶ ταύτην ἄνιμεν τὴν ἀρχήν, ὡς δὲ ἀπὸ ἑνὸς τῶν πάντων ἐπὶ τὸ ἕν. Ἔστι δὲ ἑκάτερον πάντα, τὸ μὲν ἓν ὡς ὁμοῦ τὰ πάντα, τὰ δὲ πολλὰ ὡς πολλὰ τὰ πάντα· καὶ μήποτε πάντα μὲν ὡς ἤδη ἀπηρτισμένα ἀπὸ τοῦ ἑνὸς πρόεισιν, πολλὰ δὲ ὡς ἔτι ἄπειρα καὶ ἀόριστα καὶ οὔπω ἐν τέλει ἀπὸ τῆς δευτέρας ἀρχῆς. Τοσαῦτα καὶ περὶ ταύτης εἰρήσθω τῆς ἀπορίας.

(94) Πρὸς δὲ τὰ ἐφεξῆς ἀνωτέρω τῶν εἰρημένων ἓν μὲν ἐκεῖνο λέγομεν πρὸ πάντων ὅτι, ἐὰν κόσμος ἀπὸ κόσμου προΐῃ ὅλος ἀφ' ὅλου, οἷον δημιουργικὸς ἀπὸ τιτανικοῦ, ἢ τιτανικὸς ἀπὸ συνοχικοῦ, ἢ νοερὸς ἀπὸ νοητοῦ, ὅλος ὁ πρότερος εἰς ὅλον πρόεισι τὸν δεύτερον, καὶ οὐδὲν ἄνω μένει ἐν τῷ προτέρῳ ἐξαίρετον, ἢ οὕτω γε τὸ μένον τοῦτο ἄγονον ἔσται καὶ ἀπρόοδον παντελῶς· Ὥστε τοῦτον μὲν τὸν τρόπον οὐχ ὑπερέξει τούτου ἐκεῖνος τῷ εἶναί τι ἐκεῖ ὃ μὴ καὶ ἐνταῦθα· τοὐναντίον γὰρ ὑπολαβεῖν πρόχειρον ὡς

2 vol. II, p. 213.19-24 || 13 supra, p. 10.4-11.4.

---

2 β̄ A || 6 ἄνειμεν A || 7 Ἔστι scripsi : τί A || 9 ἀπηρτισμένα scripsi : ἀνηρτισμένα A || 11 β̄ A.

concevoir que quelque chose se manifeste dans les seconds, qui n'est pas encore apte à se distinguer dans les premiers. Mais, de toute façon, même cela n'est pas exact; en effet, là-haut est aussi immanent, à l'état coagrégé, ce qui dans le second est en train de se distinguer. Autrement, d'où vient la distinction? Et comment pouvons-nous dire que tout est dans tout, quoique d'une manière différente ici, et différente là[1]? En revanche, quand nous disons que les choses d'en-bas sont plus nombreuses que celles d'en-haut, nous parlons selon la distinction, car là-haut les mêmes choses sont coagrégées. Comment donc pouvons-nous dire que, selon la subsistence, se manifestent des choses différentes en différents endroits? Car, là où chacune apporte à toutes de façon opportune son acte propre, là sans doute elle distingue sa propre nature des autres; et cette nature est ce qu'on appelle la première subsistence de chacune, la première subsistence de chacune à s'être distinguée des autres propriétés. Disons que cela aussi est vrai (car tout n'est pas en tout de la même manière, mais tout est ici unifié, là distingué), et il n'en reste pas moins que tout est en chaque monde, dans le monde intelligible (car il est tout, mais sous le mode intelligible, dit l'Oracle), dans le monde sensible et évidemment dans les mondes intermédiaires. Comment donc à chaque fois pouvons-nous dire que le monde supérieur est plus universel que celui qui est au-dessous de lui, et que ce dernier est enveloppé, tandis que celui-là est enveloppant, s'il n'y a en lui aucun excédent sur l'autre, puisque tout est en chacun des deux, et que le tout est nécessairement égal au tout? Répondons, en tout premier lieu que, même si en pluralité il sont égaux, l'un est capable, par sa grandeur, d'envelopper l'autre, qu'un monde est quelquefois capable d'en envelopper plusieurs, comme la sphère des fixes enveloppe toutes celles qui sont à sa suite, et que le monde de Kronos

1. Voir *Notes complémentaires*, p. 181.

ἐκφαίνεταί τι ἐν τοῖς δευτέροις ὃ μήπω ἐν τοῖς προτέροις διακρίνεσθαι πέφυκεν. Ἀλλὰ γὰρ οὐδὲ τοῦτο ἀληθές· ἔνεστι γὰρ καὶ ἐκεῖ συνῃρημένον τὸ ἐν τούτῳ διακρινόμενον. Ἢ πόθεν διακρίνεται; Πῶς δὲ πάντα φαμὲν πανταχοῦ, εἰ καὶ ἄλλως καὶ ἄλλως; Ὅταν δὲ λέγωμεν τὰ κάτω πλείω τῶν ἄνω, κατὰ διάκρισίν φαμεν, ἐπεὶ καὶ ἐκεῖ τὰ αὐτὰ συνῄρηται. Πῶς οὖν ἄλλα ἀλλαχοῦ λέγομεν ἐκφαίνεσθαι κατὰ τὴν ὕπαρξιν; Ὅπου γὰρ ἕκαστον παρέχεται πᾶσιν εὔκαιρον τὴν ἑαυτοῦ ἐνέργειαν, ἐνταῦθά που τὴν οἰκείαν φύσιν διακρίνει ἀπὸ τῶν ἄλλων· καὶ αὕτη | ἐστὶν ἡ ἑκάστου λεγομένη πρώτη ὕπαρξις, ἡ ἀπὸ τῶν ἄλλων ἰδιοτήτων διακριθεῖσα πρώτη ἑκάστου ὕπαρξις. Ἢ καὶ τοῦτο μὲν ἀληθές (οὐ γὰρ πανταχοῦ πάντα ὡσαύτως, ἀλλ' ὅπου μὲν ἡνωμένα, ὅπου δὲ διακεκριμένα), πάντα δὲ ὅμως ἐν παντὶ κόσμῳ, τῷ τε νοητῷ (πάντ' ἐστὶ γάρ, ἀλλὰ νοητῶς, φησὶ τὸ λόγιον) καὶ ἐν τῷ αἰσθητῷ καὶ δηλονότι [δ] ἐν τοῖς μέσοις. Πῶς οὖν ἀεί φαμεν τὸν ἀνωτέρω τοῦ ὑπ' αὐτὸν ὁλικώτερον εἶναι, καὶ περιέχεσθαι μὲν τοῦτον, ἐκεῖνον δὲ περιέχειν, εἰ μηδεμία κατὰ τούτου ἐν ἐκείνῳ ὑπεροχή, πάντων ἐν ἑκατέρῳ ὄντων, ἴσα δὲ ἐξ ἀνάγκης τὰ πάντα τοῖς πᾶσιν; Ἢ μάλιστα μέν, καὶ εἰ πλήθει ἴσα, τῷ γε μεγέθει δύναται ὁ ἕτερος τὸν ἕτερον περιέχειν, καὶ ὁ εἷς ἐνίοτε τοὺς πλείους, ὥσπερ ἡ ἀπλανὴς σφαῖρα τὰς ἑξῆς ἁπάσας, καὶ ὁ κρόνιος τὸν

16 *Or. Chald.*, fr. 21.

---

3 ἔν-εστι A || 15 παντ' Or. Chald. : πάντα A || 17 δ deleui.

enveloppera le monde de Zeus, même si celui-ci lui est égal par la pluralité des formes, la surabondance, la hauteur et, pour ainsi dire, la magnificence de sa nature. Ensuite, il faut concevoir que, puisque toujours les mondes supérieurs engendrent et font subsister toutes les choses qui viennent après eux, il s'ensuivra que plus de choses sont engendrées à partir des premiers qu'à partir des derniers. Par exemple, le monde intelligible produit tous les mondes ensemble qui viennent après lui, à savoir le monde intellectif, le monde hypercosmique, le monde encosmique ; de son côté le monde intellectif n'en produit que deux, et le monde hypercosmique n'en produit qu'un seul, le monde sensible ; ou bien cela variera suivant que l'on peut découper les choses qui procèdent en mondes plus nombreux[1]. Ainsi donc, le monde intelligible est le plus universel, parce que compréhensif de tous, tandis que le monde sensible, ou plutôt celui qui est sublunaire, est le plus particulier, parce qu'il est le dernier et qu'il n'enveloppe que ses propres parties, enfin les mondes intermédiaires sont, dans un rapport analogue, enveloppants et enveloppés. Et, de même, dans chaque série aussi on peut voir que celui qui a un rang antérieur est plus universel, tandis que celui qui a un rang inférieur est plus particulier.

Faisons encore une autre remarque sur le même sujet : si l'on dit que le monde démiurgique dans sa totalité procède du monde titanique [dans sa totalité], les explications qui viennent maintenant d'être données s'appliquent à ces mondes ; et, si l'on fait provenir Zeus à partir de Kronos, nous savons que c'est avec beaucoup d'autres dieux que Zeus a été engendré de Kronos, tant chez les Grecs que chez les Barbares[2], de même qu'à son tour Kronos a été engendré avec d'autres à partir d'Ouranos, et à son tour Dionysos à partir de Zeus. Que si les uns se sont distribué en parties chaque père dans sa totalité[3], tandis que les autres ont

1-3. Voir *Notes complémentaires*, p. 181.

δίιον περιέξει, κἂν ἴσος ᾖ τῷ πλήθει τῶν εἰδῶν, τῇ ὑπεροχῇ καὶ τῷ ὕψει καὶ οἷον τῇ μεγαλειότητι τῆς φύσεως. Ἔπειτα χρὴ συννοεῖν ὅτι τῶν ἀνωτέρω ἀεὶ πάντα ὑφιστάντων τὰ μεθ' ἑαυτὰ καὶ γεννώντων, συμϐήσεται πλείω γεννᾶσθαι ἀπ' ἐκείνων ἤπερ ἀπὸ τούτων. Οἷον ὁ νοητὸς κόσμος παράγει πάντας ὁμοῦ τοὺς μεθ' ἑαυτόν, τὸν νοερόν, τὸν ὑπερκόσμιον, τὸν ἐγκόσμιον, ὁ δὲ νοερὸς μόνους τοὺς δύο, ὁ δὲ ὑπερκόσμιος ἕνα μόνον τὸν αἰσθητόν, ἢ ὁσαχῶς ἄν τις τέμοι τὰ προϊόντα εἰς κόσμους πλείονας. Οὐκοῦν ὁ μὲν νοητὸς ὁλικώτατος, ὅτι πάντων περιληπτικός, ὁ δὲ αἰσθητὸς ἢ ὅ γε ὑποσέληνος μερικώτατος, ὅτι ἔσχατος καὶ τὰ μέρη ἑαυτοῦ μόνα περιέχων, οἱ δὲ μέσοι ἀνάλογον περιέχουσί τε καὶ περιέχονται. Οὕτω δὲ καὶ ἐπὶ σειρᾶς ἑκάστης ἴδοι τις ἂν τὸν προτεταγμένον ὁλικώτερον, τὸν δὲ ὑποτεταγμένον μερικώτερον.

Ἔτι δὲ ἕτερον λέγωμεν περὶ τῶν αὐτῶν, ὡς εἰ μὲν εἴποι τις τὸν δημιουργικὸν ὅλον κόσμον ἀπὸ τοῦ τιτανικοῦ προελθεῖν, οἱ νῦν δὴ ῥηθέντες ἁρμόσουσι λόγοι περὶ τῶν κόσμων· εἰ δὲ ἀπὸ Κρόνου τὸν Δία παράγοι τις, ἴσμεν ὅτι μετὰ ἄλλων πολλῶν ὁ Ζεὺς ἀπὸ Κρόνου γεννᾶται καὶ παρὰ τοῖς Ἕλλησι καὶ παρὰ τοῖς βαρϐάροις, ὡς ἀπὸ τοῦ Οὐρανοῦ πάλιν μετὰ ἄλλων ὁ Κρόνος, καὶ αὖ πάλιν ἀπὸ τοῦ Διὸς Διόνυσος. Εἰ δὲ οἱ μὲν κατὰ μέρη διανειμάμενοι τὸν ὅλον πατέρα ἕκαστον, οἱ δὲ μονοειδῶς ἀφ' ὅλου

1 δίιον] -ίι- in ras. artiore A.

procédé sous une forme unique à partir de la totalité [de leur père] (raison pour laquelle ceux-ci s'établissent aussi comme héritiers des règnes paternels)[1], cela ne brise en rien la vérité de notre explication. En effet, Zeus, par exemple, qui a produit les dieux multiples[2], à partir de lui-même, selon sa division en parties, a produit, à la suite de cette division complète, la totalité divisée et la pluralité des dieux qui sont rangés sous cette totalité. N'a-t-il pas engendré aussi les Titans dans son propre diacosme, selon la tradition orphique ? De cette façon encore, Kronos produit en dernier lieu, à la suite d'une nombreuse génération qui est la génération antérieure, le Zeus universel qui inaugure l'autre règne[3] ; et cette tradition nous apprend aussi qu'Ouranos fait subsister une progéniture semblable : après les autres Ouranides[4], pour finir il engendre Kronos. Il faut dire que, pour cette raison, les dieux engendrés ont tour à tour l'avantage[5] les uns sur les autres, ceux qui demeurent dans leur père et auprès de lui, tout en étant néanmoins plus particuliers, et ceux qui s'écartent de la propriété paternelle et projettent la propriété inférieure[6], mais en étant universels et en conservant en eux la proportion des générateurs à leurs engendrés. En tant que totalités, ces dieux restent, bien entendu, analogues aux totalités [génératrices], non pas cependant que les seconds rois soient mis en parallèle à égalité avec les premiers. Voilà donc une autre manière de présenter nos raisonnements.

A la suite de ces remarques et par rapport aux mêmes questions proposées, disons que le dieu générateur, Zeus par exemple, produit un seul dieu, et qu'à partir de lui-même il produit aussi bien une pluralité, mais il produit l'un et l'autre, ou bien selon la totalité de lui-même, ou bien selon quelqu'une des [propriétés] qui sont en lui ; il

1. Cette succession est celle des rois orphiques : Phanès, Nuit, Ouranos, Kronos, Zeus, Dionysos, cf. *Orphic.*, fr. 107. Voir *supra*, p. 10.16-19, n. 3.

2-6. Voir *Notes complémentaires*, p. 181-182.

προελθόντες (διὸ καὶ διάδοχοι οὗτοι καθίστανται τῶν πατρικῶν βασιλειῶν), οὐδὲν τοῦτο παραθραύει τὴν | τοῦ λόγου ἀλήθειαν. Ὁ γὰρ Ζεύς, φέρε εἰπεῖν, τοὺς πολλοὺς ἀφ' ἑαυτοῦ παραγαγὼν κατὰ μέρη θεούς, ἐπὶ τούτῳ τῷ ὁλοτελεῖ μερισμῷ τὴν μεριστὴν ὁλότητα παρήγαγεν καὶ τοὺς ὑπὸ ταύτῃ πολλοὺς τεταγμένους θεούς. Ἢ οὐχὶ καὶ τοὺς Τιτᾶνας ὁ Ζεὺς ἐγέννησεν ἐν τῷ οἰκείῳ διακόσμῳ κατὰ τὴν ὀρφικὴν παράδοσιν; Οὕτω δὴ καὶ ὁ Κρόνος ἐπὶ πολλῇ γενεᾷ τῇ πρότερον ἐπ' ἐσχάτῳ παράγει τὸν ὅλον Δία τῆς ἑτέρας ἐξάρχοντα βασιλείας · τὰ δὲ ὅμοια καὶ τὸν Οὐρανὸν ὑφιστῶντα παραδίδωσιν, μετὰ τοὺς ἄλλους Οὐρανίδας τὸν Κρόνον ἔσχατον. Καὶ ἀντιπλεονεκτεῖν διὰ τοῦτο πρὸς ἀλλήλους ῥητέον τοὺς παραγομένους, τοὺς μένοντας ἐν τῷ πατρὶ καὶ παρὰ τῷ πατρί, μερικωτέρους δὲ ὅμως ὄντας, καὶ τοὺς ἐξισταμένους μὲν τῆς πατρικῆς ἰδιότητος καὶ τὴν κοιλοτέραν προϐαλλομένους, ὁλικοὺς δὲ ὄντας καὶ τὴν ἀναλογίαν φυλάττοντας τῶν γεννησαμένων πρὸς τοὺς ἀπ' αὐτῶν γεννωμένους. Ἀναλογοῦσι μὲν οὖν ὅλοι τοῖς ὅλοις, οὐ μὴν ἀπὸ τῆς ἴσης ἀντιπαρατείνονται τοῖς προτέροις οἱ δεύτεροι βασιλεῖς. Ταῦτα μὲν οὖν ἄλλος τρόπος λόγων.

Ἔτι δὲ ἐπὶ τούτοις ἐκεῖνο λέγωμεν πρὸς τὰς αὐτὰς ὑποκειμένας ζητήσεις, ὡς ὁ γεννῶν, οἷον ὁ Ζεύς, παράγει καὶ ἕνα, παράγει ἀφ' ἑαυτοῦ καὶ πολλούς, ἀλλ' ἑκατέρους ἢ καθ' ἑαυτὸν ὅλον ἢ κατά τι τῶν ἐν αὐτῷ · τὸν ἅπαντα

3-12 = *Orphic.* fr. 210 (p. 229-230) Kern.

13 πρὸς del.? ‖ 14 μὲν ὄντας A, correxi.

produit selon [la totalité de] lui-même le chœur entier des dieux joviens comme un seul dieu ; à leur tour, les dieux multiples[1], il les produit ensemble selon la pluralité des propriétés qui sont en lui et autant qu'il y en a, et il produit chaque dieu en particulier selon quelqu'une des propriétés qui sont en lui. Ainsi donc, il produit une unité à partir d'une unité, <en tant qu'il produit selon la totalité de lui-même, tandis qu'il produit une pluralité>, en tant qu'il produit selon la pluralité enveloppée en lui-même. A son tour, le chœur [des dieux] multiples est produit suivant tout le plérôme[2] distingué de Zeus lui-même, mais c'est suivant tout son plérôme unifié que Zeus produit Dionysos. Par conséquent, on ne saurait vraiment s'étonner de cela avec raison ; en effet, d'une unité procède une unité, la totalité selon la totalité, et la partie selon quelque propriété particulière ; et d'une unité procède une pluralité, mais en tant que cette unité a été plurifiée ; le chœur procède selon la totalité, tandis que les [dieux] multiples particuliers procèdent selon les multiples [propriétés] particulières qui sont dans un seul [dieu].

[12. *Réponse à la troisième aporie*]

[12.1. *Approche de l'aporie*]

Comment est-il possible que [des deux processions] l'une soit de forme semblable, l'autre de forme dissemblable ? On répond que, selon la propriété qui est la sienne, Zeus produit une certaine série synonyme[3], tandis que, selon leur cause anticipée en lui, il produit Dionysos et les autres dieux qui [par rapport à lui] sont hétéronymes[4]. Quoi donc ? N'est-ce pas selon sa propre totalité qu'il engendre Dionysos, et selon ses propres parties les dieux multiples ? Or, sa totalité et ses parties

1.. Cf. *supra*, p. 9.23, n. 2.
2-4. Voir *Notes complémentaires*, p. 182.

χορὸν τῶν διίων θεῶν καθ' ἑαυτὸν ὡς ἕνα, πάλιν τοὺς πολλοὺς ἅμα κατὰ τὰ ἐν αὐτῷ πολλὰ τόσα καὶ τόσα, ἕκαστον δὲ ἰδίᾳ κατά τι τῶν ἐν ἑαυτῷ. Οὕτω μὲν τοίνυν ἓν ἀφ' ἑνός, *** ὅτι κατὰ τὰ πολλὰ ἐν ἑαυτῷ περιεχόμενα. Πάλιν ὁ χορὸς τῶν πολλῶν κατὰ τὸ διακεκριμένον πλήρωμα ὅλον ἑαυτοῦ, τὸν δὲ Διόνυσον καθ' ὅλον τὸ ἡνωμένον. Ὥστε ταῦτα μὲν οὐκ ἄν τις εἰκότως θαυμάσειεν· καὶ γὰρ ἀφ' ἑνὸς ἓν τό τε ὅλον καθ' ὅλον καὶ τὸ μέρος κατά τι ἕκαστον, καὶ πολλὰ ἀφ' ἑνός, ἀλλ' ὡς πεπληθυσμένου· ὁ μὲν χορὸς καθ' ὅλον, τὰ δὲ πολλὰ ἕκαστα κατὰ τὰ ἐν τῷ ἑνὶ πολλὰ ἕκαστα.

Πῶς δὲ ἡ μὲν ὁμοειδής, ἡ δὲ ἀνομοειδής; Ἢ ὅτι ὁ Ζεὺς κατὰ μὲν τὴν ἑαυτοῦ ἰδιότητα παράγει συνώνυμόν τινα σειράν, κατὰ δὲ τὴν προειλημμένην αἰτίαν ἐν αὐτῷ Διόνυσόν τε καὶ τοὺς ἄλλους ἑτερωνύμους θεούς. | Τί οὖν; Οὐ κατὰ τὸ ὅλον ἑαυτοῦ γεννᾷ τὸν Διόνυσον, καὶ κατὰ τὰ ἑαυτοῦ μέρη τοὺς πολλοὺς θεούς; Ὕπαρξις δὲ

4 lac. statui, supple ex. gr. ὅτι καθ' ἑαυτὸν ὅλον, πολλὰ δὲ || 5 πάλιν-, ιν- in ras. A^1 || 6 fort. ἑαυτόν || 12 Πῶς δὲ <πρόοδος> coni. Ruelle.

à la fois constituent sa subsistence ; pourquoi donc la procession aussi de ces derniers dieux n'est-elle pas de forme semblable, en tant qu'elle est produite selon la subsistence, et, s'il en est ainsi, pourquoi n'est-elle pas synonyme ? Ce que justement elle n'est pas ; car les dieux multiples ne sont pas Zeus ; et Dionysos, bien qu'il soit un, ne l'est pas, non plus. Mais quelle est aussi cette subsistence, selon laquelle la série de Zeus procède avec synonymie ? Car cette subsistence n'est même pas la totalité [de Zeus], elle est en effet contredistinguée des séries qui procèdent de chacune de ses autres parties ; elle ne se conçoit pas non plus selon toutes ses parties ensemble, pour la même raison ; et, si cette subsistence se conçoit selon quelqu'une des parties enveloppées en lui, comment peut-elle être seule synonyme avec la totalité de Zeus[1] ?

[12.2. *Structuration de l'aporie*]

On peut structurer l'aporie de quatre façons. En effet, supposons d'abord que ce qui est produit le soit selon la totalité [du producteur], alors tantôt cela est synonyme avec le producteur, comme c'est le cas, chez les Chaldéens, du démiurge universel qui procède dans une hebdomade (en effet, chacun [des sept] est honoré du nom de « Deux fois au-delà »[2], et il contient en lui tout ce que le premier contient aussi, quoiqu'il soit plus particulier par l'abaissement de son rang), tantôt ce qui est produit est hétéronyme, comme Dionysos. Supposons ensuite que ce qui est produit le soit selon quelque partie [du producteur], alors de nouveau la production sera tantôt synonyme, comme, le cas échéant, la série de Zeus à partir du Zeus universel, tantôt hétéronyme, <comme> Athéna procédant de Zeus.

1. Il s'agit ici du troisième des quatre types de production qui vont être énumérés ci-dessous, p. 30.11-20 (dans le cas, l. 18-19). Voir la notice, p. xx.

2. Voir *Notes complémentaires*, p. 182-183.

αὐτοῦ ἐστιν τὸ ὅλον ἅμα καὶ τὰ μέρη· διὰ τί οὖν οὐχὶ καὶ ἡ τούτων πρόοδος ὁμοειδής, ἅτε καθ' ὕπαρξιν γενομένη, εἰ δὲ τοῦτο, συνώνυμος; Ὅπερ οὐκ ἔστιν· οὐ γὰρ Ζεὺς οἱ πολλοὶ θεοί, οὐδὲ εἷς ὧν καὶ ταῦτα ὁ Διόνυσος. Τίς δὲ καὶ ἡ ὕπαρξις ἐκείνη, καθ' ἣν ἡ σειρὰ πρόεισιν τοῦ Διὸς συνωνύμως; Οὐδὲ γὰρ τὸ ὅλον, ἀντιδιῄρηται γὰρ πρὸς τὰς ἀπὸ τῶν ἄλλων μερῶν ἑκάστου προϊούσας· οὔτε κατὰ πάντα ὁμοῦ τὰ μέρη, διὰ τὴν αὐτὴν αἰτίαν· εἰ δὲ καὶ αὕτη κατά τι τῶν ἐν αὐτῷ περιεχομένων, πῶς μόνη τῷ ὅλῳ συνωνυμεῖ;

Διαπλακείη δ' ἂν ἡ ἀπορία τετραχῶς. Εἴτε γὰρ καθ' ὅλον παράγοιτο τὸ παραγόμενον, ποτὲ μὲν συνώνυμόν ἐστι τῷ παράγοντι, ὡς ὁ ἑπταχῇ προϊὼν ὅλος δημιουργὸς παρὰ τοῖς Χαλδαίοις (Δὶς γὰρ ἕκαστος ἐπέκεινα ἀνυμνεῖται, καὶ πάντα ἐν αὐτῷ συνείληφεν ἅπερ καὶ ὁ πρῶτος, εἰ καὶ μερικώτερός ἐστι τῇ ὑφέσει τῆς τάξεως), ποτὲ δὲ ἑτερώνυμον, ὥσπερ ὁ Διόνυσος· εἴτε κατά τι μέρος παράγοιτο, πάλιν αὖ ποτὲ μὲν συνώνυμος ἡ παραγωγή, ὡς ἡ σειρά, ἂν οὕτως τύχοι, τοῦ Διὸς ἀπὸ τοῦ ὅλου Διός, ποτὲ δὲ ἑτερώνυμος, ⟨ὡς⟩ Ἀθηνᾶ ἀπὸ Διός.

13-14 cf. *Or. Chald.*, fr. 35 || 14-15 cf. ibid., fr. 169.

6 scr. Οὔτε? || 9 αὐτῷ Combès : αὐτῆι A || 20 ὡς add. Ruelle.

Peut-être donc, la division de chaque producteur, ainsi que celle des produits, est-elle de deux sortes : l'une, selon la dimension verticale, est celle de la série tout entière qui s'écoule par abaissement, l'autre, selon la dimension horizontale est celle des formes et des parties anhoméomères qui sont enveloppées dans le producteur[1]. Car, la division selon la dimension verticale, qui est précontenue dans le producteur, est une division homéomère, c'est pourquoi elle est aussi synonyme, tandis que l'autre division est de forme dissemblable, d'où il suit aussi que la génération selon cette division est hétéronyme. En effet, le premier et le deuxième «Deux fois» procèdent du [Zeus] parfait[2], selon lui-même dans sa totalité, c'est pourquoi ils sont synonymes, tandis que la source qui préside aux magies[3] procède selon quelqu'une des parties anhoméomères; et il en est de même aussi pour chacune des sources appelées particulières, dont chacune commande à sa propre série de forme semblable, grâce à sa division, à son tour homéomère, selon la dimension verticale. Et, si en quelqu'une de ces sources est encore enveloppée quelque division anhoméomère selon la dimension horizontale, par exemple dans la source héliaque la source apolloniaque, et en celle-ci la source asclépiaque, il est absolument certain que la génération de ces sources est également de forme dissemblable.

[12.3. *Justification philosophique*]

Sans compter que, du point de vue philosophique aussi, à partir de l'intellect pur[4] procède la génération selon la dimension verticale, génération qui est de forme semblable et qui, à tous les niveaux, introduit en même temps et en totalité l'enveloppement des formes selon la dimension horizontale ; et si l'intellect produit une âme, ou une nature, ou un corps, c'est en dissimilitude de forme qu'il les produira selon quelqu'une des formes

1-4. Voir *Notes complémentaires*, p. 184-186.

(95) Μήποτε οὖν διττὸς ὁ ἑκάστου μερισμὸς τοῦ παράγοντος καὶ ὁ τῶν παραγομένων, ὁ μὲν κατὰ βάθος τῆς κατὰ ὕφεσιν ἀπορρεούσης ὅλης σειρᾶς, ὁ δὲ κατὰ πλάτος τῶν ἐν αὐτῷ περιεχομένων εἰδῶν ἢ μερῶν ἀνομοιομερῶν. Ὁ μὲν γὰρ κατὰ βάθος ἐν αὐτῷ προειλημμένος μερισμὸς ὁμοιομερής ἐστιν, διὸ καὶ συνώνυμος· ὁ δὲ ἄλλος ἀνομοειδής, ὅθεν καὶ ἡ κατὰ τοῦτον γέννησις ἑτερώνυμος. Ὁ μὲν γὰρ πρῶτος καὶ δεύτερος Δὶς πρόεισιν ἀπὸ τοῦ παντελοῦς καθ' ὅλον αὐτόν, διὸ συνωνυμεῖ, ἡ δὲ ἐπὶ μαγειῶν πηγὴ κατά τι τῶν ἀνομοιομερῶν· ὁμοίως δὲ καὶ ἑκάστη τῶν καλουμένων μερικῶν πηγῶν, ὧν ἑκάστη σειρᾶς οἰκείας ἐξηγεῖται ὁμοειδοῦς, διὰ τὸν ὁμοιομερῆ κατὰ βάθος αὖ μερισμόν· εἰ δὲ καὶ ἔν τινι τούτων περιέχοιτό τις ἀνομοιομερὴς κατὰ πλάτος, οἷον ἐν τῇ ἡλιακῇ πηγῇ ἡ ἀπολλωνιακή, καὶ ἐν ταύτῃ ἡ ἀσκληπιακή, πάντως ὅτι καὶ τούτων ἡ ἀπογέννησις ἀνομοειδής. |

(95)[2] Ἀλλὰ καὶ τὸν φιλόσοφον τρόπον ἀπὸ τοῦ ἁπλῶς νοῦ πρόεισιν ἡ κατὰ βάθος ἀπογέννησις ὁμοειδής, ὅλην πανταχοῦ συνεισάγουσα τὴν κατὰ πλάτος τῶν εἰδῶν περιοχήν· εἰ δὲ ψυχὴν ἢ φύσιν ἢ σῶμα παράγοι ὁ νοῦς, ἀνομοειδῶς παράξει κατά τι τῶν ἐν αὐτῷ περιεχομένων,

2 καὶ s.u. A[1] || 8 $\bar{α}$ καὶ $\bar{β}$ A || 9 αὐτὸν A.

enveloppées en lui, de sorte que même s'il les produit selon le beau, ou le bien ou le juste, même de cette façon la génération est de forme dissemblable. Alors le beau ou le juste sont quelque chose d'engendré ; ils sont, en effet, ou bien intellect, ou bien âme, ou bien ils se trouvent dans l'un ou l'autre, ou bien en chacun des deux. Pourquoi donc une âme, un intellect, un corps existent-ils chacun par soi et de manière indépendante, tandis que ni le beau, ni le juste, ni aucun des genres n'existent de cette manière ? Quel arbitraire, en effet ? Et pourquoi <la> matière a-t-elle procédé en toutes choses[1] et a-t-elle reçu toutes les formes [matérielles], tandis que chacune des autres choses ne le peut plus ?

On répondra premièrement que les formes les plus simples et jouant le rôle d'éléments et de parties[2], parce qu'elles sont toujours soudées les unes aux autres, refusent l'hypostase séparée en elle-même, car elles ont une nature unifiée les unes avec les autres, plus parfaite que celle qui s'est écartée dans une indépendance distincte. Deuxièmement, le beau, le repos et tous les genres purs ont réalisé leur procession en toutes choses, par exemple le beau a pénétré en chaque forme, c'est pourquoi il a procédé aussi en toute procession. Troisièmement, l'intellect pur engendre, selon chacune des formes enveloppées en lui, d'abord un intellect, puis une âme, ensuite un vivant, et une certaine nature matérielle qui est spécifiée par cette forme selon laquelle elle procède ; de même, pourrait-on dire, l'intellect pur engendre par le beau l'intellect d'Aphrodite, par le juste celui de Diké, par le bien celui du Bon Génie[3], par exemple, et, selon chacune des différentes formes, un intellect subsistant différent. Car, sans doute, la dimension verticale tout entière se divise-t-elle sur la dimension horizontale tout entière, en étant modifiée par la prédominance de chaque forme successivement définie ; et il faut concevoir que la dimension horizontale porte, elle aussi, une certaine dimension

1-3. Voir *Notes complémentaires*, p. 186-187.

ὥστε καὶ εἰ κατὰ τὸ καλὸν ἢ τὸ ἀγαθὸν ἢ τὸ δίκαιον, καὶ οὕτως ἀνομοειδής. Τὸ οὖν καλὸν ἢ τὸ δίκαιον γεννώμενόν τί ἐστιν · ἢ γὰρ νοῦς, ἢ ψυχή, ἢ ἐν θατέρῳ τούτων, ἢ ἐν ἑκατέρῳ. Διὰ τί οὖν ψυχὴ μὲν καὶ νοῦς καὶ σῶμα καθ' αὑτὸ καὶ αὐτοτελὲς ἕκαστον, τὸ δὲ καλὸν καὶ τὸ δίκαιον καὶ τῶν γενῶν ἕκαστον οὐ τοιοῦτον; Τίς γὰρ ἡ ἀποκλήρωσις; Καὶ διὰ τί ὕλη μὲν εἰς πάντα προῆλθεν τὰ εἴδη καὶ πάντα ὑπεδέξατο, τῶν δὲ ἄλλων ἕκαστον οὐκέτι;

Ἢ πρῶτον μὲν τὰ ἁπλούστερα τῶν εἰδῶν, καὶ στοιχείων ἢ μερῶν ἐπέχοντα λόγον, ἀεὶ συμπεφυκότα ἀλλήλοις, τὴν καθ' ἑαυτὴν κεχωρισμένην ἀπαρνεῖται ὑπόστασιν, τὴν μετ' ἀλλήλων ἡνωμένην τελειοτέραν ἔχοντα φύσιν τῆς διαστάσης εἰς αὐτοτέλειαν διακεκριμένην. Δεύτερον δὲ καὶ τὸ καλὸν καὶ ἡ στάσις καὶ πάντα ἁπλῶς τὴν εἰς πάντα ἐποιήσατο πρόοδον, οἷον τὸ καλὸν εἰς ἕκαστον εἶδος ἐχώρησεν, διὸ καὶ προῆλθεν εἰς πᾶσαν πρόοδον. Τρίτον δὲ ὁ ἁπλῶς νοῦς καθ' ἕκαστον εἶδος τῶν ἐν ἑαυτῷ περιεχομένων ἀπογεννᾷ νοῦν πρῶτον, εἶτα ψυχήν, εἶτα ζῷον, καὶ φύσιν τινὰ ἔνυλον εἰδοποιουμένην τῷ εἴδει ἐκείνῳ καθ' ὃ πρόεισιν, ὡς ἂν τις εἴποι, τῷ μὲν καλῷ τὸν ἀφροδίσιον νοῦν, τῷ δὲ δικαίῳ τὸν τῆς Δίκης, τῷ δὲ ἀγαθῷ τὸν τοῦ ἀγαθοῦ δαίμονος, φέρε εἰπεῖν, κατὰ ἄλλο δὲ τῶν εἰδῶν ἄλλον νοῦν ἑστῶτα. Μήποτε γὰρ ὅλον τὸ βάθος μερίζεται καθ' ὅλον τὸ πλάτος, ἐξαλλαττόμενον τῇ ἐπικρατείᾳ τῶν εἰδῶν ἑκάστου ἀεί τινος · ἔχειν δὲ καὶ τὸ πλάτος οἴεσθαι χρὴ βάθος τι ἴδιον, ὡς πρώτων ἐν αὐτῷ

6 ἕκαστον Kopp : ἑκάστων A ‖ 7 scr. <ἡ> ὕλη ? ‖ 16 ἐχώρησεν] -η- ex -ι-, ι sscr. A[1].

verticale propre, puisque l'on observe en elle des premiers, des moyens et des derniers, par exemple, les genres, ensuite parmi les formes composées de ces genres, celles qui sont plus universelles, puis celles qui sont plus particulières, jusqu'aux plus particulières de toutes, qui semblent aussi, à cause de leur grande composition, être indépendantes et subsister en elles-mêmes ; celles-ci, à leur tour, ont d'une autre manière une dimension verticale. En effet, après l'hypostase intellective, il y a l'hypostase psychique, et après celle-ci l'hypostase de forme corporelle ; d'où il suit que cette dernière encore est de forme dissemblable parce qu'elle aussi est une procession qui appartient à une dimension horizontale, et que la dimension horizontale elle-même donne lieu à une dimension verticale dans la génération des choses inférieures qui sont de forme dissemblable. Mais là-dessus nous avons probablement dépassé la mesure.

Peut-être, après de nombreux détours, n'avons-nous abouti à rien, car nous semblons redire ce que nous disions au début[1], à savoir que les choses qui procèdent selon la subsistence procèdent en similitude de forme, tandis que celles qui procèdent selon la cause anticipée procèdent en dissimilitude de forme. Qu'est-ce donc que la cause, et comment une nature différente peut-elle être anticipée dans une autre ? Pourquoi, en effet, la subsistence d'une chose n'est-elle pas cause d'une autre ? Nous voici dès lors rendus aux questions mêmes qui sont déjà plus anciennes[2].

[12.4 *Subsistence et cause anticipée*]

Eh bien donc, disons d'abord que la subsistence du générateur est une chose et que la cause de l'engendré en est une autre, surtout celle de l'engendré de forme

1. Nous retrouvons ici effectivement ce qui a été dit au début de la réponse à la troisième aporie, cf. *supra*, p. 29.12-15.

2. Voir *Notes complémentaires*, p. 187.

καὶ μέσων καὶ τελευταίων θεωρουμένων, οἷον τῶν γενῶν, εἶτα τῶν ἐκ τούτων ὁλικωτέρων, εἶτα τῶν μερικωτέρων, ἕως τῶν μερικωτάτων, ἃ καὶ δοκεῖ διὰ τὴν πολλὴν σύνθεσιν εἶναι αὐτοτελῆ καὶ ἐφ' ἑαυτῶν ὑφεστῶτα, καὶ τούτων δὲ αὖ πάλιν ἕτερον τρόπον βαθυνομένων. | Μετὰ γὰρ τὴν νοερὰν ὑπόστασιν ἡ ψυχική, καὶ μετὰ ταύτην ἡ σωματοειδής· ὅθεν καὶ αὕτη ἀνομοειδής, ὅτι πλάτους ἐστὶ καὶ αὐτὴ πρόοδος, βαθυνομένου καὶ αὐτοῦ τοῦ πλάτους εἰς τὴν τῶν κοιλοτέρων ἀνομοειδῶν ἀπογέννησιν. Ἀλλὰ ταῦτα μὲν ἐπὶ πλέον ἴσως τοῦ μέτρου.

Τάχα δὲ πολλὴν περιελθόντες οὐδὲν ἠνύσαμεν· πάλιν γὰρ τὸ ἐξ ἀρχῆς ἐοίκαμεν λέγειν, ὡς τὰ μὲν κατὰ τὴν ὕπαρξιν ὁμοειδῶς προϊέναι, τὰ δὲ κατὰ τὴν προειλημμένην αἰτίαν ἀνομοειδῶς. Τίς οὖν ἡ αἰτία, καὶ πῶς ἄλλη τις φύσις ἐν ἄλλῃ προείληπται; Διὰ τί γὰρ ἡ ἄλλου ὕπαρξις οὐκ ἔστιν ἄλλου αἰτία; Ἐπ' αὐτὰ γὰρ ἥκομεν ἤδη τὰ πρεσβύτερα τῶν ἀπορημάτων.

Καὶ δὴ λέγωμεν πρῶτον ὅτι ἄλλη μὲν ἡ τοῦ γεννῶντος ὕπαρξις, ἄλλη δὲ ἡ τοῦ γεννωμένου αἰτία, ἄλλως τε καὶ ἡ

12 supra, p. 29.12-15 (cf. supra p. 8.20-9.16) || 17 cf. supra, p. 11.20-12.8.

12 ὡς del. coni Ruelle.

dissemblable. En effet, si ce qui est en puissance est autre chose[1] que la subsistence, comme Aristote l'a montré avec clarté[2], il est certain que ce qui est selon la cause est autre chose que la subsistence[3]. De plus, si la subsistence du générateur reste seule, et si elle engendre à partir d'elle-même et en elle-même, comment pourra-t-elle engendrer encore quelque chose de forme dissemblable, puisqu'il n'y a, à part elle-même, aucune autre chose mêlée à elle? Car, engendrant par son être, elle fera subsister l'engendré en lui communiquant sa propre nature[4]; il faut donc qu'elle anticipe en elle une certaine cause encore de ce qui est de forme dissemblable, cause selon laquelle, tout en étant une chose différente, elle engendrera une chose différente. En outre, si une chose était génératrice d'une autre absolument différente sans aucune cause anticipée [en elle], pourquoi la première chose venue ne procéderait-elle pas de la première chose venue qui aurait une sorte de subsistence sans cause? Voilà donc les raisons qui ont persuadé les anciens philosophes de faire produire, à partir de ce qui présubsiste selon la cause, tout ce qui est produit[5].

Mais sans doute est-ce un raisonnement dangereux de dire que la cause est anticipée dans une chose, sans en être la subsistence. D'abord, en effet, à partir de quoi la cause elle-même a-t-elle été engendrée? Car, si c'est d'une autre cause, nous irons à l'infini; et si c'est à partir de la subsistence, comment la cause peut-elle être de forme dissemblable et être cause d'une nature de forme dissemblable? Ensuite, si c'est par l'être que le générateur engendre, et si l'être de chaque générateur est sa propre subsistence, il est évident que ce qui est de forme dissemblable est aussi engendré à partir de la subsistence propre [du générateur]; de sorte que ce qu'on appelle la cause est aussi, comme on l'a dit, une certaine partie de la subsistence. Car, le premier des

1. On a traduit la conjecture de L. G. Westerink.
2-5. Voir *Notes complémentaires*, p. 187.

τοῦ ἀνομοειδοῦς. Εἰ γάρ [ὅ] ἐστι κάτω τὸ δυνάμει παρὰ τὴν ὕπαρξιν, ὡς ἔδειξεν ἐναργῶς Ἀριστοτέλης, πάντως ὅτι καὶ τὸ κατ' αἰτίαν ἄλλο παρὰ τὴν ὕπαρξιν. Ἔτι δέ, εἰ μόνη ἐστὶν ἡ τοῦ γεννῶντος ὕπαρξις, ἀφ' ἑαυτῆς δὲ γεννᾷ καὶ καθ' ἑαυτήν, πῶς ἔτι γεννήσει τι ἀνομοειδές, μηδενὸς ἑτέρου αὐτῇ ἐγκαταμεμιγμένου παρ' ἑαυτὴν ὄντος; Τῷ γὰρ εἶναι γεννῶσα κατὰ μετάδοσιν τῆς οἰκείας φύσεως ὑποστήσει τὸ γεννώμενον· δεῖ ἄρα προειληφέναι τινὰ καὶ αἰτίαν τοῦ ἀνομοειδοῦς, καθ' ἣν ἄλλο τι οὖσα ἄλλο γεννήσει. Ἔτι τοίνυν, εἰ ἄλλο ἁπλῶς ἄλλου γεννητικὸν ἄνευ τινὸς αἰτίας προειλημμένης, διὰ τί μὴ τὸ τυχόν γε ἀπὸ τοῦ τυχόντος πρόεισιν, ὕπαρξιν ἔχοντός τινα τὴν (96) ἄνευ αἰτίας; Ταῦτα μὲν οὖν ἐστι τὰ πείσαντα τοὺς παλαιοὺς φιλοσόφους ἀπὸ τῶν κατ' αἰτίαν προϋπαρχόντων τὰ παραγόμενα πάντα παράγειν.

Ἀλλὰ μὴν δεινὸς ὁ λόγος, εἴ τις φῇ τὴν αἰτίαν προειλῆφθαι ἔν τινι, μὴ οὖσαν αὐτοῦ ὕπαρξιν. Πρῶτον μὲν γὰρ αὐτὴ ἡ αἰτία ὁπόθεν ἐγεννήθη; Εἰ μὲν γὰρ ἀπὸ ἄλλης αἰτίας, ἐπ' ἄπειρον ἥξομεν· εἰ δὲ ἀπὸ τῆς ὑπάρξεως, πῶς ἀνομοειδὴς ἡ αἰτία καὶ ἀνομοειδοῦς; Ἔπειτα εἰ τῷ εἶναι γεννᾷ, τὸ δὲ εἶναι ἑκάστου ἡ οἰκεία ὕπαρξις, δῆλον ὡς καὶ τὸ ἀνομοειδὲς ἀπὸ τῆς οἰκείας γεννᾶται ὑπάρξεως· ὥστε καὶ ἡ λεγομένη αἰτία μέρος τι ἦν τῆς ὑπάρξεως. Ἐπεὶ καὶ τὸ πρῶτον τῶν ἐπιχειρημάτων

1-2 Arist., *Met.*, Θ 6, 1048 a 30-35 || 23-24 supra, p. 8.23 - 9.2 || supra, uu. 18-20.

1 ὅ deleui || ἐστι κάτω] fort. ἐστιν ἄλλο.

arguments[1] tient bon contre son opposé : en effet, ce qui est en puissance dans une chose est une partie de sa subsistence ; car on dit que sa forme est apte à être aussi en puissance à l'égard d'autre chose, comme l'airain est en puissance la statue ; en effet, par nature, l'airain est façonnable, et la propriété d'être façonnable est comme une partie de la nature de l'airain.

Mais, si subsistence et cause sont la même chose, comment se peut-il que l'une des générations soit de forme semblable, l'autre de forme dissemblable ? Répondons que toute génération, qui est selon la subsistence, est de forme semblable, tandis que toute génération qui n'est pas selon la pure subsistence, mais <selon> la subsistence qui s'est inclinée vers la génération d'une chose différente, est de forme dissemblable. Car peut-être la cause n'est-elle rien d'autre que la subsistence qui s'est inclinée vers une altérité et qui, pour cette raison, est devenue productrice d'altérité, tandis que celle qui est demeurée en elle-même est productrice d'identité. Or, même la génération de forme semblable, si la pure subsistence ne s'inclinait pas, ne saurait être engendrée. En effet, d'un mot, le générateur est cause de l'engendré ; quelle est donc la différence de la cause [vis-à-vis de la subsistence], s'il est vrai que toute cause est une inclinaison du générateur vers l'engendré ? Peut-être donc est-il préférable de dire que la subsistence est de deux sortes, l'une selon la division homéomère, l'autre selon la division anhoméomère, laquelle est selon la dimension horizontale. Car tout ce qui procède du producteur est enveloppé en lui selon une unique coagrégation, qu'il est nécessaire de poser comme la subsistence de celui-ci. En effet, tout ce qu'est chaque producteur, tout cela il le projette à partir de lui, et tout ce qui est produit est le déploiement de la coagrégation du producteur, de même que tout nombre est la progression de la

1. Voir *Notes complémentaires*, p. 187-188.

εὖ ἔχει πρὸς τὸ ἐναντίον· καὶ γὰρ τὸ δυνάμει | ἐνόν τινι μέρος ἐστὶ τῆς ὑπάρξεως, τὸ γὰρ εἶδος αὐτοῦ πεφυκέναι λέγεται πρὸς ἄλλο καὶ δυνάμει εἶναι, ὡς ὁ χαλκὸς ἀνδριάς· φύσει γὰρ εὔπλαστος ὁ χαλκός, καὶ τὸ εὔπλαστον οἷον μέρος ἐστὶ τῆς χαλκοῦ φύσεως.

Ἀλλ' εἰ ταὐτὸν ὕπαρξις καὶ αἰτία, πῶς ἡ μέν ἐστιν ὁμοειδής, ἡ δὲ ἀνομοειδὴς γέννησις; Ἢ ὅση μὲν κατὰ τὴν ὕπαρξιν, ὁμοειδής, ὅση δὲ οὐχ ἁπλῶς, ἀλλὰ ⟨κατὰ⟩ τὴν νεύσασαν πρὸς ἑτέρου γέννησιν, ἀνομοειδής. Μήποτε γὰρ ἡ αἰτία μηδὲν ἄλλο εἴη ἢ ὕπαρξις εἰς ἑτερότητα νεύσασα καὶ διὰ τοῦτο ἑτεροποιὸς γενομένη, ἡ δὲ ἐφ' ἑαυτῆς μείνασα ταὐτοποιός. Ἀλλὰ μὴν καὶ ἡ ὁμοειδής, εἰ μὴ νεύσειεν ἡ ἁπλῶς ὕπαρξις, οὐκ ἂν γεννηθείη. Καὶ γὰρ ὅλως τὸ γεννῶν αἴτιον τοῦ γεννωμένου· τίς οὖν ἡ διαφορὰ τῆς αἰτίας, εἴπερ πᾶσα αἰτία νεῦσίς ἐστι τοῦ γεννῶντος πρὸς τὸ γεννώμενον; Τάχα οὖν ἄμεινον ὕπαρξιν λέγειν διττήν, τὴν μὲν κατὰ τὸν ὁμοιομερῆ μερισμόν, τὴν δὲ κατὰ τὸν ἀνομοιομερῆ μερισμόν, τὴν [δὲ] κατὰ πλάτος. Πάντα γὰρ ὅσα ἀπ' αὐτοῦ πρόεισι περιέχεται ἐν τῷ προάγοντι κατὰ μίαν συναίρεσιν, ἣν ὕπαρξιν ἐκείνου τίθεσθαι ἀναγκαῖον. Ὅσα γὰρ ἕκαστόν ἐστι, τοσαῦτα προβάλλεται ἀφ' ἑαυτοῦ, καὶ ἔστι τὰ παραγόμενα πάντα ἀνέλιξις τῆς τοῦ παράγοντος συναι-

3 fort. πρὸς <τὸ> || 8 κατὰ addidi || 10 ἢ B : ἡ A || 13 ἡ B[pc] : ἢ A || 18 μερισμον[2] sine acc., mg. uirg. cens. A || 19 δὲ deleui (γε coni. Ruelle).

monade[1]; car c'est ainsi que nous disons universel le producteur, et plus particuliers les produits qui, tous, se distribuent en parties la contenance du tout [producteur]. Comment, en effet, n'est-il pas nécessaire que le vivant pur enveloppe tout ce qui est vivant, non seulement selon la dimension verticale, comme le vivant céleste, le vivant aérien, le vivant aquatique et le vivant terrestre[2], mais encore selon la dimension horizontale, comme l'homme, le bœuf et le cheval? C'est de cette façon aussi que la subsistence de l'intellect embrasse, non seulement la dimension verticale coagrégée en lui, mais encore la dimension horizontale polymorphe des formes, de même, dans l'intellect jovien et dans le dieu lui-même sont enveloppés par subsistence tous les dieux, les uns réalisant sur le mode de la totalité leur procession coagrégée dans la dimension verticale, eux qui procèdent aussi en étant parfaits et synonymes avec le tout [du producteur], comme les sept démiurges [appelés] « Deux fois au-delà » chez les théurges[3]; quant à ceux qui procèdent selon une partie [du producteur], en se distribuant le partage de sa totalité[4], et qui, pour cette raison, sont sortis de la nature qui les a engendrés, et se sont établis comme hétéronymes par rapport à elle, c'est de cette nature sans doute qu'ils ont été engendrés, mais selon quelqu'une des propriétés qui composent sa subsistence elle-même, et non pas selon cette nature tout entière. Ainsi donc la génération de forme dissemblable procède aussi de la subsistence qui a été divisée, et selon quelqu'une des propriétés divisées qui sont en elle.

1. Voir vol. II, p. 52.24-26 et la n. 4. Aux références citées dans cette note, on peut ajouter Iambl., *In Nicom.*, 10.16-17 : certains Pythagoriciens définissent le nombre comme προποδισμὸς ἀπὸ μονάδος μεγέθει αὐτῆς.

2-4. Voir *Notes complémentaires*, p. 188.

ρέσεως, ὡς πᾶς ἀριθμὸς τῆς μονάδος ἐστὶ προποδισμός· οὕτω γὰρ καὶ τὸ μὲν ὁλικόν, τὰ δὲ μερικώτερα λέγομεν, ὅσα διανέμεται κατὰ μέρη τὴν τοῦ ὅλου περιοχήν. Πῶς γὰρ οὐκ ἀνάγκη τὸ ἁπλῶς ζῷον πάντα ὅσα ἐστὶ ζῷα περιέχειν, οὐ μόνον κατὰ βάθος, οἷον οὐράνιον καὶ ἀέριον καὶ ὑδραῖον καὶ χθόνιον, ἀλλὰ καὶ κατὰ πλάτος, οἷον ἄνθρωπον καὶ βοῦν καὶ ἵππον; Οὕτω δὲ καὶ ἡ νοῦ ὕπαρξις οὐ μόνον τὸ συνῃρημένον ἐν αὐτῷ βάθος, ἀλλὰ καὶ τὸ πολύμορφον τῶν εἰδῶν πλάτος, ὥσπερ καὶ ἐν τῷ διίῳ νῷ καὶ ἐν αὐτῷ τῷ θεῷ πάντες εἰσὶ καθ' ὕπαρξιν, οἱ μὲν ὁλοτελῶς προϊόντες τὴν κατὰ βάθος συνῃρημένην, οἳ καὶ προέρχονται παντελεῖς καὶ τῷ ὅλῳ συνωνυμοῦντες, ὡς οἱ ἑπτὰ Δὶς ἐπέκεινα δημιουργοὶ παρὰ τοῖς θεουργοῖς· οἱ δὲ κατὰ μέρος προερχόμενοι καὶ διανεμόμενοι τὴν τοῦ ὅλου | διανομὴν καὶ διὰ τοῦτο τῆς γεννώσης ἐξιστάμενοι φύσεως καὶ ἑτερώνυμοι καθιστάμενοι πρὸς αὐτὴν ἀπ' αὐτῆς μὲν γεννῶνται, κατὰ δέ τι τῶν τὴν ὕπαρξιν αὐτὴν συμπληρούντων, ἀλλ' οὐ καθ' ὅλην αὐτήν. Οὕτως ἄρα καὶ ἡ ἀνομοειδὴς ἀπὸ τῆς ὑπάρξεως πρόεισι τῆς διῃρημένης, καὶ κατά τι τῶν ἐν αὐτῇ διῃρημένων.

3-6 *Tim.* 39e7-40a2 || 12-13 u. ad p. 30.13-14.

---

13 ζ̄ A || 15 διανομὴν] scr. περιοχὴν (ut us. 3) vel. sim.? || 17 αὐτὴν] scr. αὐτῆς?

[12.5. *La série de Zeus*]

Mais comment se peut-il que la série de Zeus procède de lui, comme unique[1] parmi les multiples séries qui en découlent? Répondons que toute synonymie est produite selon la totalité du producteur; pour cette raison, la série de Zeus est synonyme avec sa totalité, quoique d'une certaine façon elle s'en détourne davantage à cause de son caractère plus particulier; car c'est tout entier que Zeus est le père de tous les dieux[2], quoique sous certains rapports il ait procédé davantage que les dieux qui sont en lui. En effet, le « Deux fois au-delà » est tout entier en tous; or, s'il est appelé lui-même Zeus, et si l'une des sources particulières qui sont en lui est également appelée Zeus, comme une autre est appelée Hélios, et une autre Athéna (car chaque série particulière d'un dieu découle d'une certaine source particulière), alors de cette façon, s'il y a une certaine source appelée source de Zeus, homonyme par rapport à la source universelle, elle produira, elle aussi, une série particulière à partir d'elle-même.

Et peut-être n'est-ce pas la source universelle qui s'appelle Zeus, mais seulement la source particulière, ou bien est-ce le contraire; et si le nom leur est commun, admettons que c'est une [simple] homonymie. Car, à chacune des deux appartient une nature différente, s'il est vrai que l'une fait partie des sources universelles et se contente de projeter à partir d'elle-même une série source, tandis que l'autre fait partie des sources particulières et procède dans des Principautés[3] et des Archanges, dans des Azones et des Zones, comme c'est la loi de la procession des sources proclamées particulières. Déjà, en effet, dans le cas également des autres sources, universelles et particulières, l'homonymie s'est fait observer, quoique se fasse observer aussi en même temps une certaine parenté de nature qui a procuré la

1-3. Voir *Notes complémentaires*, p. 188-189.

Ἀλλ' ἡ Διὸς σειρὰ πῶς ἀπὸ Διός, μία τῶν πολλῶν ἀπ' αὐτοῦ σειρῶν ἀπορρεουσῶν; Ἢ πᾶσα συνωνυμία καθ' ὅλον παράγεται τὸ παράγον καὶ διὰ τοῦτο τῷ ὅλῳ συνωνυμεῖ, εἰ καὶ πῇ ἀποκλίνει μᾶλλον διὰ τὸ μερικώτερον· πᾶς γὰρ Ζεὺς πάντων θεῶν πατήρ, εἰ ⟨καὶ⟩ κατά τινα μᾶλλον τῶν ἐν αὐτῷ θεῶν προελήλυθεν. Ὁ μὲν γὰρ Δὶς ἐπέκεινα πανταχοῦ ὅλος· εἰ δὲ καλοῖτο καὶ αὐτὸς Ζεύς, καὶ μία τῶν ἐν αὐτῷ μερικῶν πηγῶν Ζεύς, ὡς ἄλλη Ἥλιος, καὶ ἄλλη Ἀθηνᾶ (καὶ γὰρ ἑκάστη θεοῦ σειρὰ μερικὴ ἀπὸ πηγῆς τινος ἀπορρεῖ μερικῆς), οὕτως οὖν εἴ τις εἴη πηγὴ Διὸς καλουμένη ὁμώνυμος τῇ ὅλῃ, παράξει καὶ αὐτὴ σειρὰν ἀφ' ἑαυτῆς μερικήν.

Μήποτε δὲ ἡ μὲν ὅλη πηγὴ οὐκ ὀνομάζεται Ζεύς, ἡ δὲ μερικὴ μόνη, ἤγουν ἀνάπαλιν· εἰ δὲ κοινὸν τὸ ὄνομα, ὁμωνυμία ἔστω. Φύσις γὰρ ἑκατέρας διάφορος, εἴπερ ἐστὶν ἡ μὲν τῶν ὅλων πηγῶν καὶ σειρὰν πηγαίαν μόνον ἀφίησιν ἀφ' ἑαυτῆς, ἡ δὲ τῶν μερικῶν καὶ πρόεισιν εἰς ἀρχὰς καὶ ἀρχαγγέλους, καὶ ἀζώνους καὶ ζώνας, ὡς νόμος ἐστὶ τῆς προόδου τῶν μερικῶν ὑμνουμένων πηγῶν. Ἤδη γὰρ καὶ ἐπὶ ἄλλων πηγῶν ὁλικῶν τε καὶ μερικῶν ἡ ὁμωνυμία τεθεώρηται, εἰ καί τις ἅμα καὶ συγγένεια θεωροῖτο τῆς φύσεως καὶ τὴν συνωνυμίαν παρασχομένη,

1 Διὸς[1]] δῖος coni Ruelle || 1-2 ἀπ' αὐτοῦ coni. Ruelle : ἀποτου A || 5 καὶ addidi || 22 συνωνυμίαν scripsi : ὁμωνυμίαν A.

synonymie[1], comme dans le cas <des> dieux Joviens[2], ainsi que des dieux Mainteneurs et des Télétarques[3] dans l'ordre archique[4]. Car toute Principauté découle d'une source particulière[5]; c'est pourquoi l'Hécate archique[6] est dite, elle aussi, découler de la Couronne [d'Hécate], comme l'Âme et la Vertu archiques découlent des sources particulières selon la Ceinture[7] [d'Hécate]; et, de même que dans les sources universelles, de même, dans les sources particulières, Jamblique[8] compte aussi une source particulière de dieux Implacables[9]. Qu'y a-t-il donc d'étonnant, si l'on conçoit une source démiurgique particulière différente de la source universelle et compréhensive de toutes : telle est la source qui, d'après les théurges, préside aux magies[10] et dont découle une série particulière propre; et quoi d'étonnant si l'on transfère à chacune des deux le nom de Zeus et celui du démiurge, mais dans un cas[11], en contredistinguant ce nom [de celui] du dieu qui perfectionne, [de celui] du dieu qui garde, [de celui] du dieu qui purifie et des propriétés particulières des sources particulières, tandis que, dans l'autre cas[12], en appelant démiurgique ce qui englobe toutes les causes qui s'occupent de la matière. Ces questions pourront donc recevoir de telles explications.

[12.6. *Conclusions*]

De tout cela, on doit conclure [premièrement] que ce qui se divise dans la procession à partir d'un seul [générateur] est complètement anticipé par coagrégation dans cet unique [générateur], par exemple chaque série est anticipée dans sa source particulière propre, comme un nombre <dans> une monade, et la série-source tout entière de l'hebdomade est anticipée dans la source universelle; sans compter que le nombre tout entier des sources particulières l'est dans la source universelle propre, car, avant les sources particulières

1-12. Voir *Notes complémentaires*, p. 189-191.

καθάπερ ⟨τῶν⟩ διίων, καὶ τῶν συνοχέων καὶ τῶν τελεταρχῶν τῶν ἀρχικῶν. Πᾶσα γὰρ ἀρχὴ ἀπὸ μερικῆς πηγῆς ἀπορρεῖ· τοιγαροῦν καὶ ἡ ἀρχικὴ Ἑκάτη ἀπὸ τοῦ στεφάνου λέγεται ἀπορρεῖν, ὡς ἡ ἀρχικὴ ψυχὴ καὶ ἡ ἀρχικὴ ἀρετὴ ἀπὸ τῶν κατὰ τὸν ζωστῆρα μερικῶν πηγῶν· οὕτω δὲ καὶ ἀμειλίκτων πηγὴν μερικὴν ἐγκαταριθμεῖ ταῖς μερικαῖς πηγαῖς ὁ Ἰάμβλιχος, ὥσπερ ταῖς ὅλαις. Τί οὖν θαυμαστὸν εἴ τις ποιοῖ μερικὴν πηγὴν δημιουργικὴν ἄλλην παρὰ τὴν ὅλην καὶ πασῶν περιεκτικήν, οἷαν ποιοῦσι τὴν ἐπὶ μαγειῶν, ἀφ' ἧς οἰκείαν σειρὰν ἀπορρεῖν μερικήν, τὸ δὲ τοῦ Διὸς | ὄνομα φέροι ἐφ' ἑκατέρας καὶ τὸ τοῦ δημιουργοῦ, ἀλλ' ὅπου μὲν ὡς ἀντιδιῃρημένον τῷ τελεσιουργῷ καὶ φρουρητικῷ καὶ καθαρτικῷ καὶ τοῖς μερικοῖς ἰδιώμασι τῶν μερικῶν πηγῶν, ὅπου δὲ καλῶν δημιουργικὸν τὸ πάντων τῶν περὶ ὕλην διατριβόντων αἰτίων περιεκτικόν. Ταῦτα μὲν τοίνυν τοιούτους ἂν ἔχοι τοὺς ἀπολογισμούς.

Ἐκεῖνο δὲ ἐκ πάντων συλλογιστέον, ὅτι τὰ ἐν τῇ προόδῳ μεριζόμενα τῇ ἀφ' ἑνὸς ἐν τῷ ἑνὶ πάντῃ προείληπται τούτῳ κατὰ συναίρεσιν, οἷον σειρὰ ἑκάστη ἐν τῇ οἰκείᾳ μερικῇ πηγῇ, καθάπερ ⟨ἐν⟩ μονάδι ἀριθμός, καὶ ἡ πηγαία σειρὰ ὅλη τῆς ἑβδομάδος ἐν τῇ ὅλῃ πηγῇ· ἀλλὰ καὶ ἅπας ὁ τῶν μερικῶν πηγῶν ἀριθμὸς ἐν τῇ ὅλῃ

1 τῶν[1] addidi || 3 Ἑκάτη Kroll (uide *De Or. Chald.*, p. 74) : ἑκάστη A || 8 ὅλαις ef : ὅλοις A || 9 πασῶν scripsi (et ita fort. A) : πᾶσαν, -αν in ras., A[1] || 15 πάντων scripsi : πᾶν A || 17 ἂν ἔχοι scripsi : ἀνέχω A || 19 fort. πάντα || 21 ἐν μονάδι ἀριθμός Kroll : μονὴ διάριθμος, mg. uirg. cens., A.

externes qui subsistent auprès des sources universelles, est anticipée la division de la pluralité des parties internes de chaque source parfaite, parties en train de se diviser. En effet, la parure [d'Hécate] qui enveloppe ses parties correspond aux parties qu'elle orne et qui sont celles de la figure divine : la Ceinture correspond aux flancs ceints de la déesse, tandis que la Couronne correspond aux tempes et au front de la tête divine[1]. A son tour, cette division des parties de la déesse, qui a lieu selon la dimension horizontale et qui est un nombre dérivé de l'écoulement de l'hebdomade, nombre anticipé selon la dimension verticale dans la monade, cette division est co-unifiée dans l'indivisible et le tout [de la déesse]. Et naturellement aussi l'hebdomade parfaite des premières sources est coagrégée dans les triades des sources plus vénérables, et les triades à leur tour dans l'unique source des sources[2]; de sorte que le nombre[3] tout entier aussi qui vient après elle, soit qu'il ait la nature d'une source, soit qu'il ait une nature plus particulière, est coagrégé en elle en unicité de forme. Et, si en elle sont coagrégés les plusieurs, à partir desquels se divisent les autres plusieurs aussi qui se distinguent différemment ici et là, il est certain que, dans le sommet de l'intelligible, même la faible apparence de la pluralité est absorbée par l'union.

A partir de ce qui a été dit, on doit donc être convaincu de cette conclusion, ainsi que de la deuxième, à savoir qu'à tous les niveaux la pluralité externe, qui est en train de se distinguer dans les engendrés, se développe à partir de la pluralité interne coagrégée dans les engendrants ; de sorte que, en convertissant, on peut énoncer avec vérité que, si une pluralité interne est dans l'engendrant, il est certain qu'elle passe aussi dans l'engendré qui lui est continu, et que, si une pluralité externe se distingue dans l'engendré, il est certain que cette pluralité se manifeste d'abord également dans

1-3. Voir *Notes complémentaires*, p. 191.

οἰκείᾳ πηγῇ, προείληπται γὰρ τῶν ἔξω περὶ τὰς ὅλας πηγὰς ὑφεσταμένων μερικῶν πηγῶν ὁ τῶν εἴσω μεριζομένων πολλῶν μερῶν πηγῆς ἑκάστης ὁλοτελοῦς μερισμός. Ὁ γὰρ περικείμενος τοῖς μέρεσι κόσμος ἀναλογεῖ τοῖς κοσμουμένοις ὑπ' αὐτοῦ μέρεσιν τοῦ θείου μορφώματος· ὁ μέν γε ζωστὴρ ἀναλογεῖ ταῖς ἐζωσμέναις λαγόσι τῆς θεοῦ, ὁ δὲ στέφανος τοῖς κροτάφοις καὶ τῷ μετώπῳ τῆς θείας κεφαλῆς. Πάλιν δὲ ὁ μερισμὸς οὗτος τῶν μερῶν κατὰ πλάτος ὢν τῆς θεοῦ καὶ ἀπὸ τῆς ἀπορρεούσης ἑβδομάδος ἀριθμὸς ἐν τῇ μονάδι κατὰ βάθος προειλημμένος, ἐν τῷ ἀμερίστῳ καὶ ὅλῳ συνήνωται. Καὶ δὴ καὶ ἡ ὁλοτελὴς τῶν πρώτων πηγῶν ἑβδομὰς ἐν ταῖς τριάσι τῶν πρεσβυτέρων πηγῶν συνῄρηται, καὶ αἱ τριάδες αὖ πάλιν ἐν τῇ μιᾷ πηγῇ τῶν πηγῶν· ὥστε καὶ πᾶς ὁ μετ' αὐτὴν εἴτε πηγαῖος ἀριθμός, εἴτε μερικώτερος, ἐν αὐτῇ συνῄρηται μονοειδῶς. Εἰ δέ ἐστιν ἐν αὐτῇ τὰ πολλὰ συνῃρημένα, ἀφ' ὧν διαιρεῖται καὶ τὰ πολλὰ ἄλλα ἀλλαχοῦ διακρινόμενα, πάντως ὅτι ἐν τῇ ἀκρότητι τοῦ νοητοῦ καταπίνεται καὶ ἡ τοῦ πλήθους ἔμφασις ὑπὸ τῆς ἑνώσεως.

Τοῦτό τε οὖν πειστέον ἐκ τῶν εἰρημένων καὶ ὅτι πανταχοῦ τὸ ἔξω πλῆθος διακρινόμενον ἐν τοῖς ἀπογεννωμένοις ἀπὸ τοῦ εἴσω συνῃρημένου ἐν τοῖς γεννῶσιν ἐκφύεται· ὥστε καὶ ἀντιστρέφοντα ἀληθὲς εἶναι εἰπεῖν, ὡς εἰ πολλὰ | εἴσω ἐν τῷ γεννῶντι, πάντως ὅτι καὶ ἐν τῷ προσεχῶς γεννωμένῳ ταῦτα διαβαίνει, καὶ εἰ ἐν τῷ γεννωμένῳ πολλὰ ἔξω διακριθείη, πάντως ὅτι καὶ ἐν τῷ

2 ὑφεσταμένων, ι supra -ε- A[1] || 9 ἀπὸ] scr. ὁ? || 11-12 ἡ ὁλοτελὴς scripsi (cf. us. 3) : ηελησ, mg. uirg. cens. A (ἡ ὅλη coni. Kopp) || 15 ἀριθμός scripsi : μερισμός A || 17 τὰ C : τωτὰ, mg. uirg. cens. A || 25 εἴσω scripsi : εἶναι A.

l'engendrant qui lui est continu. Cela s'explique par le fait que ce qui présubsiste dans l'engendrant est productif, et que tout ce que l'on voit dans l'engendré est d'une certaine façon préesquissé dans la cause génératrice selon la subsistence de celle-ci et sa coagrégation.

La troisième conséquence de cela, c'est que toujours tout ce qui est de second rang est anticipé dans ce qui est de premier rang, et ce qui est plus particulier dans ce qui est plus universel ; ce qui est de forme semblable a son anticipation selon la dimension verticale, tandis que ce qui est de forme dissemblable l'a selon la dimension horizontale[1].

La quatrième conséquence, c'est que toutes les choses sont divisées dans leurs ordres et leurs subsistences propres ; il n'en reste pas moins cependant que toutes sont en toutes et en chacune selon son mode propre[2], tantôt comme indifférenciées, tantôt comme en train de se distinguer, tantôt comme déjà distinguées, et parmi ces états encore[3], tantôt comme des éléments dans l'élémenté, tantôt comme des parties dans un tout, tantôt comme des formes et comme un nombre de formes dans une monade. Et c'est de manière analogue à la pluralité interne que procède aussi la pluralité externe, tantôt comme un nombre procédant d'une monade, [par exemple] la pluralité des intellects à partir de l'intellect unique, tantôt comme des parties procédant d'un tout, par exemple la pluralité des vies à partir de la vie unique, tantôt comme des éléments procédant de l'élémenté, par exemple la pluralité des substances à partir d'une substance unique. C'est pourquoi celles-ci sont soudées le plus possible les unes aux autres et unifiées selon un mode indifférencié, tandis que les vies sont en train de se distinguer davantage et sont les unes par rapport aux autres comme les parties d'un tout, alors que les nombres et les

1-3. Voir *Notes complémentaires*, p. 191.

προσεχῶς γεννῶντι τὰ πολλὰ προφαίνεται. Αἴτιον δὲ τὸ γόνιμόν τε εἶναι, ὃ προϋπάρχει ἐν τῷ γεννῶντι, καὶ πᾶν ὅπερ ὁρᾶται ἐν τῷ γεννωμένῳ προϋπογράφεσθαί πως ἐν τῇ γεννώσῃ αἰτίᾳ κατὰ τὴν ἐκείνης ὕπαρξίν τε καὶ συναίρεσιν.

Τρίτον δὲ τούτοις ἑπόμενον, ὡς πάντα ἀεὶ τὰ δεύτερα ἐν τοῖς προτέροις καὶ τὰ μερικώτερα ἐν τοῖς ὁλικωτέροις προείληπται, τὰ μὲν ὁμοειδῆ κατὰ βάθος, τὰ δὲ ἀνομοειδῆ κατὰ πλάτος ἔχοντα τὴν πρόληψιν.

Τέταρτον δὲ ὅτι πάντα μεμέρισται εἰς τὰς οἰκείας τάξεις τε καὶ ὑπάρξεις· οὐδὲν μέντοι ἧττον πάντα ἐν πᾶσιν ἐστίν, οἰκείως δὲ ἐν ἑκάστοις, ὅπου μὲν ἀδιάκριτα, ὅπου δὲ διακρινόμενα, ὅπου δὲ διακεκριμένα, καὶ τούτων αὖ πάλιν, ὅπου μὲν ὡς στοιχεῖα ἐν τῷ στοιχειωτῷ, ὅπου δὲ ὡς μέρη ἐν ὅλῳ, ὅπου δὲ ὡς εἴδη καὶ ἀριθμὸς εἰδῶν ἐν μονάδι. Ἀνάλογον δὲ τῷ εἴσω πλήθει καὶ τὸ ἔξω πρόεισιν, ὅπου μὲν ὡς ἀριθμὸς ἀπὸ μονάδος οἱ πολλοὶ νόες ἀπὸ τοῦ ἑνὸς νοῦ, ὅπου δὲ ὡς μέρη ἀφ' ὅλου, οἷον αἱ πολλαὶ ζωαὶ ἀπὸ τῆς μιᾶς, ὅπου δὲ ὡς στοιχεῖα ἀπὸ τοῦ στοιχειωτοῦ, ὡς ἀπὸ μιᾶς οὐσίας αἱ πολλαὶ οὐσίαι. Διόπερ αὗται μὲν ἀλλήλαις ὅτι μάλιστα συμπεφύκασι καὶ ἡνωμέναι εἰσὶ τρόπον τινὰ ἀδιάκριτον, αἱ δὲ ζωαὶ διακρίνονται μᾶλλον καὶ ὡς μέρη ὅλου πρὸς ἀλλήλας

10 ὅτι] mg. ὃν puncto notatum A[1] || 17 οἷον ante οἱ πολλοὶ add. Segonds || 22 εἰσὶ scripsi : εἰς A.

intellects ont achevé leur distinction en des circonscriptions indépendantes. Il s'ensuit qu'il est plus facile de savoir qu'il y a une pluralité d'intellects après l'intellect unique et à partir de l'intellect unique, tandis qu'il n'est pas pareillement aisé de savoir s'il y a une pluralité de vies qui soient indépendantes avant les intellects, et bien moins encore de savoir s'il y a une pluralité de substances, à cause de leur union étroite et de type élémentaire. Or, si cela n'est pas évident, néanmoins il est nécessaire de reconnaître qu'il y a une pluralité de vies et une pluralité de substances, s'il est vrai que la substance est un élémenté et un mixte d'éléments, tandis que la vie, qui a sa subsistence selon ce qui est en train de se distinguer, est un tout et se constitue de parties, et que l'intellect est une forme qui se constitue de formes.

Chacune de ces choses est donc une et plusieurs ; or, toute la pluralité interne, comme on l'a dit, est génératrice de la pluralité externe. Il faut donc aussi qu'après la substance unique procède la pluralité des substances, selon que chacune est spécifiée par l'un quelconque des multiples éléments, qui a la prédominance, et qu'après l'unique vie s'écoule la pluralité des vies, selon que chacune est dominée par l'un ou l'autre caractère des parties, tout comme après l'intellect unique la pluralité des intellects est à l'état de procession achevée, selon que chacun est dominé par l'une ou l'autre des multiples formes. Car toujours la pluralité interne est génératrice de la pluralité externe ; ou plutôt faut-il parler de cette manière, à savoir que le tout engendre selon son tout le deuxième tout, tandis que les parties engendrent selon elles-mêmes les parties qui sont dans le deuxième tout, et que le tout engendre selon chacune de ses parties un tout plus particulier. Il en est de même aussi dans le cas de l'élémenté et des éléments, et dans celui de la monade et du nombre tout entier ; en effet, la monade engendre le caractère monadique de chaque nombre, et la pluralité qui est en la monade engendre la pluralité qui est partout ;

εἰσίν, οἱ δὲ ἀριθμοὶ καὶ οἱ νόες εἰς αὐτοτελεῖς διακέκρινται περιγραφάς. Ὅθεν γνωριμώτερόν ἐστιν πολλοὺς εἶναι νόας μετὰ τὸν ἕνα καὶ ἀπὸ τοῦ ἑνός, ζωὰς δὲ εἶναι πολλὰς αὐτοτελεῖς οὔσας πρὸ τῶν νόων οὐχ ὁμοίως γνώριμον, καὶ οὐσίας γε ἥκιστα διὰ τὴν πολλὴν ἕνωσιν καὶ στοιχειώδη. Εἰ δὲ μὴ καὶ σαφές ἐστιν, ἀλλ' ὅμως ἀναγκαῖον ὁμολογεῖν καὶ ζωὰς εἶναι πολλὰς καὶ οὐσίας, εἴπερ ἡ μὲν οὐσία στοιχειωτόν ἐστι καὶ μικτὸν ἐκ στοιχείων, ἡ δὲ ζωὴ κατὰ τὸ διακρινόμενον ὑφεστῶσα ὅλον ἐστὶ καὶ ἐκ μερῶν, ὁ δὲ νοῦς εἶδος ἐξ εἰδῶν.

Ἕκαστον ἄρα ἓν καὶ πολλά· πᾶν δὲ τὸ εἴσω πλῆθος, ὡς εἴρηται, γεννητικόν ἐστι τοῦ ἐκτός. Δεῖ ἄρα καὶ μετὰ τὴν μίαν οὐσίαν τὰς πολλὰς οὐσίας προϊέναι καθ' ἕν τι τῶν πολλῶν στοιχείων ἐπικρατοῦν εἰδοποιουμένην ἑκάστην, καὶ μετὰ τὴν μίαν ζωὴν τὰς πολλὰς ζωὰς ἀπορρεῖν ἄλλην κατ' ἄλλο τι τῶν μερῶν ἰδίωμα κρατουμένην, ὥσπερ καὶ μετὰ τὸν ἕνα νοῦν οἱ πολλοὶ προεληλύθασι νόες, ἄλλος κατὰ ἄλλο τι τῶν πολλῶν εἰδῶν κρατούμενος. Ἀεὶ γὰρ τὸ εἴσω πλῆθος γεννητικόν ἐστι τοῦ ἐκτός· μᾶλλον δὲ ὧδε ῥητέον, ὡς τὸ μὲν ὅλον γεννᾷ | κατὰ τὸ ὅλον τὸ δεύτερον ὅλον, τὰ δὲ μέρη καθ' ἑαυτὰ τὰ ἐν τῷ δευτέρῳ μέρη, τὸ δὲ ὅλον καθ' ἕκαστον τῶν μερῶν ὅλον τι μερικώτερον. Οὕτω δὲ καὶ ἐπὶ τοῦ στοιχειωτοῦ καὶ τῶν στοιχείων, καὶ ἐπὶ τῆς μονάδος καὶ τοῦ παντὸς ἀριθμοῦ· καὶ γὰρ ἡ μονὰς τὸ ἑκάστου ἀριθμοῦ γεννᾷ μοναδικόν, τὸ δὲ ἐν τῇ μονάδι πλῆθος τὸ

11-12 supra, p. 3.20.

---

21 κατὰ scripsi : καὶ A.

cependant la monade engendre, selon le nombre qui est en elle-même, le nombre tout entier, pris de façon compacte, et chaque nombre spécifié selon une seule forme qui a embrassé en elle-même sa pluralité propre comme un certain tout.

En outre, après cela concluons [cinquièmement] que, dans ce qui est antérieur, est coagrégé tout ce qui se distingue ensuite dans ce qui est postérieur ; c'est pourquoi tout est dans le diacosme intelligible aussi bien que dans le diacosme intellectif et dans l'intermédiaire ; en tout cas, tout est aussi en chacun des diacosmes inférieurs jusqu'au sensible ; mais c'est d'une manière propre que tout est en chacun, sous tous les différents points de vue selon lesquels on pourrait définir ce qui est propre à chacun, et en particulier selon le plus et le moins, ou plutôt d'après le mode propre de l'union et de la distinction à chaque niveau, car toutes les choses différeront les unes des autres, et dans l'enveloppant et dans l'enveloppé[1].

Quoi donc ? Est-ce à dire que la procession des seconds à partir des premiers n'est pas une génération, mais seulement une manifestation et une distinction, comme nous disons, de ce qui en haut est caché et coagrégé ? La distinction dont nous parlons est celle qui a fixé chaque chose en sa propre subsistence, laquelle n'existait pas auparavant comme sa propriété ; en effet, sa subsistence ne s'était pas encore distinguée en une propriété à l'intérieur de la coagrégation totale, car cette dernière était subsistence d'autre chose, à savoir de ce qui est venu à la subsistence d'un seul tenant en elle ; par conséquent, dire que les seconds se distinguent ou qu'ils sont engendrés des premiers, cela revient au même.

Est-ce donc que toutes les choses qui sont distinguées postérieurement sont coagrégés dans celles qui leur sont antérieures ? Car, s'il en est ainsi, les formes individuel-

1. Voir *Notes complémentaires*, p. 191.

πανταχοῦ πλῆθος· ἡ μέντοι μονὰς κατὰ τὸν ἐν ἑαυτῇ ἀριθμὸν πάντα τε ἀθρόως τὸν ἀριθμὸν καὶ ἕκαστον καθ' ἓν εἶδος εἰδοποιούμενον, ὅλον τι συνειληφὸς ἐν ἑαυτῷ πλῆθος οἰκεῖον.

Ἔτι τοίνυν πρὸς τούτοις ἐκεῖνο συναγάγωμεν, ὅτι πάντα ἐν τοῖς προτέροις συνῄρηται ὅσα ἐν τοῖς ὑστέροις ἐπιδιακρίνεται· διὸ πάντα καὶ ἐν τῷ νοητῷ καὶ ἐν τῷ νοερῷ διακόσμῳ καὶ ἐν τῷ μέσῳ, ἀλλὰ γὰρ καὶ ἐν ἑκάστῳ τῶν κοιλοτέρων μέχρι τοῦ αἰσθητοῦ· ἀλλ' οἰκείως ἐν ἑκάστοις τά τε ἄλλα καθ' ὅσα ἄν τις ἀφορίσαιτο τὸ οἰκεῖον ἑκάστοις, καὶ δὴ καὶ κατὰ τὸ μᾶλλον καὶ ἧττον, μᾶλλον δὲ τὸ ἰδιότροπον ἑκασταχοῦ τῆς ἑνώσεως καὶ τῆς διακρίσεως, ἐπεὶ καὶ τῷ περιέχοντι καὶ περιεχομένῳ διοίσουσιν ἀλλήλων.

Τί οὖν; ἡ πρόοδος τῶν δευτέρων ἀπὸ τῶν προτέρων οὐκ ἔστι γέννησις, ἀλλ' ἔκφανσις μόνον καὶ διάκρισις, ὥς φαμεν, τῶν ἄνω κεκρυμμένων καὶ συνῃρημένων; Ἢ διάκρισιν λέγομεν τὴν ἱστῶσαν ἕκαστον κατὰ τὴν ἑαυτοῦ ὕπαρξιν, ἣ πρότερον οὐκ ἦν αὐτοῦ ἰδιότης. Οὔπω γὰρ εἰς ἰδιότητα διεκέκριτο κατὰ τὴν ὅλην συναίρεσιν, ἦν γοῦν αὕτη ἄλλου ὕπαρξις τοῦ κατ' αὐτὴν ὁλοφυῶς ὑπάρξαντος· ὥστε ταὐτὸν εἰπεῖν διακρίνεσθαι καὶ γεννᾶσθαι τὰ δεύτερα ἀπὸ τῶν προτέρων.

Ἆρα οὖν πάντα συνῄρηται ἐν τοῖς πρὸ αὐτῶν ὅσα μετὰ ταῦτα διακέκριται; Οὕτω γὰρ ἔσται συνῃρημένα καὶ τὰ

19 αὐτοῦ] -ο̣ῦ ex corr., mg. τα puncto notatum, A[1].

les[1] également seront coagrégées; la distinction, en effet, les a produites, elles aussi, à partir des premières. Or, cette hypothèse est complètement absurde; en effet, ou bien, même les causes des formes individuelles abandonneront la coagrégation, quand ces formes ne seront plus ou quand elles ne seront pas encore, et il y aura dans l'éternel quelque chose qui ne sera pas toujours, ou bien il y aura quelque chose qui sera toujours, mais inutilement, puisque les effets ne seront pas toujours existants. C'est pourquoi, nous n'admettons même pas de paradigmes des formes individuelles; par conséquent, on ne doit pas admettre, non plus, les coagrégations antérieures de telles formes.

Cependant, ces formes, elles aussi, sont engendrées à partir des premières; n'est-il donc pas nécessaire que l'engendré soit coagrégé antérieurement dans l'engendrant? Disons que peut-être ce qui produit par son être[2] et qui projette à partir de sa propre substance ses propres rejetons, c'est cela qui anticipe en soi les coagrégations des engendrés, tandis que tout ce qui façonne du dehors les formes par des actes extérieurs, comme dans les œuvres de l'art, cela ne les anticipe de même en soi. Or, c'est ainsi que les formes individuelles sont produites par les actes que projettent extérieurement les causes qui sont en mouvement.

D'où, alors, une telle spécification procède-t-elle? Est-ce qu'elle est façonnée de l'extérieur? Et à partir de quoi peut-elle être façonnée, si ce qui la façonne ne l'anticipe pas en soi-même? On répond que ce qui la façonne spécifie ses propres actes en vue de la façonner, et que l'anticipation de ces formes a lieu non pas dans les substances, mais dans les actes qui sont tantôt d'une façon, tantôt d'une autre. Mais à partir de quoi les actes sont-ils spécifiés? Disons que c'est à partir des formes universelles anticipées que les actes individuels, à chaque fois mis en œuvre, rendus différents, ainsi

1-2. Voir *Notes complémentaires*, p. 191-192.

ἄτομα τῶν εἰδῶν· ἡ γὰρ διάκρισις καὶ ταῦτα ἀπὸ τῶν πρώτων παρήγαγεν. Τοῦτο δὲ ἀτοπώτατον· ἢ γὰρ ἀπολείψει καὶ τὴν συναίρεσιν τὰ αἴτια τῶν ἀτόμων, ὅταν μηκέτι ᾖ, ἢ ὅταν μήπω ᾖ, καὶ ἔσται τι μὴ ἀεὶ ἐν τῷ αἰωνίῳ, ἢ μάτην ἔσται ἀεί, τῶν αἰτιατῶν μὴ ὄντων ἀεί. Διὰ τοῦτο γὰρ οὐδὲ παραδείγματα τῶν ἀτόμων ποιοῦμεν· ὥστε οὐδὲ τὰς προσυναιρέσεις τῶν τοιούτων ποιητέον.

Ἀλλὰ μὴν ἐκ τῶν προτέρων καὶ ταῦτα γεννᾶται· οὐκ ἄρα ἀναγκαῖον προ|συνῃρῆσθαι ἐν τῷ γεννῶντι τὸ γεννώμενον; Ἢ τάχα μὲν τὰ τῷ εἶναι ποιοῦντα καὶ ἀπὸ τῆς ἑαυτῶν οὐσίας προβαλλόμενα τὰ οἰκεῖα γεννήματα, ταῦτά ἐστι τὰ προειληφότα τῶν γεννωμένων τὰς συναιρέσεις, ὅσα δὲ ταῖς ἐκτὸς ἐνεργείαις ἔξω πλάττει τὰ εἴδη, ὡς ἐπὶ τῶν τεχνητῶν, ταῦτα οὐκέτι προείληφεν. Οὕτω δὲ καὶ τὰ ἄτομα γίγνεται τῶν εἰδῶν ταῖς ἔξω τεινομέναις ἐνεργείαις τῶν κινουμένων αἰτίων.

Πόθεν οὖν ἡ τοιάδε εἰδοποιία προέρχεται; Ἆρα ἔξω πλάττεται; Καὶ πόθεν πλάττεται, εἰ μὴ προειλήφοι τὸ πλάττον αὐτήν; Ἢ τὰς οἰκείας ἐνεργείας εἰδοποιεῖ πρὸς τὴν πλάσιν, καὶ γίγνεται τῶν εἰδῶν ἡ πρόληψις οὐκ ἐν ταῖς οὐσίαις, ἀλλ' ἐν ταῖς ἄλλοτε ἄλλως ἐχούσαις ἐνεργείαις. Πόθεν δὲ αἱ ἐνέργειαι εἰδοποιοῦνται; Ἢ ἀπὸ τῶν καθόλου προειλημμένων εἰδῶν αἱ ἀεὶ προχειριζόμεναι ἄτομοι ἐνέργειαι μεταβαλλόμεναι, τοιωσδὶ πλαττόμεναι

8-9 οὐκ ἄρα scripsi : οὐκατα A (<εἰ> ἐκ..., οὐκ ἔσται coni. Ruelle) || 17 Ἆρα scripsi : ἀλλ' et mg. uirg. cens.A.

façonnés et formés et, pour tout dire, spécifiés, deviennent producteurs des formes individuelles; et voilà l'anticipation des formes individuelles, laquelle se diversifie, elle aussi, dans la diversification des actes selon qu'ils se transforment tantôt d'une façon, tantôt d'une autre.

Donc, ou bien telle est l'explication que l'on doit donner à ce sujet, ou bien, si quelque raison nous contraint [à admettre] que la cause immobile est cause des choses mobiles, par exemple, que les formes individuelles qui naissent et périssent ont pour démiurge l'intellect, et, pour parler de façon générale, la première substance et l'unique principe des touts (car qu'est-ce qui ne procéderait pas de là-haut, et comment les principes qui sont préétablis à toutes les réalités ne seraient-ils pas causes de toutes, et, parmi les réalités de second rang, laquelle n'est pas enveloppée par les premières?), alors, si l'on admet cela, comme je l'admets moi-même, que dirons-nous en réponse à l'aporie? Nous dirons que la cause immobile coagrège aussi ces réalités dans sa propre immobilité, selon le mode général de la nature qui, dans un état pour ainsi dire d'épanchement perpétuel, les engendre sans cesse. <En effet>, la cause qui est productrice de tout est aussi porteuse absolument de toutes les choses qui sont engendrées à l'infini; c'est donc en tant que telles que cette cause anticipe toutes les choses prises en bloc, et pour parler plus clairement, les formes individuelles de tous les temps dans une causalité unique, qui n'est pas ma cause propre, ni la tienne non plus, et qui néanmoins est cause de moi aussi bien que de toi, et cause des individus qui ont existé auparavant, comme de ceux qui existeront plus tard. La façon dont les formes individuelles sont coagrégées dans cette cause, et se distinguent d'elle, est donc semblable à la façon[1]

1. Pour la construction ταύτῃ ... ὥσπερ, cf. Platon, *Rép.*, I 330 c 3-5.

καὶ σχηματιζόμεναι καὶ τὸ ὅλον εἰπεῖν εἰδοποιούμεναι, ἀποτελεστικαὶ γίνονται τῶν ἀτόμων· καὶ αὕτη ἐστὶν ἡ τῶν ἀτόμων πρόληψις ἡ ἐν ταῖς μεταβαλλομέναις ἐνεργείαις μεταβαλλομένη καὶ αὐτή, μεταρρυθμιζομένων ἄλλοτε ἄλλως τῶν ἐνεργειῶν.

Ἤτοι οὖν οὕτω διοριστέον περὶ τούτων, ἢ εἴ τις ἡμᾶς ἀναγκάσειε λόγος καὶ τὸ ἀκίνητον αἴτιον εἶναι τῶν κινουμένων, οἷον τῶν γιγνομένων καὶ φθειρομένων ἀτόμων τὸν νοῦν εἶναι δημιουργόν, καὶ ὅλως τὴν πρώτην οὐσίαν καὶ τήν γε μίαν τῶν ὅλων ἀρχήν (τί γὰρ οὐκ ἂν ἐκεῖθεν προΐοι, πῶς δὲ οὐ πάντων αἴτιαι εἶεν ἂν αἱ προκαθήμεναι πάντων ἀρχαί, τί δὲ τῶν δευτέρων οὐ περιέχεται ὑπὸ τῶν προτέρων;) εἰ δ' οὖν ταῦτα πείθοιτό τις, ὡς ἔγωγε πείθομαι, τί ἐροῦμεν πρὸς τὴν ἀπορίαν; Ἢ τὴν ἀκίνητον αἰτίαν ἐν τῷ ἑαυτῆς ἀκινήτῳ συνῃρηκέναι καὶ ταῦτα τὸν κοινὸν τρόπον τῆς καὶ ταῦτα ἀεὶ γεννώσης οἷον ἀενάου φύσεως. Πάμφορος ⟨γὰρ⟩ ἡ αἰτία καὶ οἰστικὴ πάντων ἁπλῶς τῶν ἐπ' ἄπειρον γεννωμένων· ὡς οὖν τοιούτων ἀθρόως ἁπάντων, καὶ ὡς σαφέστερον εἰπεῖν, τῶν ἀεί ποτε ἀτόμων προείληφεν μίαν αἰτίαν, οὐκ ἴδιον ἐμοῦ οὐδὲ σοῦ, καὶ ἐμοῦ δὲ ὅμως καὶ σοῦ καὶ τῶν πρότερόν ποτε καὶ τῶν αὖθίς ποτε. Ταύτῃ οὖν συνῄρηται ἐν ἐκείνῃ τὰ ἄτομα καὶ ταύτῃ ἀπ' αὐτῆς διακρίνεται, ὥσπερ τὸ ἡλίου φῶς μένει τε ἐν τῇ ἑαυτοῦ κοινότητι ἀΐδιον καὶ ἐπιμερίζεται ἀτόμως

11 αἴτιαι scripsi : αἴτια A || 13 mg. uirg. cens. A || 17 γὰρ addidi.

dont la lumière du soleil demeure pour toujours dans sa propre universalité et se divise individuellement en chacun des êtres, parce qu'elle possède une causalité unique, propre à éclairer tous les yeux individuels. Voilà tout ce qu'on doit dire au sujet de cette aporie.

Néanmoins, il faut encore ajouter ce point à ceux qui viennent d'être définis, à savoir que partout ce qui, à chaque niveau, est ou bien coagrégé, ou bien distingué, est une subsistence, de sorte que l'Athéna qui est [coagrégée] en Zeus est subsistence de Zeus, tandis que celle qui a bondi du sommet de Zeus est, je pense, Athéna elle-même ; sans compter qu'il y a encore le cas de la participation dans un autre, telle est l'Athéna qui dans Koré est subsistence de Koré[1]. Et, si de cette manière les philosophes[2] disent que chaque réalité est triple : ou selon la cause, comme l'Athéna qui subsiste de quelque façon en Zeus, ou selon la subsistence, comme l'Athéna qui est en elle-même, ou selon la participation, comme l'Athéna qui s'est produite en Koré, ils parlent avec exactitude, sauf qu'il faut les définir toutes comme des subsistences, d'abord celle de Zeus, en tant qu'Athéna elle aussi aide à composer la subsistence différenciée de Zeus, puis celle d'Athéna en elle-même, enfin celle de Koré, en tant qu'Athéna encore aide à composer la pluralité de Koré.

On pourrait voir aussi la chose d'un point de vue plus dialectique. En effet, ce qu'on appelle les genres de l'être aident à composer à chaque niveau l'hypostase qui s'en est formée, et il s'agit d'abord de la substance[3], en tant qu'ils sont unifiés, puis de la vie, en tant qu'ils sont en train de se distinguer, enfin de l'intellect, une fois qu'ils sont distingués, à savoir de l'intellect pur selon que la distinction est égale en tout sens, et de l'intellect tour à tour plus particulier selon que la distinction incline vers tel ou tel genre, telle ou telle partie, telle ou telle forme, d'après sa prédominance. En outre, d'un point de vue plus logique, l'homme

1-3. Voir *Notes complémentaires*, p. 192.

ἑκάστοις, ὅτι φωτιστικὴν | ἔχει τῶν ἀτόμων ὀφθαλμῶν ἁπάντων μίαν αἰτίαν. Τοσαῦτα καὶ περὶ ταύτης εἰρήσθω τῆς ἀπορίας.

(97)[1] Ἀλλὰ μὴν καὶ ἐκεῖνο προσθετέον τοῖς διωρισμένοις, ὅτι ὕπαρξίς ἐστι πανταχοῦ τὰ ἑκασταχοῦ ἢ συνῃρημένα ἢ διακεκριμένα, ὥστε ἡ μὲν ἐν Διὶ Ἀθηνᾶ ὕπαρξις τοῦ Διός, ἡ δὲ ἀναθοροῦσα ἀπὸ τῆς αὐτοῦ ἀκρότητος αὐτὴ δήπου ἡ Ἀθηνᾶ, ἀλλὰ καὶ ἡ ἐν ἄλλῳ μέθεξις, οἷα ἡ ἐν τῇ Κόρῃ Ἀθηνᾶ τῆς Κόρης ὕπαρξις. Καὶ εἰ οὕτως οἱ φιλόσοφοι λέγοιεν ὅτι τριττὸν ἕκαστον, ἢ κατ' αἰτίαν, ὡς ἐν Διί πως ὑπάρχουσα ἡ Ἀθηνᾶ, ἢ καθ' ὕπαρξιν, ὡς ἡ καθ' ἑαυτήν, ἢ κατὰ μέθεξιν, ὡς ἐν Κόρῃ γεγονυῖα, καλῶς λέγουσιν, πλὴν ὅτι πάσας ὑπάρξεις διοριστέον, τὴν μὲν τοῦ Διός, ὅτι καὐτὴ συμπληροῖ τὴν διακεκριμένην ὕπαρξιν τοῦ Διός, τὴν δὲ αὐτῆς καθ' ἑαυτήν, τὴν δὲ τῆς Κόρης, ὅτι καὶ αὐτὴ συμπληροῖ τῆς Κόρης τὸ πλῆθος.

Ἴδοι δ' ἂν τις αὐτὸ καὶ διαλεκτικώτερον. Τὰ γὰρ λεγόμενα γένη τοῦ ὄντος ἑκασταχοῦ συμπληροῖ τὴν ἐξ αὐτῶν συνεστῶσαν ὑπόστασιν, ἀλλὰ τὴν μὲν οὐσίαν ἡνωμένα, τὴν δὲ ζωὴν διακρινόμενα, τὸν δὲ νοῦν διακεκριμένα, καὶ τὸν μὲν ἁπλῶς κατὰ τὴν ἰσοστάσιον διάκρισιν, τὸν δὲ μερικώτερον ἀεὶ κατὰ τὴν ἐπικλίνουσαν πρὸς τόδε ἢ τόδε τῶν γενῶν ἢ τῶν μερῶν ἢ τῶν εἰδῶν κατὰ τὴν ἐπικράτειαν. Ἔτι δὲ λογικώτερον ὁ ἁπλῶς ἄνθρωπος ἐν

purement homme est dans le vivant selon l'unique subsistence du vivant, laquelle est d'un seul tenant et comprend tous les vivants; mais, de plus, après le vivant, la subsistence de l'homme est par elle-même; et en troisième lieu, dans l'homme terrestre, et en moi précisément dans l'individu que je suis, l'homme purement homme existe comme un élément, de même que dans l'homme existe le vivant, ce dernier aussi par conséquent existe selon la subsistence [de l'homme]. En effet, si d'en haut est communiquée, par là encore, une participation, du moins cette communication devient-elle une partie de la subsistence de ce à quoi elle est donnée. Voilà ce qu'il fallait dire sur ce sujet.

[13. *Réponse à la deuxième aporie*]

Eh bien, maintenant, à partir du commencement, revenons aux questions qui se rattachent[1] aux apories initiales. Qu'il y ait sans doute dans la procession de forme semblable quelque chose de forme dissemblable, et dans la procession de forme dissemblable quelque chose de forme semblable, comme le soutenait le raisonnement aporétique, il faut le reconnaître; néanmoins, l'une des processions est de forme semblable, tandis que l'autre est de forme dissemblable, dans la mesure où certainement toute Aphrodite et toute Athéna demeurent de quelque façon dans les limites de la première Athéna et de la première Aphrodite, même si chacune est modifiée selon une espèce plus particulière de la même propriété. Car, conformément au caractère commun et permanent, demeurent la communauté du nom aussi bien que celle de la division; pour cette raison, le nom et la division appartiennent à la série entière, en tant que celle-ci procède d'un seul [principe] et se dirige vers un seul[2] [point]. Si toutefois Éros procède d'Aphrodite ou Athéna[3] de Zeus, la

1-3. Voir *Notes complémentaires*, p. 192.

τῷ ζῴῳ κατὰ τὴν ὁλοφυῆ καὶ πάντων ζῴων περιεκτικὴν τοῦ ζῴου μίαν ὕπαρξιν· ἀλλὰ καὶ μετὰ τὸ ζῷον καθ' ἑαυτὴν ἡ ἀνθρώπου ὕπαρξις· ἐκ δὲ τρίτων ἐν τῷ χερσαίῳ ἀνθρώπῳ καὶ ἐν ἔμοιγε τῷ ἀτόμῳ ὁ ἁπλῶς ἄνθρωπος οἷον στοιχεῖον, ὡς ἐν ἀνθρώπῳ τὸ ζῷον· καθ' ὕπαρξιν ἄρα καὶ τοῦτο. Καὶ γὰρ εἰ ἄνωθεν ἐνδίδοται καὶ ταύτῃ μέθεξις, ἀλλ' ἡ ἔνδοσις αὕτη τοῦ εἰς ὃ ἐνδίδοται μέρος γίγνεται τῆς ὑπάρξεως. Τοσαῦτα καὶ περὶ τούτων.

(97)[2] Φέρε τοίνυν ἐξ ἀρχῆς ἐπανέλθωμεν εἰς τὰ ἐχόμενα τῶν ἐξ ἀρχῆς ἀπορημάτων. Ὅτι μὲν δὴ καὶ ἐν τῷ ὁμοειδεῖ ἐστί τι ἀνομοειδὲς καὶ ἐν τῷ ἀνομοειδεῖ ὁμοειδές, ὡς ὁ ἀπορῶν διετείνετο λόγος, ἀνάγκη ὁμολογεῖν· ἀλλ' οὐδὲν ἧττον ἡ μέν ἐστιν ὁμοειδὴς πρόοδος, ἡ δὲ ἀνομοειδής, καθ' ὅσον Ἀφροδίτη μὲν πᾶσα καὶ Ἀθηνᾶ πᾶσα μένει πως ἐν τοῖς ὅροις τῆς πρώτης Ἀθηνᾶς καὶ τῆς πρώτης Ἀφροδίτης, κἂν ἐξαλλάττηται κατ' εἶδος ἑκάστη μερικώτερον | τῆς αὐτῆς ἰδιότητος. Κατὰ γοῦν τὸ κοινὸν καὶ μένον καὶ ἡ τοῦ ὀνόματος κοινωνία καὶ ἡ τοῦ μερισμοῦ ἐπιμένει· διὸ πάσης τῆς σειρᾶς, ὡς ἀφ' ἑνὸς καὶ πρὸς ἓν προϊόντος. Ἐὰν μέντοι Ἔρως ἀπὸ Ἀφροδίτης ἢ ἀπὸ Διὸς Ἀθηνᾶ

9 supra, p. 6.10-7.11.

16 ἕκαστον A, correxi || 19 σειρᾶς Galpérine : ἥρας A || ὡς scripsi : ἕως et mg. uirg. cens. A.

procession est de forme dissemblable, parce que Éros a franchi les limites aphrodisiaques, et Athéna les limites joviennes. Cependant, Athéna a nécessairement quelque chose de jovien, et Éros quelque chose d'aphrodisiaque, en tant qu'ils ont par rapport à leurs producteurs quelque chose aussi de forme semblable ; mais ce caractère, ils le conservent pour ainsi dire dans des limites différentes, de même que dans l'autre cas[1] le différent se manifeste vaguement dans les limites communes. Alors, il n'est pas vrai qu'Athéna et Zeus soient de forme semblable, du fait [simplement] qu'ils sont des dieux, des intellects et des démiurges ; car ces caractères coexistent aussi en commun avec les réalités de forme semblable[2], par exemple avec la pluralité des Aphrodite ; parmi elles, en effet, celles qui sont pandémiennes[3] sont toutes démiurgiques, toutes des intellects et toutes des déesses ; et naturellement aussi les Éros et les Aphrodite sont de cette façon de même descendance. Ce n'est donc pas par les genres plus communs qu'il faut définir ce qui est de forme semblable, mais par les subsistences plus propres, dans lesquelles on aperçoit également ceux des noms qui sont propres. Donc, les Aphrodite sont toutes de forme semblable avec une certaine altérité, tandis que les Éros et les Aphrodite sont de forme dissemblable avec une certaine identité. Et il y a des dénominations plus générales qui sont soit de forme semblable, soit de forme dissemblable. Ces dernières dénominations sont, par exemple, à partir de l'hénade la substance, à partir de la substance la vie, à partir de la vie l'intellect, à partir de l'intellect l'âme, à partir de l'âme ce qui est de nature corporelle ; d'une autre manière, à partir de l'un l'unifié, à partir de l'unifié ce qui est en train de se distinguer, à partir de ce qui est en train de se distinguer ce qui est distingué ; et jusqu'à ce dernier s'étend l'immobile, ensuite vient ce qui se meut soi-

1-3. Voir *Notes complémentaires*, p. 192-193.

προΐοι, ἀνομοειδὴς ἡ πρόοδος, ὅτι ἐξέβη τοὺς ἀφροδισίους ὅρους ὁ Ἔρως, καὶ ἡ Ἀθηνᾶ τοὺς διίους. Καίτοι πάντως ἔχει τι ἡ μὲν Ἀθηνᾶ δίιον, ὁ δὲ Ἔρως ἀφροδίσιον, καθὸ καί τι ὁμοειδὲς ἔχουσι πρὸς τοὺς παράγοντας· ἀλλὰ τοῦτο οἷον ὡς ἐν διαφέρουσι σῴζεται ὅροις, καθάπερ ἐκεῖ τὸ διαφέρον ἐν τοῖς κοινοῖς ὅροις ἐμφαίνεται. Οὐκ ἄρα ταύτῃ ὁμοειδὴς Ἀθηνᾶ καὶ Ζεὺς ᾗ θεοὶ καὶ ᾗ νόες καὶ ᾗ δημιουργοί· ταῦτα γὰρ κοινὰ καὶ τοῖς ὁμοειδέσι σύνεστιν, οἷον ταῖς πολλαῖς Ἀφροδίταις, δημιουργικαὶ γὰρ αἵ γε πάνδημοι αὐτῶν καὶ νόες καὶ θεαὶ πᾶσαι· καὶ δὴ καὶ Ἔρωτες καὶ Ἀφροδῖται οὕτως ὁμογενεῖς. Οὐ τοίνυν τοῖς κοινοτέροις γένεσι τὸ ὁμοειδὲς οριστέον, ἀλλὰ ταῖς κυριωτέραις ὑπάρξεσιν, ἐφ᾽ ὧν θεωρεῖται καὶ τὰ κύρια τῶν ὀνομάτων. Ἀφροδῖται μὲν ἄρα πᾶσαι ὁμοειδεῖς μετά τινος ἑτερότητος, Ἔρωτες δὲ καὶ Ἀφροδῖται ἀνομοειδεῖς μετά τινος ταὐτότητος. Εἰσὶ δὲ γενικώτεραι ὁμοειδεῖς ἐπωνυμίαι καὶ ἀνομοειδεῖς, αὗται μὲν ὡς ἀπὸ ἑνάδος οὐσία, καὶ ἀπὸ οὐσίας ζωή, καὶ ἀπὸ ζωῆς νοῦς, καὶ ἀπὸ νοῦ ψυχὴ καὶ ἀπὸ ψυχῆς τὸ σωματοειδές· ἄλλον δὲ τρόπον ἀπὸ ἑνὸς τὸ ἡνωμένον, καὶ ἀπὸ τούτου τὸ διακρινόμενον, καὶ ἀπὸ τούτου τὸ διακεκριμένον· καὶ μέχρι τούτου τὸ ἀκίνητον, εἶτα τὸ αὐτοκίνητον, εἶτα τὸ ἑτεροκίνητον· ἐκεῖναι δὲ ὡς ἀπὸ

21 τὸ[1] - τούτου[2] mg. suppl. A[1] : om. A || 22 τούτου τὸ scripsi : τοῦ ταῦτα, mg. uirg. cens., A.

même, enfin ce qui est mû par un autre. Quant aux premières dénominations, elles sont, par exemple, à partir de Dieu les dieux, à partir de la substance les substances, à partir de la vie les vies, à partir de l'intellect les intellects, à partir de l'âme les âmes, à partir de l'unique vivant naturel la pluralité des vivants semblables.

Quelle est donc des deux processions celle qui est antérieure, est-ce la procession de forme semblable ou la procession de forme dissemblable ? Mais, si le semblable est engendré avant le dissemblable, et si les dieux intelligibles procèdent du Dieu absolu avant les substances intelligibles, et si, dans le cas des autres réalités qui viennent à la suite, le même raisonnement s'applique, en outre si l'une [des processions] fait subsister un monde de niveau inférieur, par exemple le monde intellectif à partir du monde intelligible-intellectif, et ainsi de suite, tandis que l'autre procession produit le même monde (par exemple Kronos engendre son propre diacosme titanique, et il engendre le diacosme démiurgique qui vient au dessous), si donc [tout] cela est vrai, alors il est clair que la procession de forme semblable est antérieure à la procession de forme dissemblable.

Mais, d'une manière générale, pourrait-on dire, la procession est une sortie hors du producteur ; or, toute sortie abaisse l'engendré vers ce qui est de forme dissemblable. <On remarquera que> ce dissemblable de forme est celui qui coexiste avec ce qui est semblable de forme, et peut-être accordera-t-on qu'il lui est antérieur. Cependant cela n'est pas vrai non plus ; car il est nécessaire aussi qu'antérieurement à ce dissemblable de forme il y ait ce qui est de forme semblable, avec quoi coexiste ce qui est de forme dissemblable ; chaque réalité, en effet, procède tout en demeurant, et le fait de demeurer dans la cause produit par rapport à celle-ci la ressemblance et l'identité. Ainsi donc qu'il suffise

θεοῦ θεοί, καὶ ἀπὸ οὐσίας οὐσίαι, καὶ ἀπὸ ζωῆς ζωαί, καὶ ἀπὸ νοῦ νόες, καὶ ἀπὸ ψυχῆς ψυχαί, ⟨καὶ⟩ ἀπὸ τοῦ ἑνὸς φυσικοῦ ζῴου τὰ πολλὰ τοιαῦτα ζῷα.

Τίς οὖν ἂν εἴη ταῖν δυεῖν πρεσβυτέρα, πότερον ἡ ὁμοειδὴς ἢ ἀνομοειδής; Ἀλλ' εἰ τὸ ὅμοιον πρὸ τοῦ ἀνομοίου γεννᾶται, καὶ εἰ οἱ νοητοὶ θεοὶ πρὸ τῶν νοητῶν οὐσιῶν ἀπὸ τοῦ ἁπλῶς θεοῦ προΐασιν, καὶ ἐπὶ τῶν ἄλλων ἑξῆς ὁ αὐτὸς λόγος, ἔτι δὲ εἰ ἡ μὲν ὑποβεβηκότα κόσμον ὑφίστησιν, οἷον τὸν νοερὸν [καὶ νοητὸν] ἀπὸ τοῦ νοητοῦ καὶ νοεροῦ, καὶ οὕτως ἑξῆς, ἡ δὲ τὸν αὐτὸν κόσμον ποιεῖ, οἷον ὁ Κρόνος γεννᾷ τὸν τιτανικὸν ἑαυτοῦ διάκοσμον, γεννᾷ δὲ τὸν | δημιουργικὸν ὑποβεβηκότα, εἰ οὖν ταῦτα ἀληθῆ, δῆλον ὡς ἡ ὁμοειδὴς πρεσβυτέρα ἐστὶ τῆς ἀνομοειδοῦς.

Ἀλλὰ καθόλου, φαίη τις ἄν, ἡ πρόοδος ἔκστασίς ἐστιν ἀπὸ τοῦ παράγοντος, πᾶσα δὲ ἔκστασις εἰς τὸ ἀνομοειδὲς ὑποφέρει τὸ γεννώμενον. ⟨Ἢ⟩ τοῦτο μὲν τὸ ἀνομοειδὲς ἐκεῖνό ἐστιν ὃ σύνεστι τῷ ὁμοειδεῖ, καὶ ἴσως τοῦτο συγχωρήσει τις εἶναι πρεσβύτερον. Οὐ μὴν οὐδὲ τοῦτο ἀληθές· καὶ γὰρ καὶ πρὸ τούτου εἶναι τὸ ὁμοειδὲς ἀναγκαῖον, ᾧ σύνεστι τὸ ἀνομοειδές· ἕκαστον γὰρ μένον πρόεισι, τὸ δὲ μένειν ἐν τῷ αἰτίῳ τὴν πρὸς ἐκεῖνο ποιεῖ ὁμοιότητα καὶ ταὐτότητα. Ταῦτα μὲν οὖν ἐπὶ τοσοῦτον

2 καὶ^{2} C : om. A || 9 τὴν νοερὰν A, corr. Galpérine || καὶ νοητὸν deleui || 17 Ἢ addidi.

d'avoir conduit cette discussion jusque là ; à la suite, examinons les questions qui précèdent ces apories.

[14. *Première réponse à la première aporie*]

[14.1. *Loi de procession des pluralités*]

Si, au sujet de la procession de forme dissemblable et de la procession de forme semblable, on a dit d'abord quelle est leur différence, et qu'il ne faut pas confondre les processions, car chacune des deux a quelque chose de l'autre, on doit dire [ensuite], au sujet de l'unifié, s'il est susceptible de quelque procession, et de quelle sorte peut être celle-ci.

Qu'il y ait assurément une procession intellective, et qu'une pluralité d'intellects procède de l'intellect unique, on l'accordera avec raison ; cependant il nous faut encore chercher s'il y a bien une pluralité d'intellects, <et> s'il y a également une pluralité d'âmes. Car, peut-être, les raisonnements qui nous indiquent qu'avant ce qui est mû par un autre, il doit y avoir l'automoteur, et avant l'automoteur l'immobile, nous contraignent à poser un intellect unique avant l'âme, et une âme unique animant tout, rangée après l'intellect unique. Or, si le raisonnement nous démontre qu'avant l'intellect encore il y a la vie, et avant la vie la substance, il impose de nouveau qu'une substance unique et une vie unique soient rangées avant l'intellect unique. On peut dire la même chose au sujet d'une hénade unique posée avant la substance unique. D'où est-il donc manifeste qu'il y a une pluralité de dieux, une pluralité de substances, une pluralité de vies, une pluralité d'intellects, et une pluralité d'âmes, chacun de ces nombres procédant après sa monade propre ? Cela est manifeste d'après un des procédés de démonstration dont use le raisonnement présent : à partir de la pluralité interne qui est capable d'engendrer, et comme

ἀνήχθω τοῦ λόγου, τὰ δὲ ἐπέκεινα τῶν ἀπορημάτων ἑξῆς ἀνασκεψώμεθα.

Περὶ μὲν γὰρ τῆς ἀνομοειδοῦς τε καὶ ὁμοειδοῦς προόδου, ἣν ἔχουσι διαφοράν, εἴρηται πρότερον, καὶ οὐ χρὴ συγχεῖν τὰς προόδους, ἐπειδὴ ἑκατέρα ἔχει τι τῆς ἑτέρας· περὶ δὲ τοῦ ἡνωμένου ῥητέον εἰ δεκτικόν ἐστι προόδου τινός, καὶ ταύτης ὁποίας.

Ὅτι μὲν γὰρ νοερὰ πρόοδός ἐστι, καὶ πολλοὶ νόες προέρχονται ἀπὸ τοῦ ἑνὸς νοῦ, δώσει τις εἰκότως· οὐ μέντοι ἀλλ' ἡμῖν καὶ τοῦτο ζητητέον, εἰ καὶ νόες πολλοί εἰσιν, ⟨καὶ⟩ εἰ καὶ ψυχαὶ πολλαί. Μήποτε γὰρ οἱ δεικνύντες λόγοι πρὸ τοῦ ἑτεροκινήτου δεῖν εἶναι τὸ αὐτοκίνητον, καὶ πρὸ τοῦ αὐτοκινήτου τὸ ἀκίνητον, ἀναγκάζουσιν ἡμᾶς ὑποθέσθαι νοῦν ἕνα πρὸ τῆς ψυχῆς, καὶ μίαν ψυχὴν πάντα ψυχοῦσαν μετὰ τὸν ἕνα νοῦν τεταγμένην. Εἰ δὲ καὶ πρὸ τοῦ νοῦ τὴν ζωὴν ὁ λόγος ἀποδείκνυσιν εἶναι, καὶ πρὸ ζωῆς τὴν οὐσίαν, πάλιν ἀναγκάζει μίαν οὐσίαν καὶ μίαν ζωὴν προτετάχθαι τοῦ ἑνὸς νοῦ· τὰ δὲ αὐτὰ καὶ περὶ μιᾶς ἑνάδος εἴποι τις ἂν προτιθεμένης τῆς μιᾶς οὐσίας. Πόθεν οὖν δῆλον ὅτι πολλοὶ θεοὶ καὶ πολλαὶ οὐσίαι καὶ πολλαὶ ζωαὶ καὶ πολλοὶ νόες καὶ πολλαὶ ψυχαὶ μετὰ τὰς οἰκείας μονάδας ἕκαστοι ἀριθμοὶ προϊόντες; Ἢ ἕνα μὲν ἀποδείξεως τρόπον, περὶ ὃν ὁ παρὼν διατρίβει λόγος, ἀπὸ τῶν εἴσω πολλῶν, γονίμων ὄντων, καὶ τούτων προϊόντων τῶν ἐκτὸς

1-2 supra, p. 1.1-6.9 || 4 supra, p. 46.9-48.23.

11 καὶ[1] addidi || 24 ἀπο et mg. uirg. cens. A.

celle-ci procède, les réalités extérieures se plurifient dès lors dans la procession de forme dissemblable ou dans la procession de forme semblable, comme on l'a précisé plus haut, selon la dimension verticale ou selon la dimension horizontale.

[14.2. *Pluralité des intellects*]

Ce qui est cause, étant un et plusieurs, engendrera selon l'un et les plusieurs, et en outre selon l'ensemble des deux qui est à la fois un et plusieurs, car une seule forme, selon sa prédominance, spécifie chaque chose, tandis que les plusieurs aussi, dans cet un, sont néanmoins un. En effet, c'est ainsi que de l'intellect pur[1] procède l'intellect mainteneur, de celui-ci l'intellect titanique, et encore de ce dernier l'intellect démiurgique. Dans l'intellect pur se trouve donc tout intellect, tandis que l'une des multiples formes qui sont en lui spécifie chaque intellect, comme la forme mainteneuse, ou la forme titanique ou la forme démiurgique. Il en est semblablement aussi de la pluralité des intellects plus particuliers ; car de l'intellect démiurgique procèdent l'intellect apolloniaque, l'intellect aréïque et l'intellect athénaïque, et d'une façon encore plus particulière, selon chaque forme (si elle prédomine), est engendré quelque intellect subsistant tout entier en lui-même, en étant spécifié selon cette forme, par exemple, le cas échéant, selon la forme homme ou cheval, car il est nécessaire que de cette façon une pluralité externe d'intellects soit produite à partir de la pluralité interne des formes.

[14.3. *Pluralité des vies*]

Mais il est clair également que des parties procède, selon les parties, une pluralité d'hypostases externes de parties. Et si le tout et les parties sont la vie qui, la

1. Voir *Notes complémentaires*, p. 193.

ἤδη πληθυομένων κατὰ τὴν ἀνομοειδῆ πρόοδον ἢ τὴν ὁμοειδῆ, καθάπερ διῄρηται πρότερον, κατὰ βάθος ἢ πλάτος.

Ἓν γὰρ καὶ πολλὰ τὸ αἴτιον ὂν γεννήσει κατὰ τὸ ἓν καὶ τὰ πολλά, καὶ ἔτι κατὰ τὸ συναμφότερον ἓν ὁμοῦ καὶ πολλά, ἑνὸς μὲν ἕκαστον εἰδοποιοῦντος κατὰ ἐπικράτειαν, ἓν ὄντων δὲ|ὅμως καὶ τῶν πολλῶν ἐν τῷ ἑνὶ τούτῳ. Οὕτω γὰρ ἀπὸ τοῦ ἁπλῶς νοῦ ὁ συνοχικὸς πρόεισιν, καὶ ἀπὸ τούτου ὁ τιτανικός, καὶ ἔτι ἀπὸ τούτου ὁ δημιουργικός. Ἐν μὲν δὴ τῷ ἁπλῶς νῷ πᾶς ἐστιν, ἕκαστον δὲ εἰδοποιεῖ τι τῶν ἐν ἐκείνῳ πολλῶν, οἷον τὸ συνοχικὸν εἶδος ἢ τιτανικὸν ἢ δημιουργικόν. Ὁμοίως δὲ καὶ ἐπὶ τῶν μερικωτέρων πολλῶν· ἀπὸ γὰρ τοῦ δημιουργικοῦ ὁ ἀπολλωνιακὸς καὶ ὁ ἀρεϊκὸς καὶ ὁ ἀθηναϊκός, καὶ ἔτι μερικώτερον καθ' ἕκαστον εἶδος εἰ κρατοῖ γεννᾶσθαί τινα νοῦν ὅλον ἐφ' ἑαυτοῦ ἑστῶτα, κατὰ τοῦτο τὸ εἶδος εἰδοποιούμενον, οἷον εἰ τύχοι κατὰ τὸν ἄνθρωπον καὶ τὸν ἵππον· ἀνάγκη γὰρ οὕτως ἀπὸ τοῦ εἴσω τῶν εἰδῶν πλήθους παράγεσθαι νόων πλῆθος ἔξω.

Δῆλον δὲ ὅτι καὶ ἀπὸ τῶν μερῶν κατὰ τὰ μέρη πολλαὶ ἔξω μερῶν ὑποστάσεις. Εἰ δὲ τὸ ὅλον καὶ μέρη ζωή ἐστιν

2 supra, p. 29.12-33.10.

5 τὰ B : κατὰ A.

première, s'est établie selon ce qui est en train de se distinguer, comme nous le disions dans ce qui précède, il est manifeste que ces hypostases sont des sortes de vies complètes qui ont eu leur subsistence selon la pluralité interne des parties et qui occupent leur rang de parties les unes par rapport aux autres et par rapport à la cause qui les a produites. Comment donc ces hypostases sont-elles totales? Et comment la totalité est-elle cause de touts? Car la totalité est génératrice de parties et non pas de touts. Et comment ces hypostases sont-elles indépendantes, elles qui sont spécifiées selon un rang de parties qui ne sont pas indépendantes? Répondons que, sans doute, en tant qu'elles sont des sortes de vies, elles ne sont pas encore circonscrites, car un tel état est propre à l'intellect et à tous les distingués, mais que ces parties ont l'être dans le fait d'être en train de se distinguer, de sorte qu'elles subsistent au-dessus de cet [autre] état indépendant qu'est l'intellectif, lequel est indépendant d'une autre façon <que> la première vie qui subsiste selon le tout et les parties, et, pour le dire en un mot, dans le fait d'être en train de se distinguer. Ainsi donc, elles ont aussi raison de touts (car elles procèdent de la totalité de la cause qui est totale de cette manière) et elles occupent un rang de parties, parce qu'elles ont achevé leur procession selon la nature des parties et sont comme le nombre d'une quasi-monade vue en train de se distinguer : ce n'est pas dans le fait d'être distinguées, mais dans celui d'être en train de se distinguer, qu'elles ont reçu l'être.

[14.4. *Pluralité des substances*]

Puisque le premier mixte, lui aussi, produit la pluralité des mixtes qui sont à sa suite, je dis que l'élémenté produit les élémentés selon la pluralité des éléments qui est enveloppée en lui, comme on l'a souvent dit. Telle est la pluralité des substances qui ont

ἡ πρώτη στᾶσα κατὰ τὸ διακρινόμενον, ὡς ἐν τοῖς πρόσθεν ἐλέγομεν, δῆλον ὡς αἱ ὑποστάσεις ἐκεῖναι ζωαί τινές εἰσιν ὁλόκληροι κατὰ τὸ εἴσω τῶν μερῶν πλῆθος ὑποστᾶσαι καὶ μερῶν ἐπέχουσαι τάξιν πρός τε ἀλλήλας καὶ πρὸς τὴν παραγαγοῦσαν αἰτίαν. Πῶς οὖν ὅλαι; Πῶς δὲ ἡ ὁλότης ὅλων αἰτία; Μερῶν γὰρ ἡ ὁλότης γεννητική, ἀλλ' οὐχ ὅλων. Πῶς δὲ αὐτοτελεῖς αἱ μερῶν τάξει εἰδοποιούμεναι τῶν οὐκ αὐτοτελῶν; Ἢ ὡς μὲν ζωαί τινες οὔπω περιγεγραμμέναι εἰσί· νοῦ γὰρ ἴδιον τὸ τοιοῦτον καὶ τῶν διακεκριμένων ἁπάντων· αἱ δὲ ἐν τῷ διακρίνεσθαι τὸ εἶναι ἔχουσιν, ὥστε ὑπὲρ τὸ αὐτοτελὲς ἐκεῖνο τὸ νοερὸν ὑφεστᾶσιν, ἄλλον τρόπον αὐτοτελὲς ὂν ⟨ᾗ⟩ ἡ πρώτη ζωή, κατὰ τὸ ὅλον καὶ τὰ μέρη, καὶ ὡς ἓν εἰπεῖν κατὰ τὸ διακρίνεσθαι ὑφεστῶσα. Οὕτως οὖν καὶ ὅλαι (ἀπὸ γὰρ ὅλης τῆς οὕτως ὅλης αἰτίας) καὶ μερῶν ἐπέχουσαι τάξιν, ὅτι κατὰ τὴν τῶν μερῶν προεληλύθασι φύσιν καὶ οἷον ἀριθμός εἰσι τῆς ἐν τῷ διακρίνεσθαι ὁρωμένης ὥσπερ μονάδος, οὐκ ἐν τῷ διωρίσθαι, ἀλλ' ἐν τῷ διορίζεσθαι τὸ εἶναι ἔσχον.

Ἐπεὶ καὶ τὸ πρῶτον μικτὸν παράγει τὰ πολλὰ μεθ' ἑαυτὸ μικτά, τὸ στοιχειωτὸν λέγω τὰ στοιχειωτὰ κατὰ τὸ περιεχόμενον ἐν αὐτῷ τῶν στοιχείων πλῆθος, ὡς εἴρηται

2 supra, p. 40.15-41.10.

7 τάξεις A, correxi || 12 ᾗ addidi || 15 οὕτως] scr. ὄντως? || ἐπέχουσαι scripsi : -σι A || 18 μονάδος scripsi (cf. infra p. 52.2) : μονάδες A.

procédé après l'unique substance et à partir d'elle ; c'est pour ainsi dire un autre nombre qui procède de ce qui joue le rôle de la monade, à savoir un nombre unifié qui procède d'une monade unifiée et une substance qui procède d'une substance ; ces substances occupent un rang d'éléments les unes par rapport aux autres et par rapport à leur cause génératrice ; et, à cause de l'étroite union du mélange[1], elles jouissent de l'autonomie d'une façon spéciale qui consiste à refuser la circonscription et à tendre au mélange dans l'union.

Tels sont, en effet, comme on le sait, les éléments, selon la pluralité desquels s'est produite la procession de la pluralité des substances ; car, de même que les pluralités externes sont engendrées à partir des pluralités internes, de même elles sont aussi spécifiées selon la nature de ces dernières. Les substances se plaisent au mélange et se réfugient presque dans l'indifférenciation, tandis que les vies se distinguent dans la mesure où les parties se distinguent du tout et entre elles, et que les intellects sont les premiers à s'être circonscrits les uns à partir des autres et à partir du tout, en tant qu'ils se sont fait une hypostase distincte selon leur propre circonscription. Par suite, la conclusion de tout [cela] et l'explication portant sur tout [cela], c'est que là où une pluralité, quelle qu'elle soit, est enveloppée à l'intérieur de son propre un, une pluralité propre est aussi engendrée à l'extérieur de lui, tel un nombre qui éclôt de sa monade propre ; car il faut que partout l'un soit capable d'engendrer, et puisqu'il est un et qu'il enveloppe les plusieurs, il faut qu'il soit générateur d'un et de plusieurs.

[14.5. *Pluralité externe de l'intelligible ?*]

Est-ce donc que les plusieurs purs, [je veux dire] non pas la pluralité des formes, ni non plus la pluralité des parties, ni même la pluralité des éléments, mais les plusieurs eux-mêmes, seulement plusieurs et plusieurs

1. Voir *Notes complémentaires*, p. 193.

πολλάκις. Καὶ ἔστι ταῦτα αἱ πολλαὶ οὐσίαι μετὰ τὴν μίαν καὶ ἀπὸ τῆς μιᾶς προελθοῦσαι, οἷόν τις οὗτος ἄλλος ἀριθμὸς ἀπὸ τῆς οἷον μονάδος προϊών, ἡνωμένος ἀπὸ ἡνωμένης καὶ οὐσία ἀπὸ οὐσίας, στοιχείων ἐπέχουσαι τάξιν πρός τε ἀλλήλας καὶ πρὸς τὴν γεννῶσαν αἰτίαν, διὰ τὴν πολλὴν ἕνωσιν συγκράσεως αὐτοτελεῖς | οὖσαι, ἄλλον τινὰ τρόπον τὸν ἀπερίγραφον καὶ συγκίρνασθαι πρὸς ἕνωσιν ἐφιέμενον.

Τοιαῦτα γὰρ ἦν τὰ στοιχεῖα, ὧν κατὰ τὸ πλῆθος ἡ πρόοδος ἐγένετο τῶν πολλῶν οὐσιῶν· ὡς γὰρ τὰ ἔξω πλήθη γεννᾶται ἀπὸ τῶν εἴσω, οὕτω καὶ εἰδοποιεῖται κατὰ τὴν ἐκείνων φύσιν. Καὶ αἱ μὲν οὐσίαι τῇ συγκράσει χαίρουσι καὶ εἰς τὸ ἀδιάκριτον σχεδὸν ἀναφεύγουσιν, αἱ δὲ ζωαὶ διακρίνονται τοσοῦτον ὅσον τὰ μέρη ἀπό τε τοῦ ὅλου καὶ ἀλλήλων, οἱ δὲ νόες πρῶτοι περιεγράφησαν ἀπ' ἀλλήλων τε καὶ τοῦ ὅλου, ἅτε διακεκριμένην
(98) ὑπόστασιν ποιησάμενοι κατὰ τὴν οἰκείαν περιγραφήν. Τὸ δὲ οὖν ἐκ πάντων συναγόμενον καὶ περὶ πάντων λεγόμενον ἐκεῖνό ἐστιν, ὅτι ὅπου πλῆθος ὁποιονοῦν εἴσω περιέχεται τοῦ οἰκείου ἑνός, ἐκείνου καὶ ἔξω γεννᾶται πλῆθος οἰκεῖον, οἷον ἀριθμός τις ἀπὸ τῆς οἰκείας μονάδος ἐκφυόμενος· δεῖ γὰρ εἶναι πανταχοῦ τὸ ἓν γόνιμον, ἓν δὲ ὂν καὶ πολλὰ περιέχον ἑνός τε εἶναι καὶ πολλῶν γεννητικόν.

Ἆρα οὖν τὰ πολλὰ ἁπλῶς, οὐχὶ τὰ πολλὰ εἴδη, οὐδὲ τὰ πολλὰ μέρη, οὐδὲ τὰ πολλὰ στοιχεῖα, ἀλλ' αὐτὰ ἅπερ ἐστίν, πολλὰ μόνον καὶ πολλὰ ἁπλῶς, ἃ πρεσβύτερα

6 scr. συγκράσεις?

purs[1], que nous avons montrés plus haut comme antérieurs aux autres plusieurs, — est-ce donc que ces plusieurs-là aussi produisent une pluralité externe qui leur est analogue ? Or, s'ils sont dans l'intelligible, il y aura aussi quelque procession de l'intelligible ; et c'est ce qui depuis le début faisait l'objet de notre recherche, à savoir si l'unifié se distingue dans la procession à partir de lui-même, et quelle distinction il pourrait y avoir de ce qui a reçu en partage l'être selon une union complète. Car les plusieurs ne sont pas en lui au sens où ils seraient différents les uns des autres de quelque manière que ce soit ; en effet, il n'y a pas encore en eux d'altérité, ni de différence quelconque, ni même aucune sorte de distinction. C'est ce que montre Parménide lui aussi, en faisant homéomère la division apparente[2], en amenant un peu plus bas la première altérité, et en faisant subsister le premier nombre avec cette altérité et grâce à elle, [et tout cela] avec raison ; car là où il y a altérité, là il y a distinction, et là où est cette dernière <là est le nombre>, non pas le nombre spécifié, car [là] il n'y a même pas la distinction spécifiée, ni non plus l'altérité qui est le contraire de l'identité (sans doute, il n'y a même pas là d'identité qui aille de pair avec elle), ni cette altérité, non plus, par laquelle les parties sont devenues différentes les unes des autres, mais bien l'altérité par laquelle les éléments se sont disjoints de quelque façon que ce soit, et sont devenus des plusieurs, non pas purs, mais qualifiés comme des plusieurs qui s'efforcent vers le mélange les uns avec les autres. Or, ce caractère-ci est une certaine différence ; de là vient que c'est selon la différence des éléments, qui est coagrégée à l'intérieur, que la procession de la pluralité des substances, une fois engendrée, s'est écartée à l'extérieur, quoique, par regret de leur ancienne nature, les multiples substances qui ont procédé s'efforcent aussi vers le mélange homogène des unes avec les autres.

1-2. Voir *Notes complémentaires*, p. 193.

ἀπεδείκνυμεν πρότερον τῶν ἄλλων πολλῶν, ἆρα οὖν καὶ ἐκεῖνα ποιεῖ τὸ ἔξω πλῆθος ἀνάλογον ἑαυτοῖς; Εἰ δὲ ἐν τῷ νοητῷ ἐκεῖνα, καὶ τοῦ νοητοῦ ἔσται τις πρόοδος· τοῦτο δὲ ἦν ὅπερ ἐξ ἀρχῆς ἐζητοῦμεν, εἰ διακρίνεται τὸ ἡνωμένον εἰς τὴν ἀφ' ἑαυτοῦ πρόοδον, καὶ τίς ἂν εἴη διάκρισις τοῦ κατὰ ἕνωσιν πᾶσαν τὸ εἶναι λαχόντος. Οὐ γὰρ πολλὰ τὰ ἐν αὐτῷ οὕτως ὡς ὁπωσδήποτε διαφέροντα ἀλλήλων· οὔπω γὰρ ἑτερότης ἐν ἐκείνοις, οὔτε διαφορά τις, οὐδὲ ὁστισοῦν διορισμός. Δηλοῖ δὲ καὶ ὁ Παρμενίδης ὁμοιομερῆ τὴν δοκοῦσαν διαίρεσιν ποιησάμενος καὶ τὴν ἑτερότητα τὴν πρώτην κατωτέρω παραγαγών, καὶ τὸν ἀριθμὸν τὸν πρῶτον μετὰ τῆς ἑτερότητος ταύτης καὶ διὰ ταύτης ὑποστησάμενος, εἰκότως· ὅπου γὰρ ἑτερότης, ἐκεῖ διορισμός, ὅπου δὲ οὗτος, ⟨ἐκεῖ ὁ ἀριθμός,⟩ οὐχὶ ὁ εἰδητικός· οὐδὲ γὰρ ὁ διορισμὸς εἰδητικός, οὐδὲ ἡ ἑτερότης οἵα ἡ ἀντικειμένη ταὐτότητι (ἀμέλει οὐδέ ἐστιν ἐκεῖ σὺν αὐτῇ ταὐτότης), ἀλλ' οὐδὲ ᾗ τὰ μέρη ἀλλήλων ἕτερα γέγονεν, ἀλλ' ᾗ τὰ στοιχεῖα διέφυ καὶ ὁπωσοῦν, καὶ γέγονε πολλά, οὐχ ἁπλῶς, ἀλλὰ τοιάδε οἷον πολλὰ σπεύδοντα πρὸς τὴν | ἀλλήλων σύγκρασιν. Τὸ δὲ τοιόνδε διαφορά τις· ὅθεν κατὰ τὴν διαφορὰν τῶν στοιχείων τὴν εἴσω συγκεκραμένην ἡ ἔξω διέστη τῶν πολλῶν οὐσιῶν γεννηθεῖσα πρόοδος, εἰ καὶ πόθῳ τῆς ἀρχαίας φύσεως καὶ αἱ πολλαὶ προελθοῦσαι οὐσίαι σπεύδουσι πρὸς τὴν ἀλλήλων ὁμογενῆ σύγκρασιν.

1 supra, p. 16.1-17, uol. II, p. 53.15-55.16; p. 207.8 ss || 4 supra, p. 1.1 ss || 9-10 *Parm.* 142 d 9-143 a 3 || 11 *Parm.* 143 b 1-8 || 12 *Parm.* 143 b 8-144 e 8 || 23 *Symp.* 192 e 9-10.

---

2 ποιεῖ coni. Ruelle : -εῖν A || 8 οὔτε] οὐδὲ Kopp || 14 ἐκεῖ ὁ ἀριθμός addidi || 20 σπεύδοντα (uel ὁδεύοντα) coni. Ruelle (cf. us. 24) : παιδεύοντα, mg. uirg. cens. A.

Or, les plusieurs purs intelligibles[1] sont, nous l'avons vu, absolument indifférenciés et non qualifiés, et, pour cette raison, absolument unifiés et appelés[2] plusieurs, en tant qu'ils forment une seule nature abondante. C'est pourquoi ces plusieurs sont aussi une pluralité illimitée ; en effet, il n'y a en elle aucune limite ni quantité (car elle est sans nombre et sans grandeur), ni talité (car elle est indifférenciée et non qualifiée) ; là-haut quantité et qualité n'ont même pas été distinguées du tout ; car unifiée est cette simplicité-là, qui n'a même pas souffert une scission d'un et d'être. C'est pourquoi on pourrait supposer avec raison que cette pluralité-là demeure à l'intérieur, dans l'intelligible, et ne procède nullement en vue de faire subsister la pluralité externe.

[14.6. *Tout procède de l'unifié improcessible*]

Sans doute, il ne saurait y avoir de procession propre de cette pluralité-là ; mais, puisque, après tout, elle est plusieurs[3], tout est engendré à partir de là-haut jusqu'aux formes individuelles, car l'infinité des formes individuelles aussi vient de là-haut, comme on l'a dit précédemment, selon la puissance unique de l'intelligible, génératrice d'infini et productrice de tout.

Car c'est de là que toutes choses
commencent <à tendre> vers le bas leurs rayons admirables,
de là que s'élance la genèse de la matière aux aspects multiples,

et [l'on pourrait ajouter] toutes les paroles semblables

1. Voir *Notes complémentaires*, p. 194.

2. La logique exige λεγόμενα : «...absolument unifiés, et appelés plusieurs, en tant qu'ils forment...». Mais λεγομένη peut être un cas d'assimilation syntaxique.

3. L'idée exprimée est, sans doute, qu'à ce niveau-là cette pluralité interne à l'unifié n'est qu'une pluralité latente, que l'on peut à peine appeler pluralité.

Τὰ δὲ πολλὰ ἐκεῖνα πάντῃ ἦν ἀδιάφορα καὶ ἄποια, καὶ διὰ τοῦτο πάντῃ ἡνωμένα, καὶ ὡς φύσις εὔπορος μία, οὕτω πολλὰ λεγομένη. Διὸ καὶ ἄπειρον πλῆθος ἐκεῖνα· οὐδὲν γὰρ ἐν αὐτῷ πέρας οὔτε τοσόνδε (ἀνάριθμον γὰρ καὶ ἄποσον) οὔτε [τὸ] τοιόνδε (ἀδιάφορον γὰρ καὶ ἄποιον)· οὐδὲ ὅλως διεκρίθη ἐκεῖ ποσὸν καὶ ποιόν· ἡνωμένη γὰρ ἡ ἁπλότης ἐκείνη, ἥ γε οὐδὲ σχίσιν ἑνὸς καὶ ὄντος ὑπέμεινεν. Ὅθεν ἐν δίκῃ τις ἂν ὑπονοήσειεν ἐκεῖνο τὸ πλῆθος εἴσω μένειν ἐν τῷ νοητῷ καὶ οὐδαμῇ προϊέναι εἰς τὴν τοῦ ἔξω πλήθους ὑπόστασιν.

Οἰκεία μὲν οὖν πρόοδος οὐκ ἂν εἴη ἐκείνου· ἐπειδὴ δὲ ὅλως πολλά, πάντα ἐκεῖθεν γεννᾶται μέχρι τῶν ἀτόμων, ἐπεὶ καὶ ἡ τῶν ἀτόμων ἀπειρία ἐκεῖθεν, ὡς εἴρηται πρόσθεν, κατὰ τὴν πάμφορον μίαν ἀπειρόγονον τοῦ νοητοῦ δύναμιν·

Πάντα γὰρ ἔνθεν
ἄρχεται εἰς τὸ κάτω ⟨τείνειν ἀκ⟩τῖνας ἀγητάς,
ἔνθεν ἀποθρῴσκει γένεσις πολυποικίλου ὕλης,

καὶ ὅσα τοιαῦτα περὶ τῆς τάξεως ἐκείνης οἱ θεοὶ

1 supra, p. 53.6-11 || 3 *Parm.* 143 a 2 || 13-14 supra, p. 44.14-45.2 || 16-18 *Or. Chald.*, fr. 34, us. 3-4, 1 (ap. Procl., *In Tim.* I p. 451.19-22 Diehl).

---

3 scr. λεγόμενα? || 5 τὸ deleui || 17 τείνειν ἀκτῖνας ἀγητάς Orac. ap. Procl. : τινασαγητασ et mg. uirg. cens. A.

que les dieux prononcent sous forme d'oracles au sujet de cet ordre. Sans compter qu'Orphée a loué ce dieu très honoré comme le

porteur de la semence des dieux, l'illustre Ériképaios[1],

et c'est de lui qu'il fait procéder toute la race des dieux.

Pour parler, bien entendu, de façon large, toutes choses sont anticipées là-haut dans leur dissémination[2], comme le dit le Théologien, selon l'enveloppement unifié, qu'il a appelé «la semence de tout». Car l'unifié aussi, comme on le sait, est tout de manière indifférenciée ; c'est pourquoi tout s'est distingué à partir de lui ; et qu'y a-t-il là d'étonnant, puisque même l'un pur avait tout anticipé selon sa parfaite simplicité unitaire ? Or, nous le savons, il n'y a pas dans l'un de dimension verticale, parce qu'il n'y a pas non plus, en lui, de pluralité différente selon une dimension horizontale ; car, dans les processions, c'est de la dimension horizontale que se différencie la dimension verticale. Ainsi donc, la pluralité unifiée, elle aussi, est sans différence et elle est pure pluralité, car chacun des plusieurs est indivisé par union, non pas par mélange ; en effet, comme on l'a vu[3], le mélange appartient aux éléments qui diffèrent, tandis que l'union appartient aux plusieurs qui sont sans différence ; c'est pourquoi l'union évoque pour nous l'unifié, tandis que le mélange évoque l'élémenté[4] ; c'est pourquoi encore la procession de l'élémenté a procédé au-dehors en s'abaissant selon les différences des éléments, tandis que celle de l'unifié est restée tout entière au-dedans, parce qu'il n'y a pas en lui de différence entre la dimension verticale et la dimension horizontale, en vue de la procession externe ; la différence, en effet, étant absente, l'unifié a persisté à converger vers son tout interne et sa totalité.

1-2. Voir *Notes complémentaires*, p. 194.

3. Pour ce rappel qui s'étend à toute la phrase (l. 17-19. cf. les imparfaits ἦν et ἐποίει). voir ci-dessus, p. 53.6-54.10.

4. Voir *Notes complémentaires*, p. 194.

χρησμῳδοῦσιν. Ἀλλὰ καὶ Ὀρφεὺς τὸν πολυτίμητον τοῦτον θεὸν ἀνευφήμησε τὸν

σπέρμα φέροντα θεῶν, κλυτὸν Ἠρικεπαῖον, |

καὶ ἐξ αὐτοῦ ποιεῖ προϊοῦσαν ἅπασαν τὴν τῶν θεῶν γενεάν.

Ὡς μὲν δὴ κατὰ πλάτος εἰπεῖν, ἐκεῖ πάντα προείληπται σποράδην, ὥς φησιν ὁ θεολόγος, κατὰ τὴν ἡνωμένην περίληψιν, ἣν σπέρμα πάντων ἐκάλεσεν. Πάντα γὰρ ἦν καὶ τὸ ἡνωμένον ἀδιακρίτως, διὸ πάντα ἀπ' αὐτοῦ διεκρίθη· καὶ τί θαυμαστόν, ὅτε γε καὶ τὸ ἁπλῶς ἓν πάντα προειλήφει κατὰ τὴν ἑνιαίαν αὐτοῦ παντελῆ ἁπλότητα; Βάθος δὲ οὐκ ἦν ἐν τῷ ἑνί, ὅτι μηδὲ κατὰ πλάτος διάφορον πλῆθος· τῷ γὰρ πλάτει διάφορον τὸ βάθος ἐν ταῖς προόδοις. Οὕτω δὴ καὶ τὸ ἡνωμένον πλῆθος ἀδιάφορόν ἐστι καὶ μόνον πλῆθος, τῶν πολλῶν ἑκάστου μὴ διαιρουμένου καθ' ἕνωσιν, οὐ κατὰ κρᾶσιν· αὕτη μὲν γὰρ ἦν τῶν διαφερόντων στοιχείων, ἡ δὲ ἕνωσις τῶν ἀδιαφόρων πολλῶν, διόπερ αὕτη μὲν ἡμῖν ἐποίει τὸ ἡνωμένον, ἐκείνη δὲ τὸ στοιχειωτόν· διόπερ ἡ μὲν πρόοδος τοῦ στοιχειωτοῦ καὶ ἔξω προῆλθεν κατὰ τὰς διαφορὰς ὑποβᾶσα τῶν στοιχείων, ἡ δὲ τοῦ ἡνωμένου πᾶσα εἴσω ἔμεινεν, ἅτε καὶ τοῦ βάθους καὶ τοῦ πλάτους ἐν αὐτῷ διαφορὰν μὴ ἔχοντος εἰς τὴν ἔξω πρόοδον· διαφορᾶς γὰρ μὴ οὔσης, εἰς τὸ εἴσω πᾶν τε καὶ ὅλον συννεῦσαν ἔμεινεν.

3 *Orphic.* fr. 85 (p. 157) Kern || 7 *Orphic.* fr. 85 (p. 157) Kern || 17-19 cf. supra, p. 53.6-54.10.

2 ἀνευφήμησε τὸν scripsi (ἀνευφήμησε Μῆτιν Ruelle) : ἀνευφησαιμιτον et mg. uirg. cens. A || 3 κλυτὸν Bentley (ex Proclo) : καὐτὸν A || 13 διάφορον² scripsi : διαφόρου A || 16 μὴ] πη coni. Ruelle.

Et il n'y a pas identité entre le fait que d'une chose procèdent les autres et le fait que cette chose procède à partir d'elle-même. En effet, toutes les formes matérielles et péricosmiques procèdent du démiurge universel, quoiqu'il n'ait pas procédé lui-même dans la matière, ni même dans l'ordre péricosmique[1] qui est divisé. Par suite, de cette façon le dieu intelligible[2] aussi a produit à partir de lui-même tous les diacosmes divins, tandis qu'il est demeuré, lui, dans son observatoire véritablement hypercosmique, n'ayant procédé en eux que juste assez pour établir le règne de sa propre monade sur tout. Donc, lui, c'est en demeurant tout entier indivisible et intelligible qu'il s'est coordonné de quelque manière avec les mondes qui s'écoulent de lui; et chacun des dieux les plus universels qui viennent après lui ou bien se triple dans sa procession ou bien se septuple, tandis que chacun des dieux plus particuliers, se multiplie de différentes façons, et en des nombres de plus en plus grands; quant à lui, il est de tous les nombres processifs l'unique monade qui réellement demeure, ou plutôt il est la monade de toutes les monades, laquelle se tient aussi au-dessus de toute la pluralité qui est de forme unique et qui a le caractère d'une source, pour parler selon les théurges[3]. D'où il suit que chez eux aussi il est célébré comme «la source des sources[4]».

[14.7. *Indifférenciation et triadisme dans l'unifié*]

Mais si l'unifié est complètement sans différence et, pour cette raison, sans procession, comment pouvons-nous diviser aussi l'intelligible de triple façon, en premier, moyen et dernier, ou bien en substance, vie et intellect, ou bien en père, puissance et intellect, ou bien

1-3. Voir *Notes complémentaires*, p. 194-195.
4. Πηγὴ τῶν πηγῶν. Cf. *supra*, p. 39.14 et n. 2.

Οὐκ ἔστιν δὲ ταὐτὸν τὰ ἄλλα προϊέναι ἀπ' αὐτοῦ τινος καὶ αὐτὸ ἀφ' ἑαυτοῦ. Πάντα γοῦν τὰ ἔνυλα καὶ περικόσμια ἀπὸ τοῦ ὅλου πρόεισι δημιουργοῦ, καίτοι οὐ προῆλθεν αὐτὸς εἰς τὴν ὕλην, οὐδὲ εἰς τὴν περίκοσμον τάξιν τὴν μεριστήν. Οὕτως ἄρα καὶ ὁ νοητὸς θεὸς πάντας μὲν ἀφ' ἑαυτοῦ παρήγαγεν τοὺς θείους διακόσμους, αὐτὸς δὲ διέμεινεν ἐν τῇ ἑαυτοῦ ὡς ἀληθῶς ὑπερκόσμῳ περιωπῇ, τοσοῦτον μόνον εἰς αὐτοὺς προελθὼν ὅσον τὴν ἑαυτοῦ μονάδα βασιλείαν πάντων καταστήσασθαι. Αὐτὸς οὖν ὅλος ἀμέριστος μείνας καὶ νοητὸς συνετάχθη πως τοῖς ἀπ' αὐτοῦ προρρέουσι κόσμοις· τῶν δὲ μετὰ αὐτὸν ἕκαστος ὁλικωτάτων θεῶν ἢ τριπλασιάζεται κατὰ τὴν πρόοδον ἢ ἑπταπλασιάζεται, τῶν δὲ μερικωτέρων ἄλλοις μείζοσι καὶ ἄλλοις πολλαπλασιάζεται ἀριθμοῖς, αὐτὸς δὲ πάντων ἐστὶ τῶν προοδικῶν ἀριθμῶν μία μένουσα τῷ ὄντι μονάς, μᾶλλον δὲ μονὰς οὖσα πασῶν τῶν μονάδων, ὑπερέχουσα καὶ τοῦ μονοειδοῦς παντὸς | πλήθους καὶ πηγαίου, φάναι κατὰ τοὺς θεουργούς· ὅθεν καὶ παρ' ἐκείνοις ἀνυμνεῖται πηγὴ τῶν πηγῶν.

Ἀλλ' εἰ ἀδιάφορον πάντῃ τὸ ἡνωμένον καὶ ἀπρόοδον διὰ τοῦτο, πῶς ἔχομεν καὶ τὸ νοητὸν τριττῇ διελεῖν εἰς πρῶτον καὶ μέσον καὶ ἔσχατον, ἢ εἰς οὐσίαν καὶ ζωὴν καὶ νοῦν, ἢ εἰς πατέρα καὶ δύναμιν καὶ νοῦν, ἢ ὅπως ἄλλως

18 cf. *Or. Chald.*, fr. 42.3 || 19 ibid., fr. 30.

7 ἐν s.u.A[1] : om. A || 12 τὴν f : τὸ A || 20 ἀδιάφορον coni. Ruelle : διάφορον A || 21 τριττῆι mg. iter. A[1].

d'une autre façon qu'on voudra dire? Et si, en outre, nous voulions nous mettre dans l'esprit les trois triades qui sont intelligibles[1], ce serait de nombreuses façons que l'unifié serait divisé; car Platon, lui aussi, nous a transmis trois ordres de l'intelligible dans le *Parménide*, en appelant le premier un-être, le moyen tout et parties, et le troisième pluralité illimitée[2]; et, nous également, nous le disions, dans ce qui précède, en reconnaissant qu'il y a dans l'intelligible ce qui est indifférencié, <ce qui se distingue, ce qui est distingué>. De plus, Orphée n'a-t-il pas fait produire de l'Œuf et de la Nuée déchirée le tant honoré[3] Phanès, en faisant subsister, lui aussi, une procession dans l'intelligible[4]?

Une première réponse à faire à ce sujet, c'est sans doute que, transportant ces notions à partir des choses d'en bas, nous les faisons remonter dans l'intelligible, désireux que nous sommes de suggérer quelque chose à son égard, par analogie avec ce que nous connaissons mieux. Car l'un et l'être se distinguent au-dehors de l'intelligible[5]; Platon pose clairement le tout et les parties au milieu des intelligibles-intellectifs[6], et la pluralité illimitée se trouve morcelée partout où se manifeste aussi la distinction[7]. Qu'y a-t-il là d'étonnant, puisque, même au sujet des diacosmes moyens nous nous empressons de tirer des suggestions à partir des intellectifs? En effet, nous concevons toutes choses comme spécifiées, et sans doute même comme psychiques[8]. Par conséquent, l'unifié n'est pas à l'état divisé, lui qui n'est même pas en train de se diviser; car il est l'unifié pur et premier. Alors, il n'est pas vrai, non plus, qu'il y ait là-haut[9] une pluralité de formes, ni de parties, ni même d'éléments; c'est pourquoi il n'y a pas non plus, en vérité, de procession ni interne ni externe; de là vient que la triade s'est manifestée après l'intelligible.

1. Proclus expose la doctrine des trois triades intelligibles dans *Théol. Plat.*, III 11-27, p. 43-99.

2-9. Voir *Notes complémentaires*, p. 195.

ἐθέλοι τις λέγειν; Εἰ δὲ καὶ τὰς τρεῖς τριάδας τὰς νοητὰς ἐν νῷ βαλοίμεθα, πολλαχῇ ἂν εἴη τὸ ἡνωμένον διῃρημένον· ἐπεὶ καὶ ὁ Πλάτων τρεῖς τάξεις ἡμῖν παραδέδωκεν τοῦ νοητοῦ κατὰ τὸν Παρμενίδην, τὴν μὲν πρώτην καλέσας ἓν ὄν, τὴν δὲ μέσην ὅλον καὶ μέρη, τὴν δὲ τρίτην ἄπειρον πλῆθος· καὶ ἡμεῖς δὲ ἐν τοῖς πρόσθεν ἐλέγομεν, ἐν τῷ νοητῷ τὸ μὲν ἀδιάκριτον εἶναι ὁμολογοῦντες, ⟨τὸ δὲ διακρινόμενον, τὸ δὲ διακεκριμένον.⟩ Οὐχὶ δὲ καὶ Ὀρφεὺς ἀπὸ τοῦ ᾠοῦ παράγει καὶ τῆς νεφέλης ῥαγείσης τὸν πολυτίμητον Φάνητα, πρόοδον καὶ ἐκεῖνος ἐν τῷ νοητῷ ὑποστησάμενος;

Ἢ ῥητέον πρὸς ταῦτα ἓν μὲν ὅτι ταῦτα ἀπὸ τῶν κάτω φέροντες ἀνάγομεν εἰς τὸ νοητόν, ἐνδείξασθαί τι περὶ ἐκείνου ἐφιέμενοι κατὰ τὴν τῶν γνωριμωτέρων ἀναλογίαν. Τό τε γὰρ ἓν καὶ τὸ ὂν ἔξω τοῦ νοητοῦ διακρίνεται· καὶ τὸ ὅλον καὶ τὰ μέρη σαφῶς ὁ Πλάτων ἐν μέσῳ τίθεται τῶν νοητῶν καὶ νοερῶν, καὶ τὸ ἄπειρον πλῆθος ἀποδιαιρεῖται, ὅπου καὶ διάκρισις ἐκφαίνεται. Καὶ τί θαυμαστόν, ὅτε καὶ περὶ τῶν μέσων διακόσμων ἀπὸ τῶν νοερῶν ἐνδείκνυσθαι προθυμούμεθα; Πάντα γὰρ εἰδητικὰ νοοῦμεν, ἴσως δὲ καὶ ψυχικά. Οὐκ ἔστιν οὖν τὸ ἡνωμένον διῃρημένον, ὅ γε οὐδὲ διαιρούμενον· αὐτὸ γάρ ἐστι τὸ μόνως ἡνωμένον καὶ πρώτως. Οὐκ ἄρα οὐδὲ πολλὰ ἐκεῖ εἴδη, οὐδὲ μέρη, οὐδὲ στοιχεῖα· διόπερ οὐδὲ πρόοδος οὔτε εἴσω οὔτε ἐκτὸς κατὰ ἀλήθειαν, ὅθεν ἡ τριὰς ἐξεφάνη μετὰ τὸ νοητόν.

3-6 *Parm.* 142b5-c7; c7-d9; d9-143a3 || 7 supra, p. 17.16-21 || 9-10 *Orphic.* fr. 60 (adn. 6) Kern; Orpheus, fr. 1B12 (I p. 11.13, adn.) D.-K.[6]. || 16-17 *Parm.* 144e9-145a4 || 17 ibid., 144a5-e8.

---

7 νοητῷ scripsi : διακριτωι et mg. uirg. cens. A || 8 τὸ[1] - διακεκριμένον addidi.

Car l'intellect du Père a dit que toutes choses fussent divisées en trois,

et il n'avait pas exprimé d'un signe de tête son vouloir que déjà tout se trouvait divisé.

Peut-être est-ce pour cette raison que l'intelligible est proclamé [par l'Oracle] le Dieu à trois pointes, non pas qu'il soit celui qui donne subsistence aux triades, mais plutôt le maître absolu de la division triadique, et non pas son producteur. Voilà donc assurément ce qu'est le véritable unifié. Mais puisqu'il n'est pas possible <de voir> l'unifié lui-même <en tant qu'il est un>, c'est en tant que non-un que nous avons essayé de le voir ; dans notre incapacité de contempler son union unique, nous l'avons plurifié par analogie avec les réalités qui plus bas sont plurifiées selon la première plurification ; or, la triade est la première pluralité [plurifiée], c'est pourquoi par analogie nous avons aussi posé l'unifié comme triadique. C'est pourquoi encore il pourrait par analogie procéder selon la procession de forme semblable ; car sa triade interne, à savoir l'intelligible, l'intellectif et l'intermédiaire, s'est abaissée aussi vers l'extérieur en restant univoque[1], de sorte qu'on entend [ici] les mêmes noms et les mêmes réalités.

Il faut donc ou bien parler de cette façon, ou bien, en détendant quelque chose de cette puissante union, il faut penser que tout monde, après avoir procédé lui-même en lui-même jusqu'au point où il était capable[2] de procéder, a fait ensuite place à l'hypostase du monde qui vient après lui, et lui-même ne descend plus en celui-là. Par exemple, le monde de la substance psychique, ayant procédé jusqu'à un certain point, s'est arrêté ; et à partir de là le monde corporel lui a succédé ;

1. Συνώνυμος, cf. *supra*, n. 1 de la p. 8.9-10.

2. Πεφύκει : Ruelle a corrigé par le subjonctif πεφύκῃ, changement léger qui peut être justifié par la grammaire classique (sans la particule ἄν : Kühner-Gerth II, p. 449, Anm. 4). Mais, à l'époque de Damascius, le plus-que-parfait sans augment est admissible, c'est pourquoi nous avons gardé la leçon de A.

Ἐς τρία γὰρ νοῦς εἶπε πατρὸς τέμνεσθαι ἅπαντα,
οὗ τὸ θέλειν κατένευσε, καὶ ἤδη πάντ' ἐτέτμητο. |

Καὶ μήποτε διὰ τοῦτο τριγλώχις ἀνυμνεῖται ὁ θεός, οὐχ ὅτι τριάδων ὑποστάτης, μᾶλλον δὲ αὐτεπιτακτικὸς τῆς
(99) τριαδικῆς διαιρέσεως, ἀλλ' οὐχὶ ποιητικός. Οὕτω μὲν οὖν ἔχει τὸ ἀληθῶς ἡνωμένον. Ἀλλ' ἐπειδὴ οὐκ ἔστιν αὐτὸ τὸ ἡνωμένον ⟨καθ' ὅσον ἓν ἰδεῖν⟩, καθ' ὅσον οὐχ ἓν ἰδεῖν αὐτὸ πειραθέντες, οὐ δυνηθέντες αὐτοῦ θεάσασθαι τὴν μίαν ἕνωσιν κατὰ ἀναλογίαν αὐτὸ ἐπληθύναμεν τῶν κατωτέρω πεπληθυσμένων τὸν πρῶτον πληθυσμόν· πρῶτον δὲ πλῆθος ἡ τριάς, διὸ καὶ ἐκεῖνο τριαδικὸν ὑπεθέμεθα κατὰ ἀναλογίαν. Διὸ καὶ προΐοι ἂν ὁμοειδῶς κατὰ ἀναλογίαν· ἡ γὰρ εἴσω τριὰς τὸ νοητὸν καὶ τὸ νοερὸν καὶ τὸ μέσον ὑπέβη καὶ ἔξω συνώνυμος, ὡς οὕτως ἀκοῦσαι τῶν αὐτῶν ὀνομάτων τε καὶ πραγμάτων.

Ἤτοι οὖν οὕτω ῥητέον, ἢ χαλάσαντάς τι τῆς πολλῆς ταύτης ἑνώσεως ἐκεῖνο χρὴ ἐννοεῖν, ὅτι πᾶς κόσμος αὐτὸς ἐν ἑαυτῷ προελθὼν ἄχρι ὅσου πεφύκει προϊέναι, ἔπειτα χώραν ὑποστάσεως παρέσχετο τῷ μετ' αὐτόν, οὐκέτι δὲ καὶ εἰς τοῦτον αὐτὸς καταβέβηκεν. Οἷον ὁ τῆς ψυχικῆς οὐσίας κόσμος ἄχρι τινὸς προελθὼν ἔστη, καὶ τὸ ἐντεῦθεν ὁ σωματικὸς διεδέξατο κόσμος· οὕτω δὲ καὶ ὁ νοερὸς εἰς

1-2 *Or. Chald.*, fr. 22 || 3 *Or. Chald.*, fr. 2 (cf. *De princ.* uol. II, p. 106.7).

---

1 πάντα A || 3 ἀνυμνεῖται A, η *supra* -εῖ- A¹ || 4 αὐτεπιτακτικὸς mg. iter. A¹ || 7 καθ' ὅσον ἓν ἰδεῖν addidi || 18 πεφύκῃ scr. Ruelle.

de cette façon également le monde intellectif s'est achevé au monde psychique, et naturellement aussi le monde intelligible-intellectif s'est achevé au monde intellectif. Par conséquent, de cette manière encore, le monde intelligible s'arrêtera en lui-même, et le monde intelligible-intellectif lui succédera. Ainsi donc, la nature de l'intelligible ne procède pas au-dehors du monde intelligible ; car il n'y a même aucun monde qui entre dans l'abaissement d'un autre.

Et si les premiers membres du monde, qui s'abaisse à son tour, sont coordonnés et coagrégés, comme des véhicules, à ceux qui leur sont antérieurs[1], de même que les derniers se détachent d'une telle connexion (en effet, tous les corps ne sont pas attachés à des âmes propres, ni toutes les âmes à des intellects, ni, dans le reste, toutes les choses de second rang ne sont attachées à celles qui les précèdent), en revanche, rien dans l'intelligible ne procède vers le bas, à quoi pourraient être suspendues les réalités de second rang selon l'unique coordination des réalités qui sont véhiculées et de celles qui leur servent de véhicules, mais l'intelligible est tout entier imparticipable ; la cause en est le fait que le monde intelligible est le sommet de tous les mondes, de telle sorte qu'il s'est établi solidement à la cime même de tout. Et puisqu'il est tout de façon indifférenciée, il est ou bien pareillement transcendant à tout ce qui est en train de se distinguer, ou bien pareillement véhiculé par tout ; car sa totalité suffit à tout ; et ce n'est pas parce qu'il est contracté dans l'indifférencié que pour cela il n'est pas le plus grand de tous les mondes. Et quelle différence pourrait bien appartenir à l'intelligible, s'il procédait en véhicule et en véhiculé[2] ? Car ce qui est véhiculé par une chose devient le véhicule d'une autre, de sorte que, si l'intelligible procédait dans

1-2. Voir *Notes complémentaires*, p. 196.

τὸν ψυχικὸν ἐτελεύτησεν, καὶ δὴ καὶ εἰς τὸν νοερὸν ὁ νοητὸς καὶ νοερός. Οὕτως ἄρα καὶ ὁ νοητὸς ἐφ' ἑαυτοῦ ἐστήξεται, καὶ διαδέξεται αὐτὸν ὁ νοητὸς καὶ νοερός. Οὐ τοίνυν πρόεισιν ἡ τοῦ νοητοῦ φύσις ἔξω τοῦ νοητοῦ κόσμου· οὐδὲ γὰρ ἄλλου κόσμου οὐδενὸς εἰς τὴν ἄλλου ὑπόβασιν.

Εἰ δὲ τοῦ ἀεὶ ὑποβεβηκότος τὰ πρῶτα συντέτακται καὶ συνῄρηται ὡς ὀχήματα τοῖς πρεσβυτέροις, ὥσπερ τὰ τελευταῖα ἀφίεται τῆς τοιᾶσδε συναρτήσεως (οὐ γὰρ πάντα σώματα ψυχῶν ἐξέχεται οἰκείων, οὐδὲ νόων πᾶσαι ψυχαί, οὐδὲ ἐπὶ τῶν ἄλλων τὰ δεύτερα πάντα τῶν πρὸ αὐτῶν), τοῦ δὲ νοητοῦ οὐδὲν πρόεισιν εἰς τὸ κάτω οὗ ἂν ἐξαρτηθείη τὰ δεύτερα κατὰ τὴν μίαν σύνταξιν τῶν ἐποχουμένων καὶ οἷς ἐποχεῖται, ἀλλ' ἀμέθεκτον ὅλον ἐστὶ τὸ νοητόν, τούτου αἴτιον τὸ πάντων ἀκρότητα εἶναι τῶν κόσμων τὸν νοητόν, ὥστε ἐπ' αὐτῆς ἡδράσθαι τῆς πάντων κορυφῆς. Καὶ ἐπειδὴ πάντα ἐστὶν ἀδιακρίτως, ᾗ πάντων ὁμοίως ἐξῄρηται τῶν διακρινομένων, ᾗ | πᾶσιν ὁμοίως ἐποχεῖται· πᾶσι γὰρ ἐπαρκεῖ αὐτοῦ ἡ ὁλότης· οὐ γὰρ ὅτι συνέσταλται εἰς τὸ ἀδιάκριτον, διὰ τοῦτο οὐ πάντων ἐστὶν τῶν κόσμων μέγιστος. Τίς δ' ἂν ἦν αὐτοῦ καὶ διαφορὰ προϊόντος εἰς ὄχημα καὶ ὀχούμενον; Τὸ γὰρ ἄλλῳ ἐποχούμενον ἄλλου γίνεται ὄχημα, ὥστε, εἰ προΐοι

2 νοερός coni. Ruelle : -όν A || 12 οὗ ἂν Kroll : ουσαν et mg. uirg. cens. A || 14 ἐστὶ scripsi : εἶναι A.

le fait d'être véhiculé par le reste, comme l'intellect par l'âme, et l'âme par le corps, il servirait lui aussi de véhicule pour autre chose, comme l'âme pour l'intellect et l'intellect pour quelque chose d'autre. De quoi donc l'intelligible serait-il le véhicule, car de cette façon, le premier dieu aussi serait participable ; or il faut que partout ce qui est premier soit imparticipable.

Mais peut-être le corps est-il conçu comme véhicule seulement, tandis que l'intelligible l'est comme seulement véhiculé, et les intermédiaires le sont selon l'un et l'autre. Cependant, même dans ce cas, l'intelligible sera distingué en participable et imparticipable, et il ne sera pas seulement un participable unique, mais plusieurs participables par plusieurs réalités, l'un par la substance, un autre par la vie, un autre par l'intellect, un autre par l'âme, un autre enfin par le corps, et il faut que les véhiculés diffèrent les uns des autres par la forme, comme l'hypercosmique diffère du dieu encosmique, l'intellectif de l'hypercosmique, et encore l'intelligible-intellectif de l'intellectif. Que pourrait donc être et d'où pourrait venir une aussi grande différence dans l'unifié ? Il est difficile même de l'imaginer.

De plus, <si> l'un n'a procédé ni en lui-même, ni après lui-même, tandis que ce qui vient après l'intelligible (à partir de quoi l'altérité commence de quelque façon que ce soit) a procédé en soi-même et après soi, est-il vrai que l'intelligible est resté à bon droit au milieu, en procédant en lui-même, sans réaliser toutefois aucune procession après lui ?

A cela, il faut ajouter que l'hénade est le premier véhiculé, et que ce par quoi elle est véhiculée pour la première fois est la substance ; quant à l'unifié, il est, nous le savons, antérieur aux deux, antérieur donc au véhiculant et au véhiculé ; il n'est pas vrai, alors, que sa

εἰς τὸ ὀχεῖσθαι τοῖς ἄλλοις, ὡς ὁ νοῦς τῇ ψυχῇ, καὶ ἡ ψυχὴ τῷ σώματι, ἔσται ἄλλῳ καὶ αὐτὸ ὄχημα, ὡς ἡ ψυχὴ τῷ νῷ καὶ ὁ νοῦς ἄλλῳ τινί. Τίνος οὖν ὄχημα τὸ νοητόν; Οὕτω γὰρ ἔσται καὶ ὁ πρῶτος θεὸς μεθεκτός· δεῖ δὲ πανταχοῦ τὸ πρῶτον ἀμέθεκτον εἶναι.

Ἀλλ' ἴσως τὸ μὲν σῶμα ὄχημα μόνον, τὸ δὲ νοητὸν ὀχούμενον μόνον, τὰ δὲ μέσα καθ' ἑκάτερον θεωρεῖται. Ἀλλ' εἰ καὶ τοῦτο, διαιρεθήσεται εἰς μεθεκτὸν καὶ ἀμέθεκτον, καὶ οὐ μόνον ἓν μεθεκτόν, ἀλλὰ πλείω καὶ ὑπὸ πλειόνων μετεχόμενα, τὸ μὲν ὑπὸ οὐσίας, τὸ δὲ ὑπὸ ζωῆς, τὸ δὲ ὑπὸ νοῦ, τὸ δὲ ὑπὸ ψυχῆς, τὸ δὲ ὑπὸ σώματος, καὶ χρὴ τὰ ὀχούμενα διαφέρειν ἀλλήλων κατ' εἶδος, ὡς τοῦ ἐγκοσμίου θεοῦ τὸ ὑπερκόσμιον, καὶ τούτου τὸ νοερόν, καὶ ἔτι τούτου τὸ νοητὸν καὶ νοερόν. Τίς οὖν ἂν εἴη καὶ πόθεν ἡ τοσαύτη διαφορὰ ἐν τῷ ἡνωμένῳ, χαλεπὸν καὶ πλάσαι.

Ἔτι δὲ ⟨εἰ⟩ τὸ μὲν ἓν οὔτ' ἐν ἑαυτῷ προῆλθεν οὔτε μεθ' ἑαυτό, τὸ δὲ μετὰ τὸ νοητόν, ὅθεν ἄρχεται ὁπωσοῦν ἡ ἑτερότης, καὶ ἐν ἑαυτῷ καὶ μεθ' ἑαυτό, ἆρα τὸ νοητὸν ἐν μέσῳ δικαίως ἔμεινεν, ἐν ἑαυτῷ μὲν προελθόν, μεθ' ἑαυτὸ δὲ οὐδεμίαν πρόοδον ποιησάμενον;

Ἐπὶ δὲ τούτοις ἐκεῖνο προσθετέον, ὅτι πρῶτον ὀχούμενον ἡ ἑνάς ἐστιν, ᾧ δὲ ἐποχεῖται πρῶτον, οὐσία· τὸ δὲ ἡνωμένον ἦν πρὸ ἀμφοῖν, πρὸ ὀχοῦντος ἄρα καὶ ὀχουμένου· οὐκ ἄρα ἐνδέχεται αὐτοῦ ἡ φύσις τὴν τοῦ

15-16 Arist., *De an.* I 5, 411 b 17-18.

---

2 ἄλλῳ Corssen : -ο A ‖ 5 ἀμέθεκτον scripsi : μεθεκτὸν A ‖ 17 εἰ addidi ‖ οὔτ' ἐν coni. Ruelle : οὔτε A ‖ 19 ἆρα scripsi : ἄρα A ‖ 25 ὀχοῦντος καὶ add. Corssen post τοῦ.

nature admette la différence du véhiculé, parce qu'il est, comme nous le savons, antérieur à cet un[1] qui est devenu le premier véhiculé dans son écart même de premier par rapport à l'être comme second.

Or, si l'on réfléchit aussi à ce que dit Jamblique[2], à savoir que c'est auprès de l'un que l'intelligible a eu sa subsistence, qu'il est soudé au bien et que c'est par le penchant de sa nature tout entière vers l'un qu'il est rendu pour ainsi dire consistant, alors il est clair qu'il demeure avec lui, aussi bien indifférencié [en soi] qu'improcessible au-dehors. Et, s'il est vrai, toutefois, qu'il a montré en lui-même, de quelque façon que ce soit, quelque obscure et toute première apparence d'abaissement, sans que celle-ci ait été distinguée ni par un nombre, ni par une pluralité, ni même par une altérité, du moins, comme le dit de nouveau Jamblique, la triade qui est là-haut n'est pas trois monades, ni ne s'est imposée, non plus, à trois monades, mais elle n'est que la forme elle-même [de la triade] qui s'impose aux monades, ou plutôt on doit dire qu'elle n'est même pas la forme (car l'intelligible n'est pas encore forme), ni non plus un quasi-élément (car aucune de ces choses n'est là-haut), mais qu'elle est seulement l'un lui-même de la triade ; et cet un n'est pas celui qui est distingué par rapport à la substance, mais celui qu'antérieurement aux deux nous disons être l'unifié. Comment donc une telle réalité peut-elle être de nature à procéder en plusieurs hypostases ?

Quoi donc ? Les plusieurs ne sont-ils pas là-haut ? On répond que, même avant l'unifié, les plusieurs s'y trouvent après l'un, non pas cependant comme telle pluralité déterminée ; mais ces plusieurs-là, comme nous l'avons vu, sont une hénade génératrice d'infini, et son premier rejeton est la pluralité intelligible, qui est

1-2. Voir *Notes complémentaires*, p. 196.

ὀχουμένου διαφοράν, ὅτι πρὸ τοῦ ἑνὸς ἦν, ὃ πρῶτον ὀχούμενον ἐγένετο κατ' αὐτὴν τὴν πρὸς τὸ ὂν ὡς δεύτερον πρώτου διάστασιν.

Εἰ δὲ καὶ τοῦτό τις ἐννοήσειεν, ὅ φησιν ὁ Ἰάμβλιχος, ὅτι περὶ τὸ ἓν ὑπέστη τὸ νοητὸν καὶ τἀγαθῷ συμπέφυκεν καὶ τῇ πρὸς ἐκεῖνο ῥοπῇ τῆς ὅλης φύσεως οἷον ἐπάγη, σαφὲς ὅτι σὺν ἐκείνῳ μένει καὶ ἀδιάκριτον καὶ ἀπρόοδον εἰς τὸ ἐκτός. Εἴπερ δὲ ἄρα καὶ ὁπωσοῦν ἐν ἑαυτῷ τινα ἄκραν ἔμφασιν ὑποβάσεως ἐπεδείξατο, καὶ ταύτην οὐκ ἀριθμῷ οὐδὲ πλήθει διακριθεῖσαν, οὐδὲ μὴν ἑτερότητι, ἀλλ' ὅ φησι πάλιν Ἰάμβλιχος, | ἡ ἐκεῖ τριὰς οὐκ εἰσὶ τρεῖς μονάδες, οὐδὲ ἐπεγένετο τρισὶ μονάσιν, ἀλλ' ἔστι μόνον αὐτὸ τὸ εἶδος τὸ ἐπιγιγνόμενον ταῖς μονάσιν· μᾶλλον δὲ ῥητέον, οὐδὲ τὸ εἶδος (οὔπω γὰρ εἶδος ἐκεῖνο) οὐδὲ οἷον στοιχεῖον (οὐδὲν γὰρ τούτων ἐκεῖ), ἀλλὰ μόνον αὐτὸ τὸ τῆς τριάδος ἕν, καὶ ἓν οὐ τὸ διωρισμένον πρὸς οὐσίαν, ἀλλ' ὃ πρὸ ἀμφοῖν εἶναι λέγομεν ἡνωμένον. Πῶς ἂν οὖν τὸ τοιοῦτον ἐπεφύκει προελθεῖν εἰς πλείους ὑποστάσεις;

Τί οὖν; οὐκ ἔστιν ἐκεῖ τὰ πολλά; Ἢ καὶ πρὸ τοῦ ἡνωμένου τὰ πολλὰ μετὰ τὸ ἕν, ἀλλ' οὐχὶ τοσάδε· ἀλλ' ἑνὰς ἀπειρόγονος ἦν τὰ πολλὰ ἐκεῖνα, τὸ δὲ πρῶτον

4-6 cf. Iambl. ap. Procl., *In Parm.* 1054.37 - 1055.23 ; 1064.21 - 1071.3 ; p. 36.8-18 Klibansky-Labowsky (p. 499.6 - 15 Steel); *Theol. Plat.* III 23, p. 82.4 - 22 ; uol. II, p. 64.8 ; 90.9 - 10 ; 93.24-25 || 10-13 Iambl. ubi ? || 21 supra, p. 16.9-13.

6 επαγάγη et mg. uirg. cens. A.

devenue quelque chose d'unifié au lieu de un, et même cette pluralité-ci n'est pas encore telle pluralité déterminée. En effet, il n'y a pas encore là de distinction, car il n'y a pas encore d'altérité ; mais là où se trouvent ces dernières, là le premier nombre aussi est dit avoir sa subsistence immédiatement après l'unifié, non pas le nombre qui est spécifié, mais celui qui est selon la première distinction, laquelle a reçu sa subsistence après le complètement indifférencié et selon la première pluralité comportant une différence[1]. Or, cette pluralité comme on l'a montré, est <celle> des premiers éléments, là où, pour la première fois, a apparu une distinction des premiers distingués, l'un et la substance, ou plutôt non pas même de ceux-ci comme déjà distingués, mais comme encore en train de se distinguer, surtout dans le sommet des réalités qui ont reçu en partage l'être dans le fait d'être en train de se distinguer[2]. C'est là assurément un sujet qu'il faudra reprendre plusieurs fois.

[15. *Deuxième réponse à la première aporie*]

[15.1. *Les pluralités externes : illuminations ou subsistences ?*]

Quant à nous, traitons auparavant d'une autre façon le même sujet, en retournant des choses d'en-bas qui sont encore soumises à la sensation, vers les tout premiers intelligibles, pour voir si cette démonstration aussi, qui est produite à partir d'indices et qui procède par analyse, nous procurera une certaine confirmation par sa propre vérité. L'enquête du raisonnement porte non pas sur les monades elles-mêmes, mais sur la pluralité qui est rangée sous chacune et qui procède précisément de chacune.

1. Voir *Notes complémentaires*, p. 196.
2. Il s'agit du sommet des intelligibles-intellectifs, cf. *Parm.*, 143 a 4 - 144 e 8.

αὐτῆς γέννημα τὸ νοητόν ἐστι πλῆθος, ἀντὶ ἑνὸς ἡνωμένον γεγονός, οὔπω δὲ οὐδὲ τοῦτο τοσάδε. Οὔπω γάρ τις διορισμός, οὔπω γάρ τις ἑτερότης· ὅπου δὲ ταῦτα, ἐκεῖ λέγεται καὶ ὁ πρῶτος ἀριθμὸς ὑποστῆναι μετὰ τὸ ἡνωμένον εὐθύς, οὐκ εἰδητικὸς ὢν ἀριθμός, ἀλλ' ὁ κατὰ τὸν πρῶτον διορισμὸν μετὰ τὸ πάντῃ ἀδιόριστον ὑποστάντα κατὰ τὸ πρῶτον διάφορον πλῆθος. Τοῦτο δὲ ἦν ⟨τὸ⟩ τῶν πρώτων στοιχείων, ὅπου πρῶτον ὑπέστη διορισμὸς τῶν πρώτων διορισθέντων, ἑνὸς καὶ οὐσίας, μᾶλλον δὲ οὐδὲ τούτων ἤδη διορισθέντων, ἀλλ' ἔτι διοριζομένων, ἄλλως τε καὶ ἐν τῇ ἀκρότητι τῶν κατὰ τὸ διακρίνεσθαι τὸ εἶναι λαχόντων. Τούτων μὲν οὖν ἅπτεσθαι καὶ εἰσαῦθις ἀναγκαῖον ἔσται πολλάκις.

(100) Ἡμεῖς δὲ ἄλλον προχειρισώμεθα τρόπον λόγων περὶ τῶν αὐτῶν, ἀπὸ τῶν κάτω καὶ ὑπὸ αἴσθησιν κειμένων ἐπανιόντες ἐπὶ τὰ πρώτιστα τῶν νοητῶν, εἴ τινα βεβαίωσιν τῇ ἑαυτῆς ἀληθείᾳ παράσχοιτο ἡμῖν καὶ ἡ ἀπὸ τεκμηρίων αὕτη γιγνομένη κατὰ ἀνάλυσιν ἀπόδειξις. Ἐπιζητεῖ δὲ ὁ λόγος οὐ περὶ τῶν μονάδων αὐτῶν, ἀλλὰ περὶ τῶν ὑπὸ ἑκάστην πολλῶν τεταγμένων καὶ ἀφ' ἑκάστης δὴ προϊόντων.

7 supra, p. 53.9-25.

---

8 τὸ addidi || 10 διορισθέντων] δι — s.u. A || 11 κατὰ τὸ scripsi : κάτω A (ἐν τῷ Kroll) || 18 αὐτὴ A, correxi.

Eh bien donc, posons comme principe qu'avant ce qui est mû par un autre, il y a l'automoteur, avant celui-ci l'immobile, mais en tant que déjà distingué, avant lui l'immobile qui est en train de se distinguer, et encore, avant ce dernier, l'immobile qui est indifférencié, et, d'une autre manière, posons aussi qu'avant le corps il faut qu'il y ait l'âme qui le meut et qui le rend vivant, avant l'âme l'intellect qui connaît tout simultanément et non pas discursivement, avant l'intellect la vie, et avant la vie la substance; posons donc ces réalités, qu'ont indiquées et reconnues les philosophes les plus célèbres[1].

Mais nous recherchons si après la substance unique il y a une pluralité de substances, après la vie unique une pluralité de vies, après l'intellect unique une pluralité d'intellects, et après l'âme <unique> une pluralité d'âmes. Car peut-être on pourrait dire que d'une âme unique vient dans la pluralité des corps une pluralité d'illuminations, que chaque corps reçoit la vie rationnelle qui lui échoit[2], comme une illumination venant de l'âme unique, et que ce qui paraît être la pluralité des multiples âmes est une pluralité non pas d'âmes indépendantes, mais d'illuminations psychiques. Pareillement on pourrait dire que ce qui paraît être une pluralité d'intellects se réduit aux illuminations intellectives, qui sont venues dans chaque âme à partir de chacune des formes distinguées dans l'intellect unique. Car il est nécessaire de reconnaître, à moins qu'on ne veuille contester l'évidence, qu'il y a une pluralité d'illuminations différentes par la forme, mais que ce sont seulement des illuminations et qu'elles procèdent des raisons différentes qui sont enveloppées dans l'âme unique, ou des formes qui sont distinguées dans l'intellect unique. En effet, il est facile de démontrer que la pluralité des formes a l'être antérieurement à la pluralité des raisons, et la pluralité des raisons antérieu-

1-2. Voir *Notes complémentaires*, p. 196.

Οὐκοῦν ὅτι μὲν πρὸ τοῦ ἑτεροκινήτου τὸ αὐτοκίνητον, καὶ πρὸ τούτου τὸ ἀκίνητον μέν, διακεκριμένον δέ, καὶ πρὸ τούτου τὸ διακρινόμενον, καὶ ἔτι πρὸ τούτου τὸ ἀδιάκριτον, ἀλλὰ καὶ ἕτερον τρόπον, ὅτι πρὸ σώματος δεῖ εἶναι ψυχὴν τὴν τὸ σῶμα κινοῦσαν καὶ ζωοποιοῦσαν, καὶ πρὸ ψυχῆς νοῦν τὸν ἅμα πάντα γινώσκοντα καὶ οὐ μεταβατικῶς, καὶ πρὸ τοῦ νοῦ ζωήν, καὶ | πρὸ ζωῆς οὐσίαν, ταῦτα μὲν τοίνυν ὑποκείσθω δεδειγμένα καὶ ὡμολογημένα πᾶσι τοῖς κλεινοτάτοις τῶν φιλοσόφων.

Ἀλλὰ ζητοῦμεν εἰ μετὰ τὴν μίαν οὐσίαν πολλαὶ οὐσίαι καὶ μετὰ τὴν μίαν ζωὴν πολλαὶ ζωαί, καὶ μετὰ τὸν ἕνα νοῦν πολλοὶ νόες, καὶ μετὰ τὴν ⟨μίαν⟩ ψυχὴν πολλαὶ ψυχαί. Μήποτε γὰρ εἴποι τις ἀπὸ μιᾶς ψυχῆς ἥκειν εἰς τὰ πολλὰ σώματα πολλὰς ἐλλάμψεις, καὶ ἔχειν ἕκαστον σῶμα τὴν ἐπιβάλλουσαν αὐτῷ ζωὴν λογικὴν ἀπὸ τῆς μιᾶς ψυχῆς ἐλλαμπομένην, καὶ εἶναι τὸ δοκοῦν πλῆθος τῶν πολλῶν ψυχῶν, οὐκ αὐτοτελῶν ψυχῶν ἀλλὰ ψυχικῶν ἐλλάμψεων πλῆθος. Ὁμοίως δὲ καὶ νόων πλῆθος τὰς νοερὰς ἐλλάμψεις τὰς εἰς ἑκάστην ψυχὴν ἡκούσας ἀφ' ἑκάστου εἴδους τῶν ἐν τῷ ἑνὶ νῷ διωρισμένων εἰδῶν. Ἀνάγκη γὰρ ὁμολογεῖν τὰς ἐλλάμψεις εἶναι πολλὰς καὶ διαφόρους κατ' εἶδος, εἰ μὴ ἐθέλοι τις πρὸς τὰ ἐναργῆ φιλονεικεῖν, εἶναι δὲ μόνον ἐλλάμψεις καὶ ἀπὸ τῶν διαφόρων λόγων προϊέναι τῶν ἐν τῇ μιᾷ ψυχῇ περιεχομένων καὶ τῶν εἰδῶν τῶν ἐν τῷ ἑνὶ νῷ διωρισμένων. Ῥᾴδιον γὰρ ἀποδεῖξαι τὸ τῶν εἰδῶν πλῆθος ὑφεστάναι πρὸ τοῦ πλήθους τῶν λόγων, καὶ τὸ τῶν λόγων πρὸ τῶν

7 ζωήν coni. Ruelle : -ή A || 8 οὐσίαν coni. Ruelle : -ία A || 12 μίαν add. Ruelle.

rement à la pluralité des images corporelles et matérielles. Car d'abord il est évident que ce qui est sensible vient après ce qui est éternel et immobile. Pareillement, on pourrait dire aussi que les multiples vies qui paraissent exister sont des illuminations vitales qui se diffusent dans tous les vivants à partir de l'unique vie subsistante, et qu'à leur tour les multiples substances sont des communications par illumination qui procèdent à partir de l'unique substance dans tous les êtres. Qu'est-il besoin de multiplier les arguments puisque la quasi totalité des philosophes avant Jamblique conçoivent aussi bien la pluralité des dieux de cette façon, en disant que le dieu suprasubstantiel est unique, <tandis que> les autres dieux sont substantiels, étant faits dieux par les illuminations qui viennent de l'un, et que la pluralité des hénades suprasubstantielles est non pas une pluralité d'hypostases indépendantes, mais la pluralité des divinisations qui sont illuminées à partir du dieu unique, et qui sont communiquées aux substances[1].

[15.2. *Lois générales*]

Donc, comme je le dis souvent, le raisonnement a pour objet de rechercher, au sujet de chaque nombre qu'on dit être rangé sous chaque monade qui le commande[2], s'il est indépendant ou seulement plurifié par illumination. Or, l'illumination est aussi de deux sortes, l'une est suspendue à l'illuminant et coexiste avec lui selon une continuité unique, l'autre est infuse dans l'illuminé, elle est faite sienne et elle est en lui comme dans un substrat. Il faudra donc rechercher selon laquelle des deux manières nous concevrons les illuminations, si on les admet à la place des hypostases qui sont indépendantes. Cependant précisons, pour commencer, que l'hypostase indépendante est certainement meilleure que l'illumination de même rang ; par

1-2. Voir *Notes complémentaires*, p. 197.

σωματοειδῶν καὶ ἐνύλων εἰκόνων. Πρῶτα γὰρ δῆλον ὅτι τὰ αἰσθητὰ μετὰ τὰ αἰώνια καὶ ἀκίνητα. Ὡσαύτως δὲ φαίη τις ἂν καὶ τὰς πολλὰς εἶναι δοκούσας ζωὰς ἐλλάμψεις εἶναι ζωτικὰς ἀπὸ τῆς μιᾶς ζωῆς ὑφεστώσης ἀπορρεούσας εἰς πάντα τὰ ζῶντα, καὶ τὰς πολλὰς αὖ πάλιν οὐσίας ἐνδόσεις εἶναι κατὰ ἔλλαμψιν ἀπὸ τῆς μιᾶς οὐσίας προϊούσας εἰς πάντα ὄντα. Τί δεῖ πολλὰ λέγειν, ὅτε καὶ τοὺς | θεοὺς οὕτως ὑποτίθενται τοὺς πολλοὺς οἱ πρὸ Ἰαμβλίχου σχεδόν τι πάντες φιλόσοφοι, ἕνα μὲν εἶναι τὸν ὑπερούσιον θεὸν λέγοντες, τοὺς ⟨δὲ⟩ ἄλλους οὐσιώδεις εἶναι ταῖς ἀπὸ τοῦ ἑνὸς ἐλλάμψεσιν ἐκθεουμένους, καὶ εἶναι τὸ τῶν ὑπερουσίων πλῆθος ἑνάδων οὐκ αὐτοτελῶν ὑποστάσεων, ἀλλὰ τῶν ἐλλαμπομένων ἀπὸ τοῦ μόνου θεοῦ καὶ ταῖς οὐσίαις ἐνδιδομένων θεώσεων.

Ὅπερ οὖν λέγω πολλάκις, ἐπιζητεῖ ὁ λόγος περὶ ἑκάστου ἀριθμοῦ τοῦ ὑπὸ ἑκάστην ἀρχικὴν μονάδα λεγομένου τετάχθαι, πότερον αὐτοτελής ἐστιν ἢ μόνον κατ' ἔλλαμψιν πληθυόμενος. Διττὴ δὲ καὶ ἡ ἔλλαμψις, ἡ μὲν ἀπῃωρημένη τοῦ ἐλλάμποντος καὶ ἐκείνῳ συνοῦσα κατὰ μίαν συνέχειαν, ἡ δὲ ἐμφυομένη τῷ ἐλλαμπομένῳ καὶ ἐκείνου γιγνομένη καὶ ἐν ὑποκειμένῳ αὐτῷ ὑφισταμένη. Ζητητέον οὖν ποτέρως ὑποθησόμεθα τὰς ἐλλάμψεις, εἴ τις αὐτὰς ἀντὶ τῶν ὑποστάσεων παραδέχοιτο τῶν αὐτοτελῶν. Διωρίσθω δὲ καὶ τοῦτο πρότερον, ὡς ἡ μὲν αὐτοτελὴς ὑπόστασις κρείττων ἐστὶ τῆς ὁμοταγοῦς

2 αἰσθητὰ scripsi : ἀληθῆ A || 10 δὲ add. coni. Ruelle.

exemple, la lumière du soleil serait reconnue meilleure, si elle subsistait par elle-même et n'était pas une chose suspendue à une autre, si elle était quelque substance et non pas, d'une certaine façon, un acte de la substance, si elle était établie en elle-même comme autonome et non pas comme consubstantialisée avec l'être d'autre chose. Et il est évident aussi que telle espèce d'illumination est préférable à l'autre, car l'une, bien qu'elle dépende de quelque autre chose, dépend du moins du supérieur qu'est l'illuminant lui-même, tandis que l'autre dépend de l'inférieur qu'est, en effet, l'illuminé. L'une est séparable, tandis que l'autre est dans un substrat et en est inséparable, et on voit clairement à laquelle des deux s'applique l'un ou l'autre de ces caractères.

De plus, à la suite de ces précisions, admettons aussi que si quelque perfection appartient à l'inférieur, à bien plus forte raison elle appartiendra au supérieur; par exemple, si l'âme de nature inférieure est une substance indépendante, et si elle n'est aucune des deux illuminations, il est certain que, de même, l'âme de nature supérieure, comme l'âme humaine et l'âme divine, sera bien davantage une substance indépendante, de sorte que si l'âme est indépendante, l'intellect aussi le sera selon le même raisonnement, et si l'intellect l'est, la vie le sera pareillement; et si la vie, aussi la substance; et si la substance, aussi l'un; en effet, la propriété d'être indépendant, d'être autonome, et d'être établi en soi-même doit se trouver davantage dans les réalités supérieures que dans les inférieures; par conséquent, si cette propriété est en celles-ci, elle est aussi en celles-là. Et je parle de la propriété d'être substantialisé par soi et en soi, dans le cas des réalités dont la nature est d'être de cette manière, telles que substance, vie, intellect, âme et corps; je précise cela à cause des composants qui dans ces réalités-là ont l'être, et que nous appelons éléments, parties, formes, raisons (ces raisons qui sont dans l'âme) et les autres choses semblables qui appartiennent au corps.

ἐλλάμψεως· οἷον τὸ ἡλίου φῶς, εἰ καθ' αὑτὸ ὑφειστήκει καὶ μὴ ἦν ἑτέρου τινὸς ἀπαιώρημα, καὶ οὐσία τις ἦν, ἀλλὰ μὴ τρόπον τινὰ τῆς οὐσίας ἐνέργεια, καὶ αὔταρκες ἐφ' ἑαυτοῦ ἑστός, ἀλλὰ μὴ τῷ ἑτέρου εἶναι συνουσιωμένον, κρεῖττον ἀνωμολόγητο. Δῆλον δὲ ὅτι καὶ ἡ τοιάδε ἔλλαμψις ἀμείνων ἐστὶ τῆς ἑτέρας· αὕτη μὲν γάρ, εἰ καί τινος ἑτέρου ἐστίν, ἀλλὰ τοῦ κρείττονος, αὐτοῦ γε τοῦ ἐλλάμποντος, ἐκείνη δὲ τοῦ χείρονος, τοῦ γὰρ ἐλλαμπομένου· καὶ ἡ μὲν χωριστή, ἡ δὲ ἐν ὑποκειμένῳ καὶ ἀχώριστος, σαφὲς δὲ ποτέρα πότερον.

Ἔτι τοίνυν ἠξιώσθω καὶ ἐκεῖνο πρὸς τούτοις, ὡς εἴ τι κρεῖττον εἴη τῷ χείρονι, καὶ τῷ κρείττονι ἔσται πολλῷ μειζόνως· οἷον εἰ ἡ χείρων φύσει ψυχὴ αὐτοτελὴς οὐσία ἐστί, καὶ οὐκ ἔλλαμψις οὐδετέρα, πάντως ὅτι καὶ ἡ φύσει κρείττων, οἷον ἡ ἀνθρωπίνη καὶ ἡ θεία, πολὺ μᾶλλον· ὥστε εἰ ἡ ψυχή, καὶ ὁ νοῦς κατὰ τὸν αὐτὸν λόγον· καὶ εἰ ὁ νοῦς, καὶ ἡ ζωὴ ὡσαύτως· εἰ δὲ ἡ ζωή, καὶ ἡ οὐσία· εἰ δὲ ἡ οὐσία, καὶ τὸ ἕν· τὸ γὰρ αὐτοτελὲς καὶ αὔταρκες καὶ ἐφ' ἑαυτοῦ ἱδρυμένον ἐν τοῖς ὑπερτέροις ἂν εἴη μᾶλλον ἢ ἐν τοῖς ὑποδεεστέροις· εἰ ἄρα ἐν τούτοις, καὶ ἐν ἐκείνοις. Λέγω δὲ τὸ καθ' ἑαυτό τε καὶ ἐν ἑαυτῷ οὐσιωμένον ἐπὶ τῶν πεφυκότων ὧδε | ἔχειν, τοιαῦτα δὲ οὐσία καὶ ζωὴ καὶ νοῦς καὶ ψυχὴ καὶ σῶμα· διορίζομαι δὲ τοῦτο διὰ τὰ ἐν τούτοις ἔχοντα τὸ εἶναι, ἃ καλοῦμεν στοιχεῖα καὶ μέρη καὶ εἴδη καὶ λόγους τοὺς ἐν ψυχῇ καὶ τὰ τοῦ σώματος ἕτερα τοιαῦτα.

1 ὑφιστήκει A ‖ 2 μὴ ἦν scripsi : μὴ ἦι A[1], μὴν A ‖ 5 an scr. ἂν ὡμολόγητο? ‖ 7 γε scripsi : τε A ‖ 15 οἷον ἡ scripsi : εἴη A.

[15.3. *Application aux âmes*]

Les choses étant ainsi, il est évident même pour un aveugle, comme on dit, qu'il y a une pluralité de corps et qu'ils sont séparés les uns des autres, chacun en particulier. Quant à ceux d'entre eux qui sont animés, ou bien ils sont animés par une âme unique commune à tous, ou bien, après l'âme unique, il y a aussi une pluralité d'âmes, dont une seule est propre à chacun, chacune étant une sorte de substance automotrice. Mais il est évident aussi qu'il n'y a pas une seule vie pour tous ; car nous avons la sensation l'un d'une vie, l'autre d'une autre. Les animations des corps singuliers leur sont donc propres ; elles sont ou bien des illuminations qui sont données en propre aux substrats, ou bien des illuminations qui descendent de raisons particulières de l'âme unique et entrent en chacun des corps comme dans un substrat. Cependant [objectera-t-on] cela est impossible, car ce qui se meut soi-même est nécessairement séparable des corps qui en sont les substrats ou qui en sont animés. Ne faut-il pas dire plutôt que les illuminations ne sont pas infuses dans les corps et qu'elles n'ont même pas en ceux-ci leur être, mais qu'elles sont suspendues aux illuminants, et en sont ou bien des sortes d'actes, ou bien des substances secondes qui sont suspendues aux substances premières et qui en découlent, comme les éclats des objets lumineux, ou bien quoi que ce soit que l'on veuille dire ; mais alors, aucune ne s'appartiendra absolument à elle-même, et elles seront comme des rejetons d'une nature unique, ou bien des parties ou bien des raisons substantielles. Et s'il en est ainsi, quelle place auront la méchanceté et l'ignorance dans les âmes particulières qui n'existeront plus ? Ce seront donc des passions de l'âme universelle. Car, s'il n'y avait rien d'autre que la lumière du soleil dans ce lieu-ci, le fait qu'une lampe s'éteigne serait une passion de la lumière solaire, puisque la lumière de la lampe appartiendrait également au soleil. Or, il n'est même pas permis de dire cela ; il n'est pas vrai, alors,

Τούτων δὲ οὕτως ἐχόντων, ὅτι μὲν τὰ σώματα πολλά ἐστιν καὶ διέστηκεν ἀπ' ἀλλήλων καθ' ἕκαστα, φανερὸν καὶ τυφλῷ, τὸ λεγόμενον· τὰ δὲ ἔμψυχα τούτων ἢ μιᾷ ψυχῇ ἐψύχωται κοινῇ πάντων, ἢ μετὰ τὴν μίαν εἰσὶ καὶ πολλαὶ ψυχαὶ ἑκάστου μία τις ἴδιος, οὐσία τις ἑκάστη αὐτοκίνητος. Ἀλλ' ὅτι μὲν οὐ μία πάντων ἡ ζωή, καὶ τοῦτο φανερόν· ἄλλης γὰρ ἄλλος αἰσθανόμεθα ζωῆς. Ἴδιοι μὲν οὖν αἱ ψυχώσεις ἑκάστων· ἤτοι δὲ ἐλλάμψεις εἰσὶν ἰδιούμεναι πρὸς τὰ ὑποκείμενα, ἢ ἀπὸ λόγων καθήκουσαι τῆς μιᾶς ψυχῆς ἰδιοτρόπων, ἐν ὑποκειμένῳ δὲ ἐγγιγνόμεναι τῶν σωμάτων ἑκάστῳ. Τοῦτο δὲ ἀδύνατον, τὸ γὰρ αὐτὸ ἑαυτὸ κινοῦν πάντως ἐστὶ χωριστὸν τῶν ὑποκειμένων ἢ ψυχουμένων παρ' αὐτοῦ σωμάτων. Ἦ τούτοις μὲν οὐκ ἐμπεφύκασιν αἱ ἐλλάμψεις, οὐδὲ ἐν τούτοις ἔχουσι τὸ εἶναι, ἀποκρέμανται δὲ τῶν ἐλλαμπόντων, καὶ ἐκείνων εἰσὶν εἴτε ἐνέργειαί τινες εἴτε οὐσίαι δεύτεραι συνηρτημέναι ταῖς πρώταις καὶ ἐκείνων ἀπορρέουσαι, ὡς τὰ φῶτα τῶν φωτιζόντων, εἴτε ὅ τι βούλοιτό τις λέγειν· ἀλλ' ἔσονται πάντως οὐχ ἑαυτῶν ἕκασται, ἀλλὰ μιᾶς φύσεως οἷον ἀποφύσεις, ἢ μέρη ἢ λόγοι οὐσιώδεις. Εἰ δὲ τοῦτο, ποίαν ἕξει χώραν ἡ κακία καὶ ἡ ἄγνοια ἐν ταῖς μερικαῖς ψυχαῖς οὐκέτι οὔσαις; Ἔσται ἄρα ταῦτα πάθη τῆς ὅλης· εἰ γὰρ μηδὲν ἦν ἄλλο παρὰ τὸ ἡλίου φῶς ἐν τῷδε τῷ τόπῳ, τὸ σβέννυσθαι πάθος ἦν ἂν τοῦ ἡλιακοῦ φωτός, εἴπερ καὶ τὸ λυχναῖον ἐκείνου

7 ἄλλος scripsi : -ως A.

que les âmes humaines soient des rejetons de l'âme universelle ; elles sont donc indépendantes, fondées sur elles-mêmes et en elles-mêmes, étant, par rapport à elles-mêmes et non à d'autres choses, ce qu'elles sont, libres et automotrices réellement.

Et si le corps humain a l'animation qui est enracinée en lui, s'il a, antérieure à celle-ci, cette âme indépendante qui l'insuffle, s'il est aussi animé de quelque manière par l'âme de l'univers, il est certain que les meilleurs des êtres animés n'auront pas seulement la vie qui est dans le substrat, ni non plus seulement la vie commune qui les insuffle de loin, mais encore la vie propre à chacun d'eux ; car une telle animation est supérieure à celle qui est privée de l'âme propre et indépendante. En bref, s'ils ont l'animation la plus inférieure qui est <selon le substrat> et l'animation la plus parfaite qui est selon la communauté de l'âme unique, pourquoi n'auraient-ils pas celle qui est rangée au milieu des deux ?

En outre, et d'une autre façon, si notre âme est une certaine substance propre, et s'il y a aussi l'âme universelle et unique qui est comme la monade des âmes, pourquoi n'y aurait-il pas encore le nombre tout entier [des âmes] qui est intermédiaire entre l'âme unique et les âmes divisées jusqu'au dernier degré ? Comment, en effet, serait-il possible que les plus particulières de toutes les âmes procédassent de l'âme universelle sans les plérômes intermédiaires[1] ? Il est donc nécessaire que chaque être animé possède une âme propre indépendante.

Si l'on dit encore, par souci d'exactitude, que la vivification qui vient de l'âme universelle et unique est de deux sortes : l'une qui anticipe la vie propre et qui est telle qu'elle vivifie aussi les corps inanimés qui sont dans l'univers (cette vivification est inférieure à celle qui est propre et plus particulière, et elle est telle qu'en la recevant de surcroît les corps animés sont devenus

1. Voir *Notes complémentaires*, p. 197.

ἦν. Τοῦτο δὲ οὐδὲ λέγειν θεμιτόν· οὐκ ἄρα [αισ] αἱ ἀνθρώπιναι ψυχαὶ τῆς ὅλης εἰσὶν ἀποφύσεις· αὐτοτελεῖς ἄρα καὶ ἐφ' ἑαυτῶν ἱδρυμέναι καὶ ἐν ἑαυταῖς, ἑαυτῶν οὖσαι καὶ οὐχ ἑτέρων ὅπερ εἰσίν, αὐτεξούσιοι καὶ αὐτοκίνητοι ὡς ἀληθῶς.

Εἰ δὲ τὸ ἀνθρώπειον σῶμα ἔχει μὲν καὶ τὴν ἐν αὐτῷ κατερριζωμένην ἐμψυχίαν, ἔχει δὲ πρὸ ταύτης τὴν ἐμπνέουσαν αὐτοτελῆ ταύτην ψυχήν, ψυχοῦται δέ πως καὶ ὑπὸ τῆς τοῦ παντός, πάντως ὅτι τὰ κρείττονα τῶν ἐμψύχων οὐ μόνην ἕξει τὴν ἐν ὑποκειμένῳ ζωήν, οὐδὲ μόνην τὴν κοινὴν καὶ πόρρωθεν ἐμπνέουσαν, ἀλλὰ καὶ τὴν ἴδιον αὐτῶν ἑκάστου· κρείττων γὰρ ἡ τοιάδε ψύχωσις τῆς οὐκ ἐχούσης τὴν αὐτοτελῆ καὶ οἰκείαν ψυχήν. Ὅλως δὲ εἰ | τὴν χειρίστην ἔχει κατὰ *** ἐμψυχίαν, καὶ τὴν κρατίστην κατὰ τὸ κοινὸν τῆς μιᾶς ψυχῆς, διὰ τί μὴ ἂν ἔχοι τὴν ἐν μέσῳ τούτων τεταγμένην;

Ἔτι δὲ καὶ ἄλλως, εἰ ἔστιν ἡ ἡμετέρα ψυχὴ ἴδιός τις οὐσία, ἔστιν δὲ καὶ ἡ ὅλη καὶ μία, ὥσπερ μονὰς οὖσα τῶν ψυχῶν, διὰ τί μὴ καὶ ὁ πᾶς ἀριθμὸς ὁ μεταξὺ τῆς μιᾶς καὶ τῶν εἰς ἔσχατον μεμερισμένων; Πῶς γὰρ οἷόν τε ἦν ἀπὸ τῆς ὅλης προελθεῖν τὰς μερικωτάτας ἁπασῶν ψυχῶν ἄνευ τῶν μέσων πληρωμάτων; Ἀνάγκη ἄρα ἕκαστον ἔμψυχον οἰκείαν αὐτοτελῆ κεκτῆσθαι ψυχήν.

Εἰ δέ τις καὶ ἀκριβολογούμενος διττὴν εἶναι φαίη τὴν ἀπὸ τῆς ὅλης καὶ μιᾶς ψυχῆς ζωοποιίαν, τὴν μὲν προλαμβάνουσαν τὴν ἴδιον, οἷα ζωοποιεῖ καὶ τὰ ἄψυχα τῶν ἐν τῷ παντί, χείρω ταύτην οὖσαν τῆς ἰδιοτρόπου καὶ μερικωτέρας, οἵαν προσλαβόντα τὰ ἔμψυχα ζωτικώτερα

1 αισ deleui || 14 lac. statui, supple ex. gr. τὸ ὑποκείμενον (cf. us. 10).

plus vivants), l'autre qui vient s'imposer à la vie propre, en qualité de vie commune, transmise à partir de l'âme universelle, vie selon laquelle les vivants particuliers sont constitués en une totalité[1], alors, même dans ces conditions, il est néanmoins nécessaire ou bien que tous les corps soient inanimés et vivent seulement selon la vie commune et étrangère qui est celle de l'univers, ou bien que, si le corps animé existe aussi, il y ait de même une certaine âme qui lui soit propre, par laquelle il atteindra davantage et de façon plus totale l'âme de l'univers. Il y a donc, après l'âme unique, la pluralité des âmes indépendantes, pour autant que l'on raisonne à partir des apparences.

[15.4. *Application aux immobiles, à l'unifié, à l'un*]

Or, si le corps animé est à l'âme dans le même rapport que l'être intelligent est à l'intellect, il est nécessaire, je pense, que le même raisonnement soit valable aussi dans le cas de ces derniers. Ainsi donc, si le corps animé est un corps pourvu d'une âme, un corps qui ne se contente pas de recevoir une illumination d'une âme, mais qui est aussi suspendu à une âme indépendante, car pour lui, nous l'avons vu, ceci est meilleur que cela, alors, l'être intelligent est une âme pourvue d'intellect, une âme qui ne se contente pas de recevoir l'illumination intellective, mais qui est aussi suspendue par nature à un intellect propre, ce qui est meilleur pour elle que de recevoir seulement l'illumination intellective. Car il est inconcevable que cette espèce supérieure [d'être] se soit constituée dans les êtres inférieurs en se substantialisant en eux et qu'au contraire elle n'ait pu se produire avec les êtres supérieurs et en eux ; inconcevable, dis-je, que le corps animé soit uni à une âme indépendante et que l'âme

1. Voir *Notes complémentaires*, p. 197.

γέγονεν, τὴν δὲ ταύτῃ ἐπιγιγνομένην τῇ ἰδίᾳ κοινὴν ζωήν, ἀπὸ τῆς ὅλης ἐνδεδομένην ψυχῆς, καθ' ἣν ὁλοῦται τὰ μερικά, καὶ οὕτως ὅμως ἀνάγκη ἢ πάντα ἄψυχα εἶναι καὶ μόνην ζῆν τὴν κοινὴν καὶ ἀλλοτρίαν ζωήν, τοῦ παντὸς οὖσαν, ἤ, εἰ ἔστιν καὶ τὸ ἔμψυχον, εἶναί τινα καὶ ἴδιον ψυχὴν τούτου, δι' ἧς τεύξεται μειζόνως καὶ ὁλικώτερον τῆς τοῦ παντός. Εἰσὶν ἄρα μετὰ τὴν μίαν αἱ πολλαὶ ψυχαὶ αὐτοτελεῖς, ὡς ἀπὸ τῶν φαινομένων συλλογίσασθαι.

Εἰ δὲ οὕτως ἔχει τὸ ἔμψυχον πρὸς ψυχὴν ὡς τὸ ἔννουν πρὸς νοῦν, ἀναγκαῖον, οἶμαι, καὶ ἐπὶ τούτων τὸν αὐτὸν λόγον κρατύνειν. Τὸ μὲν οὖν ἔμψυχον σῶμά ἐστιν ἐψυχωμένον, οὐκ ἔλλαμψιν ἔχον μόνην ψυχῆς, ἀλλὰ καὶ ψυχῇ αὐτοτελεῖ συνηρτημένον· ἦν γὰρ αὐτῷ τοῦτο κρεῖττον ἐκείνου· τὸ δὲ ἔννουν ψυχή ἐστιν νενοωμένη, οὐ μόνην ἔχουσα τὴν νοερὰν ἔλλαμψιν, ἀλλὰ καὶ νῷ οἰκείῳ συνηρτημένη κατὰ φύσιν, ὃ κρεῖττόν ἐστιν αὐτῇ τοῦ μόνην ἔλλαμψιν ἔχειν νοεράν. Οὐ γὰρ δὴ τοῦτο τὸ κρεῖττον εἶδος ἐν μὲν τοῖς χείροσι συνέστη καὶ τοῖς χείροσιν ἐνουσιώθη, τοῖς δὲ κρείττοσι καὶ ἐν τοῖς κρείττοσιν οὐκ ἂν ἐγένετο· λέγω δὲ τὸ αὐτοτελεῖ μὲν ψυχῇ συνεζεῦχθαι τὸ ἔμψυχον σῶμα, νῷ δὲ τὴν ἔννουν

14-15 supra, p. 64.24-65.5.

7 ἄρα A[1] : αι A ‖ 13 ἐμψυχωμένον, eraso -μ-[1], A ‖ 14 συνηρημένον A, τ sscr.A[1] ‖ αὐτῶι A[1] : αὐτο A ‖ 16 καὶ νῷ Kroll : κοινῶι A.

intelligente ne le soit pas à un intellect indépendant. En effet, cette espèce supérieure d'être, comment n'appartiendrait-elle pas, à plus forte raison, aux êtres supérieurs ?

Or, le même procédé de recherche s'appliquera à l'intellect et à la vie, Car, de l'aveu de tous, l'intellect vit, mais cette vie-là est celle de l'intellect et elle a l'être dans l'intellect. Il doit donc y avoir, avant cette vie, une vie indépendante dont l'intellect participera, du fait qu'il est uni à elle par suspension et comme à quelque chose de supérieur, ainsi qu'un corps l'est à une âme ; et, grâce à cette vie, l'intellect participera aussi de la vie imparticipable, de la même façon que le corps, grâce à l'âme qui est la sienne, participe aussi, par exemple, de celle du démon qui a reçu cette âme en partage[1].

De la même manière nous remonterons aussi de la vie à la substance, à celle qui est participable et aussi bien à celle qui ne l'est pas. Est-ce qu'on ne pourrait pas dire cela également dans le cas de l'unifié, en soutenant qu'il est triple, lui aussi : un premier selon un *habitus* qui est dans la substance, un deuxième selon l'hypostase participable, un troisième selon l'hypostase imparticipable ? Et le même raisonnement exigera qu'il y ait encore de l'un pur ou de l'un antérieur à tout une triple hypostase : un premier un qui soit l'illumination produite dans une autre chose, illumination selon laquelle nous disons *un* chaque être qui existe de quelque façon que ce soit, un deuxième selon la subsistence imparticipable, un troisième selon la subsistence intermédiaire qui est participable, et grâce à laquelle les participants retirent aussi quelque avantage de la subsistence imparticipable. Mais cette aporie[2] nous attend plus tard encore.

1. Voir *Notes complémentaires*, p. 197.

2. Il s'agit de la nouvelle aporie qui vient d'apparaître par le fait de dire qu'il y a une triple hypostase de l'unifié et de l'un. Voir *loc. cit.* au bas de la page ci-contre.

ψυχὴν μὴ συνεζεῦχθαι αὐτοτελεῖ. Κρεῖττον γὰρ ὂν τοῦτο, πῶς οὐκ ἂν μειζόνως ὑπάρξειε τοῖς κρείττοσιν;

(101)[1] Ἀλλὰ μὴν ὁ αὐτὸς τῆς μεθόδου τρόπος καὶ ἐπὶ νοῦ καὶ ζωῆς. Ζῇ μὲν | γὰρ ὁμολογουμένως ὁ νοῦς, ἀλλ' ἡ ζωὴ αὕτη τοῦ νοῦ ἐστι καὶ ἐν τῷ νῷ ὑφέστηκεν. Δεῖ ἄρα πρὸ ταύτης εἶναι ζωὴν αὐτοτελῆ, ἧς ὁ νοῦς μεθέξει κατὰ συνάρτησιν αὐτῇ καὶ ὡς κρείττονι συνεζευγμένος ὥσπερ σῶμα ψυχῇ, καὶ δι' ἧς μεθέξει καὶ τῆς ἀμεθέκτου ζωῆς, ὥσπερ τὸ σῶμα διὰ τῆς ἑαυτοῦ ἰδίας ψυχῆς καὶ τῆς τοῦ εἰληχότος φέρε εἰπεῖν.

Ὡσαύτως δὲ ἀναβησόμεθα καὶ ἀπὸ ζωῆς ἐπ' οὐσίαν καὶ τὴν μεθεκτὴν καὶ τὴν ἀμέθεκτον. Ἆρα οὖν οὐ τοῦτο λέγοι τις ἂν καὶ ἐπὶ τοῦ ἡνωμένου, ὡς ὄντος τριττοῦ καὶ αὐτοῦ, τοῦ μὲν κατὰ ἕξιν τὴν ἐν τῇ οὐσίᾳ, τοῦ δὲ κατὰ τὴν μεθεκτὴν ὑπόστασιν, τοῦ δὲ κατὰ τὴν ἀμέθεκτον; Ὁ δὲ αὐτὸς ἀπαιτήσει λόγος καὶ τοῦ ἁπλῶς ἑνὸς καὶ πρὸ πάντων ἑνὸς εἶναι τριττὴν ὑπόστασιν· τὸ μὲν γὰρ εἶναι τὴν ἐν ἄλλῳ γεγονυῖαν ἔλλαμψιν, καθ' ἣν ἕκαστον ὅπως ποτὲ ὑφεστὸς ἓν λέγομεν, τὸ δὲ κατὰ τὴν ἀμέθεκτον ὕπαρξιν, τὸ δὲ κατὰ τὴν μέσην τὴν μεθεκτήν, δι' ἧς τὰ μετέχοντα καὶ τῆς ἀμεθέκτου τι παραπολαύει. Ἀλλ' αὕτη μὲν ἡ ἀπορία καὶ εἰσαῦθις ἡμᾶς περιμένει.

22 infra, p. 84.15-17; 86.1-90.17; 115.15-19; 137.22-147.18.

---

6 ζωὴν A[1] : -ὴ A || 18 τὴν Thomson : τῇσ A.

[16. *Troisième réponse à la première aporie*]

[16.1. *Théorie de l'hétéromobile, de l'automoteur, de l'immobile*]

Je veux [maintenant], suivant un autre procédé d'argumentation, refaire encore le parcours d'en-bas vers en-haut, en montrant à l'aide d'indices que c'est, en effet, une nécessité qu'il y ait toujours avant les choses inférieures non seulement les monades supérieures, mais encore chacun des nombres qui se distinguent de leurs monades propres ; comme je viens de le dire à l'instant, la pluralité des âmes se produit après l'âme unique, la pluralité des intellects après l'intellect unique, la pluralité des vies et la pluralité des substances après la vie unique et la substance unique ; à la suite de quoi, nous rencontrerons de nouveau la même aporie au sujet de l'unifié et de l'un[1].

Qu'il soit, certes, nécessaire de poser la suite triadique de l'hétéromobile, de l'automoteur, de l'immobile, c'est, je pense, ce que les philosophes plus anciens, eux aussi, font voir suffisamment[2]. Car, si le corps qui est mû est mû par autre chose (car il ne saurait être mû par lui-même), alors, ou bien ce qui meut est un corps, et ce corps [à son tour] est mû par un autre, et cela à l'infini, ou bien il est mû par un [être] immobile[3] (et comment ce dernier tantôt mouvra-t-il, tantôt ne mouvra-t-il pas, car ce qui est mû par un autre se trouve dans le changement, tandis que l'immobile ne saurait inaugurer un changement, pour ne pas changer lui aussi ; en effet, on le suppose immobile) ; ou bien, si ces solutions sont impossibles, c'est l'automoteur qui inaugurera son propre changement et celui de l'hétéromobile. Il est donc nécessaire que l'automoteur soit posé antérieurement à ce qui est mû par un autre.

1. Cf. n. 2 au bas de la p. 69.
2-3. Voir *Notes complémentaires*, p. 197-198.

Βούλομαι δὲ κατ' ἄλλην ἔφοδον λόγων ἀναδραμεῖν πάλιν κάτωθεν ἄνω, διὰ τεκμηρίων ἀποδεικνὺς ὡς ἀναγκαῖον ἄρα μὴ μόνον τὰς μονάδας εἶναι τὰς ὑπερτέρας ἀεὶ πρὸ τῶν καταδεεστέρων, ἀλλὰ καὶ τοὺς ἀριθμοὺς ἑκάστους τοὺς ἀπὸ τῶν οἰκείων μονάδων διακρινομένους· οἷον ὃ νῦν δὴ ἔλεγον, ὅτι καὶ ψυχαὶ πολλαὶ γεγόνασι μετὰ τὴν μίαν, καὶ νόες μετὰ τὸν ἕνα πολλοί, καὶ ζωαὶ καὶ οὐσίαι πολλαὶ μετὰ τὴν μίαν ζωὴν καὶ οὐσίαν· ἐφ' οἷς πάλιν ἡ αὐτὴ ἡμῖν ἀπορία ἀπαντήσεται περὶ τοῦ ἡνωμένου καὶ τοῦ ἑνός.

(101)[2] Ὅτι μὲν τοίνυν τρία τὰ ἐφεξῆς ἀναγκαῖον ὑποτίθεσθαι, τὸ ἑτεροκίνητον, τὸ αὐτοκίνητον, τὸ ἀκίνητον, ἱκανῶς, οἶμαι, καὶ οἱ παλαιότεροι δεικνύουσιν. Εἰ γὰρ ὑφ' ἑτέρου κινεῖται τὸ κινούμενον σῶμα (οὐ γὰρ ὑφ' ἑαυτοῦ), ἢ σῶμα τὸ κινοῦν, καὶ αὐτὸ ὑφ' ἑτέρου, καὶ τοῦτο ἐπ' ἄπειρον, ἢ ὑπ' ἀκινήτου (καὶ πῶς τοῦτο ποτὲ μὲν κινήσει, ποτὲ δὲ οὔ; τὸ γὰρ ἑτεροκίνητον ἐν μεταβολῇ θεωρεῖται, τὸ δὲ ἀκίνητον οὐκ ἂν ἐξάρχοι μεταβολῆς, ἵνα μὴ καὶ αὐτὸ μετα|βάλλοι, ὑπόκειται δὲ ἀκίνητον)· ἢ εἰ ταῦτα ἀδύνατα, τὸ αὐτοκίνητον ἄρξει μεταβολῆς τῆς τε ἑαυτοῦ καὶ τῆς τοῦ ἑτεροκινήτου. Ἀνάγκη ἄρα πρὸ τοῦ ἑτεροκινήτου τὸ αὐτοκίνητον ὑποτίθεσθαι.

6 supra us. 3-5; p. 68.7-8.

12 τὸ ἀκίνητον in fine us. suppl. A[1].

Ajoutons que le mouvant, en tant qu'il meut, est nécessairement immobile ; car, si celui-ci également est mû, nous irons à l'infini ; et, si l'on disait que l'automoteur est le premier mouvant, il devrait être immobile et non pas automoteur. De plus, si le même être est à la fois mouvant et mû, et si, en tant que mouvant, il est immobile, et, en tant que mû par lui-même, automoteur, alors il ne sera pas purement immobile, mais il sera le premier des mus, parce qu'il est mû non par un autre mais par lui-même, tandis qu'il sera le dernier des mouvants, parce qu'il n'est pas seulement mouvant, mais aussi mû. Or, on doit poser comme premier, avant le mélangé, ce qui est sans mélange par rapport à ce qui lui est inférieur[1] ; en effet, si le mouvant, qui est nécessairement immobile, doit être antérieur au mû, ce qui est à la fois mouvant et mû ne peut pas être le premier ; car celui-ci n'est pas non plus le mouvant au sens propre. En effet, pourquoi le même être serait-il plutôt mouvant que mû ? Et pourquoi serait-il dit être l'un des immobiles plutôt que des mus ? Car, même s'il s'impose à lui-même un changement, il est cependant changé ; il n'est donc pas véritablement immobile. Il faut donc qu'antérieurement à l'automoteur <soit> l'immobile qui, à son tour, doit être triple dans sa nature. En effet, l'intellect, la vie, la substance peuvent être complètement immobiles : la substance comme supraéternelle, l'intellect comme éternel, et la vie comme l'éternité même. Ou bien peut-être est-il préférable de dire que l'intellect s'est circonscrit et distingué en formes, que la substance est incirconscrite et indifférenciée, et que la vie se comporte de façon intermédiaire en ce sens qu'elle s'éveille à la distinction et à la circonscription, sans toutefois être encore parfaitement établie dans l'état du distingué et du circonscrit ; quant à l'ordre aussi de ces immobiles, il est évident. Et, antérieurement à eux,

1. Cf. vol. I, p. 51.17-19, n. 4 ; p. 56.11-12.

Καὶ μὴν τὸ κινοῦν, ᾗ κινεῖ, πάντως ἀκίνητον· εἰ γὰρ καὶ τοῦτο κινοῖτο, ἐπ' ἄπειρον ἥξομεν· εἰ δὲ τὸ αὐτοκίνητον λέγοι τις εἶναι τὸ πρῶτον κινοῦν, ἀκίνητον ἂν εἴη, καὶ οὐκ αὐτοκίνητον. Εἰ δὲ ταὐτὸν ἅμα κινοῦν καὶ κινούμενον, καὶ ᾗ μὲν κινοῦν, ἀκίνητον, ᾗ δὲ ὑφ' ἑαυτοῦ κινούμενον, αὐτοκίνητον, οὐκ ἔσται καθαρῶς ἀκίνητον, ἀλλὰ πρῶτον μὲν τῶν κινουμένων, ὅτι οὐχ ὑπὸ ἄλλου ἀλλ' ὑφ' ἑαυτοῦ, ἔσχατον δὲ τῶν κινούντων, ὅτι οὐ μόνον ἐστὶ κινοῦν ἀλλὰ καὶ κινούμενον. Δεῖ δὲ τὸ ἀμιγὲς πρὸς τὸ χεῖρον πρὸ τοῦ μεμιγμένου τίθεσθαι ὡς πρῶτον· εἰ γὰρ δεῖ εἶναι πρὸ τοῦ κινουμένου τὸ κινοῦν, ὅπερ ἐξ ἀνάγκης ἀκίνητον, οὐ δύναται πρῶτον εἶναι κινοῦν τὸ ἅμα κινούμενον· οὐδὲ γὰρ κυρίως τοῦτό ἐστι τὸ κινοῦν. Τί γὰρ μᾶλλον κινοῦν ἢ κινούμενον τὸ αὐτό; Καὶ τί μᾶλλον τῶν ἀκινήτων ἢ τῶν κινουμένων εἶναι λέγοιτο; Κἂν ἑαυτὸ γὰρ μεταβάλῃ, μεταβάλλεται ὅμως· οὐκ ἄρα ἀκίνητον ὡς ἀληθῶς. Δεῖ ἄρα πρὸ τοῦ αὐτοκινήτου ⟨εἶναι⟩ τὸ ἀκίνητον, ὃ πάλιν τριττὸν ἂν εἴη τὴν φύσιν. Δύναται γὰρ ἀκίνητον εἶναι παντελῶς ὁ νοῦς, ἡ ζωή, ἡ οὐσία· αὕτη μὲν ὡς ὑπεραιώνιος, ὁ δὲ νοῦς ὡς αἰώνιος, ἡ δὲ ζωὴ ὡς αἰὼν αὐτός. Ἢ ἄμεινον ἴσως τὸ μὲν φάσκειν εἰς εἴδη περιγεγράφθαι καὶ διακεκρίσθαι, τὸ δὲ ἀπερίγραφον εἶναι καὶ ἀδιάκριτον, τὸ δὲ οὕτω μέσως ἔχειν ὡς ἐγείρεσθαι μὲν πρός τε διάκρισιν καὶ περιγραφήν, οὔπω δὲ ἐν τῷ διακεκρίσθαι καὶ περιγεγράφθαι τελέως ἑστάναι· δήλη δὲ τούτων καὶ ἡ τάξις. Ἔσται δὲ πρὸ τούτων καὶ ἀντιπαρα-

17 εἶναι addidi || 26-72.1 ἀντιπαρατεινόμενον coni. Ruelle : ἀναπαρατεινόμενον, mg. uirg. cens., A.

s'étendant en face[1] de tous, il y aura l'un ; car ce n'est pas la même chose que l'un et l'unifié ; ce dernier, en effet, est nous le savons l'indifférencié [de ces immobiles].

[16.2. *Automoteurs apparents et automoteurs réels*]

Après avoir jusqu'à ce point rappelé ces choses, proposons-nous, au sujet de la pluralité des espèces, si l'on peut dire, qui se trouvent sous chaque genre, de rechercher si quelque raisonnement en fera voir la nécessité en plus des genres communs. Or, outre ce qu'on a déjà dit, il faut préciser d'abord que les parties se spécifient en même temps que leur tout propre, et il faut caractériser par l'acte du tout celui aussi de la partie. Par exemple, la faculté de l'opinion qui appartient à l'âme divine, à l'âme démonique et à l'âme humaine, n'est pas la même selon l'espèce, mais celle-ci est, elle-même, humaine, celle-là démonique, cette autre enfin divine ; et c'est pareillement une raison particulière que celle de chaque âme. Par suite, l'automoteur [réel] est également diversifié selon l'espèce, de sorte que l'automoteur apparent qui descend d'âmes différentes [en espèce] est lui aussi différent en espèce. Ainsi donc, si l'on convertit la proposition, on doit dire que les automoteurs apparents qui sont différents en espèce procèdent d'automoteurs réels différents en espèce, de sorte que la pluralité des espèces apparentes est un indice de la pluralité des espèces réelles, puisque le caractère commun apparent est aussi indicatif du caractère commun réel. Si donc, d'une manière absolue, nous faisons de l'automoteur apparent, qui se trouve dans l'hétéromobile, un indice de l'automoteur réel, comme il est montré plus parfaitement dans le *Phèdre*, et s'il y a une pluralité d'espèces d'automoteurs apparents, alors il doit y avoir aussi une pluralité d'espèces d'automoteurs réels ; car chaque

1. Voir *Notes complémentaires*, p. 198.

τεινόμενον πᾶσι τὸ ἕν· οὐ γὰρ ταὐτὸν ἓν καὶ ἡνωμένον· τοῦτο γὰρ ἦν τὸ ἀδιάκριτον.

(102) Τούτων δὲ εἰς τοσοῦτον ὑπεμνησμένων, ἡ ζήτησις ἡμῖν προκείσθω τῶν ὑφ' ἕκαστον γένος οἷον πολλῶν εἰδῶν, εἰ καὶ ταῦτα πρὸς τοῖς κοινοῖς ἀναγκάσει τις λόγος. Προδιοριστέον δὲ καὶ ταῦτα πρὸς τοῖς εἰρημένοις, ἓν μὲν ὅτι τὰ μέρη τῷ οἰκείῳ ὅλῳ συνειδοποιεῖται, καὶ τῇ τοῦ ὅλου ἐνεργείᾳ καὶ τὴν τοῦ μέρους χαρακτηριστέον. Οἷον τὸ δοξαστικὸν οὐ ταὐτὸν κατ' εἶδος τό τε τῆς θείας ψυχῆς καὶ τὸ τῆς δαιμονίας καὶ τὸ τῆς ἀνθρωπίνης, ἀλλὰ | τὸ μὲν καὶ αὐτὸ ἀνθρώπινον, τὸ δὲ δαιμόνιον, τὸ δὲ θεῖον· ὁμοίως δὲ ἔχει καὶ λόγος ἕκαστος ὁ ἑκάστης· καὶ τὸ αὐτοκίνητον ἄρα ἄλλο καὶ ἄλλο κατ' εἶδος, ὥστε καὶ τὸ φαινόμενον αὐτοκίνητον εἴδει διάφορον, τὸ ἀπὸ ἄλλης καὶ ἄλλης καθῆκον. Οὐκοῦν καὶ ἀντιστρέψαντι ῥητέον ὅτι τὰ φαινόμενα διάφορα κατ' εἶδος ὄντα ἀπὸ διαφόρων κατ' εἶδος ἀληθινῶν προέρχεται· ὥστε τὰ πολλλὰ εἴδη φαινόμενα τῶν πολλῶν ἀληθινῶν εἰδῶν ἐστι τεκμήρια, ἐπεὶ καὶ τὸ κοινὸν φαινόμενον τοῦ κοινοῦ ἀληθοῦς ἀποδεικτικόν. Εἰ τοίνυν ἁπλῶς τὸ φαινόμενον ἐν τῷ ἑτεροκινήτῳ αὐτοκίνητον τεκμήριον ποιούμεθα τοῦ ἀληθοῦς αὐτοκινήτου, ὡς ἐν Φαίδρῳ δείκνυται τελειότερον, εἰ πολλὰ εἴη τὰ εἴδη τῶν φαινομένων, πολλὰ ἂν εἴη καὶ τὰ εἴδη τῶν ἀληθῶν· ἕκαστον γὰρ φαινόμενον τοῦ οἰκείου

22 Dam. *In Phaedr.* 245 c 5-9 (deperd.).

6 τοῖς scripsi : τού | τοις, -ύ ex -ῦ, in fine et init. us. A || 12 ἑκάστης scripsi : -ῃι A.

automoteur apparent devient un indice de l'automoteur réel qui lui est propre, de même que chaque image, qui est différente par l'espèce tout entière est un indice de son modèle propre. Si donc tous les corps animés sont des automoteurs apparents, et ne sont pas tous identiques en espèce, il est clair que les automoteurs réels formeront, eux aussi, une pluralité d'espèces[1]; par conséquent il y a une pluralité d'âmes.

Mais, peut-être, de même qu'il y a une pluralité de modèles dans l'intellect unique, de même une pluralité d'âmes signifie la pluralité des raisons psychiques, qui sont distinguées en espèce dans l'âme unique, laquelle est universelle et de forme unique. Or, les parties de cette âme-là sont toutes divines et sont les parties d'une nature parfaite, de sorte que, [sous forme] de parties, elles peuvent être parfaites elles aussi; car chacune est totalitaire et réellement cosmique; cependant tout corps animé ne fait pas paraître des actes ayant cette qualité, et n'est pas, non plus, tel selon la nature, mais celui-ci est divin, celui-là démonique, cet autre humain, et l'un est le corps animé de Pythagore, l'autre celui de Cylon, l'un le corps animé de Platon par exemple, l'autre celui de Cléon[2]. Il est par suite nécessaire que les âmes proprement automotrices soient, elles-aussi, diverses dans les mêmes espèces, et qu'elles soient encore plus différentes que les automoteurs apparents.

Il y a donc une pluralité d'âmes après l'âme unique et universelle; mais, peut-être, ne sont-elles pas coordonnées avec les corps animés, et, en tant que séparables, existent-elles en elles-mêmes, et illuminent-elles de loin les animations, selon lesquelles les corps deviennent animés. Or, même si l'on supposait vrai ce propos, cela serait sans importance, du moins pour le moment présent. En effet, que chaque corps animé possède une âme propre[3], celle qui lui procure une automotricité apparente qui diffère [en chacun], voilà [d'abord] ce que

1-3. Voir *Notes complémentaires*, p. 198.

ἀληθινοῦ τεκμήριον γίγνεται, ὡς ἑκάστη εἰκὼν διαφέρουσα κατ' εἶδος ὅλον τοῦ οἰκείου παραδείγματος. Εἰ δὴ ἕκαστον ἔμψυχον φαινόμενόν ἐστιν αὐτοκίνητον, καὶ οὐ ταὐτὸν εἴδει ἕκαστον, σαφὲς ὅτι καὶ τὰ ἀληθῶς αὐτοκίνητα πολλὰ εἴδη ἔσται· πολλαὶ ἄρα αἱ ψυχαί.

Ἀλλ' ἴσως ὡς πολλὰ παραδείγματα ἐν τῷ ἑνὶ νῷ, οὕτω πολλαὶ ψυχαὶ οἱ πολλοὶ ψυχικοὶ λόγοι, διωρισμένοι κατ' εἶδος ἐν τῇ μιᾷ ψυχῇ τῇ ὅλῃ καὶ μονοειδεῖ. Ἀλλὰ τὰ μέρη ἐκείνης θεῖά ἐστι πάντα καὶ παντελοῦς μέρη φύσεως, ὥστε ἐν μέρει παντελῆ καὶ αὐτά· ὁλικὸν γὰρ ἕκαστον καὶ τῷ ὄντι κοσμικόν· οὐ πᾶν δὲ ἔμψυχον τοιαύτας ἀποδίδωσιν ἐνεργείας, οὐδὲ τοιοῦτον τὴν φύσιν ἐστίν, ἀλλὰ τὸ μὲν θεῖον, τὸ δὲ δαιμόνιον, τὸ δὲ ἀνθρώπειον, καὶ τὸ μὲν Πυθαγόρου ἔμψυχον, τὸ δὲ Κύλωνος, καὶ τὸ μὲν Πλάτωνος εἰ τύχοι, τὸ δὲ Κλέωνος. Ἀνάγκη ἄρα καὶ τὰς κυρίως αὐτοκινήτους ψυχὰς ἄλλας εἶναι καὶ ἄλλας τοῖς αὐτοῖς εἴδεσιν, καὶ ἔτι μειζόνως διαφερούσας ἢ τὰ φαινόμενα αὐτοκίνητα.

Πολλαὶ ἄρα αἱ ψυχαὶ μετὰ τὴν μίαν καὶ ὅλην· ἀλλ' ἴσως οὐ συντεταγμέναι τοῖς ἐμψύχοις, χωρισταὶ δὲ ἐφ' ἑαυτῶν οὖσαι, καὶ πόρρωθεν ἐλλάμπουσαι τὰς ἐμψυχίας, καθ' ἃς ἔμψυχα τὰ σώματα γίγνεται. Ἀλλ' εἰ καὶ ἀληθὲς ὑποθοῖτό τις εἶναι τὸ λεγόμενον, | οὐδὲν ἂν εἴη πρός γε τὸ παρόν. Ὅτι γὰρ ἕκαστον ἔμψυχον οἰκείαν ἔχει ψυχήν, τὴν τὸ φαινόμενον αὐτοκίνητον αὐτῷ χορηγοῦσαν διάφο-

4 εἴδει] -ει in ras. A^1 || 10 fort. ὥστε <ὡς> || 15 κύ-λωνος, - in ras. (ex κ?) A^1 || 23 πρός A^1 : πρό A.

voulait montrer le raisonnement, que cette opération se fasse soit de loin, soit de près, soit par les voies et les moyens que l'on voudra[1]; ensuite, autres sont les activités du corps animé, inséparables et vitales, et autres les activités de l'âme elle-même, soit qu'elle lutte avec le corps animé, soit qu'elle le mette à sa place et l'ordonne, soit qu'elle se retire en arrière de lui avec précipitation, soit qu'elle semble ne lui être même pas présente à cause de sa grande séparation[2]. Cela est en nous évident, toutefois ce l'est moins dans le cas des genres démoniques à cause sans doute de leur caractère invisible (encore que beaucoup d'hommes se soient déjà trouvés en présence de tels êtres)[3]; enfin, dans le cas des genres divins[4], il est plus délicat de distinguer les activités du corps animé et les activités des âmes, et encore les activités des dieux eux-mêmes auxquels sont attachées des âmes. Cependant, on concluerait volontiers les mêmes choses au sujet des dieux; il n'est pas possible de croire, en effet, que notre âme se serve du corps animé comme d'un instrument (comme le prouve le fait que parfois elle ne s'en sert pas) et qu'au contraire l'âme divine ne puisse mouvoir de cette façon son propre corps animé, même si elle le meut toujours en mettant aussi toujours en œuvre sa séparation à son égard. Si donc le corps animé a été attaché à chaque âme comme un instrument, il est clair que chaque âme coexiste avec lui comme coexiste avec l'instrument l'être qui s'en sert; or, l'être qui s'en sert, c'est l'âme rationnelle de chacun, vue selon sa coordination avec son instrument propre, que nous appelons aussi son véhicule. Donc, une pluralité d'âmes conduit la pluralité des corps animés, les âmes qui diffèrent les unes des autres en espèce conduisent les corps animés qui diffèrent les uns des autres en espèce; celles qui sont réellement automotrices conduisent les automoteurs apparents.

1-4. Voir *Notes complémentaires*, p. 198-199.

ρον, τοῦτο ἠβούλετο δεικνύναι ὁ λόγος, εἴτε πόρρωθεν, εἴτε ἔγγυθεν, εἴτε ὅπῃ καὶ ὅπως τοῦτο διαπράττοιτο· ἔπειτα ἄλλαι μέν εἰσιν αἱ τοῦ ἐμψύχου ἐνέργειαι ἀχώριστοι καὶ ζῳώδεις, ἄλλαι δὲ αἱ τῆς ψυχῆς αὐτῆς ἢ μαχομένης τῷ ἐμψύχῳ, ἢ ταττούσης αὐτὸ καὶ διακοσμούσης, ἢ ἀναχωρούσης ἀπ' αὐτοῦ προτροπάδην, ἢ οὐδὲ παρεῖναι δοκούσης διὰ τὸν πολὺν χωρισμόν. Καὶ ταῦτα ἐναργῆ ἐφ' ἡμῶν γέ ἐστιν· ἐπὶ δὲ τῶν δαιμονίων γενῶν ἧττον μὲν διὰ τὸ ἀφανές, ἤδη δὲ καὶ πολλοὶ τοιούτοις ἐγένοντο προστυχεῖς· ἐπὶ δὲ τῶν θείων δυσκολώτερον διακρῖναι τάς τε τοῦ ἐμψύχου καὶ τὰς τῶν ψυχῶν ἐνεργείας, καὶ ἔτι τὰς αὐτῶν τῶν θεῶν, ὧν ἐξημμέναι ψυχαί. Συλλογίσαιτο δ' ἂν ὅμως ἄν τις ῥᾳδίως τὰ αὐτὰ καὶ περὶ τούτων· οὐ γὰρ ἡ μὲν ἡμετέρα ὡς ὀργάνῳ χρῆται τῷ ἐμψύχῳ, ὡς δηλοῖ ποτὲ μηδὲ χρωμένη, ἡ δὲ θεία οὐκ ἂν οὕτω κινοῖ τὸ ἑαυτῆς ἔμψυχον, κἂν ἀεὶ κινῇ, ἀεὶ καὶ τὸ χωριστὸν ἀπ' αὐτοῦ προβεβλημένη. Εἰ τοίνυν ἑκάστης ὡς ὄργανον ἐξῆπται τὸ ἔμψυχον, σαφὲς ὅτι σύνεστιν αὐτῷ ὡς τῷ ὀργάνῳ τὸ χρώμενον· τοῦτο δέ ἐστιν ἡ ἑκάστου λογικὴ ψυχὴ κατὰ σύνταξιν ὁρωμένη πρὸς τὸ οἰκεῖον ὄργανον, ὃ δὴ καὶ ὄχημα καλοῦμεν. Πολλαὶ ἄρα ψυχαὶ τῶν πολλῶν ἐμψύχων ἡγοῦνται, αἱ διαφέρουσαι εἴδει ἀλλήλων τῶν εἴδει ἀλλήλων διαφερόντων, αἱ ἀληθῶς αὐτοκίνητοι τῶν φαινομένων αὐτοκινήτων.

14-15 cf. *Alc.* I, 129 b 5-130 a 4.

[16.3. *Immobiles apparents et immobiles réels*]

Remonte maintenant de l'automoteur à l'immobile, comme tu es remonté de l'hétéromobile à l'automoteur[1]. Il y a aussi un certain immobile apparent, comme la rotation des mouvements célestes, laquelle s'effectue toujours selon les mêmes rapports et de même façon[2]. Admettons que <la rotation en effet> vienne d'une âme (car c'est là aussi une sorte de changement)[3], mais les termes «de même façon», «toujours» et tous les autres semblables sont dits et sont réellement selon l'immutabilité ; c'est pourquoi le mouvement circulaire imite en cela l'intellect, comme le dit Plotin, ou plutôt Platon lui-même [qui], dans le <X^{e}> livre des *Lois*, a proposé ce mouvement comme l'image du mouvement de l'intellect, parce que l'immobile apparent est l'image de l'immobile réel. Cet immobile, en effet, [n']est vraiment [qu']apparent, en tant que le «toujours» (ἀεὶ) y est assurément mélangé au «parfois» (ποτέ), car il se meut de tout temps (ἀεί ποτε)[4], et en tant que <le> «de même façon» (ὡσαύτως) est mélangé avec les «tantôt ainsi, tantôt autrement» (ἄλλοτε ἄλλως), car le «de même façon» est dans le changement qui est selon le nombre ; de sorte aussi que, d'une manière générale, le mû est mélangé avec l'immobile. Et si l'on contemple également dans le mouvement circulaire des âmes l'image de l'intellect, on verra aussi là-haut, de manière analogique, le mû mêlé à l'immobile.

Mais on dira peut-être qu'un tel immobile est une communication et une image non pas de l'immobile intellectif, mais de l'immobile psychique dont l'immuable dans les corps est aussi l'image, je veux dire l'immuable selon la substance ; car il y a, certes, quelque chose encore d'immuable selon le substantiel

1-4. Voir *Notes complémentaires*, p. 199.

Ἀνάβηθι δὴ ἀπὸ τοῦ αὐτοκινήτου ἐπὶ τὸ ἀκίνητον, ὥσπερ ἀπὸ τοῦ ἑτεροκινήτου ἐπὶ τὸ αὐτοκίνητον ἀναβέβηκας. Ἔστιν γάρ τι καὶ φαινόμενον ἀκίνητον, οἷον τῶν οὐρανίων περιφορῶν τὸ ἀεὶ κατὰ τὰ αὐτὰ καὶ ὡσαύτως περιπολεῖν· ⟨τὸ μὲν γὰρ περιπολεῖν⟩ ἔστω ἀπὸ ψυχῆς (μεταβολὴ γὰρ καὶ αὕτη τις), τὸ δὲ ὡσαύτως καὶ ἀεὶ καὶ ὅσα τοιαῦτα κατὰ τὸ ἀμετάβλητον ἔστι τε καὶ λέγεται· διὸ ταύτῃ τὸν νοῦν μιμεῖται ἡ κύκλῳ φορά, ὥς φησι Πλωτῖνος, μᾶλλον δέ, ὡς αὐτὸς ὁ Πλάτων | ἐν τῷ ⟨ι'⟩ τῶν Νόμων, εἰκόνα ταύτην προὐβάλετο τῆς τοῦ νοῦ κινήσεως, ὡς τοῦ ἀληθινοῦ ἀκινήτου τὸ φαινόμενον ἀκίνητον. Φαινόμενον γὰρ ὡς ἀληθῶς, ὅτι συγκέκραται μὲν τὸ ἀεὶ τῷ ποτέ (ἀεὶ γάρ ποτε κινεῖται) καὶ ⟨τὸ⟩ ὡσαύτως τῷ ἄλλοτε ἄλλως (ἐν μεταβολῇ γὰρ τῇ κατὰ ἀριθμὸν καὶ τὸ ὡσαύτως), ὥστε καὶ καθόλου τῷ ἀκινήτῳ τὸ κινούμενον. Εἰ δὲ καὶ ἐν τῇ κυκλοφορίᾳ τῶν ψυχῶν θεάσαιο τὴν εἰκόνα τοῦ νοῦ, ὄψει καὶ ἐκεῖ ἀνάλογον τῷ ἀκινήτῳ τὸ κινούμενον συμπεφυρμένον.

Ἀλλ' ἴσως εἴποι τις ἂν οὐ τοῦ νοεροῦ ἀκινήτου ἔνδοσιν εἶναι καὶ εἰκόνα τὸ τοιοῦτον ἀκίνητον, ἀλλὰ τοῦ ψυχικοῦ, οὗ καὶ τὸ ἐν σώμασιν ἀμετάβλητον, λέγω δὲ τὸ κατ' οὐσίαν· εἶναι γάρ τοι καὶ ἀμετάβλητόν τι κατὰ τὸ

4-5 cf. *Leg.* X, 898 a 8 - b 4 ; *Tim.* 34 a 3-5 || 8-9 *Plot.*, *Enn.* II 2, 1 || 9-10 *Leg.* X, 897 d 8 - 898 b 4 || 13 ibid., 898 a 3-8.

5 τὸ μὲν γὰρ περιπολεῖν addidi || 9-10 τῷ <ι'> coni. Ruelle : τωι et mg. uirg. cens. A || 13 ποτε scripsi : ηὅτε A || τὸ^2 addidi || 22 τοι s.u. f : τι A.

dans les espèces corporelles et dans les âmes ; immortelles, en effet, les âmes n'admettent ni quelque addition[1], ni quelque suppression, ni en un mot quelque changement[2]. Car leur substance est ou bien éternelle, comme le veulent le plus souvent les philosophes[3], ou bien appartient au devenir, encore qu'elle soit tout à fait immuable[4]. En effet, il est nécessaire de reconnaître qu'il y a aussi un devenir de ce genre, et que tout l'immuable n'est pas nécessairement éternel ; car, par exemple, la substance du soleil ou [plutôt] sa position dans l'existence qui est perpétuelle et immuable, ne saurait être éternelle[5]. Comment, en effet, le corps pourrait-il être éternel, puisque différent ici, différent là, il s'est étendu et dispersé ? Car l'éternel est indivisible et selon le lieu et selon le temps.

Voilà assurément des vérités, et nous les démontrons ailleurs[6] avec plus de précision. Ne croyons pas cependant que l'immobile apparent nous fera monter jusqu'à celui qui est le premier immobile ; en effet, s'il nous fait monter vers celui qui est plus proche, du moins ce n'est certainement point du tout vers un immobile premier et réel. Car, en contredistinguant l'immobile de l'automoteur et de l'hétéromobile, nous ne posions pas celui qui, tout en appartenant au devenir, est, nous l'avons dit, immuable, mais celui qui est réellement éternel ou même supra-éternel ; c'est celui-ci, nous le savons, qui est l'immobile réel et premier, puisque le devenu, même s'il est immuable, est ou bien hérétomobile, et c'est l'immobile apparent dans l'hétéromobile, ou bien automoteur, et c'est l'immobile apparent dans l'automoteur. Car, de même que l'hétéromobile réel est un automoteur apparent, de même aussi l'automoteur réel est un immobile apparent. En effet, la substance de l'âme est automotrice et automue. Or, en tant qu'elle est mue, comment serait-elle éternelle ? Et,

1-6. Voir *Notes complémentaires*, p. 199-201.

οὐσιῶδες ἔν τε τοῖς σωματικοῖς εἴδεσιν καὶ ἐν ταῖς ψυχαῖς· ἀθάνατοι γὰρ καὶ οὔτε εἴσθεσιν οὔτε ἀφαίρεσιν οὐδεμίαν ἐπιδεχόμεναι, οὐδὲ ὅλως μεταβολήν. Ἡ γὰρ οὐσία αὐτῶν ἤτοι αἰώνιός ἐστιν, ὡς πλεονάκις οἱ φιλόσοφοι βούλονται, ἢ γενητὴ μέν, ἀμετάβλητος δὲ τὸ πάμπαν. Εἶναι γάρ τινα καὶ τοιαύτην γένεσιν ἀναγκαῖον ὁμολογεῖν, καὶ οὐ πᾶν τὸ ἀμετάβλητον πάντως αἰώνιον· ἡ γὰρ ἡλίου φέρε εἰπεῖν οὐσία καὶ ὑπόστασις, ἀΐδιος οὖσα καὶ ἀμετάβλητος, οὐκ ἂν αἰώνιος εἴη. Πῶς γὰρ ἂν εἴη τὸ σῶμα αἰώνιον ἄλλο ἀλλαχοῦ διαστὰν καὶ διαπεφορημένον; Ἀμέριστον γὰρ τὸ αἰώνιον καὶ κατὰ τόπον καὶ κατὰ χρόνον.

Ταῦτα μὲν οὖν ἀληθῆ, καὶ ἀποδείκνυται ἡμῖν ἐν ἄλλοις ἀκριβέστερον. Οὐ μὴν τὸ φαινόμενον ἀκίνητον ἐπὶ τοῦτο ἡμᾶς ἀνάξει τὸ πρῶτον ἀκίνητον· εἰ γὰρ καὶ εἰς τοῦτο προσεχέστερον, ἀλλ' οὔτι γε καὶ εἰς πρῶτον καὶ ἀληθινόν. Οὐ γὰρ τοῦτο τὸ ἀκίνητον ἐτιθέμεθα ἀντιδιαιροῦντες πρὸς τὸ αὐτοκίνητόν τε καὶ ἑτεροκίνητον, ὃ γενητὸν ὂν ἦν ἀμετάβλητον, ἀλλ' ὅπερ ὄντως αἰώνιον ἢ καὶ ὑπεραιώνιον· τοῦτο γὰρ ἦν τὸ ἀληθῶς καὶ πρώτως ἀκίνητον, ἐπεὶ τὸ γενητόν, κἂν ᾖ ἀμετάβλητον, ἢ ἑτεροκίνητόν ἐστιν, τοῦτο δέ ἐστιν ἐν τῷ ἑτεροκινήτῳ φαινόμενον ἀκίνητον, ἢ αὐτοκίνητον, καὶ ἐν τῷ αὐτοκινήτῳ φαινόμενον | ἀκίνητον. Ὡς γοῦν τὸ ἀληθὲς ἑτεροκίνητον φαινόμενόν ἐστιν αὐτοκίνητον, οὕτω καὶ τὸ ἀληθὲς αὐτοκίνητον φαινόμενόν ἐστιν ἀκίνητον. Ἔστι γὰρ ἡ οὐσία τῆς ψυχῆς αὐτὸ κινοῦν καὶ αὐτὸ κινούμενον· ᾗ δὲ κινούμενον, πῶς αἰώνιον; Ἅμα δὲ ὂν κινοῦν καὶ κινούμενον, οὐκ ἂν εἴη

13 Dam., *In Tim.* 37d7? (deperd.; cf. *In Parm.* R. II p. 252.11-12 || 18 supra, us. 9.

2 εἴσθεσιν mg. iter. A[1]; sed fort. leg. πρόσθεσιν || 18 γέννητὸν A || 26 Ἔστι scripsi : ὅτι A || αὐτὸ scripsi : οὔτε, τ in ras., mg. κε A[1].

puisqu'elle est en même temps motrice et mue, elle ne saurait être immobile au sens propre, ce qui veut dire encore seulement immobile, et non pas mue aussi en même temps. Car le mû est significatif de quelque devenu ; c'est aussi pourquoi l'automoteur est interprété comme s'affectant lui-même du devenir[1] ; car, il devient, certes, mais par lui-même, et par là il diffère de l'hétéromobile, et il est un automoteur non pas réel mais apparent, en tant qu'il est mêlé au mû, comme l'automoteur apparent est également en même temps hétéromobile. De même donc que ce qui, dans les activités des corps animés, est automoteur nous a fait monter immédiatement jusqu'à l'automotricité substantielle réelle, de même ce qui dans les changements se comporte «toujours selon <les> mêmes rapports et de la même façon» nous fait monter immédiatement jusqu'à la substance propre qui est, elle aussi, une immobilité apparente, quoique davantage rendue semblable à l'immobile, et ensuite cela nous fera monter proprement et réellement jusqu'au premier immobile. Si donc il y a l'automoteur, avant lui il y a l'immobile ; et s'il y a une pluralité d'automoteurs qui diffèrent en espèce les uns des autres, chacun nous élèvera par similitude de forme jusqu'à son immobile propre.

[16.4. *Pluralité d'intellects indépendants*]

Mais on dira peut-être qu'une pluralité d'espèces est enveloppée dans un immobile unique, comme les paradigmes dans l'intellect, et il n'est pas vrai alors qu'une pluralité d'intellects ont procédé après l'intellect unique et à partir de lui. On répondra que parler de la partie héliaque ou de la partie séléniaque de l'intellect unique, ce n'est pas la même chose que de parler de l'intellect héliaque ou de l'intellect séléniaque ; car même parler de l'immobile apparent de

1. Voir *Notes complémentaires*, p. 201.

κυρίως ἀκίνητον, καὶ ὃ μόνως ἀκίνητον, οὐ μέντοι ἅμα καὶ κινούμενον. Τὸ γὰρ κινούμενον γενητοῦ τινός ἐστι σημαντικόν· διὸ καὶ τὸ αὐτοκίνητον αὐτογένητον ἑρμηνεύεται· γιγνόμενον μὲν γάρ, ἀλλ' ὑφ' ἑαυτοῦ, καὶ ταύτῃ τοῦ ἑτεροκινήτου διαφέρον, καὶ αὐτοκίνητον οὐκ ἀληθινόν ἐστιν, ἀλλὰ φαινόμενον ἐγκεκραμένον τῷ κινουμένῳ, ὡς τὸ φαινόμενον αὐτοκίνητον ἅμα καὶ ἑτεροκίνητον. Ὥσπερ οὖν τὸ ἐν ταῖς ἐνεργείαις τῶν ἐμψύχων αὐτοκίνητον ἀνῆγεν ἡμᾶς προσεχῶς ἐπὶ τὴν οὐσιώδη φαινομένην αὐτοκινησίαν, κυρίως δὲ ἐπὶ τὴν ἀληθινήν, οὕτω καὶ τὸ ἐν ταῖς μεταβολαῖς ἀεὶ κατὰ ⟨τὰ⟩ αὐτὰ καὶ ὡσαύτως ἔχον ἀνάγει ἡμᾶς προσεχῶς ἐπὶ τὴν οἰκείαν οὐσίαν, ἥ ἐστι καὶ αὐτὴ φαινομένη ἀκινησία, εἰ καὶ μᾶλλον ὡμοιωμένη πρὸς τὸ ἀκίνητον, κυρίως δὲ καὶ ἀληθῶς ἀνάξει εἰς τὸ πρῶτον ἀκίνητον. Εἰ ἄρα ἔστι τὸ αὐτοκίνητον, ἔστι τὸ ἀκίνητον πρὸ αὐτοῦ· καὶ εἰ ἔστι πολλὰ αὐτοκίνητα διαφέροντα κατ' εἶδος ἀλλήλων, ἕκαστον ἡμᾶς ὁμοειδῶς εἰς τὸ οἰκεῖον ἀνοίσει ἀκίνητον.

Ἀλλ' ἴσως εἴποι τις ἂν ὅτι πολλὰ εἴδη ἐν ἑνὶ ἀκινήτῳ συνειλημμένα, ὡς τὰ παραδείγματα ἐν τῷ νῷ, καὶ οὐκ ἄρα πολλοὶ νοῖ μετὰ τὸν ἕνα καὶ ἀπ' αὐτοῦ προελθόντες. Ἢ οὐ ταὐτὸν εἰπεῖν τοῦ ἑνὸς νοῦ τὸ ἡλιακὸν μέρος ἢ σεληναῖον, καὶ τὸν ἡλιακὸν νοῦν ἢ σεληναῖον, οὐδὲ γὰρ τὸ φαινόμενον ἀκίνητον τῆς ὅλης ψυχῆς ταὐτὸν [καὶ] τὸ

11 *Leg.* X 898a8-b4.

11 τὰ add. coni. Ruelle || 24 καὶ deleui.

l'âme universelle, à savoir de l'immobile héliaque ou séléniaque qui est distingué dans une partie de cette âme, ce n'est pas la même chose que de parler de l'immobile de l'âme héliaque ou séléniaque en elle-même ; et parler de mon immobile psychique apparent, ce n'est pas non plus la même chose que de parler de l'immobile de mon âme, qui est anticipé selon la cause dans l'âme universelle. Donc, puisque mon âme diffère en espèce de son anticipation, le cas échéant, en Kronos, en tant qu'elle est considérée là-haut comme une partie, et puisque l'âme de Kronos diffère en espèce de la cause psychique de type kronien qu'anticipe l'âme universelle[1], il est évident que les immobiles apparents de ces âmes différeront également les uns des autres en espèce, de sorte que, à la manière d'indices, ils nous feront aussi monter vers des causes qui diffèrent en espèce, à savoir les immobiles réels. Il n'est pas vrai alors, que ce sera le même immobile qui se manifestera à partir de l'anticipation de l'âme de Kronos dans l'âme universelle, et à partir de l'âme même de Kronos. De celle-ci par conséquent nous aboutirons à un intellect immobile kronien propre, de celle-là à une partie qui dans l'intellect universel est, elle aussi, kronienne. Donc, du fait qu'il y a une pluralité d'âmes indépendantes qui ont procédé après l'<âme unique> et à partir d'elle, il s'ensuit qu'il y a une pluralité d'intellects indépendants qui ont procédé après l'intellect unique. C'est pourquoi il faut encore chercher si relativement à tout immobile apparent nous poserons encore un immobile réel. Car, de cette façon, il y aura, même de mon âme, un intellect propre indépendant. Et pourquoi pas, en effet, pourrait-on dire, s'il est vrai aussi que relativement à chaque corps animé, je veux dire relativement à chaque automoteur apparent, il y a une âme indépendante propre ? Mais ajournons cette question qui a fait jusqu'ici l'objet de notre recherche.

1. Voir *Notes complémentaires*, p. 201.

ἐν μέρει αὐτῆς διειλημμένον ἡλιακὸν ἢ σεληναῖον, καὶ τὸ τῆς καθ' αὐτὴν ἡλιακῆς ψυχῆς ἢ σεληναίας· οὐδὲ γὰρ τὸ ἐμὸν ψυχικὸν ἀκίνητον φαινόμενον ταὐτὸν καὶ τὸ ἐν τῇ ὅλῃ προειλημμένον κατὰ τὸ αἴτιον τῆς ἐμῆς ψυχῆς. Ἐπεὶ οὖν εἴδει διαφέρουσιν ἡ μὲν ἐμὴ ψυχὴ τῆς ἐν Κρόνῳ εἰ τύχοι προλήψεως τῆς ἐμῆς ὡς μέρους ἐκεῖ θεωρουμένης, ἡ δὲ Κρόνου τῆς ἐν τῇ ὅλῃ ψυχῇ προειλημμένης κρονίας ψυχικῆς αἰτίας, δῆλον [ὅτι] ὡς καὶ τὰ φαινόμενα αὐτῶν ἀκίνητα κατ' εἶδος ἀλλήλων διοίσει, ὥστε καὶ ἐπὶ διαφέροντα κατ' εἶδος αἴτια τὰ ἀληθῶς ἀκίνητα ἡμᾶς ἀνοίσει τὸν τεκμηριώδη τρόπον. Οὐκ ἄρα ταὐτὸν ἀκίνητον ἀναφανήσεται ἔκ τε τῆς ἐν τῇ ὅλῃ προλήψεως τῆς Κρόνου ψυχῆς καὶ αὐτῆς τῆς τοῦ Κρόνου ψυχῆς. Ἐκ μὲν ἄρα ταύτης ἐπὶ | κρόνιον ἴδιον ἀκίνητον νοῦν, ἐκ δὲ ἐκείνης ἐπὶ μέρος τὸ ἐν τῷ ὅλῳ νῷ καὶ τοῦτο κρόνιον. Τῷ ἄρα πολλὰς εἶναι ψυχὰς αὐτοτελεῖς μετὰ τὴν ⟨μίαν⟩ καὶ ἀπ' αὐτῆς προελθούσας ἕπεται πολλοὺς εἶναι νόας αὐτοτελεῖς μετὰ τὸν ἕνα προελθόντας. Διὸ καὶ χρὴ ζητεῖν εἰ κατὰ πᾶν φαινόμενον ἀκίνητον καὶ ἀληθὲς ὑποθησόμεθα. Οὕτω γὰρ ἔσται καὶ τῆς ἐμῆς ψυχῆς ἴδιος νοῦς αὐτοτελής· καὶ τί γὰρ οὐχί, φαίη τις ἄν, εἴπερ καὶ κατὰ ἔμψυχον ἕκαστον, λέγω δὲ καθ' ἕκαστον φαινόμενον αὐτοκίνητον, ἔστι ψυχή τις αὐτοτελὴς ἴδιος; Ἀλλὰ τοῦτο μὲν ἡμᾶς περιμενέτω τέως ἐζητημένον.

3 ἐμὸν scripsi : ἐμοῦ A || 8 ὅτι deleui || 10 αἴτια scripsi : αἰτίας A || 16 μίαν add. Galpérine || 17 προελθούσας Galpérine : -οῦσαν A.

[16.5. *Intellects participables*]

Maintenant, nous allons examiner de nouveau si le raisonnement montre qu'il y a une pluralité non seulement d'intellects tout court, mais encore d'intellects coordonnés à la pluralité des âmes, comme à des instruments ou à des véhicules. Certes, que l'immobile héliaque apparent nous révèle un intellect héliaque indépendant, et que tout[1] immobile séléniaque apparent nous révèle, à son tour, un intellect séléniaque indépendant, c'est évident. Or, si l'un est l'intellect héliaque particulier[2], l'autre l'intellect séléniaque particulier, celui-ci communiquera à l'âme de la lune, celui-là à l'âme du soleil, l'immobile apparent [correspondant] et, par l'une des deux âmes, l'un des deux intellects communiquera aux espèces naturelles la trace ou l'image de l'immobile qui leur échoit également ; l'un se sera donc coordonné selon sa propriété à l'âme du soleil, l'autre à l'âme de la lune, et l'un des deux intellects se servira de l'une des deux âmes comme d'un instrument en vue de l'achèvement des êtres du troisième rang, et on voit clairement quel intellect se sert de quelle âme.

Ce mode de démonstration par conséquent ne nous fait pas monter jusqu'à la pluralité des intellects imparticipables, comme il a semblé tout à l'heure, mais tout au contraire jusqu'à la pluralité des intellects participables (en effet, des corps animés nous remontions avec raison jusqu'aux âmes qui leur sont coordonnées et qui sont participées par eux). Car comment serait-il plausible qu'en remontant à partir de ce qui est communiqué, on ne remonte pas à ces intellects qui communiquent cela ? Or, la nature animée est communiquée aux espèces naturelles par les âmes qui leur sont attachées et qui les chevauchent de façon immédiate,

1-2. Voir *Notes complémentaires*, p. 202.

(103) Νῦν δὲ πάλιν ἐκεῖνα προσεξετάσωμεν, εἰ μὴ μόνον δείκνυσιν ὁ λόγος πολλοὺς νόας ἁπλῶς, ἀλλὰ καὶ συντεταγμένους ταῖς πολλαῖς ψυχαῖς ὡς ὀργάνοις ἢ ὡς ὀχήμασιν. Ὅτι μὲν δὴ τὸ ἡλιακὸν φαινόμενον ἀκίνητον ἡλιακὸν αὐτοτελῆ νοῦν ἡμῖν ἀποδείκνυσιν, καὶ πᾶν σεληναῖον αὖ σεληνιακόν, φανερόν. Εἰ δὲ ὁ μέν ἐστιν ἡλιακὸς μερικός, ὁ δὲ σεληνιακός, ὁ μὲν ἐνδώσει τῇ σελήνης, ὁ δὲ τῇ ἡλίου ψυχῇ τὸ φαινόμενον ἀκίνητον, καὶ διὰ τῆς ἑτέρας ὁ ἕτερος τοῖς φυσικοῖς εἴδεσιν τὸ ἐπιβάλλον καὶ τούτοις ἴχνος ἢ εἴδωλον τοῦ ἀκινήτου· συντετάξεται ἄρα κατὰ οἰκειότητα ὁ μὲν τῇ ἡλίου, ὁ δὲ τῇ σελήνης, καὶ χρήσεται ὡς ὀργάνῳ πρὸς τὴν τῶν τρίτων τελείωσιν ὁ ἕτερος τῇ ἑτέρᾳ, δῆλον δὲ ποτέρᾳ πότερος.

Οὗτος ἄρα ὁ τρόπος τῆς ἀποδείξεως οὐκ ἐπὶ τοὺς ἀμεθέκτους πολλοὺς νόας ἀνάγει, ὡς ἄρτι ἔδοξεν, ἀλλὰ πᾶν τοὐναντίον ἐπὶ τοὺς μεθεκτούς (καὶ γὰρ ἀπὸ τῶν ἐμψύχων ἀνηγόμεθα κατὰ λόγον ἐπὶ τὰς συντεταγμένας τούτοις καὶ μετεχομένας ὑπὸ τούτων ψυχάς)· καὶ πῶς γὰρ εἰκὸς ἦν ἀπὸ τῶν ἐνδιδομένων ἀνιόντας μὴ ἐπὶ τούτους ἀνελθεῖν τοὺς ἐνδιδόντας; Ἐνδιδόασι δὲ τὸ μὲν ἔμψυχον τοῖς φυσικοῖς εἴδεσιν αἱ συνηρτημέναι ψυχαὶ καὶ

15 supra, p. 69.3 ss.

---

8 σελήνης Galpérine : -ηι A || 11 συντετάξεται scripsi (cf. us. 3 ; 17) : συντάξεται A.

tandis que la nature intelligente est communiquée aux âmes par les intellects de même caractère et de même forme qui leur sont liés ; car ce qui met en contact les choses participables avec ce qui est capable de les participer, c'est la ressemblance des propriétés et l'égalité de proportion des degrés de la division à partir des touts.

[16.6. *Principe des anticipations*]

Est-ce donc que l'imparticipable[1] est unique, tandis que le participable est partout pluralité ? On répond que les philosophes[2] reconnaissent aussi des âmes hypercosmiques antérieures aux âmes encosmiques, et des intellects qui sont intellectifs et imparticipables, antérieurement aux intellects hypercosmiques et participables. En quoi consiste donc la remontée d'en-bas vers la pluralité imparticipable ? Le mode de recherche est le même ; précisons seulement, au préalable, que, tout comme la divinité véhiculée par l'intellect anticipe la propriété de l'intellect et qu'elle est intellect unitaire, de même l'intellect qui est véhiculé par l'âme doit anticiper la propriété de l'âme et être âme intellective ; car il est intellect par l'hypostase, tandis qu'il est âme par la propriété. En effet, l'hénade de même genre qui préside aux âmes a été la première à projeter la propriété psychique, et elle est âme unitaire selon le même raisonnement ; car nous appelons substance unitaire le dieu qui a pour véhicule la substance prise selon l'hypostase, et vie unitaire le dieu qui a pour véhicule la vie ; de telle sorte aussi que l'âme doit à juste titre être [par anticipation] la nature, ou bien la totalité de la forme naturelle et corporelle, ou bien la totalité de la forme purement matérielle, ou bien la totalité de la forme encosmique, je parle de l'âme qui est véhiculée par le vivant de cette sorte[3], et il en est de

1-3. Voir *Notes complémentaires*, p. 202.

προσεχῶς αὐτῶν ἐπιβατεύουσαι, τὸ δὲ ἔννουν ταῖς ψυχαῖς οἱ συνεζευγμένοι αὐταῖς ὁμότροποι νοῖ καὶ ὁμοειδεῖς· συνάπτει γὰρ τὰ μεθεκτὰ τοῖς μεθεκτικοῖς ἥ τε ὁμοιότης τῶν ἰδιοτήτων καὶ ἡ συμμετρία τῶν ἴσων μέτρων τοῦ ἀπὸ τῶν ὅλων μερισμοῦ.

Ἆρα οὖν ἓν τὸ ἀμέθεκτον, τὰ δὲ πολλὰ πανταχοῦ μεθεκτά; Ἢ καὶ ψυχὰς οἱ | φιλόσοφοι γινώσκουσι πρὸ τῶν ἐγκοσμίων ὑπερκοσμίους, καὶ νόας πρὸ τῶν ὑπερκοσμίων καὶ μεθεκτῶν τοὺς νοεροὺς καὶ ἀμεθέκτους. Τίς οὖν ἡ κάτωθεν ἐπὶ τὸ ἀμέθεκτον πλῆθος ἀνάβασις; Ἢ τρόπος ὁ αὐτὸς μεθόδου· προδιωρίσθω μόνον ἐκεῖνο, ὅτι, ὥσπερ ἡ ἐποχουμένη τῷ νῷ θεότης προείληφεν τὴν τοῦ νοῦ ἰδιότητα καὶ ἔστιν νοῦς ἑνιαῖος, οὕτω καὶ νοῦς ὁ ἐποχούμενος τῇ ψυχῇ προειληφὼς ἂν εἴη τὴν τῆς ψυχῆς ἰδιότητα, καὶ εἴη ἂν ψυχὴ νοερά· νοῦς μὲν γὰρ καθ' ὑπόστασιν, ψυχὴ δὲ τῇ ἰδιότητι. Καὶ γὰρ ἡ τοιαύτη ἑνὰς ἡ τούτων προκαθημένη πρώτη τὸ ψυχικὸν ἰδίωμα προὐβάλετο, καὶ ἔστι ψυχὴ ἑνιαία κατὰ τὸν αὐτὸν λόγον· καὶ γὰρ οὐσίαν ἑνιαίαν τὸν ἐποχούμενον τῇ καθ' ὑπόστασιν οὐσίᾳ καλοῦμεν θεόν, καὶ ζωὴν ἑνιαίαν τὸν τῇ ζωῇ ἐποχούμενον· ὥστε καὶ φύσις ἢ εἶδος ὅλον φυσικόν τε καὶ σωματοειδὲς ἢ εἶδος ἁπλῶς ἔνυλον ἢ εἶδος ἐγκόσμιον ἥ τε ψυχὴ ἂν εἴη δικαίως ἡ ἐποχουμένη τῷ τοιούτῳ ζῴῳ,

6 ἀμέθεκτον Kroll : μεθεκτον et mg. uirg. cens. A || 8 πρὸ scripsi : ὑπὸ A || 10 πλήθους A, correxi (cf. 79.15) || 21 φύσιν A, correxi.

même pour l'intellect antérieurement à cette âme, et encore pour l'hénade antérieurement à tout. Assurément, nous appelons, d'un certain point de vue, dieux encosmiques, dieux sensibles et dieux matériels les tout derniers dieux, non pas sans doute, à la manière dont les philosophes semblent le dire[1], parce qu'ils seraient spécifiés à partir des tout derniers véhicules (car rien n'est ni caractérisé ni nommé à juste titre à partir de ce qui est inférieur), mais parce que partout les hénades, projetant les propriétés avant le reste, les communiquent aussi à leurs véhicules propres. Par conséquent, ce sont les dieux qui, les premiers, se sont produits, selon le mode unitaire, comme encosmiques, matériels, sensibles et corporels, ensuite après eux les intellects selon le mode intellectif, et après les intellects les âmes selon le mode automoteur ; à la suite de quoi la forme qui est de cette nature [sensible] a, elle aussi, procédé et, à partir de cela elle a été engendrée non pas selon la seule propriété, comme nous disons, mais dès lors également selon la toute dernière hypostase que nous jugeons être hétéromobile, proprement corporelle et saisissable par la sensation ; car c'est là un point qui autrefois a fait aussi l'objet de longues discussions et explications de la part des philosophes, à savoir que toute propriété, parce qu'elle est une bonté, commence à partir des dieux[2]. En effet, qu'est-ce qui pourrait ne pas être un rejeton de dieu et d'un ? Que soit donc ainsi posée pour nous cette précision qui nous paraît utile et pour ce qui précède et pour ce qui va suivre.

[16.7. *Remontée vers les intellects imparticipables*]

S'il faut donc remonter de l'automoteur apparent à l'automoteur réel, lequel des deux suivants aura plus de réalité : celui qui est mélangé avec la propriété de l'hétéromobile, même s'il est automoteur par l'hypostase, ou celui qui est automoteur à la fois par la propriété

1-2. Voir *Notes complémentaires*, p. 202-203.

καὶ πρὸ ταύτης ὁ νοῦς, καὶ ἔτι πρὸ πάντων ἡ ἑνάς. Ἀμέλει θεοὺς ἐγκοσμίους καὶ θεοὺς αἰσθητοὺς καὶ θεοὺς ἐνύλους τρόπον δή τινα καλοῦμεν τοὺς ἐσχάτους θεούς, οὐ δήπου ὡς οἱ φιλόσοφοι δοκοῦσι λέγειν, ἀπὸ τῶν ἐσχάτων ὀχημάτων εἰδοποιουμένους (οὐδὲν γὰρ ἀπὸ τοῦ χείρονος οὔτε χαρακτηρίζεται οὔτε ὀνομάζεται κατὰ δίκην), ἀλλ' ὅτι πανταχοῦ πρὸ τῶν ἄλλων αἱ ἑνάδες τὰς ἰδιότητας προϐαλλόμεναι μεταδιδόασι τούτων καὶ τοῖς οἰκείοις ὀχήμασιν. Ὥστε πρῶτοι οἱ θεοὶ γεγόνασιν ἐγκόσμιοί τε καὶ ἔνυλοι καὶ αἰσθητοὶ καὶ σωματικοὶ τὸν ἑνιαῖον τρόπον, εἶτα μετ' αὐτοὺς οἱ νοῖ τὸν νοερόν, καὶ μετὰ τοὺς νόας αἱ ψυχαὶ τὸν αὐτοκίνητον, ἐφ' οἷς καὶ αὐτὸ προῆλθεν καὶ ἀφ' ὧν ἐγεννήθη τὸ τοιοῦτον εἶδος, οὐ κατὰ μόνην ἰδιότητα, ὥς φαμεν, ἀλλ' ἤδη καὶ καθ' ὑπόστασιν τὴν ἐσχάτην, ἣν ἑτεροκίνητον καὶ σῶμα αὐτόθεν καὶ αἰσθήσει περιληπτὸν εἶναι ἀξιοῦμεν· τοῦτο γάρ ἐστιν ὃ καὶ πάλαι πρὸς τῶν φιλοσόφων διατεθρύληται καὶ δέδεικται, ὡς πᾶσα ἰδιότης ἀγαθότης οὖσα ἀπὸ θεῶν ἄρχεται. Τί γὰρ οὐκ ἂν εἴη γέννημα θεοῦ καὶ ἑνός; Τοῦτο μὲν τοίνυν οὕτως ἡμῖν κείσθω διωρισμένον, καὶ πρὸς τὰ παρελθόντα καὶ πρὸς τὰ μέλλοντα χρήσιμον φαινόμενον.

Εἰ δὴ δεῖ ἀπὸ τοῦ φαινομένου αὐτοκινήτου εἰς τὸ ἀληθινὸν αὐτοκίνητον ἀναδραμεῖν, πότερον ἔσται ἀληθέστερον, τὸ συγκεκραμένον τῇ ἰδιότητι τοῦ ἑτεροκινήτου, καὶ εἰ καθ' ὑπόστασίν ἐστιν αὐτοκίνητον, ἢ τὸ κατ' ἄμφω | τοιοῦτον, κατά τε ἰδιότητα καὶ ὑπόστασιν

18 ὡς πᾶσα scripsi : ὥσπερ A.

et par l'hypostase, qui est uniquement automoteur et rien d'autre ? Disons que dans chacune des deux directions le passage se fait certainement, mais de façon immédiate, grâce à une affinité plus rapprochée, vers le participable, et de plus loin, grâce à un degré supérieur de vérité, vers l'imparticipable. Donc, de cette façon, nous remonterons aussi de l'immobile apparent, d'abord à l'intellect psychique, qui est automoteur selon la propriété seule, tandis qu'il est immobile selon l'hypostase, ensuite à l'intellect qui est complètement immobile et qui est vraiment tel ; ce dernier est l'intellect imparticipable. Et il est évident qu'il y a une telle pluralité d'intellects et une telle pluralité d'âmes. Car, de même qu'il y a une pluralité de participés, de même aussi il est nécessaire qu'il y ait une pluralité d'imparticipables. En effet, chaque propriété participable aura sa propre purification dans son propre <imparticipable qui est> plus réel et qui est tel absolument que veut être ce qui est réel, compris à partir de ce qui est apparent. Sinon, ce serait inévitablement à partir de tout [immobile] apparent que se ferait la remontée vers l'imparticipable ; car, il n'est certainement pas possible de croire que nous remonterons de l'âme humaine vers l'âme imparticipable, en ce sens qu'il y aurait, par exemple, de Platon une âme hypercosmique et imparticipable ; et il n'est pas possible, non plus, de croire que nous remonterons de l'intellect démonique à l'intellect imparticipable. En effet, tout démon est encosmique, de sorte que nous ne poserons pas, non plus, d'âme hypercosmique correspondant à un démon en particulier ; car aucun dieu encosmique ne saurait être d'abord hypercosmique, ni aucun dieu hypercosmique, non plus, ne présubsiste déjà également comme intellectif, car même le dieu intellectif ne saurait être aussi intelligible, sinon de cette façon nous supposerions qu'à tous les niveaux tout est déjà déterminé et que, dans l'intelligible, toute la pluralité des dieux est immédiatement distinguée, je veux dire la pluralité des propriétés universelles et la pluralité des propriétés particulières ;

αὐτοκίνητον, καὶ ὃ μόνον αὐτοκίνητον, ἄλλο δὲ οὐδέν ; Ἢ ἐφ' ἑκάτερον μὲν ἡ μετάβασις, ἀλλὰ προσεχῶς μὲν διὰ τὸ συγγενέστερον εἰς τὸ μεθεκτόν, πορρωτέρω δὲ διὰ τὸ ἀληθέστερον εἰς τὸ ἀμέθεκτον. Οὕτως ἄρα καὶ ἀπὸ τοῦ φαινομένου ἀκινήτου ἀναβησόμεθα πρῶτον μὲν ἐπὶ τὸν ψυχικὸν νοῦν, τὸν κατὰ ἰδιότητα μόνην αὐτοκίνητον, ἀκίνητον δὲ καθ' ὑπόστασιν, δεύτερον δὲ εἰς τὸν πάντῃ ἀκίνητον καὶ ὡς ἀληθῶς τοιοῦτον, οὗτος δέ ἐστιν ὁ ἀμέθεκτος νοῦς. Καὶ δῆλον ὅτι πλῆθος νόων τοιοῦτον, καὶ πλῆθος ψυχῶν. Ὡς γὰρ πολλὰ μετεχόμενα, οὕτω καὶ ἀμέθεκτα πολλὰ ἀναγκαῖον εἶναι. Ἑκάστη γὰρ μεθεκτὴ ἰδιότης οἰκείαν ἕξει διακάθαρσιν ἐν τῷ οἰκείῳ *** ἀληθέστερον καὶ πάντῃ τοιοῦτον οἷον βούλεται εἶναι τὸ ἀληθινὸν ἀπὸ τοῦ φαινομένου λαμβανόμενον. Εἰ δὲ μή, ἀπὸ παντὸς φαινομένου ἡ ἀνάβασις ἐπὶ τὸ ἀμέθεκτον πάντως· οὐ γὰρ δὴ ἀπὸ τῆς ἀνθρωπίνης ψυχῆς ἐπὶ τὴν ἀμέθεκτον ἥξομεν ψυχήν, ὡς εἶναι Πλάτωνος, εἰ τύχοι, ψυχὴν καὶ ὑπερκόσμιον καὶ ἀμέθεκτον, οὐδὲ ἀπὸ τοῦ δαιμονίου νοῦ ἐπὶ τὸν ἀμέθεκτον νοῦν. Πᾶς γὰρ δαίμων ἐγκόσμιος, ὥστε οὐδὲ ψυχὴν ὑπερκόσμιον θησόμεθα κατὰ δαίμονα ἕκαστον· οὐδὲ γὰρ πᾶς θεὸς ἐγκόσμιος εἴη ἂν πρότερον ὑπερκόσμιος, οὐδὲ πᾶς ὑπερκόσμιος ἤδη καὶ νοερὸς προϋφέστηκεν, οὐδὲ γὰρ ὁ νοερὸς καὶ νοητὸς εἴη ἄν, ἢ οὕτω γε πάντα ποιήσομεν πανταχοῦ διωρισμένα, καὶ εὐθὺς ἐν τῷ νοητῷ τὸ τῶν θεῶν ἅπαν πλῆθος διακριθῆναι, λέγω δὲ τὸ τῶν ὅλων ἰδιοτήτων καὶ τὸ τῶν

3 διὰ in fine us. suppl. A[1] || 9 τοιούτων coni. Corssen || 12 post οἰκείῳ desideratur ἀμεθέκτῳ (Combès), deinde fort. ὅ ἐστιν uel sim. || 13 πάντηι] -ηι ex -ι ut uid. A || 24 διωρισμένα Kopp : -ους A.

il ne serait pas vrai, alors, que les choses d'en-haut, comparées avec celles d'en-bas, soient restreintes selon la quantité, et qu'elles l'emportent en dignité selon la qualité[1].

Si donc on opposait cette aporie au raisonnement qui vient d'être tenu, et si l'on demandait de définir à partir de quoi, il y a une remontée vers ce qui est supérieur, et à partir de quoi il n'y en a pas, eh bien, ce point on l'a discuté auparavant et nous essayerons plus tard de résoudre, dans la mesure du possible, cette difficulté. Pour le moment, cependant, je crois que le raisonnement réclame seulement qu'il y ait une certaine pluralité imparticipable, antérieurement aux âmes et aux intellects participés, du fait que le pur imparticipable est sans contact avec la pluralité des participés, aussi bien comme *un* opposé à la pluralité que comme imparticipable opposé aux participés; car, au milieu doit être ce qui est imparticipable, tout en étant pluralité. Or, s'il y a aussi un premier participable, et si le premier participable commande à sa propre pluralité, par suite le premier imparticipable également commandera à sa propre pluralité; car tout nombre est de forme semblable à sa monade propre.

[16.8. *Remontée analogue vers la vie, la substance, l'unifié*]

Ainsi donc, nous diviserons aussi l'immobile en trois. Car l'intellect est quelque chose de distingué et de circonscrit, à savoir lui-même et les formes qui sont en lui, sans être toutefois absolument dispersé, mais il est aussi rassemblé de quelque manière, tout en ayant l'être dans le fait d'être complètement distingué; et, pour parler plus exactement, tout en étant intellect, il possède une vie, mais sa vie est de quelque façon intellective et n'est pas seulement une vie sans mélan-

1. Voir *Notes complémentaires*, p. 203.

μερικῶν· καὶ οὐκ ἄρα τὰ ἄνω πρὸς τὰ κάτω παραβαλλόμενα τῷ μὲν ποσῷ συνῄρηται, τῷ δὲ ποιῷ τῆς ἀξίας ὑπερφέρει.

Ταῦτα δ' οὖν εἴ τις ἀποροῖ πρὸς τὸν ῥηθέντα λόγον καὶ ἀπαιτοῖ διορίζειν ἀπὸ τίνων μέν ἐστιν ἀνάβασις εἰς τὸ ὑπέρτερον, ἀπὸ τίνων δὲ οὐκ ἔστιν, ἠπόρηται καὶ τοῦτο πρότερον καὶ ἐπιλυσόμεθα αὖθις ὡς δυνατὸν τὴν ἀπο-
(104) ρίαν. Νῦν δὲ τοσοῦτον μόνον ἀπαιτεῖν ὑπολαμβάνω τὸν λόγον, εἶναί τι καὶ πλῆθος ἀμέθεκτον πρὸ τῶν μετεχομένων καὶ ψυχῶν καὶ νόων, διὰ τὸ καὶ ἀσύναπτον εἶναι τὸ ἁπλῶς ἀμέθεκτον πρὸς τὸ πλῆθος τῶν μετεχομένων, καὶ ὡς ἓν πρὸς πλῆθος ἀντικείμενον καὶ ὡς ἀμέθεκτον πρὸς μετεχόμενα· μέσον | γὰρ ἂν εἴη τὸ ἀμέθεκτον μέν, πλῆθος δὲ ὄν. Εἰ δὲ ἔστι καὶ πρῶτον μεθεκτόν, ἡγεῖται δὲ οἰκείου πλήθους τὸ πρῶτον μεθεκτόν, ἡγήσεται ἄρα καὶ τὸ πρῶτον ἀμέθεκτον πλήθους ἰδίου· πᾶς γὰρ ὁμοειδὴς ἀριθμὸς τῇ οἰκείᾳ μονάδι.

Οὕτως ἄρα καὶ τὸ ἀκίνητον διελοῦμεν τριχῇ. Ἐπεὶ γὰρ ὁ νοῦς διακεκριμένον τί ἐστι καὶ περιγεγραμμένον αὐτός τε καὶ τὰ ἐν αὐτῷ, οὐ μὴν διαπεφορημένον ἀτεχνῶς, ἀλλὰ πῇ καὶ συναγόμενον, ἐν τῷ διακεκρίσθαι ἔχων τὸ εἶναι, καὶ ἵνα σαφέστερον εἴπω, ἐπειδὴ νοῦς ὢν ἔχει ζωήν, ἡ δὲ ζωὴ νοερά πώς ἐστιν καὶ οὐ μόνον ζωὴ ἀκραιφνής, δεῖ

6 supra, p. 62.14 - 69.22 ; p. 70.1 - 72.2 ; p. 72.3 - 74.24 ; p. 75.1 - 80.5 ; p. 80.6 - 83.2.

10 ἀσύναπτον scripsi : συναπτὸν A || 21 διακεκρίσθαι Galpérine : διακρίνεσθαι A.

ge ; pour ces raisons donc, antérieurement à la vie qui est dans un autre et qui est mélangée à une autre propriété qui est la propriété spécifiée, il faut qu'il y ait la vie supraspécifiée ou la vie pure qui subsiste en elle-même, se substantialise dans le seul fait d'être en train de se distinguer et ne se projette pas dans l'état de distinction achevée. Mais, puisque la vie également possède une substance, que cette substance est vitale et non pas substance pure, qu'elle est en train de se distinguer et n'est pas purement unifiée, il faut qu'il y ait aussi avant cette substance la véritable substance qui n'est que substance et qui est parfaitement unifiée ; or, il est évident que non seulement les monades sont ainsi rangées les unes par rapport aux autres, mais encore les pluralités, et non seulement la pluralité participable, si l'on remonte de la pluralité des intellects à la pluralité des vies participables, mais encore <la pluralité imparticipable, si l'on remonte> de ces dernières à leur pluralité imparticipable. Il en est pareillement aussi dans le cas des substances ; car le même raisonnement s'appliquera à tout.

Ainsi donc, on peut dire la même chose au sujet du reste également et, par suite, rien n'empêche d'appliquer dans le cas de l'unifié la même nécessité du raisonnement. Il y aura donc, antérieurement à la pluralité des êtres capables de participer[1], une pluralité d'hénades participables ; mais, en tant qu'elles ont procédé dans une substance, elles sont substantielles ; en tant qu'elles ont procédé dans une vie, elles sont vitales ; et celles qui se sont attaché un intellect sont intellectives. Par suite, il est nécessaire qu'antérieurement aux dieux substantiels il y ait une pluralité de dieux imparticipables, et non pas un seul simplement ; cependant, il faut aussi qu'avant cette pluralité il y en ait un seul, le purement dieu[2].

1. Le contexte général exige μεθεκτικῶν au lieu de μεθεκτῶν cf. ci-dessous, p. 85.13.

2. Voir *Notes complémentaires*, p. 203-204.

πρὸ τῆς ἐν ἄλλῳ οὔσης καὶ ἄλλῃ ἰδιότητι τῇ εἰδητικῇ συγκεκραμένης εἶναι τὴν ὑπερείδεον ζωὴν καὶ μόνην ζωὴν καθ' ἑαυτὴν ὑφεστῶσαν, ἐν τῷ διακρίνεσθαι μόνῳ οὐσιωμένην, ἀλλ' οὐχὶ καὶ τὸ διακεκρίσθαι προϐαλλομένην. 'Αλλ' ἐπειδὴ καὶ ἡ ζωὴ οὐσίαν ἔχει, ζωτικὴ δὲ αὕτη ἡ οὐσία, ἀλλ' οὐχὶ ἁπλῶς οὐσία, καὶ διακρινομένη, ἀλλ' οὐχὶ ἁπλῶς ἡνωμένη, δεῖ καὶ πρὸ ταύτης εἶναι τὴν ἀληθῶς οὐσίαν καὶ μόνον οὐσίαν καὶ τελέως ἡνωμένην, καὶ δηλονότι οὐ μόνον τὰς μονάδας οὕτως ἔχειν τάξεως πρὸς ἀλλήλας, ἀλλὰ καὶ τὰ πλήθη, καὶ οὐ μόνον τὸ μεθεκτὸν ἀναϐαίνοντι ἀπὸ τῶν πολλῶν νόων ἐπὶ τὸ τῶν μεθεκτῶν ζωῶν πλῆθος, ἀλλὰ καὶ ἀπὸ τούτων ἐπὶ τὸ ἀμέθεκτον πλῆθος. 'Ομοίως δὲ καὶ ἐπὶ τῶν οὐσιῶν· ὁ γὰρ αὐτὸς ἐπὶ πάντων λόγος ἁρμόσει.

Οὐκοῦν φαίη τις ἂν καὶ ἐπὶ τῶν ἄλλων τὸ αὐτό, καὶ ἐπὶ ἄρα τοῦ ἡνωμένου μηδὲν κωλύειν τὴν αὐτὴν ἐπάγειν τοῦ λόγου ἀνάγκην. Ἔσονται ἄρα πρὸ τῶν μεθεκτικῶν πολλῶν πολλαὶ ἑνάδες μεθεκταί· ἀλλ' ᾗ μὲν εἰς οὐσίαν προελθοῦσαι, οὐσιώδεις εἰσίν, καὶ εἰς ζωήν, ζωτικαί· καὶ γὰρ αἱ νοῦν ἐξάψασαι ἑαυτῶν νοεραί. 'Ανάγκη ἄρα πρὸ τῶν οὐσιωδῶν θεῶν εἶναι θεοὺς ἀμεθέκτους πολλούς, ἀλλ' οὐχ ἕνα μόνον, εἶναι δὲ καὶ ἕνα πρὸ τῶν πολλῶν, τὸν ἁπλῶς θεόν.

5 αὕτη scripsi : αὐτὴ A ‖ 8 μόνον scripsi : -ην A ‖ 12 post καὶ (in fine folii) inserendum uid. τὸ ἀμέθεκτον ἀναϐαίνοντι (Combès) ‖ 18 μεθεκτικῶν Combès : μεθεκτῶν A, u. adn. ‖ μεθεκταί scripsi : -οί A ‖ 19 εἰς[1] s.u. A.

Que devra donc être celui-ci, et que devront être ceux qui sont imparticipables après lui ? Il faut, bien entendu, qu'ils soient unitaires et substantiels, non pas cependant tels que nous disons être ceux qui sont indifférenciés antérieurement à l'un et à la substance, et qui sont unifiés dans l'un-être, celui de Platon. Car ces dieux-là ne sont pas, nous le savons, des hénades constituées selon le mode de l'un seul qui se contredistingue de l'être dans la manifestation de la première altérité. En effet, semble-t-il, cette altérité, qui a séparé l'un de la substance[1], doit placer avant toutes choses l'un pur, puis la pluralité des hénades imparticipables, et après elles, la suite des hénades participées par les substances, les vies, les intellects, les âmes et les espèces naturelles corporelles. Mais Platon, après l'un-être indifférencié, oppose les deux rangées des hénades participables et des substances capables de participer, et, pour parler en général, des hypostases. En bref, s'il est exact de dire qu'à partir de l'un pur, comme de la substance pure, de la vie pure, de l'intellect pur, et, si tu veux, de l'âme pure, est produite une double pluralité, celle qui est imparticipable et celle qui est participable (et comment ne pourrait-on pas le dire à bon droit ?), il est clair qu'à partir du pur unifié aussi se manifestera une double pluralité d'unifiés, l'une imparticipable qui ne s'étend pas avec ses participants jusqu'aux vies encosmiques, l'autre participable qui s'étend jusqu'à elles, comme le fait chacune des totalités ; par conséquent, il se produit aussi une procession externe de l'unifié selon la pluralité interne de ce qui procède extérieurement sur une double rangée.

1. C'est dans le sommet de l'intelligible-intellectif (*Parm.* 143 a 4 ss) que commence l'altérité, qui sépare l'un de l'être. Voir Proclus, *Théol. Plat.*, IV 27, p. 79.20-p. 80.6 ; Damascius, *In Parm.*, R. II, p. 115.16-17 (qui renvoie au commentaire de Proclus : ὡς καὶ αὐτός φησιν).

Τίς οὖν οὗτος ἂν εἴη, καὶ τίνες ἀμέθεκτοι μετ' αὐτόν; Δεῖ μὲν γὰρ αὐτοὺς ἑνιαίους εἶναι καὶ οὐσιώδεις, οὐ μήν γε τοιούτους οἵους φαμὲν τοὺς πρὸ ἑνὸς καὶ οὐσίας ἀδιακρίτους, κατὰ τὸ ἓν ὂν τὸ Πλάτωνος ἡνωμένους. Ἐκεῖνοι γὰρ οὐκ ἦσαν ἑνάδες ἑστῶσαι κατὰ τὸ ἓν μόνον ἀντιδιῃρημένον πρὸς τὸ ὄν, κατὰ τὴν πρώτην ἑτερότητα φανεῖσαν. Ἔοικεν γὰρ ἡ ἑτερότης αὕτη, χωρίσασα τὸ ἓν ἀπὸ τῆς οὐσίας, ὀφείλειν τὸ ἓν ἁπλῶς προτάξαι ἁπάντων, εἶτα τὰς πολλὰς | ἀμεθέκτους ἑνάδας, μεθ' ἃς ἐφεξῆς τὰς μετεχομένας ὑπὸ οὐσιῶν καὶ ζωῶν καὶ νόων καὶ ψυχῶν καὶ σωματοειδῶν φυσικῶν εἰδῶν. Ἀλλ' ὁ Πλάτων μετὰ τὸ ἀδιάκριτον ἓν ὂν τοὺς δύο στίχους ἀντέθηκε τῶν μεθεκτῶν ἑνάδων καὶ τῶν μεθεκτικῶν οὐσιῶν καὶ ὅλως εἰπεῖν ὑποστάσεων. Ὅλως δὲ εἰ ἀπὸ τοῦ ἁπλῶς ἑνὸς ἀληθὲς εἰπεῖν διττὸν παράγεσθαι πλῆθος, ὡς ἀπὸ τῆς ἁπλῶς οὐσίας καὶ τῆς ἁπλῶς ζωῆς καὶ τοῦ ἁπλῶς νοῦ καὶ τῆς ἁπλῶς, εἰ βούλει, ψυχῆς, τὸ μὲν ἀμέθεκτον, τὸ δὲ μεθεκτόν (πῶς δὲ οὐκ ἂν λέγοι τις ἐν δίκῃ;), σαφὲς ὅτι καὶ ἀπὸ τοῦ ἁπλῶς ἡνωμένου διττὸν φανεῖται πλῆθος ἡνωμένων, τὸ μὲν ἀμέθεκτον καὶ οὐ συμπαρατεινόμενον τοῖς μετέχουσιν ἕως τῶν ἐγκοσμίων ζωῶν, τὸ δὲ μεθεκτὸν ἄχρι τούτων, καθάπερ τῶν ὅλων ἕκαστον· ὥστε γίγνεται καὶ τοῦ ἡνωμένου πρόοδος ἔξω κατὰ τὰ εἴσω πολλὰ τῶν ἔξω διχῇ προϊόντων.

2 *Parm.* 144c6-e3 || 4 *Parm.* 142d1-143a3.

21 ζώων C, melius fort.

[16.9. *Aucune procession de l'un*]

S'il nous est permis dans notre questionnement, de raisonner de la même manière au sujet encore de l'un pur qui est au-dessus de l'unifié, peut-être sera-t-il possible de poser les mêmes questions également à son sujet. En effet, pourquoi n'y a-t-il pas aussi, propre[1] à l'un qui est au-dessus de l'unifié, une [double] procession au-dessus de l'unifié, l'une imparticipable, l'autre participée par l'unifié ? On répond que là-haut le participant et le participé ne se sont pas encore distingués, ni non plus le participable et l'imparticipable, ni même les plusieurs et l'un ; car, comme nous le savons, cette nature-là n'est que un, et le deuxième principe est appelé plusieurs comme formant une nature unique, cause des choses qui se distinguent de toutes les façons, car, d'elle-même, elle est la puissance de distinguer et d'engendrer qui appartient à l'un. Une telle nature n'est donc pas apte à subir les processions qui, selon n'importe quelle distinction, se produisent à partir de l'un ; car elle ne veut être que un et cet un qui est riche de tout et antérieur à tout, à partir duquel se manifestent comme deuxièmes ou troisièmes les réalités qui naissent comme telles.

De plus, là où tout est un, là, je suppose, ne saurait se former absolument aucune différence : il n'est pas vrai alors que cet un-ci sera l'un pur, celui-là l'un imparticipable, cet autre l'un participable ; car ce seraient là des différences, alors que la nature de l'un est absolument sans différence ; elle ne peut donc pas, non plus, recevoir, d'aucune façon que ce soit, ni par un vague reflet ni par analogie, les propriétés de demeurer, de procéder et de se convertir, ou bien la qualité de générateur et celle d'engendré, car ce sont là aussi des sortes de différences.

1. Ἴδιος au féminin se trouve aussi ci-dessus, p. 44.20. Cf. Platon, *Protag.*, 349 b 4.

Εἰ δὲ θέμις ἀποροῦντας καὶ περὶ τοῦ ἁπλῶς καὶ ὑπὲρ τὸ ἡνωμένον ἑνὸς τὰ αὐτὰ συλλογίζεσθαι, τάχα ἂν εἴη καὶ περὶ ἐκείνου τὰ αὐτὰ διαπορεῖν. Διὰ τί γὰρ οὐκ ἔστι καὶ τοῦ ὑπὲρ τὸ ἡνωμένον ἑνὸς ἴδιος πρόοδος ὑπὲρ τὸ ἡνωμένον, ἡ μὲν ἀμέθεκτος, ἡ δὲ ὑπὸ τοῦ ἡνωμένου μετεχομένη; Ἢ οὔπω ἐκεῖ διεκρίθη τὸ μετέχον καὶ μετεχόμενον, οὐδὲ τὸ μεθεκτὸν καὶ ἀμέθεκτον, οὐδὲ τὰ πολλὰ καὶ τὸ ἕν· ἓν γὰρ μόνον ἦν ἡ φύσις ἐκείνη, καὶ ἡ δευτέρα ἀρχὴ πολλὰ ἐλέγετο ὡς μία φύσις, αἰτία τῶν κατὰ πάντα τρόπον διακρινομένων, δύναμις οὖσα αὐτόθεν τοῦ ἑνὸς διακριτικὴ καὶ γόνιμος. Οὐκ ἄρα πέφυκεν ἡ τοιαύτη φύσις ὑπομένειν τὰς κατὰ διάκρισιν ἡντιναοῦν γιγνομένας ἀφ' ἑνὸς προόδους· ἓν γὰρ εἶναι βούλεται μόνον καὶ ἓν τὸ παντοῖον καὶ πρὸ πάντων, ἀφ' οὗ δεύτερα ἢ τρίτα φαίνεται τὰ τοιαῦτα γιγνόμενα.

Ἔτι δὲ ὅπου πάντα ἕν, οὐ δήπου ἐνταῦθα ἂν συσταίη διαφορά τις οὐδεμία· οὐκ ἄρα τὸ μὲν ἔσται ἓν ἁπλῶς, τὸ δὲ ἀμέθεκτον ἕν, τὸ δὲ μεθεκτὸν ἕν· διαφοραὶ γὰρ αὗται ἔσονται, τῆς τοῦ ἑνὸς φύσεως ἀδιαφόρου παντάπασιν οὔσης· οὐδὲ ἄρα δεκτική ἐστιν οὐδὲ ὁπωστιοῦν, οὔτε κατὰ ἔμφασιν οὔτε κατὰ ἀναλογίαν, τοῦ μένειν καὶ προϊέναι καὶ ἐπιστρέφειν, ἢ τοῦ γεννῶντος καὶ γεννωμένου, διαφοραὶ γὰρ καὶ αὗταί τινες.

12 ἥτιναοῦν A, corr. f.

De plus, puisque cette nature est antérieure à tout, <et> qu'elle est aussi principe de tout, elle ne saurait rien subir des choses qui procèdent d'elle ; alors, il n'est pas vrai non plus que la nature qui commande[1] à toutes les choses puisse subir l'une d'elles. De plus, ces choses appartiennent aussi au tout et à ce qui existe déjà selon une certaine distinction ; par conséquent, ce que nous disons être seulement un et rien d'autre ne recevra rien de cela.

En outre, si cette nature a l'être dans le fait d'être transcendante à tout et d'être le principe commun de tout, comment peut-elle encore être commune, s'il est vrai qu'elle est propre, en tant que monade de la pluralité imparticipable qui provient d'elle, et comment sa nature est-elle non coordonnée, s'il est vrai qu'elle a une pluralité participable ? Car tout ce qui est tel est rattaché aux choses qui en participent.

Vraiment, au sujet de la première cause, pourquoi faut-il s'étendre, car elle n'a rien d'autre de commun avec tout le reste que ceci seulement, à savoir qu'elle est transcendante à tout et qu'elle est cause de tout, sans même qu'elle ait son caractère de cause distinct de l'un.

[16.10. *Pas de réelle procession de l'unifié*]

Mais pourquoi l'unifié ne procéderait-il pas dans une double pluralité, imparticipable et participable, produite à partir de lui ? Sans doute, nous reconnaissons plutôt la pluralité imparticipable, car l'intelligible est plusieurs ; en effet, nous continuons à le concevoir comme triadique, pour ne pas aller jusqu'à tripler cette triade en ennéade. Il faut alors, comme nous l'avons vu, que la pluralité participable procède aussi après la pluralité imparticipable.

1. 'Αρχική. Au sens général, comme plus haut, p. 64.16, n. 2.

Ἔτι ἐπειδὴ πρὸ πάντων ἐκείνη ἐστίν, ἔστι ⟨δὲ⟩ καὶ πάντων ἀρχή, οὐδὲν ἂν ὑπομένοι τῶν ἀπ' αὐτῆς προϊόντων· οὐδὲ ἄρα τούτων τι ὑπομείνειεν ἂν ἡ ἀρχικὴ τῶν πάντων φύσις. Καὶ ταῦτα δὲ τῶν πάντων ἐστὶ καὶ ἤδη τῶν | κατὰ διάκρισίν τινα ὑφεστώτων· οὐδὲ τούτων ἄρα τι ἐνδέξεται ὃ μόνον ἓν εἶναι φαμέν, ἄλλο δὲ οὐδέν.

Ἔτι εἰ ἐν τῷ πάντων ἐξῃρῆσθαι καὶ πάντων εἶναι κοινὴν ἀρχὴν ἔχει τὸ εἶναι, πῶς μὲν ἔτι κοινὴ ἡ φύσις ἐκείνη, εἴπερ ἴδιός ἐστιν οἷον μονὰς τοῦ ἀφ' ἑαυτῆς ἀμεθέκτου πλήθους, πῶς δὲ ἀσύντακτος αὐτῆς ἡ φύσις, εἴπερ ἔχει μεθεκτὸν πλῆθος; Πᾶν δὲ τὸ τοιοῦτον συντάττεται τοῖς αὐτοῦ μετέχουσι.

(105) Περὶ μὲν δὴ τῆς πρώτης αἰτίας τί δεῖ ἀπομηκύνειν, οὐδὲν ἄλλο κοινὸν πρὸς τὰ ἄλλα πάντα ἐχούσης ἢ τοῦτο μόνον ὅτι πάντων ἐξῄρηται καὶ πάντων αἰτία ἐστίν, οὐδὲ τὸ αἰτία διωρισμένον ἔχουσα παρὰ τὸ ἕν;

Ἀλλὰ διὰ τί τὸ ἡνωμένον οὐκ ἂν προέλθοι εἰς διττὸν ἀφ' ἑαυτοῦ παραγόμενον πλῆθος, ἀμέθεκτόν τε καὶ μεθεκτόν; Μᾶλλον δὲ τὸ μὲν ἀμέθεκτον ὁμολογοῦμεν· εἶναι γὰρ πολλὰ τὸ νοητόν· τριαδικὸν γὰρ αὐτὸ διατελοῦμεν θεωροῦντες, ἵνα μὴ καὶ τριπλασιάσω τὴν τριάδα ταύτην εἰς ἐννεάδα. Ἔδει οὖν καὶ τὸ μεθεκτὸν προϊέναι μετὰ τὸ ἀμέθεκτον.

22 supra, p. 84.5-14.

---

1 δὲ addidi || 3 ὑπομένειεν A, corr. Kopp || 5 ὑφεστώτον A, corr. Ruelle || 6 ἐνδείξεται A, corr. Galpérine || ὃ scripsi : οὐ A || ἄλλο δὲ scripsi : ἀλλ' οὐδὲ A || 8 πῶς] -ς s.u. A[1].

Mais peut-être est-il plus vrai de dire que la pluralité imparticipable ne procède même pas ; car ce n'est pas seulement l'un qui refuse la pluralité en train de se distinguer, mais également l'unifié qui converge tout entier vers l'un est pour ainsi dire spécifié selon la nature de celui-ci et ne veut en être écarté d'aucune façon absolument ; c'est, en effet, dans l'un que le premier unifié a l'être. Donc, de même qu'il est nécessaire que chaque chose qui est première soit la plus réelle (car qu'est-ce qui pourrait lui être antérieur, puisqu'elle est la première ?), de même il est certain que cet unifié aussi est le plus réellement unifié. Par suite, l'unifié n'admet absolument aucune distinction ni par conséquent aucune procession, d'aucune nature que ce soit ; en effet, il est bien légitime de lui attribuer le même caractère qu'on peut attribuer à bon droit à ce qu'on tient pour ses éléments. Car l'unifié, considéré par exemple d'en-bas à partir de ce qui est après lui et procède de lui, est l'un-être simple qui est placé avant l'un et l'être. Si donc ces derniers produisent à partir d'eux-mêmes des processions, comment ce qui n'est ni l'un ni l'autre, mais qui est antérieur aux deux, comment cela ne serait-il pas supérieur aussi à la nécessité de procéder ? Or, cette nécessité est celle qui distingue l'un de l'être et l'être de l'un ; car cette nécessité est la première à s'être manifestée comme distinction. Et l'unifié, considéré d'en haut à partir des deux principes, est à la fois un et plusieurs par participation, de même qu'il est, nous le savons, l'un et l'être selon la cause.

Mais l'un et les plusieurs ne procèdent pas, même pas les plusieurs, car ils sont cause de processions, et la cause elle-même ne procède pas ; ensuite, les plusieurs ne sont même pas plusieurs au sens d'une multiplication de l'un, mais d'une qualification de l'un, étant comme une extension[1] de l'un ; c'est pourquoi on les célèbre encore comme la puissance de l'un[2], comme la propriété

1-2. Voir *Notes complémentaires*, p. 204.

Ἢ τάχα ἀληθέστερον εἰπεῖν ὅτι οὐδὲ τὸ ἀμέθεκτον πρόεισιν· οὐ γὰρ μόνον τὸ ἓν ἀναίνεται τὸ διακρινόμενον πλῆθος, ἀλλὰ καὶ τὸ ἡνωμένον συννεῦον ὅλον πρὸς τὸ ἓν καὶ κατὰ τὴν ἐκείνου φύσιν οἷον εἰδοποιούμενον καὶ μηδαμῇ μηδαμῶς αὐτοῦ ἀφίστασθαι βουλόμενον, ἐν τούτῳ γὰρ ἔχει τὸ εἶναι τὸ πρῶτον ἡνωμένον. Ὡς οὖν τὸ πρῶτον ἕκαστον ἀληθέστατον εἶναι ἀνάγκη (τί γὰρ ἂν εἴη πρὸ αὐτοῦ, πρώτου ὄντος;), οὕτω καὶ τοῦτο πάντως ὅτι ἀληθέστατά ἐστιν ἡνωμένον. Οὐδαμῇ ἄρα οὐδεμίαν οὐδὲ τὸ ἡνωμένον ἐπιδέχεται διάκρισιν, οὐδὲ ἄρα πρόοδον οὐδὲ ἡντιναοῦν· τοιοῦτον γὰρ εἴη ἂν κατὰ τὸ δικαιότατον οἷα καὶ τὰ δοκοῦντα αὐτοῦ στοιχεῖα εἶναι δικαίως ἂν ὑποτεθείη. Τὸ γὰρ ἡνωμέν⟨ον⟩, ὡς μὲν κάτωθεν εἰπεῖν, ἀπὸ τῶν μετ' αὐτὸ καὶ ἀπ' αὐτοῦ προϊόντων, ἓν ὄν ἐστιν ἁπλοῦν προτεταγμένον τοῦ τε ἑνὸς καὶ τοῦ ὄντος. Εἰ τοίνυν ταῦτα προόδους ποιεῖται ἀφ' ἑαυτῶν, ὅ γε μηδέτερόν ἐστιν, ἀλλὰ πρὸ ἀμφοῖν, πῶς οὐκ ἂν εἴη καὶ τῆς προοδικῆς ἀνάγκης ὑπέρτερον; Αὕτη δέ ἐστιν ἡ διακρίνουσα τὸ ἓν καὶ τὸ ὂν ἀπ' ἀλλήλων· πρώτη γὰρ αὕτη διάκρισις ἀναπέφηνεν. Ὡς δὲ ἄνωθεν ἀπὸ τῶν δυεῖν ἀρχῶν αὐτὸ θεάσασθαι, ἓν ἅμα ἐστὶν καὶ πολλὰ κατὰ μέθεξιν, ὡς ἐκεῖνα ἦν κατ' αἰτίαν. |

Ἀλλὰ τὸ ἓν καὶ τὰ πολλὰ οὐ πρόεισιν· οὐδὲ γὰρ τὰ πολλά, προόδων γάρ ἐστιν αἴτιον, ἀλλ' οὐ προϊὸν αὐτό. Οὐδὲ γὰρ οὕτω πολλὰ ὡς ἓν πλήθει, ἀλλ' ὡς ἓν τοιονδί, οἷον ἐκτένεια τοῦ ἑνός· διὸ καὶ δύναμις αὐτοῦ ὑμνεῖται,

26 *Or. Chald.*, fr. 4.

1 mg. uirg. cens. A || 5 ὑφίστασθαι A, corr. Galpérine || 8 πρώτου scripsi : πρὸ τοῦ A || 12 αὐτοῦ- A || 13 ἡνωμένον, ὡς coni. Ruelle (cf. uu. 20-22) : ἡνωμένως A || 25 ἓν[1]] ἐν Galpérine || 26 ἐκτένεια] -α s.u. add. A[1].

qui en lui est productrice de tout, et comme la cause de tout ; car l'un en tant qu'un n'est même pas la cause de tout, mais il est seulement antérieur à tout. Donc, puisque l'unifié procède des deux principes qui sont tels, en tant qu'il a quelque chose de l'un, il demeure un ; au contraire, en tant qu'il manifeste quelque chose aussi des plusieurs, il n'est pas demeuré un, mais il est devenu unifié au lieu de un ; il n'est pas l'un même et par là il manifeste vaguement ce qui est plusieurs (c'est là <en effet>, nous le savons, le deuxième principe, et non pas ce qui se distingue de quelque façon que ce soit). Si donc cet unifié est tel, comment pourrait-il se distinguer dans une procession, soit en lui-même soit à partir de lui-même, soit comme imparticipable soit comme participable ? Et d'où tiendra-t-il de telles différences, puisque là-haut il n'y a rien de fixé en soi, donc absolument pas de différence, ni d'altérité, ni de distinction, ni de procession, ni d'abaissement ou d'excellence, ni d'engendrant ou d'engendré, ni n'importe quoi d'autre qui soit distingué par rapport à autre chose, ou en train de se distinguer, ou demeurant en soi-même, ni n'importe quelle autre détermination de ce genre ? Car la nature de l'unifié a tout absorbé dans une union unique de toutes les choses, comme, s'il est permis de dire, l'un lui-même a tout absorbé dans une unique simplicité de toutes les choses sans exception[1].

Je suis absolument persuadé que la vérité est telle ; et Jamblique en de nombreux passages, nous fait avec insistance une obligation de contracter nos multiples intellections, pour ainsi dire, en un seul centre, de faire que leur mouvement circulaire devienne le centre, et de nous approcher par là de l'unifié et de l'intelligible d'une manière unifiée et intelligible, au moyen d'une seule et très puissante intellection, tant indifférenciée qu'intelligible[2]. Et, puisqu'il n'est pas facile à un

1. Cf. vol. I, p. 4.11-12.
2. Voir *Notes complémentaires*, p. 204.

καὶ τὸ πάμφορον αὐτοῦ καὶ πάντων αἴτιον· ᾗ γὰρ ἕν, οὐδὲ αἴτιον πάντων, ἀλλὰ μόνον πρὸ πάντων. Ὡς οὖν ἐκ τοιούτων οὐσῶν τῶν δυεῖν ἀρχῶν προϊὸν τὸ ἡνωμένον, καθὸ μὲν ἔχει τι τοῦ ἑνός, ἓν μένον, καθὸ δὲ ἐπιφαίνει τι καὶ τῶν πολλῶν, οὐχ ἓν μεῖναν, ἀλλ' ἡνωμένον γενόμενον ἀνθ' ἑνός, καὶ οὐχ ἓν αὐτό, καὶ ταύτῃ τὸ πολλὰ ἐμφαῖνον (τοῦτο 〈γὰρ〉 ἦν ἡ δευτέρα ἀρχή, ἀλλ' οὐχ ὃ διακρίνεται ὁπωσοῦν), τοιοῦτον δὴ οὖν τὸ ἡνωμένον τοῦτο ὄν, πῶς ἂν εἰς πρόοδόν τινα διακρίνοιτο, ἢ ἐν ἑαυτῷ ἢ ἀφ' ἑαυτοῦ, ἢ ἀμέθεκτον ἢ μεθεκτόν; Ἢ πόθεν ἕξει τὰς τοιαύτας διαφοράς, μηδενὸς ἐκεῖ στάντος καθ' ἑαυτό, μὴ τοίνυν μηδὲ διαφορᾶς ἢ ἑτερότητος ἢ διακρίσεως ἢ προόδου, ἢ ὑφέσεως ἢ ὑπεροχῆς, ἢ γεννῶντος ἢ γεννωμένου, ἢ ἄλλου ὁτουοῦν πρὸς ἄλλο διακριθέντος ἢ διακρινομένου ἢ μένοντος ἐν ἑαυτῷ, ἢ ὅπως ποτὲ ἄλλως διοριζομένων τῶν τοιούτων; Πάντα γὰρ καταπέπωκεν ἡ τοῦ ἡνωμένου φύσις εἰς μίαν τῶν πάντων ἕνωσιν, ὥσπερ, εἰ θεμιτὸν εἰπεῖν, αὐτὸ τὸ ἓν εἰς μίαν τῶν ἁπάντων ἁπλότητα.

Τὸ μὲν οὖν ἀληθὲς ὧδε ἔχειν πείθομαι παντὸς μᾶλλον, καὶ ὁ Ἰάμβλιχος πολλαχοῦ πολὺς ἀναγκάζων ἡμῖν τὰς πολλὰς νοήσεις οἷον εἰς ἓν κέντρον συνερείδεσθαι, καὶ τὴν περιφορὰν κέντρον ποιεῖν, καὶ οὕτω προσιέναι τῷ ἡνωμένῳ καὶ νοητῷ ἡνωμένως καὶ νοητῶς μιᾷ μεγάλῃ νοήσει καὶ ἀδιακρίτῳ καὶ νοητῇ. Ἐπειδὴ δὲ οὐ ῥάδιον

20-24 Iambl. ubi?

4 ἓν μένον scripsi : ἡνωμένον A || 6 ἓν αὐτό scripsi : ἕκαστον A || πολλὸν A, correxi || 7 γὰρ addidi || 20 scr. ἡμᾶς?

homme, surtout à un homme vivant encore sur la terre, de projeter une telle intellection, et puisque nous voulons contempler cependant, de quelque façon, même les choses de là-haut, cachées dans la profondeur de là-haut, et rendues pour ainsi dire confuses par rapport à notre intuition, après avoir donc tenté d'embrasser cette nature de la façon qui est en notre pouvoir, sans être encore concentrés dans l'intellection unique que nous venons d'appeler le centre de toutes les intellections, nous nous sommes au premier abord divisés en deux, à l'égard de l'union qui est sans discontinuité, la considérant tantôt comme unifiée et tantôt comme plurifiée, ce qu'il ne faut pas faire ; car il n'est même pas vrai que son caractère unifié soit une chose, et son caractère plurifié une autre, mais ces deux caractères aussi sont repliés ensemble dans l'unifié ; néanmoins, nous nous contentons de les penser et de les nommer ainsi : en tant que l'unifié n'est pas l'un lui-même, nous l'appelons plurifié, et en tant que, par ailleurs, il a subi l'un nous le proclamons unifié. Cependant cette nature-là est unique, et, incapables de la saisir comme unique, nous la concevons d'une double manière, ou comme un et non-un, ou comme ni un ni non-un, ou comme un et plusieurs. Quoi donc ? nous trompons-nous en cela à son égard ? Répondons qu'en distinguant ces choses nous nous trompons, tandis qu'en les unissant nous disons vrai ; et peut-être sommes-nous capables, de cette façon, de rencontrer la vérité.

[16.11. *Genèse de la notion triadique de l'unifié*]

Ensuite, en voyant procéder tous les mondes à partir de l'abîme véritablement hypercosmique[1], nous avons appelé aussi cet abîme le monde caché[2], qui coagrège en lui tous les mondes, en tant qu'il est le monde de tous les mondes sans exception, ou plutôt en tant qu'il est

1. Ὑπερκόσμου. Voir, *supra*, la n. 1 de la p. 56.4.
2. Voir *Notes complémentaires*, p. 204-205.

τὴν τοιάνδε νόησιν ἄνθρωπον ὄντα προβάλλεσθαι, ἄλλως τε καὶ ἐπὶ γῆς ἔτι διαιτώμενον, ἐθέλομεν δὲ ἀμῇ γέ πῃ καὶ τὰ ἐκεῖ θεωρεῖν ἐν βάθει τῷ ἐκεῖ κεκρυμμένα καὶ οἷον συγκεχυμένα πρός γε τὴν ἡμετέραν ἐπιβολήν, ἐπιχειρήσαντες οὖν τὴν φύσιν ἐκείνην συνελεῖν οὕτως ὡς ἔχομεν, οὔπω συνῃρημένοι κατὰ τὴν μίαν νόησιν, ἣν κέντρον ἐλέγομεν πασῶν τῶν νοήσεων, διχῇ τὴν πρώτην διέστημεν περὶ τὴν ἀδιάστατον ἕνωσιν, πῶς μὲν αὐτὴν ἡνωμένην, πῶς δὲ πεπληθυσμένην ἰδόντες, οὐχ οὕτω δέον· οὐδὲ γὰρ ἄλλο μὲν αὐτῆς τὸ ἡνωμένον, ἄλλο δὲ τὸ πεπληθυσμένον, ἀλλὰ καὶ ταῦτα ἄμφω κατὰ τὸ ἡνωμένον συνέπτυκται· ἀλλ' ὅμως ἡμεῖς ἀγαπῶμεν καὶ οὕτω | νοεῖν τε καὶ ὀνομάζειν, ᾗ μὲν οὐκ αὐτὸ τὸ ἓν πεπληθυσμένον καλοῦντες, ᾗ δὲ αὖ πεπονθὸς τὸ ἓν ἡνωμένον ἀνευφημοῦντες. Ἔστι δὲ μία ἡ φύσις ἐκείνη, ἣν ὡς μίαν ἑλεῖν οὐ δυνηθέντες διχῇ ἐννοοῦμεν, ἢ ὡς ἓν καὶ οὐχ ἕν, (106) ἢ ὡς οὔτε ἓν οὔτε οὐχ ἕν, ἢ ὡς ἓν καὶ πολλά. Τί οὖν; ψευδόμεθα ταῦτα περὶ αὐτῆς; Ἢ τῇ μὲν διακρίσει ψευδόμεθα, τῇ δὲ καὶ τούτων ἑνώσει ἀληθεύομεν· καὶ μή πως τῇ ἀληθείᾳ ταύτῃ δυνάμεθα ἐντυχεῖν.

Ἔπειτα κόσμους πάντας ὁρῶντες προερχομένους ἀπὸ τοῦ ὡς ἀληθῶς ὑπερκόσμου βυθοῦ, καὶ τὸν βυθὸν ἐκεῖνον κρύφιον κόσμον κεκλήκαμεν, συνῃρηκότα ἐν αὐτῷ πάντας τοὺς κόσμους, οἷον κόσμον ὄντα τῶν κόσμων

7 supra, p. 89.20-24 || 14 *Soph.* 245 a 5-6 || 22 *Or. Chald.*, fr. 18.

19-20 μήπω A, correxi.

leur gestation indifférenciée, laquelle ne supporte pas encore la forme cosmique, mais néanmoins la préconçoit réellement en elle. Il y a, en effet, s'il est permis de dire, au sein de la cause de tous les mondes et antérieurement à tous, une unique gestation universelle et indifférenciée, qui se situe avant la totalité et toute la suite des fruits intelligibles qui en procèdent ; il s'agit de cette cause que nous appelons aussi l'unifié intermédiaire entre les mondes aussi nombreux soient-ils, les plérômes enveloppés en eux et, en partant d'en-haut, l'unique simplicité transcendante.

Donc, puisque dans cette mesure, du moins, nous avons conjecturé que ce qui est vraiment l'abîme hypercosmique est un monde, pour cette raison-là, en même temps que cette conception, nous avons laissé entrer[1], à notre usage, un ordre de premiers, de moyens et de derniers, alors que, là-haut, il n'y a pas de distinction, même pas de ce genre. D'où viendrait-elle ? Car, même dans tous les mondes qui viennent après cet abîme, il n'y a rien de tel, mais c'est à partir de la limite inférieure des intelligibles-intellectifs que se manifeste au-dehors la distinction que voilà, comme il est dit <dans> le *Parménide*[2]. Or, en admettant même que dans les mondes antérieurs [à cette limite] la procession triadique soit vue de quelque autre manière, toutefois, dans l'intelligible, cette procession est incapable d'apparaître ; néanmoins, essaie de concevoir d'elle aussi une gestation, celle que là-haut nous appelons une triple division, et essaie de penser quelque chose qui par son caractère serait plus proche de l'un que ne l'est la gestation, en utilisant, par exemple, l'image de la semence (car sans doute la semence est plus indivisible que la gestation), ou même encore [en te plaçant] au-delà de l'analogie séminale et de toute analogie qui se distingue de quelque façon que ce soit. En voulant donc

1-2. Voir *Notes complémentaires*, p. 205.

ἁπάντων, ἢ μᾶλλον ὠδῖνα αὐτῶν ἀδιάκριτον, οὔπω μὲν ἀνεχομένην τῆς κοσμικῆς ἰδέας, ὅμως δὲ προωδίνουσαν αὐτὴν ἀτεχνῶς. Ἔστι γάρ, εἰ θέμις εἰπεῖν, τοῦ πάντων αἰτίου καὶ πρὸ πάντων ὠδὶς μία κοινὴ καὶ ἀδιάκριτος, τῶν ἀπ᾽ αὐτῆς ὅλων καὶ πάντων τόκων προτεταγμένη τῶν νοητῶν, ὃ δή φαμεν καὶ ἡνωμένον μεθόριον τῶν κόσμων, ὅσοι ποτέ εἰσι, καὶ τῶν ἐν αὐτοῖς περιεχομένων πληρωμάτων, καὶ ἄνωθεν τῆς μιᾶς ἐξῃρημένης ἁπλότητος.

Ἐπεὶ οὖν κατὰ τοσοῦτόν γε κόσμον ὑπενοήσαμεν εἶναι τὸν ὑπέρκοσμον βυθὸν ὄντα τῷ ὄντι, διὰ δὴ τοῦτο καὶ τάξις ἡμῶν τῇ ἐννοίᾳ ταύτῃ συνεισέδραμεν πρώτων καὶ μέσων καὶ τελευταίων, οὐκ οὔσης διακρίσεως οὐδὲ τοιαύτης ἐκεῖ· πόθεν; Οὐδὲ γὰρ ἐν τοῖς μετ᾽ αὐτὸν κόσμοις ἅπασι τὸ τοιοῦτον ἔνεστιν, ἀλλ᾽ ἀπὸ τοῦ πέρατος τῶν νοητῶν καὶ νοερῶν ἤδε προφαίνεται ἡ διάκρισις, ὡς ⟨ἐν⟩ Παρμενίδῃ λέγεται. Ἔστω δὲ καὶ ἐν τοῖς προτέροις ἄλλως πως ὁρωμένη ἡ τριαδικὴ πρόοδος, ἐν δὲ τῷ νοητῷ καὶ ταύτην ἀδύνατον ἐκφανῆναι· ἀλλὰ νόει μοι καὶ ταύτης ὠδῖνα, τὴν ἐκεῖ λεγομένην τριχῇ διαίρεσιν, καὶ εἴ τι τῆς ὠδῖνος ἑνοειδέστερον, οἷον σπερματικῶς (τὸ γὰρ δὴ σπέρμα τῆς ὠδῖνος ἀμερέστερον) ἢ καὶ ἔτι τῆς σπερματικῆς ἀναλογίας ἐπέκεινα, καὶ γὰρ ἁπάσης τῆς ὁπωσοῦν διακρινομένης. Ταύτης οὖν ἐπιλαβέσθαι βουλόμενοι τῆς

16 *Parm.* 145 a 4 ss.

---

10 ὑπέρκοσμον A[1] : ὑπερκόσμιον A ‖ 11 scr. ἡμῖν? ‖ 14 ἔνεστιν s[b] : ἓν ἔστιν A ‖ 15 ἥδε A[1] : ᾗι δὲ A ‖ ἐν addidi.

nous saisir de cet enveloppement indéterminé et réellement abyssal du tout, nous nous sommes divisés à son égard, et, après nous être effrayés du déchirement de nos propres pensées, qui est vraiment terrible et titanique (non pas que ce déchirement se produise au sujet de quelque intellect divisé[1], mais il se produit d'une manière sacrilège et très audacieuse au sujet de ce qui est complètement et absolument indivisible[2]), nous nous sommes contentés de la triade, en courant le risque d'être entraînés jusqu'au dernier degré de la division, et, jugeant que cette chute suffit, nous avons eu l'audace d'attribuer à l'intelligible la triple division, en voulant faire s'y reposer nos <conjectures> incapables de se contracter davantage, mais également incapables de se délivrer de la recherche spéculative à l'égard de l'intelligible, dans leur désir nostalgique des causes originelles de la nature tout entière.

[16.12. *Purification de notre conception de l'unifié*]

Néanmoins, en purifiant radicalement nos conjectures et en les contractant autant qu'il est possible, nous entreprenons de remonter vers là-haut, premièrement, non pas à partir des réalités ordinaires, mais des réalités qui ont procédé là-haut, à savoir substance, vie et intellect ; deuxièmement, non pas à partir des propriétés déjà séparées, c'est-à-dire de la propriété composée et de la propriété unitaire, mais à partir de la propriété unique, antérieure à la séparation et antérieure aux deux. Car, de même que nous disions que l'unifié est, de façon absolue, antérieur à l'un et à l'être, de même aussi la propriété de ces réalités [substance, vie et intellect] n'est ni composée ni simple, mais unifiée antérieurement aux deux. De même, en effet, la vie que nous disions intelligible est la vie unifiée antérieurement à la vie unitaire et à celle qui est, pour ainsi dire, mixte[3] ; de

1-3. Voir *Notes complémentaires*, p. 205.

ἀδιορίστου βυθίας ὄντως τῶν πάντων περιοχῆς ἐμερίσθημέν τε [καὶ] περὶ αὐτήν, καὶ φοβηθέντες τὸν τῶν ἡμετέρων ἐννοιῶν σπαραγμὸν δεινόν τε καὶ τιτανικὸν ὄντα ὡς ἀληθῶς, οὐ περί τινα | μεριστὸν νοῦν σπαραττόμενον, ἀλλ' ἀνοσίως καὶ θρασύτατα περὶ τὸ πάντῃ πάντως ἀμέριστον, ἀγαπητῶς ἀντελαβόμεθα τῆς τριάδος, ὑποσυρῆναι κινδυνεύσαντες εἰς τὸν ἔσχατον μερισμόν, καὶ ἀρκούμενοι ταύτῃ τῇ πτώσει ἐτολμήσαμεν κατηγορῆσαι τοῦ νοητοῦ τὴν τριχῇ διαίρεσιν, ἀναπαῦσαι βουλόμενοι τὰς ἡμετέρας ⟨ἐπινοίας⟩ ἐπὶ πλέον συναιρεθῆναι μὴ δυναμένας, ἀλλὰ μηδὲ ἀπαλλαγῆναι δυναμένας τῆς περὶ τὸ νοητὸν θεωρίας, πόθῳ τῶν ἀρχαίων αἰτίων τῆς ὅλης φύσεως.

Οὐ μέντοι ἀλλὰ διακαθαίροντες αὐτὰς καὶ συναιροῦντες εἰς τὸ δυνατόν, πρῶτον μὲν οὐκ ἀπὸ τῶν τυχόντων ἐκεῖσε ἐπιχειροῦμεν ἀναβαίνειν, ἀλλ' ἀπὸ τῶν ἐκεῖ προελθόντων, οὐσίας καὶ ζωῆς καὶ νοῦ· δεύτερον δὲ οὐκ ἀπὸ τῶν κεχωρισμένων ἰδιοτήτων, οἷον ἀπὸ τῆς συνθέτου ἢ ἀπὸ τῆς ἑνιαίας, ἀλλ' ἀπὸ τῆς πρὸ τοῦ χωρισμοῦ μιᾶς πρὸ ἀμφοῖν. Ὡς γὰρ ἁπλῶς τὸ ἡνωμένον πρὸ ἑνὸς καὶ ὄντος ἐλέγομεν, οὕτω καὶ ἡ ἐκείνων οὔτε σύνθετός ἐστιν οὔτε ἁπλῆ, ἀλλ' ἡνωμένη πρὸ ἀμφοῖν. Οὕτω γὰρ καὶ ἡ ζωὴ ἣν λέγομεν νοητήν, ἡνωμένη ἐστὶ ζωὴ πρὸ τῆς ἑνιαίας καὶ τῆς οἷον μικτῆς· οὕτω δὲ καὶ νοῦς ὁ νοητὸς

21 vol. II, p. 99.1-4.

2 καὶ[1] deleui || 10 ἐπινοίας addidi.

même aussi l'intellect intelligible n'est ni l'intellect unitaire, ni l'intellect qui est contredistingué de l'unitaire comme un véhicule par rapport à un véhiculé, c'est-à-dire l'intellect substantiel et composé par rapport à l'unitaire et au simple, mais il est celui qui est antérieur à tous les deux et antérieur à la distinction. C'est pourquoi assurément chacun des deux intellects séparés est un certain intellect défini, car l'un est unitaire, tandis que l'autre est substantiel (appelons, en effet, substance ce qui s'oppose de façon plus générale à la monade d'après *Parménide*), et aucun des deux n'est l'intellect pur, mais c'est l'intellect intelligible qui est l'intellect pur[1]. En effet, celui-là est le premier intellect, dont se sont distingués le premier intellect unitaire et le premier intellect substantiel; chacun des deux étant premier, quoique de façon relative, tandis que celui-là est, comme nous le savons, premier de façon absolue. De même aussi la vie pure, par rapport à chacune des deux vies séparées dans l'unitaire et le substantiel, est aussi vie première de façon absolue. De la même manière, assurément, la substance est substance première de façon absolue, antérieurement à chacune des deux substances définies, car elle est selon l'ensemble des deux qui est nécessairement antérieur à l'une et à l'autre. Et non seulement ces réalités [substance, vie et intellect], mais encore celles qui sont en elles, et qui sont en train de se distinguer à partir d'elles, sont toutes là-haut coagrégées selon l'ensemble des deux; «car il[2] est tout, mais selon le mode intelligible», dit l'Oracle.

Pourquoi donc l'unifié ne se divise-t-il pas aussi en toutes choses de façon analogue? On répond qu'il ne se divise réellement même pas en celles-là [substance, vie, intellect], et que néanmoins toutes sont là-haut de manière indifférenciée; or, s'il faut que là-haut elles se manifestent, ce seront les premières réalités qui se

1-2. Voir *Notes complémentaires*, p. 205.

οὔτε ἑνιαῖός ἐστιν οὔτε ὁ πρὸς τοῦτον ἀντιδιῃρημένος ὡς ὄχημα πρὸς ὀχούμενον, ἢ οὐσιώδης καὶ σύνθετος πρὸς ἑνιαῖόν τε καὶ ἁπλοῦν, ὁ δὲ πρὸ ἀμφοῖν καὶ πρὸ τῆς διακρίσεως. Διόπερ ὁ μὲν κεχωρισμένος ἑκάτερος τίς ἐστι νοῦς, ὁ μὲν γὰρ ἑνιαῖος, ὁ δὲ οὐσιώδης (καλείσθω γὰρ οὐσία κοινότερον τὸ ἀντικείμενον τῇ μονάδι κατὰ τὸν Παρμενίδην), ἁπλῶς δὲ οὐδέτερος, ἀλλ' ὁ νοητὸς ἁπλῶς νοῦς. Καὶ γὰρ ἐκεῖνος ὁ πρῶτος νοῦς, ἀφ' οὗ διεκρίθησαν ὅ τε πρῶτος ἑνιαῖος καὶ ὁ πρῶτος οὐσιώδης, πρῶτος μὲν ὤν, πρός τι δὲ ὅμως ἑκάτερος· ὁ δὲ ἦν ἁπλῶς πρῶτος. Οὕτω δὲ καὶ ἡ ἁπλῶς ζωὴ πρὸς ἑκατέραν τὴν κεχωρισμένην εἰς τὸ ἑνιαῖον καὶ οὐσιῶδες, ἁπλῶς οὖσα καὶ πρώτη ζωή· καὶ ἡ οὐσία δὴ τὸν αὐτὸν τρόπον πρὸ ἑκατέρας τινὸς οὔσης ἁπλῶς οὖσα οὐσία, κατὰ γὰρ τὸ συναμφότερον, ὃ πρὸ ἑκατέρου πάντως ἐστίν· καὶ οὐ ταῦτα μόνα, ἀλλὰ καὶ τὰ ἐν τούτοις καὶ ἀπὸ τούτων διακρινόμενα πάντα ἐκεῖ συνήρηται κατὰ τὸ συναμφότερον· «πάντ' ἐστὶ γάρ, ἀλλὰ νοητῶς», φησὶ τὸ λόγιον.

Διὰ τί οὖν μὴ καὶ εἰς πάντα διαιρεῖται ἀναλόγως; Ἢ ὅτι οὐδ' εἰς ταῦτα κατὰ ἀλήθειαν, ἔστι δὲ ὅμως πάντα ἐκεῖ τὸν ἀδιάκριτον τρόπον· εἰ δὲ ἀναγκαῖον ἐκφαίνεσθαι ἐκεῖ, τὰ πρῶτα ἂν μᾶλλον ἐκφαίνοιτο, καὶ ταῦτα ἂν εἴη πρὸς

5-7 *Parm.* 142 b 7 - d 3 || 17-18 *Or. Chald.*, fr. 21.

17 συνήρηται scripsi : συνήρτηται A || mg. uirg. cens. A || πάντα A.

manifesteront davantage ; et celles qui se prêteront, si l'on peut dire, à l'analogie seront toutes celles qui se trouvent être les plus générales, les plus simples, les plus divines et les premières parmi celles qui procèdent de l'intelligible ; car elles ne seraient pas les premières à se manifester, si là-haut dans leur gestation elles n'avaient pas été projetées aussi avant les autres ; je ne l'entends pas du point de vue d'une distinction plus complète qui serait la leur (car elles sont les plus unifiées de toutes), mais selon leur extrême perfection qui, d'une certaine manière est intelligible, et qui, pour cette raison, est assez forte pour subsister avec l'intelligible, se manifester pour ainsi dire avec lui et ne pas être cachée par l'éclat de celui-ci ni estompée par son union, attendu que ces réalités sont aussi substantialisées dans l'état presque unifié, et que, par leur ressemblance qui les coagrège avec l'intelligible, elles ne sont affectées en rien par lui.

A cela nous ajoutons une troisième purification de nos conceptions, en contemplant la substance, la vie et l'intellect qui sont là-haut, non pas en l'état de distinction où ces réalités semblent se trouver dans ces noms, mais selon la nature unique de l'unifié, lui qui n'est mis en parallèle qu'avec lui-même dans une apparence d'abaissement. Car, étant un en toutes ses parties, comme le montre Parménide[1], il est aussi tout entier intelligible et indifférencié ; et c'est dans le tout en tant qu'indifférencié que s'est constitué le tout formé d'une détermination première, moyenne et dernière de la même nature, tout comme, après avoir détaillé, dans la nature qui se trouve dans un corps substrat, le séparable, l'inséparable, enfin l'intermédiaire des deux, on reconnaît cependant que cette nature est unique. Car <l'intellect> intelligible doit être appelé [ainsi] non parce qu'il pense, mais parce qu'il est cause du pensant ; en effet, s'il pense, son intellection aussi s'entend pour

1. Voir *Notes complémentaires*, p. 206.

γοῦν τὴν ἀναλογίαν ἕτοιμα, ὅσα γενικώτατα καὶ ἁπλούστατα καὶ θειότατα καὶ πρῶτα | τυγχάνει ὄντα τῶν ἀπὸ τοῦ νοητοῦ προϊόντων· οὐ γὰρ ἂν πρῶτα ἐφάνη, εἰ μὴ καὶ ἐκεῖ ἐν τῇ ὠδῖνι προεϐέϐλητο τῶν ἄλλων, οὐ κατὰ τὴν πλείω διάκρισιν ἑαυτῶν (ἥνωται γὰρ μάλιστα πάντων), ἀλλὰ κατὰ τὴν ἄκραν ἑαυτῶν τελειότητα καὶ τρόπον τινὰ νοητήν, καὶ διὰ τοῦτο ἀρκοῦσαν τῷ νοητῷ συνυφίστασθαι καὶ οἷον συνεκφαίνεσθαι καὶ μὴ ἐγκρύπτεσθαι ὑπὸ τῆς ἐκείνου μαρμαρυγῆς ἢ συγχεῖσθαι ὑπὸ τῆς ἐκείνου ἑνώσεως, ἅτε καὶ αὐτὰ ἐν τῷ σχεδὸν ἡνῶσθαι οὐσιωμένα, καὶ δι' ὁμοιότητα τὴν πρὸς αὐτὸ μὴ πάσχοντά τι ὑπὸ τοῦ νοητοῦ συναιρετικήν.

Τρίτην δὲ τούτοις ἐπάγομεν διακάθαρσιν ἐννοιῶν, οὐσίαν τὴν ἐκεῖ καὶ ζωὴν καὶ νοῦν θεωροῦντες, οὐχ οὕτω μετὰ διακρίσεως ⟨ὡς⟩ ἐπὶ τῶν ὀνομάτων τούτων ἔχειν δοκεῖ, ἀλλὰ κατὰ τὴν μίαν τοῦ ἡνωμένου φύσιν, αὐτοῦ πρὸς ἑαυτὸ μόνον παραϐαλλομένου κατὰ τὴν δοκοῦσαν ὕφεσιν. Ἓν γὰρ ὂν πανταχοῦ ἑαυτοῦ, ὡς παρίστησιν ὁ Παρμενίδης, καὶ νοητὸν δι' ὅλου καὶ ἀδιάκριτον· ὡς δὲ ἐν ἀδιακρίτῳ τῷ παντὶ συνέστη τὸ πᾶν ἐκ πρώτου ὅρου καὶ μέσου καὶ τελευταίου τῆς αὐτῆς φύσεως, καθάπερ εἴ τις καὶ τῆς ἐν ὑποκειμένῳ σώματι φύσεως τὸ μὲν χωριστόν, τὸ δὲ ἀχώριστον ἐθεάσατο, τὸ δὲ μέσον ἀμφοῖν, μίαν δὲ ὅμως εἶναι τὴν φύσιν ὁμολογοῖ. Ὁ γὰρ νοητὸς ⟨νοῦς⟩ οὐχ ὅτι νοεῖ λέγοιτο ἄν, ἀλλ' ὅτι τοῦ νοοῦντος αἴτιος· καὶ

18-19 cf. *Parm.* 142 d 1 - 143 a 1.

8 οἷον scripsi : ὃν et mg. uirg. cens. A || 12 συναιρετικήν post 11 αὐτὸ reponendum uid. || 15 ὡς addidi || 24 νοῦς addidi.

ainsi dire en un sens causal. Et il en est de même de la vie ; en bas, assurément, est la vie au sens propre : celle qui est selon l'hypostase, à savoir la vie composée, et celle qui est anticipée selon la propriété, à savoir la vie unitaire ; cependant la vie intelligible n'est ni selon l'une ni selon l'autre (car elle est antérieure aux deux), mais elle est comme en gestation de ces dernières. Et l'on doit parler de la même façon également dans le cas de la substance, en tant qu'elle présubsiste elle aussi, là-haut, selon la cause ou une gestation ou une union indifférenciée. Par conséquent, cette division est une obscure manifestation de la division des choses engendrées à partir de là-haut ; quant à la subsistence elle-même de l'intelligible, c'est l'unifié, l'indifférencié et tout ce qu'il peut y avoir de semblable. Sans doute, réfléchirons-nous là-dessus un peu plus tard.

[16.13. *La pluralité pure de l'intelligible*]

Mais revenons à ce que nous disions au commencement[1], à savoir que l'intelligible ne saurait procéder selon la procession externe, lui qui ne procède même pas selon la procession interne ; de sorte qu'il n'est de nature à produire ni pluralité participable, ni pluralité imparticipable, lui qui est de forme unique et qui est indifférencié. Ainsi donc, il n'est même pas la pluralité interne des formes, ni des parties, ni des éléments, lui qui n'est pas non plus une pluralité au sens d'une pluralité de choses définies, mais une pluralité pure, laquelle n'est pas la même qu'une pluralité divisée et simplement composée de choses non qualifiées, mais c'est une pluralité de choses unifiées appartenant à cette génération célèbre de l'illimité, du plusieurs et du chaotique[2] ; c'est pourquoi, dans le *Parménide*, l'intelligible a été appelé «pluralité illimitée»[3], comme si Platon appelait aussi «un limité» sa forme une. Du fait

1-3. Voir *Notes complémentaires*, p. 206.

γὰρ εἰ νοεῖ, καὶ ἡ νόησις οἷον αἰτιωδῶς. Καὶ ζωὴ ὁμοίως κάτω μὲν ἡ κυρίως, ἡ μὲν κατὰ ὑπόστασιν, ἡ σύνθετος, ἡ δὲ κατὰ ἰδιότητα προειλημμένη, ἡ ἑνιαία, ἡ μέντοι νοητὴ ζωὴ κατὰ οὐδέτερον (πρὸ ἀμφοῖν γάρ), ἀλλ' ὡς τούτων ὠδίς. Οὕτω δὲ καὶ ἐπὶ τῆς οὐσίας ῥητέον, ὡς κατὰ αἰτίαν ἢ ὠδῖνα ἢ ἕνωσιν ἀδιάκριτον ἐκεῖ καὶ ταύτης προϋπαρχούσης. Ἡ ἄρα διαίρεσις αὕτη ἔμφασίς ἐστι διαιρέσεως τῶν ἐκεῖθεν γεννωμένων, αὐτὴ δὲ τοῦ νοητοῦ ἡ ὕπαρξίς ἐστι τὸ ἡνωμένον καὶ ἀδιάκριτον καὶ πᾶν εἴ τι τοιοῦτον. Περὶ μὲν δὴ τούτων καὶ μικρὸν ὕστερον.

(107) Ἀλλ' ἐπὶ τὸ ἐξ ἀρχῆς ἐπανέλθωμεν, ὅτι τὸ νοητὸν οὐκ ἂν προέλθοι τὴν ἔξω πρόοδον, ὅ γε οὐδὲ τὴν εἴσω πρόεισιν· ὥστε οὔτε μεθεκτὸν πλῆθος οὔτε ἀμέθεκτον πέφυκε προάγειν, ὅ γε μονοειδές ἐστιν καὶ ἀδιάκριτον. Οὐκοῦν | οὐδὲ τὸ εἴσω πλῆθος εἰδῶν ἐστιν ἢ μερῶν ἢ στοιχείων, ὅ γε οὐδὲ πλῆθος οὕτως ἐστὶν ὡς τινῶν, ἀλλὰ μόνον πλῆθος, οὐδὲ ταὐτὸν ὡς διῃρημένον καὶ ἔκ τινων ἁπλῶς συγκείμενον οὐχὶ τοιῶνδε, ἀλλ' ἡνωμένων καὶ τῆς γενεᾶς ἐκείνης τοῦ ἀπείρου καὶ πολλοῦ καὶ χαώδους· διὸ καὶ ἄπειρον εἴρηται πλῆθος [ὡς] ἐν Παρμενίδῃ, ὡς εἰ ἔλεγεν καὶ τὸ ἓν εἶδος αὐτοῦ ἓν πεπερασμένον. Ὧι γὰρ

11 supra, p. 88.1 ss || 20 *Parm.* 143 a 2.

8 αὐτὴ scripsi : αὕτη A || 17-18 διῃρημένων ... συγκειμένων A, correxi || 19 χαώδους mg. iter A[1] || 20 ἄπειρον scripsi : ἀπείρητον A || ὡς[1] deleui || 21 εἶδος del. ? an scr. τὸ ἑνοειδὲς ? || Ὧι scripsi : ὡς A.

que l'intelligible s'est détourné du premier principe, en devenant unifié au lieu de un, par là il s'est éloigné également du deuxième en devenant illimité au lieu d'infinité, et pluralité au lieu de principe des plusieurs[1] ; car, de même qu'il est devenu unifié à partir de l'un, de même il est devenu plurifié à partir des plusieurs purs. Mais son un a coagrégé aussi ses plusieurs en une nature unique qui est sans doute coagrégée à partir des deux principes, mais qui coagrège en elle également la procession tout entière des choses qui ont eu leur hypostase après elle et à partir d'elle, et surtout <la procession> qui s'est manifestée dans leur distinction la plus générale, à savoir la procession de la substance, de la vie et de l'intellect; car, en voulant voir leur coagrégation qui est là-haut, nous voyons, à sa place, leur distinction à partir de là-haut. Il ne faut donc pas nous en tenir à cette dernière, mais lui échapper en toute hâte, en posant[2] que cet intellect-là n'est pas un intellect, mais un quasi-intellect, que cette vie n'est pas non plus une vie, mais une quasi-vie, que cette substance n'est pas une substance, mais une quasi-substance, bref que cette procession n'est pas une procession, mais une quasi-procession.

[16.14. *L'intelligible comme identité originelle de tout*]

Et peut-être doit-on contracter cette procession, imaginée de quelque façon que ce soit, en une seule procession, comme étant la même [à la fois] interne et externe. Car l'intelligible qui est aussi l'unifié en une seule nature, est non seulement monade, s'il convient d'appeler monade l'union incirconscrite de l'intelligible, mais il est encore monde, si l'on doit appeler monde l'unifié qui est aussi l'abîme réellement hypercosmique. Car il n'en va pas [ici] comme dans le cas de l'intellect, de la vie et de la substance : la première substance est

1-2. Voir *Notes complémentaires*, p. 206.

διήλλαξεν τῆς πρώτης ἀρχῆς, ἀντὶ ἑνὸς ἡνωμένον γεγονός, τούτῳ παρήλλαξεν καὶ τῆς δευτέρας, ἀντὶ ἀπειρίας ἄπειρον καὶ ἀντὶ πολλῆς [ἓν εἶδος] πλῆθος γενόμενον· ὡς γὰρ ἡνωμένον ἀπὸ τοῦ ἑνός, οὕτω πεπληθυσμένον ἀπὸ τῶν ἁπλῶς πολλῶν ἐγένετο. Τὸ δὲ ἓν αὐτοῦ καὶ πολλὰ συνῄρηκεν εἰς μίαν φύσιν τὴν συνῃρημένην μὲν ἐκ τῶν δυεῖν ἀρχῶν, συνῃρηκυῖαν δὲ ἐν ἑαυτῇ καὶ τῶν μεθ' ἑαυτὴν καὶ ἀπ' αὐτῆς ὑποστάντων τὴν ὅλην πρόοδον, καὶ μάλιστα ⟨τὴν⟩ κατὰ τὴν γενικωτάτην αὐτῶν διάκρισιν ἐκφανεῖσαν, οὐσίαν καὶ ζωὴν καὶ νοῦν· ὧν βουλόμενοι τὴν ἐκεῖ συναίρεσιν ἰδεῖν, ἀντ' ἐκείνης τὴν ἐκεῖθεν ὁρῶμεν διάκρισιν. Δεῖ οὖν μὴ ἐπιμένειν αὐτῇ, ἀλλὰ φεύγειν προτροπάδην, οὐ νοῦν τιθεμένοι ἐκεῖνον, ἀλλ' οἷον νοῦν, οὐδὲ ζωήν, ἀλλ' οἷον ζωήν, οὐδὲ οὐσίαν, ἀλλ' οἷον οὐσίαν, οὐδὲ ὅλως πρόοδον, ἀλλ' οἷον πρόοδον.

Καὶ μήποτε συνακτέον τὴν φανταζομένην ὁπωσοῦν πρόοδον εἰς μίαν ὡς οὖσαν τὴν αὐτὴν εἴσω τε καὶ ἔξω. Τὸ γὰρ νοητὸν καὶ ἡνωμένον κατὰ μίαν φύσιν μονάς τέ ἐστιν, εἰ προσήκει μονάδα καλεῖν τὴν ἀπερίγραφον ἕνωσιν τοῦ νοητοῦ, καὶ αὖ κόσμος, εἰ δεῖ κόσμον ὀνομάζειν τὸ ἡνωμένον καὶ ὑπέρκοσμον τῷ ὄντι βυθόν. Οὐ γὰρ ὡς ἐπὶ νοῦ καὶ ζωῆς καὶ οὐσίας ἄλλη μὲν ἡ πρώτη οὐσία, ἄλλη

13 cf. *Symp.* 221 b 8 - c 1 || 21 *Or. Chald.*, fr. 18.

3 ἓν εἶδος deleui (ἑνάδος coni. Ruelle) || 9 scripsi <τὴν> κατὰ τὴν || 13 τιθέμενοι A[1], τιθεμένου (?) A, scribendum τιθεμένους? u. adn. || 20 τὸ] scr. τὸν? || 22 ἄλλη A[1] : ἀλλ' ἡ A.

une chose, tandis que la pluralité qui est en train de se distinguer en est une autre, et l'ensemble des deux est appelé monde substantiel; de même, il y a une vie unique et une pluralité de vies après la vie unique, et la pluralité des vies avec la vie unique constituent un monde; il en est semblablement de l'intellect, il y a le premier intellect et ceux qui se divisent à partir du premier; et, ensemble, l'intellect unique et la pluralité des intellects forment le monde intellectif; ce n'est pas de cette façon que se comporte cet intelligible-là qui est aussi l'unifié, mais, après s'être concentré en lui-même et sans s'être distendu en monade et en nombre, il s'est constitué à la fois comme monade et nombre. Par conséquent, il doit être le même, en tant qu'il est simultanément et la somme des mondes et le monde total, sans s'être même distingué en totalité et en somme, mais étant aussi l'une et l'autre en tant qu'un; et [ainsi] pluralité interne et pluralité externe seraient une seule et même chose, qui <en tant qu'elle a rang dans le monde> semble être la pluralité <externe>, mais qui, en tant qu'elle a rang de monade semble être la pluralité interne, néanmoins c'est la même pluralité interne et externe, car là-haut monade et monde sont une seule et même chose; et, de cette façon, formes, parties et éléments sont là-haut une seule et même chose, car la totalité, la somme et le mélange des éléments sont une seule et même chose.

Là-haut, en effet, aucune de ces choses ni, en un mot, aucune autre n'est déjà distinguée, mais il y a l'un-être seulement, et ce dernier est unifié; cependant, sous un aspect, le groupe un-et-être est indifférencié, voulant être un seul nom et une seule désignation; sous un autre, il est en train de se distinguer, car Platon dit que l'un et l'être en sont les parties; sous un autre encore, il est distingué, étant pluralité illimitée, quoique toujours l'une [des parties] accompagne l'autre; en effet, c'est en

δὲ τὸ πλῆθος τὸ ἀπ' αὐτῆς διακρινόμενον, καλεῖται δὲ κόσμος οὐσιώδης τὸ συναμφότερον· καὶ ζωὴ μία, καὶ πολλαὶ μετὰ τὴν μίαν, κόσμος δέ ἐστιν ἅμα τῇ μιᾷ αἱ πολλαί· καὶ νοῦς ὁμοίως, ὁ μὲν πρῶτος, οἱ δὲ μεριζόμενοι ἀπὸ τοῦ πρώτου, νοερὸς δὲ κόσμος ἐστὶν ὁ εἷς ἅμα καὶ οἱ πολλοί· οὐχ οὕτως ἔχει καὶ τὸ νοητὸν ἐκεῖνο καὶ ἡνωμένον, ἀλλ' ἐν ἑαυτῷ συνεσπειραμένον καὶ οὐ διαστὰν εἰς μονάδα καὶ ἀριθμὸν τὸ αὐτὸ κατέστη μονάς τε καὶ ἀριθμός. Ὥστε ταὐτὸν ἂν εἴη καὶ κόσμος ὁμοῦ πᾶς καὶ ὅλος, οὐδὲ εἰς ὅλον καὶ πᾶν διακριθείς, ἀλλὰ καὶ ταῦτα ὡς ἕν· καὶ ταὐτὸν ἂν εἴη καὶ ἓν εἴσω τε καὶ ἔξω, *** πλῆθος εἶναι δοκοῦν, ὡς δὲ μονάδος τὸ εἴσω, ταὐτὸν δὲ εἴσω τε καὶ ἔξω, | ταὐτὸν γὰρ ἐκεῖ μονάς τε καὶ κόσμος· οὕτω δὲ ταὐτὸν εἴδη καὶ μέρη καὶ στοιχεῖα ἐκεῖ, ταὐτὸν γὰρ ὅλον καὶ πᾶν καὶ τὸ κρᾶμα τῶν στοιχείων.

Οὐδὲν γὰρ ἐκεῖ τούτων διώρισται οὐδ' ἄλλο τι ὅλως, ἀλλὰ τὸ ἓν ὂν μόνον, καὶ τοῦτο ἡνωμένον· ἀλλ' ὅπου μὲν ἀδιάκριτον ἕν τε καὶ ὄν, ἓν ὄνομα μόνον εἶναι καὶ ἓν δήλωμα βουλόμενον, ὅπου δὲ διακρινόμενον, μέρη γοῦν αὐτοῦ τὸ ἓν καὶ τὸ ὂν εἶναί φησιν, ὅπου δὲ διακεκριμένον, ἄπειρον πλῆθος, εἰ καὶ ἀεὶ τῷ ἑτέρῳ τὸ ἕτερον σύνδρομον.

18 *Parm.* 142 b 5 - c 7 || 19-20 ibid., 142 c 7-d 9 || 20-21 ibid., 143 a 2.

---

6 νοητὸν scripsi (cf. p. 96.18) : ἧττον A || 7 συνεσπειραμένον scripsi (cf. *In Parm.*, R. II 17.5-6) : συνεσπαρμένον A || 11 lac. statui, suppleas fere ὡς μὲν κόσμου τάξιν ἐπέχον, τὸ ἔξω.

unités non discrètes que s'est produite la distinction de l'unifié dans sa limite inférieure[1]; de sorte que même la distinction qui est apparue là-haut n'a été nullement capable d'affaiblir la nature de l'unifié, mais bien qu'il y ait eu, de sa part, tentative verbale de le faire[2], la preuve a été faite par cette distinction même qu'elle n'est pas une distinction, car elle a été unifiée plus qu'elle n'a distingué, ou plutôt elle a unifié plus qu'elle n'a distingué. En effet, les fragments de l'unifié, c'est comme unifiés qu'elle les a fait apparaître, de sorte qu'ils ne sont pas des fragments; par suite, la distinction dont aucun résultat n'a apparu dans l'intelligible, si ce n'est le renforcement de l'union, n'est même pas une distinction. Car les choses qu'elle a paru diviser, elle les a ramenées à la même union; c'est comme si quelqu'un voulant diviser la forme de l'or trouvait que ses fragments aussi n'en sont pas moins de l'or. Ils ont donc été produits selon la forme de la quantité seule, non pas selon la forme de l'or; et, là-haut, il s'agit d'une distinction de l'unifié seul, car [là] il n'y a pas de quantité, ni rien d'autre, non plus, que cette nature.

Mais il est évident que Platon, ayant voulu indiquer que cette nature est indivisible, a supposé une division et a trouvé que celle-ci est restée sans résultat ou plutôt qu'elle a eu un résultat d'une grande importance, car elle a suggéré le caractère indifférencié de l'unifié et sa propriété de demeurer immuable jusqu'en sa toute dernière limite, là où il pourrait sembler qu'il se distingue le plus de lui-même en anticipant sa vague manifestation dans une distinction dont Platon, dans le but de faire comprendre, a fait la supposition fictive[3]. C'est pourquoi on ne doit pas appeler formes les choses qui semblent être devenues les fragments de l'unifié, mais des quasi-formes; on ne doit pas non plus les appeler des parties au sens propre, mais des quasi-parties. Voilà certainement ce que Platon a voulu aussi

1-3. Voir *Notes complémentaires*, p. 207.

Εἰς γὰρ ἑνώματα ἡ διάκρισις ἐγένετο τοῦ ἡνωμένου κατὰ τὸ αὐτοῦ πέρας· ὥστε οὐκ ἠδυνήθη παραλῦσαι τὴν τοῦ ἡνωμένου φύσιν οὐδὲ ἡ ἐκεῖ φανεῖσα διάκρισις, ἀλλὰ καὶ ἐπιχειρήσασα τῷ λόγῳ διήλεγξεν ἑαυτὴν οὐκ οὖσαν διάκρισιν, ἡνώθη γὰρ μᾶλλον ἢ διέκρινεν, μᾶλλον δὲ ἥνωσεν τὸ πλέον ἢ διέκρινεν. Τὰ γοῦν κέρματα τοῦ ἡνωμένου ἡνωμένα ἀπέφηνεν, ὥστε οὐ κέρματα· οὐδὲ διάκρισις ἄρα, ἧς γε οὐδὲν ἔργον ἐφάνη ἐν τῷ νοητῷ, πλὴν ἡ βεβαίωσις τῆς ἑνώσεως. Καὶ γὰρ ἅπερ ἔδοξε διελεῖν, εἰς τὴν αὐτὴν ἐπανήγαγεν ἕνωσιν, οἷον εἴ τις τὸ χρυσοῦ εἶδος ἐθέλων διελεῖν εὕροι καὶ τὰ διαιρούμενα μηδὲν ἧττον χρυσὸν ὄντα. Τοῦ ἄρα ποσοῦ μόνου γέγονεν, οὐ τοῦ χρυσοῦ κατὰ τὸ εἶδος· ἐκεῖ δὲ τοῦ ἡνωμένου μόνου ἐστίν, ποσὸν γὰρ οὐκ ἔστιν οὐδὲ ἄλλο τι παρὰ ταύτην τὴν φύσιν.

᾿Αλλὰ δῆλον ὅτι ὁ Πλάτων, ἐνδείξασθαι βουληθεὶς ὅτι ἀδιαίρετός ἐστιν, ὑπέθετο διαίρεσιν καὶ εὗρεν αὐτὴν ἀνήνυτον, μᾶλλον δὲ μέγα τι ἀνύσασαν, ἐνδειξαμένην τοῦ ἡνωμένου τὸ ἀδιάκριτον καὶ ἐπ᾽ ἐσχάτῳ μένον ὡσαύτως, ὅπου δόξειεν ἂν αὐτὸ ἑαυτοῦ μάλιστα διακρίνεσθαι κατὰ τὴν προειλημμένην ἔμφασιν τὴν εἰς διάκρισιν, ἧς εἰς ἔνδειξιν καὶ τὴν ψευδομένην ὑπόθεσιν ὑπεστήσατο. Τοιγαροῦν οὐδὲ εἴδη ῥητέον τὰ δόξαντα γεγονέναι κέρματα τοῦ ἡνωμένου, ἀλλ᾽ οἷον εἴδη, οὐδὲ μέρη κυρίως, ἀλλ᾽ οἷον μέρη. Τοῦτο μὲν οὖν καὶ σαφῶς ἐπέστησεν ἡμᾶς κάτω

16-22 *Parm.*, 142 c 7 - 143 a 3.

2 αὐτοῦ A, corr. B || 8 γε coni. Ruelle : τε A || 21 ἧς scripsi : ἡ A.

signaler avec clarté à notre attention [dans le *Parménide*] en un endroit situé plus loin après l'intelligible, en produisant de nouveau le tout et les parties[1] après le nombre, et en rendant [ainsi] tout à fait évident que c'était de quelque autre manière que les parties et le tout, [produits] plus haut, étaient appelés tels[2]; or, du fait qu'il a posé dans l'unifié la pluralité antérieure au nombre[3], il est clair qu'il pense celle-ci comme indéterminée antérieurement à toute détermination. Il n'est pas vrai alors que cette pluralité soit composée pour ainsi dire de choses définies, ni non plus qu'elle soit continue, car le continu est après le déterminé; par conséquent, cette pluralité est unifiée, et elle ne se divise même pas dans les premières pluralités, mais, comme je l'ai souvent dit, elle est la pluralité illimitée et chaotique[4]. Par suite, c'est de cette façon que <tu dois te représenter> aussi comme des éléments ce qui là-haut ressemble à des mondes qui sont en train de se distinguer de leurs monades propres, et [plutôt] comme des quasi-éléments; car ils ne sont pas encore distingués dans des différences particulières et de nature élémentaire, et ils ne sont pas non plus mélangés, mais ils sont unifiés antérieurement à toute distinction. Par conséquent, là-haut, la dimension horizontale et la dimension verticale sont parfaitement indifférenciées, pour parler du point de vue de l'acte et de la réalité; mais, pour parler du point de vue de la puissance et par analogie, admettons que dimension horizontale et dimension verticale sont l'une et l'autre à égalité, coagrégées non dans un mélange mais dans une union parfaite.

1-4. Voir *Notes complémentaires*, p. 207.

που μετὰ τὸ νοητόν, τὸ ὅλον καὶ τὰ μέρη πάλιν παραγαγὼν μετὰ τὸν ἀριθμόν, ἐκεῖνο διαδηλῶν ὅτι τὰ ἄνω μέρη καὶ ὅλον ἄλλως πως ἐλέγετο [τὰ] τοιαῦτα· καὶ τὸ πλῆθος πρὸ τοῦ ἀριθμοῦ θέμενος ἐν τῷ ἡνωμένῳ δῆλός ἐστι πρὸ παντὸς διορισμοῦ τοῦτο νοῶν ἀδιόριστον. Οὐκ ἄρα οἷον | ἔκ τινων συγκείμενον, οὐ μὴν οὐδὲ συνεχές ἐστι τοῦτο τὸ πλῆθος, τὸ γὰρ συνεχὲς μετὰ τὸ διωρισμένον· ὥστε ἡνωμένον τὸ πλῆθος ἐκεῖνο, καὶ οὐδὲ εἰς τὰ πρῶτα πλήθη διαιρούμενον, ἀλλ' ὅπερ ἔφην πολλάκις, ἄπειρόν ἐστιν πλῆθος καὶ χαῶδες. Οὕτως ἄρα καὶ στοιχεῖα τὰ ἐκεῖ † οἷον ἑκάστους † τοὺς ἀπὸ τῶν οἰκείων μονάδων διακρινομένους, καὶ οἷον στοιχεῖα· οὐ γὰρ διώρισταί πω εἰς μερικὰς καὶ στοιχειώδεις διαφοράς, οὐδὲ συγκέκραται, ἀλλ' ἥνωται πρὸ πάσης διακρίσεως. Ὥστε καὶ τὸ πλάτος ἐκεῖ καὶ τὸ βάθος ἀδιάκριτον παντελῶς, ὡς κατ' ἐνέργειαν εἰπεῖν καὶ κατὰ ἀλήθειαν· ὡς δὲ δυνάμει καὶ ὡς κατὰ ἀναλογίαν ἔστω καὶ πλάτος καὶ βάθος ἑκάτερον ἐπ' ἴσης, συνῃρημένον οὐκ εἰς σύγκρασιν, ἀλλ' εἰς ἕνωσιν παντελῆ.

1 *Parm.*, 144 e 9 - 145 a 4 || 2 ibid. 144 a 2 - e 3 || 3 ibid. 142 c 7 - d 9 || 4-5 ibid. 142 d 9 - 143 a 3 || 9-10 supra, p. 95.15-20; *Parm.* 143 a 2.

---

2 διαδηλῶν] -ῶν ex -ον A[1] || 3 τὰ deleui || 10 χαῶδες s.u. e : λαῶδες A, mg. iter A[1] || οὕτως] -ς add. A[1] || 11 οἷον ἑκάστους] possis fere <νόει> οἱονεὶ κόσμους || 12 πως A, correxi.

Comme je le disais donc tout à l'heure, c'est une seule et même chose que paraissent être, dans l'intelligible, la pluralité interne et la pluralité externe ; de même donc qu'aucun intellect ne saurait procéder hors de tout le diacosme intellectif (car tout intellect doit être enveloppé en lui), et de même qu'aucune âme ne saurait procéder hors du diacosme psychique (car elle aussi doit être enveloppée dans son diacosme propre), de même encore l'intelligible ne saurait être hors du diacosme intelligible. Ainsi donc, la pluralité participable n'est pas une chose, et l'imparticipable une autre ; en effet, elles aussi, tout en étant deux pluralités, sont coagrégées en une seule, celle qu'on appelle en quelque sorte la pluralité pure et unifiée. Car c'est la même chose qui est aussi bien véhiculée par toutes et transcendante[1] à toutes ; en effet, la pluralité participable n'est pas contredistinguée de l'imparticipable, mais à la pluralité pure et unifiée, qui est placée antérieurement à la contradistinction, appartient la puissance qui, antérieurement à toutes les deux, est l'ensemble des deux, de sorte que, tout en étant la même, cette pluralité est participable et imparticipable[2]. Car, en tant que la pluralité pure est au-dessus de la participable, elle paraît être imparticipable ; mais, en tant qu'elle vient de la <première> pluralité[3], elle semble également être participable. Nous reviendrons plus tard, sur la participation.

[16.15. *Pluralité imparticipable et contradistinction de l'un et de la substance*]

Pour le moment, recherchons de nouveau au sujet du purement un, je veux dire de celui qui est séparé de la

1-3. Voir *Notes complémentaires*, p. 207-208.

Ὅπερ οὖν ἄρτι ἔλεγον, ταὐτὸν τὸ εἴσω καὶ τὸ ἔξω πλῆθος ἐν τῷ νοητῷ φαντάζεται· ὡς οὖν ἔξω τοῦ νοεροῦ διακόσμου παντὸς οὐδεὶς ἂν προέλθοι νοῦς (πᾶς γὰρ ἐν αὐτῷ περιέχοιτο ἄν) καὶ ὡς ἔξω τοῦ ψυχικοῦ οὐδεμία ψυχή (περιέχοιτο γὰρ ἂν καὶ αὕτη ἐν τῷ οἰκείῳ διακόσμῳ), οὕτω καὶ τοῦ νοητοῦ διακόσμου ἐκτὸς οὐκ ἂν εἴη τὸ νοητόν. Οὐ τοίνυν ἄλλο μὲν τὸ μεθεκτόν, ἄλλο δὲ τὸ ἀμέθεκτον· συνῄρηται γὰρ καὶ αὐτά, δύο ὄντα πλήθη, εἰς ἓν τὸ ἁπλῶς τε καὶ ἡνωμένον πλῆθος ὁπωσοῦν λεγόμενον. Τὸ γὰρ αὐτὸ καὶ πᾶσιν ἐποχεῖται καὶ πάντων ἐξῄρηται· οὐ γὰρ ἀντιδιῄρηται τὸ μεθεκτὸν τῷ ἀμεθέκτῳ, ἀλλὰ πρὸ τῆς ἀντιδιαιρέσεως τεταγμένον τὴν συναμφότερον ἔχει δύναμιν πρὸ ἀμφοῖν, ὡς ταὐτὸν ὂν καὶ μεθεκτὸν εἶναι καὶ ἀμέθεκτον. Καθ' ὅσον μὲν γὰρ ὑπὲρ τὸ μεθεκτόν, ἀμέθεκτον εἶναι φαντάζεται· καθ' ὅσον δὲ † αποιουκαι † μεθεκτὸν εἶναι δοκεῖ. Περὶ μὲν δὴ μεθέξεως καὶ εἰσαῦθις.

(108) Νῦν δὲ πάλιν ἐπισκεψώμεθα περὶ τοῦ ἁπλῶς ἑνός, λέγω δὲ τοῦ κεχωρισμένου τῆς οὐσίας κατὰ τὴν ἐν μέσῳ

1 supra, p. 96.16-97.15 || 17 infra, 168.1.

---

6 οὐχ s.u. A^1 || 12-13 συναμφοτέρων Corssen || 16 lege ex. gr. ἀπὸ τοῦ <πρώτου>, καί.

substance selon l'altérité qui a apparu au milieu d'eux[1], s'il faut le poser lui, et poser à partir de lui, une pluralité imparticipable; car la pluralité participable est assurément la pluralité des hénades, à laquelle est suspendue celle qu'on appelle plus communément la pluralité des substances. Parménide dit en effet qu'il y a autant de fragments de la substance qu'il y en a de l'un; or, il faut qu'antérieurement à cette pluralité [participable], il y en ait une autre, pourrait-on dire, l'imparticipable, et il faut que l'un pur soit antérieur à la pluralité. En effet, s'il y a une pluralité d'hénades, il est nécessaire qu'il y ait une hénade unique antérieurement à leur pluralité, à savoir l'hénade pure qui a ce caractère; car l'unifié n'est pas seulement hénade, mais il est encore substance, quoiqu'il soit antérieur à toutes les deux; et ce qui, au-delà de l'unifié, est appelé un est un de la même manière que ce dernier est unifié; ce dernier est, en effet, principe de toutes les hénades aussi bien que de toutes les substances. Or, nous recherchons un *un* pur qui vienne en tête des seules hénades, de même que nous avons une substance pure qui vient en tête des substances, une vie [pure], pareillement principe, qui est la première de toutes les vies, et l'intellect pur qui est la monade de la pluralité des intellects. Car, s'il y a l'hénade substantielle, l'hénade vitale, l'hénade intellective, il y a aussi l'un propre à chacune et l'un qui leur est commun. D'où vient donc cet un commun à toutes, si ce n'est du causant commun? Et celui-ci sera posé nécessairement comme *un* pur.

En outre, l'âme pure est suspendue à un intellect défini, et non pas à l'intellect pur; l'intellect pur est suspendu à la vie définie, et non pas à la vie pure; la vie pure, par conséquent, est suspendue à la substance définie, et non pas à la première. Ainsi donc, la substance pure également apparaîtra comme le véhicule de l'hénade définie et non pas de l'hénade pure; or, il faut qu'antérieurement à l'hénade définie il y ait

1. Cf. *supra*, p. 85.1-11 et n. 1.

φανεῖσαν ἑτερότητα, εἰ θετέον αὐτό, καὶ ἀπ' αὐτοῦ πλῆθος ἀμέθεκτον· τὸ μὲν γὰρ μεθεκτόν ἐστιν αἱ πολλαὶ ἑνάδες, ὧν ἐξημμέναι εἰσὶν αἱ πολλαὶ οὐσίαι λεγόμεναι κοινότερον. Τοσαῦτα γὰρ εἶναι κέρματα τῆς οὐσίας ὅσα τοῦ ἑνὸς ὁ Παρμενίδης φησίν· δεῖ δὲ πρὸ τούτου ἄλλο πλῆθος εἶναι, φαίη τις ἄν, τὸ ἀμέθεκτον, καὶ τὸ ἁπλῶς ἓν πρὸ | τοῦ πλήθους. Εἰ γάρ εἰσιν αἱ πολλαὶ ἑνάδες, ἀναγκαῖον εἶναι μίαν πρὸ τῶν πολλῶν, τὴν ἁπλῶς ἑνάδα τοιαύτην· τὸ μὲν γὰρ ἡνωμένον οὐχ ἑνὰς μόνον, ἀλλὰ καὶ οὐσία, εἰ καὶ πρὸ ἀμφοῖν, τὸ δὲ ἐπέκεινα τοῦ ἡνωμένου καλούμενον ἓν τοιοῦτόν ἐστιν ἓν οἷον ἐκεῖνο ἡνωμένον· ἀρχὴ γὰρ τοῦτο καὶ ἑνάδων καὶ οὐσιῶν ἁπασῶν. Ζητοῦμεν δὲ ἁπλῶς ἓν τὸ μόνων ἑνάδων ἡγούμενον, ὡς ἔχομεν οὐσίαν ἁπλῶς τὴν ἡγουμένην τῶν οὐσιῶν, καὶ ζωὴν ὁμοίως ἀρχὴν οὖσαν τὴν πρώτην ἁπασῶν τῶν ζωῶν, καὶ τὸν ἁπλῶς νοῦν μονάδα τῶν πολλῶν νόων. Ἐπεὶ καί, εἰ ἔστιν ἡ μὲν οὐσιώδης ἑνάς, ἡ δὲ ζωτική, ἡ δὲ νοερά, τὸ μὲν ἴδιόν ἐστιν ἑκάστης, τὸ δὲ κοινόν· πόθεν οὖν τὸ κοινὸν ἓν τοῦτο ἁπάσαις ἢ ἀπὸ τοῦ κοινοῦ αἰτίου; Τοῦτο δὲ ἁπλῶς ἓν ἐξ ἀνάγκης ὑποτεθήσεται.

Ἔτι δὲ ἡ ἁπλῶς ψυχὴ νοῦ τινός ἐστιν ἐξημμένη, καὶ οὐ τοῦ ἁπλῶς, καὶ ὁ ἁπλῶς νοῦς τῆς τινὸς ζωῆς, ἀλλ' οὐ τῆς ἁπλῶς, καὶ ἡ ἁπλῶς ἄρα ζωὴ τῆς τινὸς οὐσίας, ἀλλ' οὐχὶ τῆς πρώτης. Οὕτως ἄρα καὶ ἡ ἁπλῶς οὐσία τινὸς ἑνάδος, ἀλλ' οὐ τῆς ἁπλῶς ὄχημα φανεῖται· δεῖ δὲ πρὸ τῆς τινὸς

4-5 *Parm.* 144 d 6 - e 3.

18 πόθεν scripsi : τι· ὅθεν A ‖ 25 ὄχημα φανεῖται Kopp : ουχηναφανειται et mg. uirg. cens. A.

l'hénade pure : car toujours <ce qui> est pur est imparticipable, tandis que le participable n'est jamais pur. Or, si l'unifié, lui aussi, en se distinguant, produit deux choses, il devrait produire l'être pur et l'un pur, ou bien chacun des deux comme défini ; car ils se trouvent être de même rang dans l'union. Et si nous disons que l'un est pur, il est certain que l'être aussi sera produit comme pur. Sans doute, la défense de cette hypothèse[1] est persuasive, cependant je ne pense pas que la réalité soit ainsi ; car la conjecture opposée est forte, elle aussi. Et qu'un dieu, nous prenant en pitié, dirige l'élan de notre raisonnement vers la vérité elle-même !

Ainsi donc, le mieux est d'abord de nous risquer avec Platon qui pose, immédiatement après l'un-être, l'un et la substance, placés parallèlement l'un en face de l'autre selon deux rangées. Mais c'est sur un pied d'égalité qu'à la substance pure il oppose l'un pur, quoiqu'il lie à elle l'un défini. Et il dit que la substance est partagée en autant de fragments que l'un ; or, soit que nous rangions l'un pur avant la substance pure, soit que nous rangions avant celle-ci la pluralité imparticipable qui est suspendue à celui-là, les fragments de la substance et de l'un ne seront pas répartis de façon égale. Et la meilleure preuve [à invoquer] est que dans l'unifié, dès le commencement de la deuxième hypothèse, Platon pose que l'être participe de l'un et que l'un participe de l'être ; or, si dans l'unifié ils contreparticipent l'un de l'autre, comme il semble, il est certain que, une fois distingués, ils contreparticiperont aussi l'un de l'autre, de sorte que l'un est appelé substantiel et l'être de forme une. Donc, les premières affirmations[2] n'ont pas été formulées conformément à l'opinion de Platon ; cela est manifeste à partir de ce qui précède.

1. Voir *Notes complémentaires*, p. 208.
2. Il s'agit de l'hypothèse formulée ci-dessus, p. 100.18 - 102.2. Cf. note précédente.

εἶναι τὴν ἁπλῶς ἑνάδα· ἀεὶ γὰρ ⟨τὸ⟩ ἁπλῶς ἀμέθεκτόν ἐστιν, τὸ δὲ μεθεκτὸν οὐδέποτε ἁπλῶς. Εἰ δὲ καὶ τὸ ἡνωμένον διακρινόμενον δύο ποιεῖ, τὸ ἁπλῶς ὂν ἔδει ποιεῖν καὶ τὸ ἁπλῶς ἕν, ἢ τὶ ἑκάτερον· ὁμοταγῆ γὰρ ἐν τῇ ἑνώσει τυγχάνει ὄντα. Εἰ δὲ τὸ ἓν ἁπλῶς εἶναί φαμεν, πάντως ὅτι καὶ τόδε ἁπλῶς γενήσεται. Πιθανὴ μὲν οὖν ἡ συνηγορία τῆς ὑποθέσεως, οὐ μὴν οὕτως ἔχειν ἡγοῦμαι τὸ πρᾶγμα· πολλὴ γὰρ καὶ ἡ ἀντίξους ὑπόνοια. Θεὸς δέ τις ἡμᾶς ἐλεήσας κυβερνήσειεν τὴν τοῦ λόγου ὁρμὴν εἰς αὐτὴν τὴν ἀλήθειαν.

Πρῶτον μὲν οὖν τῷ Πλάτωνι βέλτιον συγκινδυνεύειν ποιοῦντι μετὰ τὸ ἓν ὂν εὐθὺς τὸ ἓν καὶ τὴν οὐσίαν, ἀντιπαρατεταγμένα κατὰ δύο στίχους. Ἀλλ' ἴσως τῇ ἁπλῶς οὐσίᾳ τὸ ἁπλῶς ἓν ἀντιτίθησιν, εἰ καὶ τὸ τὶ ἓν αὐτῇ συζεύγνυσιν. Ἀλλὰ τοσαῦτα κατακεκερματίσθαι τὴν οὐσίαν φησίν, ὅσα τὸ ἕν· εἴτε δὲ τὸ ἁπλῶς προτάξομεν ἓν πρὸ τῆς ἁπλῶς οὐσίας, εἴτε δὲ καὶ τὸ ἀμέθ|εκτον πλῆθος ἐκείνῳ συνηρτημένον, οὐκ ἔσται ἴσα τὰ κέρματα τῆς οὐσίας καὶ τοῦ ἑνός. Τὸ δὲ μεῖζον τεκμήριον, ἐν τῷ ἡνωμένῳ κατὰ τὴν ἀρχὴν εὐθὺς τῆς δευτέρας ὑποθέσεως τό τε ὂν ὑποτίθεται μετέχειν τοῦ ἑνὸς καὶ τὸ ἓν τοῦ ὄντος· εἰ δὲ ἐν τῷ ἡνωμένῳ ἀντιμετέχει ἀλλήλων, ὡς δοκεῖ, πάντως ὅτι καὶ διακριθέντα ἀντιμεθέξει ἀλλήλων, ὡς λέγεσθαι τὸ ἓν οὐσιῶδες, καὶ τὸ ὂν ἑνοειδές. Ὅτι μὲν οὖν οὐ κατὰ τὴν Πλάτωνος γνώμην εἴρηται τὰ πρότερα, φανερὸν ἐκ τούτων.

11-13 *Parm.* 143 a 4 - b 8 || 15-16 ibid. 144 d 6 - e 3 || 19-22 ibid., 142 bl - c 7.

---

1 τὸ addidi || 16 εἴτε] εἴτα, ε sscr. et mg. εἴτε A[1] || 17 εἴτε mg. A[1] : ἔτι A || 21 ὂν coni. Ruelle : ἓν A || 25 ὁμοειδὲς A, mg. ἑνο A[1].

Et maintenant à partir des réalités elles-mêmes[1], entreprenons de plaider pour le raisonnement opposé[2]. Pour commencer donc, où poserons-nous l'un pur? Car il n'est ni dans l'intelligible, en effet celui-ci, on le sait, est l'unifié, ni dans l'intelligible-intellectif, en effet «la substance qui est réellement» *(hè ontôs ousia)* occupe le lieu de ce dernier d'après Socrate dans le *Phèdre*[3]. C'est pourquoi Platon me paraît attirer aussi l'attention plusieurs fois [là-dessus], en l'appelant non pas substance pure, mais la «substance qui est réellement» *(tèn ontôs)* et de nouveau «celle qui est réellement» *(hè estin ontôs)*[4], en désignant par là la substance qui est contredistinguée de l'un. Mais on dira peut-être que, de même que le diacosme intellectif et le diacosme psychique enveloppent avec la pluralité pure chacune des deux pluralités, à savoir la participable et l'imparticipable, de même aussi le diacosme intelligible-intellectif érigera son propre sommet avec la pluralité pure et la pluralité imparticipable. Cependant, [répondrons-nous], nous ne pouvons pas poser une pluralité de dieux antérieurement à l'altérité; or l'altérité a manifesté la substance en même temps que l'hénade; et, si l'altérité elle-même, antérieurement à l'altérité participable, est aussi imparticipable, ayant également une pluralité imparticipable, elle constituera antérieurement à la substance un rassemblement de dieux en bien plus grand nombre. De plus, si l'un pur n'est pas seul, mais si nous venons encore à lui opposer les plusieurs purs, il y aura aussi une procession imparticipable de ces plusieurs, c'est-à-dire un certain nombre de pluralités après l'unique. Or, comment ne serait-il pas nécessaire d'opposer à l'un pur les plusieurs purs? Eh bien, admettons que ces plusieurs sont comme la puissance de l'un[5] ou sa fécondité; mais les choses qui sont-là-haut ont déjà reçu une place séparée, de sorte que les plusieurs aussi sont une autre hénade, pour ainsi dire

1-5. Voir *Notes complémentaires*, p. 208.

Φέρε δὲ καὶ ἐξ αὐτῶν τῶν πραγμάτων ἐπιχειρήσωμεν τῷ ἐναντίῳ λόγῳ συνηγορεῖν. Πρῶτον μὲν οὖν τὸ ἁπλῶς ἓν ποῦ θησόμεθα εἶναι; Οὔτε γὰρ ἐν τῷ νοητῷ, τοῦτο γὰρ ἦν τὸ ἡνωμένον· οὔτε ἐν τῷ νοητῷ καὶ νοερῷ, τούτου γὰρ ἡ ὄντως οὐσία τὸν τόπον ἐπέχει κατὰ τὸν ἐν Φαίδρῳ Σωκράτη. Διὸ καὶ ἐπιστῆσαι δοκεῖ μοι πολλάκις, οὐχ ἁπλῶς οὐσίαν λέγων, ἀλλὰ τὴν ὄντως, καὶ ᾗ ἔστιν ὄντως, ⟨ἐν⟩δεικνύμενος τὴν ἀντιδιῃρημένην τῷ ἑνὶ οὐσίαν. Ἀλλ' ἴσως εἴποι τις ἂν ὅτι, καθάπερ ὁ νοερὸς διάκοσμος καὶ ὁ ψυχικὸς ἑκάτερον περιέχει πλῆθος μετὰ τοῦ ἁπλῶς, τό τε μεθεκτὸν καὶ τὸ ἀμέθεκτον, οὕτω καὶ ὁ νοητὸς καὶ νοερὸς τὴν ἑαυτοῦ ἀκρότητα στήσεται μετὰ τοῦ ἁπλῶς καὶ τοῦ ἀμεθέκτου πλήθους. Ἀλλ' οὐκ ἔχομεν πρὸ τῆς ἑτερότητος ὑποθέσθαι πολλοὺς θεούς, ἡ δὲ ἑτερότης ἅμα τῇ ἑνάδι τὴν οὐσίαν ἐξέφηνεν· εἰ δὲ καὶ αὐτὴ ἡ ἑτερότης πρὸ τῆς μεθεκτῆς ἔσται ἀμέθεκτος, καὶ πλῆθος ἀμέθεκτον ἔχουσα, πολλῷ πλειόνων θεῶν ἔσται πρὸ τῆς οὐσίας συναγερμός. Εἰ δὲ καὶ μὴ μόνον τὸ ἓν ἁπλῶς, ἀλλὰ καὶ τὰ πολλὰ ἁπλῶς τούτῳ ἀντιθήσομεν, ἔσται καὶ τῶν πολλῶν τούτων ἀμέθεκτος πρόοδος, οἷον πολλαί τινες μετὰ τὴν μίαν πολλότητες. Πῶς δὲ οὐκ ἀνάγκη τῷ ἁπλῶς ἑνὶ ἀντιθεῖναι τὰ ἁπλῶς πολλά; Ἀλλ' ἔστω τὰ πολλὰ ταῦτα τοῦ ἑνὸς οἷον δύναμις ἢ γονιμότης· ἀλλ' ἤδη χωρὶς τέτακται τὰ ἐκεῖ, ὥστε καὶ τὰ πολλὰ ἄλλη ἑνὰς

5 *Phaedr.* 247 c 6 - d 1 || 7 ibid. 247 c 6-7 ; 247 e 3.

7 ᾗ ἔστιν scripsi : ᾗι ἐστιν A || 8 δεικνύμενος A, correxi || 19 ἀντιθήσωμεν A, correxi || 21 πολλότητες mg. iter A[1].

productrice de pluralité, et peut-être cette altérité sans cesse célébrée est-elle ce principe qui s'oppose à l'un; mais ce principe s'oppose aussi à la substance; car ce sont là trois monades qui se sont manifestées en même temps, l'un, l'altérité, la substance[1].

Toutefois, sur ce sujet il n'est pas possible de préciser, en passant, quelque chose par le raisonnement, sauf que le raisonnement exigera que de la pluralité aussi, comme de l'un, procède une pluralité de dieux, aussi bien imparticipables que participables, s'il est vrai qu'il y a une pluralité pure. Comment n'existerait-elle pas, s'il est vrai qu'il y a l'un pur? Et comment l'un engendrera-t-il une pluralité à l'extérieur, puisqu'il n'a en lui-même rien de plurifié, en tant qu'il est purement un? Or, même les plusieurs ne sont distingués d'aucune façon en eux-mêmes, comme on l'a montré précédemment, mais ils sont un *un* qui est aussi producteur de plusieurs. Et si l'on dit que les plusieurs sont les plusieurs de l'un, comme les éléments sont les éléments de l'élémenté, même de cette façon l'un n'engendrera pas selon les plusieurs; car chacun des deux est indifférencié et implurifié, demeurant à l'intérieur et improcessible à l'extérieur, pour parler d'une procession de forme semblable, productrice d'une pluralité propre.

[16.16. *L'être pur et l'un pur*]

En outre, l'une [des deux substances] est la substance qui est composée, tandis que l'autre est simple, et celle-ci est unitaire, alors que celle-là est unifiée[2] de quelque façon comme par un mélange. Or, si chacune des deux est une substance ainsi qualifiée, chacune est par suite une substance définie; donc celle qui est les deux ensemble antérieurement aux deux est substance pure;

1-2. Voir *Notes complémentaires*, p. 208-209.

οἷον πολλοποιός, καὶ μήποτε ἡ ἑτερότης ἐκείνη ὑμνηθεῖσα αὕτη ἐστὶν ἡ ἀρχὴ ἀντικειμένη τῷ ἑνί. Ἀλλ' αὕτη καὶ τῇ οὐσίᾳ ἀντίκειται· τρεῖς γὰρ φανεῖσαι ὁμοῦ μονάδες, τὸ ἕν, ἡ ἑτερότης, ἡ οὐσία.

(109) Ἀλλὰ περὶ μὲν τούτων οὐκ ἔστιν πάρεργον ὁδοῦ ἀκριβοῦν τι τῷ λόγῳ· | πλὴν ἐκεῖνο ἀπαιτήσει ὁ λόγος, ὡς ἀπὸ τοῦ ἑνός, οὕτω καὶ ἀπὸ τῆς πολλότητος προϊέναι πολλοὺς θεούς, καὶ ἀμεθέκτους καὶ μεθεκτούς, εἴπερ ἔστι πολλὰ ἁπλῶς. Πῶς δὲ οὐκ ἔστιν, εἴπερ τὸ ἁπλῶς ἕν; Καὶ πῶς γεννήσει τὸ ἓν πλῆθος εἰς τὸ ἔξω, μηδὲν ἔχον ἐν ἑαυτῷ πεπληθυσμένον, ἅτε ἁπλῶς ὂν ἕν; Ἀλλ' οὐδὲ τὰ πολλὰ διώρισταί πως ἐν ἑαυτοῖς, ὡς δέδεικται πρότερον, ἀλλ' ἔστιν ἓν καὶ αὐτὸ πολλοποιόν. Εἰ δὲ καὶ λέγοι τις τοῦ ἑνὸς εἶναι τὰ πολλά, ὡς τοῦ στοιχειωτοῦ τὰ στοιχεῖα, οὐδὲ οὕτω κατὰ τὰ πολλὰ γεννήσει τὸ ἕν· ἀδιόριστον γὰρ ἑκάτερον καὶ ἀπλήθυντον, εἴσω μένον τε καὶ ἔξω ἀπρόοδον, ὡς φάναι ὁμοειδῆ πρόοδον καὶ οἰκείου πλήθους.

Χωρὶς δὲ τούτων, ἡ μὲν οὐσία ἐστὶ σύνθετος, ἡ δὲ ἁπλῆ, καὶ ἑνιαία μὲν αὕτη, ἐκείνη δὲ ἡνωμένη πως ὡς κατὰ σύγκρασιν. Εἰ δὲ ἑκατέρα τοιάδε οὐσία, τὶς ἄρα οὐσία ἑκατέρα· ἁπλῶς ἄρα οὐσία ἡ πρὸ ἀμφοῖν συναμφότερος, καὶ ζωὴ ὁμοίως ἁπλῶς ἐκείνη ἡ ἡνωμένη, καὶ

12-13 supra, p. 15.3-17.14; p. 61.19-62.13; p. 89.2-9.

2 scr. <ἡ> ὑμνηθεῖσα αὐτή ἐστιν ἡ ἀρχὴ <ἡ> ? || 3 fort. <αἱ> φανεῖσαι || 5 ὁδοῦ f : οὐδοῦ A || 16 μένον scripsi : μέν A.

semblablement vie pure est cette vie qui est unifiée, et il en est de même pour l'intellect. Est-ce donc que, dans le cas de l'âme également, l'une est unitaire, l'autre substantielle, chacune des deux ainsi qualifiée étant aussi une âme définie? Pareillement pour le corps, l'un est-il le corps unitaire qui produit le dieu encosmique, l'autre le corps substantiel, suspendu à ce que l'on appelle l'un corporel, selon que ce dernier anticipe la propriété corporelle? Chacun des deux corps est-il un corps défini, c'est-à-dire[1] céleste ou aérien, et leur pure hypostase présubsiste-t-elle dans l'intelligible selon l'ensemble des deux qui est antérieur aux deux? Oui, il n'y a là rien d'étonnant; car l'intelligible est tout, mais selon le mode intelligible, c'est-à-dire selon une union unique; c'est pourquoi les philosophes[2] aussi disent que l'intelligible est la substance pure, et de même qu'il a été engendré à partir de l'un pur et antérieur à tout, de même aussi tout se déroule[3] à partir de l'intelligible. Donc, à tous les niveaux, l'un et son véhicule sont, chacun des deux, quelque *un* défini, et chacun des deux est ainsi qualifié, alors que l'ensemble des deux est pur.

Si ces choses ont été dites avec raison, l'être pur sera l'unifié, qui est aussi l'être-tout, tandis que l'un pur est au-dessus de l'unifié; car l'un pur est également supposé être l'un-tout. Or, après l'un pur et l'être pur, les hénades définies et les substances définies se séparent et se coordonnent de nouveau comme véhiculant et véhiculé, ou comme participant et participé; et, en-haut, ces réalités sont aussi, on le sait, indifférenciées dans l'intelligible. Quoi donc? Cet un pur est-il, pour ainsi dire, la monade de la pluralité des hénades qui sont en-bas, et l'être pur la monade de la pluralité des substances? Mais chacun des deux est, on le sait, cause de tout : l'un n'est pas cause des seules hénades, et, de son côté, l'être n'est pas cause des seules substances;

1-3. Voir *Notes complémentaires*, p. 209.

νοῦς ὡσαύτως. Ἆρα οὖν καὶ ψυχὴ ἡ μὲν ἑνιαία, ἡ δὲ οὐσιώδης, ἑκατέρα τοιάδε καὶ τίς, καὶ σῶμα ὁμοίως, τὸ μὲν ἑνιαῖον, ὃ ποιεῖ τὸν ἐγκόσμιον θεόν, τὸ δὲ οὐσιῶδες, ἐξημμένον τοῦ σωματοειδοῦς ἑνὸς λεγομένου κατὰ πρόληψιν τῆς σωματικῆς ἰδιότητος, καὶ τὶ ἑκάτερον, ὅπερ οὐράνιον ἢ ἀέριον, [εἰ] καὶ τούτων ἡ ἁπλῶς ὑπόστασις προϋπάρχει κατὰ τὸ πρὸ ἀμφοῖν συναμφότερον ἐν τῷ νοητῷ; Ἢ οὐδὲν θαυμαστόν· πάντα γάρ ἐστιν ἐκεῖνο, ἀλλὰ νοητῶς, τοῦτο δέ ἐστι κατὰ μίαν ἕνωσιν· διὸ τὸ νοητὸν ἡ ἁπλῶς οὐσία λέγεται εἶναι καὶ πρὸς τῶν φιλοσόφων, καὶ ὥσπερ ἀπὸ τοῦ ἁπλῶς ἑνὸς καὶ πρὸ πάντων ἀπογεννᾶται, οὕτω καὶ ἀπὸ τοῦ νοητοῦ πάντα ἐκμηρύεται. Πανταχοῦ ἄρα τὸ ἓν καὶ τὸ ἐφ' ᾧ ὀχεῖται τὸ ἓν τὶ ἑκάτερον καὶ τοιόνδε ἑκάτερον, ἁπλῶς δὲ τὸ συναμφότερον.

Εἰ δὲ ταῦτα καλῶς εἴρηται, τὸ μὲν ἁπλῶς ὂν ἔσται τὸ ἡνωμένον, ὃ καὶ πάντα ὄν ἐστιν, τὸ δὲ ἁπλῶς ἓν ὑπὲρ τὸ ἡνωμένον· καὶ αὐτὸ γὰρ ὑπόκειται | πάντα ἕν. Μετὰ δὲ τὸ ἁπλῶς ἓν καὶ τὸ ἁπλῶς ὂν αἱ τινὲς ἑνάδες καὶ αἱ τινὲς οὐσίαι χωρίζονταί τε καὶ συντάττονται πάλιν ὡς ὀχοῦν καὶ ὀχούμενον, ἢ μετέχον καὶ μετεχόμενον· ἄνω δὲ καὶ ταῦτα ἀδιάκριτα ἦν ἐν τῷ νοητῷ. Τί οὖν; τὸ ἁπλῶς ἓν ἐκεῖνο οἷον μονάς ἐστι τῶν κάτω πολλῶν ἑνάδων, καὶ τὸ ἁπλῶς ὂν τῶν οὐσιῶν; Ἀλλ' ἑκάτερον πάντων ἦν αἴτιον, καὶ οὐ τὸ μὲν ἓν μόνων τῶν ἑνάδων, τὸ δὲ ὂν μόνων τῶν

8-9 *Or. Chald.*, fr. 21.

6 ὅπερ οὐράνιον ἢ ἀέριον coni. Ruelle : ὅπερουνηαερων et mg. uirg. cens. A || εἰ deleui || 11 ἀπὸ τοῦ s.u. A^1.

car nous aurons besoin d'une autre substance, qui soit commune à toutes les choses. Observons qu'on doit affirmer que l'un pur n'est être ni par l'hypostase ni par la propriété, et que l'être pur n'est un ni par la propriété ni par l'hypostase, mais admettons que c'est seulement selon la totalité de la subsistence que le second est un et que le premier est être[1]. C'est pourquoi on doit en toute rigueur célébrer le premier comme un pur et le second comme être pur ; voilà l'un pur que nos pensées désirent avant la pluralité des hénades, et voilà l'être pur que nous voulons antérieur à tout être. L'altérité, s'étant manifestée après eux, les a séparés[2] et, après l'un et l'être qui sont purs, ceux qui sont qualifiés et définis sont venus à l'existence, sans appartenir à cette haute nature, mais en étant pour ainsi dire des images de celle-là. En effet, suprasubstantiel est le participé, mais en tant qu'il est au-dessus de la substance qui participe de lui, à savoir la substance selon l'hypostase, contre-distinguée de la substance unitaire qui est selon la propriété seule ; suprasubstantiel est aussi l'unifié, mais en tant qu'il est au-dessus de chacune des deux substances, à savoir celle qui est selon la propriété et celle qui est <selon> l'hypostase ; enfin, suprasubstantiels sont aussi l'un et les plusieurs de l'un, c'est-à-dire les deux principes, mais en tant qu'ils sont au-dessus de la substance pure qui est antérieure aux deux substances ; c'est pourquoi cet un pur est le suprasubstantiel pur. De toute façon, l'un est également suprasubstantiel, cet un-ci, en tant qu'il est au-dessus de l'unifié mixte que nous appelons substance selon l'hypostase, et cet un-là, en tant qu'il est au-dessus de chacun des deux mixtes (le mixte selon l'hypostase et le mixte selon la propriété) qu'anticipe l'hénade substantielle (en effet, c'est antérieurement à tous les deux que cet un-là est un, plus un et plus simple que tout un qui est joint au mixte qui en participe, car simple il ne l'est même pas,

1-2. Voir *Notes complémentaires*, p. 209.

οὐσιῶν· δεησόμεθα γὰρ ἄλλης οὐσίας, τῆς κοινῆς τῶν πάντων. Ἢ τὸ μὲν ἁπλῶς ἓν οὔτε ὑποστάσει οὔτε ἰδιότητι ὂν εἶναι θετέον, τὸ δὲ ἁπλῶς ὂν οὔτε ἰδιότητι οὔτε ὑποστάσει θετέον ἕν, ἀλλὰ μόνον κατὰ τὴν ὅλην ὕπαρξιν τὸ μὲν ἔστω ἕν, τὸ δὲ ὄν. Διόπερ ἐν δίκῃ τὸ μὲν ἁπλῶς ἕν, τὸ δὲ ἁπλῶς ὂν ὑμνητέον, καὶ τοῦτό ἐστι τὸ ἓν ἁπλῶς ὅπερ ἐπιποθοῦσιν ἡμῶν αἱ ἔννοιαι πρὸ τῶν πολλῶν ἑνάδων, καὶ τοῦτό γε τὸ ἁπλῶς ὂν ὃ πρὸ παντὸς ὄντος ἀξιοῦμεν εἶναι. Μετὰ δὲ ταῦτα φανεῖσα ἡ ἑτερότης ἐχώρισεν ταῦτα καὶ ὑπέστησεν τὰ τοιάδε καὶ τινὰ μετὰ τὰ ἁπλῶς, οὐκ ἐκείνης ὄντα τῆς φύσεως, ἀλλ' οἷον ἐκείνης εἰκόνας. Ὑπερούσιον μὲν γὰρ καὶ τὸ μετεχόμενον, ἀλλ' ὡς ὑπὲρ τὴν μετέχουσαν αὐτοῦ οὐσίαν τὴν καθ' ὑπόστασιν ἀντιδιῃρημένην πρὸς τὴν κατ' ἰδιότητα μόνην ἑνιαίαν οὐσίαν· ὑπερούσιον δὲ καὶ τὸ ἡνωμένον, ἀλλ' ὑπὲρ ἑκατέραν οὐσίαν τήν τε κατ' ἰδιότητα καὶ τὴν ⟨καθ'⟩ ὑπόστασιν· ὑπερούσιον δὲ καὶ τὸ ἓν καὶ τὰ τούτου πολλά, αἱ δύο ἀρχαί, ἀλλ' ὑπὲρ τὴν ἁπλῶς οὐσίαν τὴν πρὸ ἀμφοῖν· διὸ τὸ ἁπλῶς ἓν τοῦτό ἐστιν καὶ τὸ ἁπλῶς ὑπερούσιον. Ἀλλὰ γὰρ καὶ τὸ ἕν, τὸ μὲν ὡς ὑπὲρ τὸ μικτὸν ἡνωμένον, ὅπερ οὐσίαν καλοῦμεν καθ' ὑπόστασιν, τὸ δὲ ὡς ὑπὲρ ἑκάτερον μικτόν, τό τε καθ' ὑπόστασιν καὶ τὸ κατ' ἰδιότητα, ὃ προείληφεν ἡ οὐσιώδης ἑνάς (πρὸ ἀμφοῖν γὰρ ἐκεῖνο ἕν, καὶ παντὸς ἑνὸς τοῦ συζυγοῦντος τῷ μετέχοντι μικτῷ ἑνικώτερόν τε καὶ ἁπλούστερον· οὐδὲ

16 καθ' add. Kopp.

en entendant simple par rapport à un autre qui serait composé [selon l'hypostase], ni non plus par rapport à un autre qui serait composé selon la propriété, mais il est simple et incomposé antérieurement aux deux); or, l'unique principe de tout, au sens le plus propre, est un, en ce qu'il est au-dessus de l'unifié antérieur aux deux mixtes selon l'ensemble des deux, car cet unifié aussi est unifié en un sens premier et au plus haut degré; en second lieu vient le mixte selon la propriété, et, en troisième lieu, <le> mixte selon l'hypostase, qu'il faut dire mélangé d'éléments plutôt qu'unifié, lui et le mixte unitaire qui est avant lui et auquel il est suspendu, de même qu'il faut appeler totalité ce qui vient après lui, et monade ce qui vient encore après cela; car le participant est toujours synonyme avec le participé, selon chaque propriété.

S'il faut donc avoir l'audace de nous expliquer, en partie en vue de rendre plus précises nos suggestions au sujet de la nature et de l'analogie dont nous parlons, en partie en vue de satisfaire à la pensée réellement indiscrète[1] qui est la nôtre, je dirais volontiers que, proche parente de l'un pur et de la première cause de toutes les choses, naît la pluralité imparticipable et rendue semblable le plus possible à l'un : il s'agit du genre intelligible des dieux qui demeure dans l'unité de l'un[2] et qui, pour cette raison, est unifié par rapport à lui-même et à l'un; il nous offre le diacosme caché[3], que, pour son caractère indifférencié et son rang au-dessus de toute perfection cosmique, les dieux [des Oracles] ont célébré comme hypercosmique[4]; toutefois, ce n'est plus une pluralité imparticipable qu'il produit, car même ce ciel qui est le ciel sensible [parfait], quoiqu'il produise le monde subcéleste, ne produit pas

1-4. Voir *Notes complémentaires*, p. 209-210.

γὰρ ἁπλοῦν ὡς πρὸς ἄλλο σύνθετον, οὐδὲ μὴν οὐδὲ κατ' ἰδιότητα σύνθετον, ἀλλὰ πρὸ ἀμφοῖν ἁπλοῦν καὶ ἀσύνθετον)· ἓν δὲ ἡ μία ἀρχὴ κυριώτατα πάντων, ὅτι καὶ ὑπὲρ τὸ πρὸ ἀμφοῖν κατὰ τὸ συναμφότερον ἡνωμένον, ἐπεὶ καὶ ἡνωμένον τοῦτο μὲν πρώτως καὶ μάλιστα, δεύτερον δὲ τὸ κατ' ἰδιότητα μικτόν, τρίτον δὲ ⟨τὸ⟩ καθ' ὑπόστασιν, ὃ μᾶλλον σύγκρατον ἐκ στοιχείων ῥητέον ἤπερ ἡνωμένον, αὐτό τε καὶ τὸ πρὸ αὐτοῦ ἑνιαῖον μικτὸν οὗπερ ἐξήρτηται, ὥσπερ ὅλον τὸ μετὰ τοῦτο, καὶ τὸ μετὰ τοῦτο πάλιν μονάδα· ἀεὶ γὰρ συνωνυμεῖ τῷ μετεχομένῳ τὸ μετέχον κατὰ τὴν ἰδιότητα ἑκάστην. |

(110) Εἰ τοίνυν τολμήσαντα χρὴ ἀποφήνασθαι, ἅμα μὲν πρὸς ἔνδειξιν ἀκριβεστέραν ἧς λέγομεν πέρι φύσεώς τε καὶ ἀναλογίας, ἅμα δὲ πρὸς ἀποπλήρωσιν τῆς πολυπράγμονος ἡμῶν ὄντως ἐννοίας, εἴποιμι ἂν τοῦ ἁπλῶς ἑνὸς καὶ πρώτου τῶν πάντων αἰτίου συγγενὲς ἀποφύεσθαι πλῆθος τὸ ἀμέθεκτον καὶ ὅτι μάλιστα αὐτῷ παρωμοιωμένον, τὸ νοητὸν τῶν θεῶν γένος, ἐν τῇ ἐκείνου μένον ἑνότητι καὶ διὰ τοῦτο ἡνωμένον πρὸς ἑαυτό τε καὶ πρὸς ἐκεῖνο, καὶ τὸν κρύφιον διάκοσμον ἡμῖν παρεχόμενον, ὃν ὡς ἀδιάκριτον καὶ ὑπὲρ πᾶσαν κοσμικὴν εὐταξίαν τεταγμένον ὑπέρκοσμον οἱ θεοὶ ἀνυμνήκασιν, ἀμέθεκτον δὲ οὐκέτι πλῆθος παράγειν· οὐδὲ γὰρ τὸν οὐρανὸν τοῦτον τὸν αἰσθητόν, καίτοι παράγοντα τὸν ὑπουράνιον κόσμον,

22 *Or. Chald.*, fr. 18.

---

6 τὸ addidi ‖ 8 ἤπερ scripsi : εἴπερ A ‖ 10 post τοῦτο dist. A, mg. uirg. cens. ‖ 13 λέγομεν Kopp : λέγοιμεν A ‖ 20 ὃν ὡς Kroll : ἐν οἷς A ‖ 22 θεολο(γοι) mg. A¹ ‖ ἀμέθεκτον scripsi : μεθεκτὸν A.

cependant la pluralité des dieux comme imparticipable, mais seulement comme participable et sublunaire, car [ici] le générateur lui-même n'est pas, nous le savons, imparticipable. Donc le principe, qui lui fait pendant et qui le premier est générateur, engendre tout, mais il s'est attaché seulement la génération imparticipable des dieux, en la contractant dans une seule union et nature[1]. En outre, il fallait bien que le principe intelligible (auquel est étroitement unie une pluralité seulement une, qui est la pluralité imparticipable, au sens où nous disons que la classe des dieux intelligibles l'est) soit <proche parent>[2] du principe entièrement transcendant à tout et porteur, en vérité, de la pluralité aussi bien imparticipable que participable qui en naît ; car l'intelligible est un, encore que contemplé sous trois rapports : comme demeurant lui-même en lui-même selon l'un, comme procédant lui-même en lui-même et à partir de lui-même, de quelque façon, selon la triade ; et sa triade est, non pas une distinction de ses substances, mais une pure suggestion de la pluralité, dans la mesure où elle est co-unifiée dans l'intelligible et telle qu'elle l'est.

[*Deuxième partie.* EXAMEN DES TRADITIONS THÉOLOGIQUES]

[1. *La théologie chaldaïque des triades*]

Puisque nous avons enfin, non sans peine, mené à terme les questions précédentes, examinons maintenant les hypothèses des anciens théologiens, comment on peut les comprendre d'après les conceptions philosophiques qui viennent d'être expliquées ; et commencons par celle qui est reconnue pour être la plus mystique de toutes, à savoir la Chaldaïque. Car, assurément, cette

1. Le principe ainsi caractérisé est l'unifié ou l'intelligible, cf. ci-dessous, l. 9-15.
2. Nous traduisons la conjecture de L. G. Westerink.

ὅμως ἀμέθεκτον μὴ παράγειν τὸ τῶν θεῶν πλῆθος, ἀλλὰ μόνον μεθεκτόν τε καὶ ὑποσέληνον, οὐδὲ γὰρ αὐτὸς ὁ γεννῶν ἀμέθεκτος ἦν. Ἡ τοίνυν ἀντίστροφος ἀρχὴ πρώτη γεννῶσα πάντα μὲν γεννᾷ, μόνην δὲ ἐξῆψεν ἑαυτῆς τὴν ἀμέθεκτον τῶν θεῶν γενεάν, εἰς μίαν ἕνωσίν τε καὶ φύσιν αὐτὴν συνελοῦσα. Καὶ ἄλλως δὲ ἐχρῆν τῆς πάντῃ καὶ πάντων ἐξῃρημένης ἀρχῆς καὶ τῆς ἐχούσης δὴ τὸ ἀποφυόμενον πλῆθος ἀμέθεκτόν τε καὶ μεθεκτόν, *** εἶναι τὴν νοητὴν ἀρχήν, ᾗ συνέζευκται πλῆθος ἓν μόνον καὶ τὸ ἀμέθεκτον, οἷον τὸ τῶν νοητῶν θεῶν γένος εἶναί φαμεν· ἓν γὰρ τὸ νοητόν, καὶ αὖ τριχῇ θεωρούμενον, αὐτὸ μὲν ἐν ἑαυτῷ μένον κατὰ τὸ ἕν, αὐτὸ δὲ ἐν ἑαυτῷ καὶ ἀφ' ἑαυτοῦ προϊόν πως κατὰ τὴν τριάδα· καὶ ἡ τριὰς αὐτοῦ ἐστιν οὐ διάκρισις τῶν αὐτοῦ οὐσιῶν, ἀλλ' ἔνδειξις μόνη τοῦ πλήθους, ὅσον καὶ οἷον ἐν τῷ νοητῷ συνήνωται.

(111) Ἀλλ' ἐπειδὴ ταῦτα μόλις ποτὲ διεπερανάμεθα, φέρε καὶ τὰς τῶν παλαιῶν θεολόγων ὑποθέσεις ἐπισκοπήσωμεν, ὅπως ἄν τις νοήσειεν κατὰ | τὰς φιλοσόφους ταύτας ἐννοίας ἀποπεφρασμένας· καὶ πρώτην γε τὴν πασῶν μυστικωτάτην εἶναι ὁμολογουμένην, τὴν χαλδαϊκήν.

3 ἀμέθεκτος scripsi : ὁ μεθεκτὸς A ‖ 8 lac. statui, supple ex. gr. δευτέραν uel συγγενῆ ‖ 10 καὶ del.?

hypothèse semble être aussi celle qui, de toutes, se trouve le plus en contradiction avec nos propres conjectures, en tant qu'elles souhaitent vivement contracter le plus possible l'intelligible dans une seule union[1].

En effet, les théurges nous transmettent qu'il y a là-haut trois triades, après en avoir été instruits par les dieux eux-mêmes[2]; sans compter que les Égyptiens et aussi les Phéniciens font advenir dans l'intelligible une génération nombreuse de dieux, comme nous le rapporterons un peu plus loin[3]. Hé quoi? Le divin Orphée ne fait-il pas subsister une pluralité de dieux à partir de Chronos jusqu'à Phanès premier-né[4]? Platon lui-même, le philosophe digne pour nous de tant de vénération[5], ne parvient-il pas à trois conclusions à propos de l'un-être, c'est-à-dire ne transmet-il pas trois ordres divins intelligibles, qui diffèrent les uns des autres[6]? Par conséquent, il faut chercher comment, dans leur intelligence de ces réalités, les dieux [des Oracles] et les hommes proches parents des dieux[7] nous les transmettent.

[1.1. *L'interprétation proclienne*]

Pour commencer, sous quelle forme les dieux transmettent-ils aux théurges les triades intelligibles au nombre de trois? Est-ce donc que, selon l'explication technique des philosophes plus récents[8], le sommet de chaque triade est le limitant, que le tout-dernier membre est la substance, ou la vie, <ou> l'intellect, et que l'intermédiaire est l'illimité, de sorte que, de la triade, il y aura deux hénades, et une seule monade

1. Cf. ci-dessus, p. 108.5.

2. Cf. *Or. Chald.*, fr. 4 des Places, p. 13 Kroll. A partir du père, de la puissance et de l'intellect, ces triades sont respectivement terme à terme la triade intelligible de l'être, la triade intelligible de la vie, la triade intelligible de l'intellect. Voir-ci-dessous la n. 6 de la l. 13.

3-8. Voir *Notes complémentaires*, p. 210.

Ἀτεχνῶς γὰρ αὕτη καὶ ἀντιφθέγγεσθαι δοκεῖ μάλιστα πασῶν ταῖς ἡμετέραις ὑπονοίαις, ὡς ἔνι μάλιστα συναιρεῖν εἰς μίαν ἕνωσιν γλιχομέναις τὸ νοητόν.

Τρεῖς γὰρ ἐκεῖ τριάδας ἡμῖν παραδιδόασιν οἱ θεουργοί, παρ' αὐτῶν τῶν θεῶν διδαχθέντες· ἀλλὰ καὶ Αἰγύπτιοι, ἀλλὰ καὶ Φοίνικες πολλὴν γενεὰν θεῶν ἐν τῷ νοητῷ παράγουσιν, ὡς μικρὸν ὕστερον ἱστορήσομεν. Τί δέ; ὁ θεῖος Ὀρφεὺς οὐ πολλοὺς θεοὺς ὑφίστησιν ἀπὸ τοῦ Χρόνου μέχρι τοῦ πρωτογόνου Φάνητος; Αὐτὸς δὲ ὁ πολυτίμητος ἡμῖν φιλόσοφος ὁ Πλάτων οὐχὶ τρία συμπεράσματα συμπεραίνεται ἐπὶ τοῦ ἑνὸς ὄντος, ταὐτὸν δὲ εἰπεῖν, οὐ τρεῖς νοητὰς παραδίδωσι θείας τάξεις ἀλλήλων διαφερούσας; Ὥστε ζητητέον ὅπως ταῦτα νοοῦντες οἵ τε θεοὶ καὶ οἱ θεῶν ἀγχίσποροι ἄνδρες παραδεδώκασιν.

Αὐτίκα τοῖς θεουργοῖς οἱ θεοὶ πῶς τὰς νοητὰς ἐκδεδώκασι τριάδας τρεῖς; Ἆρα, ὡς οἱ νεώτεροι φιλόσοφοι τεχνολογοῦσιν, ἑκάστης τριάδος πέρας μὲν τὸ ἄκρον, οὐσία δὲ ἢ ζωὴ ⟨ἢ⟩ νοῦς τὸ ἔσχατον, ἄπειρον δὲ τὸ μέσον, ὡς εἶναι δύο μὲν ἑνάδας, μίαν δὲ μονάδα τῆς

4 *Or. Chald.*, fr. 4 || 7 infra, p. 167.1-24; 166.8-22 || 8-9 *Orphic.* fr. 64; u. infra, p. 159.17-160.16 || 9-11 *Parm.* 142 b 5-143 a 3 || 14 Aeschyl Niobe, fr. 162 Nauck, ap. Plat. *Remp.* III 391 e 7 || 15 *Or. Chald.*, fr. 3-4 || 16 cf. Procl., *Theol. Plat.*, III 9, p. 36.10-23; IV. 1 p. 6.16-7.3; IV 3, p. 16.6-11.

4 παραδιδόασιν] -α-^{3} sscr. A^1 || 12 τάξεις in fine us. add. A^1 || 14 ἀγχίσποροι mg. iter. A^1 || 16 τριάδας· τρεῖς ἄρα A, correxi || 18 οὐσία δὲ] -α δ- in ras. A || ἢ^1 Kroll : ἡ mg. uirg. cens. A || ἢ^2 add. Kroll.

substantielle et composée[1]? Mais d'abord il est étonnant qu'il y ait deux hénades participées, tandis que le participant est unique, à savoir la substance formée de toutes les deux ; ensuite, pourquoi le limitant est-il une hénade et, à son tour, l'illimité une autre hénade, celle-ci étant la puissance et celle-là le père, alors que le troisième membre, l'intellect paternel[2], n'est pas, à son tour, une troisième hénade? Car il fallait que l'intellect commençât par une hénade, et de même la vie et la substance. Certes, ces philosophes, eux aussi, rangent, dans les intellectifs, l'intellect unitaire avant le substantiel ; par conséquent, ils auraient dû faire la même chose, et à bien plus juste titre, dans les intelligibles. Tout au contraire, les théologiens, dont ils font l'exégèse, nous transmettent les générations et les ordres, non pas des véhicules, ni, non plus, de ce qui a procédé des dieux, mais des dieux eux-mêmes. Si donc nous entendons comme générations et ordres de dieux les intelligibles <-intellectifs>, les intellectifs, les hypercosmiques et les encosmiques, qui nous sont transmis, pourquoi voulons-nous enfin que, dans le seul cas des intelligibles, ce qui procède des dieux soit mêlé aux dieux eux-mêmes, et pourquoi, si les théologiens parlent de père ou de puissance, entendons-nous ceux-ci comme des hénades, tandis que s'ils parlent d'intellect paternel, nous passons à un autre genre? Mais, alors, que concevrons-nous quand on dira que l'intellect paternel produit les diacosmes triadiques, Iynges, Mainteneurs, Télétarques[3], les triples divisions intellectives, et toutes celles qui sont cosmiques? Est-ce de l'intellect mixte et composé que nous allons faire provenir les hénades? Alors, en quoi notre conception sera-t-elle différente de celle qui ferait provenir des corps les âmes, ou des âmes les intellects? Et les Iynges, les Mainteneurs et les autres dieux, les supposerons-nous non pas unitaires mais substantiels? Ce serait

1-3. Voir *Notes complémentaires*, p. 210.

τριάδος οὐσιώδη καὶ σύνθετον; Ἀλλὰ πρῶτον μὲν θαυμαστὸν ὅτι δύο μὲν ἑνάδες μετέχονται, τὸ δὲ μετέχον ἕν, ἡ οὐσία ταῖν δυεῖν. Ἔπειτα διὰ τί τὸ μὲν πέρας ἑνὰς καὶ τὸ ἄπειρον πάλιν ἑνὰς ἑτέρα, αὕτη μὲν δύναμις, ἐκείνη δὲ πατήρ, τὸ δὲ τρίτον ὁ πατρικὸς νοῦς οὐχὶ καὶ αὐτὸς ἑνὰς τρίτη; Ἔδει γὰρ καὶ τὸν νοῦν ἀπὸ ἑνάδος ἄρχεσθαι, καὶ ζωὴν δὲ [ἢ] καὶ οὐσίαν. Ἀμέλει καὶ αὐτοὶ ἐν τοῖς νοεροῖς τὸν νοῦν προτάττουσιν τὸν ἑνιαῖον τοῦ οὐσιώδους, τὸ αὐτὸ ἄρα καὶ πολὺ δικαιότερον ἐπὶ τῶν νοητῶν | ἔδει ποιεῖν. Τοὐναντίον δὲ οἱ θεολογοῦντες, ὧν ποιοῦνται τὰς ἐξηγήσεις, οὐ τῶν ὀχημάτων, οὐδὲ τῶν ἀπὸ θεῶν προελθόντων, ἀλλ' αὐτῶν τῶν θεῶν τὰς γενεὰς ἡμῖν καὶ τὰς τάξεις παραδιδόασιν. Εἰ τοίνυν τὰς νοητὰς ⟨καὶ νοερὰς⟩ καὶ τὰς νοερὰς καὶ τὰς ὑπερκοσμίους καὶ τὰς ἐγκοσμίους ὡς θεῶν παραδιδομένας ἀκούομεν, τί δήποτε ἐπὶ μόνων τῶν νοητῶν παραμίγνυσθαι τὰ ἀπὸ τῶν θεῶν ἀξιοῦμεν αὐτοῖς τοῖς θεοῖς, καὶ ἐὰν μὲν πατέρα ἢ δύναμιν εἴπωσιν, ὡς ἑνάδας ἀκούομεν, ἐὰν δὲ νοῦν πατρικόν, ἐπὶ ἄλλο μετερχόμεθα γένος; Καίτοι τί ποιήσομεν ὅταν ὁ πατρικὸς νοῦς παράγειν λέγηται τὰς τριαδικὰς διακοσμήσεις, ἴυγγας, συνοχέας, τελετάρχας, τὰς νοερὰς τριχῇ διαιρέσεις, τὰς κοσμικὰς ἁπάσας; Ἆρα ἀπὸ τοῦ μικτοῦ καὶ συνθέτου νοῦ παράξομεν τὰς ἑνάδας; Καὶ τί διάφορον ποιήσομεν ἢ εἴ τις ἀπὸ σωμάτων παράγοι τὰς ψυχάς, ἢ ἀπὸ ψυχῶν τοὺς νόας; Ἀλλὰ τὰς ἴυγγας καὶ τοὺς συνοχέας καὶ τοὺς ἄλλους θεοὺς οὐχὶ ἑνιαίους, ἀλλ' οὐσιώδεις ὑποθησόμεθα; Ἀλλ' ἡμῖν τε

3 ἕν, ἡ οὐσία ταῖν δυεῖν scripsi : ἑνηούσιαταιηλυειν et mg. uirg. cens. A (ἕν, ἡ οὐσία ἢ ὅτι δεῖ καλεῖν Kroll) || 7 ἢ deleui || 11 ἐξηγήσεις Kroll : ἐξαιτήσεις A || 14 καὶ νοερὰς addidi (cf. p. 113.2) || 15 παραδιδομένας scripsi : -νων A || 21, 26 ἴυγγας] -γγ- in ras. A¹ || 24 τί scripsi : τὸ A.

nous mettre en contradiction avec nous-mêmes et avec les dieux. Or, si le dieu qui, d'après Orphée, est «le premier-né et le porteur de la semence de tous les dieux», a le premier bondi de l'Œuf et s'est élancé vers le haut, quel moyen y a-t-il d'interpréter l'Œuf comme l'être, et de proclamer «dieu premier-né» celui qui a bondi de l'être ? Enfin, comment est-il raisonnable de poser deux sortes de substances et pareillement deux sortes de vies, si l'on ne pose pas deux sortes d'intellects et d'âmes, les imparticipables et les participables, et de poser des hénades toutes participables là où convenait surtout l'imparticipable ?

[1.2. *Première opinion de Damascius*]

Cependant, nous ne concevrons pas les triades de cette façon, mais nous concevrons chacune comme consistant en trois hénades, à la dernière desquelles nous suspendrons la substance, comme c'était aussi jadis l'opinion de notre maître[1], lorsque je lui fis part de ces hésitations au sujet du troisième membre, à savoir que chaque triade serait une monade unitaire, et que les deux hénades antérieures à la troisième seraient imparticipables, tandis que la troisième serait participable en chacune. En serait-il donc plutôt ainsi ? [1] On objectera d'abord que c'est assurément dans sa totalité que la première triade commande toujours à la deuxième dans sa totalité, par conséquent la pluralité imparticipable sera disloquée, et non pas continue en elle-même, comme dans le cas des autres mondes ; on ne saurait en effet découvrir une âme participable au milieu des âmes imparticipables, par exemple une âme encosmique au milieu des âmes hypercosmiques, ni un intellect participable au milieu des intellects imparticipables, par exemple un intellect hypercosmique dans les intellects intellectifs. Comment donc après la troisième hénade de

1. Voir *Notes complémentaires*, p. 211.

αὐτοῖς καὶ τοῖς θεοῖς ἀντιφθεγξόμεθα. Εἰ δὲ ὁ παρ' Ὀρφεῖ πρωτόγονος θεὸς ὁ πάντων σπέρμα φέρων τῶν θεῶν ἀπὸ τοῦ ᾠοῦ πρῶτος ἐξέθορε καὶ ἀνέδραμεν, τίς μηχανὴ τὸ μὲν ᾠὸν ἐξηγεῖσθαι τὸ ὄν, τὸν δὲ ἀπὸ τοῦ ὄντος ἐκθορόντα πρωτόγονον θεὸν ἀνυμνεῖν; Πῶς δὲ ἔχει λόγον οὐσίας μὲν διττὰς ὑποτίθεσθαι, καὶ ζωὰς ὁμοίως, εἰ δὲ μή, νόας τε καὶ ψυχάς, τοὺς μὲν ἀμεθέκτους, τοὺς δὲ μεθεκτούς, ἑνάδας δὲ πάσας μεθεκτάς, ἐν αἷς μάλιστα τὸ ἀμέθεκτον ἔπρεπεν;

Ἀλλ' οὕτω μὲν οὐ ποιήσομεν τὰς τριάδας, ἀλλ' εἶναι τριῶν ἑνάδων ἑκάστην, | ὧν τῆς ἐσχάτης τὴν οὐσίαν ἐξαρτήσομεν, ὥς ποτε ἐδόκει καὶ τῷ ἡμετέρῳ καθηγεμόνι, ἐπειδὴ ταύτας πρὸς αὐτὸν τὰς ἐπιστάσεις περὶ τοῦ τρίτου ἐκοινωσάμην, ὡς εἶναι καὶ ἑκάστην τριάδα μονάδα ἑνιαίαν, καὶ τὰς δύο πρὸ τῆς τρίτης ἀμεθέκτους ἑνάδας, ἐκείνην δὲ μεθεκτὴν ἐν ἑκάστῃ. Ἆρα οὖν οὕτω μᾶλλον; Ἢ πρῶτον μὲν ὅλη ἐξηγεῖται ἀεὶ τῆς δευτέρας ὅλης ἡ προτέρα τριάς, διεσκορπισμένον ἄρα ἔσται τὸ ἀμέθεκτον πλῆθος, ἀλλ' οὐ συνεχὲς ἑαυτῷ, καθάπερ ἐπὶ τῶν ἄλλων· οὐ γὰρ ἂν εὕροιμεν ψυχὴν μεθεκτὴν ἐν τῷ μέσῳ τῶν ἀμεθέκτων, οἷον ἐγκόσμιον μεταξὺ τῶν ὑπερκοσμίων, οὐδὲ νοῦν μεθεκτὸν ἐν μέσῳ τῶν ἀμεθέκτων, οἷον ὑπερκόσμιον ἐν τοῖς νοεροῖς. Πῶς οὖν μετὰ τὴν τρίτην

1-3 *Orphic.* fr. 85 (p. 157-158) Kern.

---

14 μονάδα scripsi : μόνην A || 16 ἄρασυνουτω, et mg. uirg. cens. A, corr. Ruelle || 20 μεθεκτὴν coni. Ruelle : -ῶν A.

la première triade, hénade qui est participable, aurait pu être rangée la première hénade[1] de la deuxième triade ? En effet, c'est dans sa totalité que la deuxième vient après la première dans sa totalité, et naturellement aussi la troisième [dans sa totalité] vient après la deuxième [dans sa totalité]. [2] Ensuite, l'intelligible substantiel sera en même temps disloqué et il ne sera pas convergent et unifié lui-même tout entier par rapport à lui-même tout entier, s'il est vrai que nous ne pourrons même pas ranger ensemble les hénades[2] qui vont à la suite les unes des autres, mais qui ont été séparées par les imparticipables. [3] De plus, comment pouvons-nous faire une seule triade de trois monades de forme dissemblable, les unes étant imparticipables, l'autre participable ? C'est exactement comme si l'on faisait une seule série à partir de quelques dieux hypercosmiques et de quelques dieux encosmiques, ou bien à partir des dieux archiques[3] et des dieux archangéliques, ou bien à partir de ces derniers et des dieux azones.

[4] En outre, puisque <le genre des participables accomplit> un monde[4], <et> que le genre des imparticipables en accomplit <un autre>, comme dans le cas des âmes, et dans celui des intellects, il est clair que de ces monades-là également le genre imparticipable constituera un diacosme complet et que le genre participable en constituera un autre. Lequel des deux diacosmes sera donc l'intelligible ? Est-ce que ce sera le diacosme imparticipable ? Et, alors, que sera le nombre participable ? Car il appartient à la substance, tandis que celui qui est après le nombre intelligible appartient à la vie, comme nous le disons. Ou bien l'intelligible est-il le monde participable ? Et, alors, que pourrait être le monde qui lui est antérieur et qui est imparticipable ? En effet, le monde intelligible est le premier, comme nous le disons. Et, si l'ensemble des deux est [le monde]

1-4. Voir *Notes complémentaires*, p. 211.

ἑνάδα μεθεκτὴν οὖσαν τῆς πρώτης τριάδος ἡ πρώτη ἑνὰς τῆς δευτέρας τετάξεται; Ὅλη γὰρ μετὰ ὅλην ἡ δευτέρα μετὰ τὴν πρώτην, καὶ δὴ καὶ ἡ τρίτη μετὰ τὴν δευτέραν. Ἔπειτα συνδιασπασθήσεται καὶ τὸ οὐσιῶδες νοητὸν καὶ οὐκ ἔσται ὅλον πρὸς ὅλον αὐτὸ πρὸς ἑαυτὸ συννενευκός τε καὶ ἡνωμένον, εἴπερ οὐδὲ τὰς ἑπομένας ἑνάδας ἀλλήλαις ὁμοῦ τάξομεν, ἀλλὰ διειλημμένας ὑπὸ τῶν ἀμεθέκτων. Ἐκ δὲ αὖ τρίτων πῶς μίαν τριάδα ποιοῦμεν ἐκ μονάδων τριῶν ἀνομοειδῶν, τῶν μὲν ἀμεθέκτων, τῆς δὲ μεθεκτῆς; ὅμοιον ὡς εἴ τις ἕνα ποιοῖ ἀριθμὸν ἀπὸ μέν τινων ὑπερκοσμίων, ἀπὸ ἐνίων δὲ ἐγκοσμίων, ἢ τῶν μὲν ἀρχικῶν, τῶν δὲ ἀρχαγγελικῶν, ἢ τούτων τε καὶ τῶν ἀζώνων.

Πρὸς δὲ τούτοις, ἐπεὶ κόσμον ***τὸ τῶν ἀμεθέκτων, ὡς ἐπὶ ψυχῶν, ὡς ἐπὶ τῶν νόων, δῆλον ὡς καὶ ἐκείνων τὸ μὲν ἀμέθεκτον ἄλλον, ἄλλον δὲ τὸ μεθεκτὸν ἀποπληρώσει διάκοσμον. Τίς οὖν ὁ νοητός; Πότερον ὁ ἀμέθεκτος; Καὶ τίς ἔσται ὁ μεθεκτὸς ἀριθμός; Οὐσίας μὲν γάρ, ὁ δὲ μετὰ τὸν νοητόν, ζωῆς, ὥς φαμεν. Ἢ ὁ μεθεκτός ἐστιν ὁ νοητός; Καὶ τίς ἂν εἴη ὁ πρὸ τούτου καὶ | ἀμέθεκτος; Πρῶτος γὰρ κόσμος ὁ νοητός, ὥς φαμεν. Εἰ δὲ ὁ

7 post διειλημμένας] ÷ 19ies in ras. A || 8 τρίτων coni. Ruelle : τρίων A || 9-10 τῆς δὲ μεθεκτῆς scripsi : τῶν... -ῶν A || 14 lac. statui, mg. uirg. cens. A, supple fere ἄλλον μὲν ἀποπληροῖ τὸ γένος τῶν μεθεκτῶν, ἄλλον δέ.

intelligible, pourquoi les autres mondes aussi, le monde intelligible-intellectif, l'intellectif, le supracosmique, l'encosmique, n'existent-ils pas également selon la pluralité qui est l'ensemble des deux ? [5] De plus, si la même propriété est dans l'hénade et dans la substance qui lui est suspendue, et si l'hénade est l'intellect paternel, par suite, la substance sera aussi intellect paternel. Si donc l'hénade aide à accomplir la triade selon cette propriété, il est évident que la substance aidera également à accomplir la même triade selon la même propriété ; en effet, dans les autres mondes, de façon analogue, les réalités substantielles sont coordonnées avec les unitaires. Comment donc les deux [premières] monades de la triade sont-elles simples, tandis que la troisième est double, à la fois hénade et substance ? [6] Outre cela, si l'intellect paternel est une hénade et si quelque substance lui est suspendue, et si ces choses sont séparées l'une de l'autre par une altérité, il est manifeste que l'unifié antérieur aux deux, ou bien tombera au milieu de la triade, et il la détruira, ou bien il sera antérieur à la triade, je veux dire à la première, et nous ne rangerons plus les triades après le principe unique, de la façon que les philosophes veulent le dire et que les Oracles l'attestent, non seulement les philosophes les plus récents[1], mais encore Jamblique[2] et Porphyre ; et, antérieurement à ces triades, d'autres triades apparaîtront, constituées selon l'unifié, comme nous allons le dire tout de suite.

[1.3. *Seconde opinion de Damascius*]

Peut-être donc, en abandonnant[3] aussi cette dernière hypothèse, doit-on avancer plutôt celle-ci, à savoir que le troisième membre n'est ni l'être ni l'un avec l'être qui

1. Οἱ νεώτεροι : Syrianus et Proclus. Cf. *supra*, p. 109.16-17.
2. Ce passage, p. 113.16-19 = B. D. Larsen, *Iambl. test.*, 310.
3. Le ms. porte ἀφέμενοι. Pour ce type de nominatif, voir ci-dessus, p. 96.13, n. 2.

συναμφότερος νοητός, διὰ τί μὴ καὶ οἱ ἄλλοι κόσμοι κατὰ τὸ συναμφότερον πλῆθος, ὁ νοητὸς καὶ νοερός, ὁ νοερός, ὁ ὑπερκόσμιος, ὁ ἐγκόσμιος; Ἔτι τοίνυν εἰ ἡ αὐτὴ ἰδιότης ἔν τε τῇ ἑνάδι καὶ τῇ ἐξημμένῃ αὐτῆς οὐσίᾳ, νοῦς δὲ πατρικὸς ἐκείνη, καὶ αὕτη ἄρα νοῦς πατρικός. Εἰ δὴ ἐκείνη συμπληροῖ τὴν τριάδα κατὰ ταύτην τὴν ἰδιότητα, σαφὲς ὅτι καὶ ἡ οὐσία τὴν αὐτὴν κατὰ τὴν αὐτήν· καὶ γὰρ ἐν τοῖς ἄλλοις κόσμοις ἀνάλογον τοῖς ἑνιαίοις τὰ οὐσιώδη συντέτακται. Πῶς οὖν τῆς τριάδος αἱ μὲν ἁπλαῖ δύο μονάδες, ἡ δὲ τρίτη διπλῆ ἐστιν, ἑνάς τε ἅμα καὶ οὐσία; Χωρὶς δὲ τούτων, εἰ ὁ μὲν πατρικὸς νοῦς ἑνάς, ἐξῆπται δέ τις αὐτοῦ οὐσία, καὶ ταῦτα ἑτερότητι κεχώρισται ἀλλήλων, φανερὸν ὅτι τὸ πρὸ ἀμφοῖν ἡνωμένον ἢ μεταξὺ τῆς τριάδος ἐμπεσεῖται, καὶ διασπάσει αὐτήν, ἢ πρὸ τῆς τριάδος ἔσται, [καὶ] τῆς πρώτης λέγω, καὶ τὰς τριάδας οὐκέτι μετὰ τὴν μίαν ἀρχὴν τάξομεν, ὡς καὶ αὐτοὶ βούλονται λέγειν καὶ τὰ λόγια μαρτύρονται, οὐχ οἱ νεώτεροι μόνοι, ἀλλὰ καὶ Ἰάμβλιχος καὶ Πορφύριος· καὶ φανοῦνται πρὸ τούτων ἄλλαι τριάδες συνιστάμεναι κατὰ τὸ ἡνωμένον, ὡς αὐτίκα μάλα ἐροῦμεν.

Μήποτε οὖν καὶ ταύτης ἀφέμενοι τῆς ὑποθέσεως ἐκείνην μᾶλλον ὑποθετέον, τὸ μὲν τρίτον εἶναι οὔτε τὸ ὂν

17-18 *Or. Chald.*, fr. 27 || 20 infra, p. 118.18-159.5.

6 δὴ] -ὴ in ras. A[1] || 13 ὅτι scripsi : τε A || 14 ἢ scripsi : εἰ A || ἐμπεσεῖται] μ ex ν et mg. ἐν A[1] || 15 καὶ deleui || 20 συστάμεναι A, correxi (cf. p. 116.11) || 22 ἀφεμένους coni. Ruelle, fort. -οις, sed u. adn.

lui a été joint, mais l'unifié antérieur aux deux qui a pris rang selon l'intellect paternel, et, si tu veux, selon également <le> mixte de Platon, du moins celui qui est intelligible et suprasubstantiel, et, de plus, si tu veux, selon l'être des philosophes[1], celui qui est encore indifférencié par rapport à l'un et à l'être, et qui est considéré comme antérieur aux deux[2]. En effet, cet être-là est la substance pure, comme nous le disions, et il doit être le mixte formé des deux principes qui lui sont antérieurs ; car l'unifié est un et non-un, et, en tant que non-un, il est plurifié. Ainsi donc, ce dernier caractère lui vient du deuxième principe, tandis que l'autre, le caractère d'être unifié, lui vient du premier ; donc, ayant procédé des deux à la fois, il est mélangé et mixte. Or, les principes ne sont pas distingués les uns des autres, mais ils subsistent de manière supérieure à toute distinction ; c'est en effet, du deuxième principe que découle le mode de la distinction et de la division, et non immédiatement après lui, car même l'unifié, comme nous le savons, est indifférencié en lui-même et par rapport à ces principes ; de fait, s'il est unifié, il est aussi complètement indifférencié. Pour ces raisons-là, on ne doit le poser ni comme composé, ni comme mélangé, ni comme élémenté ou formé d'éléments (sauf selon une certaine analogie, dans un but de clarté et pour donner une certaine indication visant à saisir, fût-ce très faiblement, la vérité réellement inaccessible et transcendante) ; mais il est purement unifié et parfaitement simple. En effet, l'un, comme nous le savons, est posé comme le retrait même hors de tout, les plusieurs comme le tout de l'un ; quant à l'unifié, il est ce que l'on pourrait avec raison appeler et conjecturer le premier un-tout[3]. Pour ainsi dire, jusqu'à un certain moment il y avait l'un, ensuite celui-ci s'est distendu en sa propre infinité comme en une sorte de Chaos[4], car il était seulement le limitant et l'Éther de toutes choses ; mais,

1-4. Voir *Notes complémentaires*, p. 211.

οὔτε τὸ ἓν μετὰ τοῦ συνεζευγμένου ὄντος, ἀλλὰ τὸ πρὸ ἀμφοῖν ἡνωμένον κατὰ τὸν πατρικὸν νοῦν τεταγμένον, εἰ δὲ βούλει, καὶ κατὰ ⟨τὸ⟩ μικτὸν τοῦ Πλάτωνος, ἀλλὰ τὸ νοητὸν καὶ ὑπερούσιον· εἰ δὲ αὖ βούλει, καὶ κατὰ τὸ ὂν τῶν φιλοσόφων τό γε ἀδιόριστον ἔτι πρὸς ἕν τε καὶ ὂν καὶ πρὸ ἀμφοῖν θεωρούμενον. Οὐσία μὲν γὰρ ἡ ἁπλῶς ἐκεῖνο, καθάπερ ἐλέγομεν, μικτὸν δὲ ἂν εἴη ἐκ τῶν πρὸ αὐτοῦ δυεῖν ἀρχῶν· ἓν γὰρ καὶ οὐχ ἓν τὸ ἡνωμένον, καὶ καθόσον οὐχ ἕν, πεπληθυσμένον. Οὐκοῦν τοῦτο μὲν αὐτῷ ἐκ τῆς δευτέρας ἥκει ἀρχῆς, ἐκεῖνο δέ, τὸ ἡνῶσθαι, ἐκ τῆς πρώτης· ἐξ ἀμφοῖν οὖν ἅμα προελθὸν σύγκρατόν ἐστι καὶ μικτόν. Ἀλλ' ἐπεὶ οὐκ εἰσὶν αἱ ἀρχαὶ διωρισμέναι ἀλλήλων, ἀλλὰ κρειττόνως ἢ κατὰ πάντα διορισμὸν ὑφεστήκασιν (καὶ γὰρ ἀπὸ τῆς δευτέρας ὁ διοριστικὸς καὶ διακριτικὸς ἀπορρεῖ τρόπος, οὐδὲ εὐθὺς μετ' αὐτήν· καὶ τὸ ἡνωμένον γὰρ ἀδιόριστον ἦν καθ' ἑαυτό τε καὶ πρὸς ἐκείνας· εἰ γὰρ ἡνωμένον, καὶ πάντῃ ἀδιάκριτον), διὰ δὴ ταῦτα οὔτε σύνθετον οὔτε σύγκρατον οὔτε στοιχειωτὸν | ἢ ἐκ στοιχείων ἐκεῖνο θετέον, πλὴν κατὰ ἀναλογίαν τινὰ σαφηνείας χάριν καί τινος ἐνδείξεως ἀμυδρότατα ἀντιλαβέσθαι ἐφιεμένης τῆς ἀμηχάνου καὶ ὑπερφυοῦς ὄντως ἀληθείας, ἀλλ' ἔστιν ἁπλῶς ἡνωμένον καὶ ἁπλοῦν παντελῶς. Τὸ μὲν γὰρ ἓν ὑπέκειτο ὡς αὐτὴ ἡ ἀπὸ πάντων ἀναχώρησις, τὰ δὲ πολλὰ ὡς τὰ τοῦ ἑνὸς πάντα, τὸ δὲ ἡνωμένον, ὃ ἄν τις εἰκότως καλέσειέν τε καὶ ὑπονοήσειε πρῶτον ἓν πάντα. Οἷον τέως μὲν ἦν τὸ ἕν, εἶτα τοῦτο διέστη εἰς τὴν ἑαυτοῦ ἀπειρίαν ὥσπερ τι χάος· ἦν γὰρ πέρας μόνον καὶ ὁ πάντων Αἰθήρ, συστὰν δὲ τὸ χάος

3 *Phil.* 25 b 5-6 || 7 supra p. 93.13-18 ; p. 104.18 - 105.11 ; vol. II, p. 94.23-26 ; p. 103.18 - 104.7 ; p. 213.3-7.

3 τὸ[1] addidi || 5 ὂν scripsi (cf. p. 113.23 - 114.1) : οἷον A.

lorsque le Chaos s'est constitué et a procédé comme un, à la fois limité et illimité selon une simplicité unique, en montrant cette nature, il est devenu un certain *un* caractérisé et palpable[1], à la place des principes insaisissables, — ce troisième un donc, qui vient après le deuxième[2] et le premier, nous l'appelons l'unifié, en tant qu'il est l'infinité qui s'est retournée vers le limitant et s'est pour ainsi dire coagulée, ou plutôt nous l'appelons le troisième principe, selon qu'il s'est établi en se formant des deux et antérieurement aux deux, à savoir antérieurement aux deux principes inférieurs[3], en tant qu'il est l'être pur, et en se formant des deux principes supérieurs, en tant qu'il est encore une fois l'être pur. Par conséquent, il est le même relativement aux uns et aux autres, mais par rapport aux principes supérieurs, c'est en tant que troisième, tandis que par rapport <aux> principes inférieurs et distingués, c'est en tant que premier. Ainsi naît cette triade : l'un comme père, les plusieurs comme puissance et l'unifié comme intellect paternel[4].

[1.4. *Cinq apories découlant de cette opinion*]

[1] Si l'on admet cette hypothèse, comment pourra-t-on construire les trois triades ? En effet, il faudra tripler l'un pur et les plusieurs purs[5] ; par suite aucun des deux ne sera pur, car ce qui est pur est partout un. Admettons, en effet, que l'unifié soit triple dans sa forme unique ; en revanche, comment l'un pur sera-t-il aussi triple, il est difficile même de l'imaginer.

[2] De plus, l'unifié, si l'on veut en faire des monades, sera violemment séparé de lui-même ; les puissances seront aussi, en effet, au nombre de trois, et de même les pères.

1. Ἀμφιλαφές. Dans le vol. I, p. 36.6, cet adjectif, associé à παχύ, évoquait quelque chose de consistant et de dense. Ici, le contexte appelle plutôt le sens dérivé passif, signalé par LSJ s.v. 4 b : *palpable* ; nous gardons l'image.

2-3.5. Voir *Notes complémentaires*, p. 212.

4. Voir *infra*, p. 133.15 et n. 4.

καὶ ἓν προελθὸν ὡς ἅμα πεπερασμένον καὶ ἄπειρον κατὰ μίαν ἁπλότητα καὶ ταύτην ἐνδεικνύμενον τὴν φύσιν, ποιὸν ἓν ἀμφιλαφὲς γεγονὸς ἀντὶ τῶν ἀλήπτων ἀρχῶν· τοῦτο οὖν τὸ τρίτον ἓν μετὰ τὸ δεύτερον καὶ τὸ πρῶτον καλοῦμεν ἡνωμένον, ὡς ἐπιστραφεῖσαν ἀπειρίαν εἰς τὸ πέρας καὶ οἷον παγεῖσαν, μᾶλλον δὲ τρίτην ἀρχὴν κατὰ τὸ ἐξ ἀμφοῖν τε στᾶσαν καὶ πρὸ ἀμφοῖν, τῶν μὲν κάτω δυεῖν ἀρχῶν πρὸ ἀμφοῖν, ὡς ὂν κατὰ τὸ ἁπλῶς, τῶν δὲ ἄνωθεν ἐξ ἀμφοῖν, ὡς πάλιν ὂν κατὰ τὸ ἁπλῶς. Ὥστε ταὐτὸν πρὸς ἑκατέρας, ἀλλὰ πρὸς τὰς μὲν ὡς τρίτον, τὰς ἄνω, πρὸς δὲ ⟨τὰς⟩ κάτω καὶ διωρισμένας ὡς πρῶτον. Γίγνεται τοίνυν ἡ τριὰς αὕτη τὸ ἓν ὡς πατήρ, καὶ τὰ πολλὰ ὡς δύναμις, καὶ τὸ ἡνωμένον ὡς πατρικὸς νοῦς.

(112) Ἀλλ' εἴ τις οὕτως ὑποθοῖτο, πῶς τὰς τρεῖς τριάδας ἀπεργάσεται; Δεήσει γὰρ καὶ τὸ ἓν ἁπλῶς τριπλασιάσαι καὶ τὰ πολλὰ ἁπλῶς· οὐκ ἄρα ἁπλῶς οὐδέτερα, τὸ γὰρ ἁπλῶς ἓν πανταχοῦ. Τὸ μὲν γὰρ ἡνωμένον ἔστω τριπλοῦν ἐν τῷ μονοειδεῖ· πῶς δὲ τὸ ἁπλῶς ἓν ἔσται καὶ τριπλοῦν, χαλεπὸν καὶ πλάσαι.

Ἀλλὰ καὶ τὸ ἡνωμένον εἴ τις ποιήσει μονάδας, διεσπασμένον ἔσται ἀφ' ἑαυτοῦ· καὶ τρεῖς γὰρ αἱ δυνάμεις, καὶ τρεῖς οἱ πατέρες.

12-13 *Or Chald.*, fr. 4 || 19 Arist., *De an.* I 5, 411 b 17-18.

4 δεύτερον Galpérine : τέταρτον A || 7 τε scripsi : τι A || πρὸ f : πρὸς A || 11 τὰς addidi.

[3] Outre cela, comment la première, la deuxième et la troisième triades pourront-elles être ordonnées? Car c'est avec la triade tout entière que sera aussi l'unifié antérieurement au deuxième et au troisième pères.

[4] Comment quelque nombre pourrait-il se trouver dans ces réalités, ou bien dans le parfaitement unifié, ou bien, chose plus difficile encore à admettre, dans ce qui est avant l'unifié? Par conséquent, il n'y aura ni ennéade, ni triade. En outre, le nombre sera de nouveau formé d'unités de forme dissemblable, s'il est vrai qu'il est formé soit de limitant, d'illimité et de mixte ou d'être, soit d'un père, d'une puissance et d'un intellect paternel.

[5] Mais, pour laisser de côté toutes ces questions, si le monde intelligible consiste en ces constituants, que seront après lui le monde intelligible-intellectif et le monde intellectif? Il faut que ce dernier soit selon l'intellect qui est subsistant, et que celui qui le précède soit selon la vie qui est subsistante; par suite, nous poserons l'intelligible selon la substance que nous appelons la substance subsistante; par conséquent, le monde selon l'unifié, j'entends l'unifié qui est antérieur à la substance, à la vie et à l'intellect, ne saurait être le monde intelligible, mais il est au-dessus du monde intelligible. Comment donc ce monde-là aurait-il dû être nommé? Eh bien, peut-être, le monde pur, qui est sans différence et qui a coagrégé en commun les autres mondes. Cependant, même si l'on accordait cela, que serait le monde intelligible? Il est clair qu'il entoure «la substance qui est réellement», selon l'expression de Platon, substance que nous appelions aussi, dans ce qui précède[1], le sommet des intelligibles-intellectifs. Or, comme nous le savons, cette substance est le principe de ce qui se distingue, et ce qui se distingue est la vie; cette substance est donc le principe de la vie, et non pas

1. Voir *supra*, p. 103.4-6; p. 62.7-13.

Χωρὶς δὲ τούτων, ἡ πρώτη καὶ ἡ δευτέρα καὶ ἡ τρίτη πῶς ταχθήσονται; Ἔσται γὰρ μετὰ τῆς ὅλης τριάδος καὶ τὸ ἡνωμένον πρὸ τοῦ δευτέρου καὶ τρίτου πατρός.

Πῶς δ' ἂν τις εἴη καὶ ἀριθμὸς ἐν ἐκείνοις, ἢ ἐν τῷ παντελῶς ἡνωμένῳ ἢ ἔτι δυσκολώτερον ἐν τοῖς πρὸ τοῦ ἡνωμένου; Οὐκ ἄρα οὐδὲ ἐννεὰς οὐδὲ τριάς. Ἔτι τοίνυν ἐξ ἀνομοειδῶν ἔσται πάλιν ὁ ἀριθμός, εἴπερ ἐκ πέρατος καὶ ἀπείρου καὶ μικτοῦ ἢ ὄντος ἐστίν, ἢ ἐκ πατρὸς καὶ δυνάμεως καὶ νοῦ | πατρικοῦ.

Ἀλλ' ἵνα ταῦτα πάντα καταλείψω, τοῦ νοητοῦ κόσμου ἐν τούτοις συνισταμένου, τίς ἔσται μετὰ τοῦτον ὁ νοητὸς καὶ νοερός, καὶ τίς ὁ νοερός; Δεῖ μὲν γὰρ τοῦτον εἶναι κατὰ τὸν ἐν ὑποστάσει νοῦν, τὸν δὲ πρὸ τούτου κατὰ τὴν ἐν ὑποστάσει ζωήν, τὸν ἄρα νοητὸν θησόμεθα κατὰ τὴν οὐσίαν ἣν καθ' ὑπόστασιν λέγομεν οὐσίαν· ὁ ἄρα κατὰ τὸ ἡνωμένον τὸ πρὸ τῆς οὐσίας καὶ τῆς ζωῆς καὶ τοῦ νοῦ οὐκ ἂν εἴη νοητός, ἀλλ' ὑπὲρ τὸν νοητόν. Τίς οὖν ἂν ἐκεῖνος εἴη κεκλημένος; Ἀλλ' ἴσως ὁ ἁπλῶς κόσμος καὶ ἀδιάφορος καὶ τοὺς ἄλλους κοινῇ συνελών. Ἀλλ' εἰ καὶ τοῦτο δοίη τις, ὁ νοητὸς τίς ἂν εἴη; Ἢ δῆλον ὅτι περὶ τὴν ὄντως οὖσαν, ὥς φησιν, οὐσίαν, καὶ ἣν ἐλέγομεν ἐν τοῖς πρόσθεν ἀκρότητα τῶν νοητῶν καὶ νοερῶν. Ἀλλ' ἦν αὕτη ἀρχὴ τοῦ διακρινομένου, τὸ δὲ διακρινόμενον ἦν ἡ ζωή·

21 *Phaedr*. 247 c 6-7 || 22 supra, p. 103.4-6; p. 62.7-13 u. adn; uol. II, p. 90.14-15, u. adn; p. 93.19, u. adn.

---

6 Ἔτι scripsi : ἐστιν A || 11 τοῦτον ὁ] -ν ὁ s.u. A.

de la substance ni de l'indifférencié que nous disions être l'intelligible, mais elle est le principe de ce qui est en train de se distinguer, ce qui pour nous, on le sait, est l'intelligible-intellectif.

Or, même si l'on met de côté cela, comment, demanderons-nous, délimiter ce dernier, à savoir l'intelligible-intellectif, et jusqu'où l'étendre? Car ce qu'est l'intellect pur[1], on le voit clairement, et on voit qu'à partir de lui commencent les intellectifs; il reste donc à faire du diacosme Mainteneur avec celui des Télétarques l'intermédiaire. Or, quelle sera la triade de l'intermédiaire? On répond que les Télétarques sont réunis avec les Mainteneurs, selon l'Oracle[2]; tandis que les Mainteneurs eux-mêmes sont au nombre de trois, comme aussi, antérieurement aux Mainteneurs, les Iynges qui occupent la substance intelligible, comme on l'a dit[3]. C'est peut-être à ces dernières que conviendraient l'intelligible et la «substance qui est réellement», à cause du caractère rassembleur [de l'intelligible] et en tant qu'il est coagrégé au plus haut point, tandis qu'aux Mainteneurs conviendraient l'intelligible-intellectif, et la vie première. En effet, le propre de la vie est d'assurer la continuité, en conservant l'hypostase distinguée et spécifiée, qui procède de quelque façon en même temps que la distinction de ces dieux; car, ce qui est continu fait voir aussi une distension et une division en même temps qu'une cohésion et une union des parties; en particulier, selon la supposition habituelle chez les philosophes, c'est là le lieu reconnu pour manifester le plus haut degré de la vie[4]. Et sans doute le temps, qui coexiste avec le ciel inférieur, est l'image de l'éternité, laquelle coexiste avec le ciel supérieur et en mesure le mouvement circulaire, puisqu'il est certain aussi que le ciel est du ciel l'image la plus vraie; et il est facile de voir quel est celui qui est l'image de l'autre.

1-4. Voir *Notes complémentaires*, p. 212.

ζωῆς ἄρα αὕτη ἀρχή, καὶ οὐ τῆς οὐσίας οὐδὲ τοῦ ἀδιακρίτου, ὅπερ ἐλέγομεν εἶναι τὸ νοητόν, ἀλλὰ τοῦ διακρινομένου, ὅπερ ἡμῖν ἦν νοητὸν καὶ νοερόν.

Ἀλλ' ἦν καὶ ταῦτα ἀφῇ τις, ἐκεῖνο πῶς, ἐροῦμεν, τὸ νοητὸν καὶ νοερὸν ὁριοῦμεν καὶ μέχρι τίνος; Ὁ μὲν γὰρ καθαρὸς νοῦς ὅστις ἐστί, φανερόν, καὶ ὅτι ἀπ' αὐτοῦ ἄρχεται τὰ νοερά· λείπεται ἄρα τὸν συνοχικὸν διάκοσμον ἅμα τῷ τελεταρχικῷ ποιεῖν τὸν μέσον. Καὶ τίς ἡ τοῦ μέσου τριάς; Ἢ οἱ μὲν τελετάρχαι συνείληνται τοῖς συνοχεῦσι, κατὰ τὸ λόγιον· αὐτοὶ δὲ οἱ συνοχεῖς τρεῖς εἰσιν, ὥσπερ καὶ πρὸ τῶν συνοχέων αἱ ἴυγγες ἐπέχουσαι τὴν νοητὴν οὐσίαν, ὡς εἴρηται. Καὶ τάχα ἂν πρέψειεν ταύταις μὲν τὸ νοητὸν καὶ ἡ ὄντως οὐσία διὰ τὸ συναγωγὸν καὶ ὅτι μάλιστα συναιρούμενον, τοῖς δὲ συνοχεῦσι τὸ νοητὸν καὶ νοερὸν καὶ ἡ πρώτη ζωή. Τῆς γὰρ ζωῆς ἴδιον τὸ συνέχειν, τηροῦσαν τὴν διακεκριμένην ὑπόστασιν καὶ εἰδητικὴν καὶ ἅμα συμπροϊοῦσάν πως αὐτῶν τῇ διακρίσει· τὸ γὰρ συνεχὲς καὶ διάστασιν δηλοῖ καὶ μερισμὸν καὶ ἅμα συνοχήν τε καὶ ἕνωσιν τῶν μερῶν· ἄλλως τε καὶ κατὰ τὴν συνήθη τοῖς φιλοσόφοις ὑπόθεσιν τὴν ἀκμὴν τῆς ζωῆς οὗτος ὁ τόπος ἀναφαίνειν ὁμολογεῖται. Καὶ ἴσως ὁ τῷ οὐρανῷ τούτῳ συνὼν χρόνος εἰκών | ἐστι τοῦ συνόντος ἐκείνῳ τῷ οὐρανῷ καὶ τὴν περιφορὰν αὐτοῦ μετροῦντος αἰῶνος, ἐπειδὴ καὶ ὁ οὐρανὸς τοῦ οὐρανοῦ πάντως ὅτι ἀληθέστατον ἄγαλμα· δῆλον δὲ ποτέρου πότερος. Καὶ διὰ τοῦτο, ὡς ἔοικεν, ὁ νοερὸς

9-10 *Or. Chald.*, fr. 177.

---

4 ἦν scripsi : εἰ A^1, η(?) A ‖ 7 νοερά] -ο- s.u. A^1 ‖ 8 τὸν] scribendum τό? ‖ 9 συνείληνται Kroll (cf. R. II 147.4) : συνείλημπται, -εί- et -μ- in ras. A^1 ‖ 11 ἴυγγες] -$γ^2$- in ras. A^1 ‖ 13 $τὸ^1$ coni. Ruelle : τὸν A ‖ 17 συμπροϊοῦσαν, -οῦ- in ras., -σ- in spat. artiore ins. A^1.

Pour cette raison encore, semble-t-il, le premier intellect intellectif se distingue lui-même du père et il le divise par rapport à lui-même, parce que la vie également est en train d'être divisée par la distinction des formes.

Celui à qui il plaît de dire cela peut affirmer que l'intelligible est vu dans une monade seule qui est celle de la nature des Iynges[1], que le genre intellectif l'est dans une triade, celle des Conducteurs de mondes[2], ou bien, d'après la division que font les philosophes, dans la triade de l'intellect pur, de l'intellect générateur de vie et de l'intellect démiurgique[3], enfin que le plérôme[4] intermédiaire, l'intelligible-intellectif, est vu proprement dans une dyade ; car la dyade est d'ordre vital et se plaît à des processions qui l'éloignent le moins possible de sa monade propre. Et que sera la dyade médiane? Elle sera la nature des Mainteneurs et la nature des Télétarques[5], celle-ci, distinguant la continuité

> en commencement, fin et intermédiaire selon l'ordre
> de la nécessité,

celle-là, assurant la continuité[6] et condensant, en un seul, premiers, moyens et derniers. Peut-être donc, ainsi que je le disais, quelqu'un pourrait aussi disposer les ordres de cette façon en se servant de tels raisonnements[7].

[1.5. *Réponse à la cinquième aporie*]

[1.5[1]. *« Substance réelle » et intelligible pur*]

Quant à moi, je me garde bien de falsifier l'opinion ancestrale qui a donné satisfaction non seulement aux hommes les plus illustres (car nul parmi les philosophes n'a eu d'opinion <différente> jusqu'ici), mais encore aux dieux eux-mêmes. En effet, le théologien des grecs,

1-7. Voir *Notes complémentaires*, p. 213.

πρῶτος νοῦς αὐτός τε διακρίνει ἑαυτὸν ἀπὸ τοῦ πατρὸς καὶ ἐκεῖνον μερίζει πρὸς ἑαυτόν, ὅτι καὶ ἡ ζωὴ μερίζεται ὑπὸ τῆς τῶν εἰδῶν διακρίσεως.

Εἴποι δ' ἄν τις ᾧ ταῦτα λέγειν ἀρέσκει τὸ μὲν νοητὸν ἐν μονάδι θεωρεῖσθαι μόνῃ τῆς ἰυγγικῆς φύσεως, τὸ δὲ νοερὸν φῦλον ἐν τριάδι τῇ τῶν κοσμαγῶν, ἢ ὡς οἱ φιλόσοφοι διαιροῦσιν, τοῦ καθαροῦ νοῦ καὶ τοῦ ζωογόνου καὶ τοῦ δημιουργικοῦ, τὸ δὲ μέσον πλήρωμα τὸ νοητὸν καὶ νοερὸν οἰκείως ἐν δυάδι · ζωτικὴ γὰρ ἡ δυὰς καὶ προόδοις χαίρουσα ταῖς ἐπ' ἐλάχιστον ἐκβαινούσαις ἀπὸ τῆς οἰκείας μονάδος. Καὶ τίς ἡ μέση δυάς ; ἡ συνοχικὴ φύσις καὶ ἡ τελεταρχική, αὕτη μὲν διορίζουσα τὴν συνοχὴν

εἰς ἀρχὴν καὶ τέρμα καὶ εἰς μέσα τάξει ἀνάγκης,

ἐκείνη δὲ συνεχίζουσα καὶ σφίγγουσα πρὸς ἓν πρῶτα καὶ μέσα καὶ τελευταῖα. Τάχα μὲν οὖν, ὅπερ ἔφην, καὶ οὕτως ἄν τις διατάξαιτο τοιούτοις λογισμοῖς κεχρημένος.

(113) Ἐγὼ δὲ εὐλαβοῦμαι παραχαράττειν τὴν πάτριον ὑπόθεσιν, οὐ μόνον ἀνθρώπων ἀρέσασαν τοῖς κλεινοτάτοις (οὐδεὶς γὰρ ἄχρι τοῦδε ⟨ἄλλως⟩ ὑπέθετο τῶν φιλοσόφων), ἀλλὰ καὶ τοῖς θεοῖς αὐτοῖς. Ὅ τε γὰρ

14 *Or. Chald.*, fr. 24 ‖ 16 u. 4.

1 αὐτός scripsi : οὗτος A ‖ 14 εἰς μέσα Kroll : αισμετα et mg. uirg. cens. A ‖ 21 ἄλλως addidi.

Orphée, a présenté Phanès comme le premier contemplé par les dieux, et surtout par les dieux intellectifs, dont fait aussi partie le démiurge ; les dieux qui nous ont donné les Oracles dignes de tant d'estime[1] nous ont transmis ces premières triades comme étant les triades intelligibles, dont ils rapportent que les dieux intellectifs connaissent dans leurs intellections l'abîme hypercosmique[2] ; et, si en ces sujets, je voulais innover, j'aurais honte aussi devant le divin Jamblique[3], cet homme qui est le meilleur exégète des réalités divines, et surtout des intelligibles. Quant à moi, en suivant les traces de la pensée de cet homme qui a pénétré tant de choses, je suis donc d'avis que le monde intelligible est cet abîme unifié, enveloppant non pas « la substance qui est réellement » et qui est distinguée de l'un qu'elle véhicule, mais la substance pure, qui n'est ni unitaire ni mixte, et qui est seulement la substance unique, antérieure à l'une et à l'autre. Si donc quelqu'un des dieux ou quelqu'un des hommes a fait subsister le monde intelligible dans une substance, comprenons tous que c'est dans cette substance unifiée[4], en nous accordant avec ceux qui parlent de cette façon, et en purifiant la notion de substance dans celle de la substance pure, unifiée et complètement indifférenciée. Car tous ceux qui disent cela ont posé l'intelligible dans l'union indifférenciée de toutes choses, et personne ne trouve à redire à cette doctrine ; Jamblique est son témoin, en accordant à l'intelligible le deuxième degré d'union après l'unique principe du tout, en soutenant partout que l'intelligible subsiste auprès de l'un[5] et qu'il en est complètement inséparable, en refusant en lui toute division, ou toute dualité[6] ou toute distance, et en opposant au Vieillard[7] de nombreuses réfutations de ce genre.

1. Πολυτίμητα. Cf. *supra*, n. 3 de la p. 57.10.
2. Ὑπέρκοσμον. Cf. *supra*, n. 1 de la p. 56.4.
3-7. Voir *Notes complémentaires*, p. 213-214.

῾Ελλήνων θεολόγος ᾿Ορφεὺς πρῶτον ἐποίησεν τὸν Φάνητα καθορώμενον ὑπὸ τῶν θεῶν, ἄλλως τε καὶ τῶν νοερῶν, ὧν ἐστι καὶ ὁ δημιουργός· οἵ τε ἐκδεδωκότες θεοὶ τὰ πολυτίμητα λόγια τὰς πρώτας ἡμῖν τριάδας παραδεδώκασι ταύτας ὡς νοητάς, ὧν τὸν ὑπέρκοσμον βυθὸν εἰδέναι νοοῦντας ἀπαγγέλλουσι τοὺς νοεροὺς θεούς· αἰσχυναίμην δ᾿ ἂν καὶ τὸν θεῖον ᾿Ιάμϐλιχον, εἴ τι περὶ ταῦτα καινοτομοίην, ἄνδρα τῶν θείων πραγμάτων ἄλλων τε καὶ τῶν νοητῶν ἄριστον ἐξηγητήν. Δοκεῖ τοίνυν ἔμοιγε κατὰ ἴχνη τῆς ἐκείνου πολυθεάμονος γνώμης τὸν μὲν νοητὸν κόσμον ὑποτίθεσθαι τὸν ἡνωμένον ἐκεῖνον βυθόν, οὐκ «ὄντως οὖσαν οὐσίαν» περιέχοντα τὴν διωρισμένην πρὸς τὸ ὀχούμενον ἕν, ἀλλὰ τὴν ἁπλῶς | οὐσίαν, καὶ οὔτε ἑνιαίαν οὔτε μικτήν, ἀλλὰ μόνον οὐσίαν μίαν πρὸ ἑκατέρας. Εἴ τις οὖν θεῶν ἢ εἴ τις ἀνδρῶν ἐν οὐσίᾳ τὸν νοητὸν ὑπεστήσατο κόσμον, ἐν τῇ ἡνωμένῃ ταύτῃ πᾶς ἀκουέτω, συνομολογῶν μὲν τοῖς εἰποῦσι κατὰ τοσοῦτον, διακαθαίρων δὲ τὴν οὐσίαν εἰς τὴν ἁπλῶς ἐκείνην καὶ ἡνωμένην καὶ παντελῶς ἀδιάκριτον. Καὶ γὰρ αὐτοὶ πάντες οἱ ταῦτα λέγοντες ἐν τῇ πάντων ἀδιακρίτῳ ἑνώσει τὸ νοητὸν ὑπέθεντο, καὶ οὐδεὶς ἀμφισϐητεῖ περὶ τούτου· καὶ μάρτυς ὁ ᾿Ιάμϐλιχος, δευτέραν τῷ νοητῷ μετὰ τὴν μίαν τῶν ὅλων ἀρχὴν παρεχόμενος ἕνωσιν, καὶ περὶ τὸ ἓν ὑφεστάναι αὐτὸ πανταχοῦ διατεινόμενος καὶ ἀναπόσπαστον εἶναι πάντῃ τοῦ ἑνός, καὶ πᾶσαν ἐπ᾿ αὐτοῦ διαίρεσιν ἢ διπλόην ἢ διάστασιν παραιτούμενος, καὶ πρὸς τὸν πρεσϐύτην πολλὰς τοιαύτας ἀντιρρήσεις ποιούμενος.

1-3 *Orphic.*, fr. 86 (p. 159) Kern || 3-6 *Or. Chald.*, fr. 18 || 12 *Phaedr.*, 247 c 6-7.

---

6 νοοῦντας Galpérine (cf. Orac.) : -α A || 16 κόσμον~ἐν A.

Si donc l'intelligible est le véritable unifié, quel moyen aurons-nous de lier au diacosme intelligible la substance qui s'est distinguée de l'un, laquelle coexiste avec une altérité et subit de quelque façon une distinction d'éléments ; ce serait là non pas lier le lin au lin, selon le dicton[1], mais par le raisonnement introduire, à propos des objets de contemplation vraiment les plus saints, cette sorte de «confluence de torrents» dont parle le poète[2]. Posons donc, maintenant encore, comme aussi depuis le début, cet intelligible-là dans ce qui est complètement et absolument indifférencié ; et admettons que l'intelligible-intellectif est dans ce qui est en train de se distinguer, comme nous le disions alors ; redisons-le encore maintenant de semblable façon : c'est dans ce dernier que commence l'altérité et qu'elle produit une première distension d'être et d'un, l'un s'étant établi selon la simplicité, qui était aussi là-haut, et l'être selon sa capacité d'envelopper toutes choses, une fois que celle-ci a été dépouillée de la simplicité, du moins en ce que l'être ne demeure plus simplicité, mais en participe cependant. De là vient aussi que cette substance est le premier élémenté, que les premiers éléments se trouvent en elle, et que là est le premier nombre[3], parce que là est aussi la première distinction.

Or, ces déterminations maintes fois évoquées par nous et qui l'ont été aussi par Platon et par les Oracles eux-mêmes, comment conviendraient-elles à l'intelligible? Si la substance réelle est là, et si nous reconnaissons cette substance comme la substance qui est, une première raison en est que le sommet de ce qui est en train de se distinguer reste voisin de l'indifférencié et

1. Dicton attesté par Strattis, auteur comique du ve s. av. J.-C., *Comicorum Atticorum Fragmenta*, éd. T. Kock, Leipzig 1880-1888, T. I, 38 ; par Platon, *Euth.*, 298 c 6 ; Aristote, *Phys.*, III 7, 207 a 17 ; Proclus, *In Tim.*, III, p. 298.7 ; Philopon, *De aet.* VII, p. 247.28 R.

2-3. Voir *Notes complémentaires*, p. 214.

Εἰ δὴ τὸ νοητὸν ὡς ἀληθῶς ἡνωμένον ἐστί, τίς μηχανὴ τὴν διωρισμένην οὐσίαν ἀπὸ τοῦ ἑνὸς καὶ ἑτερότητι συνοῦσαν καὶ στοιχείων διορισμὸν ὁπωσοῦν πεπονθυῖαν τῷ νοητῷ διακόσμῳ συνάπτειν, οὐ λίνον λίνῳ, τὸ λεγόμενον, ἀλλά τινα ποιητικὴν μισγάγκειαν τῷ λόγῳ συνάγοντας ἐπὶ τῶν ἁγιωτάτων ἀτεχνῶς θεαμάτων; Τὸ μὲν δὴ νοητὸν ἐκεῖνο ἡμῖν ὑποκείσθω καὶ νῦν, ὥσπερ καὶ ἐξ ἀρχῆς, ἐν τῷ ἀδιακρίτῳ πάντῃ καὶ πάντως· ἐν δὲ τῷ διακρινομένῳ τὸ νοητὸν ἔστω καὶ νοερόν, ὡς τότε ἐλέγετο, καὶ νῦν ὁμοίως· ἄρχεται δὲ ἐν αὐτῷ ἡ ἑτερότης, καὶ πρώτην ποιεῖται διάστασιν ὄντος τε καὶ ἑνός, τούτου μὲν κατὰ τὴν ἁπλότητα στάντος, ἥτις ἦν καὶ ἄνω, ἐκείνου δὲ κατὰ τὴν περιοχὴν πάντων ἐρημωθεῖσαν τῆς ἁπλότητος, κατά γε τὸ μὴ μεῖναι ἁπλότης, μετέχειν δὲ ὅμως αὐτῆς. Ὅθεν καὶ τὸ πρῶτον στοιχειωτὸν ἡ οὐσία ἐκείνη, καὶ ἐν αὐτῇ τὰ πρῶτα στοιχεῖα, καὶ ὁ πρῶτος ἀριθμὸς ἐκεῖ, ὅτι καὶ ὁ πρῶτος διορισμός.

Ταῦτα δὲ καὶ ὑφ' ἡμῶν εἰρημένα πολλάκις καὶ ὑπὸ τοῦ Πλάτωνος καὶ ὑπ' αὐτῶν τῶν λογίων πῶς ἂν προσήκοι τῷ νοητῷ; Εἰ δὲ ἡ ὄντως οὐσία ἐνταῦθα καὶ τὴν οὐσίαν ταύτην ὡς οὖσαν γνωρίζομεν, αἰτία μὲν καὶ ἡ ἀκρότης τοῦ διακρινομένου γειτονοῦσα τῷ ἀδιακρίτῳ καὶ οὐσίας

4-5 Zenob. 4.96 (*CPG* I p. 113) || 5 *Phil.* 62 d 4-5, citans Hom., *Il.* IV. 453 || 8 supra, p. 117.1-3 || 10 ibid. || 20-21 *Phaedr.* 247 c 6-7.

---

5 μισγάγκειαν] -κει- in ras. (ex. -γι-?) A[1] || 22 γειτονοῦσα] -οῦ- ex corr. A[1] || ἀδιακρίτῳ scripsi : διακριτωι et mg. uirg. cens. A.

conserve encore l'aspect coagrégé de la substance ; une deuxième raison en est la comparaison de la substance avec l'un[1], car le mélange des éléments que présente la substance, si on le compare à la simplicité de l'un, est plus facile à connaître, parce qu'il n'est pas un, mais plutôt unifié. En effet, de même que cet un imite l'un pur, car il est l'un de la substance, tandis que celui-là est l'un qui est tout, de même aussi la substance qui est unifiée par rapport à cet un [qui est le sien] est une imitation de ce qui a été appelé le pur et totalement unifié, car cette substance <s'est distinguée> en une substance seule, unifiée, et, pour mieux dire sans doute, mélangée. En outre, celle-ci est saisie par la connaissance substantielle, comme l'un par la connaissance unitaire, tandis que le pur intelligible l'est par la connaissance qui est au-dessus de chacune des deux ; quant à nous, dans la condition où nous sommes maintenant, nous n'avons même pas l'usage de la connaissance substantielle exacte, même pas dans la mesure où elle est proche d'une âme rationnelle et humaine, mais notre connaissance est dans un état encore plus obscur que ce degré et elle reste beaucoup plus loin encore. Il est donc naturel que nous n'ayons pas l'intuition de l'intelligible, car nous n'avons même pas l'intuition de l'unitaire, qui s'établit au-dessus de la substance[2]. En effet, c'est à une connaissance divine qu'il appartient de connaître ce dernier. C'est pourquoi le plus élevé des objets de pensée pour nous, nous le célébrons comme intelligible et comme substance qui est réellement. Car Platon, conduisant les âmes jusqu'à ce lieu[3], suppose en celui-ci « la substance qui est » et que contemple seul le pilote de l'âme[4], à moins toutefois que par les mots « réellement » et « substance qui est », il ne veuille nous avertir qu'elle participe d'une autre substance intelligible encore, placée au-dessus d'elle, comme de son côté Proclus a jugé bon de l'entendre[5].

1-5. Voir *Notes complémentaires*, p. 214-215.

ἔτι διασῴζουσα συν|ῃρημένην ἰδέαν, αἰτία δὲ καὶ ἡ πρὸς τὸ ἓν ἀντιπαραβολή, γνωριμωτέραν παρεχομένη τὴν σύγκρασιν τῶν στοιχείων πρὸς τὴν ἐκείνου ἁπλότητα ὡς οὐκ οὖσαν ἕν, ἀλλὰ μᾶλλον ἡνωμένον. Ὡς γὰρ τὸ ἓν τοῦτο μιμεῖται τὸ ἁπλῶς ἕν, οὐσίας ὂν ἕν, πάντα ἓν ἐκεῖνο, οὕτω καὶ ἡ οὐσία πρὸς τοῦτο οὖσα ἡνωμένη μίμημά ἐστι τοῦ ἁπλῶς ἡνωμένου καὶ πάντῃ ἡνωμένου ῥηθέντος, ***ταύτης εἰς οὐσίαν μόνην ἑνωθεῖσαν, κάλλιον δὲ ἴσως εἰπεῖν, συγκραθεῖσαν. Ἐπὶ δὲ τούτοις τῇ οὐσιώδει γνώσει καταλαμβάνεται αὕτη, ὥσπερ τῇ ἑνιαίᾳ τὸ ἕν, τῇ δὲ ὑπὲρ ἑκατέραν τὸ νοητὸν ἁπλῶς· ἡμεῖς δὲ νῦν ὡς ἔχομεν οὐδὲ ἀκριβεῖ τῇ οὐσιώδει χρώμεθα, οὐδὲ ὅσον ἥκει πρὸς λογικήν τε καὶ ἀνθρωπίνην ψυχήν, ἀλλ' ἔτι καὶ τούτου ἀμυδρότερον καὶ ἔτι πόρρωθεν μειζόνως. Εἰκότως ἄρα τὸ νοητὸν ἡμῖν οὐ προσβάλλει· οὐδὲ γὰρ τὸ ἑνιαῖον, ὃ τῆς οὐσίας ὑπερίδρυται· θείας γὰρ καὶ τοῦτο γνώσεως ἰδεῖν. Ὅθεν τὸ ἀκρότατον τῶν ἡμῖν νοουμένων ὡς νοητὸν ἀπαγγέλλομεν καὶ ὡς οὐσίαν τὴν ὄντως οὖσαν. Καὶ γὰρ ὁ Πλάτων ἄχρι τούτου τοῦ τόπου τὰς ψυχὰς ἀνάγων ἐν τούτῳ τὴν οὖσαν οὐσίαν καὶ τῷ κυβερνήτῃ μόνῳ θεατὴν τῆς ψυχῆς ὑποτίθεται· εἰ μὴ ἄρα ἐφίστησιν ἡμᾶς διὰ τοῦ ὄντως φάναι καὶ οὖσαν οὐσίαν, ὅτι μετέχει καὶ ἄλλης νοητῆς οὐσίας ὑπερκειμένης, ὡς καὶ ὁ Πρόκλος ἠξίωσεν ἀκούειν.

17-21 *Phaedr.* 247 c 6 - d 1 || 23 cf. Procl., *Theol. Plat.* IV 10, p. 32.24-33.12.

2 ἓν ἀντιπαραβολή Galpérine (cf. vol. II, p. 153.1) : ἐναντί παραβολή A || 7 πάντῃ coni. Ruelle : πάντα A || 8 lac. statuit Ruelle, supple fere διακριθείσης uel προελθούσης || 10 αὕτη scripsi : αὐτῆι A || 11 ὑπὲρ] ὑ- ex corr. A[1].

De même donc que «la substance qui est» n'est pas l'intelligible pur, mais l'intelligible relatif (c'est aussi, en effet, ce que croient les philosophes[1]), de même aussi elle est la substance non pas pure mais relative, qui préside dans son rôle de substance au diacosme vital. Elle est, en effet, la substance mélangée d'éléments ; or, tout mélange est de quelque façon vital, en tant qu'il est aussi naturel, s'il a son origine dans la nature ; ou bien il est produit par la suite, si l'art est à l'origine de sa constitution. De plus, puisque nous disions que c'est le propre de la vie que de s'éveiller à la distinction, cette substance devra aussi être une sorte de vie, selon la distinction de ses éléments et quelle que soit l'étendue de celle-ci, tandis qu'à leur tour ses éléments se hâtent vers l'union et s'efforcent de confondre de quelque façon leur distinction (car telle est toute la nature des éléments) ; voilà pourquoi précisément la vie se constitue à nouveau comme substance. Il est donc plus vrai de dire qu'elle est le sommet de la vie, lequel veut être substance plutôt que vie, de même que la limite inférieure[2] s'efforce d'être intellect plutôt que vie. Et qu'y a-t-il d'étonnant si le sommet de la vie apparaît plutôt comme substance, puisque le sommet aussi des intellectifs manifeste au-dehors la substance <intelligible->intellective, et que la substance intelligible est, autant que c'est possible, dans le diacosme intellectif tout entier[3].

[1.5[2]. *De l'indifférencié au différencié*]

Pourquoi donc ne pas déposer[4] aussi dans l'intelligible la vie pure, l'intellect <pur>, et naturellement, à la première place là-haut, la substance pure, de sorte que l'intelligible ne serait pas seulement la substance

1. «Les philosophes» : encore une fois Syrianus, et Proclus dont la *Théol. Plat.* est citée littéralement (IV 10, 32.27-33.12 : αὕτη δὲ οὐχ ἁπλῶς ἐστι νοητή).

2-4. Voir *Notes complémentaires*, p. 215.

Καθάπερ οὖν οὐχ ἁπλῶς ἐστι νοητόν, ἀλλὰ πρός τι (δοκεῖ γὰρ καὶ τοῦτο τοῖς φιλοσόφοις), οὕτω καὶ οὐσία ἐστὶν οὐχ ἁπλῶς, ἀλλὰ πρός τι ἐν οὐσίας λόγῳ πρωτεύουσα τοῦ ζωτικοῦ διακόσμου. Ἔστιν γὰρ οὐσία σύγκρατος ἐκ στοιχείων, πᾶσα δὲ κρᾶσις ζωτική πώς ἐστιν, ὅτι καὶ φυσική ἐστιν, εἰ φύσει εἴη, ἢ γίγνεται μετέπειτα, εἰ κατὰ τέχνην συσταίη τὴν πρώτην. Εἰ δὲ καὶ ζωῆς ἴδιον ἐλέγομεν τὸ ἐγείρεσθαι πρὸς διάκρισιν, εἴη μὲν ἂν ζωὴ καὶ αὕτη τις ἡ οὐσία κατὰ τὸν ὁσονοῦν διορισμὸν τῶν στοιχείων· πάλιν δὲ αὖ τῶν στοιχείων εἰς ἕνωσιν ἐπειγομένων καὶ συγχεῖν τρόπον τινὰ τὸν διορισμὸν σπουδαζόντων (τοιαύτη γὰρ ἡ στοιχειώδης ἅπασα φύσις), διὰ δὴ ταῦτα πάλιν εἰς οὐσίαν καθίσταται. Τὸ δ' οὖν ἀληθέστερον εἰπεῖν, ἀκρότης ἐστὶ τῆς ζωῆς, | οὐσία μᾶλλον ἢ ζωὴ βουλομένη εἶναι, καθάπερ ἡ ἀποτελεύτησις νοῦς μᾶλλον εἶναι ἐσπούδακεν ἢ ζωή. Καὶ τί θαυμαστὸν εἰ ζωῆς ἡ ἀκρότης οὐσία μᾶλλον ἰνδάλλεται, ὅτε καὶ τῶν νοερῶν ἡ ἀκρότης τὴν ⟨νοητὴν καὶ⟩ νοερὰν οὐσίαν προφαίνει, καὶ ἔστι νοητὴ ὡς ἐν τῷ νοερῷ ὅλῳ διακόσμῳ;

Τί οὖν οὐχὶ καὶ ἐν τῷ νοητῷ ζωὴν ἀποτιθέμεθα τὴν ἁπλῶς ⟨καὶ τὸν ἁπλῶς⟩ νοῦν, καὶ δὴ πρώτην ἐκεῖ τὴν ἁπλῶς οὐσίαν, ὥστε οὐ μόνη ἡ ἁπλῶς οὐσία τὸ νοητόν,

10 αὖ τῶν scripsi : αὐτῶν A || 11 ἐπειγομένων scripsi : ἐπιγινομένων A || 15-16 ἀποτελευτησιας et mg. uirg. cens. A, corr. s.u. f || 18 νοητὴν καὶ τὸν addidi || 22 καὶ τὸν ἁπλῶς add. Combès.

pure, comme nous venons tout juste de le dire[1]? En bref, si, après l'intellect qui est là-haut purement intelligible, il y a cet intellect qui est pensant et qui est intellect en lui-même, et pareillement si, après la vie pure qui est unifiée, il y a là aussi la vie en elle-même, qui est contredistinguée de l'intellect, de même alors, il faut qu'il y ait également une substance en elle-même, contredistinguée de la vie, substance qui n'est pas le sommet de la vie, mais qui constitue un autre genre. Il faut dire, encore une fois, qu'un état est indifférencié, un autre en train de se distinguer, <et un autre distingué>. Et, dans ce dernier, tout a été établi dans la distinction achevée, les autres choses aussi bien que l'un et que l'être ; car chacun des deux constitue une forme pour ainsi dire entière, à savoir la forme unitaire et la forme substantielle, et toute forme a sa circonscription propre, comme l'intellect. Au milieu, tout a subsisté sous le mode de la distinction en train de se faire en commençant par l'un et par l'être ; c'est pourquoi là rien n'est circonscrit, ni non plus unifié, mais tout a subi pour ainsi dire une certaine fusion qui n'a pu ni demeurer ni se convertir en une circonscription ; il s'est donc produit un certain flux et bouillonnement *(zésis)* que nous appelons vie *(zôè)*[2]. Au <sommet>[3], tout est indifférencié, les autres choses, et l'un par rapport à l'être[4], ce qui fait que la substance est totalement immobile et n'a aucun bouillonnement ni écoulement, de sorte qu'elle est uniquement substance.

Par conséquent, c'est en réalité que ces états sont ainsi distribués et qu'ils sont séparés dans de telles délimitations ; néanmoins, il sont tous en chacun de façon analogique : d'une certaine manière, dans la totalité indifférenciée se trouve ce qui est indifférencié au maximum, en elle se trouve aussi d'une certaine

1-4. Voir *Notes complémentaires*, p. 215.

ὡς νῦν δὴ ἐλέγομεν; Ὅλως δὲ εἰ μετὰ τὸν ἁπλῶς ἐκεῖ ὄντα νοῦν νοητόν ἐστιν οὗτος ὁ νοῦς ὁ νοῶν καὶ νοῦς ὢν καθ' ἑαυτόν, ὁμοίως δὲ καὶ μετὰ τὴν ἁπλῶς ζωὴν τὴν ἡνωμένην ἐστὶν ἡ καθ' ἑαυτὴν ἐνταῦθα ζωὴ ἀντιδιῃρημένη πρὸς νοῦν, οὕτω δεῖ καὶ οὐσίαν εἶναι καθ' ἑαυτὴν ἀντιδιῃρημένην πρὸς τὴν ζωήν, οὐχὶ τὸ ἄκρον οὖσαν τῆς ζωῆς, ἀλλ' ἕτερον γένος. Ἢ ῥητέον πάλιν ὡς τὸ μέν ἐστιν ἀδιάκριτον, τὸ δὲ διακρινόμενον, ⟨τὸ δὲ διακεκριμένον⟩. Καὶ ἐν μὲν τούτῳ πάντα διακεκριμένα κατέστη, τά τε ἄλλα καὶ τὸ ἓν καὶ τὸ ὄν· εἶδος γὰρ οἷον ὅλον ἑκάτερον, τὸ μὲν ἑνιαῖον, τὸ δὲ οὐσιῶδες, εἶδος δὲ πᾶν οἰκείαν ἔχει περιγραφήν, ὡς ὁ νοῦς. Ἐν δὲ τῷ μέσῳ διακρινόμενα πάντα ὑπέστη, ἀρχόμενα ἀπὸ τοῦ ἑνὸς καὶ τοῦ ὄντος· διόπερ οὐδὲν ἐνταῦθα περιγέγραπται, οὐ μέντοι οὐδὲ ἥνωται, ἀλλ' οἷόν τινα πέπονθεν χύσιν οὔτε μένειν δυνηθεῖσαν οὔτε ἐπιστραφῆναι εἰς περιγραφήν· ἐγένετο τοίνυν ῥοή τις καὶ ζέσις, ἣν καλοῦμεν ζωήν. Ἐν δὲ τῷ ***πάντα ἀδιάκριτα, τά τε ἄλλα καὶ τὸ ἓν τοῦ ὄντος, ὅθεν ἀκίνητος πάντῃ καὶ ζέσιν οὐδεμίαν ἔχουσα οὐδὲ ῥύσιν, ὥστε οὐσία μόνον ἐστίν.

(114) Ὥστε κατὰ μὲν ἀλήθειαν οὕτω διατέτακται ταῦτα, καὶ τοιούτοις ὅροις διέστηκεν· ἔστιν δὲ ὅμως κατὰ ἀναλογίαν ἐν ἑκάστῳ πάντα, ὡς ἐν ἀδιακρίτῳ μὲν τῷ ὅλῳ τὸ μάλιστα

1 supra, p. 119.9-120.8.

---

5 post νοῦν] ÷ 32^{ies} A || 8 τὸ δὲ διακεκριμένον addidi || 18 lac. statui, supple fere ἄκρῳ, fort. ἀκροτάτῳ.

manière ce qui est en train de se distinguer, et ce qui est distingué est d'une certaine manière en une nature complètement unifiée. C'est pourquoi également dans la totalité de la substance, la fleur[1] même de la substance est substance, une vie est au milieu, le troisième est un intellect, et il s'agit d'une vie pure et d'un intellect pur, parce que dans le pur unifié l'être subsiste comme indifférencié de l'un. De nouveau, dans ce qui est en train de se distinguer, bien que cela soit tel tout entier, le sommet est le plus possible substance (il s'agit de celle que nous appelons substance par contradistinction de l'hénade ; elle montre aussi vaguement, quelque chose de vital au sommet de cela même qui est en train de se distinguer ; cependant, elle se distingue le moins possible, c'est pourquoi au dehors elle manifeste surtout la nature d'une substance) ; quant à l'intermédiaire, qui a sa plénitude dans ce qui est en train de se distinguer, c'est la vie au sens propre et absolu, laquelle n'est dominée ni par l'indifférencié ni par le distingué, mais est seulement ce qui sans mélange est en train de se distinguer ; <dans la limite inférieure se trouve la vie déjà distinguée>. Et de nouveau, dans ce qui est distingué apparaît de quelque façon obscure, en son commencement, un indifférencié, aussi est-ce là la substance intellective ; en son milieu apparaît ce qui est en train de se distinguer, aussi la vie intellective est-elle naturellement ici ; et, dans sa limite inférieure, apparaît ce qui est complètement distingué, c'est là que l'intellect intellectif à sa plénitude, et c'est pourquoi il s'est trouvé adapté à la mise en ordre de la matière.

1. Ἄνθος, terme technique chez les néoplatoniciens, voir vol. II, p. 105.3, n. 1.

ἀδιάκριτον, καὶ τὸ διακρινόμενον ὡς ἐν ἐκείνῳ καὶ τὸ διακεκριμένον ὡς ἐν φύσει παντελῶς ἡνωμένῃ. Διόπερ καὶ ἐν οὐσίᾳ τῇ ὅλῃ οὐσία τέ ἐστιν τὸ ἄνθος αὐτὸ τῆς οὐσίας, καὶ ζωὴ τῷ μέσῳ, καὶ νοῦς τὸ τρίτον, ἁπλῶς δὲ ζωὴ καὶ ἁπλῶς νοῦς, ὅτι ἐν τῷ ἡνωμένῳ μόνῳ ἀδιάκριτον ἀπὸ τοῦ ἑνὸς τὸ ὂν ὑφέστηκεν. Πάλιν δὲ αὖ ἐν τῷ διακρινομένῳ ὅλῳ ὄντι τοιούτῳ τὸ μὲν ἄκρον ὡς μάλιστα οὐσία, ἣν οὐσίαν πρὸς ἑνάδα ἀντιδιαιροῦντες καλοῦμεν, ἐμφαίνουσαν μέν τι καὶ ζωτικὸν κατὰ | τὸ ἄκρον αὐτοῦ τοῦ διακρινομένου, ἥκιστα δὲ ὅμως διακρινομένην, διὸ μάλιστα τὴν οὐσίας φύσιν προφαίνουσαν· τὸ δὲ μέσον, ἀκμάζον τῷ διακρινομένῳ, ἡ κυρίως καὶ μόνως ἐστὶ ζωή, οὔτε τῷ ἀδιακρίτῳ κρατουμένη οὔτε τῷ διακεκριμένῳ, ἀλλὰ μόνον οὖσα τὸ διακρινόμενον ἄκρατον ***. Ἐν δὲ τῷ διακεκριμένῳ πάλιν μὲν τῇ ἀρχῇ ἀδιάκριτον ἐμφαίνεταί πως, διόπερ ἡ νοερὰ οὐσία αὕτη ἐστίν, ἐν δὲ τῇ μεσότητι τὸ διακρινόμενον, διόπερ ἡ νοερὰ ζωὴ πέφυκεν ἐνταῦθα, ἐν δὲ τῇ ἀποπερατώσει τὸ διακεκριμένον, ὅπου ἀκμάζει ὁ νοερὸς νοῦς, καὶ διὰ τοῦτο σύμμετρος ἐγένετο πρὸς τὴν τῆς ὕλης διακόσμησιν.

10 διακρινομένην scripsi : -νου A || 11 fort. προφαίνει || 13 διακεκριμένῳ scripsi : διακρινομένωι A || 14 lac. stat. Combès, u. translationem || 18 διακεκριμένον scripsi : διακρινόμενον A.

[1.5[3]. *Vie pure et intellect pur*]

Ces états ayant été maintes fois distingués de cette façon, si le contradicteur exige une vie qui possède[1] l'un en tant qu'indifférencié de l'être, et un intellect semblable, on le lui accorde, en ce sens que ces réalités ont dans l'unifié leur aptitude à exister[2]; qu'il sache cependant qu'il s'écarte des définitions déjà proposées. Car même la vie n'est pas capable d'être ce qu'elle est, si l'un n'est pas en train de se distinguer de l'être ; et l'intellect ne l'est pas non plus, si l'un et l'être ne sont pas déjà distingués avant toutes choses. Par conséquent, en parlant de la façon la plus exacte, là où l'un et l'être sont entre eux dans les rapports suivants, là se trouve dans sa pureté le genre propre : s'ils sont unifiés, c'est [le genre de] la substance, car il est clair que tout le reste aussi est en eux unifié ; s'ils sont en train de se distinguer, c'est la vie, car tout est déjà en mouvement vers la distinction ; et s'ils sont distingués, c'est l'intellect, car en lui déjà le reste est aussi circonscrit ; voilà donc l'intellect pur, la vie pure, et la substance pure.

Comment alors, dans ce qui précède, disions-nous que, de même qu'il y a une substance qui est selon l'ensemble des deux, de même il y a une vie antérieure aux deux et un intellect antérieur aux deux[3], vie et intellect antérieurs à la distinction de l'être <et de l'un>, et comment disons-nous maintenant, à l'inverse, qu'il y a une certaine substance séparée, ainsi qu'une vie et un intellect, qui font voir que l'un est une chose et l'être une autre? Répondons que les conceptions précédentes ont aussi une vérité que l'on a déjà mentionnée ; en tout cas, maintenant, en nous montrant plus rigoureux, nous disons que la substance est une nature unifiée et digne d'être rangée après l'un, et que le fait d'être substance est la même chose que le fait d'être

1-3. Voir *Notes complémentaires*, p. 215-216.

Τούτων δὲ πολλάκις οὕτω διωρισμένων, εἴ γε ἀπαιτοῖ ὁ ἀπορῶν ζωὴν ἀδιάκριτον ἔχουσαν ἀπὸ τοῦ ὄντος τὸ ἕν, καὶ νοῦν τοιοῦτον, ἔχει μέν, ὡς ἐν τῷ ἡνωμένῳ πέφυκεν εἶναι, καὶ ταῦτα· οὐ μέντοι ἀλλ' εἰδέτω παρεκβαίνων τοὺς εἰρημένους διορισμούς. Οὐδὲ γὰρ ἡ ζωὴ τὸ εἶναι ἔχειν δύναται ὅ ἐστιν, ἐὰν μὴ διακρίνοιτο τοῦ ὄντος τὸ ἕν, οὐδὲ νοῦς, ἐὰν μὴ ταῦτα πρὸ πάντων ᾖ διακεκριμένα. Ὥστε κατὰ τὸν κυριώτατον λόγον, ὅπου τὸ ἓν οὕτως ἔχει πρὸς τὸ ὄν, ἐκεῖ τὸ οἰκεῖον ὑφίσταται γένος ἁπλῶς· εἰ μὲν ἥνωται, ἡ οὐσία, δῆλον γὰρ ὅτι καὶ τὰ ἄλλα ἐν αὐτοῖς πάντα ἥνωται· εἰ δὲ διακρίνεται, ⟨ἡ⟩ ζωή, πάντα γὰρ ἤδη κεκίνηται πρὸς διάκρισιν· εἰ δὲ διακέκριται, ὁ νοῦς, ἤδη γὰρ ἐν αὐτῷ καὶ τὰ ἄλλα περιγέγραπται· ἁπλῶς οὖν οὗτος ὁ νοῦς, καὶ ἁπλῶς αὕτη ἡ ζωή, καὶ ἁπλῶς αὕτη ἡ οὐσία.

(115) Πῶς οὖν ἐν τοῖς πρόσθεν ἐλέγομεν οὕτως εἶναι ζωὴν πρὸ ἀμφοῖν, καὶ νοῦν πρὸ ἀμφοῖν, ἑκάτερον πρὸ τῆς διακρίσεως τοῦ ὄντος καὶ τοῦ ἑνός, ὥσπερ οὐσίαν τὴν κατὰ τὸ συναμφότερον, καὶ δὴ πάλιν οὐσίαν τινὰ τὴν κεχωρισμένην ὡς ζωὴν καὶ νοῦν, ἄλλο μὲν τὸ ἕν, ἄλλο δὲ τὸ ὂν ἐπιφαίνοντας; Ἢ καὶ ταῦτα μὲν ἔχει τινὰ ἀλήθειαν τὴν προειρημένην· ἀλλὰ νῦν ὅμως ἀκριβολογούμενοι λέγομεν ὡς ἡ μὲν οὐσία φύσις ἐστὶν ἡνωμένη καὶ μετὰ τὸ ἓν ἀξία τετάχθαι, | καὶ τὸ εἶναι οὐσίαν τῷ ἡνωμένην εἶναι

16 uol. II, p. 103.14 - 104.7 || 22 supra, uu 1-4; cf. uol. II p. 103.21 - 104.7.

2 ἔχουσαν scripsi : ελουων et mg. uirg. cens. A (οὐ λύων Kroll) || 11 ἡ add. Segonds || 18 ἑνός coni. Kopp : οντος et mg. uirg. cens. A || 19 τὸ s.u. A[1] || 24 τῷ scripsi : τὸ A (καὶ τὸ coni. Ruelle).

une nature unifiée. Voilà donc la substance pure, et tout ce qui est énoncé après cela est une substance définie et relative, à savoir la substance vitale, la substance intellective, la substance psychique, et si l'on veut encore l'appeler [ainsi] une substance matérielle. De son côté, la vie qui est vue dans le fait de se distinguer est la vie pure ; et s'il y a une certaine vie intellective, ou spécifiée, ou psychique, ou matérielle, chacune d'entre elles devra être relative et définie. Pareillement donc, l'intellect qui est vu dans ce qui s'est distingué en premier lieu est l'intellect pur ; quant à celui qui sera après lui, c'est un intellect défini et relatif. Et de même que la vie dans l'indifférencié est relative en tant qu'elle est en lui, de même aussi la substance dans ce qui est en train de se distinguer, est une substance relative, en tant qu'elle est en ce dernier. Alors, il n'est pas vrai qu'antérieurement à l'un et à l'être, il y ait l'un-être antérieur aux deux[1], car il faudrait qu'antérieurement aussi à chacune des deux vies il y ait la vie antérieure aux deux ; et dans le cas de l'intellect, on pourrait objecter d'autres choses de ce genre.

[1.5[4]. *Le rapport un-être*]

Peut-être donc, ce que, de leur côté, disent les philosophes[2] est-il plus vrai, à savoir que l'intelligible est l'un qui va devant et l'être qui le suit, et que ce dernier est co-unifié avec celui-là le plus qu'il est possible[3] ? On doit répondre que, si c'est de manière indifférenciée, ils disent les mêmes choses que nous ; car c'est dans la vie que commence le fait de se distinguer. Mais, si c'est en tant que l'être est véhiculant et l'un véhiculé, alors nécessairement l'être et l'un sont distingués l'un de l'autre ; or, c'est là le propre de l'intellect, ce que reconnaissent aussi les philosophes[4], en célébrant fréquemment, on le sait, la conversion de l'intellect vers lui-même ; or, la conversion vers soi-même se produit en

1-4. Voir *Notes complémentaires*, p. 216.

ταὐτόν. Αὕτη οὖν ἐστιν ἡ ἁπλῶς οὐσία, τὶς δὲ καὶ πρός τι ὅσα μετὰ ταῦτα λέγεται, ἡ ζωτική, ἡ νοερά, ἡ ψυχική, ἢ εἴ τις θέλοι καὶ ἔνυλον λέγειν οὐσίαν. Ζωὴ δὲ ἁπλῶς ἡ ἐν τῷ διακρίνεσθαι ὁρωμένη· εἰ δέ τίς ἐστιν ζωὴ νοερά, ἢ εἰδητική, ἢ ψυχική, ἢ ἔνυλος, ἑκάστη τούτων πρός τι ἂν εἴη καὶ τίς. Ὁμοίως ἄρα καὶ νοῦς ἁπλῶς ὁ ἐν τῷ διακριθέντι πρώτῳ ὁρώμενος· ὁ δὲ μετ' αὐτὸν ὅς ἂν εἴη, τίς ἐστι καὶ πρός τι. Καὶ ὥσπερ ἡ ἐν τῷ ἀδιακρίτῳ ζωὴ πρός τί ἐστι, καὶ ὡς ἐν ἐκείνῳ, οὕτω καὶ ἡ ἐν τῷ διακρινομένῳ οὐσία, ὡς ἐν τούτῳ ἐστὶ καὶ πρός τι οὐσία. Οὐκ ἄρα πρὸ τοῦ ἑνὸς καὶ τοῦ ὄντος ἐστὶ τὸ ἓν ὂν πρὸ ἀμφοῖν· ἔδει γὰρ καὶ πρὸ ἑκατέρας ζωῆς εἶναι τὴν πρὸ ἀμφοῖν· καὶ ἐπὶ νοῦ ἕτερα τοιαῦτα ἄν τις ἀπορήσειεν.

Μήποτε οὖν τὸ τῶν φιλοσόφων πάλιν αὖ ἀληθέστερον, ὡς τὸ νοητόν ἐστιν ἓν προηγούμενον καὶ ὂν ἑπόμενον, συνηνωμένον δὲ τοῦτο ἐκείνῳ ὡς ὅτι μάλιστα; Ἢ ῥητέον ὡς εἰ μὲν ἀδιακρίτως, τὰ αὐτὰ ἡμῖν λέγουσιν· ἐν γὰρ τῇ ζωῇ τὸ διακρίνεσθαι ἄρχεται. Εἰ δὲ ὡς τὸ μὲν ὀχοῦν, τὸ δὲ ὀχούμενον, πάντως διακέκριται ἀπ' ἀλλήλων· τοῦτο δὲ νοῦ ἴδιον καὶ αὐτοὶ ὁμολογοῦσι, τὴν εἰς ἑαυτὸν δήπου ἐπιστροφὴν τοῦ νοῦ θαμὰ ἀνυμνοῦντες· ἡ δὲ ἐπιστροφὴ

1 ταὐτόν coni. Ruelle : τουτον et mg. uirg. cens. A || 2 ὅσα] -α ins. A^1 (an scr. ὅση?) || 8 mg. uirg. cens. A.

s'accompagnant de la distinction et de l'altérité à l'égard des autres choses. Si donc la substance diffère en quelque chose de l'intellect, il faut qu'elle soit <quelque chose d'un> et d'indifférencié. Or, si celle-ci est indifférenciée et si l'intellect est distingué, il faut que la vie soit en train de se distinguer ; il n'est donc pas possible qu'il y ait une vie antérieure à l'un et à l'être, comme c'est le cas de la substance ; car il n'est même pas possible qu'il y ait une substance formée des deux, en tant qu'ils sont distingués ou en tant qu'ils sont en train de se distinguer, pour parler simplement et proprement.

Et peut-être [parmi ces réalités] l'une[1] est-elle antérieure aux deux, en ce qu'aucun des deux, ni l'un ni l'être, ne se manifeste en lui-même, tandis qu'une autre[2] est formée des deux, en tant que composée des deux qui sont distingués et seulement coordonnés, et qu'une autre[3] est avec les deux, en tant qu'elle est au milieu des deux, entre l'état unifié et l'état distingué, en ayant encore sans doute quelque chose de l'union originelle, mais en laissant entrevoir déjà quelque chose aussi de la distinction. Et c'est là la vie première et la vie pure, parce qu'elle est aussi l'altérité et la distinction qui sont de toutes les plus anciennes.

[1.5[5]. *Comment parler des hypostases pures ?*]

Cependant, c'est dans ce qui est mixte et substantiel[4] que nous avons l'habitude de parler toujours de ces trois choses : connaissance, vie, substance, ou encore : intellect, vie et substance. Et, dans la définition du vivant, nous parlons de substance vivante et pensante, en supposant que la substance est une chose, la vie une autre, et une autre encore la connaissance ; et l'unitaire n'est nullement là, mais lui aussi nous le divisons de ces trois manières, en lui donnant les noms d'intellect

1-4. Voir *Notes complémentaires*, p. 216.

γίγνεται ἡ εἰς ἑαυτὸν μετὰ τῆς ἀπὸ τῶν ἄλλων διακρίσεώς τε καὶ ἑτερότητος. Εἰ ἄρα νοῦ διοίσει τι ἡ οὐσία, ἀνάγκη αὐτὴν εἶναι καὶ ἀδιάκριτον. Εἰ δὲ αὕτη μὲν ἀδιάκριτος, ὁ δὲ νοῦς διακεκριμένος, ἀνάγκη τὴν ζωὴν εἶναι διακρινόμενον· οὐκ ἄρα δυνατὸν ζωὴν εἶναι πρὸ ἀμφοῖν, ὡς τὴν οὐσίαν· οὐδὲ γὰρ οὐσίαν οἷόν τε εἶναι ἐξ ἀμφοῖν ὡς διακεκριμένων ἢ ὡς διακρινομένων, ὥς γε ἁπλῶς εἰπεῖν καὶ κυρίως.

Καὶ μήποτε τὸ μέν ἐστι πρὸ ἀμφοῖν, ὡς οὐδετέρου ἐμφαινομένου καθ' ἑαυτό, οὔτε τοῦ ἑνὸς οὔτε τοῦ ὄντος, τὸ δὲ ἐξ ἀμφοῖν, ὡς ἐκ δυεῖν διακεκριμένοιν καὶ μόνον συντεταγμένοιν, τὸ δὲ μετ' ἀμφοῖν, ὡς ἐν μέσῳ τοῖν δυεῖν ὄν, τοῦ τε ἡνῶσθαι καὶ τοῦ διακεκρίσθαι, ἔτι μὲν ἔχον τι τῆς ἀρχαίας ἑνώσεως, ἤδη δὲ ὑποφαῖνόν τι καὶ τῆς διακρίσεως. Καὶ αὕτη ἐστὶν ἡ πρώτη ζωὴ καὶ ἡ ἁπλῶς, ὅτι καὶ ἑτερότης καὶ διάκρισις ἡ πασῶν πρεσβυτάτη.

Καὶ μὴν τρία ταῦτα καὶ ἐν τῷ μικτῷ καὶ οὐσιώδει θρυλεῖν εἰώθαμεν, γνῶσιν, ζωήν, οὐσίαν, | καὶ νοῦν αὖ καὶ ζωὴν καὶ οὐσίαν. Καὶ τὸ ζῷον ὁριζόμενοι, οὐσίαν φαμὲν ζῶσαν καὶ νοοῦσαν, ὡς ἄλλο μὲν οὖσαν τὴν οὐσίαν, ἄλλο δὲ τὴν ζωήν, ἄλλο δὲ τὴν γνῶσιν· καὶ οὐδαμοῦ τὸ ἑνιαῖον ἐνταῦθα, ἀλλὰ καὶ ἐκεῖνο τριχῇ κατὰ

3 scribendum <ἓν> εἶναι? || 7 γε scripsi : τε A || 11 διακεκριμένοιν scripsi : -ον A || μόνον Wolf : μόνοιν A || 12 τοῖν Kopp : τὸ A || 13 ὂν scripsi : ὄντοιν A (τούτοιν f, edd.) || 14 ὑποφαίνοντι A, corr. Kopp.

suprasubstantiel, et pareillement de vie et de substance suprasubstantielles, en supposant que la substance se trouve des deux côtés, en l'un et en l'être.

Comment donc persistons-nous maintenant à soutenir par le raisonnement qu'il y a une substance pure, celle qui est indifférenciée de l'un et de l'être? Remarquons [d'abord] que chacune de ces choses est dite de beaucoup de manières et qu'elles gardent partout la même analogie les unes par rapport aux autres. D'un côté, en effet, la toute dernière substance, à savoir la forme inanimée, est immobile en soi; toutefois, si celle-ci vient à être mue physiquement, la nature elle-même devient pour elle une sorte de vie, car elle ne permet pas que demeure indifférenciée cette forme qui en elle-même est froide, mais elle échauffe fortement la substance pour l'éveiller à sa propre activité <à l'égard> de soi[1], en faisant d'elle une substance bouillonnante[2]; puis, la vie plus parfaite, s'étant ajoutée, a produit le végétal et, à la suite de la vie, la sensibilité a produit l'animal, dès lors qu'elle a distingué et articulé la vie dans une délimitation propre, de sorte que l'animal est séparé le plus possible du reste, par son estimative basée sur la douleur et le plaisir relatifs à ce qui lui est propre[3]. D'un autre côté, différente est la substance qui est aussi vie et connaissance, à savoir la substance automotrice; c'est là encore une certaine substance qui est spécifiée et qui n'est rien d'autre qu'une forme dans laquelle l'être, le vivre et le connaître sont distingués les uns des autres, quoiqu'ils soient mêlés d'une autre façon. Mais tout ce qui dans l'âme est capable de connaître est distingué et apte à distinguer les objets connaissables dans leurs délimitations propres, tandis que tout ce qui est vital se fond ensemble dans une union à partir de la distinction, et c'est une sorte de flux sans cesse continu en lui-même,

1-3. Voir *Notes complémentaires*, p. 216.

ταῦτα διαιροῦμεν, νοῦν ὑπερούσιον καὶ ζωὴν ὁμοίως καὶ οὐσίαν ὀνομάζοντες, ὡς οὖσαν τὴν οὐσίαν ἑκατέρωθι τῷ τε ἑνὶ καὶ τῷ ὄντι.

(116) Πῶς οὖν βιαζόμεθα νῦν τῷ λόγῳ τιθέντες οὐσίαν εἶναι μόνην τὴν ἀδιάκριτον ἑνός τε καὶ ὄντος; Ἢ πολλαχῶς ἕκαστον τούτων λέγεται, καὶ πανταχοῦ τὴν αὐτὴν ἀναλογίαν σῴζει πρὸς ἄλληλα. Ἡ μὲν γὰρ ἐσχάτη οὐσία, τὸ ἄψυχον εἶδος, ἐστὶν ἀκίνητον καθ' αὑτό· εἰ δὲ καὶ τοῦτο κινοῖτο φυσικῶς, ζωή τις αὐτῷ γίγνεται καὶ αὐτὴ ἡ φύσις, οὐκ ἐῶσα αὐτὸ μένειν ἀδιάκριτον, ἐφ' ἑαυτοῦ κατεψυγμένον, ἀλλ' ἐκθερμαίνει τὴν οὐσίαν εἰς ἐνέργειαν τὴν αὐτῆς ⟨πρὸς⟩ αὐτήν, καὶ ζέουσαν αὐτὴν οὐσίαν παρεχομένη· προστεθεῖσα δὲ ἡ τελειοτέρα ζωὴ φυτὸν ἐποίησεν, καὶ ἐπὶ ταύτῃ ζῷον ἡ αἴσθησις ἤδη διακρίνασα καὶ διαρθρώσασα τὴν ζωὴν εἰς οἰκεῖον ὅρον, ὥστε ἀπὸ τῶν ἄλλων ὡς μάλιστα χωρίζεσθαι τῇ πρὸς τὸ ἴδιον λύπῃ καὶ ἡδονῇ κρινόμενον. Ἄλλη δὲ οὐσία καὶ ζωὴ καὶ γνῶσις ἡ αὐτοκίνητος, εἰδητική τις καὶ αὕτη καὶ οὐκ ἄλλο τι ἢ εἶδος, ἐν ᾧ τὸ μὲν εἶναι, τὸ δὲ ζῆν, τὸ δὲ γιγνώσκειν διακέκριται ἀπ' ἀλλήλων, εἰ καὶ συγκέκραται ἄλλως. Ἀλλ' ὅσον μὲν ἐν τῇ ψυχῇ γνωστικὸν διακεκριμένον ἐστὶ καὶ διακριτικὸν τῶν γνωστῶν κατὰ ὅρους οἰκείους, ὅσον δὲ ζωτικὸν συμφύεται πρὸς ἕνωσιν ἀπὸ τῆς διακρίσεως, καὶ ἔστιν ῥοή τις ἀεὶ πρὸς ἑαυτὴν

12 <πρὸς> αὐτήν scripsi : ἑαυτὴν A || aut καὶ del. aut <ζῶσαν> καὶ scr. || fort. αὐτῇ.

voilà pourquoi cela procure aussi aux corps une certaine continuité distendue de quelque manière.

Antérieurement à ces degrés, il y a la substance immobile de l'intellect, sa vie qui lui est semblable, et sa connaissance qui se comporte de même manière ; toutes ces choses aussi sont spécifiées, car elles sont distinguées les unes des autres. Mais ce caractère appartient par essence à la nature cognitive ; c'est pourquoi c'est là la connaissance première et la connaissance pure, en tant qu'elle spécifie l'intellect et qu'elle est spécifiée selon le distingué ; quant à la vie qui est dans l'intellect, ce n'est pas la vie pure, parce qu'elle est une forme vitale et non pas la vie qui est purement la première ; par conséquent, la substance [qui est dans l'intellect] n'est pas non plus, à bien plus forte raison, [la substance pure], mais une quasi-substance et une quasi-vie, cependant tout cela est intellect et appartient à un intellect. Antérieurement à l'intellect, il y a la vie véritable, qui est seulement vie et qui n'est pas, outre cela, forme également ; elle n'est pas non plus circonscrite selon sa conversion vers elle-même, mais elle est dans un état de fusion supérieur à l'état qui correspond à une conversion. Plus vénérable encore que la vie est la substance, qui n'a même pas supporté quelque fusion, ni non plus le flux d'en-haut ou d'en-bas, mais qui, avec la plus grande fermeté, s'est complètement condensée dans l'indifférencié, et ne s'est distinguée ni par rapport à la vie, ni par rapport à l'intellect, ni par rapport à rien de ce qui a procédé d'elle ; car même la vie ne s'est pas distinguée de ce qui vient à sa suite, et, par rapport à cela aussi, la substance et la vie se comportent chacune de telle manière que la vie est seulement en train de se distinguer, tandis que la substance, demeurant dans l'indifférencié, diffère par cela seul de ce qui <ne> demeure <pas>. C'est là ce que l'on a déjà déterminé quelque part.

συνεχής, διὸ καὶ τοῖς σώμασι παρέχεται συνοχήν τινα διαστηματικὴν ἁμῶς γέ πως.

Ἔστι δὲ πρὸ τούτων ἡ ἀκίνητος οὐσία τοῦ νοῦ, καὶ ζωὴ ὁμοία καὶ γνῶσις ὡσαύτως ἔχουσα, εἰδητικὰ πάντα καὶ ταῦτα, διακέκριται γὰρ ἀπ' ἀλλήλων. Ἀλλὰ τῇ μὲν γνωστικῇ φύσει τοῦτο κατὰ φύσιν· διὸ πρώτη αὕτη γνῶσις καὶ ἡ ἁπλῶς, ἅτε νοῦν εἰδοποιοῦσα καὶ εἰδοποιουμένη κατὰ τὸ διακεκριμένον· ἡ δὲ ζωὴ ἐν τῷ νῷ οὐχ ἁπλῶς, ὅτι εἶδός ἐστι ζωτικόν, ἀλλ' οὐχὶ ζωὴ ἁπλῶς ἡ πρώτη· οὐδὲ ἄρα οὐσία πολλῷ μειζόνως, ἀλλ' οἷον οὐσία καὶ οἷον ζωή, πάντα δὲ νοῦς, καὶ νοῦ πάντα. Πρὸ δὲ τοῦ νοῦ ἡ ὡς ἀληθῶς ἐστι ζωή, μόνον οὖσα ζωὴ καὶ οὐ πρὸς τούτῳ καὶ εἶδος, οὐδὲ περιγεγραμμένη κατὰ τὴν εἰς ἑαυτὴν ἐπιστροφήν, ἀλλὰ ἀναχεομένη κρειττόνως ἢ κατὰ ἐπιστροφήν. Καὶ ταύτης δὲ | ἔτι πρεσβυτέρα ἡ οὐσία, οὐδὲ χύσεώς τινος ἀνασχομένη, οὐδὲ τῆς ἄνω ἢ κάτω ῥοῆς, ἀλλὰ βεβαιότατα δὴ συμπαγεῖσα παντελῶς ἐν τῷ ἀδιακρίτῳ καὶ οὐδὲ πρὸς ζωὴν οὐδὲ πρὸς νοῦν διακριθεῖσα, οὐδὲ πρὸς ἄλλο τι τῶν ἀπ' αὐτῆς προελθόντων· οὐδὲ γὰρ ἡ ζωὴ διακέκριται ἀπὸ τῶν μετ' αὐτήν, ἀλλ' οὕτως ἔχει καὶ πρὸς ταῦτα ἑκατέρα, ὡς τὴν μὲν ζωὴν διακρίνεσθαι μόνον, τὴν δὲ οὐσίαν ἐν τῷ ἀδιακρίτῳ μένουσαν αὐτῷ τούτῳ μόνῳ τῶν ⟨μὴ⟩ μενόντων διενεγκεῖν. Ταῦτα μὲν οὖν διώρισταί που καὶ πρότερον.

23-24 uol. II, p. 143.5-156.18.

---

13 τούτῳ scripsi : τοῦτο A || 21 ἑκάτερα A, correxi || 23 τούτωι A[1] : τοῦτο ut uid. A || μὴ addidi.

Pour répondre maintenant à la difficulté, lorsque, considérant la substance, la vie et l'intellect ou la connaissance, nous voyons, contredistinguées les unes des autres, leurs propriétés spécifiées, et que nous prenons la substance, la vie et l'intellect pour trois formes, c'est exactement <comme> quand on prend l'un et l'être spécifiés, ou le limitant et l'illimité spécifiés, [c'est-à-dire] non pas les premiers principes mais certaines propriétés distribuées sous forme de parties[1], homonymes par rapport aux principes, à partir desquelles nous nommons aussi les principes qui par nature sont anonymes; c'est ainsi, je pense, qu'en concevant une substance, une vie et une connaissance, toutes spécifiées et, pour cette raison, aptes à être nommées ou définies (et vraisemblablement ce ne sont pas celles qui sont immobiles, mais certaines qui sont automotrices ou, le cas échéant, hétéromobiles et objets d'opinion), c'est ainsi, je pense, que nous voulons, d'après les dernières, concevoir et définir aussi les premières, au lieu de nous contenter de donner aux premières, par homonymie, des noms empruntés aux dernières, et de suggérer plutôt par analogie, à partir de celles qui sont spécifiées, celles qui sont au-dessus des formes.

De fait, ce que cette substance est par rapport à cette vie, et la vie par rapport à la connaissance, cela, dans les premières hypostases, ce qui est absolument privé de mouvement vers une distinction l'est par rapport à ce qui est en train de se mouvoir vers elle, et ce qui est en train de se mouvoir vers elle l'est par rapport à ce qui s'est déjà mû. Donc, ce qui s'est mû vers une distinction, c'est l'intellect pur; ce qui est en train de se mouvoir, c'est la vie pure; et ce qui est sans mouvement vers celle-ci, c'est la substance pure. Et, si l'intellect pur et la forme pure sont la même chose, la

1. 'Εν μέρει. Voir vol. II, p. 88.23, n. 5.

Τὰ δὲ νῦν πρὸς τὴν ἀπορίαν, ὅταν οὐσίαν καὶ ζωὴν καὶ νοῦν ἢ γνῶσιν θεωροῦντες ἀντιδιῃρημένα πρὸς ἄλληλα τὰ εἰδητικὰ αὐτῶν ὁρῶμεν ἰδιώματα, καὶ ὡς εἴδη τρία λαμβάνωμεν, ὅμοιον ⟨ὡς⟩ εἰ καὶ τὸ ἓν λάβοι τις τὸ εἰδητικὸν ἢ τὸ ὄν, ἢ τὸ πέρας ἢ τὸ ἄπειρον, οὐ τὰς πρώτας ἀρχάς, ἀλλ' ἐν μέρει ἄττα διειλημμένα, ταῖς ἀρχαῖς ὁμώνυμα, ἀφ' ὧν καὶ τὰς ἀρχὰς ὀνομάζομεν φύσει οὔσας ἀνωνύμους· οὕτω γοῦν, οἶμαι, καὶ οὐσίαν καὶ ζωὴν καὶ γνῶσιν ἐννοούμενοι πάσας εἰδητικὰς καὶ διὰ τοῦτο ὀνομάζεσθαι πεφυκυίας ἢ ὁρίζεσθαι, ἴσως δὲ οὐδὲ τὰς ἀκινήτους, ἀλλά τινας αὐτοκινήτους ἢ τυχὸν ἴσως ἑτεροκινήτους καὶ δοξαστάς, οἰόμεθα δεῖν κατὰ ταύτας ἐννοεῖν τε καὶ ὁρίζεσθαι καὶ ἐκείνας, ἀλλ' οὐ μόνον ὀνομάζειν ἀπὸ τούτων ὁμωνύμως ἐκείνας καὶ παρενδείκνυσθαι κατὰ ἀναλογίαν μᾶλλον ἀπὸ τῶν εἰδητικῶν τὰς ὑπερειδέους.

Ὅπερ τοίνυν ἡ οὐσία αὕτη πρὸς τὴν ζωὴν ταύτην, καὶ ἡ ζωὴ πρὸς τὴν γνῶσιν, τοῦτό ἐστιν ἐν ταῖς πρώταις ὑποστάσεσιν τὸ πάντῃ εἰς διάκρισιν ἀκίνητον πρὸς τὸ κινούμενον εἰς αὐτήν, καὶ τοῦτο πρὸς τὸ κεκινημένον. Ἔστι δὲ τὸ μὲν κεκινημένον εἰς διάκρισιν ὁ ἁπλῶς νοῦς, τὸ δὲ κινούμενον ἡ ἁπλῶς ζωή, τὸ δὲ ἀκίνητον εἰς ταύτην ἡ ἁπλῶς οὐσία. Καὶ ὁ μὲν ἁπλῶς νοῦς καὶ τὸ ἁπλῶς εἶδος

1 νῦν Kopp : συν et mg. uirg. cens. A || 2 θεωροῦντες scripsi : θεωροῦμεν A || 4 λαμβάνωμεν scripsi : -ομεν A || ὡς add. coni. Ruelle.

vie pure et la vie spécifiée ne le sont pas, car la vie pure est au-dessus de la forme ; quant à la substance pure, elle est au-dessus de la substance spécifiée et au-dessus de la substance vitale, c'est pourquoi elle est pure. Par conséquent, à partir des divisions faites maintenant, nous pouvons distinguer de façon plus exacte chaque hypostase pure et l'hypostase définie qui est après elle. Que personne n'aille donc estimer que c'est d'après les hypostases définies et caractérisées par l'analogie, que sont constituées les hypostases qui sont pures et qui ont en elles leur propre vérité, et qu'on ne remonte pas non plus des notions qui nous sont plus familières vers le mode d'être qui surpasse toute habitude mentale, mais que l'on comprenne que nous parlons de la substance véritable, de la vie véritable et, bien entendu aussi de l'intellect véritable, en suggérant simplement, à partir des notions habituelles, la nature qui demeure dans l'inaccessible[1] et que nous ne conjecturons que de loin. Il est vrai cependant, et cela survient au sommet de la contemplation, que nous voyons aussi les trois en chacun (du fait que chacun est tous les autres), en redoublant en haut l'analogie, et en nous servant des choses déjà suggérées pour suggérer plus exactement les autres.

Mais ces réflexions sont probablement suffisantes pour répondre à la dernière aporie ; après cela, si c'est nécessaire, nous dirons encore quelque chose à son sujet ; et ce sera certainement nécessaire, quand nous chercherons où il faut déposer le Vivant-en-soi. Or, il est permis de conjecturer déjà, d'après ce qui précède, qu'étant complètement saturé de la vie et tenant la deuxième place après elle, il sera partout rangé comme analogue à celle-là, bien entendu en tant qu'il est le premier paradigme[2].

1. Voir *Notes complémentaires*, p. 217.

2. Sur le rapport du Vivant-en-soi (= l'intellect intelligible) à la vie intelligible, cf. Proclus, *Théol. Plat.*, III 15-16, p. 52.23 - p. 57.4.

ταὐτόν, ἡ δὲ ἁπλῶς ζωὴ καὶ ἡ εἰδητικὴ οὐ ταὐτόν· ὑπερείδεος γὰρ ἡ ἁπλῶς ζωή, ἡ δὲ οὐσία ἁπλῶς ὑπὲρ τὴν εἰδητικὴν οὐσίαν καὶ ὑπὲρ τὴν ζωτικήν· διόπερ ἁπλῶς. Ὥστε ἀπὸ τῶν νῦν διῃρημένων ἔχομεν ἀληθέστερον διορίζεσθαι τὴν ἁπλῶς ἑκάστην, καὶ τὴν τινὰ μετὰ τὴν ἁπλῶς. Μηδεὶς οὖν ἀξιούτω κατὰ τὰς τινὰς καὶ τῇ ἀναλογίᾳ χαρακτηριζομένας | εἶναι τὰς ἁπλῶς καὶ τῇ ἑαυτῶν ἀληθείᾳ συνούσας, μηδὲ ἀπὸ τῶν προχειροτέρων ἐννοιῶν ἀναγέσθω πρὸς τὸν ὑπερφυέστερον τρόπον πάσης συνηθείας, ἀλλ' οὐσίαν ἀκουέτω λεγόντων ἡμῶν καὶ ζωήν, καὶ μέντοι καὶ νοῦν τὸν ὡς ἀληθῶς, κατὰ ἔνδειξιν ἀπὸ τῶν συνήθων τῆς ἐν ἀβάτοις μενούσης καὶ πόρρωθεν ἡμῖν ὑπονοουμένης φύσεως. Ἀληθὲς δὲ ὅμως καὶ εἰς ἄκρον ἧκον θεωρίας, καὶ τὰ τρία ἐν ἑκάστῳ ὁρᾶν, διὰ τὸ πάντα ἕκαστον εἶναι, διπλασιάζοντας εἰς τὸ ἄνω τὴν ἀναλογίαν, καὶ τοῖς ἐνδεδειγμένοις πρότερον χρωμένους εἰς ἄλλων ἔνδειξιν ἀκριβεστέραν.

Ἀλλὰ πρὸς μὲν τὴν τελευταίαν τῶν ἀποριῶν καὶ ταῦτα ἴσως ἱκανά, καὶ μετὰ ταῦτα, ἐὰν δέῃ, πάλιν ἐροῦμέν τι πρὸς αὐτήν· δεήσει δὲ πάντως, ὅταν ζητῶμεν τὸ αὐτοζῷον ὅπου ἀποθετέον. Ὑπονοεῖν δὲ ἔξεστιν καὶ ἀπὸ τῶν προκειμένων ὅτι διακορὲς ὂν τῆς ζωῆς καὶ δευτέραν μετ' αὐτὴν ἔχον τάξιν, ἀνάλογον ἐκείνῃ ταχθήσεται πανταχοῦ, ὡς μέντοι τὸ πρῶτον παράδειγμα.

12 cf. *Orphic.* fr. 195 Kern || 18 cf. supra, p. 116.10-118.15.

---

17 ἀκριβεστέραν coni. Ruelle : -ων A.

[1.6. *Réponse à la quatrième aporie*]

[1.6[1]. *Pas de nombre dans l'intelligible*]

Eh bien, maintenant, examinons les autres apories pour voir si elles disent quelque chose de solide ou de faible. D'emblée, nous affirmerons que, dans l'intelligible, il n'y a pas de nombre[1] ni composé d'unités de forme semblable, ni composé d'unités de forme dissemblable. Car même la nature du discontinu n'est pas du tout là-haut, et il n'y a même pas celle du continu[2]; il n'y a aucune différence, aucune altérité, aucune distinction dans le pur unifié[3]. Qu'est donc l'ennéade que nous célébrons dans l'intelligible? Elle signifie seulement la perfection totale de la triade qui est là-haut et que nous divisons en trois, parce que nous sommes incapables de l'embrasser[4] par le raisonnement; elle signifie ce qui de la triade est, en tout point, parfait, ce qui est compréhensif de tout, ce qui commande à toute pluralité et engendre toute triade, où et de quelque façon qu'elle subsiste, ce qui commande à la procession tout entière jusqu'en son dernier degré[5], ce qui, de la puissance génératrice, ne peut pas être maîtrisé, et plutôt tout ce qui est tel, ou mieux l'unifié de tous les concepts de ce genre, qui est un unique métaconcept[6], et cela par simple allusion, quand nous voulons nous faire une idée de cette haute triade.

Cette triade, qu'est-elle donc? Non pas trois monades, comme le dit aussi Jamblique[7], mais seulement la forme immatérielle vue sans les monades; [non], elle n'est certainement pas la forme (que pourrait-être, en effet, une circonscription dans l'unifié?), mais elle est l'un même qui est la fleur de la forme[8]; en tout cas, elle n'est même pas cet un qui est de nature à se surajouter[9] à l'une des formes, par exemple à la triade, ni non plus

1-9. Voir *Notes complémentaires*, p. 217-218.

(117) Φέρε δὲ νῦν καὶ τὰς ἄλλας, εἴ τι λέγουσιν ὑγιὲς ἢ σαθρόν, ἀνασκεψώμεθα. Αὐτίκα ἀριθμὸν οὐ φήσομεν εἶναι ἐν τῷ νοητῷ, οὐδὲ ἐξ ὁμοειδῶν, οὐδὲ ἐξ ἀνομοειδῶν· οὐδὲ γὰρ ὅλως ἡ τοῦ διωρισμένου φύσις ἐστὶν ἐκεῖ, οὐδὲ γὰρ ἡ τοῦ συνεχοῦς· οὐδὲ διαφορά τις, οὐδὲ ἑτερότης, οὐδὲ διάκρισις ἔν γε τῷ ἁπλῶς ἡνωμένῳ. Τίς οὖν ἡ ὑμνουμένη ἐννεὰς ἐν τῷ νοητῷ; Ἢ μόνον τελειότητα σημαίνει παντελῆ τῆς ἐκεῖ τριάδος, ἣν οὐ δυνάμενοι συναιρεῖν τῷ λογισμῷ τριχῇ τὴν τριάδα διίσταμεν, τὸ πανταχῇ τέλειον αὐτῆς, καὶ τὸ πάντων περιεκτικὸν καὶ παντὸς πλήθους ἐξηγούμενον καὶ πάσης τριάδος τῆς ὅπου ποτὲ καὶ ὅπως ὑφεστώσης γεννητικόν, καὶ τὸ πάσης προόδου τῆς ἐπ' ἔσχατον ἡγεμονοῦν, καὶ τὸ ἀκράτητον τῆς γονίμου δυνάμεως, καὶ πάντα μᾶλλον ὅσα τοιαῦτα, μᾶλλον δὲ τὸ ἡνωμένον τῶν τοιούτων ἁπάντων νοημάτων ἓν μετανόημα, καὶ τοῦτο κατὰ μόνην ἔνδειξιν, βουλόμενοι περὶ τῆς τριάδος ἐκείνης ἐννοεῖν.

Τίς οὖν αὕτη ἡ τριάς; Οὐ τρεῖς μονάδες, ὥς φησι καὶ ὁ Ἰάμβλιχος, ἀλλὰ μόνον τὸ εἶδος ἄυλον ἄνευ τῶν μονάδων ὁρώμενον· οὐ μέντοι οὐδὲ τὸ | εἶδος (τίς γὰρ ἂν εἴη περιγραφὴ ἐν τῷ ἡνωμένῳ;) ἀλλὰ τὸ ἓν αὐτό, ὅπερ ἄνθος ἐστὶ τοῦ εἴδους· ἀλλὰ γὰρ οὐδὲ τοῦτο τὸ ἕν, ὃ πέφυκεν ἐπανθεῖν ἑνὶ τῶν εἰδῶν, οἷον τῇ τριάδι, οὐδέ γε ὃ

2-3 supra, p. 116.4-9 || 18-p. 133.3 cf. supra p. 61.10-17.

9 διϊστᾶμεν A || 15-16 μετανόημα, με- in ras. 3 litt. A[1] : μεντονοημα A ? (cf. p. 18.25).

celui qui est de nature à se surajouter à toutes les formes ensemble (car cela est propre à l'un déjà distingué, de sorte que l'un qui appartient à ce qui est en train de se distinguer ne saurait non plus être l'un de la triade indifférenciée); mais, d'autre part, la triade signifie le commencement, le milieu et la fin de l'unifié, et ces déterminations aussi sont unifiées. De plus, comme on le sait, l'un tout court[1] n'est pas numérique[2], mais il exprime la simplicité unique de tout; et, après l'un, la dyade que l'on appelle indéfinie n'est pas, comme on le sait aussi, la dyade qui survient à deux monades, mais par elle s'exprime la cause génératrice de tout, qui appartient à l'un, et celle-ci, rappelons-le, est, du point de vue des deux à la fois[3], le père dans sa puissance de tout engendrer. De plus, en troisième lieu, l'unifié est comme un acte qui a procédé d'une puissance; c'est donc à partir d'une telle monade et d'une telle dyade qu'est venue à l'être une triade qui par nature a le caractère de l'unifié, car elle est la dyade qui s'est convertie vers l'un et, pour cette raison, elle est l'intellect paternel[4].

[1.6[2]. *La triade n'est ni un ni trois*]

Mais, en disant cela nous posons trois réalités. Précisons que le père, dans sa puissance et dans son acte d'engendrer[5] tout ce qui vient après lui, est lui-même la triade tout entière; par suite, la triade est monade, et une monade qui n'est pas le principe du nombre[6], mais la cause de toute monade et de tout nombre; elle n'est pas non plus dans une circonscription quelconque, comme une forme isolée, mais elle est la simplicité de forme unique du tout. Les trois sont-ils donc la même chose ou sont-ils différents, et la monade est-elle triade? Rien de cela n'est conforme à la vérité, car il n'y a là-haut aucune chose de ce genre, ni identité, ni altérité, ni triade, ni monade opposée à une triade; car

1-6. Voir *Notes complémentaires*, p. 218.

πᾶσιν ὁμοῦ τοῖς εἴδεσιν (τοῦ γὰρ διακεκριμένου ἑνὸς τοῦτό ἐστιν, ὥστε οὐδὲ ὃ τοῦ διακρινομένου ἐστίν, εἴη ἂν τῆς ἀδιακρίτου τριάδος τὸ ἕν)· ἀλλὰ σημαίνει πάλιν ἡ τριὰς τοῦ ἡνωμένου τὴν ἀρχὴν καὶ τὸ μέσον καὶ τὴν τελευτήν, ἀλλ' ἡνωμένα καὶ ταῦτα. Ἔτι δὲ τὸ μὲν ἓν ἁπλῶς οὐκ ἦν ἀριθμητικόν, ἀλλ' ἐδήλου τὴν μίαν ἁπλότητα πάντων· καὶ ἡ δυὰς μετὰ τὸ ἓν ἡ ἀόριστος λεγομένη οὐκ ἦν ἐπὶ δυοῖν μονάδοιν δυάς, ἀλλ' ἡ πάντων γεννητικὴ τοῦ ἑνὸς αἰτία δι' αὐτῆς ἐδηλοῦτο, καὶ ἦν κατὰ ἄμφω πατὴρ πάντα γεννᾶν δυνάμενος. Καὶ δὴ ἐκ τρίτων τὸ ἡνωμένον οἷον ἀπὸ δυνάμεως ἐνέργεια προελθοῦσα· καὶ ἀπὸ μονάδος ἄρα τοιαύτης καὶ δυάδος τοιαύτης ὑπέστη τριὰς κατὰ φύσιν ἔχουσα τὸ ἡνωμένον, δυάς γε οὖσα πρὸς τὸ ἓν ἐπεστραμμένη, καὶ διὰ τοῦτο νοῦς πατρικός.

Ἀλλὰ ταῦτα λέγοντες τρία ποιοῦμεν. Ἢ ὁ πατήρ ἐστι, δυνάμενός τε καὶ γεννῶν ἅπαντα μεθ' ἑαυτόν, αὐτὸς ἡ ὅλη τριάς· μονὰς ἄρα ἡ τριάς, καὶ μονὰς οὐκ ἀριθμοῦ ἀρχή, ἀλλ' αἰτία μονάδος τε καὶ ἀριθμοῦ παντός, οὐδὲ ἐν περιγραφῇ τινι οἷον εἶδος μεμονωμένον, ἀλλὰ μονοειδὴς τῶν πάντων ἁπλότης. Ταὐτὸν οὖν τὰ τρία ἢ ἕτερα, καὶ τριὰς ἡ μονάς; Ἢ οὐδὲν τούτων κατά γε ἀλήθειαν· οὐδὲν γάρ ἐστιν ἐκεῖ τῶν τοιούτων, οὐ ταὐτότης, οὐχ ἑτερότης, οὐ τριάς, οὐ μονὰς ἡ πρὸς τριάδα ἀντικειμένη· οὐδεμία

7-8 uol. II, p. 2.12 || 17-18 Arist., *Top.* I 18, 108 b 26, 30; VI 4, 141 b 8.

17 γεννῶν] exp. νοῶν || αὐτὸς ἡ scripsi : αὕτη A.

aucune opposition n'est dans l'intelligible. Est-ce donc que l'unifié est ce qu'est l'un, ou bien l'un est-il ce que sont les plusieurs, ou bien les plusieurs sont-ils ce qu'est l'unifié ? Assurément pas, dirai-je. Comment donc le tout n'est-il pas trois ? Parce que les plusieurs sont néanmoins un et que <le> tout est plusieurs, sans que nous disions deux choses différentes. Car l'un n'est pas une propriété unique, mais il est tel qu'il est tout, et le tout n'est pas tout purement et simplement, mais il l'est en tant qu'il est un, et il en est de même pour les plusieurs, parce que d'abord l'un n'est pas un, et qu'ensuite le tout est les plusieurs complètement délimités[1]. En effet, si auparavant nous disions que le tout signifie le deuxième principe en tant qu'il est le tout de l'un, maintenant du moins, après avoir modifié un peu cela, nous dirons avec plus d'exactitude que tout et plusieurs ne sont pas la même chose, mais que les plusieurs sont devenus le tout en s'ajoutant une délimitation[2] ; car les plusieurs, en tant que plusieurs, sont encore illimités. Ainsi donc, le père est l'un, la puissance indéterminée de l'un est les plusieurs, et l'intellect du père est le tout. En outre, les plusieurs délimités par l'un selon la conversion sont le tout, comme nous le savons, et tu vois que les plusieurs sont par nature entre l'un et le tout ; l'un est seulement simplicité, tandis que le tout est l'union de toutes choses ensemble. C'est donc selon l'unifié que l'intellect s'est constitué ; et, de même que dans l'intellectif c'est selon une forme que tout est circonscrit, de même dans l'unifié c'est selon l'un que tout est coagrégé de manière incirconscrite[3]. Cette nature[4] est donc monade, car étant simple, elle est aussi plusieurs (en effet, la simplicité est compréhensive de ce qui est entièrement plusieurs et illimité) et encore, certes, elle est le tout parce que ses plusieurs sont délimités par l'un, puis-

1-4. Voir *Notes complémentaires*, p. 218-219.

γὰρ ἀντίθεσις ἐν τῷ νοητῷ. Ἆρα οὖν τὸ ἡνωμένον ὅπερ τὸ ἕν, ἢ τὸ ἓν ὅπερ τὰ πολλά, ἢ τὰ πολλὰ ὅπερ τὸ ἡνωμένον; Οὐ δῆτα φήσω. Πῶς οὖν οὐ τρία τὰ πάντα; Ὅτι οὐδὲν ἧττον καὶ ἓν τὰ πολλά, καὶ πολλὰ ⟨τὰ⟩ πάντα, οὐδὲ ἄλλο καὶ ἄλλο λέγομεν. Τὸ γὰρ ἓν οὐκ ἰδιότης μία, ἀλλὰ τοιοῦτον οἷον πάντα, καὶ | τὰ πάντα οὐ πάντα οὕτως, ἀλλ' ὡς ἕν, καὶ τὰ πολλὰ οὕτως, ὅτι καὶ τὸ ἓν οὐχ ἕν, καὶ τὰ πάντα πολλά ἐστιν ὡρισμένα. Καὶ γὰρ εἰ πρότερον τὰ πάντα τὴν δευτέραν ἐλέγομεν σημαίνειν ἀρχὴν τὰ πάντα οὖσαν τοῦ ἑνός, ἀλλὰ νῦν μικρὸν μεταθέντες ἄμεινον ἐροῦμεν οὐ ταὐτὸν εἶναι πάντα καὶ πολλά, ἀλλὰ τὰ πολλὰ προσλαβόντα ὅρον πάντα ἐγένετο· τὰ πολλὰ γὰρ ἔτι ᾗ πολλὰ ἄπειρά ἐστιν. Οὐκοῦν ἓν μὲν ὁ πατήρ, πολλὰ δὲ ἡ τοῦ ἑνὸς ἀόριστος δύναμις, πάντα δὲ ὁ νοῦς τοῦ πατρός. Ἔτι πάντα ἦν τὰ πολλὰ ἑνὶ ὡρισμένα κατ' ἐπιστροφήν· καὶ ὁρᾷς ὅτι τὰ πολλὰ φύσει μεταξὺ τοῦ ἑνὸς καὶ τῶν πάντων· καὶ τὸ μὲν ἓν ἁπλότης μόνον, τὰ ⟨δὲ⟩ πάντα ὁμοῦ πάντων ἕνωσις. Κατὰ τὸ ἡνωμένον ἄρα συνέστη ὁ νοῦς· καὶ ὡς ἐν τῷ νοερῷ κατὰ εἶδος ἅπαντα περιγέγραπται, οὕτως ἐν τῷ ἡνωμένῳ καθ' ἓν πάντα συνῄρηται ἀπεριγράφως. Μονὰς οὖν ἡ φύσις αὕτη, ἁπλῆ οὖσα καὶ πολλά (παμπόλλων γὰρ καὶ ἀπείρων ἡ ἁπλότης περιεκτική) καὶ ἔτι μέντοι πάντα, ὅτι

8-10 supra, p. 114.23-25; uol. II, p. 207.22-23.

4 τὰ[1] scripsi : γὰρ A || τὰ[2] addidi || 5 οὐδὲν A || 6 post οἷον] πολλά· καὶ τὰ πολλὰ οὕτως οἷον add. Her. || 18 δὲ add. coni. Ruelle, mg. uirg. cens. A (δὲ πολλὰ ἀοριστία καὶ ἀπειρία, τὰ δὲ add. Her.).

qu'ils sont aussi, comme nous le savons, les plusieurs de l'un. Elle est donc monade selon le substrat, tandis qu'elle a trois propriétés ; mais c'est nous qui les distinguons, car nous ne sommes pas capables d'embrasser par notre pensée[1] une réalité unique qui embrasse ces trois propriétés. C'est ainsi qu'en voulant définir aussi les autres choses, nous les appelons plusieurs au lieu de un, en parcourant en tout sens les éléments au lieu de l'élémenté. Et, de même que, dans ce domaine-là, nous voulons que l'on contemple la forme qui est antérieure aux éléments ou qui s'impose aux éléments, en s'élevant vers elle à partir des éléments, de même, ici, on doit, à bien plus forte raison, laisser de côté les propriétés distinguées, et remonter à une unique nature simple, à partir de laquelle se produit plus bas la division de ces propriétés.

[1.6³. *L'un de la triade*]

Ce qui est commun aux trois, considérés comme triade, concevons-le donc selon l'un de la triade, non pas de la triade numérique, mais de cette haute triade tout entière que, tout à l'heure, nous avons établie par le raisonnement comme la triade des principes les plus élevés, puisque la monade aussi, comme on le sait, n'est pas numérique, mais est la monade de toutes choses, dans laquelle le tout est déjà anticipé, comme l'est dans la monade le nombre tout entier ; et, pour le dire en bref, de même que nous nous servons des choses spécifiées pour suggérer celles qui sont supraformelles, de même aussi nous nous servons des propriétés numériques comme de symboles pour les réalités qui ne sont pas nombrables et qui sont tout à fait indifférenciées. Car, pour suggérer[2] les réalités dont nous voulons parler, et si nous ne sommes pas capables de le faire, nous devons prendre une autre image, dire, par exemple, que l'un est le centre de tout, tandis que la distension à partir du centre est le deuxième principe

1-2. Voir *Notes complémentaires*, p. 219.

τὰ πολλὰ αὐτῆς ὥρισται τῷ ἑνί, ἐπειδὴ καὶ ἦν τοῦ ἑνός. Ἆρα οὖν μονὰς μὲν τῷ ὑποκειμένῳ, τρία δὲ ἔχουσα ἰδιώματα· ἡμεῖς δὲ διορίζομεν οὐ δυνάμενοι συνελεῖν ἓν πρᾶγμα τῶν τριῶν συναιρετικόν. Οὕτω γὰρ καὶ τὰ ἄλλα βουλόμενοι ὁρίζεσθαι πολλὰ λέγομεν ἀνθ' ἑνός, ἀντὶ τοῦ στοιχειωτοῦ τὰ στοιχεῖα περιτρέχοντες. Ὡς δὲ ἐπ' ἐκείνων τὸ πρὸ τῶν στοιχείων ἢ τοῖς στοιχείοις ἐπιγιγνόμενον εἶδος ἀξιοῦμεν θεωρεῖν, ἀναγομένους ἐπ' αὐτὸ ἀπὸ τῶν στοιχείων, οὕτω καὶ ἐνταῦθα πολλῷ μειζόνως ἀφετέον τὰ διωρισμένα ἰδιώματα, καὶ ἀνακτέον ἐπὶ μίαν φύσιν ἁπλῆν, ἀφ' ἧς ὁ τούτων μερισμὸς κατωτέρω μερίζεται.

Τὸ οὖν κοινὸν τῶν τριῶν ὡς τριάδος νοείσθω κατὰ τὸ ἓν τῆς τριάδος, οὐ τῆς ἀριθμητικῆς, ἀλλ' ἐκείνης ὅλης, ἣν ἀρτίως ὑπεστησάμεθα τῷ λόγῳ τριάδα ἀρχῶν τῶν ὑπερτάτων, ἐπεὶ καὶ ἡ μονὰς οὐκ ἦν ἀριθμητική, ἀλλὰ πάντων μονάς, ἐν ᾗ τὰ πάντα προείληπται, ὥσπερ ἐν τῇ μονάδι πᾶς ἀριθμός· ἁπλῶς δὲ εἰπεῖν, καθάπερ τοῖς εἰδητικοῖς χρώμεθα εἰς ἔνδειξιν τῶν ὑπερειδέων, οὕτω καὶ τοῖς ἀριθμητικοῖς ἰδιώμασιν ὡς συμβόλοις τῶν ἀναρίθμων καὶ παντάπασιν ἀδιορίστων. Ἐπεὶ καὶ ἄλλην πρὸς ἔμφασιν ὧν λέγειν βουλόμεθα, καὶ εἰ μὴ δυνάμεθα λέγειν, εἰκόνα παραληπτέον, ὡς τὸ ἓν μέν ἐστι κέντρον ἁπάντων, ἡ δὲ ἀπὸ τοῦ κέντρου διάστασις ἡ δευτέρα ἀρχή, ῥύσις

23 εἰκόνα scripsi : ἐκείνην A.

qui est la fluxion du centre, et que le contour et la toute dernière circonférence qui, après la distension, est une certaine conversion vers le centre, est l'intellect paternel, et que l'ensemble complet est un cercle unique, ou, pour parler de façon plus appropriée, une sphère. Et il est évident que cet ensemble n'est pas une forme, mais une nature plus semblable à l'un que toute forme; or, que pourrait-on dire de plus que l'un lui-même? Car c'est l'un qui spécifie ce cercle immatériel.

Donc, pour parler de façon générale, n'essayons pas de compter l'intelligible sur les doigts, ni non plus de le saisir par des notions distinctes, mais, en coagrégeant tous les concepts ensemble et en fermant les yeux[1], tout en ouvrant l'œil un et le plus élevé de l'âme, par lequel n'est vue aucune chose qui se distingue (car, par lui, on ne voit même pas l'un lui-même en réalité[2] mais seulement l'unifié, non pas même l'unifié qui s'oppose à ce qui est en train de se distinguer, mais l'unifié qui coagrège aussi celui-là), en regardant donc là-haut avec un tel œil, quoique de loin et pour ainsi dire à partir des extrêmes, essayons cependant de voir l'intelligible; constatons qu'il est absolument indifférencié et absolument privé de nombre, sauf que, et bien qu'il soit ainsi, en nous apparaîtront, si l'on peut ainsi parler, une propriété qui est sa simplicité, une autre sa pluralité, une autre enfin sa totalité; car l'intelligible est un, plusieurs, tout, si l'on veut exposer, d'une triple façon, son unique nature.

Comment donc l'un et les plusieurs peuvent-ils être une unique nature? En tant que le «plusieurs» est l'infini de puissance de l'un. Et comment cette nature peut-elle être un et tout? En tant que le tout est l'acte qui englobe toutes choses[3], acte qui appartient à l'un. Cependant, on ne doit même pas parler d'acte au sens d'une extension[4] de la puissance au dehors, ni non plus

1-4. Voir *Notes complémentaires*, p. 219.

οὖσα τοῦ κέντρου, τὸ δὲ πέριξ καὶ ἡ ἐσχάτη περιφέρεια, μετὰ τὴν διάστασιν ἐπιστροφή τις οὖσα πρὸς τὸ κέντρον, ὁ νοῦς ὁ πατρικός, κύκλος | δὲ τὸ σύμπαν εἷς, ἢ σφαῖραν εἰπεῖν προσφυέστερον. Καὶ δῆλον ὅτι οὐκ εἶδος, ἀλλὰ παντὸς εἴδους ἑνοειδεστέρα φύσις· καὶ τί πλέον εἴποι ἄν τις αὐτοῦ τοῦ ἑνός; Τοῦτο γὰρ εἰδοποιεῖ τὸν ἄυλον κύκλον ἐκεῖνον.

Ὅλως δὲ φάναι, μὴ ἐπὶ δακτύλων ἀριθμῶμεν τὸ νοητόν, μηδὲ διωρισμέναις ἐννοίαις αὐτοῦ ἁπτώμεθα, ἀλλὰ πάντα συνελόντες ὁμοῦ νοήματα, καὶ μύσαντες, τὸ ἓν καὶ μέγιστον ὄμμα ἀνοίξαντες τῆς ψυχῆς, ᾧ καθορᾶται διακρινόμενον οὐδέν (οὐδὲ γὰρ αὐτὸ τῷ ὄντι τὸ ἕν, μόνον δὲ τὸ ἡνωμένον, οὐδὲ τοῦτο ὅπερ ἀντίκειται τῷ διακρινομένῳ, ἀλλ' ὃ καὶ τοῦτο συνῄρηκεν) τοιούτῳ οὖν ὄμματι ἐκεῖσε βλέποντες, εἰ καὶ πόρρωθεν καὶ οἷον ἀπὸ τῶν ἐσχάτων, ὅμως ὀψώμεθα τὸ νοητόν, ὅτι δή ἐστι πάντῃ ἀδιάκριτον καὶ πάντῃ ἀνάριθμον, πλὴν ὅτι καὶ οὕτως ἔχοντος ἐν ἡμῖν φαντασθήσεται, εἰ χρὴ οὕτω φάναι, τὸ μὲν ἁπλότης αὐτοῦ, τὸ δὲ πολλότης, τὸ δὲ παντότης· ἓν γὰρ πολλὰ πάντα τὸ νοητόν ἐστιν, ὡς τριχῇ διεξοδεῦσαι τὴν μίαν φύσιν.

Καὶ πῶς μία φύσις τὸ ἓν καὶ τὰ πολλά; Ὅτι τὸ πολλὰ τὸ ἀπειροδύναμόν ἐστι τοῦ ἑνός. Πῶς δὲ ἓν καὶ πάντα; Ὅτι τὰ πάντα ἐνέργεια παντοῦχός ἐστι τοῦ ἑνός. Οὐ μὴν οὐδὲ ἐνέργειαν ῥητέον ὡς ἐκτένειαν τῆς δυνάμεως εἰς τὸ

de puissance au sens d'une extension de la subsistence, extension qui demeurerait au-dedans, mais au contraire, de façon à dire trois [noms] pour un seule chose. En effet, aucun nom unique ne suffira à exprimer ces principes, comme nous l'avons souvent attesté. Est-ce donc qu'ils sont sans différence? Et comment serait-il aisé de le conjecturer? Car nous disons que les principes sont trois et à la suite les uns des autres, le père, la puissance et l'intellect paternel; mais ces principes ne sont en vérité ni un ni trois, ni à la fois un et trois, bien qu'il soit nécessaire que, nous, nous les exprimions par de tels noms et concepts, à défaut de ceux qui leur conviendraient, ou plutôt par engouement pour les dénominations qui ne leur conviennent en rien. Car de même que nous les appelons un, plusieurs et tout, père, puissance et intellect paternel, et encore limitant, illimité et mixte, de même aussi nous les appelons monade, dyade indéfinie et triade, laquelle est formée de ces deux dernières. Et ces noms, tant ceux-là que ceux-ci, en purifiant dans la mesure du possible nos notions, nous les rejetons comme indignes de s'appliquer à ces réalités intelligibles. Disons donc, autant que cela est possible, que la triade intelligible est triade en ce sens qu'elle est l'un de la triade, et de cette haute triade qui semble se former des trois premiers principes. Sur cette union-là, nous ne tarderons pas à dire quelque chose de plus.

[1.7. *Réponse à la troisième et à la deuxième apories*]

Au sujet de l'ordre des trois triades, après avoir établi dans la mesure du possible cette triade (dont on vient de parler) selon l'un de la triade intelligible, si l'on considérait également cet un comme étant parfait et comme étant triadique à tous ses niveaux, puisqu'en

ἐκτός, οὐδὲ δύναμιν ὡς ἐκτένειαν τῆς ὑπάρξεως εἴσω μένουσαν, ἀλλὰ πάλιν ὡς τρία εἰπεῖν ἀνθ' ἑνός. Ἓν γὰρ οὐδὲν ὄνομα ἀρκέσει πρὸς τὴν ἐκείνων δήλωσιν, ὡς διεμαρτυράμεθα πολλάκις. Ἆρα οὖν ἀδιάφορα; Ποῦ δὲ τοῦτο ῥᾴδιον ὑπονοεῖν; Τρεῖς γὰρ καὶ ἐξῆς ἀλλήλαις εἶναι λέγομεν τὰς ἀρχάς, πατέρα καὶ δύναμιν καὶ νοῦν πατρικόν· ἀλλ' αὗται μὲν οὐκ εἰσὶ κατὰ ἀλήθειαν οὔτε μία οὔτε τρεῖς οὔτε μία ἅμα καὶ τρεῖς, ὑφ' ἡμῶν δὲ ἀνάγκη δηλοῦσθαι αὐτὰς διὰ τῶν τοιούτων ὀνομάτων καὶ νοημάτων, πενίᾳ τῶν ἐκείναις προσηκόντων, μᾶλλον δὲ προθυμίᾳ τῶν οὐδὲν προσηκόντων αὐταῖς δηλωμάτων. Ὥσπερ γὰρ ἓν καλοῦμεν καὶ πολλὰ καὶ πάντα, καὶ πατέρα καὶ δύναμιν καὶ νοῦν πατρικόν, καὶ αὖ πέρας καὶ ἄπειρον καὶ μικτόν, οὕτω δὴ καὶ μονάδα | καὶ δυάδα ἀόριστον καὶ τριάδα ἐξ ἀμφοῖν τούτοιν συνεστῶσαν· καὶ ὡς ἐκεῖνα, οὕτω καὶ ταῦτα, διακαθαίροντες ἡμῶν τὰς ἐννοίας εἰς ὅσον δυνατόν, ἀποδοκιμάζομεν ἁρμόττειν ἐκείνοις τοῖς πράγμασιν. Λεγέσθω τοίνυν, ᾗ δυνατόν, ἡ νοητὴ τριὰς οὕτω τριάς, ὡς τὸ ἓν τῆς τριάδος, καὶ τριάδος ἐκείνης τῆς ἐκ τῶν πρώτων τριῶν ἀρχῶν συνεστάναι δοκούσης. Περὶ μὲν δὴ τῆς ἑνώσεως ἐκείνης οὐκ ἂν φθάνοιμέν τι πλέον λέγοντες.

Περὶ δὲ τάξεως τῶν τριῶν τριάδων, εἴ τις τὴν εἰρημένην ταύτην τριάδα στήσας κατὰ τὸ ἓν τῆς νοητῆς ὡς ἂν γένοιτο τριάδος ἴδοι καὶ τὸ ἓν τοῦτο παντελὲς ὂν καὶ πάντῃ ἑαυτοῦ τριαδικὸν ὑφεστός, ὡς καὶ ἐν ἑκάστῃ τῶν

20-21 infra, p. 141.20-142.22 || 22 supra, p. 116.1-2.

14 τριάδα mg. A[1] : πάτριδα A || 16 ὅσον] -ο- in ras. A[1] || 21 φθάνοιμεν coni. Ruelle : -ομεν A || πλέον scripsi : πλησίον A.

chacune aussi des trois monades le triadique est inhérent (et, de fait, dans les nombres, les monades de chacun ne sont pas sans différence par rapport aux monades des autres, mais celles de la triade sont de quelque façon triadiques, tandis que celle de la tétrade sont tétradiques), si donc comme je le disais, on concevait également que les monades de cette immense triade sont de nature à être, elles aussi, non de simples monades, mais les monades propres d'une triade, alors vraisemblablement on envelopperait aussi dans l'un de cette haute triade, la procession tout entière de l'intelligible en trois triades ; ainsi, la procession ne s'écarterait pas de sa propre union. En vérité, de cette façon du moins, l'unifié ne sera pas antérieur à l'un, c'est-à-dire le premier unifié ne sera pas antérieur au second un, comme le raisonnement semblait l'objecter[1] (car chaque monade possèdera dans son ordre propre le caractère triadique, en étant en soi-même ; en effet, l'un se montrera triadique avant le reste ; les plusieurs en second lieu, et après eux, en troisième lieu, l'unifié ; le père tout entier sera coordonné à l'intellect tout entier par l'intermédiaire de la puissance tout entière, le père unique sera coordonné par la puissance unique à l'intellect unique, et à son tour le père triple sera coordonné à l'intellect triple par la triple puissance). D'autre part[2], l'unifié ne sera pas séparé violemment de lui-même en trois monades, car il ne reste pas moins unifié, même s'il prémanifeste en lui-même le triadique unifié, <et> à bien plus forte raison, l'un demeure un, tout en contenant la triade, et il en est de même pour la puissance, quoiqu'elle se manifeste dans une triple nature.

1. Cela doit s'entendre ainsi : l'unifié ne sera pas antérieur au père de la deuxième triade (= à l'un de cette triade), contrairement à la troisième aporie (*supra*, p. 116.1-3). Pour la clarification de tout le passage (p. 137.22 - 138.22), on peut se reporter à la notice, p. LIII.

2. Réponse à la deuxième aporie (*supra*, p. 115.20-22).

τριῶν μονάδων ἐνόντος τοῦ τριαδικοῦ (καὶ γὰρ ἐν τοῖς ἀριθμοῖς αἱ ἑκάστου μονάδες οὐκ εἰσὶν ἀδιάφοροι πρὸς τὰς τῶν ἄλλων, ἀλλ᾽ αἱ μὲν τῆς τριάδος τριαδικαί πως, αἱ δὲ τῆς τετράδος τετραδικαί), εἴ τις, ὅπερ ἔφην, καὶ τῆς παμμεγέθους ἐκείνης τριάδος τοιαύτας ὑπολάβοι τὰς μονάδας, ὡς εἶναι καὶ ταύτας οὐχ ἁπλῶς μονάδας, ἀλλὰ τριάδος μονάδας ἰδιοτρόπους, τάχα ἂν ἐν τῷ ἑνὶ τῷ τῆς τριάδος ἐκείνης περιλάβοι καὶ τὴν ὅλην τοῦ νοητοῦ πρόοδον εἰς τριάδας τρεῖς, οὐδὲ οὕτως ἀφισταμένην τῆς οἰκείας ἑνώσεως. Καίτοι οὕτω γε οὔτε τὸ ἡνωμένον ἔσται πρὸ τοῦ ἑνὸς τοῦ δευτέρου τὸ πρότερον, ὥσπερ ἐδόκει ἀπορεῖν ὁ λόγος (ἕξει γὰρ ἑκάστη μονὰς ἐν τῇ ἑαυτῆς τάξει τὸ τριαδικόν, ἐφ᾽ ἑαυτῆς οὖσα· φανεῖται γὰρ τὸ ἓν πρὸ τῶν ἄλλων τριαδικὸν καὶ τὰ πολλὰ δεύτερον καὶ τρίτον ἐπὶ τούτοις τὸ ἡνωμένον, καὶ ὅλος μὲν ὁ πατὴρ ὅλῳ τῷ νῷ συνταχθήσεται διὰ μέσης ὅλης τῆς δυνάμεως, ὁ εἷς διὰ μιᾶς τῷ ἑνί, πάλιν δὲ ὁ τριπλοῦς τῷ τριπλῷ διὰ τῆς τριπλῆς), οὐδὲ δὴ τὸ ἡνωμένον διασπασθήσεται ἀφ᾽ ἑαυτοῦ εἰς τρεῖς μονάδας· μένει γὰρ ἡνωμένον ὡσαύτως, καὶ εἰ προφήνειεν ἐν ἑαυτῷ τὸ τριαδικὸν ἡνωμένον, πολλῷ μειζόνως τὸ ἓν μένει ἓν τριοῦχον, καὶ ἡ δύναμις ὁμοίως, εἰ καὶ τριφυὴς ἐκφανείη.

12 supra, p. 116.2-3.

21 scr. <καὶ> πολλῷ ? || ἓν[1] Cs[b] : ἐν A || τριοῦχον mg. iter. A[1].

[1.8. *Réponse à la première aporie*]

[1.8[1]. *Triplicité de l'un, des plusieurs, de l'unifié purs*]

Comment l'un sera-t-il triple ? Répondons que, bien qu'il soit un, il satisfait cependant au caractère triple de l'unifié ; admettons, en effet, que ce dernier soit triple selon une certaine triplicité unifiée, comme on l'a dit ; or, l'un convertit vers lui-même cette triplicité-là, de sorte que l'un a, selon l'un, une vague manifestation[1] en lui du triple. Naturellement aussi la puissance, en tant qu'elle est dyade, dans son rapport avec l'un devient de forme une, tandis que dans son rapport avec l'unifié elle apparaît en même temps triple. La puissance est donc dyade au milieu de l'un et de la triade ; car, bien entendu, l'unifié, en tant que troisième, est par nature triade, et ce qui lui est antérieur l'est selon un mode plus merveilleux. Il n'y a donc rien d'étonnant, ni de difficile à concevoir que l'un, de cette manière du moins, est triadisé, non pas parce qu'il est compté ni non plus distingué, mais parce qu'il anticipe en lui-même la triplicité de l'unifié, et qu'il est *un* triadique en tant qu'il est dans la triade tout entière ; ou bien [tout] ce que l'on pourrait concevoir de semblable, concevons-le, plutôt qu'une distinction de l'un. A moins que, par hasard, il soit plus convenable de supposer également un certain abaissement à partir de l'un, de sorte qu'il y ait aussi bien un seul père que trois, le même étant un et trimorphe, ou plutôt un, mais laissant entrevoir quelque chose aussi de triadique, je veux dire non pas l'un qui se divise en trois, mais l'un indivisible de la triade. Cependant, si l'un est triadique, comment est-il l'un pur ? Car c'était là aussi ce que le raisonnement objectait d'abord, à bon droit. Ne serait-ce pas plutôt que, en posant l'un pur, les plusieurs purs et le tout pur, selon l'unifié, nous faisions de ces pures monades-là, comme

1. Voir vol. II, n. 5 de la p. 93.23 le sens limitatif de l'ἔμφασις.

Καὶ πῶς τὸ ἓν ἔσται τριπλοῦν; Ἢ ὅτι ἓν ὄν, ὅμως ἀρκεῖ πρὸς τὸ τριπλοῦν τοῦ ἡνωμένου· τοῦτο μὲν γὰρ ἔστω τριπλοῦν ἡνωμένην, ὡς εἴρηται, τινὰ τριπλόην· τὸ δὲ ἓν ἐπιστρέφει πρὸς ἑαυτὸ τήνδε τὴν τριπλόην, ὥστε τὸ ἓν κατὰ τὸ ἓν ἔχει τὸ τριπλοῦν ἐμφαινόμενον. Καὶ δὴ καὶ ἡ δύναμις, ἅτε δυὰς οὖσα, τῷ μὲν ἑνὶ συμφερομένη ἑνοειδὴς γίγνεται, τῷ δὲ ἡνωμένῳ, τριπλῆ συμφαντάζεται. Δυὰς ἄρα ἐστὶν ἐν | μέσῳ τοῦ ἑνὸς καὶ τῆς τριάδος· τὸ γάρ τοι ἡνωμένον ὡς τρίτον κατὰ φύσιν ἐστὶ τριάς, τὰ δὲ πρὸ αὐτοῦ τὸν ὑπερφυέστερον τρόπον. Οὐκ ἄρα θαυμαστὸν οὐδὲ χαλεπὸν ἐννοῆσαι τὸ ἓν οὕτω γε τριαδιζόμενον, οὐχ ὅτι ἀριθμεῖται οὐδὲ διορίζεται, ἀλλ' ὅτι προείληφεν ἐν ἑαυτῷ τὴν τοῦ ἡνωμένου τριπλόην, καὶ ὅτι ἕν ἐστιν ὡς ἐν τριάδι τῇ ὅλῃ τριαδικόν· ἢ ὅπερ ἄν τις ἔχοι τοιοῦτον ἐννοεῖν, ἐννοείτω μᾶλλον ἢ διάκρισιν τοῦ ἑνός. Εἰ μὴ ἄρα καὶ ὑπόϐασίν τινα ἀπ' αὐτοῦ συμμετρότερον ὑποθέσθαι, ὡς εἶναι καὶ ἕνα πατέρα καὶ τρεῖς, τὸν αὐτὸν ἕνα καὶ τρίμορφον, μᾶλλον δὲ ἕνα μέν, ὑποφαίνοντα δέ τι καὶ τριαδικόν, λέγω δὲ οὐ τὸ τριχῇ μεριζόμενον, ἀλλὰ τὸ ἀμέριστον ἓν τῆς τριάδος. Ἀλλ' εἰ τριαδικὸν τὸ ἕν, πῶς ἁπλῶς ἕν; Ἠπόρει γὰρ καὶ τοῦτο πρότερον δικαίως ὁ λόγος. Ἢ τὸ ἓν ἁπλῶς ὑποθέμενοι καὶ τὰ πολλὰ ἁπλῶς καὶ τὰ πάντα ἁπλῶς κατὰ τὸ ἡνωμένον, ἐκ τούτων δὴ τῶν ἁπλῶς μονάδων ἐποιοῦμεν, ὡς ἐδοκοῦμεν, τριάδα τὴν

21 supra, p. 115.15-19.

---

11 τριαδιζόμενον mg. iter. A^1.

nous le pensions, la triade pure, de sorte que le triadique de l'un aussi est pur, en tant que l'un pur anticipe cette haute triade tout entière, et pour ainsi dire s'est incorporé à elle et a été compté avec les autres principes purs, comme le premier principe commandant au deuxième et au troisième. Admettons, en effet, que l'un pur est réellement ce qui n'est pas nombrable, et, s'il faut parler de façon plus claire, qu'il ne peut être ni triadisé ni monadisé[1] ; car il n'est même pas monadique, puisqu'il n'est même pas un en vérité, mais n'est dit un que par allusion ; tel est aussi l'unifié pur ; sans compter qu'au milieu d'eux les plusieurs sont, selon le mode dit pur, sans aucune distinction et sans aucune addition.

[1.8[2]. *Nécessité et impuissance du discours*]

On ne doit donc plus appeler trois les principes, en leur ajoutant[2] [ainsi] le fait d'être trois, car rien d'autre ne s'est manifesté là-haut. Sauf que, nous, en discourant du moins de façon humaine sur ces principes qui sont supradivins au plus haut degré, nous ne pouvons ni les concevoir ni les nommer autrement que par ce biais où nous sommes contraints de nous servir de nos raisonnements au sujet des réalités qui s'élèvent au-delà de tout intellect, de toute vie et de toute substance. Car même les dieux nous instruisent de ces réalités ou d'autres réalités encore, en de certains moments et certains d'entre nous, non pas telles qu'ils les pensent ni non plus de la façon dont ils les pensent ; mais, de même que, en s'adressant aux Égyptiens ou aux Syriens ou aux Grecs, les dieux se servent de la langue particulière à ces peuples, sinon ce serait en vain qu'ils leur parleraient, de même aussi, en s'appliquant à communiquer aux hommes ce qui est propre [à la divinité], ils se serviront, comme il convient, d'un langage humain[3]. Or, celui-ci se compose non seulement de verbes et de

1-3. Voir *Notes complémentaires*, p. 219.

ἁπλῶς, ὥστε καὶ τὸ τριαδικὸν τοῦ ἑνὸς ἁπλῶς ἐστιν, καθ' ὅσον τὸ ἁπλῶς ἓν τὴν ὅλην τριάδα ἐκείνην προείληφεν καὶ οἷον ἐτέλεσεν εἰς αὐτὴν καὶ συνηριθμήθη ταῖς ἄλλαις ἁπλῶς ἀρχαῖς, ὡς πρώτη ἀρχὴ δευτέρας καὶ τρίτης ἐξηγουμένη. Ἔστω γὰρ τὸ ἁπλῶς ἓν τῷ ὄντι τὸ ἀνάριθμον, καὶ εἰ χρὴ φάναι σαφέστερον, ἀτρίαστον καὶ ἀμονάδιστον· οὐδὲ γὰρ μοναδικόν ἐστιν, ὅτε γε μηδὲ ἓν κατὰ ἀλήθειαν, κατὰ δὲ ἔνδειξιν λέγεται μόνην· τοιοῦτον δὲ καὶ τὸ ἁπλῶς ἡνωμένον· ἀλλὰ καὶ ἐν μέσῳ τὰ πολλὰ τούτων ἐστὶ τὸν ἁπλῶς λεγόμενον τρόπον ἄνευ παντὸς διορισμοῦ καὶ πάσης προσθήκης.

(118) Τρία μὲν οὖν οὐκέτι κλητέον αὐτά, προσθέντα αὐτοῖς τὸ εἶναι τρισίν, οὐδενὸς ἄλλου πεφηνότος ἐκεῖ. Πλὴν ἡμεῖς γε ἀνθρωπίνως διαλεγόμενοι περὶ τῶν ὑπερθειοτάτων ἀρχῶν οὐκ ἔχομεν ἄλλως οὔτε ἐννοεῖν οὔτε ὀνομάζειν ἢ οὕτως ὡς ἀναγκαζόμεθα χρῆσθαι τοῖς λόγοις ὑπὲρ τῶν εἰς τὰ ἐπέκεινα ἀνεχόντων νοῦ παντὸς καὶ ζωῆς καὶ οὐσίας πραγμάτων. Ἐπεὶ καὶ οἱ θεοὶ οὐχ οἷα νοοῦσιν, οὐδὲ ὥς, οὕτω καὶ τοιαῦτα περὶ τούτων ἢ καὶ περὶ ἄλλων διδάσκουσιν ἡμᾶς ἐνίοτε καὶ ἐνίους· ἀλλ' ὥσπερ Αἰγυπτίοις ἢ Σύροις ἢ Ἕλλησι διαλέγονται χρώμενοι τῇ ἐκείνων οἰκείᾳ φωνῇ, ἢ μάτην ἂν ἐφθέγγοντο πρὸς αὐτούς, οὕτω καὶ ἀνθρώποις τὰ οἰκεῖα παραδοῦναι ἐσπουδακότες, ἀνθρωπίνῃ | διαλέκτῳ χρήσονται δικαίως.

6-7 ἀτρίαστον ἀμονάδιστον mg. iter. A¹ || 12 προσθέντα scripsi : παθόντα A || 18 οἷανοῦσιν A et mg. uirg. cens., corr. A¹.

noms d'un certain type, mais encore de concepts qui sont proportionnés et adaptés aux hommes. Si donc nous nous écartons de cette haute vérité en sondant en tout sens l'abîme intelligible pour connaître sa profondeur et sa nature, et si nous dévions vers les choses inférieures et divisibles, entraînés ou rabaissés par la nécessité de notre misérable néant, il faut cependant nous résigner à cette déviation et à cet écart ; en effet, il n'est pas possible d'autre façon, tant que nous sommes[1] dans la condition qui est maintenant la nôtre, de nous faire une idée des réalités intelligibles, et il faut nous contenter de les effleurer[2] en quelque sorte, de loin, avec difficulté et de façon très faible, ou d'en soupçonner à peine quelque trace qui fait, pour ainsi dire, jaillir soudain une étincelle[3] devant nos yeux, même si cette étincelle s'éveille spontanément à partir de l'âme ; sans doute, est-elle faible et brille-t-elle peu, néanmoins elle devient pour nous une indication analogique de cette vérité très brillante et d'une immense grandeur. Et ce qu'il faut approuver dans ce raisonnement-là, c'est seulement qu'il se critique lui-même, qu'il reconnaît être ébloui[4] et être incapable de regarder en face cette lumière qui est la lumière unifiée et intelligible.

Nous parlons donc de la triade, qui est là-haut, en ce sens qu'elle signifie la pluralité indifférenciée, à son tour de la dyade en ce sens qu'elle signifie la cause de cette pluralité, et, en plus de celles-là, nous parlons de la monade en ce qu'elle signifie l'un lui-même qui est au-dessus de cette pluralité-là. Voici la triade intelligible tant de fois célébrée, qu'à notre insu, en voulant l'exprimer par différentes périphrases, nous présentons dans nos discours comme encore plus diverse, et surtout quand nous la faisons ennéade, en considérant la structure parfaite qui commande à tous les ordres depuis les premiers jusqu'aux derniers, et en voyant

1-4. Voir *Notes complémentaires*, p. 219-220.

Αὕτη δὲ σύγκειται οὐ μόνον ἐκ τοιῶνδε ῥημάτων καὶ ὀνομάτων, ἀλλὰ καὶ ἐκ νοημάτων τούτοις ἀναλογούντων καὶ προσαρμοττόντων. Εἰ τοίνυν καὶ παραλλάττομεν τῆς ἀληθείας ἐκείνης διερευνώμενοι τὸν νοητὸν βυθόν, ὅσος καὶ οἷός ἐστι, καὶ παραφερόμεθα πρὸς τὰ κάτω καὶ μεριστά, συνεπισπώμενοι ἢ συγκατασπώμενοι τῇ ἀνάγκῃ τῆς μικροπρεποῦς ἡμῶν οὐδενείας, ἀνασχέσθαι ὅμως δεῖ τῆς παραφορᾶς καὶ τῆς παραλλάξεως· ἄλλως μὲν γὰρ οὐκ ἔστιν, ὡς νῦν ἔχομεν ἔχοντα, ἐννοεῖν περὶ αὐτῶν, ἀγαπητέον δὲ καὶ πόρρωθεν καὶ μόλις καὶ ἀμυδρότατά πῃ παράπτεσθαι ἢ παρυπονοεῖν τι ἴχνος οἷον ἀστράπτον ἐξαίφνης περὶ τοῖς ἡμετέροις ὄμμασι, κἂν αὐτόθεν ποθὲν ἐγείρηται ἀπὸ τῆς ψυχῆς ἡ ἀστραπή, μικρὰ μὲν οὖσα καὶ οὐ πάνυ λάμπουσα, δεῖγμα δὲ ὅμως ἡμῖν γιγνομένη κατὰ τὸ ἀνάλογον τῆς ὑπερλάμπρου καὶ ὑπερμεγέθους ἐκείνης. Τοσοῦτον δὲ καὶ τοῦδε τοῦ λόγου ἐπαινετέον, ὅτι αὐτὸς ἑαυτὸν ἐκφαυλίζει καὶ ὁμολογεῖ δυσωπεῖσθαι καὶ μὴ δύνασθαι ἀντιϐλέπειν πρὸς τὸ φῶς ἐκεῖνο τὸ ἡνωμένον καὶ νοητόν.

Οὕτως οὖν τὴν τριάδα λέγομεν ἐκεῖ ὡς πλῆθος ἀδιάκριτον σημαίνουσαν, καὶ τὴν δυάδα αὖ πάλιν ὡς τοῦ πλήθους αἰτίαν ἐκείνου, καὶ τὴν μονάδα πρὸς ταύταις ὡς τὸ ἓν αὐτό, ὃ τοῦδε τοῦ πλήθους ἐστὶν ἐπέκεινα. Καὶ αὕτη ἐστὶν ἡ πολυύμνητος νοητὴ τριάς, ἣν περιφράζειν ἄλλοτε ἄλλως βουλόμενοι λανθάνομεν αὐτοὺς ἔτι ποικιλωτέραν αὐτὴν ἐν τοῖς λόγοις παρατιθέμενοι, καὶ μάλιστα ὅταν αὐτὴν ἐννεάδα ποιῶμεν, τὸ παντελὲς καὶ πάντων ἡγεμονοῦν ἀπὸ τῶν πρώτων ἄχρι τῶν ἐσχάτων ἐκλογιζόμενοι,

7 οὐδενείας] -εί- sscr. A[1], mg. uirg. cens.

dans le troisième (qui est naturellement trimorphe), comme dans un miroir, les principes aussi qui lui sont antérieurs, lesquels apparaissent triadiques en illuminant ses formes qui sont partout au nombre de trois, de même que dans le nuage qui a trois dimensions catoptriques, la couleur uniforme du soleil se réfléchit dans l'arc-en-ciel qui se montre polychrome[1]. C'est pourquoi Socrate, lui aussi, dans le *Philèbe*, n'ayant pas pu regarder en face l'un de là-haut, l'a suggéré au moyen de la triade placée sur son seuil[2], comme Platon le dit, certainement parce que, selon le mode unifié, il a vu la triade resplendir de l'éclat unique de l'hénade.

En bref, comme pour le reste, c'est par allusion que nous faisons remonter là-haut également la triade. Et, de même que le premier principe est monade, le deuxième dyade indéfinie et le troisième triade, parce que ce dernier est conçu, comme nous le savons, par conversion, celui qui le précède <par procession, et le premier> par manence, de même aussi la totalité de la triade, composée à partir de ces principes, n'est pas formée de monades, comme il semble, au nombre de trois, mais, parce qu'elle est une seule union parfaite, c'est la même union qui demeure, procède et se convertit, sans être même ces propriétés en tant qu'elles sont trois propriétés déterminées, mais en étant comme une seule qui, antérieurement aux trois[3], est capable des trois.

Les pères sont-ils donc trois ou un seul ? Ils sont trois, <au sens où> ils sont au-dessus de toute triade[4], de sorte qu'ils sont aussi au-dessus de tout un que, par rapport à ces propriétés, nous distinguons en l'opposant comme un à deux et à trois. Par conséquent, il n'y a ni

1-3. Voir *Notes complémentaires*, p. 220.

4. Il faut entendre : au-dessus de toute triade numérique, et de même (l. 24) : au-dessus de tout un numérique.

καὶ ἐν τῷ τρίτῳ, ὄντι κατὰ φύσιν τριμόρφῳ, καὶ τὰς πρὸ αὐτοῦ ἀρχὰς ὥσπερ ἐν κατόπτρῳ ὁρῶντες τριαδικὰς φανταζομένας καταλαμπούσας αὐτοῦ τὰς τρεῖς πάντῃ μορφάς, ὥσπερ ἐν τῷ νέφει τρεῖς ἔχοντι διαστάσεις κατοπτρικὰς ἡ μονοειδὴς ἐμφαίνεται τοῦ ἡλίου χρόα κατὰ τὴν ἰνδαλλομένην πολύχρωμον ἶριν. Τοιγαροῦν καὶ Σωκράτης ἐν τῷ Φιλήβῳ πρὸς τὸ ἓν ἐκεῖνο μὴ δυνηθεὶς ἀντωπῆσαι, διὰ τριάδος αὐτὸ παρεδήλωσεν τῆς ἐν προθύροις αὐτοῦ τεταγμένης, ὥς φησι, πάντως ὅτι ἡνωμένως κατιδὼν | μαρμαίρουσαν τὴν τριάδα κατὰ τὴν μίαν αὐγὴν τῆς ἑνάδος.

Ὅλως δὲ ὡς τὰ ἄλλα, καὶ τὴν τριάδα κατὰ ἔνδειξιν ἐκεῖ ἀνάγομεν. Καὶ ὡς ἡ πρώτη ἀρχὴ μονάς, καὶ ἡ δευτέρα δυὰς ἀόριστος, ἡ δὲ τρίτη τριάς, ὅτι αὕτη μὲν κατὰ ἐπιστροφήν, ἡ δὲ πρὸ αὐτῆς *** κατὰ μονὴν ἐθεωρεῖτο, οὕτω καὶ ἡ ὅλη ἀπὸ τούτων συγκειμένη τριὰς οὐκ ἐκ μονάδων ἐστίν, ὡς δοκεῖ, τριῶν, ἀλλ' ὅτι μία ἐστὶν ἕνωσις παντελής, ἡ αὐτὴ μένουσα καὶ προϊοῦσα καὶ ἐπιστρεφομένη, οὐδὲ ταῦτα ὡς τρία ἄττα, ἀλλ' ὡς ἓν πρὸ τῶν τριῶν [ἄχρι τῶν ἐσχάτων ἐκλογιζόμενοι, καὶ ἐν τῷ τρίτῳ, ὄντι κατὰ φύσιν τριμόρφῳ, καὶ τὰς πρὸ αὐτοῦ ἀρχὰς] τὰ τρία δυνάμενον.

Τρεῖς οὖν οἱ πατέρες, ἢ εἷς; Ἢ οὕτω τρεῖς ⟨ὡς⟩ ὑπὲρ πᾶσαν τριάδα· ὥστε καὶ ὑπὲρ τὸ ἓν ἅπαν ὃ πρὸς ταῦτα ἀντιδιαστελλόμεθα ὡς ἓν πρὸς δύο καὶ τρία. Καὶ δύναμις

6-8 cf. *Phil.* 65 a 1-5 || 8-9 ibid., 64 c 1.

10 ἡνωμένως scripsi : -νωι A || 13 πρωτη, πρω- in ras., -η s.u. A^1 || 15 lac. statui, supple κατὰ πρόοδον, ἡ δὲ πρώτη || 17 ὅτι] scr. ὅλη ? || 20 ἄχρι — 21 ἀρχὰς deleui (= p. 141.28-142.2) || 23 οὕτω τρεῖς <ὡς> scripsi : οὔτε τὸ εἷς A (οὕτως pro οὔτε coni. Ruelle).

une seule puissance ni trois, et il en est de même des intellects qui sont selon l'unifié, car dans l'unifié le un, le deux et le trois n'ont même pas été distingués ; et tout comme les choses qui sont là-haut sont au-dessus de toute distinction, pareillement elles sont au-dessus de la plus ancienne de toutes, c'est-à-dire de la distinction de un, de deux et de trois. Mais, si cette haute nature est bien ainsi, comme elle l'est en vérité, cependant nous faisons remonter en elle, par souci de clarté et d'adaptation aux hommes, les plus vénérables des propriétés qui ont procédé d'elle et après elle, comme l'un, les plusieurs, l'unifié, le bien en soi, la cause de tout, le limitant, l'illimité, le mixte, et toutes les autres de même sorte, naturellement aussi le caractère parfait de ce qui est distingué et subsiste de façon parfaite, propriétés que possèdent certes la triade et la procession de la triade. Tout cela, bien entendu, [n']est selon l'hypostase [qu']après l'intelligible, mais se trouve selon une vague manifestation[1], ou causalité ou analogie, dans l'unifié, et encore <dans les plusieurs> selon une pré-manifestation ou une pré-causalité ou une pré-analogie qui remonte de l'unifié vers les plusieurs, en tant que plusieurs seulement et rien d'autre ; c'est comme si l'on apercevait dans la pluralité qui est antérieure au nombre tout entier une sorte de pré-hypostase des nombres, inarticulée ou plutôt indifférenciée, de même que l'on peut apercevoir dans la matière non spécifiée la pré-hypostase des formes ; enfin, par une troisième enjambée vers le haut, en remontant à partir du Chaos des plusieurs, on conjecturera que ces choses sont précontenues dans l'Ether de la simplicité de tout, pour autant que l'infinité du Chaos et <la> consistance indifférenciée de l'unifié de toutes choses coexistent avec cette simplicité et lui appartiennent.

1. Voir vol. II, p. 93.23, n. 5.

ἄρα οὔτε μία οὔτε τρεῖς, καὶ νόες οἱ κατὰ τὸ ἡνωμένον ὁμοίως· οὐδὲ γὰρ ἐν τῷ ἡνωμένῳ τὸ ἓν καὶ τὰ δύο καὶ τὰ τρία διώρισται, ἀλλ' ὥσπερ ὑπὲρ πάντα διορισμὸν τὰ ἐκεῖ, οὕτω καὶ ὑπὲρ τὸν πάντων πρεσβύτατον, οὗτος δέ ἐστιν ὅ γε ἑνὸς καὶ δυεῖν καὶ τριῶν. Ἀλλ' εἰ καὶ οὕτως ἔχοι, ὥσπερ ἔχει κατὰ ἀλήθειαν, ἐκείνη ἡ φύσις, ὅμως ἀνάγομεν εἰς αὐτὴν σαφηνείας εἵνεκα καὶ συμμετρίας τῆς πρὸς ἀνθρώπους τὰ σεμνότατα τῶν ἀπ' αὐτῆς καὶ μετ' αὐτὴν προελθόντων, οἷον τὸ ἕν, τὰ πολλά, τὸ ἡνωμένον, τἀγαθόν, τὸ πάντων αἴτιον, τὸ πέρας, τὸ ἄπειρον, τὸ μικτόν, ὅσα τε ἄλλα τοιουτότροπα, καὶ δὴ καὶ τοῦ διωρισμένου τὸ παντελὲς καὶ παντελῶς ὑφεστῶτος, ἃ δὴ τριὰς ἔχει καὶ ἡ τῆς τριάδος πρόοδος. Ταῦτα δὲ πάντα κατὰ μὲν ὑπόστασιν μετὰ τὸ νοητὸν ὑφέστηκεν· κατὰ δὲ ἔμφασιν ἢ αἰτίαν ἢ ἀναλογίαν ἐν τῷ ἡνωμένῳ· κατὰ δὲ αὖ τὴν ἀπ' αὐτοῦ ἀναγομένην εἰς τὰ πολλὰ ᾗ πολλὰ μόνον, οὐδὲν δὲ ἄλλο, προέμφασιν ἢ προαιτίαν ἢ προαναλογίαν *** ὡς εἴ τις ἐν τῷ πλήθει τῷ πρὸ παντὸς ἀριθμοῦ ἐνίδοι τινὰ ἀδιάρθρωτον, μᾶλλον δὲ καὶ ἀδιάκριτον, τῶν ἀριθμῶν προϋπόστασιν, ὡς ἐν τῇ ἀνειδέῳ ὕλῃ τὴν τῶν εἰδῶν· τρίτῳ δὲ εἰς τὸ ἄνω βήματι ἀπὸ τοῦ Χάους ἀνιὼν τῶν πολλῶν ἐν τῷ Αἰθέρι τῆς πάντων ἁπλότητος ὑπονοήσει ταῦτα προειλῆφθαι, καθ' ὅσον αὐτῇ σύνεστιν καὶ αὐτῆς ἐστιν ἥ τε χαώδης ἀπειρία καὶ ⟨ἡ τοῦ⟩ ἡνωμένου ἀδιάκριτος σύμπηξις ἁπάντων. |

7 ἀνάγομεν Her. : -ωμεν A || 18 lac. statui, supple ex. gr. ἐν τοῖς πολλοῖς, || 22 ἀνιὼν τῶν Her. : ἀνιώντων (-ώ- ex -ό-) et mg. uirg. cens. A || fort. <πρὸ> πάντων || 25 ἡ τοῦ add. Her.

[1.8[3]. *Construction des neuf ordres triadiques*]

Mais, puisque de quelque façon nous avons l'audace de nombrer ce qui n'est pas nombrable, de donner un rang à ce qui est au-dessus de tout rang, et de distribuer cependant en diacosmes l'abîme réellement hypercosmique, eh bien maintenant, disons justement selon quelles démarches et comment[1] on doit procéder. De même donc que le monde intelligible-intellectif, et, après lui, le monde intellectif ont été divisés en trois pour commencer, et qu'ensuite, après avoir de nouveau divisé en trois, de façon analogue, chacune des trois sections des mondes qui sont après l'abîme, nous transférons à celui-là à partir de ces mondes ce que suggère la distinction, en disant que, comme on le sait, tout ce qu'est le monde intellectif dans son état de distinction achevée, tout cela le monde intelligible-intellectif l'est dans sa distinction en train de se faire, et que tout ce qu'est ce dernier dans cet état, tout cela le monde intelligible l'est dans son état indifférencié et néanmoins tout à fait plein, — de même donc, comme je le disais, en contemplant aussi en celui-là la perfection omniprésente, nous l'avons divisé en père, puissance et intellect, et nous avons de nouveau divisé chacun d'eux en trois.

Et comment? Avons-nous, en effet, divisé le père en trois pères, la puissance en trois puissances et l'intellect en trois intellects, avons-nous ensuite ajusté et coordonné chacun à chacun, en faisant correspondre, selon le rang, les propriétés aux propriétés? Observons que, selon ce procédé, les triades seront intérieurement disloquées, si c'est à partir de la première division, de la deuxième et de la troisième que chacune est constituée ;

1. Ὅπῃ καὶ ὅπως. Cf. *supra*, p. 74.2 et n. 1.

(119) Ἀλλ' ἐπειδὴ καὶ ὁπωσοῦν τολμῶμεν τά τε ἀνάριθμα ἀριθμεῖν καὶ τὰ ὑπὲρ πᾶσαν τάξιν ὄντα τάττειν, καὶ τὸν ὑπέρκοσμον τῷ ὄντι βυθὸν ὅμως διακοσμεῖν, φέρε νῦν αὐτὰ ταῦτα λέγωμεν, ὅπῃ καὶ ὅπως ποιητέον. Καθάπερ οὖν ὁ νοητὸς κόσμος καὶ νοερὸς ὅ τε ἐπὶ τούτῳ νοερὸς τριχῇ τὴν πρώτην διῃρημένος, ἔπειτα αὖ τῶν τριῶν ἕκαστον τμημάτων τριχῇ διελόμενοι κατὰ ἀναλογίαν τῶν μετ' αὐτόν, καὶ ἀπὸ τούτων ἐπ' ἐκεῖνον μετάγοντες τὴν ἔνδειξιν τῆς διακρίσεως, ὅτι ὅσος ἦν ὁ νοερὸς ἐν τῷ διακεκρίσθαι, τοσοῦτος ἐν τῷ διακρίνεσθαι ὁ νοητὸς καὶ νοερός, καὶ ὅσος ἐν τῷ διακρίνεσθαι οὗτος, τοσοῦτος ὁ νοητὸς ἐν τῷ ἀδιακρίτῳ ἑαυτοῦ καὶ οὐδὲν ἧττον παμπλήρει καταστήματι, οὕτω δ' οὖν, ὅπερ ἔφην, καὶ ἐν ἐκείνῳ τὸ πανταχοῦ τέλειον θεωροῦντες, εἰς πατέρα καὶ δύναμιν καὶ νοῦν διειλόμεθα, καὶ τούτων ἕκαστον τριχῇ πάλιν ἐπιδιείλομεν.

Καὶ πῶς; Ἆρα γὰρ τὸν μὲν πατέρα εἰς τρεῖς πατέρας, καὶ τὴν δύναμιν εἰς τρεῖς δυνάμεις, καὶ τὸν νοῦν εἰς τρεῖς νόας, ἔπειτα προσηρμόσαμεν καὶ συνετάξαμεν ἕκαστον ἑκάστῳ τῷ οἰκείῳ τὸν οἰκεῖον ὁμοταγῶς; Ἢ διερριμμέναι οὕτως ἔσονται αἱ τριάδες, εἰ ἀπὸ τῆς πρώτης καὶ τῆς δευτέρας καὶ τῆς τρίτης ἑκάστη συνεστήξεται, καὶ οὐκ

3 *Or. Chald.*, fr. 18.

6 τριχῇ coni. Ruelle : τύχηι et mg. uirg. cens. A || 10 ὁ s.u. A[1] || 17 τὸν A[1] : τὸ A || 19 προσηρμόσαμεν] -αμ- s.u. A[1].

de plus, il n'y aura pas de triade tout entière première, tout entière deuxième, tout entière troisième ; en effet, chacune aura des constituants qui ne seront ni de même rang ni de forme semblable[1]. Bien entendu, dans le cas des mondes qui viennent après ces réalités, il n'en est pas ainsi ; car dans le monde intermédiaire[2], comme toute la nature des Iynges est paternelle, toute la nature des Mainteneurs potentielle et toute la nature des Télétarques intellective, nous ne composons pas chaque triade des trois, mais nous divisons chaque nature à part en trois, d'après la forme, assurément, de la division tout entière ; en effet, nous divisons la nature des Iynges en père, puissance et intellect, la nature des Mainteneurs dans les mêmes, et la nature des Télétarques pareillement. De cette façon donc, divisons aussi en trois chaque monade de la triade intelligible, par exemple la monade paternelle en père, puissance et intellect. En effet, ce père unique tout entier, en tant qu'il est par lui-même, est uniquement père ; en tant que la puissance lui est unie et qu'il est lui-même en communauté avec elle, il devient d'une certaine façon puissance, et, en tant qu'il est père de l'intellect et que l'intellect lui appartient, il devient par là intellect ; ainsi donc, bien qu'étant un, il laisse entrevoir cependant la triade de sa propre simplicité. De la même façon, la puissance aussi se constitue en triade, en demeurant en elle-même et en s'unissant à chacun des extrêmes. En troisième lieu, l'intellect aussi se triple pareillement : tout ce qui de lui se convertit vers le père devient intellect paternel dans la troisième triade qui est la sienne ; tout ce qui de lui se développe en commun avec la puissance se produit comme puissance intellective ; et tout ce qui de lui reste en lui-même, sans mélange avec les rangs supérieurs, cela nous est traditionnellement transmis comme intellect de la triade. Ainsi, les monades de chaque triade sont de forme semblable et

1-2. Voir *Notes complémentaires*, p. 220-221.

ἔσται πρώτη ὅλη ἡ τριὰς καὶ ὅλη δευτέρα καὶ ὅλη τρίτη· ἕξει γὰρ ἑκάστη ἀνομοταγῆ καὶ ἀνομοειδῆ. Καὶ δὴ καὶ ἐπὶ τῶν μετὰ ταῦτα κόσμων οὐχ οὕτως· πατρικῆς γὰρ οὔσης ἐν τῷ μέσῳ τῆς ἰυγγικῆς ὅλης φύσεως, καὶ δυναμικῆς τῆς συνοχικῆς, καὶ νοερᾶς τῆς τελεταρχικῆς, οὐ συμπληροῦμεν ἑκάστην τριάδα ἐκ τῶν τριῶν, ἀλλ' ἑκάστην φύσιν ἰδίᾳ τριχῇ διαιρούμεθα, κατὰ τὸ εἶδος μέντοι τῆς ὅλης διαιρέσεως· καὶ γὰρ τὴν ἰυγγικὴν εἰς πατέρα καὶ δύναμιν καὶ νοῦν, καὶ τὴν συνοχικὴν εἰς τὰ αὐτά, καὶ τὴν τελεταρχικὴν ὁμοίως. Οὕτως ἄρα καὶ τῆς νοητῆς τριάδος ἑκάστην μονάδα τριχῇ διελώμεθα· οἷον τὴν πατρικὴν εἰς πατέρα καὶ δύναμιν καὶ νοῦν. Ὁ γὰρ εἷς οὗτος ὅλος πατήρ, ᾗ μὲν καθ' ἑαυτόν, πατὴρ μόνον, ᾗ δὲ συμφέρεται αὐτῷ ἡ δύναμις καὶ αὐτὸς ἐπικοινωνεῖ ταύτῃ, τρόπον τινὰ γίγνεται δύναμις, ᾗ δὲ τοῦ νοῦ πατὴρ καὶ αὐτοῦ ὁ νοῦς ἐστι, ταύτῃ γίγνεται νοῦς· οὕτως ἄρα καὶ εἷς ὤν, ὅμως ἐμφαίνει τὴν τριάδα τῆς οἰκείας ἁπλότητος. Ὡσαύτως δὲ καὶ ἡ δύναμις τριὰς καθίσταται καθ' ἑαυτήν τε μένουσα καὶ ἑκατέρῳ συμφερο|μένη τῶν ἄκρων. Καὶ δὴ ἐκ τρίτων καὶ ὁ νοῦς ὁμοίως τριπλασιάζεται, ὅσον μὲν αὐτοῦ εἰς τὸν πατέρα ἐπέστραπται, πατρικὸν γιγνόμενον ἐν τῇ τρίτῃ τριάδι τῇ ἑαυτοῦ, ὅσον δὲ τῇ δυνάμει συμφυόμενον, δύναμις νοερὰ ἀποτελεῖται, ὅσον δὲ ἐφ' ἑαυτοῦ ἀμιγὲς πρὸς τὰ κρείττονα μένει, τοῦτο νοῦς παραδίδοται τῆς τριάδος. Καὶ οὕτω μὲν ὁμοειδεῖς τε καὶ ὁμοταγεῖς αἱ μονάδες ἑκάστης τριάδος, οὕτω δὲ αἱ τριάδες εἰς μονάδας δύνανται

1 ἡ del. ? || 14 ἐπεὶ κοινωνεῖ A, corr. bs[b] || 24 ἐφ' scripsi : ἀφ' A || 25 νοῦς scripsi : νοῦ A.

de même rang ; ainsi, les triades peuvent être contractées en monades, chacune étant vue selon l'un de la triade, et non pas selon la pluralité de celle-ci.

[1.8[4]. *Involution de la triade en l'un*]

De plus, ces trois quasi-monades tout entières n'auront pas été séparées les unes des autres par une distinction, mais, au-dessus de toute monade unifiée par rapport à elle-même, celles-là auront été unifiées les unes par rapport aux autres, puisque l'un pur appuie la première puissance unificatrice qui est la sienne sur les principes qui sont après lui et lui sont contigus, et qu'il emporte en haut ces principes vers sa propre unité indicible dont la transcendance par rapport à l'unité d'une monade est si élevée que même le troisième à partir de l'un, celui que nous appelons, on le sait, l'unifié, même lui, par sa propre nature et antérieurement à la simplicité extraordinaire de l'un, est cependant établi au-dessus de [toute] proportion avec une monade. Car la monade est une forme, et sinon une forme, du moins quelque chose de distingué, et sinon cela, du moins est-elle principe d'une organisation distinguée ; quant à l'unifié, il est supraformel, au-dessus de toute distinction et de toute substance qui est conçue selon l'altérité ; il n'est pas principe de nombre, mais absolument de toutes les choses qui sont après lui, et il ne contient pas une pluralité de nombres multiples, enroulée en lui, mais, étant absolument sans nombre et indifférencié, il n'est précisément que ce qu'on le dit, à savoir unifié. Il n'y a donc [là-haut] en vérité aucune apparence de triade ; car les trois, l'unifié, les plusieurs, l'un, ne demeurent même pas distingués les uns des autres ; mais l'unifié se déverse en haut dans les plusieurs, pour autant, du moins, que la puissance prédomine, tandis que la puissance, avec l'unifié qui s'est dissout en elle, se simplifie dans l'un, après avoir abandonné sa propre fusion et être remontée vers la simplicité de l'un. Cette

συναιρεῖσθαι, κατὰ τὸ ἓν ἑκάστη ὁρωμένη τῆς τριάδος, ἀλλ' οὐχὶ κατὰ τὸ πλῆθος αὐτῆς.

Ἀλλὰ καὶ αὗται αἱ ὅλαι τρεῖς οἷον μονάδες οὐ διεστήξονται ἀπ' ἀλλήλων κατὰ διάκρισιν, ἀλλ' ὑπὲρ πᾶσαν μονάδα πρὸς ἑαυτὴν ἡνωμένην ἐκεῖναι πρὸς ἀλλήλας ἑνωθήσονται, τοῦ ἑνὸς ἁπλῶς τὴν ἑαυτοῦ πρώτην ἑνοποιὸν δύναμιν εἰς τὰς μεθ' ἑαυτὸ συνεχεῖς αὐτῷ ἀρχὰς ἀπερειδομένου καὶ ἀναρπάζοντος αὐτὰς εἰς τὴν ἑαυτοῦ ἄφραστον ἕνωσιν, ἧς τοσαύτη ἐστὶν ἡ ὑπερβολὴ πρὸς τὴν μονάδος ἕνωσιν, ὥστε καὶ τὸ τρίτον ἀπὸ τοῦ ἑνός, ὅπερ ἐκαλοῦμεν ἡνωμένον, καὶ τοῦτο ὅμως τῇ ἑαυτοῦ φύσει καὶ πρὸ τῆς ἀμηχάνου τοῦ ἑνὸς ἁπλότητος ὑπὲρ μονάδος ἕστηκεν ἀναλογίαν. Ἡ μὲν γὰρ εἶδός ἐστιν· εἰ δὲ μὴ εἶδος, ἀλλά τι διωρισμένον, εἰ δὲ μή, ἀλλὰ διωρισμένης γε συστάσεως ἀρχή· τὸ δὲ ἡνωμένον καὶ ὑπὲρ εἶδος καὶ ὑπὲρ πάντα διορισμὸν καὶ ὑπὲρ πᾶσαν οὐσίαν τὴν καθ' ἑτερότητα θεωρουμένην, καὶ οὐκ ἀριθμοῦ ἀρχή, ἀλλὰ πάντων ἁπλῶς τῶν μεθ' ἑαυτό, καὶ οὐκ ἔχει πλῆθος ἐν ἑαυτῷ πολλῶν ἀριθμῶν συνεσπειραμένον, ἀλλὰ πάντῃ ἀνάριθμόν τε καὶ ἀδιάκριτον αὐτὸ τοῦτο μόνον ὃ λέγεται ἡνωμένον. Οὐκ ἄρα ὡς ἀληθῶς τριὰς οὐδεμία δοκοῦσά ἐστιν· οὐδὲ γὰρ μένει διωρισμένα ἀπ' ἀλλήλων τὰ τρία, τὸ ἡνωμένον, τὰ πολλά, τὸ ἕν· ἀλλὰ τὸ μὲν ἡνωμένον ἀναχεῖται εἰς τὰ πολλὰ κατὰ γοῦν τὴν ἐπικράτειαν τῆς δυνάμεως· ἡ δὲ δύναμις ἅμα ἐκείνῳ διαχυθέντι εἰς δύναμιν εἰς τὸ ἓν ἀναπλοῦται, ἀφεῖσα τὴν ἑαυτῆς χύσιν καὶ εἰς τὴν τοῦ ἑνὸς ἀναδραμοῦσα ἁπλότητα. Πάντα οὖν αὕτη κατείληφεν, οὐκ ἐῶσα φανῆναι τὸν

1 post ὁρωμένῃ] ÷ ÷ ÷ ÷ in ras. A ‖ 3 καὶ αὗται Kopp : καὶ ÷ αὐταὶ A ‖ 7 ἑαυτὸ scripsi : -οῦ A ‖ 15 γε coni. Ruelle : τὲ A.

dernière a donc tout saisi, sans permettre à la distinction de la triade d'apparaître, mais en manifestant l'un comme tout, de même que la puissance fait voir aussi l'intellect comme un Chaos illimité qui s'établit dans l'indéterminé de la puissance ; quant à l'intellect, ce n'est que dans la mesure où en lui-même il est inférieur aux principes plus vénérables, qu'il apparaît comme intellect.

Comment donc y a-t-il réellement triade ? En ce que les monades de chaque triade sont inférieures à celle-ci dans sa totalité, et qu'aucune en vérité ne fait disparaître sa triade propre, mais au contraire aide même à la constituer. En réalité, l'un est la plus forte de toutes les choses et rien n'est avant lui, de sorte que la triade elle-même tout entière ne le précède pas non plus ; car il faudrait pour cela que les plusieurs soient avant l'un. En outre, l'un fait aussi disparaître la triade, car toute distinction est absorbée en lui ; c'est pourquoi dans l'un ce qu'on appelle la triade n'est qu'hénade, tandis que dans les plusieurs la triade est aussi dyade (car elle est puissance), et que dans l'unifié il doit y avoir quelque claire manifestation de la triade, du fait que, le premier, il a subi l'un et les plusieurs ; la triade est aussi le premier nombre[1], un et deux, c'est-à-dire l'unifié et le plurifié, le monadique et le dyadique.

[1.9. *Des propriétés triadiques et des trois principes*]

[1.9[1]. *Analogies de structure*]

Trêve pour nous de discussions ; en effet, quand aurions-nous fini de faire effort, par le raisonnement naturel, pour comprendre les triades intelligibles que nous célébrons ? Tournons donc notre pensée vers ces recherches qui scrutent indiscrètement[2] la nature même des triades qu'on appelle paternelle, potentielle et intellective. Est-il vrai, par exemple, que, comme

1-2. Voir *Notes complémentaires*, p. 221.

τῆς τριάδος διορισμόν, ἀλλὰ πάντα τὸ ἓν ἀποφήνασα, καθάπερ ἡ δύναμις καὶ τὸν νοῦν ἀποδείκνυσιν ἄπειρον χάος ἐν τῷ τῆς δυνάμεως ἱστάμενον ἀορίστῳ, ὁ δὲ νοῦς, | ὅσον καθ' ἑαυτὸν ἀπολείπεται τῶν πρεσβυτέρων ἀρχῶν, κατὰ τοσοῦτον μόνον φαίνεται νοῦς.

Πῶς οὖν τῷ ὄντι τριάς; Ἑκάστης γὰρ τριάδος αἱ μονάδες χείρονές εἰσιν αὐτῆς ὅλης, καὶ οὐδεμία μέντοι ἀφανίζει τὴν οἰκείαν τριάδα, τοὐναντίον δὲ καὶ συνίστησι· νῦν δὲ τὸ ἓν πάντων ἐστὶ κράτιστον, καὶ οὐδέν ἐστι πρὸ αὐτοῦ, ὥστε οὐδὲ ἡ τριὰς αὐτὴ ὅλη· ἢ γὰρ ἂν εἴη τὰ πολλὰ πρὸ τοῦ ἑνός. Ἔτι δὲ καὶ ἀφανίζει τὴν τριάδα τὸ ἕν, καταπίνεται γὰρ ἐν αὐτῷ ἅπας διορισμός· διόπερ ἐν μὲν τῷ ἑνὶ μόνῃ ἑνάς ἐστιν καὶ ἡ λεγομένη τριάς, ἐν δὲ τοῖς πολλοῖς δυάς ἐστι καὶ ἡ τριάς (δύναμις γάρ), ἐν δὲ τῷ ἡνωμένῳ σαφής τις ἂν εἴη τῆς τριάδος ἔμφασις διὰ τὸ πρῶτον πεπονθέναι τό τε ἓν καὶ τὰ πολλά· πρῶτος δὲ καὶ ἡ τριὰς ἀριθμός, ἕν τε καὶ δύο, τοῦτο δέ ἐστιν ἡνωμένον τε καὶ πεπληθυσμένον, μοναδικόν τε καὶ δυαδικόν.

(120) Τῶν μὲν δὴ τοιούτων ἅλις ἡμῖν ἔστω (πότε γὰρ ἂν παυσαίμεθα τῷ φύσει λόγῳ ἁμιλλώμενοι πρὸς τὴν νόησιν τῶν νοητῶν ὑμνουμένων τριάδων;), ἐπ' ἐκεῖνα δὲ τρέψωμεν τὴν διάνοιαν τὰ ζητήματα ὅσα τὴν φύσιν αὐτὴν πολυπραγμονεῖ τῶν τριάδων, τῆς πατρικῆς, τῆς δυναμικῆς, τῆς νοερᾶς καλουμένης. Ἆρα γάρ, ὡς ἡ μέση

6 τριάδος ÷ ÷ αἱ A.

l'ordre intermédiaire[1] l'indique manifestement, l'une s'établit selon la puissance et est conçue comme le principe de toutes les puissances, qu'une autre est conçue comme subsistence, à savoir la triade paternelle dont est dite aussi la puissance, qu'une autre enfin est intellective, en tant qu'elle procède comme un acte d'une puissance et qu'elle est l'acte de la subsistence? Car ce rapport que la substance a avec une puissance, et qu'une puissance a avec un acte, on pourrait dire que la propriété paternelle l'a avec la propriété potentielle, et la propriété potentielle avec la propriété intellective; et ces principes, que différents philosophes ont voulu suggérer par des noms différents, par exemple les Pythagoriciens par les noms de monade, de dyade et de triade, ou bien Platon par le limitant, l'illimité et le mixte, ou bien ce que nous-même auparavant nous désignions par l'un, les plusieurs et l'unifié, cela les Oracles des dieux le désignent par la subsistence, la puissance et l'acte. Ainsi donc, ils nomment[2] clairement le père subsistence, mais la puissance ce n'est même pas par un autre nom qu'ils la transmettent; or, si le père est subsistence, tandis que la puissance est l'intermédiaire, comment le troisième ne serait-il pas appelé acte et ne le serait-il pas réellement? C'est en particulier de cette façon que le grand Jamblique, lui aussi, conçoit cela[3]. Peut-être, l'intellect *(noûs)* a-t-il été nommé d'après l'intelliger *(noeîn)*, c'est-à-dire à partir d'un acte, quel que soit le sens de *noeîn* : soit connaître, soit se convertir vers le père, soit le désirer; et, peut-être, le père subsiste-t-il seulement, tandis que la puissance, outre le subsister, doit projeter aussi la propriété de pouvoir, et que l'intellect, outre ces propriétés, doit projeter encore l'acte. L'explication que voilà pourrait maintenir forte l'union des premiers principes, si, tout en étant trois, ils sont cependant unifiés les uns avec les

1-3. Voir *Notes complémentaires*, p. 221-222.

προφανῶς ἐνδείκνυται, ἡ μὲν ἵσταται κατὰ τὴν δύναμιν καὶ θεωρεῖται ὡς ἀρχὴ πασῶν δυνάμεων, ἡ δὲ ὡς ὕπαρξις, ἡ πατρική, ἧς λέγεται καὶ ἡ δύναμις, ἡ δὲ νοερὰ ὡς ἐνέργεια ἀπὸ δυνάμεως προϊοῦσα καὶ οὖσα ἐνέργεια τῆς ὑπάρξεως; Ὃν γὰρ ἔχει λόγον ἡ οὐσία πρὸς δύναμιν, καὶ δύναμις πρὸς ἐνέργειαν, τοῦτον ἔχειν εἴποι τις ἂν τὴν πατρικὴν ἰδιότητα πρὸς τὴν δυναμικήν, καὶ τὴν δυναμικὴν πρὸς τὴν νοεράν· καὶ ἃς ἠβουλήθησαν ἀρχὰς ἐνδείξασθαι δι' ἄλλων ἄλλοι, οἷον οἱ Πυθαγόρειοι διὰ μονάδος καὶ δυάδος καὶ τριάδος, ἢ ὁ Πλάτων διὰ τοῦ πέρατος καὶ τοῦ ἀπείρου καὶ τοῦ μικτοῦ, ἢ ⟨ὃ⟩ πρότερόν γε ἡμεῖς διὰ τοῦ ἑνὸς καὶ τῶν πολλῶν καὶ τοῦ ἡνωμένου, τοῦτο οἱ χρησμοὶ τῶν θεῶν διὰ τῆς ὑπάρξεως καὶ δυνάμεως καὶ ἐνεργείας. Τὸν μὲν οὖν πατέρα σαφῶς ὕπαρξιν ὀνομάζει, τὴν δὲ δύναμιν οὐδὲ ἄλλῳ ὀνόματι | παραδίδωσιν· εἰ δὲ ὁ μὲν πατὴρ ὕπαρξις, ἡ δὲ δύναμις τὸ μέσον, πῶς οὐχὶ καὶ τὸ τρίτον ἐνέργειά τε ἂν εἴη καὶ λέγοιτο; Καὶ δὴ τοῦτο ταύτῃ θεωρεῖ καὶ ὁ μέγας Ἰάμβλιχος. Τάχα δὲ καὶ ὁ νοῦς ἀπὸ τοῦ νοεῖν, ὅ ἐστιν ἀπὸ ἐνεργείας, ὠνομασμένος ἂν εἴη, ὅ τι ποτὲ ἂν δηλοίη τὸ νοεῖν, εἴτε τὸ γιγνώσκειν, εἴτε τὸ ἐπιστρέφεσθαι πρὸς τὸν πατέρα, εἴτε τὸ ἐκείνου ἐφίεσθαι· καὶ τάχα ἂν ὁ μὲν πατὴρ ὑπάρχει μόνον, ἡ δὲ δύναμις πρὸς τῷ ὑπάρχειν καὶ δυνατόν, ὁ δὲ νοῦς πρὸς τούτοις καὶ τὴν ἐνέργειαν προβάλοιτο ἄν. Καὶ ἥ γε τοιαύτη ἔνδειξις πολλὴν ἂν σῴζοι τὴν ἕνωσιν τῶν πρώτων ἀρχῶν, εἴ γε τρεῖς οὖσαι

19 Iambl. ubi? u. adn.

11 ὃ add. Kroll || 22 ἀφίεσθαι A, correxi || 23 τῷ Galpérine : τὸ A || 24 δυνατὸν A, fort. δύναται (cf. p. 149.4).

autres, en ce sens que la puissance est relative à la subsistence et que l'acte appartient à la subsistence. Et il est évident que les principes sont unifiés les uns avec les autres encore plus fortement que ne l'est avec elle-même une seule nature qui subsiste, peut et agit, et qui est justement une, en étant trimorphe.

[1.9[2]. *Les trois principes et la substance*]

Est-ce donc de cette manière qu'il faut penser les principes, à savoir à partir de cette troisième propriété ? Or, après avoir regardé le troisième, qui est l'unifié, comme étant la substance pure[1], comment pourrons-nous dire que le père se définit selon la substance[2], s'il est vrai que substance et subsistence sont la même chose ? Non, elles ne sont pas la même chose, dit-on[3], mais la subsistence doit se dire à propos des dieux, et la substance à propos des réalités qui leur sont suspendues ; c'est de cette façon, en effet, que les philosophes ont coutume, en beaucoup d'endroits, de les distinguer[4]. Or, même si cela était vrai, [il n'en resterait pas moins que] dans les intelligibles l'être n'est pas encore distingué de l'un, que l'unifié non plus n'est pas l'être, et, par suite, que le père non plus n'est pas l'un[5]. Peut-être, de même que le père est l'un pur, l'unifié aussi pourrait-il être l'être pur, pourvu qu'on entende chacun des deux d'une autre manière[6], comme on l'a déjà dit souvent. On pourrait parler ainsi, s'il était vrai que substance *(ousia)* et subsistence *(hyparxis)* sont différentes. Mais, en réalité, je ne vois pas, quant à moi, la différence en question[7], car nous énonçons l'être *(einai)* et le subsister *(hyparchein)* de la même chose, s'il est vrai que parfois, l'être, nous l'appelons aussi le subsister ; c'est, en effet, une façon de s'exprimer très habituelle aux anciens[8]. Et, s'il est vrai que le fait d'être doit présubsister à toute autre chose, par exemple au fait de pouvoir et à celui d'agir, au fait de

1-8. Voir *Notes complémentaires*, p. 222-223.

ὅμως ἥνωνται πρὸς ἀλλήλας οὕτως ὡς πρὸς ὕπαρξιν δύναμις καὶ ἐνέργεια τῆς ὑπάρξεως. Δῆλον δὲ ὅτι καὶ μειζόνως ἥνωνται πρὸς ἀλλήλας αἱ ἀρχαὶ ἢ πρὸς ἑαυτὴν ἡ μία φύσις ὑπάρχουσά τε καὶ δυναμένη καὶ ἐνεργοῦσα καὶ οὖσά γε μία τρίμορφος.

Ἆρα οὖν οὕτως αὐτὰς νοητέον, καὶ ἀπὸ τῆς τρίτης ταύτης ἰδιότητος; Ἢ τὴν ἁπλῶς οὐσίαν θέμενοι τὸ τρίτον, ὅπερ ἐστὶ τὸ ἡνωμένον, πῶς ἂν ἔχοιμεν λέγειν τὸν πατέρα κατὰ τὴν οὐσίαν ὑπογράφεσθαι, εἴπερ ταὐτὸν οὐσία καὶ ὕπαρξις; Ἢ οὐ ταὐτόν, φασίν, ἀλλ' ἡ μὲν ὕπαρξις ἐπὶ θεῶν λέγοιτο ἄν, ἡ δὲ οὐσία ἐπὶ τῶν ἐξημμένων αὐτῶν· οὕτω γὰρ εἰώθασιν πολλαχοῦ διαστέλλεσθαι οἱ φιλόσοφοι. Ἀλλ' εἰ καὶ τοῦτο ἦν ἀληθές, οὔπω διώρισται ἐν ἐκείνοις ἀπὸ τοῦ ἑνὸς τὸ ὄν, οὐδέ ἐστιν ὂν τὸ ἡνωμένον· οὐδὲ ἄρα τὸ ἓν ὁ πατήρ. Ἴσως δὲ ὡς ἓν ἁπλῶς ὁ πατήρ, καὶ τὸ ἡνωμένον εἴη ἂν ἁπλῶς ὄν, ἄλλον τρόπον λεγόμενον ἑκάτερον, ὡς προείρηται πολλάκις. Ἦν δ' ἂν οὕτω λέγειν, εἰ ἀληθὲς διαφέρειν οὐσίαν καὶ ὕπαρξιν· νῦν δὲ οὐχ ὁρῶ ἔγωγε τὴν τοιαύτην διαφοράν, τὸ γὰρ εἶναι καὶ τὸ ὑπάρχειν ἐπὶ τοῦ αὐτοῦ λέγομεν, εἴπερ ποτὲ καὶ λέγοιμεν ὑπάρχειν τὸ εἶναι· τοῖς γὰρ παλαιοῖς πάνυ σύνηθες. Εἰ δὲ ὅτι πρὸ παντὸς ἄλλου δεῖ προϋπάρχειν τὸ εἶναι, οἷον τοῦ δύνασθαι καὶ τοῦ ἐνεργεῖν

16 εἴη] εἴ s.u. ins. A¹.

réussir ou à celui de bien se porter, et à peu près à tout le reste (car, dans les genres de l'être, l'être vient en tête des autres), si donc, pour cela, le fait d'être commande *(archei)* et commande sous quelque chose *(hypo ti archei)*[1] (car nous concevons l'être après l'un), de cette façon encore subsister *(hyparchein)* et être *(einai)* devront être la même chose, sauf que le fait d'être peut aussi être appelé subsister en ce sens qu'il est rangé avant les autres choses et qu'il procure l'être aux autres choses. Si donc substance et subsistence sont la même chose, et si le troisième [qu'est l'unifié] est la substance pure, comment serait-il raisonnable de la rapporter au père ?

De plus, la propriété paternelle ne veut-elle pas être cause de l'être pour autre chose, plutôt que d'avoir elle-même l'être, en tant que paternelle ? Ainsi donc, le premier père et purement père, n'étant pas quelque autre chose et ensuite père, mais étant seulement père, ne devra pas avoir lui-même l'être, mais il sera cause de l'être pour d'autres, et en premier lieu pour l'être pur et l'être antérieur à tout ; de sorte que par là aussi le père est antérieur à toute subsistence et substance. Il en est de même aussi de la puissance paternelle ; en tant qu'elle est productrice de la substance, elle devra être placée antérieurement à elle. Ainsi donc, le troisième, comme on le sait, est l'acte paternel, de sorte que l'acte est aussi antérieur à la substance, en tant qu'il est producteur de la substance et qu'il est l'acte paternel ; il n'est pas vrai alors que l'unifié soit la substance pure[2], s'il est vrai qu'il est l'acte paternel qui engendre les êtres. Disons plutôt que l'acte accompagne ce qui est produit, et que, en tant qu'il est l'acte paternel, par là, se rattachant à l'un et au père, il est l'unifié, appelé [ainsi] à cause de sa conversion vers cet un, mais que, en tant qu'il coagrège en lui-même ce qui se sépare de lui et est engendré de lui, par là il est la substance pure,

1-2. Voir *Notes complémentaires*, p. 223.

καὶ τοῦ εὖ πράττειν ἢ εὖ εἶναι καὶ τῶν ἄλλων ἁπάντων σχεδόν (καὶ γὰρ ἐν τοῖς γένεσι τοῦ ὄντος τὸ ὂν προηγεῖται τῶν ἄλλων), εἰ δὴ διὰ ταῦτα τὸ εἶναι ἄρχει καὶ ὑπό τι ἄρχει (μετὰ γὰρ τὸ ἓν τὸ ὂν ἐννοοῦμεν), ταὐτὸν | μὲν ἂν εἴη καὶ οὕτως ὑπάρχειν καὶ εἶναι, πλὴν ὅτι τὸ εἶναι ὡς πρὸ τῶν ἄλλων τεταγμένον καὶ τοῖς ἄλλοις τὸ εἶναι παρεχόμενον, οὕτως ἂν καλοῖτο καὶ ὑπάρχειν. Εἰ τοίνυν ταὐτὸν οὐσία καὶ ὕπαρξις, ἡ δὲ ἁπλῶς οὐσία τὸ τρίτον, πῶς ἂν ἔχοι λόγον ἐπὶ τὸν πατέρα ταύτην μετάγειν;

Οὐχὶ δὲ καὶ τὸ πατρικὸν ἰδίωμα τοῦ εἶναι ἄλλῳ αἴτιον εἶναι βούλεται, ἀλλ' οὐκ αὐτὸ εἶναι καθὸ πατρικόν; Οὐκοῦν ὁ πρῶτος πατὴρ καὶ ἁπλῶς πατήρ, οὐκ ἄλλο τι ὤν, εἶτα πατήρ, ἀλλὰ μόνον πατήρ, οὐκ ἂν μὲν αὐτὸς εἴη, τοῦ δὲ εἶναι ἄλλοις αἴτιος ἔσται, καὶ πρώτῳ γε τῷ ἁπλῶς ὄντι καὶ ὄντι πρὸ πάντων· ὥστε καὶ ταύτῃ πρὸ πάσης ὑπάρξεως καὶ οὐσίας ὁ πατήρ. Ὁμοίως δὲ καὶ δύναμις ἡ πατρική, ἅτε οἰστικὴ τῆς οὐσίας οὖσα πρὸ αὐτῆς ἂν εἴη τεταγμένη. Οὐκοῦν τὸ τρίτον ἦν ἡ πατρικὴ ἐνέργεια, ὥστε καὶ ἡ ἐνέργεια πρὸ τῆς οὐσίας, ἅτε οἰστικὴ τῆς οὐσίας καὶ πατρικὴ οὖσα ἐνέργεια· οὐκ ἄρα τὸ ἡνωμένον ἡ ἁπλῶς οὐσία, εἴπερ ἐστὶ πατρικὴ ἐνέργεια γεννῶσα τὰ ὄντα. Ἢ σύνδρομος ἡ ἐνέργεια τῷ ἐνεργουμένῳ, καὶ ᾗ μὲν πατρικὴ ἐνέργεια, ταύτῃ τοῦ ἑνὸς ἐχομένη καὶ πατρὸς ἡνωμένον ἐστί, κατὰ ἐπιστροφὴν τὴν πρὸς τὸ ἓν ἐκεῖνο καλούμενον, ᾗ δὲ τὰ ἀφ' ἑαυτοῦ χωριζόμενα καὶ γεννώμενα συνῄρηκεν ἐν ἑαυτῷ, [καὶ] ταύτῃ πρὸ τῆς διωρισμένης

2 τοῦ ὄντος] -οῦ in ras., -ν- ex -υ-, acc. ex corr., A^1 || 4 ὑπὸ τί A, corr. A^1 || 10 ἄλλῳ scripsi (cf. us. 14) : ἄλλο A || 22 et 25 ᾗ scripsi : ἡ A || 26 καὶ deleui.

antérieure à la substance distinguée, comme on l'a aussi affirmé auparavant. Ou bien, on doit dire que le troisième principe est analogue à l'acte du premier, parce que, en réunissant l'agir, le pouvoir, la propriété paternelle et génératrice, il est devenu substance pure; en effet, nous appelons substance et être ce qui agit, peut et, d'abord, est en soi-même[1], de sorte que cela est substance par soi, tandis que par rapport au père cela est dit acte du père.

Peut-être doit-on concevoir les choses de cette manière : le troisième principe est substance et subsistence déjà en acte et selon l'acte, tandis que le deuxième est substance encore en puissance, et c'est ce qu'exprime le terme puissance; car, ce qui dans les choses d'en-bas est pris en un sens inférieur, cela est pris là-haut en un sens supérieur. C'est donc ainsi qu'il faut entendre ce qui est en puissance antérieurement à ce qui est en acte; quant au père, il n'est même pas encore substance en puissance, mais il s'est soustrait à toute affinité (de quelque façon qu'on la conçoive) avec la substance, puisque même dans les choses d'en-bas l'un de la matière est au-delà du en-puissance, bien qu'il soit inférieur, car le en-puissance est, en effet, déjà prédéterminé par son affinité avec la forme.

[1.9[3]. *Substance et subsistence*]

Peut-être convient-il mieux de dire que la subsistence *(hyparxis)* désigne la pure propriété de position dans l'être (ὑπόστασιν μόνον)[2], de même que la puissance la pure propriété de pouvoir, et l'acte la pure propriété d'agir, tandis que la substance *(ousia)* est le tout et a réuni ces trois propriétés[3]; d'où il suit que ce qui est

1-2. Voir *Notes complémentaires*, p. 223.

3. Ce sont là les trois propriétés (ἰδιώματα) qui ont été définies comme les éléments constitutifs de la substance, cf. vol. II, p. 72.2-9 et n. 3.

οὐσίας ἡ ἁπλῶς οὐσία, καθάπερ εἴρηται καὶ πρότερον. Ἢ ῥητέον τὴν τρίτην ἀρχὴν ἀναλογεῖν τῇ ἐνεργείᾳ τῆς πρώτης, ὅτι συλλαβοῦσα τὸ ἐνεργεῖν, τὸ δύνασθαι, τὸ πατρικὸν ἰδίωμα καὶ γεννητικόν, οὐσία γέγονεν ἁπλῶς· καὶ γὰρ οὐσίαν φαμὲν καὶ ὂν τὸ ἐνεργοῦν τε καὶ δυνάμενον, καὶ πρότερόν γε αὐτὸ ὑφεστός, ὥστε καθ' ἑαυτὴν μὲν οὐσία ἐστίν, πρὸς δὲ τὸν πατέρα ἐνέργεια λέγεται τοῦ πατρός.

Ἢ μήποτε ἐκείνως θεωρητέον· ἡ μὲν τρίτη ἀρχὴ οὐσία καὶ ὕπαρξις ἐνεργείᾳ ἤδη καὶ κατ' ἐνέργειαν, ἡ δὲ δευτέρα δυνάμει ἔτι, καὶ τοῦτο δηλοῦν τὴν δύναμιν· ἃ γὰρ ἐν τοῖς κάτω χειρόνως, ἐκεῖ κρειττόνως λαμβάνεται. Οὕτως ἄρα τὸ δυνάμει πρὸ τοῦ ἐνεργείᾳ, ὁ δὲ πατὴρ οὐδὲ δυνάμει πω, ἀλλ' ἥρπασεν ἑαυτὸν καὶ ἀπὸ τῆς πρὸς οὐσίαν οἵας δήποτε ἐννοουμένης ἐπιτηδειότητος, ἐπεὶ καὶ ἐν τοῖς τῇδε τὸ ἓν τῆς ὕλης ἐπέκεινα τοῦ δυνάμει καὶ χεῖρον, τὸ γὰρ δυνάμει ἤδη προώρισται τῇ πρὸς τὸ εἶδος ἐπιτηδειότητι.

Τάχα δὲ ἐκεῖνο προσφυέστερον εἰπεῖν, ὡς ἡ μὲν ὕπαρξις | τὴν ὑπόστασιν δηλοῖ μόνον, ὥσπερ ἡ δύναμις τὸ δύνασθαι μόνον, καὶ ἡ ἐνέργεια τὸ μόνον ἐνεργεῖν, ἡ δὲ οὐσία τὸ ὅλον ἐστὶ καὶ τὰ τρία συνειληφός· ὅθεν τὸ

1 supra p. 93.13-18; p. 104.18-105.11; p. 114.6-7; p. 119.15-19; p. 125.16-126.6; || uol. II, p. 94.23-26; p. 103.18-104.7; p. 212.20-213.3 || 13-14 *Or. Chald.*, fr. 3.1.

---

2 τῆς ἐνεργείας A, correxi, cf. uu 7-8 (τῇ ἐνεργείᾳ τῇ πρώτῃ coni. Ruelle).

mais ne peut rien, ou que ce qui peut mais n'agit en rien, nous disons que cela n'est même pas[1], ou que cela est en vain ; or, au contraire, nous estimons que rien n'est en vain. Dans le troisième principe justement, nous disons que les trois propriétés se rassemblent, dans le deuxième les deux seulement, et que dans le premier il n'y en a véritablement qu'une seule ; il s'ensuit que celui-ci est pure subsistence ou pure hypostase[2], entendons sans puissance et sans acte, s'il est permis de dire, car cette propriété est conçue selon ce qui est meilleur que la puissance et l'acte ; le deuxième principe est à la fois subsistence et puissance, mais il n'agit en rien ; il est antérieur à l'acte et il procure à toutes choses ce qui est antérieur à l'acte, de même que le premier leur procure ce qui est antérieur à la puissance ; enfin, le troisième principe, s'adjoignant en outre l'agir, est devenu substance ou une nature qui est, peut et agit[3]. Par conséquent, la subsistence diffèrera de la substance de la même façon que l'être seul en soi et par soi diffère de l'être considéré conjointement avec les autres propriétés ; en effet, la subsistence, disons-nous, est un élément de la substance, et a été admise pour suggérer le principe le plus simple[4]. Ainsi exposées, <ces notions> [5] peuvent avoir sans doute une certaine <explication> ; mais il semble qu'elles se distinguent surtout de la façon suivante.

La subsistence *(hyparxis)*, comme l'indique son nom, désigne le premier principe de chaque hypostase[6]; elle est comme une assise ou comme un fondement antérieurement posé sous la totalité de la superstructure et sous toute superstructure ; c'est pourquoi aussi celui qui lui a donné son nom a placé avant le mot *archè* (principe) la préposition *hypo* (sous), parce qu'il voulait désigner le principe antérieurement posé à titre de fondement sous ce que l'on dit être de quelque façon que ce soit[7]. Or, ce principe est la simplicité antérieure à tout, à laquelle

1-7. Voir *Notes complémentaires*, p. 222-224.

ὑφεστὸς μέν, δυνάμενον δὲ μηδέν, ἢ τὸ δυνάμενον μέν, οὐδὲν δὲ ἐνεργοῦν, οὐδὲ εἶναί φαμεν ἢ μάτην γε εἶναι· καὶ πάλιν ἀξιοῦμεν οὐδὲν εἶναι μάτην. Ἐν μὲν δὴ τῷ τρίτῳ τὰ τρία συνδραμεῖν, ἐν δὲ τῷ δευτέρῳ τὰ δύο μόνα, ἐν δὲ τῷ πρώτῳ τὸ ἓν μόνον ὡς ἀληθῶς· ὅθεν τοῦτο μὲν ὕπαρξις μόνον καὶ ὑπόστασις, οἷον ἀδύνατος καὶ ἀνενέργητος, εἰ θέμις εἰπεῖν, κατὰ τὸ κρεῖττον τῆς δυνάμεως καὶ τῆς ἐνεργείας ἐπινοουμένη· ἡ δὲ δευτέρα ἀρχὴ ὕπαρξις ἅμα καὶ δύναμις, ἀλλὰ μηδὲν ἐνεργοῦσα καὶ πρὸ ἐνεργείας οὖσα καὶ τὰ πρὸ ἐνεργείας ἅπασι χορηγοῦσα, ὥσπερ ἡ πρώτη τὰ πρὸ δυνάμεως· ἡ δὲ τρίτη προσλαβοῦσα τὸ ἐνεργεῖν οὐσία γέγονεν, ὑφεστῶσα καὶ δυναμένη καὶ ἐνεργοῦσα φύσις. Ταύτῃ ἄρα διοίσει τῆς οὐσίας ἡ ὕπαρξις, ᾗ τὸ εἶναι μόνον καθ' αὑτὸ τοῦ ἅμα τοῖς ἄλλοις ὁρωμένου· στοιχεῖον γὰρ τῆς οὐσίας εἶναι τὴν ὕπαρξιν, καὶ παρειλῆφθαι πρὸς ἔνδειξιν τῆς ἁπλουστάτης ἀρχῆς. Ἔχοι μὲν ἄν τινα ⟨λόγον ταῦτα⟩ οὕτω λεγόμενα· δοκεῖ δέ μοι μάλιστα τοῦτον διορίζεσθαι ταῦτα τὸν τρόπον.

(121) Ἡ ὕπαρξις, ὡς δηλοῖ τὸ ὄνομα, τὴν πρώτην ἀρχὴν δηλοῖ τῆς ὑποστάσεως ἑκάστης, οἷόν τινα θεμέλιον ἢ οἷον ἔδαφος προϋποτιθέμενον τῆς ὅλης καὶ τῆς πάσης ἐποικοδομήσεως· διόπερ καὶ τὴν ὑπὸ πρόθεσιν τῆς ἀρχῆς προέταξεν ὁ ὀνομάσας, ὅτι ἠβούλετο δηλοῦν προϋποτιθεμένην ἀρχὴν τοῖς ὅπως ποτὲ εἶναι λεγομένοις. Αὕτη δέ ἐστιν ἡ πρὸ πάντων ἁπλότης, ᾗ πᾶσα προσγίνε-

17 ἔχοιμεν A, correxi || λόγον ταῦτα addidi || 22 ὑπὸ om. A : τὴν ὑπὸ mg. A^1.

vient s'ajouter toute composition ; et ce principe est, je le pense, l'un lui-même présupposé au-delà de tout, lequel est la cause de toute substance, mais sans être encore substance. Car toute substance est composée ou par union, ou par mélange, ou de quelque autre manière que ce soit, tandis que celui-là, comme nous le savons, est lui-même seulement un ; et pour qu'il puisse y avoir quelque composition, il faut que, par-dessous, soit posé antérieurement et que présubsiste *(prohyparchein)* littéralement l'un et le simple, parce que sans lui rien d'autre ne procèderait en une hypostase[1]. Par conséquent, l'un est la subsistence de toute substance et son premier fondement ; et, si la subsistence, selon sa propre simplicité, a été posée à titre de fondement antérieurement à la substance, elle devra engendrer la substance, de sorte aussi que la subsistence sera nécessairement paternelle.

Par conséquent, pour nous, un, subsistence et père reviennent au même[2] ; à ce premier fondement et à cette première subsistence vient s'ajouter un deuxième fondement, qui est, pour ainsi dire, la pluralité de cet un-là et comme sa distension dans sa volonté d'être tout antérieurement à tout, ce que justement nous appelons puissance, de façon analogique, parce que la puissance est aussi, comme nous l'avons vu, l'extension de la substance[3]. A la suite de ce deuxième fondement procède le troisième principe qui embrasse, à ce qu'il semble, la forme la plus parfaite et complètement achevée, principe qui s'est pour ainsi dire distendu en trois et s'est unifié en substance au lieu de subsistence. C'est pourquoi aussi l'intellect paternel ressemble à son propre père et est en état de conversion vers lui, de même que l'unifié ressemble à l'un, et la substance à la subsistence, sans qu'ils soient cependant identiques ; car il y a une autre chose entre les deux, c'est la puissance, qui sort de la simplicité paternelle et, par là, se met en

1-3. Voir *Notes complémentaires*, p. 224.

ται σύνθεσις· αὕτη δέ ἐστιν αὐτὸ δήπου τὸ πάντων ἐπέκεινα προϋποκείμενον ἕν, ὅπερ αἴτιον μὲν πάσης οὐσίας, οὔπω δὲ οὐσία. Πᾶσα γὰρ οὐσία σύνθετος ἢ κατὰ ἕνωσιν ἢ κατὰ κρᾶσιν ἢ ὅπως ποτὲ ἄλλως, ἐκεῖνο δὲ ἦν αὐτὸ μόνον ἕν· δεῖ δέ, εἰ μέλλοι σύνθεσίς τις εἶναι, προϋποκεῖσθαι καὶ προϋπάρχειν ἀτεχνῶς τὸ ἓν καὶ ἁπλοῦν, ὡς ἄνευ γε τούτου οὐδὲν ἄλλο προέλθοι εἰς ὑπόστασιν. Ὕπαρξις ἄρα τῆς οὐσίας ἁπάσης τὸ ἓν καὶ ἡ πρώτη ὑπόθεσις· καὶ εἰ πρὸ αὐτῆς ὑποτεθείη κατὰ τὴν οἰκείαν ἁπλότητα, παραγωγὸς ἂν εἴη τῆς οὐσίας, ὥστε καὶ πατρικὴ πάντως ἡ ὕπαρξις.

Εἰς ταὐτὸν ἄρα ἥκει ἡμῖν ἕν τε καὶ ὕπαρξις καὶ πατήρ· ἐπὶ ταύτῃ δὲ τῇ πρώτῃ ὑποθέσει τε καὶ ὑπάρξει προσγίγνεταί τις δευτέρα ὑπόθεσις, οἷον πλῆθος οὖσα τοῦ ἑνὸς ἐκείνου καὶ οἷον διάστασις αὐτοῦ πάντα βουληθέντος εἶναι πρὸ πάντων, ὃ δὴ καλοῦμεν κατὰ ἀναλογίαν | δύναμιν, ὅτι καὶ ἡ δύναμις ἐκτένεια ἦν τῆς οὐσίας. Ἐπὶ δὲ ταύτῃ ἡ τρίτη πρόεισιν ἀρχή, τὸ τελειότατον, ὡς δοκεῖ, συλλαβοῦσα καὶ παντέλειον εἶδος, οἷον τριχῇ διαστᾶσα καὶ εἰς οὐσίαν ἀντὶ ὑπάρξεως ἑνωθεῖσα. Διὸ καὶ ἔοικεν τῷ οἰκείῳ πατρὶ ὁ πατρικὸς νοῦς καὶ ἐπέστραπται πρὸς αὐτόν, ὡς τῷ ἑνὶ τὸ ἡνωμένον, καὶ τῇ ὑπάρξει ἡ οὐσία, οὐ μὴν ταὐτόν γέ ἐστιν· ὧν καὶ ἄλλο μέσον, ἡ δύναμις, ἐκβᾶσα μὲν ἀπὸ τῆς πατρικῆς ἁπλότητος καὶ ταύτῃ συμφερομένη τῷ νῷ, οὔπω δὲ εἰς

17-18 uol. I, p. 107.6.

5 μόνον] -ον s.u. A^1 || 9 ὑποτεθείη scripsi : ὑποτεθῆι ἡ A || 10 παράγωγος A || 14 προγίγνεται A, σ puncto notatum s.u. A^1 || 23 ὧν καὶ scripsi : ὧν· καὶ A.

relation avec l'intellect, sans être encore circonscrite dans une union, mais qui ne veut être que fusion et illimitation de l'un. C'est pourquoi la puissance, en tant qu'elle est l'un qui s'épanche, coexiste aussi avec le père, en tant qu'il est l'un qui demeure; il s'ensuit que le deuxième principe n'est pas encore l'unifié, mais qu'il est encore l'un[1], quoique celui-ci s'épanche en quelque sorte dans un véritable Chaos. Tenons donc pour suffisamment expliqué ce en quoi la subsistence *(hyparxis)* diffère de la substance *(ousia)*.

[1.9[4]. *Conclusions sur les principes et les ordres*]

Il est clair aussi qu'une hénade séparée de la substance sera, de façon analogue, séparée partout comme subsistence[2]. Si, en effet, l'un est subsistence pure[3], alors l'unifié est substance pure; et si l'un contredistingué de l'être, en tant que l'être lui est suspendu selon l'altérité, est subsistence, alors, par rapport à celle-ci comme subsistence l'être est substance; toutefois selon sa simplicité, il est subsistence[4]; mais l'un pur est subsistence seulement, de la même façon que les plusieurs purs, et qui ne sont rien d'autre que les plusieurs, sont la première puissance[5]; enfin l'unifié, qui est le mélange de l'un pur et des plusieurs purs, et qui pour cette raison est lui-même l'unifié pur, est appelé l'être pur, parce qu'il est absolument ce qu'on appelle <l'un-être> [6], qui sans doute a subi l'un, sans qu'il soit un cependant, comme le montre Platon dans le *Sophiste*[7]. Ainsi donc, c'est avec raison, d'abord que l'un est le père de la triade, en tant que le père est antérieur à l'être et générateur de l'être, ensuite que les plusieurs sont la puissance du père, en tant que ceux-ci sont une extension de l'un vers la génération de l'être, enfin que l'intellect paternel est l'unifié ou l'être[8], considéré selon la conversion vers l'un paternel[9]; sans doute, il ne s'agit pas là de la conversion cognitive, car

1-9. Voir *Notes complémentaires*, p. 225.

ἕνωσιν περιγραφεῖσα, ἀλλὰ μόνη χύσις καὶ ἀπειρία τοῦ ἑνὸς εἶναι βουλομένη. Διὸ καὶ τῷ πατρὶ σύνεστιν ὡς ἑνὶ μένοντι χεόμενον ἕν· ὅθεν οὔπω ἡνωμένον ἡ δευτέρα ἀρχή, ἀλλ' ἓν ἔτι, εἰ καὶ χεόμενόν πως εἰς χάος ὡς ἀληθῶς. Ἡ μὲν οὖν ὕπαρξις ᾗ διαφέρει τῆς οὐσίας, ἐπὶ τοσοῦτον εἰρήσθω.

Καὶ δῆλον ὅτι χωριζομένη τῆς οὐσίας ἑνὰς ἀνάλογον πανταχοῦ ὡς ὕπαρξις χωρισθήσεται. Εἰ γὰρ τὸ ἓν ἁπλῶς ὕπαρξις, καὶ τὸ ἡνωμένον ἁπλῶς οὐσία· εἰ δὲ τὸ ἀντιδιαιρούμενον πρὸς τὸ ὂν ἓν ὡς ἐξῃρημένον αὐτοῦ καθ' ἑτερότητα ὕπαρξις, καὶ τὸ ὂν ὡς πρὸς ὕπαρξιν ταύτην οὐσία, κατὰ μέντοι τὴν ἁπλότητα ὕπαρξις· τὸ δὲ ἁπλῶς ἓν ὕπαρξις μόνον, ὡς καὶ τὰ ἁπλῶς πολλὰ καὶ οὐδὲν ἄλλο ἢ τὰ πολλὰ ἡ πρώτη δύναμις· καὶ ἤδη καὶ τὸ ἡνωμένον, ὃ μίγμα ἐστὶν ἑνὸς καὶ πολλῶν τῶν ἁπλῶς, καὶ διὰ τοῦτο καὶ αὐτὸ ὂν ἁπλῶς ἡνωμένον, τὸ ἁπλῶς λέγεται ὄν, ὅτι πανταχοῦ τὸ λεγόμενον ⟨ἓν ὄν⟩, ὃ πέπονθε μὲν τὸ ἕν, ἓν δὲ ὅμως οὐκ ἔστιν, ἐν Σοφιστῇ δείκνυσιν ὁ Πλάτων. Οὐκοῦν ἐν δίκῃ τὸ μὲν ἓν ὁ πατὴρ τῆς τριάδος, ὅτι πρὸ τοῦ ὄντος καὶ γεννητὴς τοῦ ὄντος, ἡ δὲ δύναμις τοῦ πατρὸς τὰ πολλά, ὅτι ἐκτένεια ταῦτα τοῦ ἑνὸς ἐπὶ τὴν τοῦ ὄντος γέννησιν, ὁ δὲ πατρικὸς νοῦς τὸ ἡνωμένον τε καὶ τὸ ὂν κατὰ τὴν πρὸς τὸ ἓν τὸ πατρικὸν ἐπιστροφὴν θεωρούμενον· οὐ δήπου τὴν γνωστικήν,

17-19 *Soph.* 245 a 1 - b 10.

---

3 μένόντι A || 12 οὐσίαν A, correxi || 17 ἓν ὄν addidi.

là-haut aucune connaissance ne s'est encore distinguée ; il ne s'agit pas non plus de la conversion vitale, car, à ce niveau, aucune vie, non plus, ne s'est distinguée de quelque façon ; il ne s'agit donc même pas de <la conversion> [1] substantielle, car c'est après l'unifié que la substance s'est contredistinguée de la vie et de la connaissance ; cependant, il s'agit de la conversion la plus estimable de toutes, qui ne se convertit pas vers une substance, mais vers l'un simplement. C'est pourquoi la conversion de l'unifié, en tant qu'il est antérieur à tout, est aussi supérieure à toutes les conversions ; c'est pourquoi encore elle est la conversion pure, et non pas une conversion définie, par exemple la conversion cognitive vers un connaissable, ou la conversion appétitive vers un désirable (car celle-ci est plutôt vitale), et ce n'est pas non plus la conversion vers un être du substantialisé (car celle-ci est une conversion définie et vers une chose définie), mais c'est la conversion la plus simple de toutes et tournée vers l'objet le plus simple de tous, à savoir la conversion de l'unifié vers l'un, du premier vers le premier[2] ; et, vis-à-vis d'une distinction ou plutôt de la transcendance indifférenciée, cette conversion est dans un rapport tel qu'elle est union plutôt que conversion. Cependant, l'analogie nous fera dire qu'elle est encore une conversion et nous fera appeler intellect celui qui subsiste selon elle, parce que la conversion est le propre d'un intellect. Or, si ce qui est distingué appartient à un intellect, comme on l'a dit plus haut, par là aussi l'unifié est intellect, parce que l'intellect est troisième à partir du père. Toutefois, quelle que soit la façon d'appeler cette conversion, c'est par une analogie et une suggestion extraordinaires qu'on exprimera sa grandeur. Mais, pour parler en général, tenons cela pour dit.

1. Voir *Notes complémentaires*, p. 226.
2. C'est-à-dire : du premier unifié vers le premier un.

οὔπω γὰρ ἐκεῖ διακέκριται γνῶσις· οὐδὲ τὴν ζωτικήν, οὐδὲ γὰρ ζωή πως ἐν ἐκείνοις διεκρίθη· οὐδὲ ἄρα οὐσιώδης ⟨ἡ ἐπιστροφή⟩, καὶ γὰρ ἡ οὐσία πρὸς ταῦτα ἀντιδιῄρηται μετὰ τὸ ἡνωμένον [οὐσιώδης ἡ ἐπιστροφή]· ἡ ⟨δ'⟩ ἐστὶ πασῶν ἐπιστροφῶν πρεσβυτάτη, οὐκ εἰς οὐσίαν ἐπιστρεφομένη, ἀλλ' εἰς τὸ ἓν ἁπλῶς. Διὸ καὶ τούτου πρὸ πάντων ὄντος καὶ ἡ ἐπιστροφὴ πασῶν ἐστιν ὑπερέχουσα τῶν ἐπιστροφῶν· διὸ καὶ ἁπλῶς ἐπι|στροφὴ αὕτη ἐστίν, ἀλλ' οὐ τίς, οἷον γνωστικὴ πρὸς γνωστόν, ἢ ὀρεκτικὴ πρὸς ὀρεκτὸν (καὶ γὰρ αὕτη ζωτικὴ μᾶλλόν ἐστιν), οὐδὲ ὡς πρὸς ὂν τοῦ οὐσιωμένου (τὶς γὰρ αὕτη καὶ πρός τι ἐπιστροφή), ἀλλ' ἡ πρὸς τὸ πάντων ἁπλούστατον καὶ ἁπλουστάτη πασῶν, ἡ τοῦ ἡνωμένου πρὸς τὸ ἕν, τοῦ πρώτου πρὸς τὸ πρῶτον, καὶ οὕτως ἔχουσα διακρίσεως, μᾶλλον δὲ τῆς ἀδιακρίτου ὑπερβολῆς, ὡς ἕνωσις εἶναι μᾶλλον ἢ ἐπιστροφή. Ἀλλ' ὅμως ἡ ἀναλογία καὶ ἐπιστροφὴν αὐτὴν εἶναι φήσει καὶ νοῦν ὀνομάσει τὸν κατ' αὐτὴν ὑφιστάμενον, διότι νοῦ ἴδιον ἡ ἐπιστροφή. Εἰ δὲ νοῦ τὸ διακεκριμένον, ὡς εἴρηται πρόσθεν, καὶ ταύτῃ νοῦς τὸ ἡνωμένον, ὅτι τρίτος ἀπὸ τοῦ πατρός. Ὅπως δᾶν λέγοιτο, κατά τινα ῥηθήσεται ἀναλογίαν καὶ ἔνδειξιν ὑπερφυᾶ τὸ μέγεθος. Ἀλλ' ὡς μὲν κοινῶς εἰπεῖν, οὕτως εἰρήσθω.

19 supra, p. 71.21-26; uol. II, p. 146.15-147.5.

---

2 fort. πω || 3 ἡ ἐπιστροφή addidi, || 4 οὐσιώδης ἡ ἐπιστροφή deleui || 5 ἡ δ' scripsi : ἣ A || 11 οὐσιωμένου bs[b] : οὐσιουμένου A || 18 εἰ in ras. A[1] (scr. ἧ?) || 19 νοῦ] νοῦς coni. Ruelle || 20-21 δᾶν λέγοιτο scripsi : διαλέγοιτο et mg. uirg. cens. A || 21 ῥηθήσεται] -η- in ras. A[1].

Cependant, nous devons parler de façon plus détaillée de ce qui concerne la triple division de l'unifié, d'après laquelle le sommet de celui-ci est absolument indifférencié, tandis que l'intermédiaire est déjà, de quelque façon, en train de se distinguer autant que l'unifié le peut, et que la limite inférieure est déjà distinguée, de sorte qu'on peut l'appeler le distingué de l'unifié. En effet, Platon, après avoir distingué ce dernier en un et en être découvrait cependant que c'est l'ensemble des deux qui devient chacun des deux ; quant à l'intermédiaire, il en faisait un tout composé de parties que sont l'un et l'être (c'est là, comme on le sait, le propre de ce qui se distingue) ; enfin, le sommet est absolument un-être, c'est aussi bien l'un de l'être que l'être de l'un. Et, si l'on veut aussi s'exprimer de cette façon, on dira avec raison que le sommet contient l'être dominé par l'un, que l'extrême inférieur au contraire contient l'un dominé par l'être, tandis que dans l'intermédiaire l'un et l'être sont en équilibre[1]. Ou bien encore, disons comme Platon que le premier est un-être, le deuxième tout et parties, le troisième pluralité illimitée ; ce dernier donc, en tant qu'il est analogue à l'intellect[2], [est ce qu'il est] selon la pluralité déjà distinguée, l'intermédiaire [est ce qu'il est] selon la pluralité en train de se distinguer, et le premier selon la pluralité unifiée. C'est pourquoi le sommet est seulement un-être, l'intermédiaire commence déjà une certaine division, et le troisième est divisé en plusieurs ; de même que l'intellect est divisé dans les formes, disons-nous, de même celui-là est divisé dans ces plusieurs que nous disons être plusieurs antérieurement à tout nombre[3] ; de là suit aussi que la pluralité est illimitée[4], parce que par nature elle n'est pas nombrable et qu'elle est antérieure à toute délimitation numérique. Car le nombre n'admet pas l'illimité[5], même pas chez ceux qui en parlent[6] ; mais la pluralité, parce qu'elle est illimitée en tant que

1-6. Voir *Notes complémentaires*, p. 226.

(122) Τὸν δὲ μερικώτερον τρόπον κατὰ τὴν τριχῇ διαίρεσιν τοῦ ἡνωμένου ῥητέον, καθ' ἣν τὸ μὲν ἄκρον αὐτοῦ πάντῃ ἀδιάκριτον, τὸ δὲ μέσον ἤδη πως ὡς ἐκεῖνο διακρινόμενον, τὸ δὲ πέρας διακεκριμένον ὡς τοῦ ἡνωμένου τὸ διακεκριμένον εἰπεῖν. Καὶ γὰρ ὁ Πλάτων τοῦτο μὲν διακρίνας εἰς ἓν καὶ ὂν ὅμως εὕρισκεν ἑκάτερον τὸ συναμφότερον γιγνόμενον, τὸ δὲ μέσον ἐκ μερῶν ὅλον ἐποίει τοῦ ἑνὸς καὶ τοῦ ὄντος (τοῦτο δὲ τοῦ διακρινομένου ἴδιον ἦν), τὸ δὲ ἄκρον πάντῃ ἓν ὄν, καὶ τό τε ἓν τοῦ ὄντος, καὶ τὸ ὂν τοῦ ἑνός. Εἰ δὲ καὶ τῇδε λέγοι τις, ὀρθῶς ἐρεῖ· [ᾗι] τὸ μὲν ἄκρον ὑπὸ τοῦ ἑνὸς ἔχει τὸ ὂν κρατούμενον, τὸ δὲ ἔσχατον ἀνάπαλιν ὑπὸ τοῦ ὄντος τὸ ἕν, ἐν δὲ τῷ μέσῳ ἑκάτερον ἰσοστάσιον. Ἢ πάλιν, ὡς Πλάτων, τὸ μέν ἐστιν ἓν ὄν, τὸ δὲ ὅλον καὶ μέρη, τὸ δὲ ἄπειρον πλῆθος· τοῦτο μὲν οὖν ὡς ἀναλογοῦν τῷ νῷ κατὰ τὸ διακεκριμένον ἤδη πλῆθος, τὸ δὲ μέσον κατὰ τὸ διακρινόμενον, τὸ δὲ πρῶτον κατὰ τὸ ἡνωμένον. Διόπερ τὸ μὲν ἄκρον μόνον ἓν ὄν, τὸ δὲ μέσον ἀρχόμενον ἤδη μερισμοῦ τινος, τὸ δὲ τρίτον εἰς πολλὰ διῃρημένον, ὡς ὁ νοῦς εἰς τὰ εἴδη, φαμέν, οὕτως τοῦτο εἰς τὰ πολλά, ἃ λέγομεν εἶναι πολλὰ πρὸ ἀριθμοῦ παντός· ὅθεν καὶ [τὸ] | ἄπειρον τὸ πλῆθος, ὅτι ἀνάριθμον φύσει καὶ πρὸ παντὸς ὅρου ἀριθμητικοῦ. Οὐ γὰρ ὁ ἀριθμὸς ἐνδέχεται τὸ ἄπειρον, οὐδὲ κατὰ τοὺς λέγοντας, ἀλλὰ τὸ πλῆθος, ὅτι ᾗ πλῆθος ἄπειρον, καὶ

5-10 *Soph.* 245 a 1 - b 10 || 13-14 *Parm.* 142 b 5 - 143 a 3.

---

4 διακεκριμένον Galpérine : διακρινόμενον A || 10 τῇδε scripsi : τι A || 11 ᾗι deleui || 12 ἐν s.u. A[1] || 21 τὸ[1] deleui.

pluralité, est aussi la matière du nombre, laquelle a besoin d'un limitant numérique ; ou plutôt elle n'est ni matière ni besogneuse d'un limitant, mais elle est au-delà de l'hypostase de tous les nombres.

Ainsi donc, ces plusieurs sont les plusieurs de l'unifié-un[1], de même que les plusieurs antérieurs à l'unifié dans le deuxième principe sont, comme nous le disions, les plusieurs purs. Ceux-ci sont les plusieurs de l'un en tant qu'ils sont l'un-plusieurs[2], tandis que ceux-là sont des plusieurs en tant qu'ils sont l'unifié-plusieurs[3] ; à ces derniers présubsistent au milieu de l'intelligible non pas les plusieurs, ni non plus la pluralité illimitée, mais les parties et le tout[4], à savoir les plusieurs encore retenus dans l'un, et ne faisant que commencer à se distinguer de lui. C'est pourquoi le tout s'est produit à la place de l'un[5], tandis que les parties, au lieu de rester indivisibles et coagrégées par l'un qui leur est propre, une fois qu'elles ont été parfaitement distinguées, et que dans l'unifié ont été produits des fragments correspondant pour leur quantité et leur qualité à la distinction dont l'unifié est capable, ces parties se sont tout de suite manifestées comme des plusieurs.

De plus, la pluralité illimitée tout entière sera par suite analogue à l'intellect, et cette pluralité illimitée sera tout entière analogue aux formes dans l'intellect (c'est pourquoi aussi on la célèbre comme l'intellect du tout intelligible) ; l'intermédiaire sera analogue à l'ordre médian, qui a reçu en partage aussi le même nom, dans le deuxième diacosme après l'intelligible ; enfin, le sommet sera analogue à l'élémenté et à ce qui est formé du mélange des éléments[6], lui qui est l'unifié du monde unifié tout entier[7].

1-5. Voir *Notes complémentaires*, p. 226-227.

6. L'élémenté et ce qui est formé du mélange des éléments = la substance (premier ordre des intelligibles-intellectifs).

7. Cf. vol. II, p. 97.12-14.

ὕλη ἀριθμοῦ δεομένη πέρατος ἀριθμητικοῦ, μᾶλλον δὲ οὔτε ὕλη οὔτε δεομένη πέρατος, ἀλλ' ἐπέκεινα τῆς τῶν ἀριθμῶν πάντων ὑποστάσεως.

Ἔστι τοίνυν τὰ πολλὰ ταῦτα τοῦ ἡνωμένου ἑνὸς πολλά, ὡς τὰ πρὸ τοῦ ἡνωμένου πολλὰ κατὰ τὴν δευτέραν ἀρχὴν πολλὰ ἦν, ὡς ἔφαμεν, ἁπλῶς· τοῦ ἑνός τε τὰ μὲν ὡς ἓν πολλά, ταῦτα δὲ ὡς ἡνωμένον πολλά· ὧν προϋπάρχειν ἐν τῷ μέσῳ τοῦ νοητοῦ οὐ τὰ πολλά, οὐδὲ τὸ ἄπειρον πλῆθος, ἀλλὰ μέρη καὶ ὅλον, ἔτι ἐνεχόμενα τῷ ἑνὶ τὰ πολλά, καὶ μόνον ἀρχόμενα διακρίνεσθαι ἀπ' αὐτοῦ. Ὅθεν τὸ μὲν ὅλον ἀντὶ ἑνὸς γέγονεν, τὰ δὲ μέρη ἀντὶ ἀμερίστων καὶ ὑπὸ τοῦ ἑνὸς τοῦ οἰκείου συνῃρημένων, ἐπειδὴ διεκρίθη τελέως, ὅσῃ καὶ οἵᾳ διακρίσει ἐπεφύκει γενέσθαι τοῦ ἡνωμένου, τοσούτων καὶ τοιούτων γενομένων κερμάτων ἐν τούτῳ, πολλὰ εὐθὺς ἐφάνη.

Καὶ τὸ πᾶν ἄπειρον πλῆθος ἀναλογήσει ἄρα τῷ νῷ, καὶ τοῖς ἐν τῷ νῷ εἴδεσι τὸ ἄπειρον τοῦτο πλῆθος πᾶν (διὸ καὶ νοῦς ἀνύμνηται τοῦ νοητοῦ παντός), τὸ δὲ μέσον τῇ μέσῃ τάξει καὶ ὄνομα λαχούσῃ ταὐτὸν ἐν τῷ δευτέρῳ διακόσμῳ μετὰ τὸν νοητόν, τὸ δὲ ἄκρον τῷ στοιχειωτῷ καὶ ἀπὸ στοιχείων συγκεκραμένῳ, αὐτό γε ὂν ἡνωμένον τὸ τοῦ ἡνωμένου κόσμου παντός.

6 uol. II, p. 207.11-12; p. 213.19-24.

6 ἦν scripsi : ἣν A ‖ 19 νοῦς scripsi : νοητὸς A ‖ 20 λαχούσηι, -ηι in ras. 3 litt. A.

Et, de nouveau, dans le troisième diacosme qui est l'intellectif, l'intellect qui n'est pas morcelé et qui est « Une fois au-delà »[1] se compare au sommet de l'unifié et à l'absolument unifié ; quant à Hécate qui brille des deux côtés[2] et qui apparaît tout entière composée de plusieurs parties, elle est semblable à l'intermédiaire de l'unifié ; enfin, ce qui dans ce diacosme est l'intellect « Deux fois au-delà »[3], lançant des éclairs par ses tranchants intellectifs[4], c'est là [l'analogue de] l'intellect intelligible et unifié, qui, lui aussi, lance des éclairs par ses tranchants intelligibles, s'il est permis de dire.

Quoi qu'il en soit, si quelques différences de ce genre sont dans l'unifié, ou du moins quelques pré-manifestations ou quelques pré-causes de ces différences, ou quel que soit le terme que l'on choisira de préférence (car il a été beaucoup question de ces choses auparavant), et si l'unifié est, comme nous l'avons vu, [l'analogue de] l'intellect paternel, qui tantôt est vu comme un tout unique, tantôt est ainsi divisé en trois, il est évident que nous diviserons en même temps, selon la même proportion, la puissance parfaite en trois puissances et le père unique en trois pères. En effet, l'un [d'entre eux] sera le père de l'unifié dans l'intellect unifié, un autre le père de l'unifié considéré comme tout et parties, un autre enfin le père de l'unifié selon la pluralité illimitée ; il suit de là que ce dernier est appelé, comme nous le savons, intellect paternel dans la triade paternelle, celui du milieu, puissance, et le premier, père des pères. Pareillement, les puissances aussi seront prises de trois manières, puisqu'elles s'unissent des deux côtés aux trois, je veux dire aux [trois] pères et aux [trois] intellects paternels ; car les puissances brillent toujours des deux côtés et sont proportionnées à l'un et à l'autre extrêmes qui s'en écartent ; néanmoins, dans la triade aussi des puissances, la première a une dignité paternelle vis-à-vis des autres, celle qui est au milieu est la

1-4. Voir *Notes complémentaires*, p. 227.

Καὶ αὖ πάλιν ἐν τῷ τρίτῳ διακόσμῳ τῷ νοερῷ ὁ μὲν ἀμιστύλλευτος νοῦς καὶ Ἅπαξ ἐπέκεινα τῷ ἄκρῳ τοῦ ἡνωμένου καὶ πάντῃ ἡνωμένῳ ἀπείκασται· ἡ δὲ ἀμφιφαὴς Ἑκάτη καὶ ὅλη πολυμερὴς φαινομένη τῷ μέσῳ τοῦ ἡνωμένου προσέοικεν· ὅπερ δὲ ἐν τούτῳ ὁ Δὶς ἐπέκεινα νοῦς, νοεραῖς στράπτων τομαῖς, τοῦτο ἐκεῖ ὁ νοητὸς νοῦς καὶ ἡνωμένος, νοηταῖς τομαῖς, εἰ θέμις φάναι, στράπτων καὶ ἐκεῖνος.

Ἀλλὰ γὰρ εἰ τοιαῦται διαφοραί τινές εἰσιν ἐν τῷ ἡνωμένῳ, ἢ διαφορῶν προεμφάσεις ἢ προαιτίαι, ἢ ὅπως ἕλοιτό τις εἰπεῖν (εἴρηται γὰρ πλείω περὶ τούτων πρότερον), τὸ δὲ ἡνωμένον ἦν ὁ πατρικὸς νοῦς, ὁ μὲν ὡς εἷς ὅλος, ὁ δὲ οὕτω τριχῇ διῃρημένος, δῆλον ὅπως ἀνὰ τὸν αὐτὸν λόγον συνδιελοῦμεν τήν τε τελείαν δύναμιν εἰς τρεῖς δυνάμεις καὶ τὸν ἕνα πατέρα εἰς τρεῖς πατέρας. Ὁ μὲν γὰρ ἔσται πατὴρ τοῦ ἡνωμένου ἐν τῷ ἡνωμένῳ νῷ, ὁ δὲ τοῦ ὡς ὅλου καὶ μερῶν θεωρουμένου, ὁ δὲ τοῦ κατὰ τὸ ἄπειρον πλῆθος λαμβανομένου· ὅθεν οὗτος | μὲν ἐκαλεῖτο νοῦς ἐν τῇ πατρικῇ τριάδι πατρικός, ὁ δὲ μέσος, δύναμις, ὁ δὲ πρῶτος πατὴρ τῶν πατέρων. Ὁμοίως δὲ καὶ αἱ δυνάμεις τριχῇ ληφθήσονται, συμφερόμεναι τοῖς τρισὶν ἑκατέρωθι, πατράσι τε λέγω καὶ νοῖς πατρικοῖς· ἀμφιφαεῖς γὰρ αἱ δυνάμεις ἀεὶ καὶ σύμμετροι πρὸς ἑκατέραν ἀπόστασιν· ὅμως δὲ καὶ ἐν τῇ τριάδι τῶν δυνάμεων ἡ μὲν πρώτη πατρικὴν ἔχει ἀξίαν πρὸς τὰς

2 *Or. Chald.*, fr. 152 || ibid., fr. 169 || 4 ibid., fr. 1.4 || 5-6 ibid., fr. 169 || 6 ibid., fr. 1.4 || 11 supra, p. 143.13-25 || 12 supra, p. 154.22-24 || 23 *Or. Chald.* 1.4.

14 τε] -ε in ras. 2 litt. A.

puissance des puissances, la troisième est l'intellect de la première. Et de nouveau, dans la triade unifiée et dans la terminaison intellective du diacosme intelligible, le premier intellect est le père des intellects, l'intermédiaire est la puissance, le troisième est l'intellect unifié et l'intellect du père unifié[1].

[2. *Les théologies helléniques*]

Estimons suffisantes pour l'heure les si nombreuses considérations que nous venons de faire sur les triades chaldaïques, bien que nous n'ayons entrepris aucune recherche très détaillée[2] sur la vérité transmise à leur sujet par les Oracles ; car ce n'était pas encore le moment venu d'examiner ces derniers[3]. Mais, puisque nous avons fait mention d'eux, de quelque façon, à l'occasion du dévoilement[4] des intelligibles et en vue de purifier nos conceptions, eh bien, questionnons maintenant de façon brève, en passant, les traditions des autres théologiens, concernant le diacosme intelligible, pour voir si nous pouvons retirer d'elles aussi une crainte révérentielle plus grande encore, et la plus grande possible, à l'égard de cette union transcendante[5].

[2.1. *Les Rhapsodies Orphiques*]

Ainsi donc, dans ces *Rhapsodies*, rapportées comme orphiques[6], la théologie qui concerne l'intelligible est à peu près telle que voici[7], dans l'interprétation qu'en donnent aussi les philosophes[8]. Ils mettent Chronos à la place de l'unique principe du tout[9], l'Éther et le Chaos à la place des deux principes ; ils estiment que l'Œuf est à la place de l'être pur ; et voilà la triade qu'ils considèrent comme première[10]. Dans la deuxième, ils

1-10. Voir *Notes complémentaires*, p. 227-230.

ἄλλας, ἡ δὲ μέση δύναμίς ἐστι δυνάμεων, ἡ δὲ τρίτη νοῦς τῆς πρώτης. Καὶ γὰρ αὖ καὶ ἐν τῇ ἡνωμένῃ τριάδι καὶ νοερᾷ τοῦ νοητοῦ διακόσμου ἀποπερατώσει ὁ μὲν πρῶτός ἐστι πατὴρ τῶν νόων, ὁ δὲ μέσος δύναμις, ὁ δὲ τρίτος νοῦς ἡνωμένος καὶ [ἢ] τοῦ ἡνωμένου πατρός.

(123)[1] Τοσαῦτα νῦν εἰρημένα περὶ τῶν χαλδαϊκῶν τριάδων ἱκανῶς ἐχέτω πρὸς τὰ παρόντα, μηδὲν πολυπραγμονησάντων ἡμῶν τῆς παραδοθείσης ὑπὸ τῶν λογίων περὶ αὐτῶν ἀληθείας· οὔπω γὰρ ἦν τοῦ προκειμένου καιροῦ ἡ ἐκείνων ἐξέτασις. Ἐπεὶ δὲ τούτων καὶ ὁπωσοῦν ἐπεμνήσθημεν τῆς περὶ τῶν νοητῶν προβολῆς εἵνεκα καὶ διακαθάρσεως τῶν ἡμετέρων ἐννοιῶν, φέρε νῦν τὰ μέτρια παριστορήσωμεν καὶ τῶν ἄλλων θεολόγων τὰς περὶ τοῦ νοητοῦ διακόσμου παραδόσεις, εἴ τι καὶ ἀπὸ τούτων δυνάμεθα σέβας ἀναλαβεῖν ἔτι μεῖζον καὶ ὡς ἔνι μέγιστον τῆς ὑπερβαλλούσης ἐκείνης ἑνώσεως.

Ἐν μὲν τοίνυν ταῖς φερομέναις ταύταις ῥαψῳδίαις ὀρφικαῖς ἡ θεολογία ⟨τοιά⟩δε τίς ἐστιν ἡ περὶ τὸ νοητόν, ἣν καὶ οἱ φιλόσοφοι διερμηνεύουσιν, ἀντὶ μὲν τῆς μιᾶς τῶν ὅλων ἀρχῆς τὸν Χρόνον τιθέντες, ἀντὶ δὲ τοῖν δυεῖν Αἰθέρα | καὶ Χάος, ἀντὶ δὲ τοῦ ὄντος ἁπλῶς τὸ ᾠὸν ἀπολογιζόμενοι, καὶ τριάδα ταύτην πρώτην ποιοῦντες·

17-p. 160.16 *Orphic.* fr. 60 Kern = Orpheus, fr. 1 B 12 (I p. 11.7-17) D.-K.[6] || 20-21 *Orphic.* fr. 66 et 70 Kern.

5 ἢ deleui || 9 οὔπω] -π- ex corr. A[1] || 18 τοιάδε Kroll : δέ A (ἥδε Diels).

mettent comme dernier terme ou bien l'Œuf conçu et l'Œuf concevant le dieu, ou bien la Tunique blanche, ou bien la Nuée[1], en ce que d'eux s'élance Phanès (car au sujet du terme moyen ils philosophent tantôt d'une façon, tantôt d'une autre). Sans doute, c'est cela [Œuf, Tunique ou Nuée], peu importe lequel, qu'ils regardent comme l'intellect[2], mais, en guise de père et de puissance, ils inventent certaines autres choses qui n'ont rien à voir avec Orphée[3]; quant à la troisième triade, ils la constituent de Mètis comme intellect, d'Eriképaios comme puissance, de Phanès lui-même comme père[4]. Et peut-être doit-on poser aussi la triade moyenne, selon le dieu trimorphe qui est encore en formation dans l'Œuf; en effet, le moyen représente toujours l'ensemble des deux extrêmes; ici pareillement le moyen est à la fois l'Œuf et le dieu trimorphe. Tu vois que l'Œuf est l'unifié, que le dieu trimorphe et, en réalité, polymorphe, est le degré distingué de l'intelligible, que l'intermédiaire, en tant qu'il est l'Œuf, est encore unifié, et, en tant qu'il est le dieu, est déjà distingué, mais que sa totalité, pour parler ainsi, est en train de se distinguer[5]. Telle est, sous sa forme courante, la théologie orphique.

[2.2. *L'Orphisme d'après Hiéronymus et Hellanicus*]

La théologie rapportée d'après Hiéronymus et Hellanicus[6], si toutefois il ne s'agit pas du même personnage, est la suivante : au commencement, dit-il, étaient l'Eau et la Matière, de laquelle la Terre a été formée par coagulation : voilà les deux principes qu'il suppose premiers, l'Eau et la Terre, celle-ci en tant que par

1. Τὸν ἀργῆτα χιτῶνα, ἢ τὴν νεφέλην. Bentley, cité par Kern, *Orphic.* fr. 60, n. 6, p. 144, a proposé ῥαγέντα (déchirée) au lieu de ἀργῆτα (blanche), en renvoyant à *De princ.*, *supra*, p. 57.9-10, où cependant c'est la Nuée qui s'est déchirée et non pas la Tunique. D'ailleurs la Tunique blanche convient très bien au dieu lumineux qu'est Phanès.

2-6. Voir *Notes complémentaires*, p. 230-231.

εἰς δὲ τὴν δευτέραν τελεῖν ἤτοι τὸ κυούμενον καὶ τὸ κύον ᾠὸν τὸν θεόν, ἢ τὸν ἀργῆτα χιτῶνα, ἢ τὴν νεφέλην, ὅτι ἐκ τούτων ἐκθρῴσκει ὁ Φάνης (ἄλλοτε γὰρ ἄλλα περὶ τοῦ μέσου φιλοσοφοῦσιν), τοῦτο μέν, ὁποῖον ἂν ᾖ, ὡς τὸν νοῦν, ὡς δὲ πατέρα καὶ δύναμιν ἄλλα τινὰ προσεπινοοῦντες οὐδὲν τῷ Ὀρφεῖ προσήκοντα· τὴν δὲ τρίτην τὸν Μῆτιν ὡς νοῦν, τὸν Ἠρικεπαῖον ὡς δύναμιν, τὸν Φάνητα αὐτὸν ὡς πατέρα. Μήποτε δὲ καὶ τὴν μέσην τριάδα θετέον κατὰ τὸν τρίμορφον θεὸν ἔτι κυόμενον ἐν τῷ ᾠῷ· καὶ γὰρ τὸ μέσον ἀεὶ φαντάζει συναμφότερον τῶν ἄκρων, ὥσπερ καὶ τοῦτο ἅμα καὶ ᾠὸν καὶ τρίμορφος [ὁ] θεός. Καὶ ὁρᾷς ὅτι τὸ μὲν ᾠόν ἐστι τὸ ἡνωμένον, ὁ δὲ τρίμορφος καὶ πολύμορφος τῷ ὄντι θεὸς τὸ διακεκριμένον τοῦ νοητοῦ, τὸ δὲ μέσον κατὰ μὲν τὸ ᾠὸν ἔτι ἡνωμένον, κατὰ δὲ τὸν θεὸν ἤδη διακεκριμένον, τὸ δὲ ὅλον εἰπεῖν, διακρινόμενον. Τοιαύτη μὲν ἡ συνήθης ὀρφικὴ θεολογία.

(123)[2] Ἡ δὲ κατὰ τὸν Ἱερώνυμον φερομένη καὶ Ἑλλάνικον, εἴπερ μὴ καὶ ὁ αὐτός ἐστιν, οὕτως ἔχει. Ὕδωρ ἦν, φησίν, ἐξ ἀρχῆς καὶ ὕλη ἐξ ἧς ἐπάγη ἡ γῆ, δύο ταύτας ἀρχὰς ὑποτιθέμενος πρώτας, ὕδωρ καὶ γῆν, ταύτην μὲν ὡς φύσει σκεδαστήν, ἐκεῖνο δὲ ὡς ταύτης κολλητικόν τε καὶ

17-p. 162-17 *Orphic.* fr. 54 Kern = Orpheus, fr. 1 B 13 (I p. 11.22-12.17) D.-K.[6]; Hellanicus, fr. 87 Jacoby (*Fr. Gr. Hist.*, uol. IA, 1957, n° 4, p. 130).

---

7 ὡς νοῦν mg. punctis notatum A[1] : om. A || 10 fort. φαντάζεται σὺν ἀμφοτέρῳ || ὥσπερ] fort. ὥστε || 11 ὁ puncto del. A || 20 πρώτας Kroll : πρῶτος A.

nature elle peut être dispersée, celle-là en tant qu'elle peut agglutiner celle-ci et la coagréger. Il laisse de côté comme indicible le principe unique antérieur aux deux, car le fait même de n'en rien dire montre sa nature ineffable. Quant au troisième principe après les deux, il a été engendré de ces derniers, je veux dire de l'Eau et de la Terre ; c'est un dragon qui a, soudées à lui, des têtes de taureau et de lion, et au milieu un visage de dieu ; il est aussi pourvu d'ailes sur les épaules, et il a reçu à la fois les noms de Chronos qui ne vieillit pas et d'Héraclès ; à lui est unie la Nécessité, qui est à la fois Nature et Adrastée[1] ; ayant un double corps, elle étend les bras sur le monde entier et touche à ses limites. Par là, je pense, est énoncé le troisième principe qui s'est établi selon la substance, sauf que cette tradition l'a fait subsister comme mâle et femelle à la fois, pour suggérer la cause génératrice de tout. Et je crois que la théologie des *Rhapsodies*, ayant laissé de côté les deux premiers principes avec l'unique qui, antérieur aux deux, a été transmis par le silence[2], a commencé par ce troisième qui vient après les deux, en tant qu'il est le premier à avoir quelque chose d'exprimable et de proportionné aux oreilles humaines[3]. C'est ce principe, en effet, que représentait, dans cette théologie-là[4], le très honoré Chronos qui ne vieillit pas et qui est le père de l'Éther et du Chaos. Sans doute aussi, selon cette théologie-ci[5], ce Chronos qui est le Dragon engendre[6] une triple progéniture : l'Ether qu'elle dit humide, le Chaos illimité, et, troisième à leur suite, l'Érèbe nébuleux. Cette théologie [nous] transmet cette deuxième triade comme analogue à la première, car elle est potentielle, de même que la première est paternelle ; c'est pourquoi aussi le troisième de cette triade est l'Érèbe nébuleux ; le terme paternel et supérieur est l'Éther, non pas pur, mais humide ; et l'intermédiaire, cela va de soi, est le Chaos illimité. Mais ensuite, dans ces dieux, Chronos a

1-6. Voir *Notes complémentaires*, p. 231-232.

συνεκτικόν. Τὴν δὲ μίαν πρὸ τῶν δυεῖν ἄρρητον ἀφίησιν· αὐτὸ γὰρ τὸ μηδὲ φάναι περὶ αὐτῆς ἐνδείκνυται αὐτῆς τὴν ἀπόρρητον φύσιν. Τὴν δὲ τρίτην ἀρχὴν μετὰ τὰς δύο γεννηθῆναι μὲν ἐκ τούτων, ὕδατός φημι καὶ γῆς, δράκοντα δὲ εἶναι κεφαλὰς ἔχοντα προσπεφυκυίας ταύρου καὶ λέοντος, ἐν μέσῳ δὲ θεοῦ πρόσωπον, ἔχειν | δὲ καὶ ἐπὶ τῶν ὤμων πτερά, ὠνομάσθαι δὲ Χρόνον ἀγήραον καὶ Ἡρακλῆα τὸν αὐτόν· συνεῖναι δὲ αὐτῷ τὴν Ἀνάγκην, φύσιν οὖσαν τὴν αὐτὴν καὶ Ἀδράστειαν, δισώματον διωργυιωμένην ἐν παντὶ τῷ κόσμῳ, τῶν περάτων αὐτοῦ ἐφαπτομένην. Ταύτην οἶμαι λέγεσθαι τὴν τρίτην ἀρχὴν κατὰ τὴν οὐσίαν ἑστῶσαν, πλὴν ὅτι ἀρσενόθηλυν αὐτὴν ὑπεστήσατο πρὸς ἔνδειξιν τῆς πάντων γεννητικῆς αἰτίας. Καὶ ὑπολαμβάνω τὴν ἐν ταῖς ῥαψῳδίαις θεολογίαν ἀφεῖσαν τὰς δύο πρώτας ἀρχὰς μετὰ τῆς μιᾶς πρὸ τῶν δυεῖν τῆς σιγῇ παραδοθείσης ἀπὸ τῆς τρίτης μετὰ τὰς δύο ταύτης ἐνστήσασθαι τὴν ἀρχήν, ὡς πρώτης ῥητόν τι ἐχούσης καὶ σύμμετρον πρὸς ἀνθρώπων ἀκοάς. Οὗτος γὰρ ἦν ὁ πολυτίμητος ἐν ἐκείνῃ Χρόνος ἀγήραος καὶ Αἰθέρος καὶ Χάους πατήρ· ἀμέλει καὶ κατὰ ταύτην ὁ Χρόνος οὗτος ὁ δράκων γεννᾶται τριπλῆν γονήν, Αἰθέρα φησὶ νοτερὸν καὶ Χάος ἄπειρον, καὶ τρίτον ἐπὶ τούτοις Ἔρεβος ὁμιχλῶδες. Τὴν δευτέραν ταύτην τριάδα ἀνάλογον τῇ πρώτῃ παραδίδωσι, δυναμικὴν οὖσαν, ὡς ἐκείνην πατρικήν· διὸ καὶ τὸ τρίτον αὐτῆς Ἔρεβός ἐστιν ὁμιχλῶδες, καὶ τὸ πατρικόν τε καὶ ἄκρον Αἰθήρ, οὐχ ἁπλῶς, ἀλλὰ νοτερός, τὸ δὲ μέσον αὐτόθεν Χάος

7 ἀγήρατον A, corr. Lobeck (cf. us. 19) || 9 δισώματον Gruppe (ap. Kern) : ἀσώματον A ||10 διωργυωμένην A || 21 ~ οὗτος A || 22 φημὶ coni. Lobeck || 23, 26 ὁμιχλῷδες A || 24 scr. παραδιδούς?

engendré l'Œuf, comme le dit cette tradition qui, elle aussi, fait de l'Œuf un rejeton de Chronos, et un rejeton enfanté dans ces dieux, parce que c'est d'eux que procède la troisième triade intelligible. Quelle est donc celle-ci ? C'est l'Œuf ; [puis,] la dyade des natures qui sont en lui, nature mâle et nature femelle, avec au milieu la pluralité des semences de toute espèce ; et en troisième lieu, après ceux-là, cette tradition place un dieu au double corps, qui a sur les épaules des ailes d'or, aux flancs, comme on l'a vu, des têtes de taureaux soudées à lui, sur la tête un dragon énorme ressemblant aux formes les plus variées des bêtes sauvages. On doit concevoir ce dieu comme l'intellect de la triade, puis les genres intermédiaires, que sont les plusieurs et la dyade, comme la puissance, enfin l'Œuf lui-même comme le principe paternel de la troisième triade. Et le troisième dieu de cette troisième triade, cette théologie-ci le proclame Premier-né *(Prôtogonos)* et l'appelle Zeus ordonnateur de tout et du monde entier, c'est pourquoi il est aussi appelé Pan. Ce sont là autant de choses que cette généalogie établit au sujet des principes intelligibles.

[2.3. *Orphée, Homère, Hésiode, Acusilaüs, Épiménide, Phérécyde de Syros, d'après Eudème*][1]

La théologie décrite chez le péripatéticien Eudème[2], comme étant d'Orphée, a passé sous silence tout l'intelligible, parce qu'il est complètement indicible et inconnaissable par <le> procédé discursif et narratif ; cette théologie a fait de la Nuit le commencement, comme Homère aussi le fixe à partir d'elle, quoiqu'il

1-2. Voir *Notes complémentaires*, p. 232-233.

ἄπειρον. Ἀλλὰ μὴν ἐν τούτοις, ὡς λέγει, ὁ Χρόνος ᾠὸν ἐγέννησεν, τοῦ Χρόνου ποιοῦσα γέννημα καὶ αὕτη ἡ παράδοσις, καὶ ἐν τούτοις τικτόμενον, ὅτι καὶ ἀπὸ τούτων ἡ τρίτη πρόεισι νοητὴ τριάς. Τίς οὖν αὕτη ἐστί; Τὸ ᾠόν· ἡ δυὰς τῶν ἐν αὐτῷ φύσεων, ἄρρενος καὶ θηλείας, καὶ τῶν ἐν μέσῳ παντοίων σπερμάτων τὸ πλῆθος· καὶ τρίτον ἐπὶ τούτοις θεὸν δισώματον, πτέρυγας ἐπὶ τῶν ὤμων ἔχοντα χρυσᾶς, ὃς ἐν μὲν ταῖς λαγόσι προσ|πεφυκυίας εἶχε ταύρων κεφαλάς, ἐπὶ δὲ τῆς κεφαλῆς δράκοντα πελώριον παντοδαπαῖς μορφαῖς θηρίων ἰνδαλλόμενον. Τοῦτον μὲν οὖν ὡς νοῦν τῆς τριάδος ὑποληπτέον, τὰ δὲ μέσα γένη τά τε πολλὰ καὶ τὰ δύο τὴν δύναμιν, αὐτὸ δὲ τὸ ᾠὸν ἀρχὴν πατρικὴν τῆς τρίτης τριάδος. Ταύτης δὲ τῆς τρίτης τριάδος τὸν τρίτον θεὸν καὶ ἥδε ἡ θεολογία πρωτόγονον ἀνυμνεῖ καὶ Δία καλεῖ πάντων διατάκτορα καὶ ὅλου τοῦ κόσμου, διὸ καὶ Πᾶνα καλεῖσθαι. Τοσαῦτα καὶ αὕτη περὶ τῶν νοητῶν ἀρχῶν ἡ γενεαλογία παρίστησιν.

(124)[1] Ἡ δὲ παρὰ τῷ περιπατητικῷ Εὐδήμῳ ἀναγεγραμμένη ὡς τοῦ Ὀρφέως οὖσα θεολογία πᾶν τὸ νοητὸν ἐσιώπησεν, ὡς παντάπασιν ἄρρητόν τε καὶ ἄγνωστον τρόπῳ ⟨τῷ⟩ κατὰ διέξοδόν τε καὶ ἀπαγγελίαν· ἀπὸ δὲ τῆς Νυκτὸς ἐποιήσατο τὴν ἀρχήν, ἀφ' ἧς καὶ Ὅμηρος, εἰ καὶ

19-166.7 Eudemus, fr. 150 Wehrli || 19-163.18 *Orphic.* fr. 28 Kern = Orpheus, fr. I B 12 (I p. 10.25-11.7) D.-K.[6].

---

7 δισώματον scripsi (θεὸς δισώματος... ἔχων coni. Lobeck) : ἀσώματον A || 19 εὐδήμωι, -η- in ras. A[1] || 22 τῷ add. Kroll (ἀνθρώπῳ pro τρόπῳ Diels).

ne constitue pas une généalogie continue. On ne doit pas, en effet, approuver Eudème quand il dit qu'Homère fait [tout] commencer à partir d'Okéanos et de Téthys ; car Homère paraît avoir su également que la Nuit est la divinité la plus grande, à tel point que Zeus la vénère :

Car il craignait de faire des actes qui déplairaient à la Nuit rapide[1]

Mais admettons qu'Homère, lui aussi, fait tout commencer par la Nuit.

Hésiode[2], en racontant qu'il y a eu d'abord le Chaos, me paraît appeler Chaos la nature insaisissable et parfaitement unifiée de l'intelligible, et faire provenir de là en premier lieu la Terre comme une sorte de principe de la génération entière des dieux ; à moins que par hasard il ne fasse du Chaos le second des deux principes, et de la Terre, du Tartare et d'Éros, le triple intelligible, en mettant Éros à la place du troisième intelligible, parce que celui-ci est considéré selon la conversion (en effet, c'est de cette façon qu'Orphée aussi nomme le troisième dans les Rhapsodies), puis, en mettant à la place du premier la Terre, parce qu'elle est la première à se coaguler dans un état solide et substantiel, enfin en mettant le Tartare à la place de l'intermédiaire, parce que celui-ci s'est déjà mû en quelque façon vers une distinction.

Acusilaüs[3] me paraît supposer que le premier principe, parce qu'il est complètement inconnaissable, est le Chaos et que les deux après l'unique sont l'Érèbe, le principe mâle, et la Nuit, le principe femelle, celle-ci à

1. Homère, *Il.*, XIV. 261 ; et pour les lignes précédentes : *ibid.*, XIV. 201 ; 302.

2. Hésiode, *Théog.*, 116-120.

3. Acusilaüs d'Argos, mythographe-historien du ve siècle av. J.-C. Cf. fr. 9 B 1 (I, p. 53. 8-14) D-K^6 = fr. 6 b Jacoby (*Fragmente der Griechischen Historiker*, vol. IA, 1957, n° 2, p. 50).

μὴ συνεχῆ πεποίηται τὴν γενεαλογίαν, ἵστησιν. Οὐ γὰρ ἀποδεκτέον Εὐδήμου λέγοντος ὅτι ἀπὸ Ὠκεανοῦ καὶ Τηθύος ἄρχεται· φαίνεται γὰρ εἰδὼς καὶ τὴν Νύκτα μεγίστην οὕτω θεόν, ὡς καὶ τὸν Δία σέβεσθαι αὐτήν·

Ἄζετο γὰρ μὴ Νυκτὶ θοῇ ἀποθύμια ῥέζοι.

Ἀλλ' Ὅμηρος μὲν καὶ αὐτὸς ἀρχέσθω ἀπὸ Νυκτός.

Ἡσίοδος δέ μοι δοκεῖ | πρῶτον γενέσθαι τὸ Χάος ἱστορῶν τὴν ἀκατάληπτον τοῦ νοητοῦ καὶ ἡνωμένην παντελῶς φύσιν κεκληκέναι Χάος, τὴν δὲ Γῆν πρώτην ἐκεῖθεν παράγειν ὥς τινα ἀρχὴν τῆς ὅλης γενεᾶς τῶν θεῶν· εἰ μὴ ἄρα Χάος μὲν τὴν δευτέραν τῶν δυεῖν ἀρχῶν, Γῆν δὲ καὶ Τάρταρον καὶ Ἔρωτα τὸ τριπλοῦν νοητόν, τὸν μὲν Ἔρωτα ἀντὶ τοῦ τρίτου, ὡς κατὰ ἐπιστροφὴν θεωρουμένου (τοῦτο γὰρ οὕτως ὀνομάζει καὶ Ὀρφεὺς ἐν ταῖς Ῥαψῳδίαις), τὴν δὲ Γῆν ἀντὶ τοῦ πρώτου, ὡς πρώτην ἐν στερεῷ τινι καὶ οὐσιώδει καταστήματι παγεῖσαν, τὸν δὲ Τάρταρον ἀντὶ τοῦ μέσου, ὡς ἤδη πως εἰς διάκρισιν παρακεκινημένου.

Ἀκουσίλαος δὲ Χάος μὲν ὑποτίθεσθαί μοι δοκεῖ τὴν πρώτην ἀρχήν, ὡς πάντῃ ἄγνωστον, τὰς δὲ δύο μετὰ τὴν μίαν, Ἔρεβος μὲν τὴν ἄρρενα, τὴν δὲ θήλειαν Νύκτα,

2-3 cf. Hom., *Iliad.* XIV. 201; 302 ‖ 5 ibid. XIV. 261 ‖ 7-18 Hesiod., *Theog.* 116-120 ‖ 14 *Orphic.* fr. 74; 82; 83; 168.9; 169.4 Kern ‖ 19-164.8 Acusilaus, fr. 9B1 (I p. 53.8-14) D.-K[6] = fr. 6b Jacoby (*Fr. Gr. Hist.*, uol. IA, 1957, nº 2, p. 50).

2 mg. uirg. cens. A ‖ ἐνίστησιν coni. Kroll ‖ 2 αποδεκτέαν A, corr. Kopp ‖ 9 Γῆν Lobeck : τὴν A ‖ πρώτην del. Kranz ‖ 12 Γῆν Taylor : τὴν A ‖ 14 θεωρουμένην A, correxi (θεωρούμενον Holwerda, *Mnemosyne* 22 (1894) 298).

la place de l'infinité, celui-là à la place du limitant ; de l'union de ces derniers, dit-il, sont nés l'Éther, Éros et Mètis, les trois hypostases intelligibles ; il fait de l'hypostase supérieure l'Éther, de l'intermédiaire Éros, conformément à la médiation naturelle d'Éros, et de la troisième Mètis, selon l'intellect lui-même, déjà appelé le très honoré. A la suite de ceux-là, et à partir des mêmes, il fait engendrer un grand nombre aussi d'autres dieux, d'après l'exposé d'Eudème.

Quant à Épiménide[1], [Eudème dit qu'] il a supposé deux premiers principes, l'Air et la Nuit, après avoir honoré, par le silence évidemment, l'unique principe antérieur aux deux ; de ces derniers, il a fait naître le Tartare comme troisième principe, je pense, parce que celui-ci est un principe mixte formé du mélange des deux ; à partir de quoi, il a fait naître deux Titans[2], en appelant ainsi la médiation intelligible, parce qu'elle se tend vers les deux [extrêmes] ensemble, le sommet et la limite inférieure, et, du mélange de ces derniers l'un avec l'autre, il a fait naître cet Œuf qui est ce véritable Vivant intelligible, dont a procédé à son tour une autre génération.

Phérécyde de Syros[3] estime qu'existent de toute éternité Zas, Chronos et Chthonia, les trois premiers principes, je veux dire l'unique avant les deux et les deux après l'unique, tandis que Chronos a produit de sa propre[4] semence le feu, le souffle du vent et l'eau qui signifient, je pense, la triple nature de l'intelligible ; de ces derniers, divisés en cinq antres, s'est formée une

1. Épiménide de Crète, prophète et thaumaturge mi-légendaire (*ca* 650 av. J.-C. ?). On lui attribuait une théogonie en vers ainsi qu'un poème intitulé Κρητικά. Il s'agit, bien entendu, de pseudépigraphes. Témoignages et fragments dans Diels-Kranz[6], *Vorsokratiker* I, nº 3, p. 27-37. Voir Kirk-Raven, p. 21-22 : West, p. 45-53.

2-4. Voir *Notes complémentaires*, p. 233-234.

ταύτην μὲν ἀντὶ ἀπειρίας, ἐκείνην δὲ ἀντὶ πέρατος· ἐκ δὲ τούτων φησὶ μιχθέντων Αἰθέρα γενέσθαι καὶ Ἔρωτα καὶ Μῆτιν, τὰς τρεῖς ταύτας νοητὰς ὑποστάσεις, τὴν μὲν ἄκραν Αἰθέρα ποιῶν, τὴν δὲ μέσην Ἔρωτα κατὰ τὴν φυσικὴν μεσότητα τοῦ Ἔρωτος, τὴν δὲ τρίτην Μῆτιν, κατ' αὐτὸν ἤδη τὸν πολυτίμητον νοῦν. Παράγει δὲ ἐπὶ τούτοις ἐκ τῶν αὐτῶν καὶ ἄλλων θεῶν πολὺν ἀριθμὸν κατὰ τὴν Εὐδήμου ἱστορίαν.

Τὸν δὲ Ἐπιμενίδην δύο πρώτας ἀρχὰς ὑποθέσθαι, Ἀέρα καὶ Νύκτα, δηλονότι σιγῇ τιμήσαντα τὴν μίαν πρὸ τῶν δυεῖν· ἐξ ὧν γεννηθῆναι Τάρταρον οἶμαι τὴν τρίτην ἀρχήν, ὥς τινα μικτὴν ἐκ τῶν δυεῖν συγκραθεῖσαν· ἐξ ὧν δύο Τιτᾶνας, τὴν νοητὴν μεσότητα οὕτω καλέσαντα, διότι ἐπ' ἄμφω διατείνει τό τε ἄκρον | καὶ τὸ πέρας, ὧν μιχθέντων ἀλλήλοις ᾠὸν γενέσθαι τοῦτο ἐκεῖνο τὸ νοητὸν ζῷον ὡς ἀληθῶς, ἐξ οὗ πάλιν ἄλλην γενεὰν προελθεῖν.

(124)[2] Φερεκύδης δὲ ὁ Σύριος Ζᾶντα μὲν εἶναι ἀεὶ καὶ Χρόνον καὶ Χθονίαν τὰς τρεῖς πρώτας ἀρχάς, τὴν μίαν φημὶ πρὸ τῶν δυεῖν καὶ τὰς δύο μετὰ τὴν μίαν, τὸν δὲ Χρόνον ποιῆσαι ἐκ τοῦ γόνου ἑαυτοῦ πῦρ καὶ πνεῦμα καὶ ὕδωρ, τὴν τριπλῆν, οἶμαι, φύσιν τοῦ νοητοῦ, ἐξ ὧν ἐν πέντε μυχοῖς διῃρημένων πολλὴν ἄλλην γενεὰν συστῆναι θεῶν,

9-16 Epimenides, fr. 3 B 5 (I p. 33.17-34.4) D-K[6] || 17 - p. 165.2 Pherecydes, fr. 7 A 8 (I p. 46.8-13) D-K[6].

---

13 Τιτᾶνας Kroll : τινὰς A || 14 διατείνει] -εί- ex -ί- A[1] || 17 Ζάντα Diels-Kranz || μὲν εἶναι Kopp : μένεναι et mg. uirg. cens. A.

autre génération nombreuse de dieux, appelée la génération des cinq antres, et, pour dire apparemment la même chose, la génération des cinq mondes. Mais nous aurons peut-être une autre occasion de parler de ce sujet.

Telles sont donc, dans leur nature et leur nombre, les hypothèses qui nous ont été transmises à ce jour à travers des mythes grecs, mais il y en a beaucoup d'autres encore.

[3. *Les théologies orientales*]

[3.1. *Les Babyloniens, les Mages, les Sidoniens, d'après Eudème*]

Parmi les Barbares, les Babyloniens[1] semblent passer sous silence le principe unique du tout, et poser deux principes, Tauthé et Apason, en faisant d'Apason le mari de Tauthé, et en appelant celle-ci mère des dieux. D'Apason et de Tauthé a été engendré, disent-ils, un fils unique, Môÿmin qui, lui, est, je pense, le monde intelligible produit à partir des deux principes ; puis, des mêmes a procédé une autre génération, Daché et Dachos[2] ; ensuite, issue des mêmes, une troisième encore, Kissaré et Assôros, dont sont nés trois dieux, An, Enlil et Aos ; enfin d'Aos et de Dauké est né un fils, Bel, qu'ils disent être le démiurge.

Quant aux Mages[3] et à tout le peuple de l'Arie[4], comme Eudème l'écrit aussi, les uns appellent Topos (Espace), les autres Chronos (Temps) tout l'intelligible et l'unifié ; de lui se sont distingués ou bien un dieu bon et un mauvais démon, ou bien, avant eux, la Lumière et les Ténèbres, comme le disent quelques-uns. Quoi qu'il en soit, c'est après la nature indifférenciée, que les Mages eux aussi posent, en train de se distinguer, la double rangée des êtres supérieurs, <dont>[5] l'une est conduite par Ohrmazd et l'autre par Ahriman.

1-5. Voir *Notes complémentaires*, p. 234-237.

τὴν πεντέμυχον καλουμένην, ταὐτὸν δὲ ἴσως εἰπεῖν, πεντέκοσμον. Περὶ δὲ τούτων ἄλλος ἴσως φανεῖται καιρός. Τοιαῦται μὲν οὖν καὶ τοσαῦται τὰ νῦν παρειλήφθωσαν ἡμῖν αἱ διὰ μύθων ἑλληνικῶν ὑποθέσεις, πολλῶν καὶ ἄλλων οὐσῶν.

(125)[1] Τῶν δὲ βαρβάρων ἐοίκασι βαβυλώνιοι μὲν τὴν μίαν τῶν ὅλων | ἀρχὴν σιγῇ παριέναι, δύο δὲ ποιεῖν Ταυθὲ καὶ Ἀπασών, τὸν μὲν Ἀπασὼν ἄνδρα τῆς Ταυθὲ ποιοῦντες, ταύτην δὲ μητέρα θεῶν ὀνομάζοντες, ἐξ ὧν μονογενῆ παῖδα γεννηθῆναι τὸν Μωϋμίν, αὐτόν, οἶμαι, τὸν νοητὸν κόσμον ἐκ τῶν δυεῖν ἀρχῶν παραγόμενον· ἐκ δὲ τῶν αὐτῶν ἄλλην γενεὰν προελθεῖν, Δαχην καὶ Δαχον, εἶτα αὖ τρίτην ἐκ τῶν αὐτῶν, Κισσαρη καὶ Ασσωρον, ἐξ ὧν γενέσθαι τρεῖς, Ανον καὶ Ιλλινον καὶ Αον· τοῦ δὲ Αου καὶ Δαυκης υἱὸν γενέσθαι τὸν Βῆλον, ὃν δημιουργὸν εἶναί φασι.

125)[2] Μάγοι δὲ καὶ πᾶν τὸ ἄριον γένος, ὡς καὶ τοῦτο γράφει ὁ Εὔδημος, οἱ μὲν Τόπον, οἱ δὲ Χρόνον καλοῦσιν τὸ νοητὸν ἅπαν καὶ ἡνωμένον, ἐξ οὗ διακριθῆναι ἢ θεὸν ἀγαθὸν καὶ δαίμονα κακόν, ἢ φῶς καὶ σκότος πρὸ τούτων, ὡς ἐνίους λέγειν. Οὗτοι δὲ οὖν καὶ αὐτοὶ μετὰ τὴν ἀδιάκριτον φύσιν διακρινομένην ποιοῦσι τὴν διττὴν συστοιχίαν τῶν κρειττόνων, ⟨ὧν⟩ τῆς μὲν ἡγεῖσθαι τὸν Ὡρομάσδην, τῆς δὲ τὸν Ἀρειμάνιον. |

1 πεντέμυχον (-μ- ex -ν- ?) A, mg. νυχ(ον) punctis notatum A^1 || 12-15 sic sine accent. A || 17 ἄριον LSJ : ἄρειον A || 23 ὧν addidi (τε καὶ φαυλοτέρων δαιμόνων, ὧν add. Gomperz, καὶ add. Kroll).

Les Sidoniens[1], d'après le même auteur, posent, antérieurement à toutes choses, Chronos, Désir et Brouillard, et de l'union de Désir et de Brouillard, considérés comme les deux principes, ils font naître l'Air et le Vent, en donnant à entendre que l'Air représente<le> niveau le plus élevé[2] de l'intelligible, et le Vent, ce qui, en se mettant en mouvement à partir de l'Air, est le prototype vital de l'intelligible ; de ces deux derniers, ils disent qu'a été engendré, à son tour, l'Œuf[3] qui correspond, je pense, à l'intellect intelligible.

[3.2. *Les Phéniciens d'après Môchus*]

En dehors d'Eudème, nous trouvons la mythologie des Phéniciens selon Môchus[4] : au commencement étaient l'Ether et l'Air, ces deux principes dont est engendré Oulômos[5], le dieu intelligible, le sommet lui-même, je pense, de l'intelligible ; ils disent que de l'union de celui-ci avec lui-même ont été engendrés d'abord Chousôros[6], l'ouvreur, ensuite l'Œuf, en exprimant par ce dernier, je pense, l'intellect intelligible, et par l'ouvreur Chousôros la puissance intelligible, en tant qu'elle a été la première à distinguer la nature indifférenciée. A moins que, par hasard, après les deux principes, le sommet soit le Vent unique, que l'intermédiaire soit constitué par les deux vents Lips et Notos (en effet, les Phéniciens placent de quelque façon ces derniers aussi avant Oulômos) ; quant à Oulômos, il serait l'intellect intelligible lui-même ; puis l'ouvreur Chousôros serait le premier ordre après l'intelligible, enfin l'Œuf serait le Ciel ; car il est dit que de l'Œuf brisé en deux sont nés le Ciel et la Terre, qui sont chacun une de ses moitiés.

1-6. Voir *Notes complémentaires*, p. 237-239.

(125)[3] Σιδώνιοι δὲ κατὰ τὸν αὐτὸν συγγραφέα πρὸ πάντων Χρόνον ὑποτίθενται καὶ Πόθον καὶ Ὀμίχλην, Πόθου δὲ καὶ Ὀμίχλης μιγέντων ὡς δυεῖν ἀρχῶν Ἀέρα γενέσθαι καὶ Αὔραν, Ἀέρα μὲν ⟨τὸ⟩ ἄκρατον τοῦ νοητοῦ παραδηλοῦντες, Αὔραν δὲ τὸ ἐξ αὐτοῦ κινούμενον τοῦ νοητοῦ ζωτικὸν προτύπωμα, πάλιν δὲ ἐκ τούτων ἀμφοῖν ᾠὸν γεννηθῆναι κατὰ τὸν νοῦν, οἶμαι, τὸν νοητόν.

Ὡς δὲ ἔξωθεν Εὐδήμου τὴν Φοινίκων εὑρίσκομεν κατὰ Μωχον μυθολογίαν, Αἰθὴρ ἦν τὸ πρῶτον καὶ Ἀήρ, αἱ δύο αὗται ἀρχαί, ἐξ ὧν γεννᾶται Ουλωμος, ὁ νοητὸς θεός, αὐτό, οἶμαι, τὸ ἄκρον τοῦ νοητοῦ· ἐξ οὗ ἑαυτῷ συνελθόντος γεννηθῆναί φασιν Χουσωρον ἀνοιγέα πρῶτον, εἶτα ᾠόν, τοῦτο μέν, οἶμαι, τὸν νοητὸν νοῦν λέγοντες, τὸν δὲ ἀνοιγέα Χουσωρον τὴν νοητὴν δύναμιν ἅτε πρώτην διακρίνασαν τὴν ἀδιάκριτον φύσιν. Εἰ μὴ ἄρα μετὰ τὰς δύο ἀρχὰς τὸ μὲν ἄκρον ἐστὶν Ἄνεμος ὁ εἷς, τὸ δὲ μέσον οἱ δύο ἄνεμοι Λίψ τε καὶ Νότος (ποιοῦσι γάρ πως καὶ τούτους πρὸ τοῦ Ουλωμου), ὁ δὲ Ουλωμος αὐτὸς ὁ νοητὸς εἴη νοῦς, ὁ δὲ ἀνοιγεὺς Χουσωρος ἡ μετὰ τὸ νοητὸν πρώτη τάξις, τὸ δὲ ᾠὸν ὁ οὐρανός· λέγεται γὰρ ἐξ αὐτοῦ ῥαγέντος εἰς δύο γενέσθαι Οὐρανὸς καὶ Γῆ, τῶν διχοτομημάτων ἑκάτερον.

8-22 Mochus (Laetus), fr. 4 Jacoby (*Fr. Gr. Hist.*, uol. III C, 1958, nº 784, p. 796).

---

4 τὸ addidi || scribendum ἀκρότατον? (cf. us. 11) || 6 ᾠὸν Gruppe (u. adn.) : ὦτον A || 7 κατὰ] κα- in ras. A[1] (μετὰ A ?) || 9, 10, 12, 14, 16-19 nomina propria sic sine accent. A.

[3.3. *Les Égyptiens d'après Asclépiadès et Héraïscus*]

Quant aux Égyptiens[1], Eudème ne rapporte rien de précis, mais les philosophes égyptiens qui sont nos contemporains nous ont fait connaître leur vraie doctrine cachée, l'ayant trouvée justement dans certaines formules égyptiennes, à savoir que, d'après elles, il y aurait [d'abord] le principe unique du tout, célébré sous le nom de Ténèbre inconnaissable[2] et celle-ci est invoquée trois fois sous ce nom ; puis, viendraient les deux principes, l'Eau et le Sable d'après Héraïscus[3], et d'après son [frère] aîné, Asclépiadès[4], le Sable et l'Eau, à partir desquels a été engendré le premier Kmèphis[5], qui a engendré ensuite le deuxième, lequel a engendré à son tour le troisième ; ces derniers remplissent le diacosme intelligible tout entier. C'est ainsi que l'entend Asclépiadès, tandis que Héraïscus, son cadet, dit que le troisième, qui a été appelé Kmèphis du nom de son père et de son grand-père, est le Soleil ; c'est lui, je pense, qui est l'intellect intelligible.

Mais si l'on doit parvenir à l'exactitude sur ce sujet à partir de ces auteurs, il faut savoir cependant que les Égyptiens sont souvent enclins à diviser ce qui subsiste dans l'union ; en effet, ils divisent l'intelligible en de nombreuses propriétés divines, comme peuvent s'en rendre compte tous ceux qui le veulent, en lisant leurs écrits, je veux dire l'exposé d'Héraïscus sur la doctrine générale des Égyptiens, dédié à Proclus le Philosophe, et celui qu'Asclépiadès avait commencé à écrire sur l'accord des Égyptiens avec les autres théologiens.

1-5. Voir *Notes complémentaires*, p. 239-241.

125)[4] Αἰγυπτίους δὲ ὁ μὲν Εὔδημος οὐδὲν ἀκριβὲς ἱστορεῖ, οἱ δὲ Αἰγύπτιοι καθ' ἡμᾶς φιλόσοφοι γεγονότες ἐξήνεγκαν αὐτῶν τὴν ἀλήθειαν κεκρυμμένην εὑρόντες ἐν αἰγυπτίοις δή τισι λόγοις, ὡς εἴη κατ' αὐτοὺς ἡ μὲν | μία τῶν ὅλων ἀρχὴ Σκότος ἄγνωστον ὑμνουμένη, καὶ τοῦτο τρὶς ἀναφωνούμενον οὕτως, τὰς δὲ δύο ἀρχὰς Ὕδωρ καὶ Ψάμμον, ὡς Ἡραΐσκος· ὡς δὲ ὁ πρεσβύτερος αὐτοῦ Ἀσκληπιάδης, Ψάμμον καὶ Ὕδωρ, ἐξ ὧν καὶ μεθ' ἃς γεννηθῆναι τὸν πρῶτον Κμηφιν, εἶτα τὸν δεύτερον ἀπὸ τούτου, εἶτα καὶ ἀπὸ τούτου τὸν τρίτον, οὓς συμπληροῦν τὸν ὅλον νοητὸν διάκοσμον. Οὕτω μὲν Ἀσκληπιάδης· ὁ δὲ νεώτερος Ἡραΐσκος τὸν τρίτον ὀνομασθέντα Κμηφιν ἀπὸ τοῦ πατρὸς καὶ τοῦ πάππου τὸν Ἥλιον εἶναί φησιν, αὐτὸν δήπου τὸν νοῦν τὸν νοητόν.

Ἀλλὰ τὴν μὲν περὶ τούτων ἀκρίβειαν ἐξ ἐκείνων ληπτέον· ἰστέον δὲ καὶ ἐκεῖνο περὶ τῶν Αἰγυπτίων, ὅτι διαιρετικοί εἰσι πολλαχοῦ τῶν κατὰ ἕνωσιν ὑφεστώτων, ἐπεὶ καὶ τὸ νοητὸν διῃρήκασιν εἰς πολλῶν θεῶν ἰδιότητας, ὡς ἔξεστι μαθεῖν τοῖς ἐκείνων συγγράμμασιν ἐντυχοῦσι τοῖς βουλομένοις, λέγω δὲ τῇ Ἡραΐσκου ἀναγραφῇ τοῦ Αἰγυπτίου καθόλου λόγου πρὸς τὸν Πρόκλον γραφείσῃ τὸν φιλόσοφον, καὶ τῇ ἀρξαμένῃ γράφεσθαι συμφωνίᾳ ὑπὸ Ἀσκληπιάδου τῶν Αἰγυπτίων πρὸς τοὺς ἄλλους θεολόγους. |

1-24 Asclepiades, fr. 1 Jacoby (*Fr. Gr. Hist.*, uol. III C, 1958, n° 624, p. 159).

1 οἱ B : εἰ A ‖ 5 τρεῖς A, corr. s.u. b ‖ 7 αὐτοῦ Gale : αὐτὸς A ; an αὐτ<οῦ ἀδελφ>ός ? ‖ 12 κμ̄ηφιν hic A.

[*Troisième partie.*
De la participation]

[1. *Introduction*]

Après cela, il faut traiter de la participation des premiers principes et du tout intelligible, que nous disons être l'unifié, [pour voir] si ceux-là sont participés par tout ce qui est de second rang, ou bien s'ils ne sont pas participés, ou bien comment ils le sont et comment ils ne le sont pas. En effet, que la substance soit de deux sortes, l'une participable, l'autre imparticipable, pareillement la vie, et de la même manière l'intellect, on l'a dit auparavant et suffisamment montré. Cependant, il faut encore continuer de chercher, à leur sujet, si quelque réalité procède d'eux jusqu'aux formes individuelles, et jusqu'à celles qui naissent et meurent.

[2. *Définition de la participation*]

Pour commencer donc, on doit dire quel est le sens du mot «participer» *(metechein)* et quelle est la nature de ce que nous appelons la participation *(methexis)*. Cela veut dire *avoir (echein)*, mais avoir *après (meta)* un autre et à partir d'un autre, avoir en second et non pas en premier, et, tout en étant [soi-même] une chose, avoir, après ce qu'on est, quelque chose d'autre qu'on n'est pas ; et c'est être la participation de quelque chose, mais non sa subsistence principielle et exemplaire ; par conséquent, c'est la même forme qui, elle-même, est ce qu'elle est en soi, et qui est participée en procédant d'une chose dans une autre. Or, le participé est de deux sortes, le donnant et le donné lui-même, selon lequel le donnant est participé, car il l'est selon le donné. Par exemple, le soleil, qui est dans le ciel, est participé selon la lumière transmise par lui à nos yeux ;

(126) Ἐπὶ τούτοις περὶ μεθέξεως πραγματευτέον τῶν πρώτων ἀρχῶν καὶ τοῦ νοητοῦ παντός, ὅπερ τὸ ἡνωμένον εἶναί φαμεν, εἰ μετέχεται ταῦτα ὑπὸ τῶν δευτέρων ἁπάντων ἢ οὐ μετέχεται, ἢ πῶς μέν, πῶς δὲ οὔ. Ὅτι μὲν γὰρ οὐσία ἐστὶ διττή, ἡ μὲν μεθεκτή, ἡ δὲ ἀμέθεκτος, καὶ ζωὴ ὁμοίως, καὶ νοῦς τὸν αὐτὸν τρόπον, εἴρηται πρότερον καὶ δέδεικται μετρίως. Ἔτι δὲ ὅμως καὶ περὶ τούτων ἐπιζητητέον εἰ μέχρι τῶν ἀτόμων πρόεισιν αὐτῶν τις ὑπόστασις, καὶ εἰ μέχρι τῶν γιγνομένων καὶ ἀπολλυμένων.

Πρῶτον οὖν ῥητέον τί τὸ ὄνομα σημαίνει τὸ μετέχειν, καὶ τί λέγομεν τὴν μέθεξιν. Ἢ βούλεται δηλοῦν τὸ ἔχειν μέν, ἀλλὰ μετὰ ἄλλο καὶ ἀπὸ ἄλλου, καὶ ἔχειν δεύτερον, ἀλλ' οὐ πρῶτον, καὶ ἔχειν ἄλλο ὂν μετ' ἐκεῖνο ὅ ἐστιν, ἕτερόν τι ὃ μή ἐστι· καὶ μέθεξιν εἶναί τινος, ἀλλ' οὐχ ὕπαρξιν ἀρχηγὸν καὶ πρωτότυπον· ὥστε τὸ αὐτὸ εἶδος αὐτὸ μὲν εἶναι ὅ ἐστι καθ' ἑαυτό, μετέχεσθαι δὲ εἰς ἄλλο προϊὸν ἀπὸ ἄλλου. Διττὸν δὲ τὸ μετεχόμενον, τὸ μὲν ὃ δίδωσι, τὸ δὲ αὐτὸ τὸ διδόμενον, καθ' ὃ μετέχεται τὸ διδόν, κατὰ γὰρ τὸ διδόμενον. Οἷον μετέχεται ὁ ἐν οὐρανῷ ἥλιος κατὰ τὸ ὑπ' αὐτοῦ ἐνδιδόμενον φῶς τοῖς ἡμετέροις ὄμμασι· μετεχόμενον δὲ ὅμως καὶ τὸ διδόμε-

7 supra, p. 69.3-21.

4 ἢ[1] s.u. A[1].

néanmoins, le donné aussi est participé, et nous disons que le participant participe de chacun des deux, du donné en tant qu'il procède dans un autre, après un autre et à partir d'un autre, et du donnant en tant qu'il donne à un autre la propriété qui est la sienne et qui est après lui-même. Voilà ce qu'il faut dire au sujet du mot.

[3. *Arguments contre la participation*]

Qu'il y ait quelque chose de tel dans la réalité, et qu'une chose participe d'une autre, mais qu'aucune n'est établie en soi, en étant complètement isolée des autres et dite seulement ce qu'elle est, comme Protagoras[1] tente de l'établir et comme Lycophron[2] l'a déclaré, c'est ce que le raisonnement fera voir après avoir été suffisamment mis à l'épreuve. En effet, le beau, diront-ils, que pourrait-il être d'autre que beau, et le juste que pourrait-il être d'autre que juste? Ainsi donc, on ne doit dire ni que le beau est juste, ni que le juste est beau[3]. Que signifie alors, d'après eux, [l'affirmation que] le beau existe? Car le beau n'est pas un être, mais ce qui n'est que beau. De même, le juste n'est pas; car le «est» est propre à l'être; par suite, aucune des autres choses n'existe, excepté l'être. Rien d'autre, non plus, n'est en repos que ce qui est en repos, ni rien d'autre n'est mû que ce qui est en mouvement. Aucune chose, par conséquent, ne participe d'aucune, et un seul nom doit être prédiqué de chacune, celui qui exprime sa propriété particulière[4]; et ces philosophes stipulent qu'on ne doit pas combiner les mots, ni former un discours, dans la pensée que le nom ne se dit véritablement que d'une seule nature. En effet, [d'après eux,] l'homme est homme seulement, et il n'est ni animal, ni raisonnable, ni mortel; car rien de cela n'est ce que signifie homme.

1-3. Voir *Notes complémentaires*, p. 241.

4. Cf. *Théétète*, 201 e 3 - 202 a 8. On reconnaît là un écho de la pensée d'Antisthène, cf. A. Diès, *Platon, Théétète*, Paris 1965, 5e éd., p. 153.

νον, καὶ μετέχειν ἑκατέρου λέγομεν τὸ μετέχον, τοῦ μὲν ὡς ἐπὶ ἄλλο μετὰ ἄλλο καὶ ἀπὸ ἄλλου προϊόντος, τοῦ δὲ ὡς διδόντος ἄλλῳ τὴν ἑαυτοῦ μεθ' ἑαυτὸ ἰδιότητα. Τοσαῦτα μὲν περὶ τοῦ ὀνόματος. |

(126)[2] Ὅτι δέ ἐστί τι καὶ τοιοῦτον ἐν τοῖς πράγμασιν, καὶ ἕτερον ἑτέρου μετέχει, ἀλλ' οὐ καθ' αὐτὸ ἕκαστον ἕστηκεν ἀπὸ τῶν ἄλλων μεμονωμένον καὶ μόνον τοῦτο λεγόμενον ὅ ἐστι, καθάπερ ἐπιχειρεῖ μὲν Πρωταγόρας ὑποτίθεσθαι, Λυκόφρων δὲ ἀπεφήνατο, δηλώσει ὁ λόγος μέτρια βασανισθείς. Τί γὰρ ἂν εἴη, φήσουσι, τὸ καλὸν ᾗ καλόν, τί δὲ τὸ δίκαιον ἕτερον ᾗ δίκαιον; Οὐκοῦν οὔτε τὸ καλὸν δίκαιον ῥητέον οὔτε τὸ δίκαιον καλόν. Τί δὲ ἄρα τὸ καλὸν εἶναι; Οὐ γὰρ ὂν τὸ καλόν, ἀλλ' ὃ μόνον καλόν. Καὶ τὸ δίκαιον οὐκ ἔστι· τὸ γὰρ ἔστι τοῦ ὄντος ἴδιον· οὐδὲν ἄρα τῶν ἄλλων ἐστὶ παρὰ τὸ ὄν. Οὐδὲ ἕστηκεν ἄρα παρὰ τὸ ἑστὸς ἕτερον, οὐδὲ κινεῖται παρὰ τὸ κινούμενον. Πᾶν δ' ἄρα παντὸς ἀμέτοχον, καὶ ἓν μόνον ἑκάστου ὄνομα κατηγορητέον τὸ τῆς οἰκείας ἰδιότητος, συμπλέκειν δὲ μὴ δεῖν παραγγέλλουσι, μηδὲ λόγον ποιεῖν, ὡς ἐπὶ μιᾶς φύσεως λεγόμενον ἀληθῶς. Καὶ γὰρ ὁ ἄνθρωπος ἄνθρωπος μόνον, οὔτε δὲ ζῷον οὔτε λογικὸν οὔτε θνητόν· οὐδὲν γὰρ τούτων ὅπερ ἄνθρωπος.

6-8 Protagoras ubi? Antisthenes ap. Arist., *Met.* Δ 29, 1024 b 32-33 || 9 cf. Lycophron ap. Arist., *Phys.* I 2, 185 b 27-28 (= fr. 83, 2 D-K[6], uol. II, p. 307) || 10-22 cf. *Soph.* 251 a 8 - c 6; *Theaet.* 201 e 3 - 202 a 8.

10-11 ᾗ scripsi : ἧι A || 12 ἆρα A || 17 ἀμέτοχον scripsi : μετέχον A.

En outre, disent-ils, le participant, en demeurant ce qu'il est, est dit participer d'un autre. Or, s'il demeure le même qu'il était auparavant, qu'a-t-il obtenu de plus, du fait qu'il a participé d'un autre? Quant au participé lui-même, il est demeuré, dans sa propriété, ce qu'il était dès le commencement, de sorte qu'on doit juger aussi celui-là digne du même nom dont il était digne auparavant.

En troisième lieu, une chose coexiste avec une autre ou par union, ou par mélange, ou par juxtaposition ; et il nous faut chercher quelle est de ces coexistences celle dont nous dirons qu'elle est la participation. Ce n'est pas, en effet, celle qui se réalise par la juxtaposition, car les choses juxtaposées ne sont pas affectées les unes par les autres, tandis que la participation s'accompagne d'une certaine affection. Ce n'est pas non plus cette coexistence qui se réalise par union ; car il faut que le participé et le participant soient séparés par une limite ; or l'union fait de deux choses une seule, et il ne reste plus de participant ni de participé. Mais la participation ne se produit pas, non plus, par mélange, ce qui serait le plus vraisemblable ; car il y a mélange à partir de deux choses de même rang, et des deux éléments d'une seule subsistence, mais non pas du participant et du participé. C'est pourquoi on ne saurait dire que le corps blanc est un mélange de blancheur et de corps, <car la blancheur n'est même pas> tridimensionnelle comme l'est le corps. En effet, il est de la nature du participant d'être toujours le substrat du participé, et il est de la nature du participé d'être toujours dans le participant comme dans un substrat.

Voilà donc sans doute les arguments, et d'autres semblables, que pourraient énoncer ceux qui font des objections contre la participation, et qui estiment qu'aucune chose ne participe d'une autre. Or, c'est là un raisonnement redoutable, s'il rend toutes les choses violemment séparées les unes des autres et sans communauté avec aucun *un*, même pas avec l'un lui-

Ἔτι δέ, φασί, τὸ μετέχον, ὅ ἐστι μένον, λέγεται ἄλλου μετέχειν. Εἰ δὲ μένει τὸ αὐτὸ ὃ καὶ πρότερον, τί πλέον ἔσχεν, ὅτι μετέσχεν ἑτέρου; Καὶ αὐτὸ δὲ τὸ μετασχεθὲν ἔμεινεν ἐπὶ τῆς ἑαυτοῦ ἰδιότητος ὅπερ ἦν ἐξ ἀρχῆς, ὥστε καὶ ἐκεῖνο τοῦ αὐτοῦ ὀνόματος ἀξιωτέον οὗπερ καὶ πρότερον.

Ἐκ δὲ τρίτων ἑτέρῳ σύνεστιν ἕτερον ἢ κατὰ ἕνωσιν ἢ κατὰ σύγκρασιν ἢ κατὰ παράθεσιν καὶ τίνα τούτων ἐροῦμεν εἶναι τῶν συνουσιῶν τὴν μέθεξιν, ζητητέον. Οὔτε γὰρ παράθεσιν· ἀπαθῆ γὰρ ὑπὸ ἀλλήλων τὰ παρακείμενα, μετὰ δὲ πάθους τινὸς ἡ μέθεξις. Οὔτε κατὰ ἕνωσιν· δεῖ γὰρ ἀφωρίσθαι τὸ μετεχόμενον καὶ τὸ μετέχον· ἡ δὲ ἕνωσις ἓν ποιεῖ τὰ δύο, καὶ οὐκέτι μένει μετέχον καὶ μετεχόμενον. Ἀλλ' οὐδὲ κατὰ σύγκρασιν, ὃ μάλιστα δοκεῖ· ἐκ δυεῖν γὰρ ὁμοταγῶν σύγκρασις, καὶ στοιχείων ἀμφοῖν μιᾶς ὑπάρξεως, ἀλλ' οὐχὶ τοῦ μὲν μετέχοντος, τοῦ δὲ μετεχομένου. Τοιγαροῦν οὐκ ἂν εἴποι τις τὸ λευκὸν σῶμα σύγκρασιν εἶναι λευκότητος καὶ σώματος, *** ὥσπερ τὸ σῶμα, τριχῇ διαστατόν. Καὶ γὰρ ἀεὶ βούλεται τὸ μετέχον ὑποκείμενον εἶναι τοῦ μετεχομένου, τοῦτο δὲ ὡς ἐν ὑποκειμένῳ ἐκείνῳ.

Ταῦτα μὲν οὖν καὶ τὰ τοιαῦτα λέγοιεν ἂν οἱ πρὸς τὴν μέθεξιν ἀποροῦντες καὶ μηδὲν ἀξιοῦντες ἄλλο ἄλλου μετέχειν. Ἀλλὰ μὴν δεινὸς ὁ λόγος, εἰ δι|εσπασμένα πάντα ποιήσει ἀπ' ἀλλήλων καὶ μηδενὸς κοινωνοῦντα

10 <κατὰ> παράθεσιν Ruelle || 18 lac. statui, supple fere οὐδὲ γὰρ ἡ λευκότης.

même, s'il est vrai que le même raisonnement s'applique également au sujet de l'un ; et il supprimera aussi nombre de formes reconnues par tous, comme l'identité, la ressemblance, l'égalité, l'union totale et la totalité elle-même, car chacune des parties participe nécessairement d'une unique totalité. Il ruine aussi toute science, s'il est vrai qu'il n'est pas possible de prédiquer une chose d'une autre, ni en parlant, ni en pensant, de sorte que le discours se détruira lui-même[1]. En effet, il ne lui sera pas possible de dire que les choses sont séparées les unes des autres ; car elles participeront toutes de la même chose évidemment, à savoir de leur séparation les unes par rapport aux autres.

[4. *Défense de la participation*]

Cependant pour qui considère les réalités, il est clair que les unes participent des autres et certaines des mêmes. En effet, les formes qui sont dans la matière paraissent se comporter ainsi ; par exemple, les éléments participent les uns des autres, et les choses formées d'éléments participent des éléments mêmes, et elles-mêmes participent les unes des autres ; car notre corps se réchauffe et se refroidit ; de plus, il se nourrit de différents végétaux et de différents fruits. Quant aux sensations, ne sont-elles pas spécifiées par les objets sensibles ? Désir et sensation ne sont-ils pas modifiés tantôt vers le pire, tantôt vers le meilleur ? L'âme rationnelle n'est-elle pas éduquée en recevant l'éducation de son éducateur ? En philosophant, ne devient-elle pas pythagoricienne, ne devient-elle pas platonicienne ? Et voici ce mot de Socrate : comment un homme pourrait-il connaître l'état d'âme d'un autre, s'il n'y avait rien de commun entre eux[2] ? Il est évident que le commun vient toujours d'une chose unique. Que dire encore ? Les choses inférieures ne participent-elles pas

1-2. Voir *Notes complémentaires*, p. 241-242.

ἑνός, μηδὲ αὐτοῦ τοῦ ἑνός, εἴπερ ὁ αὐτὸς ἁρμόσει καὶ περὶ τοῦ ἑνὸς λόγος· ἀναιρήσει δὲ πολλὰ καὶ τῶν ὁμολογουμένων εἰδῶν, οἷον τὴν ταὐτότητα, τὴν ὁμοιότητα, τὴν ἰσότητα, τὴν ἕνωσιν ὅλην, καὶ αὐτήν γε τὴν ὁλότητα, τῶν γὰρ μερῶν ἕκαστον μετέχειν ἀνάγκη μιᾶς ὁλότητος. Ἀνατρέπει δὲ καὶ πᾶσαν ἐπιστήμην, εἴπερ οὐκ ἐνδέχεται ἄλλο ἄλλου κατηγορεῖν οὔτε λέγοντας οὔτε νοοῦντας· ὥστε καὶ αὐτὸς ἑαυτὸν διαφθερεῖ ὁ λόγος. Οὐ γὰρ ἐξέσται αὐτῷ λέγειν κεχωρίσθαι ἀλλήλων τὰ πράγματα· μεθέξει γὰρ τοῦ αὐτοῦ δηλονότι πάντα, τοῦ πρὸς ἄλληλα χωρισμοῦ.

Καὶ μὴν εἰς τὰ πράγματα ἀποβλέπουσι φανερὸν ὅτι μετέχει ἄλλα ἄλλων, καί τινα τῶν αὐτῶν. Τά τε γὰρ ἐν τῇ ὕλῃ εἴδη φαίνεται οὕτως ἔχοντα· οἷον τὰ στοιχεῖα μετέχει ἀλλήλων, καὶ τὰ ἐκ στοιχείων αὐτῶν τε τῶν στοιχείων καὶ αὐτὰ ἀλλήλων· θερμαίνεται γὰρ τὸ ἡμέτερον σῶμα καὶ ψύχεται, ἔτι δὲ τρέφεται ἀπὸ φυτῶν τε καὶ τῶν ἄλλων καρπῶν. Αἱ δὲ αἰσθήσεις οὐκ εἰδοποιοῦνται τοῖς αἰσθητοῖς; Ἐπιθυμία δὲ καὶ θυμὸς οὐχὶ καὶ πρὸς τὸ χεῖρον ἀλλοιοῦται καὶ πρὸς τὸ κρεῖττον; Ἡ δὲ λογικὴ ψυχὴ οὐ παιδεύεται τὴν τοῦ παιδεύοντος μεταλαμβάνουσα παιδείαν; Οὐ πυθαγορικὴ γίνεται φιλοσοφοῦσα, οὐ πλατωνική; Τὸ δὲ Σωκράτους ἐκεῖνο· ὅπως ἂν ἄλλος τὸ ἄλλου πάθος ἐγνώρισεν, εἰ μή τι κοινὸν ἦν πρὸς ἀλλήλους; Καὶ δῆλον ὅτι ἀφ' ἑνὸς ἀεὶ τὸ κοινόν. Τί δέ; τὰ χείρω οὐ

8 *Soph.*, 259 e 4-6 || 23-25 *Gorg.* 481 c 7 - d 2.

---

8 διαφθερεῖ, -θερ- ex corr., mg. διαφέρει A^1.

manifestement des supérieures, par exemple la matière des formes ? Le bois, en effet, a été façonné et découpé par la scie et il a reçu la forme d'un trône. Le corps ne vit-il pas et n'est-il pas mû de l'intérieur, à la différence du corps inanimé qui est mû de l'extérieur ? L'air d'ici-bas, et tout ce qui est sublunaire, n'est-il pas éclairé par la lumière céleste ? Et toutes les choses immatérielles ne fournissent-elles pas à toutes celles qui sont matérielles leur force continuelle ?

De plus, pour parler plutôt en termes de logique, homme et cheval sont, chacun des deux, forme, chacun des deux vivant, chacun des deux être, chacun des deux un ; toutes ces formes leur sont communes sauf la propriété particulière, et les formes communes appartiennent à cette propriété et sont pour ainsi dire les éléments de celle-ci, mais elles ne sont pas [là] en elles-mêmes. Car la forme qui n'appartient pas à elle-même, qui n'est pas en elle-même et qui n'est pas première en elle-même, est une participation de celle qui l'est, participation venue d'une chose dans une autre, comme nous le disions. Mais ces vérités sont sans doute reconnues de tous.

Toutefois, comment écarterons-nous les raisonnements contraires ? Il faut dire que les formes ne sont même pas de nature à subsister séparément les unes des autre, et qu'aucune n'est isolément en elle-même ; il faut, en effet, que le mouvement se mette au repos et que le repos se mette en mouvement[1]. Sinon, ni le mouvement ne demeurera dans ce qu'il est, ni le repos n'agira dans la mesure où il est. Pareillement le beau et le juste contreparticipent l'un de l'autre : le beau du juste pour accomplir son acte propre et pour être sans confusion avec le reste, le juste du beau pour être

1. Voir *Notes complémentaires*, p. 242.

μετέχει σαφῶς τῶν ὑπερτέρων, οἷον ἡ ὕλη τῶν εἰδῶν; Τὸ γοῦν ξύλον ἐσχημάτισται καὶ τέτμηται τῷ πρίονι, καὶ εἰς θρόνον μεμόρφωται. Τὸ δὲ σῶμα οὐ ζῇ καὶ κινεῖται ἔνδοθεν, οὐχ ᾗπερ τὸ ἄψυχον ἔξωθεν; Ὁ ὧδε ἀὴρ καὶ πᾶν τὸ ὑποσέληνον οὐ φωτίζεται τῷ οὐρανίῳ φωτί; Οὐ πᾶσι δὲ τοῖς ἐνύλοις τὰ ἄυλα χορηγεῖ τὴν ἄπαυστον δύναμιν;

Ἔτι δὲ λογικώτερον εἰπεῖν, ἄνθρωπος καὶ ἵππος εἶδος ἑκάτερον, ζῷον ἑκάτερον, ὂν ἑκάτερον, ἓν ἑκάτερον, καὶ πάντα κοινὰ πλὴν τῆς ἰδιότητος ἑκάστης, καὶ τὰ κοινὰ τῆς ἰδιότητός ἐστι καὶ ἐκείνης οἷον στοιχεῖα, ἀλλ' οὐκ ἐφ' ἑαυτῶν. Ὃ γὰρ μή ἐστιν ἑαυτοῦ καὶ καθ' ἑαυτὸ καὶ πρῶτον αὐτό, τούτου μέθεξίς ἐστιν ἀφ' ἑτέρου εἰς ἕτερον ἐλθοῦσα, ὡς ἐλέγομεν. Ἀλλὰ ταῦτα μὲν ἴσως ὁμολογεῖται.

(126)[3] Πῶς δὲ τοὺς ἐναντίους ἀπολυσόμεθα λόγους; Ἢ ῥητέον ὡς τὰ μὲν εἴδη οὐδὲ πέφυκεν ὑφίστασθαι χωρὶς ἀλλήλων, ἐφ' ἑαυτοῦ μόνου ἕκαστον· δεῖ | γὰρ τὴν κίνησιν ἑστάναι, καὶ τὴν στάσιν κινεῖσθαι· εἰ δὲ μή, οὔτε μενεῖ ἡ κίνησις ἐν τῷ ὅ ἐστιν οὔτε ἐνεργήσει ἡ στάσις καθ' ὅσον ἐστίν. Ὁμοίως δὲ καὶ τὸ καλὸν καὶ τὸ δίκαιον ἀντιμετέχει ἀλλήλων, τὸ μὲν καλὸν τοῦ δικαίου, ἵνα τὴν οἰκείαν ἐνέργειαν ἐνεργῇ καὶ ἀσύγχυτον ᾖ πρὸς τὰ ἄλλα· τὸ δὲ δίκαιον τοῦ καλοῦ, ἵνα ἐραστὸν ᾖ καὶ ἀγαπητὸν καὶ

13 supra p. 168.17-18 || 18 cf. *Soph.* 255 a 10 ss; 256 b 6-7; 259 a 4-6; uol. II p. 79.11-18.

---

8 ζῷον ἑκάτερον mg. ins. A[1] : om. A || 19 ἡ[1] ins. A[1].

aimable, désirable et louable. Nous pourrions facilement dire des choses semblables à propos encore de la plupart des formes. Donc les formes, ainsi que je le disais, participent nécessairement les unes des autres, mais les propriétés que nous concevons, je veux dire qui ne sont pas en soi, font difficulté pour nous, puisque, en vérité, même pas ... *[la suite manque]*

ἐπαινετόν. Ὅμοια δὲ λέγειν καὶ ἐπὶ τῶν πλείστων εὐπορήσομεν. Τὰ μὲν οὖν εἴδη, ὅπερ ἔφην, ἀνάγκη μετέχειν ἀλλήλων, αἱ δὲ ἰδιότητες ἐπινοούμεναι, καθ' ἑαυτὰς οὐκ οὖσαι λέγω, τὰς ἀπορίας ἡμῖν ἐργάζονται, ἐπεὶ κατὰ ἀλήθειαν οὐδὲ...

4 οὐκοῦσαι A[1] : οἰκοῦσαι A.

NOTES COMPLÉMENTAIRES

Page 1.

1. Τούτων. Damascius a précisé *supra*, vol. II, p. 207.8-214.20, les notions de l'un (limitant), des plusieurs (illimités), de l'unifié, puis de la pluralité propre à l'unifié ou à la substance pure et indéterminée, enfin de la pluralité (éléments, parties, formes) propre à la substance définie (soit unitaire, soit proprement substantielle). Il va maintenant traiter des processions. Ce sujet a été déjà annoncé à diverses reprises, vol. II, p. 195.11-14; p. 205.6-8; p. 206.24-25.

2. Ἐφ' ἑκάτερα. L'alternative dont il s'agit consiste dans l'affirmation ou la négation de la procession de l'unifié.

3. C'est là encore une réminiscence de la doctrine de Jamblique, selon laquelle l'être reste dans la proximité de l'un. Référence à ajouter à celles qui sont citées, vol. II, dans la note 3 de la p. 64.9.

Page 2.

1. Plotin emploie déjà l'expression de «nombre substantiel», qui désigne, pour lui, le nombre idéal et exemplaire, par opposition au nombre mathématique de la quantité; le nombre substantiel «fournit éternellement l'être à l'Intellect», dans le rapport de ce dernier à l'Un (*Enn.* V 5, 4.16-20). Le couple du nombre unitaire et du nombre substantiel apparaît chez Syrianus qui se réfère aux Pythagoriciens et au *Parménide* de Platon, cf. *In Met.*, p. 126.15-17, ὅ τε ἑνιαῖος καὶ οὐσιώδης; de même chez Proclus, *In Tim.*, II, p. 147.8; 15; voir tout le passage de la page 146.23 à la page 147.17, en lisant avec Taylor δευτέραν (β') au lieu de ἐνάτην (θ'), cf. A. J. Festugière III, p. 188, n. 3. Proclus dérive ces nombres de l'Un-qui-est (cf. Platon, *Parm.*, 142 c 7-d 9), source de la pluralité infinie dans l'intelligible (*ibid.*, 142 d 9-143 a 3) et du nombre intelligible-intellectif (144 a 2-9). Damascius reviendra sur ce dernier passage dans son *Commentaire sur le Parménide*, R. II, p. 104.23-108.9, au cours de l'analyse du

premier ordre des intelligibles-intellectifs (p. 71.13-113.6). — Le couple du nombre unitaire et substantiel est, au sens strict, le premier nombre. Le nombre spécifié lui est postérieur. Parfois, l'expression de «premier nombre» est utilisée au sens analogique de nombre intelligible, pour désigner la triade intelligible.

2. Ἑτερότης : altérité. Damascius emploie διαφορά pour différence.

3. Les «deux monades» sont l'un et l'être contredistingués dans le premier ordre des intelligibles-intellectifs par la première altérité (*Parm.*, 143 a 4-144 b 8).

4. Cet ordre-là est l'unifié.

6. Le sens exige le neutre οὗ au lieu du féminin ἧς ; ce que nous traduisons. En effet, ce n'est pas à la nature (ἡ φύσις) qui est en train de se distinguer, mais bien à sa limite (τὸ πέρας) inférieure (commencement, milieu, fin, *Parm.*, 144 a 5-b 3), que sont antérieurs le tout et les parties (deuxième ordre intelligible-intellectif, *Parm.*, 144 e 9-145 a 4), précédés eux-mêmes par le nombre (*Parm.*, 143 b 8-144 e 8). Mais le féminin ἧς s'explique, si Damascius avait à l'esprit la classe (ἡ τάξις) que représente la limite (τὸ πέρας) en question.

Page 3.

1. Une discussion détaillée de ces triades, chaldaïques et autres, suivra *infra*, p. 108.16-167.24.

2. Ἡ μία ἀρχὴ τῶν ὅλων, cf. vol. I, p. 103.12-13 et n. 4.

3. Voir vol. II, p. 103.11-104.2 ; p. 212.20-213.7.

Page 6.

1. C'est-à-dire selon le mode de la procession de forme dissemblable (par ex. la vie procédant de la substance, ou l'intellect procédant de la vie), et selon le mode de la procession de forme semblable (par ex. la vie et l'intellect, en tant qu'ils procèdent selon le mode unifié, à partir de ce qui est unifié).

2. Dans l'*In Parm.*, II, 745.40-746.20, Proclus distingue deux formes de production par les monades, l'une par abaissement (καθ' ὑπόβασιν), la propriété demeurant la même (par ex. l'intellect universel qui produit l'intellect particulier), l'autre par procession (κατὰ πρόοδον), le modèle produisant son image (par ex. l'intellect qui produit l'âme). E. R. Dodds, qui cite ce passage à propos d'*El. theol.*, § 21 (p. 209), a déjà remarqué que Proclus lui-même tend à employer πρόοδος au lieu de ὑπόβασις. Ici, Damascius, en rapportant l'opinion de Proclus («les philosophes»), fait de même.

3. «Quel que soit l'ordre qu'il inaugure pour se manifester, chaque dieu procède à travers tous ses dérivés, multipliant et divisant sans cesse ses communications, mais sauvegardant le

caractère qui distingue sa propre subsistence» (Proclus, *El. theol.*, § 125, trad. J. Trouillard). Quoique Zeus soit l'exemple typique de ce principe, celui-ci s'applique à tous les dieux. Ainsi Proclus, dans l'*In Crat.* (p. 112.5-14), connaît trois manifestations d'Athéna : une première, au niveau intellectif (= Rhéa-Hécate); une deuxième, au niveau des dieux-chefs (ou princes) ἀρχικοί (cf. *Théol. Plat.*, VI 11, p. 372.10-19, Portus; sur les dieux-chefs, cf. Damascius, *De princ.*, *infra*, p. 37.18, n. 3; p. 38.2, n. 4); une troisième, au niveau des dieux détachés, ἀπόλυτοι (cf. *Théol. Plat.*, VI 22, p. 403.31-39 Portus). Dans l'*In Crat.* (p. 37.19-21), Proclus ajoute une Athéna-démon, dont le prophète Hélénus écoute la consultation avec Apollon, et une Athéna-âme, qui apparaît à Ulysse et à Télémaque (p. 36.2-4).

Page 7.

1. Zeus, ici nommé, est le démiurge du *Timée*; c'est le troisième ordre des intellectifs, ou l'intellect intellectif, qui se pense lui-même (voir Proclus, *Théol. Plat.*, V 12-26, p. 40-97). Damascius le nomme «le Zeus universel» (*infra*, p. 8.8-9; p. 28.9-10) et «le démiurge universel» (p. 30.13). Après lui, viennent le triple Zeus de l'ordre assimilateur : Zeus céleste, marin, chthonien (cf. Proclus, *Théol. Plat.*, VI 6-10), ensuite le Zeus du *Phèdre*, chef des dieux détachés du monde (*Théol. Plat.*, VI 18-19; 22). Voir encore Procl. *In Crat.*, p. 83.10-84.5.

Page 8.

1. Univoque ou synonyme selon la définition aristotélicienne, *Cat.*, 1, 1 a 6-7 : Συνώνυμα δὲ λέγεται ὧν τό τε ὄνομα κοινὸν καὶ ὁ κατὰ τοὔνομα λόγος τῆς οὐσίας ὁ αὐτός («Synonyme se dit de ce qui a, à la fois, communauté de nom et identité de notion», trad. J. Tricot). — Équivoque ou homonyme, *Cat.*, 1, 1 a 1-2 : Ὁμώνυμα λέγεται ὧν ὄνομα μόνον κοινόν, ὁ δὲ κατὰ τοὔνομα λόγος τῆς οὐσίας ἕτερος («On appelle homonymes les choses dont le nom seul est commun, tandis que la notion désignée par ce nom est diverse», trad. J. Tricot).

2. Cf. la conjecture de L. G. Westerink.

Page 9.

1. Le mot πρεσβύτερον est ici difficile à comprendre. Chez les néoplatoniciens, il signifie : «d'un rang ontologique plus élevé». Comme le contexte ne fournit pas d'objet de comparaison, on ne peut qu'interpréter «relativement élevé».

2. Οἱ πολλοὶ θεοί. Les «dieux multiples» sont les νέοι θεοί, les «jeunes dieux» du *Timée* (42 d 6), i.e. les enfants du démiurge, sur lesquels celui-ci se décharge de «la tâche de façonner les corps périssables, d'y ajouter ce qui pourrait encore y manquer d'âme humaine ..., et de même d'en prendre la direction, de gouverner ce vivant mortel» (*Tim.*, 42 d 7-11, trad. A. Rivaud). Au sujet de ces «démiurges seconds» (ainsi que les appelle Proclus) ou dieux encosmiques, et sur leur démiurgie, voir *In Tim.*, III, p. 310.3-323.13 ; A. J. Festugière, V, p. 190-204.

Page 10.

1. Voir ci-dessous p. 10.16-19, n. 3.

2. Στερεώματα. Ce mot avec le sens de «firmaments» est emprunté aux *Or. Chald.*, fr. 57 des Places, p. 31-32 W. Kroll ; les *Oracles* ont dû à leur tour l'emprunter à la *Septante* (hébreu : רקיע du verbe רקע = στερεοῦν). Voir H. Lewy, p. 122-123, n. 218-219 ; A. J. Festugière, Proclus, *Commentaire sur le Timée*, III, p. 89, n. 4 = Procl., *In Tim.*, II, p. 57.13. — Pour l'acception de «firmaments», les lexiques ne donnent aucun exemple indépendant de la Bible. Dans Damascius, on trouve deux autres exemples de στερεώματα avec ce sens, qui dérivent tous les deux des *Oracles* ; dans le premier (*In Parm.*, R. II, p. 87.11), διὰ τῶν ἑπτὰ χωροῦσα στερεωμάτων, cette origine est évidente ; dans le second (R. II, p. 282.16-17), τὰ ἄϋλα τῶν στερεωμάτων ὑμνούμενα, on est en présence d'une interprétation des *Oracles*, et il s'agit bien là de «firmaments» (dans l'acception ptolémaïque de sphères célestes), et non pas de «solides immatériels», comme le veut LSJ.

3. Ces mondes, désignés par les noms des dieux-rois orphiques, sont les ordres ontologiques du système proclien. Au monde de Zeus correspond l'intellect démiurgique, qui est le troisième ordre intellectif. Au monde de Kronos correspond le premier ordre intellectif ; Kronos est l'intellect pur de tout mélange, καθαρὸς νοῦς (cf. Proclus, *In Crat.*, Pasquali, p. 59.5, qui reprend l'explication platonicienne du nom de Kronos, κόρος νοῦς, *Crat.*, 396 b 6-7 ; d'autres références dans A. Segonds, *Proclus, Sur le premier Alcibiade de Platon*, t. II, p. 273, n. 2, Notes complémentaires, p. 409-410). Au monde d'Ouranos correspond l'intellection médiane entre les intelligibles et les intellectifs, i.e. le deuxième ordre intelligible-intellectif (cf. Proclus, *Théol. Plat.*, IV 5, p. 18.23-22.8). Le monde de la Nuit est le premier ordre intelligible-intellectif («lieu supracéleste» du *Phèdre*, 247 c 3-248 c 2 ; cf. Proclus, *Théol. Plat.*, IV 6-19, p. 22-54). Le monde «pur, unique et ordonné antérieurement à tous», i.e. l'intellect intelligible, troisième ordre de l'unifié, est identifié à Phanès. Sur les rois orphiques, voir Proclus, *In Crat.*, p. 54.12-55.22, et les textes cités dans *Orphic.*, fr. 107 (Proclus, *In Tim.*, III, p. 168.17-25 ; Alexandre d'Aphrodise, *In Met.*, p. 821.5 ss ; Hermias, *In*

Phaedr., p. 152.15 ss ; Olympiodore, *In Phaed.*, Norvin p. 3.9 ss = L. G. Westerink, I, §§ 3.3-6.10 et notes, p. 40-41), ainsi que dans le fr. 108. — Sur la correspondance détaillée des ordres triadiques procliens avec les règnes et dieux orphiques, voir la reconstruction critique de L. Brisson : « Proclus et l'Orphisme », dans *Proclus. Lecteur et interprète des Anciens*, Colloque Internat. du C.N.R.S., Paris 1987, p. 43-104. — Sur l'Orphisme, consulter M. L. West, *The Orphic Poems*, Oxford 1983 ; L. Brisson, « Orphée et l'Orphisme à l'époque impériale. Témoignages et interprétations philosophiques, de Plutarque à Jamblique » dans *Aufstieg und Niedergang der Römischen Welt*, II, 36.4, Berlin, New York 1990, p. 2867-2931 ; « Damascius et l'Orphisme » dans *Orphisme et Orphée*. En l'honneur de J. Rudhardt, Genève, 1991, p. 157-209.

Page 13.

1. C'est originellement l'aporie qu'a soulevée le monisme parménidien de l'un et dont Platon, dans le *Parménide*, a donné les bases de solution. Cette aporie et cette solution ont présidé à la naissance du néoplatonisme. Ici, le texte évoque plus directement Plotin, *Enn.*, III 9, 4.1 : Πῶς οὖν ἐξ ἑνὸς πλῆθος ; — et encore : V 1, 6.3-7 ; V 2, 1.1-4 ; V 4.

Page 16.

1. Pour χύσις au lieu de λύσις, dont le sens est trop péjoratif (on ne peut pas concevoir les plusieurs comme étant la dissolution de l'un, mais comme sa fusion), comparer Plotin, *Enn.*, VI 6, 1.6 (ἐν τῇ χύσει τοῦ ἑνὸς πλῆθος γίνεσθαι), Proclus, *In Tim.*, III, p. 256.30-32 (καὶ τὸ κατεχεῖτο [*Tim.*, 41 d] δὲ τῆς εἰς τὸ κάτω προόδου καὶ τῆς ἀορίστου χύσεώς ἐστιν ἐμφατικόν) et Damascius, *infra*, p. 123.15.

2. Ἦν, exemple d'imparfait métaphysique exprimant une vérité éternelle. Et, comme le sujet est l'unifié, la vérité dont il s'agit est même supra-éternelle, si l'on se rapporte à l'autorité de Proclus, *In Tim.*, p. 362.9-16.

Page 17.

2. La substance dite ici unifiée doit être entendue comme dans le vol. II, p. 213.5-7. Il s'agit, dans ce cas, de la substance dite mixte ou proprement substantielle qui se contredistingue de la substance unitaire. Toutes les deux sont des substances définies, à la différence de la substance pure qui, antérieurement à leur distinction, est l'un-être ou l'unifié, au sens propre du troisième principe.

Page 18.

1. Le sens du mot μετανόημα (qui se trouve encore *infra*,

p. 132.15-16) est clair ; Damascius lui-même l'explique. La formation, cependant, est moins transparente qu'il ne paraît, car les parallèles modernes, comme «métalogique», «métalangage» ont été formés de la même façon que «métaphysique», terme que l'antiquité ne connaissait pas. Les composés avec μετα-, signifiant «après», sont plutôt rares ; nous ne connaissons qu'un seul exemple de μετα- utilisé comme préfixe d'un nom qui reste inchangé, à savoir μετατραγῳδία ; μεταδίωξις est dérivé du verbe μεταδιώκειν et non de μετα + δίωξις. Damascius peut avoir connu les verbes μεταδειπνεῖν et μεταπίνειν (Hippocrate) ; néanmoins, on se demande pourquoi il n'a pas choisi le préfixe ὑπερ-, comme dans ὑπερνόησις (Plotin, *Enn.*, VI 8, 16, 32), ὑπερένωσις (Proclus, *In Parm.*, 1181.39) et ὑπεράγνοια (Damascius, *De princ.*, vol. I, p. 84.18).

Page 19.

1. C'est le troisième groupe d'apories, en remontant à partir de la dernière aporie énoncée, qui était la septième.

2. 'Επ' ἐσχάτων ci-dessous, p. 28.9 et p. 98.19, le ms. porte le datif singulier ἐπ' ἐσχάτῳ pour exprimer, à ce qu'il semble, la même idée.

Page 20.

1. Les formes proprement dites sont en effet dans l'intellect, selon la subsistence, et dans la matière, selon la participation.

2. Damascius a déjà emprunté, vol. II, p. 199.16 (voir n. 2), cet exemple à Platon, *Cral.*, 399 c 1-6.

3. D'après cette étymologie de pure fantaisie ὅλον serait une contraction de ὅ ἀλὲς ὄν. Damascius se sert de ce même adjectif ionien ἀλής (ἀλής) pour une autre étymologie de même type, celle de ἀληθές = θεῖον ἀλές ou θεῖν ἐπὶ τὸ ἀλές, *In Phil.*, § 236.4-7.

Page 22.

1. Le beau hétéromobile procède, en tant que beau, comme un être d'un être, et, en tant qu'hétéromobile, comme un non-être d'un non-être (car ni le causant ni le causé n'existaient d'abord comme hétéromobiles). Même raisonnement pour le beau automoteur.

Page 24.

1. Dionysos, fils et successeur de Zeus d'après le mythe orphique (*Orphic.*, fr. 207-208) est considéré comme l'intellect encosmique et le dernier rejeton de l'intellect démiurgique. Il

correspond à la sixième génération orphique, cf. *Orphic.*, fr. 107 (Proclus, *In Tim.*, III, p. 168.15 ss).

2. Cf. *supra*, p. 9.23, n. 2.

Page 25.

1. Le ms. porte ἀνηρτισμένα, mais le verbe *ἀναρτίζω, autant que nous sachions, n'existe pas ; par contre, ἀπηρτισμένα (« achevés ») s'accorde parfaitement avec le contexte (opp. οὔπω ἐν τέλει). Pour la confusion entre ν et π, voir vol. I, p. LXXXV.

2. Il s'agit, en fait, de la réponse au premier point (*supra*, p. 9.20 - 10.3) de la quatrième aporie (cf. Notice, p. XII et p. XVII-XVIII).

3. Damascius passe à l'examen du second point de la quatrième aporie (*supra*, p. 10.4 - 11.4).

Page 26.

1. Formule apparentée à celle qui exprime chez Proclus le principe du structuralisme néoplatonicien : « tout est en tout, mais en chacun selon son mode propre » (*El. theol.*, § 103). Cette dernière formulation dérive de celle de Porphyre : Πάντα μὲν ἐν πᾶσιν, ἀλλὰ οἰκείως τῇ ἑκάστου οὐσίᾳ (*Sententiae ad intelligibilia ducentes*, 10, p. 4). Aux autres exemples cités *ibidem* par E. Lamberz, on peut ajouter Théodore d'Asiné chez Proclus, *In Tim.*, II, p. 275.6-7. — L'expression ὅλον ἀφ' ὅλου, selon laquelle un monde dans sa totalité procède d'un autre dans sa totalité, relève de la même conception structuraliste.

Page 27.

1. A côté de la série de quatre mondes, l'intelligible, l'intellectif, l'hypercosmique et l'encosmique (répartition la plus ancienne), existe la division en six mondes, qui intercale entre le premier et le deuxième l'intelligible-intellectif, et entre le troisième et le quatrième l'hypercosmique-encosmique. Cette dernière division sert de base à la *Théol. Plat.* de Proclus (voir I, p. LXV-LXXI), et la première à ses *El. theol.* (§§ 162-165), bien qu'elle apparaisse aussi çà et là, selon les besoins de l'argumentation, dans la *Théol. Plat.* (voir II, p. 105, n. 3 ; IV, p. XXXVI-XXXVII).

2. Les Grecs = l'épopée orphique ; les Barbares = les écrits des Chaldéens, dont le Ἅπαξ ἐπέκεινα (« Une fois au-delà) et le Δὶς ἐπέκεινα (« Deux fois au-delà ») sont identifiés, le premier avec Kronos, le second avec Zeus ; Kronos joue, à son niveau, par rapport à Zeus qui est l'intellect démiurgique, le rôle d'intellect paternel.

3. Cette division est celle du règne paternel entre Zeus, Poseidon et Pluton (Platon, *Gorg.*, 523 a 4).

Page 28.

2. Cf. *supra*, p. 9.23, n. 2.

3. «L'autre règne». L'emploi de l'article montre que, dans ce contexte, Damascius ne pense qu'à deux règnes, c'est-à-dire celui de Kronos et celui de Zeus dans le *Politique*, 268e8-274e1.

4. Tandis qu'Ouranos est considéré comme correspondant au deuxième ordre des intelligibles-intellectifs, les «autres Ouranides» correspondent au troisième. Ces derniers sont les Hécatonchires (Kottos, Gyès, Briarée), cf. *Orphic.*, fr. 57, 58, 109, 110. D'après Syrianus, ils sont ainsi appelés dieux «aux cent mains», parce qu'ils sont en contact avec la démiurgie entière dont ils précèdent le domaine (le monde intellectif proprement dit), cf. *Orphic.*, fr. 110 (= Hermias, *In Phaedr.*, p. 150.2-9). Voir L. Brisson, «Proclus et l'Orphisme», p. 75.

5. Ailleurs, ἀντιπλεονεκτεῖν est un verbe transitif, cf. vol. I, p. 30.7; p. 40.14; voir aussi Simplicius *In De caelo*, p. 515.5; *In cat.*, p. 335.1; Élias, *In cat.* p. 98.1. Mais cela ne signifie pas nécessairement que la préposition doive ici être enlevée.

6. Τὴν κοιλοτέραν : la propriété inférieure. Cf. vol. II, p. 4.24, n. 4 sur κοινοτέραν, de sens voisin, et surtout L. G. Westerink, Dam., In Phaed. I, § 7.2, note.

Page 29.

2. Πλήρωμα a ici le sens évident de plénitude; mais, comme ailleurs (cf. vol. I, p. 34, n. 2), nous transcrivons simplement le mot grec pour garder son écho gnostique. Dans le cas (l. 5-7), on est en présence des deux plérômes (unifié et distingué) de l'intellect intellectif qu'est Zeus, selon l'interprétation néoplatonicienne. Voir vol. II, p. 47.19-48.12.

3. Voir *supra*, p. 8.9-10, n. 1.

4. Sont dites hétéronymes les réalités qui diffèrent à la fois par le nom et la nature, par ex. père et fils, cf. Proclus, *In Parm.*, VII, 1228.33-35; Simplicius, *In cat.*, p. 38.26-39.1 : ἑτερώνυμα δέ ἐστιν τὰ καὶ τοῖς ὀνόμασιν καὶ τοῖς πράγμασιν καὶ τοῖς λόγοις ἕτερα, οἷον γραμματική, ἄνθρωπος, ξύλον.

Page 30.

2. Δὶς ἐπέκεινα. Le «Deux fois au-delà» signifie le dieu «qui est au-delà sous un mode dyadique», selon la traduction de P. Hadot, *Porphyre et Victorinus*, I, p. 262. Chez les néoplatoniciens, cette appellation désigne en propre le démiurge universel qui, dans la terminologie des médioplatoniciens comme Albinus et Numénius (cf. H. Lewy, p. 316.11), était déjà nommé le «second intellect», celui qui vient après l'intellect du Père, désigné aussi par la suite comme Ἅπαξ ἐπέκεινα, le «Une fois au-delà», «celui qui est au-delà sous un mode un», selon la traduction de P. Hadot, *op. cit.*,

p. 262. L'usage néoplatonicien de ces expressions Ἅπαξ et Δὶς ἐπέκεινα semble remonter à Porphyre, comme le suggère un texte de Jean Lydus : Ὁ μέντοι Πορφύριος ἐν τῷ ὑπομνήματι τῶν λογίων τὸν Δὶς ἐπέκεινα, τουτέστι τὸν τῶν ὅλων δημιουργόν, τὸν παρὰ Ἰουδαίων τιμώμενον εἶναι ἀξιοῖ, ὃν ὁ Χαλδαῖος δεύτερον ἀπὸ τοῦ ἅπαξ ἐπέκεινα, τουτέστι τοῦ ἀγαθοῦ, θεολογεῖ (*De mensibus*, IV 53, p. 110.18 ss, R. Wuensch, Leipzig 1898). Si la signification spéculative de ces expressions est claire, quelle est toutefois leur origine? E. des Places fait figurer ἅπαξ ἐπέκεινα (δὶς ἐπέκεινα) comme fr. 169 des *Oracles Chaldaïques*; voir cependant la note (p. 147), où il fait le relevé des opinions divergentes, car on ne connaît aucune citation des *Oracles* qui contienne ces termes. Proviennent-ils alors des *Oracles*, ou des commentaires des théurges? Quoi qu'il en soit, depuis la publication par R. Klibansky et C. Labowsky de la partie terminale du l. VII du commentaire de Proclus sur le *Parménide*, il est devenu clair que le Ἅπαξ et le Δίς représentent, repectivement, les dieux syriens Ad et Adad (p. 58.33-60.9 Klibansky-Labowsky = p. 512.97-07 Steel) et que, par conséquent, le ἐπέκεινα est une addition spéculative. Cf. aussi H. D. Saffrey, «Les Néoplatoniciens et les Oracles Chaldaïques», *Rev. Ét. Aug.*, 27, 1981, p. 223-224, et surtout «La structure hebdomadique du degré intellectif» dans *Procl., Théol. Plat.*, V, p. IX-XXXVII (où Ἅπαξ ἐπέκεινα est traduit par «l'Au-delà simple» et Δὶς ἐπέκεινα par «l'Au-delà doublé», cf. p. XXI). — A noter encore que, au sujet de la structure supposée septuple du diacosme intellectif, W. Kroll (p. 16-17 et p. 22) pense que, si elle ne repose pas uniquement sur une interprétation arbitraire du fr. des *Or. Chald.*, p. 20 *in fine* (= fr. 35 E. des Places) de la part de Proclus (*In Crat.*, p. 80.26 ss ; p. 58.23 ss) et de Damascius (*In Parm.*, R. II, p. 132.28 ss), elle peut bien provenir des *Hyphegetika* de Julien le Théurge. La structure en question comprend la triade des pères (Kronos qui tient le rôle de l'Ἅπαξ ἐπέκεινα ; Rhéa-Hécate, la déesse zoogone ; Zeus, le démiurge universel qui est le Δὶς ἐπέκεινα), la triade des ἀμείλικτοι (les dieux implacables qui préservent la transcendance de la triade antérieure) et le septième dieu, ὁ ὑπεζωκώς, «celui qui ceint de dessous» et joue le rôle de diaphragme entre les dieux intellectifs et les dieux qui leur sont supérieurs, cf. Dam., *In Parm.*, R. II, p. 131.27-132.5 (voir Saffrey-Westerink, *Procl., Théol. Plat.*, V, p. XV-XVI). Mais on remarquera qu'ici, dans le *De princ.*, Damascius cite une application du modèle hebdomadique à la procession du démiurge universel (Zeus) selon la conception des chaldéens (cf. notre passage, l. 13-16) et des théurges (*infra*, p. 36.12-13. Cette procession est un cas de figure de la loi selon laquelle chaque monade de l'heptade intellective procède dans une hebdomade propre, cf. Procl., *Théol. Plat.*, V 2, p. 11.25-12.12; V 4, p. 19.19-20.17 ; Damascius, *In Parm.*, R. II, p. 133.16.17).

Page 31.

1. On peut se représenter la division verticale et la division horizontale de la façon suivante : Soit A le producteur, A 1, A 2, A 3 la série verticale de ses dérivés par procession selon la profondeur (κατὰ βάθος) ; ce sont là les parties homéomères qui procèdent de son tout en lui étant synonymes. Chacune de ces projections est le centre d'un plan que coupe perpendiculairement l'axe de la série ; sur les divers rayons de ces plans circulaires s'inscrivent les espèces et les parties anhoméomères B C D E F G, etc., produites selon la largeur ou mieux selon le plan (κατὰ πλάτος), en étant hétéronymes par rapport au générateur.

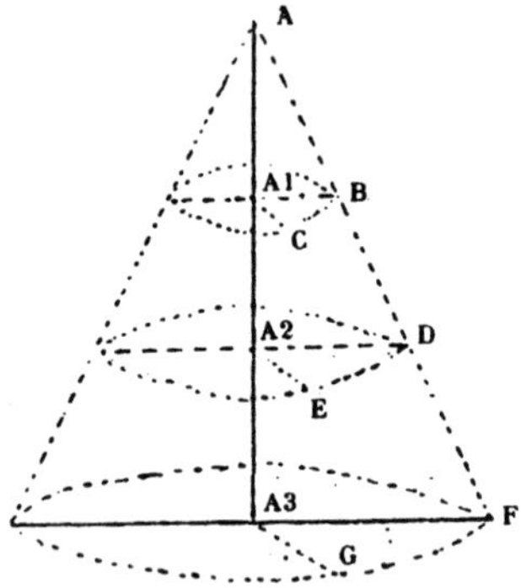

Chacune des parties, soit homéomères, soit anhoméomères, peut, à son tour, projeter une procession soit synonyme, soit hétéronyme par rapport à elle. Telle est la totalité des modes selon laquelle un unique producteur peut tout envelopper en lui. — Platon avait déjà utilisé, de façon analogue, le schématisme de l'étendue à deux dimensions (πλάτος, largeur, et μῆκος, longueur) pour diviser, dans leurs espèces, l'art de la production (ποιητική, *Soph.*, 266 a 1 ss) et l'art de l'acquisition (κτητική, *Soph.*, 219 d 1 ss). Mais, en ce qui concerne la division de la production comme procession divine à partir du démiurge universel, le schématisme de l'espace à trois dimensions (μῆκος, πλάτος et βάθος, cf. *Lois*, VII, 819 d 1 ss) convient mieux pour suggérer le déploiement d'un unique producteur. — Ici, le πλάτος, comme plan, réunit à la fois largeur et longueur autour de l'axe générateur fondamental de la profondeur (βάθος). On peut comprendre, d'ailleurs, que, dans le *Timée* 39 e 3 - 40 a 2, le principe de la division homéomère du Vivant-en-soi en vivant céleste, aérien, aquatique, terrestre, est κατὰ βάθος, tandis que la diversité des espèces vivantes anhoméomères, réparties dans ces divers domaines, est κατὰ πλάτος.

2. Il s'agit bien du démiurge universel, cf. *supra*, p. 30.13-15.

3. Ἡ δὲ ἐπὶ μαγειῶν πηγή. Dans son interprétation néoplatonicienne, le mot πηγή (source), qui appartient au vocabulaire chaldaïque, signifie le sommet (ἀκρότης), à partir duquel prend origine chaque série ou chaîne (σειρά) de divinités, cf. Proclus, *In Tim.*, I, p. 319.5-8 ; M. Psellus, *Hypotypôsis*, 28 (dans *Or. Chald.*, E. des Places, p. 201). Pour identifier la «source qui préside aux magies», il faut ici se reporter quelques pages plus bas (p. 38.8-10). En attribuant explicitement cette source à la tradition des théurges, Damascius la décrit comme «une source démiurgique particulière», différente de la «source universelle» et compréhensive de toutes, qu'est le démiurge universel, i.e. l'intellect intellectif. Elle procède de la source universelle selon une partie anhoméomère de cette dernière (p. 31.9-10). Plus loin encore (p. 38.10-11), Damascius ajoute que de cette source particulière qui préside aux magies «découle une série particulière propre». Cette dernière en procède par division de parties homéomères selon la dimension verticale et elle est synonyme avec elle (cf. p. 31.10-13). A la suite de W. Kroll (*De Orac. Chald.*, p. 39), nous sommes conduits à identifier cette série avec celle des trois «Pères qui président aux magies» (ἐπὶ μαγειῶν πατέρες, Dam., *In Parm.*, R. II, p. 201.2 ; p. 204.4), ou «Pères magiciens» (μαγικοὶ πατέρες, R. II, p. 203.28). Ceux-ci nous sont connus justement par une des rares citations d'un passage des *Hyphégétika* de Julien le Théurge dans Damascius, *In Parm.*, R. II, p. 203.27-204.15 (cf. p. 201.1-6). Ce passage apparaît plusieurs fois chez Proclus, *In Tim.*, p. 317.22-28 ; III, p. 63.21-24 ; p. 124.32-125.2 ; p. 132.26-133.10. — A l'aide de ces éléments, on peut essayer de reconstruire la doctrine dans sa dernière interprétation néoplatonicienne, de la façon suivante. La source particulière qui préside aux magies procède de son principe, non pas selon le tout de celui-ci et de façon synonyme, mais selon une de ses parties anhoméomères et de façon hétéronyme. Elle se projette dans la division horizontale de l'intellect intellectif, chargé de la démiurgie invisible du monde. Bien que cette source ne soit pas synonyme avec le «Deux fois au-delà», comme l'est l'hebdomade propre à celui-ci (cf. *supra*, p. 30.11-16 ; *infra*, p. 36.11-13), elle entretient cependant avec lui un rapport très étroit, puisque, dans le diacosme intellectif, elle est à l'origine des opérateurs qui continueront l'œuvre démiurgique dans le diacosme inférieur des dieux hypercosmiques. En effet, Damascius dit que, d'après les *Oracles* et Julien le Théurge, les Pères magiciens sont chargés de la démiurgie proprement sensible, cf. *In Parm.*, R. II, p. 203.27-29. Et, s'il appartient au démiurge, qu'est l'intellect intellectif, de produire de façon encore indivise les divers états (unifié, en train de se différencier, différencié) des formes destinées à pénétrer le monde, il appartient à chacun des Pères magiciens de produire, de façon proprement divisée, l'un des trois états de ces formes, d'amener celles-ci à la sensation et de les unir aux choses individuelles, *ibid.*, p. 204.1-6. Les Pères magi-

ciens font partie de l'ordre hypercosmique des dieux-chefs (ἀρχικοί) qui gouvernent l'écoulement des sources particulières et qui sont «assimilateurs» (ἀφομοιωτικοί) par conversion de l'inférieur au supérieur, *ibid.*, p. 206.8-11. Ce sont des médiateurs qui font le lien dans les deux sens ; ils ne se contentent pas de produire les sensibles, mais ils ajoutent les sensibles aux formes, et mieux ils produisent celles-ci dans les sensibles, cf. *ibid.*, p. 204.7-10. «Les Pères qui président aux magies produisent tout dans le visible et font tout retourner dans l'invisible», *ibid.*, p. 201.2-3. Ce sont des «transmetteurs de messages» (διαπόρθμιοι) entre le démiurge et la matière ; «ils façonnent les images visibles de l'invisible et ils gravent l'invisible dans la création visible du monde (ἐμφανῆ κοσμοποιίαν)», *ibid.*, p. 201.3-5. L'appellation de «pères qui président aux magies» indique, d'après H. Lewy, le rôle que ces dieux jouaient dans les pratiques théurgiques (*Chaldaean Oracles and Theurgy*, p. 139).

4. Ὁ ἁπλῶς νοῦς : l'intellect pur. Damascius désigne par cette expression l'intellect intelligible (troisième ordre de l'unifié), c'est-à-dire Phanès, qui est antérieur à Kronos (premier ordre intellectif), qualifié lui aussi d'intellect pur, mais en un sens différent (καθαρὸς νοῦς), cf. *supra*, p. 10.16-19, n. 3. D'une manière générale, «pur» peut s'entendre au moins en deux acceptions différentes : 1) ἁπλοῦς, au sens de ce qui est antérieur à une contradistinction quelconque qui le suit : ainsi l'un antérieur à tout ; l'intelligible pur ou le pur unifié, antérieur à la contradistinction de l'unitaire et du substantiel ; la substance pure (l'élémenté) antérieure à la substance définie, soit comme unitaire, soit comme proprement substantielle ou mixte ; la vie pure, antérieure à la vie unitaire et à la vie substantielle ; l'intellect pur, antérieur à l'intellect unitaire et à l'intellect substantiel ; en ce sens, substance pure, vie pure, intellect pur sont pris comme intelligibles et unifiés ; 2) ἁπλοῦς, mais aussi καθαρός, au sens de ce qui est pur de son contraire et, plus généralement, de ce dont il se contredistingue, ainsi l'un pur (non plus l'un antérieur à tout, mais l'un de l'un-être) qui, après l'apparition de la première altérité, est considéré comme pur de l'être ou de la substance (cf. *infra*, p. 100.18-101.2, avec la mention τὸ ἁπλῶς ἕν) ; pareillement, «la substance est devenue pure (καθαρά), en se dépouillant de quelque manière de l'un» (cf., vol. II, p. 93.22). De même, Kronos est l'intellect pur (καθαρός) par contradistinction des autres intellectifs.

Page 32.

1. Sur la procession de la matière, cf. *Or. Chald.*, fr. 34 des Places, p. 20 Kroll. Voir aussi ci-dessous, p. 54.16-18.
2. Cf. vol. II, p. 176.24-177.21.
3. Ἀγαθὸς δαίμων : au sujet du «Bon Génie» en général,

voir P. W., Suppl., III, 1918, col. 37-59 (Ganschinietz), et M. P. Nilsson, *Geschichte der griech. Religion*, II, München 1950, p. 202-207. Bien que son culte ait dû survivre jusqu'à la disparition totale du paganisme, il ne joue pas un rôle important dans la spéculation néoplatonicienne. S'il sert ici d'exemple, c'est sans doute parce que les démons forment le plus haut degré des êtres particuliers, confinant au divin, et parce qu'ils sont doués d'intellect (cf. Proclus, *In Alc.*, p. 68, 4-7 ; E. R. Dodds, *El. theol.*, p. 295-296). Ou bien, peut-être, le «Bon Génie» est-il mentionné ici simplement parce que Damascius, égyptien d'éducation sinon de naissance, se souvient du rôle qu'il joue dans l'hermétisme et dans l'alchimie égyptienne, sous le nom d'Ἀγαθοδαίμων et sous la forme du dieu-serpent.

Page 33.

2. Ces questions (l. 14-16), «déjà plus anciennes», ont été en effet rencontrées bien avant le début de la réponse à la troisième aporie, dès la fin de l'exposé du troisième point de la quatrième aporie (cf. *supra*, p. 11.20 - 12.7), point dont l'examen a été jusqu'ici laissé en suspens. Mais cette absence de réponse va être largement compensée dans ce qui suit (p. 33.18 - 36.20).

Page 34.

2. Selon Aristote, on ne saurait concevoir de subsistence qui ne soit pas, comme telle, en acte, et c'est à ce titre qu'elle diffère de ce qui n'est qu'en puissance. Cf. *Mét.* Θ 6, 1048 a 30-35.

3. Cette proposition est la conclusion du syllogisme suivant, dont la mineure n'est pas exprimée : ce qui est en puissance est autre chose que la subsistence ; or, par rapport à la subsistence, ce qui est en puissance est (au plan inférieur) analogue à ce qui est selon la cause (au plan supérieur). Donc, ce qui est selon la cause est autre chose que la subsistence. Puissance et cause ont ceci en commun qu'elles ne sont pas encore la subsistence, mais à des plans différents.

4. Cf. Proclus, *El. theol.*, § 18 ; voir J. Trouillard, «Agir par son être même», dans *Rev. des Sc. Relig.*, 32 (1958), p. 347 - 357.

5. Le principe selon lequel le produit présubsiste κατ' αἰτίαν (dans sa cause), est formulé explicitement par Proclus, *El. theol.*, § 65. Si Damascius l'attribue ici aux «anciens philosophes», c'est que l'on supposait avec raison que cette conception appartenait déjà à Pythagore (avec la théorie des nombres), à Platon (avec la théorie des Idées), à Aristote (avec la théorie des causes).

Page 35.

1. Ce premier argument vient d'être énoncé ci-dessus, p. 34.18-21: la cause ne saurait être tirée ni d'une autre cause, car il

faudrait remonter à l'infini, ni de la subsistence à titre d'effet, car elle ne saurait ni être de forme dissemblable ni produire un effet de forme dissemblable.

Page 36.

2. Ce sont les quatre espèces du *Timée*, 39e 10-40a 2 : μία μὲν οὐράνιον θεῶν γένος, ἄλλη δὲ πτηνὸν καὶ ἀεροπόρον, τρίτη δὲ ἔνυδρον εἶδος, πεζὸν δὲ καὶ χερσαῖον τέταρτον.

3. Voir *supra*, p. 30.13-16 et n. 2 *(in fine)*.

4. Διανεμόμενοι τῆν τοῦ ὅλου διανομήν : bien que cette construction soit admissible en grec, il reste possible que διανομήν ait été substitué, sous l'influence du verbe, à un autre complément direct, comme περιοχήν, cf. p. 36.3 (dans ce cas, il faudrait traduire : «en se partageant la contenance du tout»), ou bien comme ὕπαρξιν («... la subsistence du tout»).

Page 37.

1. Le sens de μία est donné par un passage précédent, cf. *supra*, p. 30.8-10, où était posée la même question au sujet de la subsistence selon laquelle procède la série dite de Zeus : «si cette subsistence se conçoit selon quelqu'une des parties enveloppées en lui, comment peut-elle être seule (μόνη) synonyme avec la totalité de Zeus?».

2. «Père des dieux» est l'appellation de Zeus chez Homère, qui ajoute habituellement : «et des hommes». Cf. *Il.* IV, 68; V, 426; VIII, 49; *passim*.

3. 'Αρχαί. Dans le cas présent, pour traduire ce mot, il faut écarter la notion de principe, qui chez Damascius notamment est réservée à l'évocation de l'un, des plusieurs purs et de l'unifié ou de l'intelligible. Au niveau infra-intellectif où nous nous trouvons maintenant, le mot ἀρχαί signifie les Principautés, au sens de certains êtres divins ayant rang de princes ou de chefs (ἀρχικοί). Ils tiennent ce principat par procession d'une source intellective et ils en exercent les prérogatives à l'égard de leurs inférieurs, comme dans le cas des pères dits magiciens (cités plus haut, p. 31.9-10 et n. 3). L'énumération des Principautés, des Archanges, des Azones et des Zones montre que Damascius suit le système chaldaïque dans sa reconstitution par Proclus. Nous connaissons celle-ci grâce au résumé que Michel Psellus en a fait dans son *Hypotyposis*, 17-18, des Places, p. 200. «Après le rang archique vient celui des archanges ... Après la procession archangélique, suspendue aux principautés, existe celle des azones; on les appelle azones, parce qu'ils ont pleine et libre autorité sur les zones et sont établis au-dessus des dieux visibles. Après les zones vient le cercle fixe ...» (trad. E. des Places, légèrement modifiée). Ce texte prouve que la correction proposée par Ruelle (ζωναίους pour ζώνας) est

superflue. — On retrouve les ἀρχαί et les ἀρχαγγέλοι chez le Ps.-Denys Aréopagite, dans la troisième triade des esprits purs de la *Hiérarchie céleste* (Coll. Sources Chrétiennes, 58, Paris 1958, réimp. 1970, p. 128-130; Migne, *P.G.* col. 257 B-D), où, dans une élaboration fortement néoplatonicienne, contemporaine de Proclus - Damascius, le sens mystique de ces noms est clairement expliqué.

Page 38.

1. On a corrigé συνωνυμίαν pour ὁμωνυμίαν, parce que, d'après la définition d'Aristote (*Cat.*, 1, 1 a 6-7), c'est la synonymie, non l'homonymie, que produit la parenté de nature.

2. La virgule après <τῶν> διίων se justifie, si l'on remarque que tout le passage précédent se rapporte à Zeus; ici Damascius ajoute d'autres exemples.

3. 1) Dans le système de Proclus, au-dessous des trois Iynges chaldéennes, divinités qui rassemblent (συναγωγοί), et qui constituent le premier ordre des intelligibles-intellectifs, il y a les dieux Mainteneurs (συνοχεῖς) et les dieux Télétarques (τελετάρχαι) qui, respectivement, constituent le deuxième et le troisième ordre des intelligibles-intellectifs (cf. *Théol. Plat.*, IV 19-26). A propos des Iynges, Mainteneurs et Télétarques, voir W. Kroll, *De Orac. Chald.*, p. 39-44; H. Lewy, *Chald. Orac.* (éd. M. Tardieu 1978), Index 5 A, s.v. ἴυγξ, συνοχεύς, τελετάρχης; E. des Places, *Or. Chald., Index verb.*, s.v., et, dans l'appendice, les textes suivants : Michel Psellus, *Exégésis* 1149 a 10 - b 3 (*ibid.*, p. 185-186); *Chaldaïké Ekthésis*, 1149 c 10 - 1152 a 2 (*ibid.*, p. 189); *Assyriké Ekthésis*, 122 (p. 194.7-9); *Hypotypôsis*, 3-5 (*ibid.*, p. 198); Michel Italicus, *Lettre XVII*, 181.17 - 182.7 (p. 214-215). — 2) C'est par simple homonymie avec ces dieux que, dans notre passage, Damascius nomme συνοχεῖς et τελετάρχαι certains dieux de l'ordre archique (cf. note suivante), lequel correspond au niveau inférieur qui est celui des dieux hypercosmiques, divisés un peu plus loin (p. 38.11-14) en dieux démiurgiques, perfecteurs, gardiens, purificateurs (cf. Proclus, *Théol. Plat.*, VI 10-13). Il est probable que Damascius a voulu identifier les mainteneurs (συνοχεῖς) aux gardiens (φρουρητικοί) et les télétarques (τελετάρχαι) aux perfecteurs (τελεσιουργοί). De fait, Proclus, dans l'élaboration de l'ordre intelligible-intellectif correspondant, préfère l'appellation de τελεσιουργοί à celle de τελετάρχαι.

4. Ἀρχικός. Cette épithète, dans le contexte précis de la hiérarchie divine chaldaïque, à travers sa reconstitution par Proclus, qualifie l'autorité des dieux-chefs ou princes dans l'ordre hypercosmique (cf. n. 3 de la p. 37.18). Pour signaler cette spécificité, tout en évitant de parler d'Hécate «princesse», d'âme et de vertu «princesses» (ci-dessous l. 3-5), nous transcrivons simplement le terme grec en français, et nous réservons exclusivement

l'emploi du mot «archique» à ce sens-là. Mais, en dehors de cette acception spécifique, ἀρχικός a parfois, dans le texte, le sens courant de «propre à commander».

5. Damascius relie toutes les principautés (ἀρχαί) aux sources particulières exclusivement, tandis que Michel Psellus, qui rapporte la conception proclienne dans son *Hypotyposis*, écrit (§ 15, des Places, p. 200) : «Les premières principautés correspondent aux premières sources, les moyennes aux moyennes et les dernières aux particulières (μερικαῖς)». Mais, entre ces deux points de vue, il n'y a pas nécessairement contradiction, car Damascius entend, dans un sens général, les sources particulières, comme opposées aux universelles. Ainsi comprises, les sources particulières, qui correspondent à des parties anhoméomères d'une divinité, peuvent se rencontrer au premier niveau intellectif, celui de Kronos, au niveau moyen, celui de Rhéa-Hécate, au troisième, celui de Zeus. Ce sont les sources qui appartiennent à ce dernier niveau que Psellus qualifie improprement de «particulières». Selon Damascius, à chaque niveau de sources particulières correspond un niveau de principautés (ἀρχαί).

6. L'Hécate dite archique, à titre de principauté, se trouve dans l'ordre hypercosmique, bien au-dessous de l'Hécate proprement dite qui, comme deuxième membre de la première triade de l'hebdomade intellective, est une source universelle. Au sujet de l'Hécate archique, de l'âme et de la vertu archiques, cf. Michel Psellus, *Ekthésis*, 1152 b 1-4 (des Places, p. 200) : Τῶν δὲ ζωογόνων ἀρχῶν ἡ μὲν ἀκρότης Ἑκάτη καλεῖται, ἡ δὲ μεσότης ψυχὴ ἀρχική, ἡ δὲ ἀποπεράτωσις ἀρετὴ ἀρχική («Le sommet des principautés zoogones s'appelle Hécate, le milieu l'âme archique, et la limite inférieure la vertu archique» (notre traduction).

7. La couronne et la ceinture d'Hécate correspondent, comme sources particulières externes, aux sources internes que sont les parties anhoméomères (tempes, front, flancs) de la déesse intellective qui est une source universelle, cf. *infra*, p. 38.23-39.8; voir W. Kroll, p. 29.

8. C'est sans doute dans son grand commentaire des *Oracles*, cité vol. II, p. 1.7-8 (voir la n. 3), que Jamblique avait exprimé cette opinion. Le passage, p. 38.2-8 = B. D. Larsen, *Iambl. test.*, 307.

9. Les dieux Implacables (ἀμείλικτοι), dans le langage chaldaïque, constituent, au sens proprement dit, la deuxième triade de l'hebdomade intellective selon Proclus (voir n. 2 *(in fine)* de la p. 30.14). Cette triade correspond à la triade des Courètes (κούρητες) de l'orphisme et à celle des «sans souillure» (ἄχραντοι) du néoplatonisme. Elle maintient intacte la transcendance de la première triade intellective. C'est par homonymie avec cette deuxième triade intellective de sources universelles que Jamblique désigne une source particulière de dieux Implacables.

10. Cf. *supra*, p. 31.9-10 et la n. 3.

11. Il s'agit ici du cas de la source démiurgique particulière dont procèdent dans l'ordre hypercosmique les Pères magiciens qui, en tant que démiurgiques, se contredistinguent des dieux perfectionneurs, gardiens, purificateurs.

12. Il s'agit là du cas de la source universelle qu'est Zeus, l'intellect démiurgique proprement dit.

Page 39.

1. Cf. *supra*, p. 38.3-6.

2. Πηγὴ τῶν πηγῶν. Damascius utilise cette expression des *Oracles Chaldaïques* (fr. 30 des Places, Kroll p. 19) pour qualifier le troisième ordre de l'unifié, ou l'intellect intelligible ; cf. vol. II, p. 32.6 ; p. 34.9-10 ; 210.9 ; *infra*, p. 56.19 ; *In Parm.*, R. II, p. 67.1-3.

3. Ἀριθμός, au lieu de μερισμός qui, dans le ms., est dû à l'anticipation de μερικώτερος qui suit.

Page 40.

1. Sur βάθος et πλάτος, comme coordonnées de l'univers de la procession néoplatonicienne, voir *supra*, n. 1 de la p. 31.4.

2. C'est la formule proclienne du structuralisme néoplatonicien : Πάντα ἐν πᾶσιν, οἰκείως δὲ ἐν ἑκάστῳ, *El. theol.*, § 103, Dodds, comment. p. 254. Voir *supra*, p. 26.4-5, n. 1.

3. Il est difficile de voir à quoi se rapporte τούτων : d'après les ll. 16-20, ce ne serait pas seulement à la dernière catégorie mais aux trois.

Page 42.

1. C'est toujours le développement du principe : πάντα μὲν ἐν πᾶσιν, ἀλλὰ οἰκείως τῇ ἑκάστου οὐσίᾳ. Le passage ll. 6-14 rappelle le commentaire que Porphyre faisait suivre à l'énoncé de ce principe, cf. *Sent.*, 10 : ἐν νῷ μὲν γὰρ νοερῶς, ἐν ψυχῇ δὲ λογικῶς, ἐν δὲ τοῖς φυτοῖς σπερματικῶς, ἐν δὲ σώμασιν εἰδωλικῶς, ἐν δὲ τῷ ἐπέκεινα ἀνεννοήτως τε καὶ ὑπερουσίως.

Page 43.

1. A la différence des formes spécialissimes (τὰ εἰδικώτατα τῶν εἰδῶν, vol. II, p. 195.16 ; τὰ εἰδικώτατα εἴδη, *ibid.*, p. 192.4), universelles et éternelles, qui peuvent être prédiquées (au degré ultime de spécification) d'une infinité d'individus, et qui méritent par là le nom de véritables touts indivisibles (ἄτομα, *ibid.*, p. 192.16-19) beaucoup plus que les individus mêmes, les formes individuelles (τὰ ἄτομα τῶν εἰδῶν) dont il s'agit maintenant ne

peuvent plus être prédiquées que d'un seul individu, v.g. la forme de Socrate, cf. vol. II, p. 193.14-15. Bien que certaines d'entre elles soient perpétuelles (comme celles des astres), Damascius n'envisage ici que celles qui n'existent pas toujours (cf. ci-dessous, l. 3-4).

2. Τὰ τῷ εἶναι ποιοῦντα. Principe proclien : Toute cause immobile produit par son être même, *El.theol.*, § 76 ; cf. § 18. Voir J. Trouillard, « Agir par son être même », dans *Rev. des Sc. Relig.* 32 (1958), p. 347-357.

Page 45.

1. Au sujet des multiples manifestations d'Athéna, voir *supra*, p. 6.17 ss et n. 3 ; sur Athéna κορικἡ, qui fait le lien entre Athéna et Koré, cf. Proclus, *Théol.Plat.*, VI 11, p. 372.3-4 ; 12-14, Portus.

2. Les philosophes : comme d'ordinaire Syrianus et Proclus. Le propos qui suit immédiatement est l'écho de celui de Proclus, cf. *El. theol.*, § 65 : Πᾶν τὸ ὁπωσοῦν ὑφεστὸς ἢ κατ' αἰτίαν ἔστιν ἀρχοειδῶς ἢ καθ' ὕπαρξιν ἢ κατὰ μέθεξιν εἰκονικῶς (« N'importe quelle réalité peut exister de trois façons, dans sa cause sous forme de principe, dans sa propre subsistence, enfin dans une participation sous forme d'image », trad. J. Trouillard). Voir comment. de Dodds, p. 235-236.

3. Cf. vol. II, p. 56.15-16 et n. 6.

Page 46.

1. Τὰ ἐχόμενα. Dans le cas présent, puisque Damascius traite des questions dans l'ordre inverse de leur énoncé, il s'agit des questions qui précèdent immédiatement la troisième aporie à laquelle il vient de répondre ; ce sont les questions posées de la p. 6.11 à la p. 7.11.

2. Ἀφ' ἑνὸς καὶ πρὸς ἕν. Au sujet de cette expression, voir vol. I, p. 3.18 et n. 4 ; Damascius, *In Phil.*, § 34.5, note, et Index II, s.v. εἷς. La préposition πρός peut avoir trois sens différents, à savoir : 1) « se rapportant à » ; 2) « [fait] d'après l'image de » ; 3) « dirigé vers ». C'est le troisième sens qu'il faut choisir ici.

3. Les deux déesses mentionnées dans le passage, Aphrodite et Athéna, se situent, d'après la *Théol.Plat.*, de Proclus (VI 22), au niveau des dieux détachés du monde (ἀπόλυτοι), i.e. les douze dieux ἡγεμόνες du *Phèdre* (247 a 1-3). Athéna est au centre de la deuxième triade, Aphrodite au centre de la quatrième.

Page 47.

1. Ἐκεῖ : dans l'autre cas, c'est-à-dire dans le cas de la procession de forme semblable.

2. Τοῖς ὁμοειδέσι. A première vue, il semblerait que l'on doive lire τοῖς ἀνομοειδέσι (« aux réalités de forme dissemblable »), mais

l'exemple qui suit accrédite le texte. D'après l'ensemble du passage, Damascius veut dire que, bien que les caractères communs accompagnent les réalités de forme semblable, toutefois ce n'est pas là un critère suffisant pour les déterminer en tant que telles.

3. Πάνδημος (= pandémienne) désigne l'Aphrodite populaire, inspiratrice de l'amour vulgaire, tandis que l'Aphrodite céleste (οὐράνια) inspirait l'amour immatériel. Voir Platon, *Banquet*, 180 d 7-181 b 2. Les deux Aphrodite avaient leur temple à Athènes.

Page 50.

1. Ὁ ἁπλῶς νοῦς. Ici encore cette expression doit être entendue dans la même acception que plus haut, p. 31.18, n. 4. Cette désignation de l'intellect intelligible et non pas du premier des intellectifs (Kronos) est confirmée du fait que c'est de cet «intellect pur» que procèdent l'intellect mainteneur (Ouranos), l'intellect titanique (Kronos) et l'intellect démiurgique (Zeus). Sur cette série, cf. *supra*, p. 10.16-19, n. 3 ; p. 25.15-16.

Page 52.

1. Ἕνωσιν συγκράσεως paraît un peu forcé, et l'explication donnée l. 7-8 se comprendrait mieux, si on lisait συγκράσεις αὐτοτελεῖς. On traduirait alors de la façon suivante : «et, à cause de leur étroite union, elles constituent des mélanges, jouissant de l'autonomie d'une façon spéciale qui consiste à refuser la circonscription et à tendre à la fusion dans l'union».

Page 53.

1. Il y a deux sortes de plusieurs purs : 1) ceux qui appartiennent en propre à l'un (cf. vol. II, p. 207.18-209.21 ; p. 213.20-24) et qui constituent le deuxième principe ; 2) ceux qui appartiennent en propre à l'unifié ou au troisième principe (cf. vol. II, p. 213.10-19). Les plusieurs purs de l'unifié, dont il s'agit dans le présent passage (p. 52.27) ont été déjà identifiés plus haut, cf. vol. II, p. 54.11-13 ; p. 58.5 et n. 1. Au niveau intellectif, il y a aussi la forme pure des plusieurs.

2. C'est cette division illimitée en parties homéomères (dont aucune n'est privée de l'être ni de l'un) qui constitue la «pluralité illimitée» (ἄπειρον πλῆθος) du troisième ordre de l'unifié, selon la lecture néoplatonicienne de *Parm.*, 142 d 9 - 143 a 3 ; la première altérité ne se manifeste qu'en *Parm.*, 143 b 1-8, et le premier nombre suit celle-ci.

Page 54.

1. «Les plusieurs purs intelligibles». Nous traduisons ainsi Τὰ δὲ πολλὰ ἐκεῖνα qui ne renvoie pas aux στοιχεῖα dont il vient d'être question ci-dessus, p. 53.18, mais bien aux plusieurs purs de l'intelligible ou de l'unifié, cf. *supra*, p. 53.2-3 (ἐν τῷ νοητῷ ἐκεῖνα) et p. 52.25 (τὰ πολλὰ ἁπλῶς).

Page 55.

1. Le vers complet, d'après les autres sources (voir Kern, *Orphic.*, fr. 85) est : Μῆτιν σπέρμα φέροντα θεῶν κλυτόν, ὅν τε Φάνητα... Les éditeurs, en suivant Bentley, ont ajouté Μῆτιν au début, ce qui n'est pas nécessaire (cf. ci-dessous, p. 111.1-2). Damascius, citant de mémoire, a ajouté Ἠρικεπαῖος, un autre nom de Mètis-Phanès-Prôtogonos qui, pour les néoplatoniciens, désigne l'intellect intelligible.

2. Σποράδην. Malgré le contexte, qui suggère l'hypothèse que ce mot pouvait se lire dans l'épopée orphique, on doit penser plutôt que Damascius l'a introduit en modifiant le sens de σπέρμα qui évoque l'idée d'une présence implicite et antérieure (cf. Plotin, *Enn.*, II, 6, 1.10) pour lui ajouter l'idée d'une dispersion anticipée sous le mode unifié.

4. Bien que l'union propre à l'unifié et que le mélange propre à l'élémenté soient tous deux *a priori*, ce mélange suppose une différence interne que n'admet pas encore cette union ; il y a ainsi une déconcentration du coagrégat *a priori*, qui se traduit de l'unifié à l'élémenté.

Page 56.

1. Περίκοσμον est une forme secondaire pour περικόσμιον (l. 2-3), de même que ὑπέρκοσμος (l. 7) pour ὑπερκόσμιος. Proclus n'emploie que les formes en -ιος (περικόσμιος, ὑπερκόσμιος, ἐγκόσμιος), qui sont correctes ; ὑπέρκοσμος résulte très probablement d'une accentuation fautive dans les *Oracles*, fr. 18 : οἳ τὸν ὑπὲρ κόσμον πατρικὸν βυθὸν ἴστε νοοῦντες, où Damascius (suivi par G. Pasquali et E. des Places) a compris ὑπέρκοσμον comme ci-dessous, p. 90.22, τοῦ ὑπερκόσμου βυθοῦ. On écrira donc ὑπέρκοσμον aussi à l'accusatif (*infra*, p. 96.21 ; p. 107.21-22 ; p. 119.5 ; *In Parm.*, R II, p. 16.6 ; p. 65.16).

2. Le dieu intelligible est Phanès, i.e. l'intellect intelligible, à moins qu'il ne s'agisse ici de l'unifié tout entier, comme troisième dieu, cf. vol. I, p. 89.19 et n. 1. Mais la première hypothèse est plus vraisemblable, puisque le dieu intelligible est appelé plus bas «la source des sources» (= l'intellect intelligible), p. 56.19. Voir la n. 2 de la p. 39.14.

3. Φάναι κατὰ τοὺς θεουργούς. Si la dénomination «les

théurges» n'implique pas d'elle-même une référence aux *Or. Chald.*, il se trouve qu'ici le propos prêté aux théurges est bien un fragment des *Oracles* : πηγὴ τῶν πηγῶν est formellement attesté comme un λόγιον par Damascius, cf. *In Parm.*, R. II, p. 67.1-3 ; *Or. Chald.*, fr. 30 des Places, p. 19 Kroll.

Page 57.

2. Pour l'un-être, cf. *Parm.*, 142 b 5 - c 7 ; pour le tout et les parties, *Parm.*, 142 c 7 - d 9 ; pour la pluralité illimitée (celle de l'intelligible pur, et non pas celle du nombre), *Parm.*, 142 d 9 - 143 a 3.

3. Πολυτίμητος. Titre des êtres divins depuis la période classique (par ex. chez Aristophane) ; ci-dessus, p. 55.1, du dieu (Mètis-) Eriképaios ; ci-dessous, p. 161.19, du dieu Chronos ; p. 109.9-10, de Platon ; p. 119.4, des *Oracles*. Si Socrate s'en sert aussi en s'adressant à Euthydème (296 d 5), c'est sans doute par un excès de politesse. Cependant, il faut considérer que tout à fait normalement les formules cultuelles (δέσποτα, δέσποινα, κύριε, ὦ φίλε Ζεῦ, χαῖρε, etc.) sont dérivées des rapports humains, et non l'inverse. — Voir *supra*, vol. I, p. 19.1, n. 1.

4. Voir ci-dessous, p. 160.1-3, et la n. 1.

5. Cette distinction se manifeste pour la première fois avec la première altérité dans le premier ordre des intelligibles-intellectifs. Cf. *Parm.*, 143 a 4 - b 6.

6. Cf. *Parm.*, 144 e 9 - 145 a 3 ; Proclus, *Théol. Plat.*, IV 35-36.

7. La pluralité illimitée reste pure dans le troisième ordre intelligible (cf. *Parm.*, 143 a 2), en ce sens que, comme pluralité de l'unifié, elle n'est, en aucune façon, morcelée. Mais, après la manifestation de la première altérité qui correspond à la distinction de l'un et de l'être, comme éléments du mixte de l'un-être, elle se fractionne à l'infini, avec le nombre unitaire et le nombre substantiel, dans le premier ordre intelligible-intellectif (cf. *Parm.*, 144 a 5 - e 8), puis dans le deuxième, avec la division des parties (cf. *Parm.*, 144 e 9 - 145 a 4), ensuite dans le troisième, avec la détermination des figures (cf. *Parm.*, 145 a 4 - b 6). Enfin, la détermination des genres et des formes se produit dans les ordres intellectifs (cf. *Parm.*, 145 b 7 - 147 b 10). Antérieur à tous ces ordres, l'unifié pur est même antérieur à la projection ou à la manifestation de la triade intelligible (cf. ci-dessous, p. 57.22-25).

8. C'est à partir de notre âme que nous parlons des réalités intelligibles, en projetant sur celles-ci, de façon rétrospective, un discours que nous nous figurons antérieur à notre propre dire. — Sur notre mode de concevoir toutes choses à travers des formes psychiques, voir aussi vol. II, p. 188.8-12.

9. Ἐκεῖ, c'est-à-dire dans l'intelligible (= dans l'unifié).

Page 59.

1. Application du principe proclien (*El. theol.*, § 112) : Πάσης τάξεως τὰ πρώτιστα μορφὴν ἔχει τῶν πρὸ αὐτῶν («Les premiers membres de chaque ordre portent la forme des ordres qui leur sont antérieurs»). Cf. aussi § 110.

2. Ce refus d'appliquer la théorie du véhicule et du véhiculé à la constitution de l'intelligible a été déjà exprimé dans un vocabulaire un peu différent, où «ce qui va devant» (τὸ ἡγούμενον) joue le rôle du véhiculé (τὸ ὀχούμενον) et «ce qui suit» (τὸ ἑπόμενον) le rôle du «véhicule» (τὸ ὄχημα), cf. vol. II, p. 89.25-27; p. 93.13-20. On retrouvera la réfutation de la même théorie appliquée à l'intelligible, *infra*, p. 126.14 - 127.2; puis, dans l'*In Parm.*, R. II, p. 6.20-27. L'image ὀχούμενον/ὄχημα remonte à Aristote, *De an.*, A 5, 411 b 17-20, où elle typifie les rapports âme/corps.

Page 61.

1. Il s'agit de l'un qui, en deçà de l'indifférenciation de l'un-être (assurée par l'unifié, cf. vol. II, p. 89.9 - 90.2), se contredistingue de l'être dans le sommet des intelligibles-intellectifs, cf. *Parm.*, 143 a - 144 e 8.

2. Cette doctrine de Jamblique, si souvent citée (cf. n. 3 de la p. 64.9 du vol. II), l'a été notamment, deux fois déjà, dans le même contexte spéculatif, où Damascius repousse l'application de la théorie du véhicule et du véhiculé à l'intelligible, cf. vol. II, p. 89.25-90.13; p. 93.13 - 94.1. Le présent passage, p. 61.4-13 = B. D. Larsen, *Iambl. test.* 308. Mais il semble qu'à partir de la l. 11 ce soit un autre fr. de Jamblique qui commence (sur le thème : la triade n'est pas trois monades); cf. *infra*, p. 132.18 - 133.3.

Page 62.

1. Il faut abandonner la correction de Kroll ἀδιάφορον (acceptée dans le vol., I, p. LXXXVIII) pour διάφορον, parce qu'il s'agit ici de la première altérité (l. 2-5) et de la distinction qui vient après le complètement indifférencié (l. 5-7).

Page 63.

1. En d'autres termes, c'est le consensus des néoplatoniciens depuis Porphyre.

2. Exemples de cet emploi de ἐπιβάλλειν : Proclus, *In Tim.*, III, p. 2.18; p. 180.6; ci-dessous, p. 79.10.

Page 64.

1. Pour Jamblique, voir ci-dessus, p. 61.4 ss : selon lui, Dieu et les dieux ensemble constituent le royaume de l'un. Mais avant Jamblique, la «quasi-totalité des philosophes» néoplatoniciens (Plotin, Porphyre, Amélius) a été dans l'ignorance de la doctrine de la pluralité des véritables hénades, car ils concevaient les dieux, qui sont au-dessous de l'un, seulement comme des substances illuminées par l'un. Voir le commentaire de ce texte capital pour l'histoire de la théorie des hénades, dans Saffrey-Westerink, *Proclus, Théologie Platonicienne*, III, p. xxxix-xl.

2. L'adjectif ἀρχική est pris ici au sens courant, non au sens technique qui a été défini plus haut, cf. n. 4 de la p. 38.2, puisque l'unique substance, à commencer par elle, est la monade «qui commande» à la pluralité des substances, de même que la vie unique est la monade des vies, et l'intellect unique la monade des intellects.

Page 67.

1. Les plérômes intermédiaires des âmes = la totalité des âmes divines, la totalité des âmes angéliques, celle des âmes héroïques, celle des âmes démoniques, celle des âmes humaines, d'après la classification utilisée par Proclus, *In Tim.*, II, p. 138.26 - 139.4 ; trad. A. J. Festugière, III, p. 179.

Page 68.

1. En fait, Damascius distingue trois degrés : 1) une vivification préalable par l'âme universelle, vivification partagée aussi par les êtres inanimés ; 2) une seconde, supérieure à celle-là, c'est la vivification des êtres animés par l'âme individuelle ; 3) une troisième vivification, surajoutée à la précédente par l'âme universelle, de telle sorte que tous les vivants particuliers sont constitués en une totalité. Noter le verbe passif ὁλοῦμαι formé, semble-t-il, par Damascius.

Page 69.

1. Τοῦ εἰληχότος : «du démon qui a reçu cette âme en partage». Cf. le démon de *Phédon* 107 d 6-7, objet du 4e traité de la IIIe *Ennéade* de Plotin ; voir Proclus, *Sur le premier Alcibiade de Platon*, Paris 1986, A. Segonds, T. I, p. 57 - p. 63, et les notes correspondantes.

Page 70.

2. A propos de la triade de l'hétéromobile (ce qui est mû sans

mouvoir = les corps), de l'automoteur (ce qui à la fois meut et est mû par soi = l'âme) et de l'immobile (ce qui meut sans être mû = l'intellect), cf. vol. I, p. 52.5-9 et n. 1. Le terme lui-même ἑτεροκίνητος (hétéromobile) ne nous est connu qu'à partir de Syrianus, *In Met.*, p. 23.21.

3. Immobile s'entend ici au sens métaphysique de ce qui n'admet aucun changement : la substance en tant que supraéternelle, la vie comme éternité, l'intellect en tant qu'éternel, cf. *infra*, p. 71.18-21.

Page 72.

1. Ἀντιπαρατεινόμενον (conjecture de Ruelle) : c'est un mot de Platon (*Phèdre*, 257 c 4) qui se retrouve dans le colophon (authentique) de l'*In Parm.* de Damascius, cod. *Marc. gr.* 246. Voir aussi Proclus, *In Remp.*, I, p. 196.20, et II, p. 111.24-112.1, dans un sens plus proche de celui du *Phèdre*.

Page 73.

1. Les notions d'automoteur apparent et d'automoteur réel ont déjà été étudiées dans le vol. I, p. 42-51. C'est dans les corps animés humains que culmine la hiérarchie des automoteurs apparents que sont les divers corps animés, et c'est à partir des âmes humaines que commence la hiérarchie des automoteurs réels que sont les âmes rationnelles, hiérarchie qui culmine dans l'âme universelle. Voir vol. I, p. 51, n. 3.

2. Damascius met en contraste Pythagore avec son ennemi mortel (le renégat Cylon), et Platon (le créateur de l'état idéal) avec Cléon (réputé pour être le père des démagogues). Ruelle note que, d'après Diogène Laërce (II 12), Cléon fut encore l'accusateur d'Anaxagore.

3. Cf. *supra*, p. 67.22-23.

Page 74.

1. Ὅπῃ καὶ ὅπως: locution de Platon (*Phédon*, 100 d 6; *Timée* 37 b 1; *Rép.* X, 612 a 4-5; *Lois* X, 899 a 9; b 8) utilisée avec prédilection par Damascius, voir *In Phil.*, § 12.5-6 et la note.

2. Les activités du corps et les activités de l'âme, qui sont ici énumérées (74.3-7), correspondent aux cinq premiers niveaux de la conduite néoplatonicienne : les vertus naturelles, les vertus éthiques, les vertus politiques, les vertus cathartiques, les vertus théorétiques (cf. Damascius *In Phaed.*, I, §§ 139-142). Voir vol. I, p. LI-LII.

3. Sujet traité par Damascius dans un ouvrage perdu, dont Photius (*Bibliothèque*, cod. 130, 96 b 36 - 97 a 7) nous donne un bref

aperçu ; le livre II contenait cinquante-deux chapitres sur les manifestations démoniques. Voir vol. I, p. xxxv.

4. Le caractère des «genres divins», insérés entre les genres démoniques et les «dieux eux-mêmes», n'est pas entièrement clair ; comme ils ont des corps animés, le plus vraisemblable est qu'il s'agit là des dieux astraux.

Page 75.

1. Relativement au passage qui suit, voir vol. I, p. 58.21-59.14.

2. Ce caractère des révolutions célestes (cf. *Tim.*, 34 a 3-5 ; *Lois*, X, 898 a 8 - b 3) est, selon Proclus, une notion commune : ἐκείνης ... τῆς κοινῆς ἐννοίας, καθ'ἣν ἅπαντες προειλήφαμεν, ὡς ἄρα εὐτάκτως δεῖ κινεῖσθαι τὰ θεῖα σώματα, *Hypotyposis astronomicarum positionum*, C. Manitius, Leipzig 1909 (Stuttgart 1974), p. 18.21-23.

3. Damascius suppose que le lecteur familier de Platon prolongera cette remarque par une réflexion du type suivant : «or, l'âme est la cause universelle de tout changement» (μεταβολῆς ... ἁπάσης αἰτία ἅπασιν, *Lois* X, 896 b 1-2). Dans le *Phèdre*, 245 c 10, l'âme était définie comme «source et principe universel de mouvement» (τοῖς ἄλλοις ὅσα κινεῖται τοῦτο πηγὴ καὶ ἀρχὴ κινήσεως).

4. On cherchera en vain, dans le passage des *Lois* discuté par Damascius (X, 897 e 4 - 898 b 3), la combinaison ἀεί ποτε, qui ne se trouve nullement chez Platon (sauf *Lois*, V, 739 b 4-5, où il ne s'agit que d'une conjecture de Burnet). Il faut en conclure que Damascius parle ici du ἀεί de *Lois* X, 898 a 4, qui selon lui équivaut à un ἀεί ποτε, de même que le ὡσαύτως de 898 a 8. toujours selon Damascius, est mêlé au «tantôt ainsi, tantôt autrement» (cf. encore vol. I, p. 58.21-23).

Page 76.

1. Εἴσθησιν : mot extrêmement rare dont le seul sens bien attesté est celui de l'«insertion d'un vers court dans une strophe» (*Scholia in Acharn.*, 566, p. 78.13 Wilson, et *in Plut.*, 253, p. 338 a 5 Dindorf). Chez Philon, *Quod deus sit immutabilis*, 42, c'est une forme artificielle fabriquée pour le besoin d'une étymologie du mot αἴσθησις. Reste notre passage, où on s'attendrait à lire πρόσθεσις (opp. : ἀφαίρεσις), et c'est probablement ainsi qu'il faut corriger ; cf. vol. I, p. LXXXVI (exemples de la forme abrégée de προσ- mal déchiffrée comme καὶ ou ε-).

2. La quasi-certitude que l'*In Parm.* de Damascius est postérieur au *De princ.* trouve ici sa confirmation, car dans l'*In Parm.*, R. II, p. 252.27-28, Damascius écrira : Μήποτε οὖν

τολμητέον ὃ πάλαι ὠδίνομεν νῦν ἐξειπεῖν· μήποτε γάρ ἐστί τις μεταβολὴ περὶ τὴν ἡμέτεραν οὐσίαν (« Peut-être donc devons-nous avoir l'audace d'exprimer maintenant cette pensée que depuis longtemps nous portons en gestation, à savoir qu'il y a peut-être une sorte de changement dans notre substance »). Cette évolution doctrinale, d'ailleurs, ne signifiera pas le rejet de l'immortalité de l'âme humaine, car le changement admis dans sa substance n'aboutit pas, d'après Damascius, à la perte de son identité et à son anéantissement. Notre âme jouit de l'existence perpétuelle (*In Parm.*, p. 263.13). Elle est ἀΐδιος (sur cette notion, voir vol. I, n. 2 de la p. 59). Le changement de sa substance consiste dans une concentration ou dans une raréfaction variables de son régime autoconstituant de procession-conversion ; cf. J. Combès, « Proclus et Damascius », dans *Proclus et son influence*, Actes du Colloque de Neuchâtel (1985), Zürich 1987, p. 221-246 (p. 240-242), réimpr. dans *Études néoplatoniciennes*, Grenoble 1989, p. 245-271 (p. 264-267). Voir C. Steel, *The Changing Self. A Study on the Soul in Later Neoplatonism : Iamblichus, Damascius and Priscianus*, Bruxelles 1978, p. 79-119. Voir aussi I. Hadot, « La doctrine de Simplicius sur l'âme raisonnable humaine dans le Commentaire sur le Manuel d'Épictète », dans *Soul and the Structure of Being in Late Neoplatonism*, ed. by H. J. Blumenthal and A. C. Lloyd, Liverpool 1982, p. 46-70 ; *Le Problème du Néoplatonisme alexandrin. Hiéroclès et Simplicius*, Paris 1978, p. 169-174 ; H. J. Blumenthal, « The Psychology of (?) Simplicius' Commentary on the De anima », dans *Soul and the Structure of Being* ..., p. 91-92.

3. Les philosophes Syrianus et Proclus, comme d'ordinaire. Proclus expose cette conception dans *El. theol.*, § 191 : Πᾶσα ψυχὴ μεθεκτὴ τὴν μὲν οὐσίαν αἰώνιον ἔχει, τὴν δὲ ἐνέργειαν κατὰ χρόνον (« Toute âme participable a une substance éternelle et une activité temporelle », trad. J. Trouillard, p. 176). C'est cette conception qui est évoquée par Damascius, vol. I, p. 34.1-8, n. 1).

4. Le § 192, *El. theol.*, énonce : Πᾶσα ψυχὴ μεθεκτὴ τῶν τε ἀεὶ ὄντων ἐστὶ καὶ πρώτη τῶν γενητῶν (« Toute âme participable fait partie des êtres perpétuels et elle est le premier des sujets du devenir », trad. J. Trouillard). Dans le contexte du § 191 (note précédente), ces lignes qualifient l'âme de « premier sujet du devenir », du point de vue de son activité. Toutefois, dans son dernier propos, Damascius peut encore leur donner une vérité, du point de vue de la substance de l'âme. Dans ce cas, l'appartenance au devenir, ne signifie pas un commencement de l'âme en un moment donné du temps, car la procession des âmes est coextensive à la totalité du temps, même si elles le vivent successivement. L'âme est dite γενητή, analogiquement, au sens où le monde est lui-même γενητός selon l'infinité du temps. En effet, à la différence de ce qui naît et meurt tout entier, « le monde ne passe pas de l'inachevé à l'achevé, mais il est tout entier à la fois achevé et toujours en devenir, c'est pourquoi son « toujours » et

son achèvement impliquent la totalité du temps» (Proclus, *In Tim.*, I, p. 281.21 ss ; trad. Festugière, II, p. 128). Dans le cas des âmes, ce qui commence ou finit, ce n'est pas leur procession substantielle, mais chacune de leurs périodes particularisées de descente dans la *génésis* ou de remontée vers l'intelligible, voir *In Tim.*, III, p. 291.6-17, Festugière V, p. 168; *El. theol.* § 206; J. Trouillard, p. 186, n. 2 et 3. Damascius (dans l'*In Parm.*, R. II, p. 252. 11-12), rappelle qu'il a soutenu, en commentant le *Timée*, que l'âme, tout entière et en toutes ses parties, est à la fois devenue (γενητή) et non devenue (ἀγένητος). Il ajoute : «En outre, en tant qu'elle est, tout entière et en toutes ses parties, devenue et non devenue, elle peut exercer tout entière tous ses actes, en même temps, dans l'intelligible et dans le Tartare, mais il y aura des cas où elle sera tout entière établie selon le caractère du devenu, et d'autres où elle sera tout entière établie selon le caractère du non devenu» (*In Parm.*, R. II, p. 254.10-12). Cependant, quel que soit l'objet de l'activité de l'âme, son caractère de non devenu lui donne la possibilité d'habiter pleinement le devenir sans y perdre son identité, tandis qu'elle s'ouvre sur le devenir, de l'intérieur d'elle-même par son divisible, qui est le caractère de devenu; les deux caractères sont intimement liés dans la médiété de l'âme.

5. Au sujet de αἰώνιος (éternel) et de ἀΐδιος (perpétuel), voir vol. I, n. 2 de la p. 59.

6. Damascius renvoie vraisemblablement à son commentaire sur le *Timée*, dont le projet, qui nous a paru être annoncé plus haut, vol. I, p. 51.5 (voir n. 2), a pu entre-temps être mis à exécution. Ce travail est, en effet, antérieur aux commentaires sur le *Parménide* et sur le *Phédon*, dans lesquels il est plusieurs fois cité. Damascius a pu traiter du sujet présent, soit à propos de la «substance indivisible» (Timée, 35 a 1-2), soit à propos du passage sur l'éternité et le temps (37 d 1-7).

Page 77.

1. Αὐτογένητον : cf. Simplicius, *In Phys.*, p. 824.15-17 : τὸ δὲ αὐτοκίνητον τῆς ψυχῆς κατὰ τὴν ἀφ' ἑαυτῆς διάκρισιν καὶ τὴν ἐν αὑτῇ διπλόην, καθ' ἣν αὐτογένητος ὑπέστη («La faculté automotrice appartient à l'âme dans sa distinction d'elle-même et dans sa dualité interne, selon laquelle c'est comme s'affectant elle-même du devenir qu'elle a eu sa subsistence»).

Page 78.

1. L'âme universelle anticipe en elle-même et par rapport aux autres âmes leurs causes qui sont de différents types (uranien, kronien, etc.) et qui constituent ses propres parties.

Page 79.

1. Πᾶν est, à première vue, surprenant (pour le soleil, on avait l'article défini τὸ) ; mais il se justifie, si chaque phase diverse de la lune indique un immobile apparent.

2. Μερικός. Pour traduire ce mot, nous préférons «particulier» à «partiel», car ce dernier terme a l'inconvénient de laisser croire que le sujet (ici, l'intellect séléniaque, héliaque, ailleurs l'âme humaine) n'est pas achevé dans l'ordre propre à sa singularité et qu'il est affecté d'une privation.

Page 80.

1. La notion d'imparticipable, chez les néoplatoniciens, désigne l'antériorité d'un principe ou d'une cause qui ne participe en rien de ses dérivés, lesquels participent tous de lui, chacun selon sa part, sans que lui se laisse partager ni relier par eux. Voir Proclus, *El. theol.*, § 23, avec le commentaire de Dodds, p. 210-211, et la note de J. Trouillard, p. 77 : «L'imparticipabilité correspond à ce que nous appelons «transcendance» et n'exclut pas davantage l'immanence». La notion de participable tient le milieu entre celle d'imparticipable et participant. Le participable désigne un principe ou une cause supérieurs à ce qui en participe.

2. Cf. Proclus, *El. theol.*, § 166 : Πᾶς νοῦς ἢ ἀμέθεκτός ἐστιν ἢ μεθεκτός· καὶ εἰ μεθεκτός, ἢ ὑπὸ τῶν ὑπερκοσμίων ψυχῶν μετεχόμενος ἢ ὑπὸ τῶν ἐγκοσμίων («Tout intellect est ou bien imparticipable, ou bien participable ; et s'il est participable, il est participé ou bien par les âmes hypercosmiques, ou bien par les âmes encosmiques»).

3. On doit comprendre ici que l'âme véhiculée par le vivant sensible anticipe la nature, et qu'elle est déjà, selon son mode propre, nature psychique, car si elle est l'âme selon l'hypostase, elle est nature par la propriété qu'elle projette. C'est, transposé à l'âme, le même raisonnement qui était tenu au sujet de l'intellect, en tant qu'âme intellective, cf. ci-dessous (l. 12-15).

Page 81.

1. Damascius vise sans doute les *El. theol.* de Proclus, §§ 162-165, où il semble que les propriétés des dieux (= des hénades) sont caractérisées et nommées, comme intelligibles, intellectives, hypercosmiques, encosmiques, à partir de ce que sont les participants. Le passage auquel paraît se rapporter en particulier la critique de Damascius est le § 165 : Πᾶν τὸ πλῆθος τῶν ἑνάδων τῶν μετεχομένων ὑπό τινος αἰσθητοῦ σώματος ἐγκόσμιόν ἐστιν («Toute la pluralité des hénades qui sont participées par quelque corps sensible est encosmique»).

2. L'origine de la majeure (toute bonté commence à partir des

dieux) est claire dans Platon, *Rép.*, II, 379 b 1-380 c 10); cf. Proclus *In Remp.*, II, p. 28.25-31.2 (aucun dieu n'est cause d'aucun mal); *ibid.*, p. 31.2-32.13 (tout dieu est cause seulement des biens); trad. Festugière, I, p. 44-48. L'origine de la mineure (or, toute propriété est une bonté) est aussi platonicienne, si les propriétés exemplaires sont les Idées qui rayonnent à partir de la surabondance du Bien (= l'Un). C'est là le patrimoine commun des commentateurs de Platon. La conclusion (toute propriété commence à partir des dieux) est donc autorisée. — Chez Syrianus et Proclus elle l'est d'autant plus qu'ils interprètent les Idées (au niveau de la deuxième hypothèse du *Parménide*) comme des hénades, issues du retournement des négations relatives à l'un (1re hypothèse) en affirmations ou en principes fondateurs de l'être et de ses déterminations (2e hypothèse). Dans le transit originel de l'un à l'être, ce sont là les modes de l'un et les fonctions hénophaniques qui définissent les dieux comme des degrés de l'un, appelés à fonder les degrés de l'être et les êtres dans leur constitution. C'est dans ce contexte historique, difficile à détailler, que s'est élaborée cette thèse que « toute propriété, parce qu'elle est une bonté, vient des dieux »; elle prend tout son sens dans l'état d'achèvement auquel Proclus a conduit la doctrine des hénades (voir H. D. Saffrey-L. G. Westerink, Proclus, *Théol. Plat.*, III, p. L-LXXVII). Et, sans que cette thèse apparaisse explicitement énoncée dans les *El. theol.*, au cours des §§ 113-165 que Proclus consacre aux hénades, elle n'en est pas moins une pièce essentielle de la doctrine. Ce que dit Proclus, par exemple, de la surabondance de la bonté divine et de son expansion dans les êtres, sur le plan de l'activité (*El. theol.*, § 131) et sur le plan des puissances (§ 140), doit également s'entendre, de façon analogue, du plan des propriétés, qui sont unitaires, avant d'être communiquées aux hypostases ontologiques, qui sont aussi, de ce fait, des degrés et des causes de remontée vers l'imparticipable.

Page 83.

1. En venant de refuser que tout soit déjà distingué à tous les niveaux, Damascius défend ici la thèse proclienne, *El. theol.*, § 62 : Πᾶν πλῆθος ἐγγυτέρω τοῦ ἑνὸς ὂν ποσῷ μέν ἐστι τῶν πορρωτέρω ἔλαττον, τῇ δυνάμει δὲ μεῖζον (« Toute pluralité, dans la mesure où elle est proche de l'un, est moins étendue en quantité que les pluralités les plus éloignées, mais elle est plus grande en puissance »; trad. J. Trouillard, p. 89).

Page 84.

2. Dans ce passage, l. 15-23, on retrouve le même procédé de remontée que ci-dessus, l. 9-12, où l'on avait d'abord la remontée

des participants vers la pluralité des participables, puis la remontée de la pluralité des participables vers la pluralité imparticipable). Ainsi, l. 17-20, on a la remontée de la pluralité des êtres participants vers la pluralité des hénades participables, qui sont soit οὐσιώδεις, soit ζωτικαί, soit νοεραί; puis, l. 21-23, la remontée des hénades participables (appelées ici οὐσιώδεις θεοί), vers la pluralité des dieux (hénades) imparticipables, jusqu'à leur pure monade, «le purement dieu».

Page 88.

1. Ἐκτενεία. Sur ce mot, comme terme technique chez les néoplatoniciens tardifs, voir vol. I, la n. 1 de la p. 107. Aux références citées là, on ajoutera Proclus, *Théol. Plat.*, III 8, p. 31.23, n. 5.

2. Cf. vol. I, p. 118.1-19.

Page 89.

2. Les lieux dont parle Damascius, dans l'œuvre de Jamblique, ne sont pas identifiés. Peut-être s'agit-il des *Chaldaïca*. Tout le passage (p. 89.19-24) est à comparer avec celui du vol. II, p. 104.25-106.15. Le présent passage, p. 89.19-24= B. D. Larsen, *Iambl. test.* 309.

Page 90.

2. «Nous avons appelé aussi cet abîme [des *Oracles*, fr. 18] le monde caché». La manière dont s'exprime Damascius paraît exclure la supposition courante selon laquelle l'expression κρύφιος κόσμος ou κρύφιος διάκοσμος (qui, chez Proclus et Damascius, désigne le premier des ordres intelligibles) provient des *Oracles*, v.g. E. des Places, *Or. Chald.*, fr. 198, tiré de Proclus, *In Tim.*, I, p. 430.6. A propos de ce dernier texte, E. Diehl renvoie à W. Kroll, p. 18, n. 2, qui cite entre autres Damascius, *De princ.* R. I, p. 284.7-8 (= p. 107.20-22 de la présente édition). Or, là, Damascius dit que les dieux des *Oracles* ont appelé «hypercosmique», le diacosme caché, et non qu'ils ont appelé «diacosme caché» le diacosme hypercosmique. Cette façon de s'exprimer a une grande importance pour le sens du passage présent, p. 90.21-23. — A. J. Festugière, au sujet de Proclus, *In Tim.*, I, p. 430.6 (voir sa traduction, II, p. 307, n. 2), a suggéré que l'expression ὁ κρύφιος

διάκοσμος pourrait dériver de la littérature orphique, en citant l'hymne orphique VI 5, où κρύφιος apparaît comme attribut du dieu Eriképaios (interprété par Proclus comme appartenant à l'ordre intelligible). D'autre part, on peut se référer à Dam., *In Phil.*, § 106 et note : si l'expression κρύφιος ἀριθμός (dont on trouve des exemples dans la note) est à l'origine de κρύφιος διάκοσμος, la possibilité d'une source néopythagoricienne est aussi à considérer. Voir encore le dictionnaire patristique de G. H. Lampe, qui cite un passage d'Hippolyte, *Refutatio omnium haeresium* VI 9 (p. 215, éd. Marcovich, 1986), selon lequel les gnostiques simoniens se servaient des termes κρύφια et φανερά comme synonymes de νοητά et αἰσθητά. Voir enfin, dans Dam., *De princ.*, vol. I, la n. 3 de la p. 60.

Page 91.

1. La construction ἡμῶν τῇ ἐννοίᾳ ταύτῃ συνεισέδραμεν est assez lourde ; peut-être faut-il corriger ἡμῶν en ἡμῖν. Le second datif (ἐννοίᾳ) dépendrait alors de συν-, le premier (ἡμῖν) étant un datif d'intérêt. Nous choisissons cette conjecture pour la traduction.

2. Dans l'interprétation proclienne de *Parm.*, 145 a 4 - b 6, il s'agit de la troisième triade des intelligibles-intellectifs, cf. *Théol. Plat.*, IV 37, p. 108.5-22.

Page 92.

1. Allusion à Dionysos (l'intellect divisé), disloqué par les Titans (les principes de l'individuation extrême) ; cf. *Orphic.* fr. 210-211.

2. On retrouve, concernant l'unifié et dans des termes assez semblables, le thème de la division déjà appliqué à la connaissance de l'un, cf. vol. I, p. 4.6.-9, n. 1 ; p. 5.4-6 ; p. 87.2-4, n. 1.

3. En tant qu'opposé à « unitaire », « mixte » qualifie ici la vie qui n'est que « substantielle » par contradistinction de la vie « unitaire ».

Page 93.

1. Ἁπλῶς νοῦς. Il s'agit de l'intellect pur en tant qu'unifié (= Phanès), et non pas de l'intellect pur (καθαρός) comme intellectif (= Kronos), cf. *supra*, p. 31.18 ; p. 50.8.

2. Dans l'interprétation de Damascius, le sujet est l'unifié. *Or. Chald.*, fr. 21 des Places ; p. 19 Kroll.

Page 94.

1. Cf. *Parm.*, 142 d 1 - 143 a 1, selon l'interprétation de Proclus ; au niveau intelligible il n'y a pas encore de division entre l'un et l'être.

Page 95.

1. Il s'agit du commencement de la réponse négative apportée à partir de la p. 88.1 ss à la question : « Mais pourquoi l'unifié ne procèderait-il pas dans une double pluralité produite à partir de lui ? » (p. 87.17-18).

2. Χαώδης-ες (chaotique). On peut souligner ici (et ci-dessous, p. 99.10 et 143.24) l'apparition de ce mot, devenu courant en grec moderne.

3. Simple référence à l'ἄπειρον πλῆθος de *Parm.*, 143 a 2 ; dans le manuscrit ἀπείρητον est donc une faute de copiste qui a anticipé une partie du mot suivant εἴρηται.

Page 96.

1. Puisque Damascius vient de dire (*supra*, p. 95.15-16) que dans l'intelligible il n'y a pas encore de formes, ni de parties, ni d'éléments, on a du mal à comprendre les mots ἓν εἶδος aux p. 95.21 et 96.3. Dans le premier cas, le parallélisme semble exiger : « c'est pourquoi, dans le *Parménide*, on parle d'une pluralité illimitée, de même que Platon aurait pu parler aussi d'un *un* limité » ; dans le second cas : « l'intelligible est devenu illimité au lieu d'infinité, et pluralité au lieu de principe des plusieurs ». Il y a très probablement une connexion entre les deux fautes ; peut-être un réviseur, soupçonnant la chute d'un substantif dans la p. 95.21, a-t-il écrit ἓν εἶδος en marge, et ces mots ont pu être insérés par erreur dans la p. 96.3. On pourrait aussi penser à τὸ ἓν εἴσω αὐτοῦ (avec la correction marginale ἓν εἶδος), en comparant τὸ εἴσω πλῆθος (ci-dessus, p. 95.15), mais l'ordre des mots s'y oppose (τὸ ἓν εἴσω au lieu de τὸ εἴσω ἕν). — Par ailleurs, la conjecture de Ruelle (ἑνάδος) a contre elle le fait que πολλὴ ἑνάς est sans exemple, à notre connaissance, bien que que l'on trouve ἑνὰς οἷον πολλοποιός (p. 103.24 - 104.1), et, avec elle, on perdrait l'analogie :

ἀντὶ ἑνός	←	ἡνωμένον
ἀντὶ ἀπειρίας	←	ἄπειρον
ἀντὶ πολλῆς	←	πλῆθος

2. La grammaire exige τιθεμένους au lieu de τιθέμενοι (A^1), mais il y a plusieurs autres exemples de cet emploi libre du nominatif : voir ci-dessous, p. 113.22, et *In Parm.*, R. II, p. 318.19.

Page 98.

1. Πέρας a deux sens : 1) le limitant, opp. ἄπειρον; 2) la limite inférieure, opp. ἄκρον. Ici, il s'agit de la limite inférieure cf. ci-dessous, l. 19, ἐπ' ἐσχάτῳ. La limite inférieure de l'unifié = l'intellect intelligible = la pluralité illimitée de *Parm.*, 142 d 9-143 a 3.

2. C'est-à-dire par son nom même de διάκρισις.

3. En effet, la pluralité illimitée du troisième ordre intelligible reste d'une homogénéité telle que l'un ne manque jamais à l'être, ni l'être à l'un, cf. *Parm.*, 142 d 9 - e 7.

Page 99.

1. Ce sont là le tout et les parties au sens propre, qui constituent le deuxième ordre des intelligibles-intellectifs selon l'interprétation proclienne de *Parm.*, 144 e 9 - 145 a 4.

2. Ce sont les quasi-parties et le tout, qui constituent le deuxième ordre de l'intelligible (la vie intelligible), *Parm.*, 142 c 7 - d 9.

3. La pluralité antérieure au nombre est l'ἄπειρον πλῆθος du troisième ordre de l'intelligible, à savoir l'intellect intelligible (142 d 9 - 143 a 3). Antérieurement à cette pluralité, il y a la pluralité pure du deuxième principe (l'illimité), et postérieurement à elle la pluralité divisée du nombre, à laquelle correspond d'après Platon le πλῆθος ἄπειρον des êtres (*Parm.*, 144 a 6).

4. Χαῶδες. Le ms. porte λαῶδες. Cas de confusion de λ pour χ. Cf. vol. I, p. LXXXV, l. 14.

Page 100

1. Ἐξῄρηται. Corssen (*Berl. Philol. Woch*, 1911, 1046) a voulu corriger en ἐξήρτηται parce qu'il croyait que la combinaison ἐποχεῖται καὶ... ἐξῄρηται était une tautologie, l'un et l'autre termes exprimant la supériorité. Cependant, ci-dessus, p. 59.7-60.5, Damascius a clairement expliqué la façon dont il entend ἐποχεῖσθαι et ἐξῃρῆσθαι, dans leur distinction : le dernier terme signifie la transcendance totale (et, par là, l'imparticipabilité), le premier la coordination du supérieur avec l'inférieur (la participabilité). Ici, la suite immédiate du texte («la pluralité participable n'est pas contredistinguée de l'imparticipable») suppose la même distinction des termes en question.

2. Le sujet inexprimé de ἔχει δύναμιν (l. 13) est, d'après le sens, τὸ ἁπλῶς τε καὶ ἡνωμένον πλῆθος ὁπωσοῦν λεγόμενον de la phrase précédente (l. 9-10).

3. Il est probable que αποιου est une corruption de ἀπὸ τοῦ. On peut ensuite insérer ou bien ἁπλῶς (c'est-à-dire ni imparticipable ni participable, cf. ci-dessous, p. 103.8-13) ou bien πρώτου, dont la chute pourrait s'expliquer soit par *homoioteleuton*, soit par la

graphie αποτουα. En conjecturant πρώτου, nous supposons la pluralité qui est au-delà de la contradistinction de la pluralité imparticipable et de la pluralité participable.

Page 102.

1. Cette hypothèse est proposée ci-dessus, à partir de la p. 100.18, et argumentée jusqu'à la mineure qui inaugure sa contestation, p. 102.2. C'est l'hypothèse d'un *un* pur, principe des seules hénades, distinct d'abord de l'un antérieur à l'unifié (car cet un antérieur est cause non seulement des hénades, mais aussi des substances), distinct ensuite de l'unifié (lequel est aussi bien substance qu'hénade, quoique ce soit par antériorité à l'une et à l'autre), enfin antérieur à l'hénade définie, qui est véhiculée par la substance. Il s'agirait en somme, d'un *un* pur qui, inférieur à l'unifié serait d'un rang supérieur à la substance qui le suit, alors que l'on a coutume, avec le *Parm.* 143 a 4 ss, de contredistinguer par l'altérité cet un et cette substance, comme étant de même rang.

Page 103.

1. Τὰ πράγματα : les réalités intelligibles. Voir vol. II, p. 3.7, n. 4.
2. «Le raisonnement opposé», c'est-à-dire celui qui, à l'encontre de la conception platonicienne, soutient que l'un pur, cause des seules hénades, ne se contredistingue pas de la substance pure sur un même rang. Damascius va se demander, dans cette perspective, à quel niveau on devrait situer l'un pur et sa pluralité imparticipable.
3. Cf. Proclus, *Théol. Plat.*, IV 10, p. 33.2-12. «La «substance qui est réellement» (ἡ ὄντως οὐσία, *Phèdre*, 247 c 6-7) correspond à la première triade des intelligibles-intellectifs (*Parm.* 143 a 4 - e 8).
4. Ἥ ἔστιν ὄντως. Sans être littérale, la citation que Damascius fait ici, est probablement celle de *Phèdre*, 247 e 3 : τὴν ἐν τῷ ὅ ἐστιν ὂν ὄντως ἐπιστήμην οὖσαν, où il s'agit du savoir qui, dans le lieu supracéleste, a pour objet «ce qui est réellement être» (ὅ ἐστιν ὂν ὄντως), autre manière de dire «la substance qui est réellement» (ἡ ὄντως οὐσία).
5. Cf. vol. I, p. 118.1-19.

Page 104.

1. Le développement commencé ci-dessus, p. 103.1, aboutit finalement à admettre que l'un pur, s'il n'est pas celui que l'on conçoit comme contredistingué de la substance au niveau de l'altérité intelligible-intellective, est nécessairement l'un pur (au

sens du premier principe), suivi par les plusieurs purs (au sens du deuxième principe), lesquels joueraient là-haut analogiquement le rôle de l'altérité, tandis que la substance manifestée en même temps serait dans ce cas l'unifié pur. Il y a ainsi, dans le raisonnement présent, transposition des principes intermédiaires, qui sont ceux du plan intelligible-intellectif, au plan des premiers principes qui sont à l'origine de l'intelligible, ou au plan des trois hénades primordiales, antérieures à toute manifestation d'hénades et de substances définies. D. écarte cette hypothèse.

2. Il s'agit de la substance unifiée non pas au sens de l'unifié pur ou proprement dit, mais au sens secondaire de l'unité de la substance mixte ou formée d'éléments.

Page 105.

1. Faute de mieux, nous avons adopté la correction proposée par Ruelle, bien que ὅπερ (qui ne s'emploie pas au sens de «c'est-à-dire» ou de «par exemple») ne convienne pas ici parfaitement. D'autre part, ὑπουράνιον (au lieu de ὅπερ οὐράνιον) est trop éloigné de la leçon du manuscrit.

2. Cf. Proclus, *Théol. Plat.*, III 9, p. 35.25-36.7.

3. Cf. vol. II, p. 85.18 et n. 1.

Page 106.

1. Entendons qu'il n'y a de conversion de l'un et de l'être que selon la totalité de la subsistence de l'un-être, et selon elle seule. Cela réserve, pour l'un pur et l'être pur, la possibilité d'avoir déjà là leur racine, et, par elle, d'être antérieurs à l'altérité qui vient ensuite les contredistinguer et les séparer l'un de l'autre, en révélant explicitement que, selon leur propriété et leur hypostase, l'un n'est pas l'être et que l'être n'est pas l'un. A leur suite, viennent les deux séries correspondantes d'hénades et de susbstances.

2. Cf. *Parm.*, 143 a 4 - b 8.

Page 107.

1. Πολυπράγμων comporte ici la nuance de curiosité indiscrète, comme *infra*, p. 147.23 (πολυπραγμονεῖν) et vol. I, p. 8.15, n. 4. Cette nuance n'est pas cependant toujours présente, voir *infra*, p. 159.7-8 et vol. II, p. 182.3-4, où se trouve simplement exprimée l'idée d'une recherche détaillée.

2. C'est la doctrine de Jamblique souvent citée, relative à la proximité de l'intelligible par rapport à l'un. Cf. *supra*, p. 61.4-8 et n. 2; vol. II, p. 64.9 et n. 3.

3. Ὁ κρύφιος διάκοσμος. Voir *supra*, p. 90.23, n. 2.

4. Cf. *Or. Chald.*, fr. 18 des Places, p. 18 Kroll. Voir *supra*, n. 1 et de la p. 56.4.

Page 109.

3. Damascius ne traitera de la théologie des Phéniciens et des Égyptiens qu'en dernier lieu (*infra*, p. 166.8 - 167.24). Mais auparavant, après avoir longuement traité des triades chaldaïques (p. 108.16 - 159.5), puis de l'orphisme (p. 159.17 - 162.22), il parlera, en outre, des théologies d'Homère (p. 162.22 - 163.6), d'Hésiode (p. 163.7-18), d'Acusilaüs (p. 163.19 - 164.8), d'Épiménide (p. 164.9-16), de Phérécyde (p. 164.17 - 165.5), des Babyloniens (p. 165.6-16), des Mages iraniens (p. 165.17-24), des Sidoniens (p. 166.1-7).

4. Voir *infra*, p. 159.17 - 160.3.

5. Πολυτίμητος : voir *supra*, p. 57.10, n. 3.

6. Ces trois ordres sont les trois triades intelligibles de l'*être* (*Parm.*, 142 b 5 - c 7), de la *vie* (142 c 7 - d 9), de l'*intellect* (142 d 9 - 143 a 3), selon l'exégèse de Proclus (*Théol. Plat.*, III 24, 83.20 - 92.28).

7. Οἱ θεῶν ἀγχίσποροι. Cette expression est le commencement d'un fragment d'Eschyle (*Niobé*), fr. 162 Nauck, rapporté par Platon (*Rép.*, III, 391 e 7 ss); il se poursuit ainsi :

οἱ Ζηνὸς ἐγγύς, ὧν κατ' Ἰδαῖον πάγον
Διὸς πατρῴου βωμός ἐστ' ἐν αἰθέρι,
κοὔπω σφιν ἐξίτηλον αἷμα δαιμόνων.

— Damascius a repris aussi l'expression dans la *Vie d'Isidore* : τὴν χρυσῆν γενεὰν ἢ τὸ θεῶν ἀγχίσπορον γένος (fr. 22 = C. Zintzen p. 26.4-5 ; R. Henry p. 12.11-12 ; fr. 238 = Z. p. 27.8-9 ; H. p. 48.3).

8. Οἱ νεώτεροι φιλόσοφοι, i.e. Syrianus et Proclus ; *infra*, p. 113.18.

Page 110.

1. Ici encore, Damascius conteste une opinion de Syrianus et de Proclus, d'après laquelle seuls les deux premiers constituants (le limitant et l'illimité) de chaque triade intelligible sont des hénades, tandis que le troisième qui est leur mixte (soit l'être, soit la vie, soit l'intellect) est une substance. Cf. Proclus, *Théol. Plat.*, III 9, p. 36.10-23 ; IV 1, p. 6.16-7.3 ; IV 3, p. 16.6-11, et la n. 2 de la p. 17. Voir encore Damascius, *In Phil.*, § 106, n. de L. G. Westerink.

2. Πάτηρ, δύναμις, νοῦς, soit la triade chaldaïque, cf. *Or. Chald.*, fr. 4 des Places, p. 13 Kroll.

3. Ce sont là les trois ordres intelligibles-intellectifs, désignés par leurs noms rapportés comme chaldaïques. Voir la première partie de la note 3 de la p. 38.2, pour les références.

Page 111.

1. Damascius parle peut-être de Zénodote, dont il suivit les cours à Athènes (cf. *Vie d'Isidore*, Z. p. 319.12-14 ; H. II, p. 192), ou d'Ammonius dont il fut l'étudiant à Alexandrie (*ibid.*, Z. p. 319.14-18 ; H. II, p. 192), mais nous croyons qu'il s'agit plutôt d'Isidore, qu'il considère comme son véritable maître. De plus, la doctrine concernée, qui fait de l'unifié ou de l'être la troisième hénade, est très apparentée à la doctrine de Jamblique, souvent rappelée par Damascius (voir vol. II, p. 64.9, n. 3) et relative à la proximité très étroite de l'intelligible ou de l'être par rapport à l'un. Or, on sait qu'Isidore était très attaché aux pensées «admirables» de Jamblique après celles de Platon (cf. *Vie d'Isidore*, Z. p. 58.3-5 ; H. VI p. 14 (33) ; Z. p. 61.12-13).

Page 112.

1. La première hénade de la deuxième triade est, en effet, imparticipable ; elle joue le rôle de limitant.

2. Ces hénades (la substance unitaire, la vie unitaire, l'intellect unitaire) sont des hénades participables.

3. Cf. *supra*, p. 38.2, n. 4 ; p. 37.18, n. 3.

4. Ici manquent : un verbe, un substantif neutre (auquel se rapporte τὸ) et le groupe τῶν μεθεκτῶν qui correspond à τῶν ἀμεθέκτων. On peut donc suppléer, en écrivant par exemple <ἄλλον μὲν ἀποπληροῖ τὸ γένος τῶν μεθεκτῶν, ἄλλον δὲ>.

Page 114.

1. Les «philosophes» : comme le plus souvent, Syrianus et Proclus.

2. Cet être est le mixte pur du limitant et de l'illimité, ou l'être intelligible, antérieur à l'être et à l'un intelligibles-intellectifs, contredistingués par la première altérité. C'est l'unifié dans le vocabulaire de Damascius.

3. Plus haut (vol. II, p. 39.12), c'était le premier principe qui était suggéré par la notion proprement dite de l'un-tout (ἓν πάντα). Mais il n'y a pas de contradiction entre ces deux passages. Dans le premier, en effet, l'un n'est dit un-tout que dans la mesure où il n'est tout qu'antérieurement au tout lui-même. Cette anticipation s'accorde avec le retrait de l'un hors du tout, dont il est question deux lignes plus haut.

4. Pour Damascius, le Chaos des Orphiques n'est pas le désordre, mais le χάσμα (gouffre, infinité). Voir *Orphic.* fr. 66. Déjà ci-dessus, p. 99.10.

Page 115.

2. Dans le ms. A, la faute τέταρτον s'explique par un δ^{ov} résultant d'un δεύτερον abrégé ou difficilement lisible.

3. Les deux principes inférieurs à l'unifié ou à l'un-être sont l'un et l'être contredistingués par l'altérité, tandis que les deux principes supérieurs sont l'un (limitant) et la pluralité (illimitée).

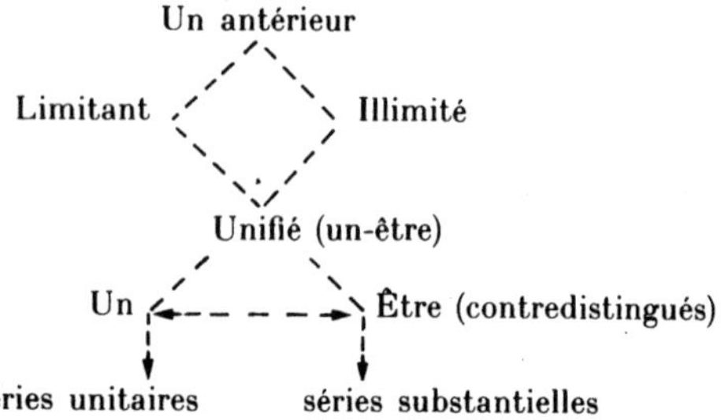

5. Cf. Proclus, *Théol. Plat.*, III 21, p. 73.18-19.

Page 117.

1. Ὁ καθαρὸς νοῦς : Kronos, le premier ordre des intellectifs, cf. *supra*, p. 10.19, n. 3 ; voir aussi la n. 4 de la p. 31.18.

2. Cf. *Or Chald.*, fr. 177 des Places. L'expression «selon l'Oracle» indique qu'il s'agit d'une citation directe (répétée dans l'*In Parm.*, R. II, p. 147.4). Peut-être ne s'étend-elle qu'au demi-vers συνείληνται συνοχεῦσι. Sur l'interprétation arbitraire des termes, voir W. Kroll, p. 41-44.

3. Nous avons vainement cherché plus haut le propos ici indiqué. Dire que «les Iynges occupent la substance intelligible» est étrange (il en serait autrement, si l'on disait que c'est avec la substance intelligible que les Iynges montrent le plus d'affinité, et qu'ils la représentent en quelque sorte dans le monde intelligible-intellectif). En effet, pour Damascius, la substance intelligible est l'unifié ou la substance pure, antérieure à toute substance définie, et donc antérieure à la «substance qui est réellement», laquelle correspond au premier ordre intelligible-intellectif, véritable lieu des Iynges. Et ce n'est que dans le cadre de l'aporie présente, selon laquelle l'unifié serait au-delà de l'intelligible, que ce dernier est identifié à la «substance qui est réellement». Dans ce cas, le propos rapporté a pu être tenu par autrui.

4. Dans le système de Proclus, le monde intelligible-intellectif représente la vie transcendante ; au-dedans de ce monde, la triade intermédiaire qui est celle du Ciel du *Phèdre*, ou de l'Ouranos de la tradition orphique, ou des Συνοχεῖς (Mainteneurs) de la tradition chaldaïque, représente à son tour le niveau le plus strict de la vie dans la série substance-vie-intellect. Voir *Théol. Plat.*, IV 19-22.

Page 118.

1. A propos de la nature des Iynges et, ci-dessous (l. 11-16), des Mainteneurs et des Télétarques, voir *supra* la première partie de la n. 3 de la p. 38.2, avec les références. Comparer en particulier avec le texte de Damascius celui de Michel Psellus, *Hypotypôsis*, § 4-5 (p. 198 des Places) et celui de Michel Italicus, *Lettre XVII*, 181.25-182.7 (p. 215.6-22 des Places).

2. Κοσμαγοί. Terme des *Oracles Chaldaïques,* ou bien (puisque le mot n'est pas attesté dans les fragments) des théurges chaldéens, voir M. Psellus, *Exégésis,* 1132 d 1-8 (p. 170 des Places); *Chaldaïké Ekthésis,* 1152 a 2-5 (*ibid.*, p. 189); *Hypotypôsis,* § 6-9 (*ibid.*, p. 198-199); M. Italicus, *Lettre XVII,* 182.10-183.15 (*ibid.*, p. 215.24-217.5). Les κοσμαγοί sont les trois pères-sources (ὁ Ἅπαξ ἐπέκεινα, Ἑκάτη, ὁ Δὶς ἐπέκεινα).

3. Dans le système de Proclus, aux κοσμαγοί correspondent les trois premiers intellectifs, soit, dans l'ordre descendant, Kronos = l'intellect pur (καθαρός), Rhéa-Hécate = l'intellect générateur de vie, Zeus = l'intellect démiurgique (l'intellect intellectif).

4. Πλήρωμα a ici le sens de totalité : la totalité du diacosme intelligible-intellectif. Voir *supra,* la n. 2 de la p. 29.6.

5. Cf. *supra*, n. 1.

6. Συνεχίζω. Terme en usage chez les épicuriens et les médecins, voir LSJ. Damascius a pu le former de nouveau et de façon indépendante, avec un sens causatif.

7. Cette opinion, que Damascius s'oppose à lui-même et selon laquelle l'intelligible serait une monade (la nature des Iynges), l'intelligible-intellectif une dyade (celle des Mainteneurs et des Télétarques), et l'intellectif une triade (celle des Conducteurs de mondes), a-t-elle été effectivement soutenue? Elle contredit la conception traditionnelle des trois diacosmes triadiques, systématisée par Proclus à partir des données chaldaïques et de l'élaboration porphyrienne. Damascius, pour sa part, l'écarte formellement dans les lignes qui suivent immédiatement, et il ajoute que «nul parmi les philosophes» (l'école de Syrianus et de Proclus) ne s'est éloigné sur ce point de l'opinion ancestrale (voir ci-dessous, l. 21-22). Cette opinion est-elle le fait d'un contemporain?

Page 119.

3. Le passage p. 118.22-119.28 = B. D. Larsen, *Iambl. test.*, 311.

4. Il s'agit ici de la substance unifiée, non pas au sens de la substance mixte comme *supra,* p. 104.19-20, n. 2, mais au sens proprement dit de l'unifié pur.

5. Cf. vol. II, n. 3 de la p. 64.9.

6. Διπλόη. Terme technique fréquemment employé par Damascius, voir *In Phil.,* Index II, s.v.

7. Th. Gale, suivi par E. des Places, croyait que ce passage (depuis la l. 22) était une citation directe de Jamblique, *De myst.*, I 19, p. 59.15-60.8. Cependant, bien qu'il y ait un accord général quant au sens, la terminologie est assez différente, et surtout Damascius dit que Jamblique soutient cette thèse «partout» et «oppose au Vieillard de nombreuses réfutations de ce genre». Quant à l'appellation de «Vieillard», bien qu'elle désigne probablement Porphyre (que Julien appelait ὁ Τύριος γέρων, cf. Socrate le Scolastique, *Hist. Eccl.*, III, 23 ; de même Libanius, *Or.* 18.178 ; cf. aussi Aréthas, *Scripta minora,* 21, I, p. 212.7, qui dépend de Socrate), elle ne constitue pas une raison suffisante pour permettre de penser que l'œuvre dont il est question doive être le *De myst.*, effectivement dirigé contre Porphyre ; en effet, Jamblique a contredit aussi ce dernier dans son commentaire sur le *Timée,* apparemment dans celui sur le *Parm.*, et sans doute ailleurs. — Sur ce passage de Damascius, voir le commentaire de Saffrey-Westerink, *Proclus, Théologie Platonicienne,* III, p. XXXVIII et n. 1.

Page 120.

2. Damascius emprunte l'expression ποιητικὴ μισγάγκεια à Platon (*Phil.*, 62 d 4-5) qui cite Homère, *Il.* IV, 453. Cf. aussi μισγάγκεια dans *Vie d'Isidore*, fr. 358, p. 291.5 Zintzen (= *Souda*, II, p. 464.34 A. Adler).

3. Cf. *Parm.*, 143 a 4 - 144 e 8 (= le premier ordre intelligible-intellectif, selon Proclus).

Page 121.

1. Il s'agit de l'un contredistingué de la «substance réelle».

2. La hiérarchie des connaissances, en partant du sommet, était, plus haut (vol. I, p. 10.7-22, n. 1), la suivante : 1) l'intellection unitaire (ἑνιαία) ; 2) l'intellection contractée (συνῃρημένη) ou unifiée ; 3) l'intellection spécifiée (εἰδητική) des formes substantielles. Elle n'est plus maintenant tout à fait la même, depuis que vers le milieu du *De princ.*, cf. *supra,* vol. II, p. 99.3-14, le primat de l'unifié pur ou de l'intelligible a été substitué à celui de l'unitaire qui ne se contredistingue, en effet, du substantiel, qu'au-dessous de l'intelligible. — Si l'intuition proprement dite de l'intelligible nous échappe, puisque, dans notre état actuel d'âme associée à un corps, nous ne jouissons même pas de la connaissance substantielle exacte, il n'en reste pas moins que nous pouvons nous exercer et nous ouvrir à la conversion pure vers l'intelligible, «quoique de loin et, pour ainsi dire, à partir des extrêmes», cf. *infra,* p. 136.15-16.

3. Ce lieu est le «lieu supracéleste» (ὑπερουράνιος τόπος) du *Phèdre* 247 c 3.

4. Le texte montre que Damascius a lu ψυχῆς κυβερνήτῃ μόνῳ θεατῇ (*Phèdre,* 247 c 7, passage corrompu dans les mss). Voir dans Proclus, *Théol. Plat.*, IV 13, p. 43.1, la n. 1.
5. Voir Proclus, *Théol. Plat.*, IV 6, p. 23.16-20.

Page 122.

2. Ἀποτελεύτησις : la limite inférieure cf. vol. II, p. 92.15, de même que ἀποπεράτωσις, *infra,* p. 124.18 et *supra* πέρας p. 98.2.
3. Damascius illustre par des exemples le principe proclien, *El. theol.*, § 147 : Πάντων τῶν θείων διακόσμων τὰ ἀκρότατα τοῖς πέρασιν ὁμοιοῦται τῶν ὑπερκειμένων («Les degrés les plus élevés de chaque ordre divin ressemblent aux derniers degrés de l'ordre supérieur», trad. J. Trouillard). Le sommet de la vie est donc encore substance, le sommet des intellectifs révèle plus clairement le caractère de la vie intelligible-intellective. Tout en étant intellectif ce sommet est donc encore intelligible, dans le cadre du monde intellectif pris dans sa totalité.
4. Au sujet de ce sens technique de ἀποτίθεσθαι = déposer, cf. vol. I, p. 93.13-14, n. 4.

Page 123.

1. Propos tenu *supra,* p. 119.9 ss. La question ici posée, est de nature rhétorique et équivaut à une conclusion : «Nous pouvons donc très bien déposer...», conclusion suivie immédiatement par un autre argument d'une portée plus générale (Ὅλως δὲ...).
2. Sur le jeu de mots *zésis-zôé* (bouillonnement-vie) voir vol. II, p. 144.25-26, n. 3.
3. Lacune évidente. On peut conjecturer ἄκρῳ et considérer peut-être ἀκροτάτῳ ; la chute de cette dernière forme s'expliquerait ainsi par *homoiotéleuton* avec τῷ.
4. Τοῦ ὄντος : Bien que Damascius préfère presque partout écrire la préposition ἀπὸ après διακρίνω et ses dérivés (cf. *supra,* p. 44.23 ; p. 70.5 ; p. 93.16 ; p. 97.1 ; p. 99.11-12 ; *infra,* p. 124.5-6 ; p. 128.20 ; p. 129.20), on trouve néanmoins αὐτὸ ἑαυτοῦ διακρίνεσθαι (p. 98.20). Il n'est donc pas absolument nécessaire ici d'introduire <ἀπὸ> devant τοῦ ὄντος.

Page 125.

1. Ἔχουσαν. Le ms. porte ελουων. C'est un autre cas de confusion de λ pour χ. Cf. vol. I, p. LXXXV, l. 14. Cette correction est plus plausible que οὐ λύων (Kroll), pour des raisons paléographiques aussi bien que pour le sens.

2. Ce point de vue a déjà été exprimé et justifié plus haut, cf. vol. II, p. 103.11 - 104.10; voir la n. 1 de la p. 104.10.

3. Dans chacun des cas énoncés (de la substance, de la vie, de l'intellect), les «deux» sont l'unitaire et le substantiel, analogues à l'un et à l'être contredistingués. Cf. vol. II, p. 103.11 - 104.10.

Page 126.

1. Sous cette forme, c'est une nouvelle difficulté qui est ici introduite. Damascius y répond jusqu'à la p. 131.24.

2. Syrianus et Proclus.

3. Cf. Proclus, *Théol. Plat.,* III 24, p. 84.4 - 85.16 (où la puissance est insérée entre l'un et l'être). Ci-dessous, l. 18 ss, Damascius va refuser l'application à l'intelligible de la théorie de l'un véhiculé et de l'être véhiculant, comme il l'a fait déjà, plusieurs fois, voir *supra,* p. 59.22 ss et n. 2.

4. Toujours Syrianus et Proclus.

Page 127.

1. Τὸ μὲν... (πρὸ ἀμφοῖν) = la substance pure.

2. Τὸ δὲ... (ἐξ ἀμφοῖν) = l'intellect pur.

3. Τὸ δὲ... (μετ' ἀμφοῖν) = la vie pure, ainsi qu'il est précisé ci-dessous, l. 15.

4. «Mixte et substantiel». Ces termes sont employés ici dans le même sens que *supra,* p. 92.22 ss, et vol. II, p. 213.3-7. Ils se rapportent à la substance, à la vie et à l'intellect dits proprement «substantiels» en tant que contredistingués de la substance, de la vie et de l'intellect «unitaires» ou suprasubstantiels. Cette contradistinction de l'unitaire et du substantiel, rappelons-le, se produit dans le premier ordre des intelligibles-intellectifs, après l'intelligible ou l'unifié que Damascius dénomme aussi «substance pure».

Page 128.

1. <Πρὸς> αὑτὴν. Le ms. porte ἑαυτὴν, faute causée par une abréviation de πρός, qui ressemble à un ε; voir vol. I, p. LXXXVI.

2. Ζέουσαν. C'est encore une fois le jeu de mots avec ζῆν et ζεῖν; cf. ci-dessus, p. 123.17, et vol. II, p. 144.26, n. 3.

3. De même, en effet, que l'estimative n'est pas une connaissance rationnelle, de même l'animal n'est pas un automoteur réel, mais seulement apparent.

Page 131.

1. La locution ἐν ἀβάτοις paraît provenir d'un texte orphique, indiqué par Proclus, *Théol. Plat.,* VI 11, Portus, p. 371.11-17 (= *Orphic.* fr. 195, Kern) : Καὶ γὰρ ἡ τῶν θεολόγων φήμη τῶν τὰς ἁγιωτάτας ἡμῖν ἐν Ἐλευσῖνι τελετὰς παραδεδωκότων ἄνω μὲν αὐτὴν (= Koré) ἐν τοῖς μητρὸς οἴκοις μένειν φησίν, οὓς ἡ μήτηρ αὐτῇ κατεσκεύασεν ἐν ἀβάτοις ἐξῃρημένους τοῦ παντός, κάτω δὲ μετὰ Πλούτωνος τῶν χθονίων ἐπάρχειν. C'est là probablement une citation directe, qui a pu figurer au début d'un hexamètre (ἐν δ' ἀβάτοις) ; ἐξῃρημένους τοῦ παντός est une interprétation néoplatonicienne. Ailleurs, la locution précédente sert à exprimer la transcendance en général : celle de l'Un, Proclus, *Théol. Plat.,* I 3, p. 14.6, n. 3 ; I 11, p. 55.5 ; II 6, p. 42.9, n. 4 ; II 7, p. 50.2 ; *In Alc.,* p. 319.17 (Segonds, II, p. 353) ; celle des dieux, *Théol. Plat.,* I 20, p. 95.23 ; *In Remp.,* I, p. 78.31. On trouve aussi l'expression chez le Ps.-Denys, *De div. nom.,* XIII 3, P.G. 3, 981 A.

Page 132.

1. Cette affirmation n'est pas en contradiction avec la dénomination simplement analogique de « nombre intelligible » donnée vol. II, p. 3.11-12, n. 7, à la triade intelligible qui est l'unifié. Tout nombre unitaire, substantiel, spécifié en est exclu. Voir aussi vol. II, p. 53.6-7, n. 1, et *supra* n. 1 de la p. 2.2-4.
2. Damascius a dit plus haut (vol. II, p. 208.20-23) que le continu et le discontinu, parce qu'ils sont des formes, ne sont pas dans les plusieurs purs (2e principe) ; la même raison vaut aussi pour l'unifié qui n'admet en lui-même aucune différence.
3. Cf. *supra,* p. 53.3-9.
4. Οὐ δυνάμενοι συναιρεῖν τῷ λογισμῷ. Cette formule qui rappelle notre inaptitude à une saisie réellement synthétique (séquelle en nous de la « guerre titanique », cf. vol. I, p. 66.18-19) se retrouve plusieurs fois chez Damascius. Voir, par exemple, vol. I, p. 4.6 ; 5.4-8, où il s'agissait de notre incapacité à comprendre l'un ; voir encore *ibid.,* p. 81.24-82.2 (au sujet de chaque forme). Maintenant, il s'agit de notre difficulté à saisir la totalité de la triade intelligible, que nous démultiplions pour cette raison, dans les trois triades intelligibles (= l'ennéade intelligible) selon l'interprétation de Proclus (*Théol. Plat.,* III 24-26, p. 83.20-99.23). Voir encore *infra,* p. 135.3-4.
5. Ἐπ' ἔσχατον. Ce dernier degré de toute la procession est la matière, cf. vol. I, p. 112.5-14.
6. Μετανόημα. Voir *supra,* p. 18.25 et la n. 1.
7. Ces lignes jusqu'à la p. 133.3 rappellent un autre passage, *supra,* p. 61.11-17, où la même doctrine, attribuée à Jamblique, est exposée en des termes similaires.
8. Ἄνθος... τοῦ εἴδους. Voir vol. II, la n. 1 de la p. 105.3.

9. Au sujet du mot ἐπανθεῖν chez les néoplatoniciens, cf. *supra*, vol. I, p. 36.25 et n. 6 ; voir aussi A. Segonds, *Procl. In Alc.*, I, p. 92, n. 3 (p. 184).

Page 133.

1. Il s'agit ici de la monade intelligible qui, avec la dyade de même nature, la dyade dite indéterminée, est au principe de la triade unifiée.
2. Aucun principe intelligible n'est numérique ni n'admet une réelle distinction, cf. vol. II, p. 35.17 - 38.17.
3. Entendons ici : du point de vue de la monade et de la dyade intelligibles, en même temps.
4. Νοῦς πατρικός. Voir vol. II, p. 2.5, n. 1. L'unifié est analogue à l'intellect paternel des *Oracles Chaldaïques*, en tant qu'il est l'infinité qui s'est convertie vers l'un limitant (cf. *supra*, p. 115.4-13), comme l'intellect est la puissance qui s'est convertie vers le père.
5. Il serait séduisant de lire τε καί γε νοῶν au lieu de τε καὶ γεννῶν. On resterait près de la leçon du ms. Selon LSJ et Denniston, καί γε n'est pas tellement rare en grec tardif, mais on n'a pas trouvé d'exemple avec un τε précédent. Le sens évoquerait alors de façon plus nette la triade tout entière : «... le père, dans sa puissance et dans son acte d'intelliger tout ce qui vient après lui ...».
6. La définition pythagoricienne de la monade comme principe du nombre (d'après Aristoxène *ap.* Stob., I 1, p. 20.9-10 Wachsmuth) est citée par Aristote, *Top.*, I 18, 108 b 29-30 ; VI 4, 141 b 7-9.

Page 134.

1. Dans cette concaténation de l'un, des plusieurs et du tout intelligible réside la réponse à la question qui vient d'être posée (p. 134.3) : «Comment donc le tout n'est-il pas (numériquement) trois»? Dans l'unité de la triade, l'un, les plusieurs et le tout ne sont pas trois propriétés réellement dissociables, chacune des deux autres.
2. En ayant défini auparavant la pluralité pure comme le tout de l'un (cf. vol. II, p. 207.22-23 ; *supra*, p. 114.24-25), et en concevant maintenant le tout comme la délimitation de cette pluralité pure par conversion vers l'un au niveau de la triade unifiée, Damascius anticipe sur la conception kantienne de la catégorie de totalité comme unité d'une pluralité, et il va plus loin qu'elle, en faisant la genèse *a priori* du tout intelligible, c'est-à-dire du principe fondateur lui-même de toute catégorie.
3. Formulation remarquable pour indiquer que la délimitation

de la pluralité pure par l'un, au niveau de la conversion de l'unifié et de l'autoconstitution de l'intellect comme tout, est au-delà de toute forme et de toute circonscription spécifiée.

4. Ἡ φύσις αὕτη. Cette nature est la triade unifiée. C'est ici la reprise argumentée de la p. 133.18-20 (μονὰς ἄρα ἡ τριάς...).

Page 135.

1. Οὐ δυνάμενοι συνελεῖν. Cf. ci-dessus, p. 132.8-9, n. 4.

2. L'ἔμφασις étant pour Damascius une manifestation indistincte, on traduit ici πρὸς ἔμφασιν par « pour suggérer ». Cf. vol. II, n. 5 de la p. 93.23.

Page 136.

1. Μύειν. Voir vol. I, la note 2 de la p. 10.13.

2. D'après le contexte, il ne peut s'agir ici que de l'un qui se contredistingue de l'être, au-dessous de l'unifié. Si un tel un, qui se distingue au minimum, n'est pas l'objet adéquat de l'œil de l'âme, à plus forte raison rien de ce qui se distingue au-dessous de cet un ne l'est pas non plus.

3. Παντοῦχος. Mot qu'on ne connaît que par Damascius, et qui a été peut-être formé par lui. On l'a déjà rencontré vol. II, p. 60.3 et 88.23.

4. Ἐκτένεια. Cf. *supra*, p. 88.26, n. 1.

Page 140.

1. Ἀτρίαστον (non-triadisable) et ἀμονάδιστον (non-monadisable) sont des formes construites par Damascius.

2. Προσθέντα. Cette correction (au lieu de παθόντα) se justifie du fait que la construction exige un verbe transitif à deux compléments (direct et indirect). L'accusatif singulier se rapporte à un sujet indéfini.

3. Cf. vol. II, p. 36.2-3.

Page 141.

1. Ἔχοντα. Ce singulier indique un sujet impersonnel (tant qu'on est), mais, comme ce qui précède est à la première personne du pluriel ὡς νῦν ἔχομεν (dans la condition qui est maintenant la nôtre), il faut peut-être corriger par le pluriel ἔχοντας.

2. Le ms. porte παράπτεσθαι (de παράπτομαι), et non pas (comme les éditions) παραπτέσθαι (de παραπέτομαι) ; le parallélisme avec παρυπονοεῖν saute aux yeux. Dans tout ce passage, Damascius emploie le préfixe παρα- dans le même sens pour évoquer un contact fugitif et une notion allusive.

3. Ἀστράπτον. Cf. vol. II, p. 145.23-146.1 et la n. 2 de la p. 145. L'adverbe ἐξαίφνης qui suit ἀστράπτον n'indique ici que le caractère soudain de cette illumination, et n'a pas le sens technique qu'il a dans Platon, *Parm.*, 156d3-e3, où, pris substantivement, il désigne (comme le rappelle Proclus, *In Remp.*, II, p. 353.1-7) le passage instantané de contraires à contraires, sorte de médiation qui, dans le temps, n'occupe pas de temps et dans laquelle Damascius a vu la nature de l'âme humaine (*In Parm,* R. II, p. 246-p. 273; cf. A. Éd. Chaignet, *Damascius, Fragment de son commentaire sur la troisième hypothèse du Parménide,* Paris, 1897, p. 34-42), après sans doute Proclus (cf. J. Trouillard, *L'un et l'âme selon Proclos,* Paris 1972, p. 152-154).

4. D'ordinaire, δυσωπεῖν signifie «décontenancer» et, en second lieu, «supplier» (troubler par des prières). Les mots qui précèdent, ἑαυτὸν ἐκφαυλίζει suggèrent qu'ici le passif δυσωπεῖσθαι est employé dans le premier de ces sens. D'autre part, on connaît par un seul exemple le sens intransitif «avoir la vue faible». Cet exemple se trouve dans le *Lexiphanès* (§ 4) de Lucien, recueil caricatural de mots rares et excentriques, mais dont, de ce fait même, l'usage est attesté. De ce qui suit, dans le passage considéré (καὶ μὴ δύνασθαι ἀντιϐλέπειν πρὸς τὸ φῶς) et aussi plus bas (p. 142.7-8, μὴ δυνηθεὶς ἀντωπῆσαι), on peut inférer le sens «être ébloui».

Page 142.

1. On notera le bonheur de la comparaison entre la genèse de l'énnéade, comme manifestation de l'intelligible à l'âme, et le phénomène de la décomposition de la lumière dans les couleurs de l'arc-en-ciel. L'un et les plusieurs, en se mirant dans le prisme de l'unifié triadique, nous apparaissent eux-mêmes triadiques, comme la lumière s'irise à travers le prisme du nuage —. Sur l'arc-en-ciel tricolore (écarlate, vert, violet) chez Aristote, cf. *Meteora,* III 2, 371b26-372a10; III 4, 375a1-30.

2. Cette triade est celle des monades exemplaires : la vérité, la beauté, la proportion. On sait l'importance de cette doctrine chez Proclus et Damascius; voir J. Combès, «Les trois monades du *Philèbe,* selon Proclus», dans *Proclus. Lecteur et interprète des Anciens,* Colloque Internat. du C.N.R.S., Paris 1987, p. 177-190, réimpr. dans J. Combès, *Études néoplatoniciennes,* Grenoble 1989, p. 223-243.

3. Il est vain de chercher par quel hasard, à la suite du mot τριῶν, s'est produite la répétition d'une ligne et demie, dix-huit lignes, ici, après sa place (ci-dessus, p. 141.28-142.2).

Page 145.

1. Le procédé de construction des triades intelligibles, ici incriminé, se compose des opérations suivantes :

1. Division en trois du père, puis de la puissance, enfin de l'intellect (p. 144.17-19) :

1re division : 1er père, 2e père, 3e père.
2e division : 1re puissance, 2e puissance, 3e puissance.
3e division : 1er intellect, 2e intellect, 3e intellect.

2. Mise en correspondance des termes (l. 19-20) :

1re triade : 1er père, 1re puissance, 1er intellect.
2e triade : 2e père, 2e puissance, 2e intellect.
3e triade : 3e père, 3e puissance, 3e intellect.

— Chaque triade se trouve ainsi formée artificiellement de trois monades hétérogènes, issues de trois divisions différentes. En ce sens, chaque triade est disloquée intérieurement, car, sans loi de procession, il n'y a pas de véritable série. Il en ira autrement dans la conception que Damascius va exposer ci-dessous (p. 144.20-147.18).

2. Le monde intermédiaire = le monde intelligible-intellectif, formé de la triade des Iynges, de la triade des Mainteneurs et de la triade des Télétarques (voir *supra,* la note 3 de la p. 38.2).

Page 147.

1. Au sens strict, l'expression «le premier nombre» signifie le nombre distingué dans le premier ordre des intelligibles-intellectifs (nombre unitaire et substantiel), par exemple plus haut, p. 53.11-15 ; p. 62.2-7 ; mais ici l'expression est prise au sens analogique du nombre intelligible. Sur la triade comme nombre intelligible, voir vol. II, p. 3.12, n. 7.

2. Voir *supra,* p. 107.14-15 et n. 1.

Page 148.

1. Ἡ μέση. Entendre ici «la triade intermédiaire» (c'est-à-dire la potentielle) serait pléonastique avec ce qui suit immédiatement. Il faut donc supposer une notion plus générale, par ex. τάξις, au sens de κόσμος ; il s'agit alors du monde intelligible-intellectif, cf. ci-dessus, p. 145.4, et la n. 2

2. Si l'on met ce passage (p. 148.14-18) en parallèle avec *De princ.,* vol. II, p. 71.1-6, et avec *In Parm.,* R. II, p. 101.25-27, on est autorisé à penser que le sujet des verbes ὀνομάζει (l. 15) et παραδίδωσιν (l. 16) est le pluriel neutre τὰ Λόγια, que Damascius a dans l'esprit, après avoir écrit en réalité le pluriel masculin οἱ χρησμοὶ τῶν θεῶν (l. 13), dont τὰ Λόγια est l'équivalent pour le sens. C'est là un bon argument pour supposer que les *Oracles Chaldaïques* pouvaient contenir le terme ὕπαρξις, qui fait défaut dans les fragments en notre possession. Voir vol. II, n. 2 de la p. 33.11.

3. Jamblique est cité peut-être d'après sa *Théologie Chaldaïque,* ou sa *Théologie Platonicienne,* ou son Περὶ θεῶν, ouvrages perdus. En tout cas, dans la citation que Proclus fait de lui, *In Alc.,* 84.1-13, le mot ὕπαρξις est employé comme équivalent de οὐσία, l. 1. Dans l'édition de A. Segonds, *Procl., In Alc.,* 84.1-13, voir les notes 1 et 8; ce passage constitue, dans le recueil de J.M. Dillon, *Iambl. fr.,* p. 75, le fr. 4 de l'*In Alc.,* comment. p. 232-233. Derrière la triade ὕπαρξις, δύναμις, ἐνέργεια, il y a la triade aristotélicienne οὐσία, δύναμις, ἐνέργεια; cf. encore *Iambl., De mysteriis,* I 4 (11.9-11); *De anima* dans Stobée I 49, 32-38, Wachsmuth, p. 362-377, trad. A. J. Festugière dans *La Révélation d'Hermès Trismégiste,* III, p. 177-215 (voir en particulier p. 190, n. 1); voir aussi P. Hadot, *Porphyre et Victorinus,* I, p. 268, n. 10. — Le présent passage du *De princ.,* p. 148.16-19 = B. D. Larsen, *Iambl. test.,* 312. Tous les passages de ce *Traité* relevés par Larsen, comme attestant une doctrine de Jamblique (*test.* 294 à 312 inclus), sont inscrits par lui sous la rubrique de l'*In Parm.* de ce philosophe, mais seuls peuvent l'être *sine dubio* les suivants : *test.* 302 = *De princ.,* II, p. 93.24-94.1 (J.M. Dillon étend le fr. jusqu'à 94.17 *test* = fr. 2 B *In Parm.* Dillon) et une partie de *test.* 304 (= *De princ.,* II, p. 100.6-12 = fr. 2 A *In Parm.* Dillon).

Page 149.

1. Cf. *supra,* vol. II, p. 103.18-19.
2. Rappel de l'identification porphyrienne du père avec l'être.
3. Φασίν : ceux qui parlent ainsi sont Jamblique, Syrianus et Proclus, cf. vol. II, p. 71.25-26.
4. D'après ce témoignage explicite de Damascius, la différence de l'ὕπαρξις et de l'οὐσία dans la conception de Syrianus et de Proclus consiste dans le fait que la première est de nature hénadique et que la seconde ne l'est pas. On sait, en effet, qu'ils ne considèrent pas l'être comme une hénade, cf. *supra,* p. 109.15 ss, n. 8.
5. On doit entendre que l'unifié n'est pas l'être contredistingué de l'un et que le père n'est pas l'un contredistingué de l'être.
6. «Pur» est pris ici au sens de ce qui est antérieur à la distinction de l'unitaire et du substantiel. L'un pur, dont il s'agit alors, est le premier principe, à partir duquel, ainsi qu'à partir du deuxième (les plusieurs purs), se forme le troisième, l'être pur ou l'unifié.
7. Cf. vol. II, p. 71.25-72.17.
8. Cette référence aux anciens ne doit pas nous masquer que, comme l'a montré P. Hadot (*Porphyre et Victorinus,* I, p. 485 ss), c'est surtout avec Porphyre que s'est opérée l'identification technique de ὑπάρχειν et de εἶναι. Cette identification est le fait de la lecture du stoïcisme avec des yeux platoniciens. Elle a transformé l'ὑπάρχειν stoïcien et l'εἶναι platonicien l'un par

l'autre, en donnant à l'ὑπάρχειν un statut d'être radical et à l'εἶναι un statut d'agir premier. «La transposition du stoïcisme renverse le rapport que celui-ci avait établi entre ὕπαρζις et ὑπόστασις. Pour les Stoïciens, la substance représentait la plénitude ontologique, l'ὕπαρξις ne possédait qu'une quasi-réalité parce qu'elle appartenait à l'ordre du prédicat, c'est-à-dire de l'incorporel, du temporel et de l'événementiel. Chez Porphyre, le prédicat redevient un prédicat platonicien, c'est-à-dire l'Idée à laquelle participent les substances et les sujets, l'ὕπαρξις devient alors le principe transcendant, la préexistence, à partir de laquelle se constitue la substance, qui n'a plus alors qu'une réalité dérivée. Mais l'ὕπαρξις garde le caractère d'actualité qu'elle possédait dans le système stoïcien. D'où le paradoxe d'un εἶναι qui est à la fois l'Idée de l'Étant et un agir pur» (P. Hadot, *op. cit.*, p. 489).

Page 150.

1. Rappel de l'étymologie de ὑπάρχειν et de la conception de l'être comme principe hiérarchiquement placé au-dessous de l'un, vol. II, p. 76.22-77.1.

2. Jusqu'ici, en effet, l'unifié était dit substance pure (cela est confirmé à la l. 26-151.1), mais cette aporie trouve immédiatement sa solution dans les phrases suivantes (l. 22-151.8).

Page 151.

1. Cf. vol. II, p. 70.22-71.6.

2. Le sens de ὑπόστασις ici est inféré de la manière suivante : il faut se rappeler que la subsistence (ὕπαρξις) a été définie, au sens strict, comme la propriété la plus simple de toutes (cf. vol. II, p. 71.21-24) qui, isolée des autres (puissance, acte), signifie la pure propriété de faire venir à l'être (ὑποστατικόν, vol. II, p. 71.7-8; 72.3-4). C'est en ce sens que l'ὕπαρξις est ici identifiée à la pure ὑπόστασις, entendue non pas comme l'action de venir à l'être (sens courant), mais comme la propriété qui est à la racine de cette action.

Page 152.

1. Cf. vol. II, p. 70.22-71.1.

2. Ici, comme à la p. 151.19, ὑπόστασις doit s'entendre au sens de la pure propriété qui fait être. L'attribution de la pure ὕπαρξις ou pure ὑπόστασις au premier principe est de type analogique, comme on l'a vu plus haut, cf. vol. II, p. 72.13-15, 73.19-21, et comme on le constate encore ci-dessous, l. 15-16. La notion d'ὕπαρξις, dépouillée des autres propriétés, et portée à son

maximum de pureté dans son transit vers l'absolu, permet de suggérer le premier principe de façon allusive.

3. Par rapport à p. 151.21 - 152.13, voir un passage parallèle, vol. II, p. 71.1-6.

4. «Le principe le plus simple». Cf. ci-dessous, p. 152.25 - 153.8.

5. Il s'agit, en effet, des notions d'ὕπαρξις et d'οὐσία dont Damascius est en train d'examiner sous quel rapport elles peuvent différer.

6. «De chaque hypostase». Il faut entendre ici : «de chaque position dans l'être», et pratiquement «de chaque substance réelle».

7. Plus haut, vol. II, p. 76.22-77.1, Damascius considérant déjà l'étymologie de ὑπάρχειν (ὑπό et ἄρχειν), y découvrait la définition de l'être comme principe (ἀρχή) rangé au-dessous (ὑπό) de l'un. Voir encore ci-dessus, p. 149.22 - 150.7 : subordonné à l'un, l'être commande à tout en second. Maintenant, Damascius interprète le schématisme du terme ὕπαρξις sous un autre angle, en y voyant le symbole de l'un comme fondement et assise de l'être et de toute superstructure. De ce point de vue qui est celui de la profondeur, le principe le plus digne et le plus solide, i.e. le premier principe, se trouve antérieurement sous ce qu'il fonde et soutient. Dans les deux cas, l'infériorité de l'être et la transcendance de l'un sont affirmées. Ce sont là les deux aspects de la même relation de l'être à l'un, relation que signifie l'ὕπαρξις. Ainsi le transit allusif de celle-ci vers l'un est doublement autorisé.

Page 153.

1. Ὑπόστασις : ici, au même sens que ci-dessus, p. 152.20, n. 6.

2. Cette identité de correspondance se conçoit, en effet, si l'on considère que ce que le père et la subsistence sont à la puissance et à l'intellect paternel dans la triade chaldaïque, cela, le premier principe, c'est-à-dire l'un comme limitant (ou la première hénade primordiale qui modalise l'un antérieur à tout) l'est au deuxième principe (la pluralité pure) et au troisième (l'unifié, dans la doctrine de Damascius). Mais on ne saurait oublier que l'un dont il s'agit a du champ pour transcender, bien au-delà encore du père dans lequel culmine la triade chaldaïque, vers l'un absolument indéterminé qui s'enfuit vers l'ineffable. Voir le schéma des analogies, vol. II, p. 247.

3. Sur cette définition de la puissance, cf. vol. I, p. 107.6 et n. 1. C'est au sens propre que la puissance est dite extension de la substance, mais, comme Damascius le fait remarquer, on ne peut parler de la puissance de l'un que de façon analogique, car l'un n'est pas substance.

Page 154.

1. Cela reste en parfaite harmonie avec ce que Damascius écrivait plus haut sur la distinction minimale du deuxième principe vis-à-vis de l'un (cf. vol. I, p. 118.1-10) et sur sa quasi-identité avec lui (*ibid.*, 15-19). Cf. encore vol. II, p. 209.16-20 (la pluralité pure comme «passion et procession de l'un en lui-même»); ici, l. 3, «l'un qui s'épanche» (χεόμενον ἕν).

2. Il y a là un certain écho de la doctrine des philosophes Syrianus et Proclus plus haut évoquée, cf. p. 149.10-13, qui attribue exclusivement l'ὕπαρξις à l'hénade. Damascius admet sans doute que l'hénade séparée de la substance ne soit qu'ὕπαρξις; cependant, il refuse de voir dans l'ὕπαρξις un privilège exclusif de l'hénade; cf. ci-dessous, l. 12 : la substance est aussi ὕπαρξις, si l'on considère la substance dans sa simplicité, et, de même, mais du point de vue de la position dans l'être, l'ὕπαρξις doit être la même chose que l'οὐσία, cf. vol. II, p. 72.15-17.

3. Cf. ci-dessus, p. 152.5-6 et n. 2.

4. L'ὕπαρξις admet des degrés; celle de l'un contredistingué de l'être est nécessairement moins parfaite que celle que l'on fait transiter analogiquement vers le premier principe, et qui a été déclarée «sursimplifiée au-dessus de tout», vol. I, p. 79.12; au-dessous de celle-ci est l'ὕπαρξις unifiée (*ibid.*, l. 11). Comme la contradistinction de l'un et de l'être n'a lieu qu'après l'unifié ou l'intelligible, il faut situer encore au-dessous de l'ὕπαρξις unifiée l'ὕπαρξις de l'un contredistingué de l'être, et au-dessous de cette dernière l'ὕπαρξις de l'être contredistingué de l'un et considéré dans sa simplicité. On pourrait ajouter que tout être et toute forme est aussi, à sa manière, ὕπαρξις du point de vue de sa propre relation constitutive à l'un.

5. Cf. ci-dessus, p. 153.14-18, où la pluralité pure est appelée «puissance» de façon analogique.

6. L'un-être est en chaque tout l'analogue de l'un, cf. vol. I, p. 100.6-14.

7. Thème souvent évoqué par référence à ce passage du *Sophiste* (245 a 1 - b 10), voir vol. I, p. 35.21-24; vol. II, p. 17.3-6; p. 32.14-15; p. 56.16-18; p. 70.13-14; p. 92.18-19.

8. On peut considérer ces correspondances comme bien établies, à condition d'entendre ici par l'un l'un, limitant. Cf. *supra*, p. 153.12, n. 2. Il ne s'agit pas, d'ailleurs, de véritables identités, mais d'analogies.

9. A partir d'ici jusqu'à la p. 155.23, Damascius développe la doctrine des conversions déjà exposée plus haut, cf. vol. I, p. 72.16-73.12, et utilisée çà et là, sans lui apporter de modification notable.

Page 155.

1. Au sujet de l'omission de ἡ ἐπιστροφή (l. 3) et du déplacement (l. 4) du groupe correct οὐσιωδὴς ἡ ἐπιστροφή dans les mss., voir l'explication de la faute, vol. I, p. LXXXVII-LXXXVIII.

Page 156.

1. Pour tout le passage depuis la l. 5, voir vol. II, p. 89.17-91.5.

2. Ci-dessus, p. 154.22-155.23, l'analogie était plus largement établie entre l'unifié tout entier, comme troisième principe, et l'intellect paternel de la triade chaldaïque; maintenant elle joue sur une échelle plus réduite, entre le troisième ordre de l'unifié et l'intellect du père chaldaïque. Remarquons que la totalité de la triade de l'unifié ou de l'intelligible correspond plus adéquatement, terme à terme et niveau à niveau, à la totalité de la triade chaldaïque.

3. Voir *supra*, p. 52.25-54.10, et notes correspondantes.

4. Cf. *Parm.*, 143 a 2 (ἄπειρον τὸ πλῆθος).

5. Le nombre est, par définition, pluralité définie (Nicom., *Introd. arithm.*, I 7.1); cf. Proclus, *In Eucl.*, p. 6.15 : ὅ τε γὰρ ἀριθμὸς ἀπὸ μονάδος ἀρξάμενος ἄπαυστον ἔχει τὴν αὔξησιν, ἀεὶ δὲ ὁ ληφθεὶς πεπέρασται.

6. «Ceux qui en parlent» pourraient être les pythagoriciens, pour lesquels le nombre pair appartient à la série de l'illimité (cf. Aristote, *Met.*, A 5, 986 a 17-19).

Page 157.

1. «L'unifié-un», voir, vol. II, p. 55.15 (= le premier unifié dans son indifférenciation constitutive); *ibid.*, p. 69.17-70.4 (l'expression «unifié-un» est absente, mais il s'agit bien de ce premier unifié, «qui est le plus unifié»); *ibid.*, p. 96.11-16 (= la médiation première, antérieure à l'un et à l'être contredistingués, médiation qui constitue l'un-être); *ibid.*, p. 97.12-14 (= le sommet de l'unifié, qui est l'unifié de tout l'unifié).

2. «L'un-plusieurs», cf. vol. II, p. 207.22-208.7.

3. «L'unifié-plusieurs» : l'unifié-un s'est, en quelque sorte, différencié (au troisième ordre intelligible) en une infinité de plusieurs qui sont encore unifiés et qui, sur leur mode propre, sont toujours l'unifié lui-même, sans affaiblissement de la nature de ce dernier. Cf. *supra*, p. 97.16-98.22; et vol. II, p. 214.5-11.

4. Cf. *Parm.*, 142 c 7 - d 9. Ce sont là, en effet, les quasi-parties et le quasi-tout déjà mentionnés plus haut, p. 98.22-99.3, et distingués du tout et des parties au sens propre qui composent le deuxième ordre des intelligibles-intellectifs (*Parm.*, 144 e 9-145 a 4).

5. Proclus commentant *Parm.*, 142 d 8-9, a donné au deuxième ordre intelligible l'attribut de «totalité» (ὁλοτής, *Théol. Plat.*, III 25, p. 87.22-24), tandis qu'il a donné celui de «tout et parties» au deuxième ordre intelligible-intellectif (*Théol. Plat.*, IV 35-36, p. 103-108) qui correspond à *Parm.*, 144 e 9 - 145 a 4.

Page 158.

1. C'est-à-dire Kronos. Voir *supra*, la n. 2 de la p. 30.14.

2. 'Αμφιφαὴς 'Εκάτη. Citation sans doute littérale des *Or. Chald.*, qui manque dans des Places ; voir Kroll, p. 27, n. 2 (Dam., *h.l.* et *In Parm.*, R. II, p. 152.23 ; cf. Proclus, *In Tim.*, II, p. 130.23 ; Festugière III, p. 170, n. 1). Hécate est le deuxième intellectif, au milieu de Kronos (l'intellect pur, καθαρός) et de Zeus (l'intellect intellectif) : μέσον τῶν πατέρων 'Εκάτης κέντρον πεφορῆσθαι, cf. Dam. *In Parm.*, R. II, p. 164.19 = *Or. Chald.*, fr. 50 des Places, voir n. 1 ; p. 27 ss Kroll. Voir H. Lewy, p. 484.

3. C'est-à-dire Zeus, le Démiurge universel ou l'intellect intellectif. Voir *supra*, la n. 2 de la p. 30.14.

4. Νοεραῖς στράπτων τομαῖς. Réminiscence de νοεραῖς στράπτουσα τομαῖσιν, qui est la citation littérale des *Or. Chald.*, fr. 1, v. 4, des Places ; p. 11 Kroll. Cf. *supra*, vol. II, p. 105.6. Rapportée, là, à la force de l'intelligible, cette expression l'est, ici, à l'intellect intellectif par Damascius qui construit ci-dessous, l. 7-8, sur son modèle, l'expression νοηταῖς τομαῖς... στράπτων, pour la rapporter cette fois à l'intellect intelligible.

Page 159.

1. Pour résumer ce qui précède, la triade unifiée peut donc se démultiplier à travers l'ennéade suivante, si l'on divise le père unique en trois pères, la puissance parfaite en trois puissances et l'intellect parfait en trois intellects :

père des pères	puissance paternelle	intellect-père des intellects
père-puissance	puissance des puissances	intellect-puissance
intellect paternel	intellect de la puissance paternelle	intellect unifié et du père unifié

2. Cf. n. 1 de la p. 107.14-15.

3. A trois reprises, dans l'*In Parm.*, R. II, p. 9.21-22 ; p. 11.11-15 ; p. 132.9-10, Damascius laisse entendre que cette étude des *Oracles Chaldaïques*, qu'il s'est proposé de faire, reste encore un projet à réaliser. Cf. vol. I, p. XXXIV, n. 6.

4. Προβολή, de προβάλλεσθαι : mettre au jour ce qui est déjà là, notre connaissance latente.

5. A partir d'ici, Damascius va compléter la discussion très ample du système (supposé) triadique des *Oracles Chaldaïques*, par

un sommaire des autres théologies et théogonies grecques et orientales (p. 159.17 - 167.24), dans le but de montrer leur harmonie avec les *Oracles*, et, par là, avec la théologie proclienne. C'est la partie de l'ouvrage, qui, plus que son contenu philosophique, a attiré l'attention des savants, à cause de l'abondance des renseignements précieux qu'on y trouve sur quelques théogonies helléniques, plus ou moins connues, et sur les théogonies orientales telles qu'elles apparaissaient aux grecs. Le compte-rendu de Damascius se compose des éléments que voici : l'épopée orphique en 24 rhapsodies, qui est aujourd'hui réputée assez tardive, mais qui, pour les néoplatoniciens, constituait la source principale de l'orphisme authentique, bien connue et souvent citée (cf. p. 159.17 - 160.16) ; la théogonie orphique résumée par Hiéronymus et Hellanicus, préservée uniquement par Damascius (p. 160.17 - 162.18) ; l'aperçu d'un ouvrage (ou d'une partie d'un ouvrage) d'Eudème de Rhodes, le péripatéticien. Ce texte traitait d'une troisième théogonie orphique (p. 162.19-22), puis, à ce qu'il semble, de celles d'Homère et d'Hésiode (cf. p. 162.23 - 163.18), ensuite de la cosmogonie d'Acusilaüs (p. 163.19 - 164.8), de celles d'Épiménide (p. 164.9-16) et de Phérécyde de Syros (p. 164.17 - 165.5), pour passer ensuite aux théogonies orientales, la babylonienne (p. 165.6-16), l'iranienne (p. 165.17-24) et la sidonienne (p. 166.1-7) ; suivent, indépendamment d'Eudème, la théogonie phénicienne d'après Môchus (p. 166.8-22) et l'égyptienne d'après deux quasi-contemporains de Damascius, Héraïscus et Asclépiadès (p. 167.1-24). — Consulter dans P.W., Suppl. IX (1962), H. Schwabl, *Weltschöpfung*, (col. 1433-1582) et J. Duchesne-Guillemin (col. 1582-1589) ; pour les cosmogonies grecques, G. S. Kirk et J. E. Raven, *The Presocratic Philosophers*, Cambridge 1957, p. 8-72 ; M. L. West, *Early Greek Philosophy and the Orient*, Oxford 1971 ; pour les mythes orphiques, W.C.K. Guthrie, *Orpheus and Greek Religion*, Londres 1935, New York 1966, trad. S. M. Guillemin, Paris 1956 ; I. M. Linforth, *The Arts of Orpheus*, Berkeley - Los Angelès 1941 ; L. Moulinier, *Orphée et l'Orphisme à l'époque classique*, Paris 1955 ; M. L. West, *The Orphic Poems*, Oxford 1983 ; L. Brisson, « Proclus et l'Orphisme », *op. cit., supra*, p. 178, n. 3 ; « Orphée et l'Orphisme à l'époque impériale », *op. cit., ibid.* ; « Damascius et l'Orphisme », *op. cit., ibid.*

6. Ce sont là les Ἱεροὶ λόγοι ἐν ῥαψῳδίαις κδ′ *(Discours sacrés en vingt-quatre rhapsodies)* que nous connaissons par 176 fragments recueillis, pour le plus grand nombre, chez les néoplatoniciens (en particulier Proclus et Damascius) et chez les pères apologistes, cf. O. Kern, *Orphic.* fr. 60-235, p. 140 - 248. Voir W. K. C. Guthrie, *op. cit.*, trad. S. M. Guillemin, p. 89 - 160. M. L. West, *op. cit.*, p. 227 - 264, a proposé une reconstruction et un stemma des théogonies orphiques dont les *Rhapsodies* seraient l'aboutissement autour de 100 av. J.-C. ; mais plusieurs hypothèses et conclusions de cette reconstruction ont été contestées par

L. Brisson dans «Les théogonies orphiques et le papyrus de Derveni, Notes critiques», *Revue de l'Histoire des Religions*, CCII, (1985), p. 389-413. En ce qui concerne la date de la composition des *Rhapsodies Orphiques*, Brisson propose la fin du Ier siècle de notre ère ou le début du 2e, la plus ancienne version pouvant remonter à la fin du ve ou au début du vie avant J.-C. : («Proclus et l'Orphisme», p. 43-104 (p. 53). A propos du texte de Damascius relatif aux Rhapsodies orphiques et, plus loin, à la théologie de Hiéronymus et de Hellanicus (p. 160.17-162.18), ainsi qu'à la théologie iranienne (p. 165.17-24), cf. l'exégèse qu'en a donnée de façon détaillée L. Brisson : «La figure de Chronos dans la théologie orphique et ses antécédents iraniens», dans *Mythes et représentations du temps*, recueil préparé par Dorian Tiffeneau ; C.N.R.S., Paris 1985, p. 37-60. Dans cette étude, L. Brisson reprend, sur des bases plus critiques que celles de R. Eisler (1910), la question de la parenté du Chronos orphique avec le dieu Zurvan de l'Iran ancien, et il fait valoir de bonnes raisons en faveur de cette hypothèse.

7. L'exposé de Damascius, p. 159.17-160.16 = *Orphic.*, fr. 60 Kern, p. 143-144.

8. Les philosophes = Syrianus et Proclus. Comme Marinus nous l'apprend (*Vie de Proclus*, 26-27), Syrianus avait projeté un cours, spécialement destiné à Proclus et à Domninus, qui devait porter, au choix, ou sur les *Orphica*, ou sur les *Oracles Chaldaïques* ; Domninus opta pour les premiers, Proclus pour les seconds, et l'entente n'ayant pas pu se faire, le projet ne fut pas réalisé. Cependant, Syrianus, soit avant, soit après cet épisode, a écrit un ouvrage en dix livres, intitulé *L'accord d'Orphée, de Pythagore et de Platon* (Συμφωνία Ὀρφεώς, Πυθαγόρου καὶ Πλάτωνος) et un autre *Sur la Théologie d'Orphée* (Εἰς τὴν Ὀρφεὼς θεολογίαν), cf. *Souda*, IV, p. 478.25-p. 479.1 Adler, sv. Συριανός. Cet ensemble correspondait sans doute aux *Commentaires sur Orphée* que Marinus attribue à Syrianus (τὰ εἰς Ὀρφέα αὐτοῦ ὑπομνήματα). Après la mort de Syrianus, Proclus vit plusieurs fois en songe son maître le dissuader de composer un commentaire sur les *Orphica*, comme celui qu'il avait fait sur les *Oracles*. Toutefois, sur les instances de Marinus, Proclus annota abondamment les cahiers de Syrianus. Très probablement, les commentaires de Syrianus, augmentés des notes marginales de Proclus, se trouvaient à l'école d'Athènes à la disposition de Damascius ; sans compter que le thème de l'accord entre la philosophie de l'intelligible et l'orphisme, thème devenu classique, peut-être depuis Jamblique comme le suggère L. Brisson, avait été traité dans plus d'un ouvrage, et sans doute avait-il été abordé, à maintes occasions, avec des variantes comme celles que signale Damascius, *infra*, p. 160.3-4. Voir L. Brisson «Proclus et l'Orphisme», p. 48-53.

9. Ἡ μία τῶν ὅλων ἀρχή. Cf. *supra*, p. 3.5-6, n. 2.

10. Syrianus, et Proclus à sa suite, ont pu montrer l'accord

entre l'épopée orphique et ce qu'ils regardaient comme le système de Platon, sans trop forcer les textes. D'abord, il y avait les deux vers (*Orphic.* fr. 66) :

> Αἰθέρα μὲν Χρόνος οὗτος ἀγήραος ἀφθιτόμητις
> γείνατο καὶ μέγα χάσμα πελώριον ἔνθα καὶ ἔνθα

(«Ce Temps qui ne vieillit pas et dont la sagesse est impérissable, a engendré l'Éther et le grand gouffre béant, dont l'immensité s'étend en tout sens»). Le Temps, une fois accepté comme symbole du principe tout premier (l'Un ineffable), l'Éther, c'est-à-dire le Ciel, était idéalement apte à représenter le πέρας (le limitant) du *Philèbe* (ou la première hénade, cf. Proclus, *Théol. Plat.*, III 9, p. 36.12-15), et le Chaos (que le poète, sans employer le mot, a sans doute voulu désigner par χάσμα) a été habilité à figurer l'ἄπειρον (l'illimité ou la seconde hénade, cf. Proclus, *Théol. Plat., ibid.*). Il y avait ensuite les vers cités par Damascius, *supra*, vol. II, p. 40.15-16 (= *Orphic.* fr. 70) :

> ἔπειτα δ' ἔτευξε μέγας Χρόνος Αἰθέρι δίῳ
> ὠεον ἀργύφεον.

(«Ensuite le grand Chronos a fabriqué au moyen de l'Éther divin l'Œuf éclatant de blancheur»). L'Œuf pouvait donc devenir, de façon non moins plausible, le premier mixte ou l'être premier, qui contient en lui-même tout ce qui se développera à des niveaux inférieurs. L'Éther, le Chaos, l'Œuf, telle est la triade analogue à la première triade intelligible. Mais, à partir d'ici, il ne restait que Phanès pour être la dernière révélation, et par là la plus claire, de l'intelligible.

Page 160.

2. L'intellect de la vie (ou de la puissance) intelligible, le troisième ordre de la deuxième triade intelligible.

3. En ce qui concerne le premier et le deuxième ordres de la deuxième triade orphique, on ignore tout de la solution adoptée par Syrianus et Proclus. Cette solution déplaît à Damascius, qui lui substituera la sienne, ci-dessous, l. 8-15.

4. Syrianus et Proclus construisent donc la troisième triade orphique avec les trois manifestations du dieu premier-né (Prôtogonos) qui est Phanès-Eriképaios-Mètis, et qui, par là, est trimorphe ; Mètis (= l'intellect) est ainsi la limite inférieure de la dernière triade. Sur l'impossibilité d'identifier la provenance du nom d'Ériképaios, cf. M. L. West, *The Orphic Poems*, p. 205-207.

5. Telle est, depuis la l. 8, l'explication, propre à Damascius, de la deuxième triade orphique. Il applique ici, de façon toute naturelle, à la médiation entre l'Œuf (unifié) et le dieu trimorphe (distingué) la logique de l'auto-formation de toute triade qui passe par la phase essentielle du «en train de se distinguer».

6. Les fragments qui se rapportent à cette théogonie, attribuée de façon bien fondée à Hiéronymus et à Hellanicus sur les données de Damascius, sont réunis dans le recueil de O. Kern, *Orphic.* fr. 54-59, p. 130-140. Le rapport entre les deux noms d'auteurs, qui constituait déjà une énigme pour Damascius, reste inexpliqué. D'après F. Jacoby (*Fragmente der Griechischen Historiker*, vol. IA (1957), p. 130 = n° 4, fr. 87, avec le commentaire vol. I a (1957), p. 458), Hellanicus serait l'historien célèbre de Lesbos (ve s. av. J.-C.), peut-être seulement cité ou mentionné par Hiéronymus. De nouvelles hypothèses sont proposées par M. L. West (*op. cit.*, p. 176-178) : la *Souda* (IV, 254.14-16, Adler) mentionne un certain Sandon, auteur d'un livre intitulé *Hypothèses sur Orphée* ; son père s'appelait Hellanicus. Le nom du père a pu être substitué à celui du fils, mais comme cela n'explique pas la présence du nom de Hiéronymus, M. L. West conjecture que Sandon pouvait aussi porter le nom de Hiéronymus ; cependant, il accorde plus de crédit à l'hypothèse que Hiéronymus pourrait être l'Égyptien cité par Flavius Josèphe (*Ant. Iud.*, I, 94) comme l'auteur d'une Φοινικικὴ ἀρχαιολογία. Voir les remarques critiques de L. Brisson dans l'article cité plus haut, n. 6 de la p. 228-229, « Les théogonies orphiques ... » p. 407-408.

Page 161.

1. Présentée sous cette forme, cette série triadique est-elle un legs de la théogonie ancienne ou simplement une interprétation néoplatonicienne ? Cf. Proclus, *In Tim.*, III, p. 274.14-20 : καὶ εἴ με δεῖ τοὐμὸν εἰπεῖν, τρεῖς ταύτας τάξεως αἰτίας ἐφεξῆς ἀλλήλαις ὁ Πλάτων τίθησιν, Ἀδράστειαν [*Phèdre*, 248 c 3], Ἀνάγκην [*Rép.*, X 616 c 5], Εἱμαρμένην [*Tim.*, 41 e 2-3], τὴν νοεράν, τὴν ὑπερκόσμιον, τὴν ἐγκόσμιον· καὶ γὰρ ὁ δημιουργός, ὡς ὁ Ὀρφεύς φησι [= fr. 162 Kern], τρέφεται μὲν ἀπὸ τῆς Ἀδραστείας, σύνεστι δὲ τῇ Ἀνάγκῃ, γεννᾷ δὲ τὴν Εἱμαρμένην. (« Et s'il me faut dire mon sentiment, Platon pose à la suite l'une de l'autre, comme causes de l'ordre, ces trois-ci, Adrastéia, Ananké, Heimarménè, l'intellective, l'hypercosmique, l'encosmique. En effet le Démiurge, comme dit Orphée, est élevé par Adrastéia, s'unit à Ananké, engendre Heimarménè », trad. A. J. Festugière, V, p. 151). Il apparaît que la série orphique est aussi disparate que la platonicienne. Adrastée provient du fr. 105 Kern (citation directe chez Hermias, *In Phaedr.*, p. 161.15 - 162.12), la Nécessité (Ananké) peut-être d'un résumé de la théogonie d'Hiéronymus et Hellanicus semblable au nôtre (à remarquer l'emploi du verbe συνεῖναι dans le fr. cité ci-dessus de l'*In Tim.* de Proclus et dans notre passage). Quant à Heimarménè *(Fatum)*, Proclus, dans les pages précédentes (*op. cit.*, p. 272.5 - 274.14 ; Festugière, V, p. 148-151), s'est efforcé de démontrer qu'elle est identique à φύσις, la Nature de l'univers de *Timée* 41 e 2 (cf. *Or. Chald.*, fr. 102 des Places ; p. 48-50 Kroll : Μὴ

φύσιν ἐμβλέψῃς · εἱμαρμένον οὔνομα τῇσδε); le nom ne peut pas avoir figuré dans l'épopée orphique pour des raisons métriques; est-ce Dionysos, fils de Zeus et chef des «jeunes dieux», que Proclus vise ici? Pour toutes ces raisons, la traduction parfois rencontrée de *De princ.*, l. 8-9 : «La Nécessité qui est la même, quant à sa nature, qu'Adrastée», n'est pas la bonne.

2. Les deux principes (l'Eau et la Terre), ainsi que l'unique transmis par le silence sont ceux qui viennent d'être cités, dans la théogonie de Hiéronymus-Hellanicus, ci-dessus p. 160.18 - 161.3. Sur cette théogonie, voir encore J. Rudhart, *Le thème de l'eau primordiale dans la mythologie grecque*, Berne 1971, p. 12-18.

3. Damascius propose ici une interprétation de la théologie des *Rhapsodies Orphiques*, qui diffère de l'interprétation des philosophes Syrianus et Proclus, rapportée *supra*, p. 159.17 - 160.16. Jusqu'ici, dans le *De principiis*, Damascius partageait lui-même cette dernière, en acceptant la correspondance de Chronos avec le principe unique, de l'Éther avec l'un limitant et du Chaos avec les plusieurs illimités. Maintenant, Chronos, tant dans la théologie des *Rhapsodies* que dans celle de Hiéronymus-Hellanicus, est assimilé par Damascius au troisième principe, l'unifié, qui se constitue, on le sait, à partir de l'un et des plusieurs, et qui est ainsi la première triade intelligible. La deuxième triade orphique, analogue à la deuxième triade intelligible, sera, dans ce nouveau contexte de la théologie de Hiéronymus-Hellanicus, celle de l'Éther humide, du Chaos illimité et de l'Érèbe nébuleux (*infra*, l. 23 - p. 162.1). La troisième triade sera formée par l'Œuf, par la dyade du masculin et du féminin avec la pluralité des semences de toute espèce, et par le dieu au double corps, appelé ici Prôtogonos, Zeus, Pan (*infra*, p. 162.4-17).

4. Ἐν ἐκείνῃ, dans cette théologie-là = la théologie des *Rhapsodies Orphiques* d'après Syrianus et Proclus.

5. Κατὰ ταύτην, selon cette théologie-ci = la théologie rapportée d'après Hiéronymus et Hellanicus.

6. Γεννᾶται : le moyen de ce verbe, au lieu de l'actif, se rencontre plusieurs fois chez Platon : *Ménex.*, 237e6; 238a3; *Tim.*, 34b9; *Critias*, 113d2; e7; 116c6; *Lois*, VI, 784e1; 4.

Page 162.

1. Les pages suivantes (p. 162.19 - 166.7), qui s'inspirent d'un ouvrage non identifié d'Eudème (2ᵉ moitié du IVᵉ siècle, disciple d'Aristote) figurent sous le nᵒ 150 dans le recueil des fragments de ce philosophe par F. Wehrli (*Die Schule des Aristoteles*, Heft VIII, «Eudemos von Rhodos», 2ᵉ éd., Bâle-Stuttgart 1969), p. 70-72, avec un commentaire très concis, p. 121-123. Wehrli observe que Damascius, tout en arrangeant les données selon la métaphysique triadique de Proclus, a reproduit fidèlement les traditions anciennes telles qu'il les trouvait dans Eudème.

2. Voir O. Kern, p. 97-98 (fr. 28 = Damascius, avec fr. 28 a, tiré de Philodème) ; G. S. Kirk et J. E. Raven, *The Presocratic Philosophers*, p. 21-24 ; M. L. West, p. 116-175 ; L. Brisson, « Les Théogonies orphiques... », p. 402-405. — Comme West le fait remarquer, la part qui revient à Eudème dans ce passage se limite à l'observation que dans cette théogonie orphique la Nuit est le principe tout premier ; le reste est une remarque de Damascius qui soutient contre Eudème qu'Homère est du même avis relativement à la Nuit. En conséquence, dans l'ouvrage d'Eudème, la théogonie homérique, qui commençait par Okéanos et Téthys, apparaissait, de ce fait, sans rapport avec celle d'Orphée ; contrairement à ce que l'on pourrait conjecturer, il est très probable que Damascius n'a pas modifié l'ordre de présentation chronologique, adopté sans doute par Eudème : Orphée, Homère, Hésiode, Acusilaüs, etc.

Page 164.

2. F. Wehrli a mis en doute la correction de W. Kroll (adoptée par Diels-Kranz) Τιτᾶνας pour τινὰς, parce que l'Œuf présuppose un couple mâle et femelle. Mais δύο Τιτᾶνες peut très bien signifier un Titan et une Titanide ; et la conjecture, d'ailleurs très plausible, est confirmée par le rapport étymologique établi avec διατείνειν, cf. Proclus, *In Crat.*, p. 56.16-17 Pasquali : Τιτᾶνας γὰρ ὁ μὲν (Jamblique) παρὰ τὸ διατείνειν ἐπὶ πάντα τὰς ἑαυτῶν δυνάμεις, ὁ δὲ (Amélius) παρὰ τό τι ἄτομον κεκλῆσθαί φησιν. Cf. Kirk-Raven, p. 44.

3. Phérécyde de Syros (VIe s. av. J.-C. ?), auteur d'une cosmogonie en prose (témoignage et fragments dans Diels-Kranz[6], *Vorsokratiker* I, n° 7, p. 43-51). Consulter la discussion très détaillée dans Kirk-Raven, p. 48-72. Voir M. L. West, *Early Greek Philosophy and the Orient*, Oxford 1971, p. 1-75 ; voir H. S. Schibli, *Pherekydes of Syros*, Oxford, 1990, p. 17-18.

4. Ἑαυτοῦ. O. Kern (*De Orphei Epimenidis Pherecydis theogoniis quaestiones criticae*, Berlin 1888, p. 85 et 98 ; *Orphicorum fragmenta*, Berlin 1922 [1972], p. 112) a corrigé en αὑτοῦ, c'est-à-dire de Zas, le principe tout premier. Cette conjecture, rejetée par E. Zeller, a été défendue par H. Diels « Zur Pentemychos des Pherekydes », *Sitzungsberichte der Königlich Preussischen Akademie des Wissenschaft*, Berlin 1897, 144-156 [150-151] (= *Kleine Schriften zur Geschichte der Antiken Philos.*, Hildesheim 1969, 23-25 (29-30). Elle est rejetée aussi par M. L. West, *Early Greek Philosophy and the Orient*, p. 12, pour des raisons évidentes : l'étrangeté de l'acte de (pro)création ainsi conçu, et le fait que cet αὑτοῦ devrait renvoyer au premier d'une série de trois noms propres. L'argument grammatical que Diels veut faire valoir n'est pas décisif : il est vrai que, pour ce qui regarde la place du pronom, Damascius normalement suit la règle classique (qui exigerait τοῦ ἑαυτοῦ

γόνου), mais il y a des exceptions : *In Parm.* R. II, 141.1, οὐδὲ τῶν μερῶν ἑαυτοῦ, et inversement, *ibid.*, R. II, 145.9, εἰ μὲν τὸν αὐτοῦ λόγον ἐθέλοιμεν τελεώσασθαι ; voir aussi H. S. Schibli, *op. cit.*, p. 18 et n. 11.

Page 165.

1. La présentation de la théogonie des Babyloniens par Damascius s'accorde, dans les grandes lignes, avec l'épopée babylonienne de la création (dernier quart du 2e millénaire av. J.-C.), *Enūma Eliš* (= «Lorsque là-haut ...», l'*incipit* du poème). Cf. G. Smith, *The Chaldaean Account of Genesis*, London 1875 ; R. Labat, *Le poème babylonien de la Création*, Paris 1935 ; R. Labat, A. Caquot, M. Sznycer, M. Vieyra, *Les religions du Proche-Orient asiatique*, Paris 1970 (p. 36-70 = la traduction de R. Labat, à partir du texte cunéiforme reproduit par W. G. Lambert et S. B. Parker, *Enūma Eliš. The Babylonian Epic of Creation. The Cuneiform Text*, Oxford 1966). Nous citons, en l'annotant, un extrait de ce poème dans la traduction de J. Bottéro, cf. J. Bottéro et S. N. Kramer, *Lorsque les dieux faisaient l'homme. Mythologie mésopotamienne*, Paris 1989, p. 604 ss. :

Lorsque Là-haut
Le ciel n'était pas encore nommé,
Et qu'Ici-bas la terre ferme
N'était pas appelée d'un nom,
Seuls Apsû[1] -le- premier,
Leur progéniteur,
Et Mère (?) — Tiamat[2],
Leur génitrice à tous,
Mélangeaient ensemble
Leurs eaux :
Ni bancs-de-roseaux n'y étaient encore agglomérés
Ni cannaies n'y étaient discernables,
Et alors que des dieux
Nul n'était encore apparu,
Qu'ils n'étaient ni appelés de noms
Ni lotis de destins,
En (Apsû - Tiamat) des dieux
Furent produits :
Lahmu et Lahamu[3] apparurent
Et furent appelés de noms.
Avant qu'ils fussent devenus
Grands et forts,
Furent produits Anšar et Kišar[4],
Qui leur étaient supérieurs.
Quand ils eurent prolongé leurs jours,

Multiplié leurs ans,
Anu[5] fut leur premier-né,
Conforme à ses parents.
15 Comme Anšar avait fait semblable à lui
Anu son rejeton,
Anu pareillement, à sa semblance,
Procréa (Éa-) Nudimmud[6]...
81 Au milieu de l'Apsû,
Marduk[7] fut mis au monde...
Le mit au monde
Éa, son père,
Et accoucha de lui
Sa mère Damkina[8]...

(1) Apsû = la première divinité (masculine) qu'est la masse d'eau douce sur laquelle repose la terre, divinité à laquelle chez Damascius correspond Apasôn.

(2) Tiamat = la mer salée, la deuxième divinité (féminine) à laquelle correspond Tauthè. On pense aujourd'hui que le terme Mummu, qui précède Tiamat, le qualifie et a été écrit pour ummu (Mère ?), cf. J. Bottéro, *op. cit.*, p. 604, n. 2. Mais on a longtemps considéré Mummu comme la troisième divinité, formant avec Apsû et Tiamat la triade primitive (cf. R. Labat, *Le poème babylonien de la Création*, p. 77 ; p. 27 et n. 32, où se trouve citée cette interprétation, que Damascius héritait lui-même d'Eudème). Chez Damascius, Mummu est Môÿmin (le monde intelligible). J. Bottéro fait remarquer que cette interprétation a pu être accréditée par le terme akkadien mummu, qui signifie «quelque chose de substantiel, objet ou sujet de création».

(3) Lahmu et Lahamu = Dachè et Dachos. La variante Δ au lieu de Λ est sans doute due à la transmission des caractères grecs, mais il est impossible de dire si elle s'est produite dans le texte d'Eudème, ou dans celui de Damascius ou dans un intermédiaire.

(4) Anšar et Kišar = Assôros et Kissarè, cf. R. Labat, *Le poème*..., p. 28, n. 38 : «La tradition conservée par Damascius cite les trois Dieux (Anu, Enlil et Ea), comme fils de Anšar et Kišar» ;

(5) Anu (le ciel) = Anos ; Enlil = Illinos ; cf. encore H. Schwabl, P. W., Suppl. IX, col. 1503.43.

(6) Nudimmud = Éa (Cf. R. Labat, *Les religions*..., p. 38, v. 16, n. 7), Éa = Aos.

(7) Marduk = Ba'al (le Seigneur) = Bel.

(8) Damkina = Daukè. — Cf. aussi la trad. de E. A. Speiser, dans J. B. Pritchard, *Ancient Near Eastern Texts relating to the Old Testament*, Princeton 1955, p. 60-72. Voir J. Bottéro, «*L'épopée de la création*» Annuaire 1975-1976 de la IVe Section de l'E.P.H.E., Paris, p. 77-126, réimpr. dans *Mythes et rites de Babylone*, Paris 1985, chap. IV, p. 113-162.

2. Ici et dans la suite (jusqu'à la p. 167.12), nous avons omis les accents, lorsqu'ils manquent dans le ms. A. Damascius ne les a pas

écrits ; les copistes, en général, confrontés avec des noms sémitiques inconnus, sont enclins à en faire des oxytons, de même que dans la Septante pour la plupart des cas.

3. Le texte d'Eudème de Rhodes, cité par Damascius (p. 165. 17-24) est le plus ancien témoignage (deuxième moitié du IVe s. av. J.-C.) sur l'existence d'une très vieille tradition iranienne qui affirme un principe unique (soit Topos = Thwasa, soit Chronos = Zurvan), antérieur par conséquent à tout dualisme. Les origines de cette tradition sont bien antérieurs à Zarathuštra. En effet, des tablettes de Nuzi (XIIIe ou XIIe siècle) mentionnent, semble-t-il, le nom de Zurvan ; mais, surtout, une plaque de métal (VIIIe ou VIIe s.) provenant du Luristan et conservée au Cincinnati Art Museum, représente le dieu Zurvan, androgyne, entouré de deux dieux jumeaux qui sortent de ses épaules. « Désigner ceux-ci... comme Ohrmazd et Ahriman est sans doute anachronique, car l'identification d'Ohrmazd avec l'Esprit bienfaisant, adversaire de l'esprit Destructeur, ne s'est pas faite avant l'Avesta récent, donc plusieurs siècles après la date probable de ce bronze. Mais ce peuvent être les jumeaux mythiques (quel que fut leur nom) que Zarathuštra supposait connus et dans lesquels il a vu les deux Esprits primordiaux » (J. Duchesne-Guillemin, *La religion de l'Iran ancien*, Paris 1962, p. 184-185). Le Zurvan dont il s'agit est le Zurvan *akarana*, c'est-à-dire le « Temps infini », supérieur au Zurvan qu'est le temps fini ou le « Temps longuement autonome », selon la distinction faite dans l'Avesta récent. Aussi le premier y est-il associé à Thwasa (l'Espace infini) et le second à Sphir (le Ciel). Zurvan tient cependant très peu de place dans l'Avesta, et, dans la réforme de Zarathuštra (vers 600 av. J.-C.), il est évincé par Ahura Mazdā (le Seigneur sage), considéré comme le dieu souverain, au-dessus de toutes les entités divines. « Mais les témoignages des étrangers sur la religion iranienne, notamment celui d'Eudème de Rhodes, laissent supposer que, dans la religion populaire, Zurvan gardait sa place, tout comme Mithra d'ailleurs, qui, en ce qui concerne les textes, est à peine mieux loti que Zurvan » (L. Brisson, « La figure de Chronos ... », p. 48 ; voir p. 47-51). Voir encore R. C. Zaehner, *Zurvan. A Zoroastrian Dilemma*, Oxford, 1953, réimpr. New York 1972 (nouvelle introduction par l'auteur) ; C. Clemen, *Fontes historiae religionis persicae*, Bonn 1920.

4. Ἄριον γένος : le peuple de l'Arie (contrée de Perse). Les Ἄριοι = les Aries ou les Aryas (les anciens iraniens).

5. L'insertion de ὢν est la plus simple et la plus facile à expliquer. Il faut alors prendre κρειττόνων au sens d'êtres supérieurs (dieux ou démons). — Remarquons, en outre, que οὗτοι (l. 21) ne se rapporte pas à ἐνίους (phrase précédente), mais à Μάγοι (l. 17), car Damascius, en le renforçant par καὶ αὐτοὶ (l. 21), établit un parallèle avec la théologie néoplatonicienne. Si on le rapportait à ἐνίους, le passage aurait un sens mineur et embarrassé.

Page 166.

1. Dans le contexte des deux cosmogonies qui suivent, la «sidonienne» d'après Eudème, et la «phénicienne» d'après Môchus, nous connaissons aujourd'hui les restes de l'épopée ougaritique, grâce aux tablettes découvertes à Ras-Shamra, mais malheureusement la partie proprement cosmogonique fait défaut (voir trad. anglaise par M. L. Ginsberg, dans J. B. *Pritchard, Ancient Near Eastern Texts*, Princeton 1955, p. 129-142; trad. française dans A. Caquot, M. Sznycer, A. Herdner, *Textes Ougaritiques*; T. I, *Mythes et légendes*, Paris 1974 (avec introductions et bibliographies); voir encore R. Labat, A. Caquot, M. Sznycer, M. Vieyra, *Les religions du Proche-Orient asiatique*, p. 353-458; art. «Ras Shamra», dans *Dictionnaire de la Bible*, suppl. IX, Paris 1979 : A. Caquot «La littérature ugaritique», col. 1362-1417. — Nous connaissons ensuite indirectement un texte apparenté chez Philon de Byblos, texte supposé dériver d'un certain Sanchouniathon (dont on ne peut assurer le caractère historique) et cité par Eusèbe de Césarée, *Prép. Evang.*, I, chap. 10. Voici les passages qui nous importent dans l'édition de J. Sirinelli - E. des Places, Sources Chrét. 206, Paris 1974 : — «Il [Sanchuniathon] place à l'origine de l'Univers un air (ἀέρα) opaque et venteux ou un souffle d'air opaque, et le chaos bourbeux, ténébreux. Ces éléments étaient infinis et restèrent sans limite pendant une longue durée de temps. Mais, lorsque, dit-il, le souffle (πνεῦμα) se prit d'amour pour ses propres principes et que se produisit un mélange, on appela cette combinaison le désir (πόθος)... De la combinaison du souffle avec lui-même naquit Môt (Μώτ). Selon certains, c'est le limon; selon d'autres, la putréfaction d'un mélange aqueux... (10,1, p. 185). — «Après avoir ensuite donné les noms des vents, le Notos, le Borée et les autres, il ajoute...» (10,6, p. 189). — «Ensuite, dit-il, du vent Colpias et de sa femme Baau, qu'il traduit par le mot nuit, naquirent Aiôn et Protogonos...» (10,7, p. 189). — «Longtemps après naquirent de la race d'Hypsouranios, Agreus et Halieus... D'eux naquirent deux frères qui inventèrent le fer et la manière de le travailler; l'un des deux, Chousor, pratiqua les formules, les incantations et la mantique. On dit qu'il s'agissait d'Héphaïstos ..., après sa mort on le vénéra comme un dieu» (10, 11, p. 191). A travers l'interprétation évhémériste et les combinaisons arbitraires on reconnaît des éléments anciens que Philon partage avec Eudème et Môchus-Laetus. Voir le commentaire de l'édition citée (p. 311-313), et surtout la bibliographie (p. 303).

2. Au lieu de <τὸ> ἄκρατον («le caractère sans mélange») nous lisons et traduisons <τὸ> ἀκρότατον («le niveau le plus élevé»), conjecture de L. G. Westerink.

3. Pour la déité inconnue Ὦτον (A), Gressmann (cité par Jacoby, fr. 4, *Fr. Gr. Hist.*, vol. III C, 1958, n° 784, p. 796) a

proposé Μωτόν, c'est-à-dire Μώτ, le limon primitif de Philon de Byblos (Eusèbe, *Prép. Evang.*, I, chap. 10, 1-2, J. Sirinelli - E. des Places, p. 185-186). Mais la leçon Μῶτον du ms. de Hambourg (f) est sans autorité ; de plus, dans ce paragraphe entier, Eudème n'emploie jamais les noms propres sémitiques, mais leurs équivalents grecs (sans doute parce que sa source faisait de même) ; c'est pourquoi nous avons préféré la correction ᾠόν de Gruppe *(ibid.)*. Comme Damascius, ci-dessous (l. 13), propose la même identification (l'Œuf = l'intellect intelligible) dans les mêmes termes, il est probable qu'il a écrit ωιον, dont ωτον serait une corruption postérieure. L'Œuf se trouve également chez Philon, dans Eusèbe, I, 10, 2, en un texte confus et corrompu, qui nous dit que de Môt proviennent d'abord les animaux dépourvus de sentiment, puis les Zophasemin ou contemplateurs du ciel, pour nous expliquer ensuite comment ces derniers ont été façonnés : καὶ ἀνεπλάσθη ὁμοίως ᾠοῦ σχήματι, καὶ ἐξέλαμψε Μὼτ ἥλιός τε καὶ σελήνη ἀστέρες καὶ ἄστρα μεγάλα. La note critique de K. Mras, dans *Eusebius Werke, Die Praeparatio evangelica*, I, Berlin 1954, 2ᵉ éd. par E. des Places 1982 (« Die Griechischen Christlichen Schriftsteller der ersten Jahrhunderte »), qui renvoie à Damascius, *De princ.*, Ruelle I, p. 323.16 = *infra* l. 20, implique la correction ὁ οὐρανὸς au lieu de ὁμοίως, tandis que M.-J. Lagrange (*Études sur les religions sémitiques*, 2ᵉ éd., Paris 1905, p. 405, n. 2) enlève Μὼτ, corrections qui paraissent s'imposer.

4. Μωχον. Le cas de Môchus est semblable à celui de Sanchouniathon ; c'est un auteur phénicien, soit légendaire, soit historique, dont l'ouvrage a été reproduit en grec par un certain Λαῖτος (Laetus), donc de l'époque romaine ; les témoignages les plus anciens se trouvent chez Strabon. Diogène Laërce et la *Souda* l'appellent Ὦχος sans doute à tort. Ici, cf. fr. 4 Jacoby, *Fr. Gr. Hist.*, vol. III C, 1958, nº 784, p. 796 ; voir aussi Jambl. *V. Pyth.* 14.

5. Sur Ουλωμος, עולם, qu'on a déjà rencontré *supra*, vol. II, p. 210.11 (et n. 5), sous la forme hellénisée Αἰῶνα κοσμικόν, voir F. M. Gross, *Canaanite Myth and Hebrew Epic*, Cambridge Mass., 1973, p. 17-19. Il figure sous une forme rationalisée et humaine chez Philon de Byblos.

6. Χουσωρον. Philon de Byblos (chez Eusèbe, *Prép. Evang.*, I, chap. 10, 11, Sirinelli - des Places, p. 190), l'appelle Χουσώρ et l'identifie avec Héphaïstos ; c'est évidemment le Kothar (kṯr), c'est-à-dire « l'habile », ou Kothar wa- Khasis, « l'habile et le savant », de l'épopée de Ras-Shamra (voir *supra*, n. 1, p. 237), qui bâtit un palais (le Ciel) pour Baʿal et lui donne deux massues miraculeuses. L'épithète « l'ouvreur » (ἀνοιγεύς, mot propre à Damascius), donné dans notre texte à Chousôros, a sans doute quelque rapport avec son rôle de dieu-artisan, mais le sens exact nous échappe ; peut-être est-il à rapprocher du fait que Kothar a

ouvert une fenêtre dans les nuées par laquelle Ba'al fait entendre sa voix, i.e. le tonnerre, cf. l'épopée de Ras-Shamra :

(VI) Kot [har-Khasi]s réplique :
«Tu te rendras, Ba'al, à [ce que je dis]».
Kothar-Khasis répète :
«Écoute-bien, Très [Puis]sant Ba'al.
Je mettrais une fen[être] dans la demeure,
un orifice au mi[lieu] du pal[ais]...
[Ba'al s'y oppose, mais après]
(VII) 14 le très puissant Ba'al prend la parole :
«Je vais charger Kothar, le maritime,
Kothar, *l'habitant des confluents*,
d'ouvrir une fenêtre dans la demeure,
un orifice à l'intérieur du [pa]lais.
Et il ouvrira une brèche (dans) les nuées,
selon [ton] av[is], Kothar-Khasis».
Kothar-Khasis rit, il élève la voix et s'écrie :
«Je te l'avais bien dit, ô Très Puissant Ba'al,
(que) tu te rendrais à mon avis, Ba'al.»
Il ouvre une fenêtre dans la demeure,
un orifice au milieu du pa[lais].
Ba'al [ou]vre une brèche (dans) [les nu]ées.
Ba'[al fait enten]dre sa voix sainte»

(A. Caquot, M. Sznycer, A. Herdner, *Textes Ougaritiques*, T. I, p. 211-216). Voir aussi J. B. Pritchard, *Ancient Near Eastern Texts*, p. 134-135; R. Labat, A. Caquot, M. Sznycer, M. Vieyra, *Les religions du Proche-Orient asiatique*, p. 413.

Page 167.

1. Αἰγυπτίους δὲ. Cet accusatif ne s'explique que par une anacoluthe. La première construction envisagée a été abandonnée, et Damascius a écrit la suite comme s'il avait construit Περὶ Αἰγυπτίων δὲ. — On trouvera un aperçu des principales théogonies égyptiennes dans l'article de M. Schwabl, *Weltschöpfung*, P. W. Suppl. IX, 1962, col. 1499-1502. Jamblique, *De myst.*, 262.14-264.3 Parthey, en présente quelques unes (Hermès, Chérémon), sous une forme néoplatonisante, en les transposant dans sa terminologie philosophique. Damascius, de son côté, s'est servi de deux sources contemporaines, Héraïscus et Asclépiadès. Sur ces deux philosophes, voir la *Vie d'Isidore*; cf. l'index II de C. Zintzen, p. 335 et 332.

2. Σκότος ἄγνωστον. Nous avons déjà rencontré plusieurs fois cette Ténèbre inconnaissable. Voir vol. II, p. 11.3-5 et p. 30.8-13. Chaque fois, mention est faite de la triple invocation; ce qui pourrait signifier que l'information d'Asclépiadès (ou d'Héraïscus) dérive d'un rituel liturgique. — En parallèle avec le passage

p. 167.1 ss, voir A. D. Nock - A. J. Festugière, *Hermès Trismégiste (Corpus Hermeticum)*, T. I, p. 44.6-13 (*Discours sacré* III, 1-2).

3. Héraïscus. Ce philosophe et savant, élève de Proclus (voir *Théol. Plat.*, I, Saffrey-Westerink, p. LIII-LIV), nous est connu surtout par les fragments de la *Vie d'Isidore* de Damascius, conservés par Photius et par la *Souda* (voir l'Index II de Zintzen, p. 335). Sur lui et son frère Asclépiadès, et la prestigieuse famille de professeurs à laquelle ils appartenaient, voir l'étude de Jean Maspéro, « Horapollon et la fin du paganisme égyptien », *Bull. Inst. Franç. Arch. Orient.*, Le Caire, 11, 1914, p. 163-195; J. R. Martindale, *The Prosopography of the Later Roman Empire*, II, Cambridge 1980, p. 543-544 et 1326 (stemma 31); K. Praechter, *Heraiskos,* P.W. VIII 1, col. 421-422; voir aussi G. Fowden, *The Egyptian Hermes*², Cambridge, 1987, p. 184-186.

4. Asclépiadès. Frère d'Héraïscus, fils d'Horapollon le grammairien et père d'Horapollon le philosophe, lui-même éminent philosophe. Voir l'Index II de C. Zintzen, p. 332, de même que l'article de J. Maspéro cité dans la note précédente, J. R. Martindale, *The Prosopography* ..., p. 158-159; J. Freudenthal, « Asklepiades », P.W., II 2, col. 1631 nº 35. Ici, cf. fr. 1 Jacoby (*Fr. Gr. Hist.*, vol. III C, 1958, nº 624, p. 159).

5. Kmèphis = Kamèphis. Dans la tradition grecque, on ne connaît que deux mentions de ce dieu, l'une ici chez Damascius, l'autre dans un long extrait d'un livre hermétique, intitulé Κόρη κόσμου (fr. XXIII, 32, Nock-Festugière, *Hermès Trismégiste (Corpus Hermeticum)* T. IV, p. 10.11-14 = Stobée I 49.44; I, p. 394.26-395.3 Wachsmuth) : « ... Prête l'oreille, mon fils Horus, [dit Isis], car tu entends ici la doctrine secrète que mon aïeul Kamèphis (Καμῆφις) apprit d'Hermès, le mémorialiste qui relate tous les faits, <puis moi> de Kamèphis, notre ancêtre à tous, quand il m'honora du don du Noir Parfait ... » (Isis a reçu la gnose avec le don de la terre noire du Delta du Nil). Consulter l'Introduction de Festugière, T. III, p. CLVIII-CLXVIII, d'où il ressort que les trois Kamèphis de Damascius pourraient aider à résoudre les contradictions apparentes du dialogue hermétique. A ces deux mentions s'ajoute une troisième, conjecturale, mais virtuellement certaine, chez Jamblique, *De myst.*, VIII 3, 262.14 ss Parthey : Κατ' ἄλλην δὲ τάξιν προτάττει θεὸν τὸν Ἠμήφ [Κμῆφ Scott] τῶν ἐπουρανίων θεῶν ἡγούμενον, ὅν φησι νοῦν εἶναι αὐτὸν ἑαυτὸν νοοῦντα καὶ τὰς νοήσεις εἰς ἑαυτὸν ἐπιστρέφοντα· τούτου δὲ τὸ ἓν ἀμερὲς καὶ ὅ φησι πρῶτον μαίευμα προτάττει, ὅν καὶ Εἰκτὼν ἐπονομάζει· ἐν ᾧ δὴ τὸ πρῶτόν ἐστι νοοῦν καὶ τὸ πρῶτον νοητόν, ὃ δὴ καὶ διὰ σιγῆς μόνης θεραπεύεται. « A un autre rang [Hermès] propose comme dieu Emeph (Kmeph), le chef des dieux célestes, dont il fait un intellect qui se pense lui-même et tourne vers soi ses pensées; mais avant lui il met l'Un indivis, dont il fait le premier produit et qu'il appelle Iktôn; c'est en lui que résident le Premier Intelligent et le Premier Intelligible, dont

le culte ne se célèbre qu'en silence» (trad. des Places). La correction de W. Scott (*Hermetica*, vol. IV, Oxford 1936, p. 32.13) se trouve accréditée par la ressemblance de η et de κ dans l'ancienne minuscule. — Voir aussi les articles de Roeder dans P.W., X, 2 (1919), col. 1832-1836, et de Helck dans *Der Kleine Pauly*, III (1969), col. 100-101, qui, tous les deux, partent de l'identité Kmèphis-Kamèphis avec le dieux égyptien k'-mwt.f (Kamoutef), qui devint un attribut d'Amoun de Thèbes (Amoun - Re - Kamoutef).

Page 169.

1. On n'identifie pas ici la pensée connue de Protagoras; le contenu du propos évoque celle d'Antisthène, telle que la présente Aristote, *Met.*, Δ 29, 1024 b 32-33 : «il pensait que rien ne peut être attribué à un être que son énonciation propre, un seul prédicat étant affirmé d'un seul sujet; il en concluait qu'il n'y a pas de contradiction, et, à peu de chose près, que rien n'est faux» (trad. J. Tricot, Aristote, *La Métaphysique*, Paris 1981, T. I, p. 318-319 et notes); voir encore *Met.*, H 3, 1043 b 23-28 (Tricot, T. II, p. 465-466 et notes). Il se peut que Damascius ait pris occasion de *Théétète* 201 e 3-4 pour attribuer à Protagoras (qui est le principal adversaire de Socrate dans le *Théétète*) la doctrine que Socrate évoque dans ce passage avant de la réfuter (C. Steel).

2. En ce qui concerne Lycophron, l'identification de la doctrine est vérifiée par Aristote, *Phys.*, I 2, 185 b 25-28 (= D.-K[6], 83 fr. 2) : «Les derniers des anciens, eux aussi, se donnaient beaucoup de mal pour éviter de faire coïncider en une même chose l'un et le multiple. C'est pourquoi, les uns supprimaient le verbe «est», comme Lycophron; les autres accommodaient l'expression, en disant non pas que l'homme est blanc, mais a blanchi, non pas qu'il est en marche, mais qu'il marche, afin d'éviter de faire l'un multiple, par l'introduction du verbe «est»; cela suppose que l'un ou l'être s'entendent d'une seule façon» (trad. H. Carteron). Voir Simplicius, *In Phys.*, C.A.G. IX, Diels, p. 90-102. Noter que Lycophron admettait cependant une συνουσία du savoir et de l'âme, cf. Aristote, *Met.* H 6, 1045 b 10 (= D-K[6], 83 fr. 1).

3. Tout le passage depuis la l. 10 jusqu'à la fin de ce paragraphe (l. 22) est à mettre en parallèle avec *Soph.* 251 a 8 - c 6, où Platon à la suite de la théorie de l'attribution, fait un exposé, plein d'ironie, de ce type de pensée qui atomise le langage et ruine toute attribution autre que celle du même au même.

Page 171.

1. Cf. *Soph.*, 259 e 4-6 : «c'est la plus radicale manière d'anéantir tout discours que d'isoler chaque chose de tout le reste; car

c'est par la mutuelle combinaison (συμπλοκή) des formes que le discours est né» (trad. A. Diès). Sur le discours comme συμπλοκή des verbes et des noms, cf. *Soph.*, 262 d 2-6.

2. Cf. *Gorg.*, 481 c 7 - d 2.

Page 172.

1. Derrière les références ponctuelles que l'on peut établir au texte du *Soph.*, 255 a 10 ss ; 256 b 6-7 ; 259 a 4-6, on devine, en toile de fond, toute la discussion platonicienne sur la communauté des genres et la participation des formes, à partir de *Soph.*, 251 d 4.

I. INDEX NOMINVM

II. INDEX LOCORVM

III. INDICVLVS NOTARVM[1]

1. Cet Indicvlvs est dû à M. A.-Ph. Segonds, à qui nous exprimons notre gratitude.

COMPLÉMENTS DE BIBLIOGRAPHIE

A. Bonetti, Dialettica e religione nell'interpretazione neoplatonica della prima ipotesi del 'Parmenide', *Rivista di filosofia neoscolastica*, 72, 1980, p. 3-30 et p. 195-223.

M.-C. Galpérine, Damascius entre Porphyre et Jamblique, dans *Philosophie*, 26, 1990, p. 41-58.

Damascius. *Des premiers principes. Apories et résolutions* (tr. fr.), Paris, 1987.

S. L. Karren, *Near Eastern Culture and Hellenic Paideia in Damascius' Life of Isidore*, Univ. of Wisconsin, Madison, 1978 (diss.)

A. Levi, Il concetto di tempo nelle filosofie dell'età romana, *Rivista critica di storia della filosofia*, VII (1952) p. 173-200 (195-200).

A. Linguiti, *Principi primi e conoscenza nel tardo neoplatonismo greco* (Accademia toscana di scienze e lettere «La Colombaria», Serie Studi 112), Firenze, 1990.

R. Mortley, *From Word to Silence* (coll. Theophaneia, 30-31) 2 vols, Bonn, 1986 (t. II, p. 119-127 : Damascius and Hyperignorance).

T. N. Pelegrinis, *Ἡ ἔννοια τοῦ κάλλους στὸν Δαμάσκιο*, Athènes, 1977.

M. Tardieu, *Les Paysages reliques. Routes et haltes syriennes d'Isidore à Simplicius* (Bibl. Éc. Hautes Études. Sc. Rel. 94), Louvain-Paris, 1990.

F. Trabattoni, Per una biografia di Damascio, *Rivista critica di storia della filosofia*, XL (1985), p. 179-201.

TABLE DES MATIÈRES

TRAITÉ DES PREMIERS PRINCIPES
III : DE LA PROCESSION

Première partie

Aporétique de la procession

Deuxième partie

Examen des traditions théologiques

Troisième partie

DE LA PARTICIPATION

Ce volume,
de la Collection des Universités de France,
publié aux Éditions Les Belles Lettres,
a été achevé d'imprimer
en novembre 2002
sur presse rotative numérique
de Jouve
11, bd de Sébastopol, 75001 Paris

N° d'édition : 4238
Dépôt légal : novembre 2002

Imprimé en France